Erwin Jordan | Stephan Maykus | Eva C. Stuckstätte

Kinder- und Jugendhilfe

Grundlagentexte Pädagogik

Erwin Jordan | Stephan Maykus
Eva C. Stuckstätte

Kinder- und Jugendhilfe

Einführung in Geschichte und Handlungsfelder, Organisationsformen und gesellschaftliche Problemlagen

Mit Beiträgen von Johannes Münder,
Hans-Jürgen Schimke und
Sybille Stöbe-Blossey

3., überarbeitete Auflage

BELTZ JUVENTA

Die Autoren

Erwin Jordan, Dr. phil. habil., Jg. 1946, Vorstandsmitglied des Instituts für soziale Arbeit e.V., Münster und Leiter der ISA Planung und Entwicklung GmbH.

Stephan Maykus, Dr. phil., Jg. 1971, Professor für Soziale Arbeit an der Fakultät Wirtschafts- und Sozialwissenschaften der Hochschule Osnabrück.

Eva C. Stuckstätte, Dr. phil., Jg. 1976, Professorin für Soziale Arbeit an der Katholischen Hochschule NRW, Abteilung Münster.

Bibliografische Information der Deutschen Nationalbibliothek
Die Deutsche Nationalbibliothek verzeichnet diese Publikation in der Deutschen Nationalbibliografie; detaillierte bibliografische Daten sind im Internet über http://dnb.d-nb.de abrufbar.

1. Auflage 1977
Neuausgabe 1988
2., überarbeitete und ergänzte Auflage 2005
3., vollständig überarbeitete und aktualisierte Auflage 2012

www.beltz.de · www.juventa.de
Druck und Bindung: Beltz Druckpartner GmbH & Co. KG, Hemsbach
Printed in Germany

ISBN 978-3-7799-2175-2

Inhalt

Teil III
Organisation, Finanzierung und Planung

Teil I
Kinder- und Jugendhilfe im gesellschaftlichen Wandel

1. Kinder- und Jugendhilfe – ein komplexes Handlungsfeld und seine gesellschaftliche Verortung

Die Aufgaben und Funktionen der Kinder- und Jugendhilfe sind immer im Wechselspiel mit gesellschaftlichen Entwicklungen zu bestimmen. Einerseits gestaltet Kinder- und Jugendhilfe diese in Ansätzen mit (vor allem hinsichtlich des Ziels, positive Lebenslagen für junge Menschen mitzugestalten, wieder herzustellen oder zu erhalten, wie es der Gesetzgeber formuliert), andererseits reagiert sie vor allem auf die Lebenslagen der Adressaten und den darin entstehenden Unterstützungs- und Förderbedarfen. Dieser Bedarf an Jugendhilfeleistungen hat sich in den letzten Jahren in seinen Grundlagen (wenn man so will in den sozialpädagogischen „Auslösebedingungen“) immens verändert. Eine moderne Gesellschaft, die als individualisiert und pluralisiert gilt, produziert Probleme und Bewältigungsanforderungen, die potenziell alle jungen Menschen und Familien betreffen können, nicht mehr nur die sogenannten „Problemgruppen“ in Kontexten sozialer Benachteiligung. Benachteiligung ist vielmehr eine Strukturkategorie geworden (vgl. Rauschenbach/Züchner 2001, Maykus/Schulz 2007), die nach einer Entsprechung in den Konzepten und Strukturen der Kinder- und Jugendhilfe verlangt. So entwickelt die Kinder- und Jugendhilfe gegenwärtig eine Doppelstrategie, die ihr mehr oder weniger von außen auferlegt wird: Sie differenziert ihre niedrigschwelligen, präventiven und familienorientierten Angebote aus (z. B. mit den sozialräumlich verankert gedachten Familienzentren, der Mitwirkung in ganztägig organisierten Schulen und gar im eher interventiv zu denkenden Sektor der Erziehungshilfe, der beginnt Normalisierungstendenzen zu zeigen, vor allem aber Angebote zur expliziten Stützung des Familiensystems ausbaut); gleichzeitig wird ihr eine Intensivierung des Schutzauftrags, des Intervenierens bei drohender und bereits erkennbarer Kindeswohlgefährdung abverlangt, der zu einer Akzentverschiebung hin zur Leitkategorie „Schutz und Eingriff“ führen kann. Ob beide Seiten dieser Anforderungen – Prävention und Schutz – zukünftig eher mit einer Balance im Aufgabenprofil eingehen werden (was aus fachlicher Sicht zwingend zu etablieren wäre, zumal eine ausgebaute Infrastruktur der Kinder- und Jugendhilfe schon den Schutzaspekt befördert, bevor über Maßnahmen nach dem § 8a SGB VIII nachzudenken wäre), hängt von den fachpolitisch favorisierten und sicher auch durch öffentlichen Druck forcierten Entwicklungen ab. Beide Anforderungen hängen entscheidend mit erkennbaren Unterstützungs-, bisweilen auch Überforderungskonstellationen in der erzieherischen Situation von Familien zusammen, die unter den Bedingungen der modernen Gesellschaft ihren individuellen Ort und den Umgang mit alltäglichen Belastungen, Widrigkeiten und mit den ihnen auferlegten Zwängen zur Gestaltung des Lebenslaufes zu realisieren suchen. Lediglich skizzenhaft soll anhand von fünf Merkmalen der Lebenslage – Armut, Gesundheit, Familienstrukturen, Demografie und Migration – der Bezug zu entsprechenden Anforderungen der Kinder- und Jugendhilfe hergestellt werden.

1.1 Gesellschaftliche Entwicklungen und die Lebenslagen der Adressaten von Kinder- und Jugendhilfe

Die einführend beschriebenen grundlegenden Anforderungen spitzen sich zu, wenn wir uns die Ausgangssituation von jungen Menschen und ihren Familien in riskanten Lebenslagen vor Augen führen. So leben laut den Befunden des Sozioökonomischen Panels (SOEP, bezogen auf das Einkommensjahr 2008) (vgl. DIW 2010, S. 2) rund 11,5 Millionen Menschen in Deutschland in Armut. Damit ist das Einkommensarmutsrisiko auf ca. 14 Prozent gestiegen (gegenüber rund 10 bis 12 Prozent in den Vorjahren). Kinder und vor allem junge Erwachsene sind mit einem überdurchschnittlichen Armutsrisiko konfrontiert. Als Risikofaktoren für diese prekäre Lebenslage sind statistisch das Aufwachsen bei alleinerziehenden Elternteilen, eine höhere Kinderzahl in Familien, Erwerbslosigkeit und Migrationshintergrund nachweisbar. Die ökonomische Lage der Familien mit Migrationshintergrund ist dabei signifikant schwieriger als bei Familien ohne Migrationshintergrund (vgl. ebd. und Enquête-Kommission 2008, S. 32 sowie Chassé u.a. 2007, Zander 2009). Hierbei ist nicht nur von regional unterschiedlichen, sondern auch von kleinräumig (stadtteilbezogen) variierenden Belastungskonstellationen auszugehen, die einer sozialräumlich orientierten Unterstützungsstruktur bedürfen.

Die Lebenslage Armut erhöht zudem das Risiko einer prekären gesundheitsbezogenen Entwicklung von jungen Menschen. Materielle Armut geht häufig einher mit ungünstigem Gesundheitsverhalten, psychosozialen Belastungen und Einschränkungen in den sozialen Kompetenzen (vgl. ebd.). Kinder in Armutskonstellationen weisen häufiger gering ausgeprägte personale, soziale und familiäre Ressourcen auf, die als Schutzfaktoren für ein gelingendes Aufwachsen fungieren könnten (vgl. Enquête-Kommission 2008, S. 34). Laut aktueller Fachdebatte geht man davon aus, dass Gesundheit aktiv gefördert werden muss und dabei sowohl die Eltern als auch öffentliche Einrichtungen und Akteure – z.B. Schule und Kinder- und Jugendhilfe – verantwortlich einzubeziehen sind (vgl. ebd. und BMFSFJ 2005, 2010). Insbesondere die Kinder- und Jugendhilfe kann dazu beitragen, dass Eltern und Familien in benachteiligten Lebenslagen ebenso erreicht werden, wie Eltern in sozial günstigeren Lebenssituationen. Dass Zugänge zu professionell inszenierten Angeboten der Gesundheits- und sozialen Entwicklungsförderung immer bedeutsamer werden, zeigen auch die Befunde der KIGGS-Studie zur gesundheitlichen Situation von Kindern und Jugendlichen (vgl. z.B. Kurth 2007). Laut dieser Studie kann eine deutliche Verschiebung von akuten zu chronischen und von somatischen zu psychosomatischen Erkrankungen festgestellt werden. Insbesondere psychosozial zu erklärende und sich äußernde Störungsbilder haben signifikant zugenommen und verlangen eine gleichermaßen therapeutische wie auch sozialpädagogische Hilfestruktur. Lediglich lokal verankerte, multiprofessionelle Netzwerke der Gesundheits- und Entwicklungsförderung unter Beteiligung der Kinder- und Jugendhilfe können dem sich sowohl sozialräumlich ausdifferenzierenden als auch in ihren Ursachen und Erscheinungsformen komplex zu beschreibenden Problemen gerecht werden. Die Einbeziehung der Familien in derartig zu etablierende Netzwerke ist von großer Bedeutung.

Die Strukturen und Formen von Familien haben sich in der modernen Gesellschaft fortschreitend verändert und ausdifferenziert, damit auch die Begriffe und vor allem Vorstellungen (normativen Annahmen) von Familie. Davon unberührt ist die grundlegende Funktion der Familie für die Entwicklung, den biografischen Verlauf, für Bildungserfolg und soziale Teilhabe, sie ist weiter als entscheidend und geradezu als Symbol für die Verschränkung von Bildung, Betreuung und Erziehung anzusehen. Die demografischen Trends wirken sich auf die wachsende Vielfalt familialer und nicht familialer Lebensformen aus. Die „moderne Kleinfamilie" ist nicht mehr die einzig mögliche Lebensform. Neben dem wachsenden Nicht-Familiensektor, mit Alleinwohnenden, Kinderlosen nichtehelichen Lebensgemeinschaften, getrennt Zusammenlebenden und kinderlosen Ehepaaren, steht ein schrumpfender Familiensektor mit Ehepaaren mit Kindern, Ein-Eltern- Familien, Nichteheliche Lebensgemeinschaften mit Kindern und Stieffamilien. Zahlenmäßig macht der Nicht- Familiensektor ein Drittel gegenüber dem Familiensektor mit zwei Dritteln aus (vgl. Reuchert 2007, S. 36). Zum Beispiel Nordrhein-Westfalen: „Die Gesamtbevölkerung Nordrhein-Westfalens teilt sich in 52 Prozent Haushalte ohne Kinder, davon stellen die Paare ohne Kinder mit 27 Prozent die größte Gruppe, gefolgt von 16 Prozent allein Lebende und 8 Prozent sonstige Haushalte ohne Kinder. Die Familientypen mit Kindern machen 48 Prozent der Bevölkerung aus, davon weit überwiegend Paare mit Kindern, die insgesamt 38 Prozent ausmachen. Allein Erziehende und deren Haushalte machen 5 Prozent aus, 6 Prozent der Bevölkerung leben in den sogenannten sonstigen Haushalten mit Kindern" (Enquête-Kommission 2008, S. 21). Die Familienformen variieren erkennbar regional und in einer sozialräumlichen Hinsicht, ebenso die ökonomische Lage der Familien. Die unterschiedlich ausgeprägten Quoten der

Erwerbsbeteiligung sorgen auch für unterschiedliche finanzielle Spielräume der Familien, damit immer auch für die Gestaltung der Lebenslagen junger Menschen und ihre Teilhabechancen. Für die Bildungsprozesse und die Entwicklung der Kinder und Jugendlichen bedeutet diese Situation auch eine Ungleichverteilung von Start- und Rahmenbedingungen für ihr Aufwachsen sowie für ihren Bildungserfolg. Das Zusammenführen von sozialpolitischen und sozialpädagogischen Maßnahmen erhält in diesem Kontext eine unverändert aktuelle Bedeutung, insbesondere hinsichtlich der Gestaltung sozialräumlicher, die Lebenswelten der jungen Menschen und Familien alltagsnah erreichender Unterstützungsangebote der Kinder- und Jugendhilfe.

Es wird im gesamten Bundesgebiet zu demografischen Strukturveränderungen kommen, die sich in Verschiebungen im Bevölkerungsaufbau zeigen werden, auch hier sei zur Verdeutlichung eine bundeslandbezogene Standortbestimmung aufgeführt: „Es wird zu einer deutlichen Veränderung der altersmäßigen Zusammensetzung der Bevölkerung kommen: Der Anteil der unter 20-Jährigen sinkt in den Jahren zwischen 2005 und 2025 von 21,1 Prozent auf 17,5 Prozent, der Anteil der 20- bis unter 65-Jährigen von 60,2 Prozent auf 58,8 Prozent, während der Anteil der über 64-Jährigen von derzeit 18,7 Prozent auf 23,7 Prozent ansteigt. Es wird weniger Kindergartenkinder sowie Schülerinnen und Schüler geben, das Erwerbspersonenpotenzial wird schrumpfen und die Gruppe der nicht mehr im Erwerbsleben stehenden Menschen wird deutlich ansteigen“ (Enquête-Kommission 2008, S. 17). Von dieser Entwicklung sind bereits zeitnah nicht nur Schulen, sondern auch alle Felder der Kinder- und Jugendhilfe – wenn auch in unterschiedlicher Konsequenz (vgl. Bürger/Schone 2006) – konfrontiert, die mit organisatorischen und konzeptionellen Strategien auf diese Fakten reagieren müssen. Denn: „Im Bildungssystem wirken sich die demographischen Veränderungen bereits kurz- und mittelfristig aus: Die Zahl der Kinder im Krippenalter (Geburt bis 3 Jahre) geht bis 2015 auf 94,4 Prozent zurück (2002 = 100 Prozent). Stärker noch verringert sich im gleichen Zeitraum die Zahl der 3- bis unter 6-Jährigen, also der Kinder, die einen Kindergarten besuchen: auf 88,9 Prozent. Die Zahl der Schülerinnen und Schüler an allgemein- und berufsbildenden Schulen verringert sich in den Jahren von 2002 bis 2015 um 1,7 Millionen auf 86,3 Prozent (Klemm 2005). Innerhalb der Gruppe der insgesamt weniger werdenden Kinder und Jugendlichen wird der Anteil der jungen Menschen aus bildungsfernen Schichten zunehmen: Dies ist zum einen eine Folge der vom Bildungs- und Ausbildungsstand der jungen Frauen abhängigen unterschiedlichen Geburtenquoten. Dies ergibt sich aber zum anderen auch aus dem wachsenden Anteil von Kindern mit Migrationshintergrund (…), denen es in der Schule aufgrund der sozialen Lage ihrer Familien und ihrer geringen Vertrautheit mit der Unterrichtssprache Deutsch vielfach schwerer fällt, erfolgreich zu sein“ (Enquête-Kommission 2008, S. 18). In Deutschland lebten laut Statistischem Bundesamt im Jahr 2009 rund 15 Millionen Menschen mit einem Migrationshintergrund, was das Bildungs- und Sozialwesen vor die Anforderung stellt, Unterstützungsangebote zielgruppen- und lebenslagenspezifischer Qualität auszudifferenzieren, um die soziale und Bildungsteilhabe junger Menschen und Familien mit Migrationserfahrung zu erhöhen.

Kinder- und Jugendhilfe ist demnach auch mit fortschreitenden Entwicklungen der Internationalisierung konfrontiert. Der Begriff der Internationalisierung führt weg vom reinen Bezug auf Migration und die damit häufig einhergehende Defizitorientierung. Er meint den allmählichen Prozess, mit dem Gesellschaft durch unterschiedliche kulturelle Einflüsse durchdrungen wird; auch mit Einfluss auf die wirtschaftliche und soziale Entwicklung, auf kulturelle Ausdrucksformen und politische Regulierungen. Die Zuwanderung ist daher nur als ein Teil von Internationalisierung verstanden, also nicht damit gleichzusetzen. Die Hauptherausforderung für die Kinder- und Jugendhilfe besteht vor diesem Hintergrund, eine konzeptionelle Gesamtstrategie der Gestaltung des sozialen Lebens zu entwerfen, der Teilhabe und Integration, die sie als Leitrahmen für ihre Organisation, Planung und fachliche Steuerung in den Kommunen versteht. Denn Internationalisierung ist mit der Ausweitung von Erfahrungsmöglichkeiten für junge Menschen verbunden, die Bildungsprozesse, gerade auch im oben genannten, umfassenden Verständnis von Bildung fördern können. Sie können aber auch Überforderungen darstellen: Fremdheitserfahrungen bei den einen, Stereotypien, Verunsicherungen, im extremen Fall Fremdenfeindlichkeit und Gefahr von Abgrenzungen und Benachteiligungserfahrungen bei den anderen, wenn Integrationsbemühungen mangelhaft sind und Strukturen bzw. Möglichkeitsräume für Lernen und Entwicklung ausbleiben. Interkulturalität drückt damit immer auch soziale und Bildungsziele aus: Umgang mit Vielfalt, soziale Kompetenzen, Demokratie lernen und leben, Toleranz, Engagementförderung als Ausdruck eines konstruktiven Umgangs mit Fremdheitserfahrungen. Diese Ziele sind neben der Schule wesentlich von der Kinder- und Jugendhilfe zu fördern.

Ethnische Zugehörigkeit und soziale Teilhabe bedingen sich: Der Bericht über Bildung in Deutschland (vgl. Konsortium Bildungsberichterstattung 2006, 2008, 2010) legt auch in seiner dritten Ausgabe ausführliche, indikatorengestützte Ergebnisse zum Zusammenhang von Bildung und Migration vor. Dabei wird in diesem Bericht zunächst die Schlüsselfunktion des Erziehungs-, Bildungs- und Qualifikationssystems für den langfristigen Erfolg der gesellschaftlichen Integration von jungen Menschen mit Migrationshintergrund betont. Bildet die soziale und kulturelle Heterogenität der Zuwanderungspopulation für die deutsche Gesellschaft vielfältige Entwicklungspotenziale, so stellt sie das Sozial-, Schul- und Bildungswesen gleichzeitig auch vor große Herausforderungen. Für die zukünftige Produktivität und den Wohlstand der Gesellschaft erweisen sich die Förderung von jungen Menschen mit Migrationshintergrund und ihre soziale Integration als bedeutsam, wobei diese umfassende Aufgabe nicht von den Bildungseinrichtungen, wie den Schulen, allein geleistet werden können, sondern diese sind ebenso auf sozialpolitische, sozialpädagogische und ökonomische Unterstützung angewiesen (vgl. Konsortium Bildungsberichterstattung 2006, S. 137). Die Institutionen und ihre pädagogischen Konzepte müssen auf die Lebenslage und den Integrationsbedarf junger Menschen abgestimmt werden und das Spannungsverhältnis zwischen lebensweltlichen und schulischen Bedingungen eindämmen: „Integration durch Bildung und Integration ins Bildungswesen hängen für Kinder und Jugendliche eng zusammen. Ziel der Integration durch Bildung ist, dass es Kindern von Zugewanderten im Laufe der Zeit gelingt, ähnliche Kompetenzen und Bildungsabschlüsse zu erreichen wie die übrige Gleichaltrigenbevölkerung. Trotz formaler Gleichstellung der Mehrzahl der Migrantinnen und Migranten mit Deutschen beim Zugang zu Bildungseinrichtungen besteht in der Realität jedoch ein beträchtliches Gefälle zwischen Kindern und Jugendlichen deutscher und nichtdeutscher Herkunft im Zugang zu höheren Bildungs- und Qualifizierungsgängen. (…)“ (ebd., S. 137f.).

Der Bildungsbericht ermittelt vor diesem Hintergrund eine Reihe von Informationen, die es der Bildungspraxis und Bildungspolitik ermöglichen, bisherige Strategien und Konzepte zu überprüfen und auf aktuelle Entwicklungen abzustimmen (vgl. Konsortium Bildungsberichterstattung 2006, S. 178f.). So ist der Anteil von Migrationshintergründen bei Kindern und Jugendlichen in Deutschland im besonders bildungsrelevanten Alter (bis 25 Jahre) hoch: Mehr als jedes vierte Kind und jeder vierte Jugendliche hat einen Migrationshintergrund. Der Blick auf die Bildungsbeteiligung und -verläufe zeigt, dass sich bei der Inanspruchnahme von Kindertageseinrichtungen die Unterschiede zwischen dem Beteiligungsniveau von Kindern ab dem 4. Lebensjahr mit und ohne Migrationshintergrund weitgehend angenähert haben, jedoch nehmen die Unterschiede beim Übergang in die Grundschule zu: Verspätete Einschulungen sind bei dieser Population doppelt so hoch wie bei Schülern insgesamt. Im Sekundarbereich sind die Ungleichverteilungen noch gravierender. Hier zeigt sich, dass Schüler mit Migrationshintergrund mehr Schwierigkeiten haben, höhere Schullaufbahnen einzuschlagen. Schließlich ist der Übergang in Beschäftigung besonders kritisch, sowohl beim Übergang zwischen Schule und Ausbildung, als auch von der Ausbildung in Beschäftigung. Neben Sprachförderung werden im schulischen Bereich derzeit auch der Ausbau von Ganztagsangeboten als Potenzial zur Integration und Bildungsförderung angesehen. Gerade offene Ganztagsangebote werden dabei von Migranten überproportional genutzt; vor allem hinsichtlich der Hausaufgabenbetreuung und fachbezogenen Förderungen besteht eine Überrepräsentierung (vgl. Konsortium Bildungsberichterstattung 2006, S. 169). Fachübergreifende, dem breiten Bildungs- und Förderverständnis gerecht werdende Settings erreichen demnach vergleichsweise weniger junge Menschen mit Migrationshintergrund. Die Eindämmung sozialer Selektion und Erhöhung der Chancengerechtigkeit in einem die unterschiedlichen Bildungsqualitäten vernetzenden System der Förderung junger Menschen (vgl. ebd.) ist unverändert ein zentrales Ziel – gerade für die Gestaltung von Bildungsprozessen junger Menschen mit Migrationshintergrund. Dies belegt auch der aktuelle Bildungsbericht für Deutschland (vgl. Autorengruppe Bildungsberichterstattung 2008, S. 80ff. und verändert auch 2010), der die Verbindung zwischen sozialer Herkunft und den Kompetenzen der Schüler (bzw. dem Bildungserfolg) noch immer als immens ausgeprägt sieht und die oben beschriebenen Befunde zur Bildungssituation im Migrationskontext auch anhand der aktualisierten Daten stützt. Kinder- und Jugendhilfe ist mit beiden angesprochenen Themen verbunden: allen voran das Thema Bildung und die Frage nach der Rolle, dem Bildungsprofil der Jugendhilfe. Und in diesem Zuge auch die Frage, wie Kinder- und Jugendhilfe zur Förderung von Bildung (damit zu sozialer Integration) in einer Gesellschaft beitragen kann, die als „multikulturell" bezeichnet wird bzw. von der man sagt, dass die Lebenswelten der jungen Menschen und Familien zunehmend internationalisiert werden. Beide Kontexte gehören zusammen, drücken aber auch aus, dass man einer bestimmten Personengruppe, einer Lebenskonstellation oder einer Beschaffenheit von Gesellschaft (kulturell vielfältig) eine besondere Aufmerksamkeit schenken müsste: Sei es, weil man Probleme oder Herausforderungen der Integration sieht, oder sei es, weil man die besonderen Potenziale der Förderung ausschöpfen möchte.

Gegenwärtig kann man sicher – gerade im Kontext von Migrationskontexten junger Menschen – eher eine Defizitorientierung wahrnehmen, denn häufig ist von „Integrationsproblemen oder -konflikten" die Rede, also einem Sachverhalt mit negativer Konnotation. Diese Sicht wirkt sich auch auf die Kinder- und Jugendhilfe aus, die dann nicht selten als eine Instanz gesehen wird, die diese Konflikte lösen und ausgleichen soll. Hier ist eine veränderte Perspektive notwendig, und sie ist bereits gegeben, indem soziale Integration und Bildung zunehmend in ihren infrastrukturellen Voraussetzungen gesehen wird (als Gestaltungsaufgabe in einer Kommune, auch der Sozialraum wird als Bezugspunkt wieder zu betonen sein) und Bildungsförderung sich an allen jungen Menschen gleichermaßen orientieren sollte – ohne per se Bezug auf bestimmte Ziel- oder Problemgruppen zu nehmen (Entgegnung des positiven Stigmatisierungseffekts). In diesem Zuge ist die Kinder- und Jugendhilfe gefordert, denn in allen Feldern eines Systems von Bildung, Betreuung und Erziehung gibt es dringenden Handlungsbedarf, um das Aufwachsen junger Menschen zu unterstützen.

Die Bedingungen des Aufwachsens haben sich für junge Menschen gravierend verändert – und damit auch die Gestalt der Lebensphasen Kindheit und Jugend sowie die Strukturen von Familie (siehe oben). Heute spricht man davon, dass sich Kindheit und Jugend als heterogene, uneinheitliche Lebensspannen darstellen, die pluralisiert, entstrukturiert und vielfältig sind. Der Schonraum Kindheit geht immer mehr verloren, da sich die Pubertät und damit verbundene Entwicklungsaufgaben zeitlich nach vorne verschieben und Übergänge zwischen Kindheit und Jugend weniger klar erkennbar werden lassen. Kinder befinden sich zum Teil in Rollen, mit denen sie entwicklungsbedingt überfordert sein können, etwa als Statussymbol, als Partnerersatz, als Vertraute und als Ersatz-Ich (vgl. Hurrelmann/Bründel 2003). Die Rolle Kind ist im Kontext von Individualisierungsdynamiken moderner Gesellschaften gestaltbar und flexibel geworden und im Sozialisationsprozess durch einen stärker gewordenen Einfluss der neuen Medien sowie durch eine veränderte, rollendiversifizierte, die Asymmetrie partiell durchbrechende Beziehung zu den Eltern gekennzeichnet. Die Lebensphase Jugend vollzieht sich demgegenüber von der Pubertät bis zum Eintritt in ein eigenständiges Berufs- und Familienleben. Diese Lebensphase symbolisiert wie keine andere die Spannung zwischen persönlicher Individuation und sozialer Integration. Inzwischen gibt es eine Vielzahl von erfahrbaren Lebensphasen im Lebenslauf, für die keine verbindlichen, vorgegebenen Orientierungen mehr existieren, sondern vielmehr in einem Selbstdefinitionsprozess zu klären sind. Mit Widersprüchlichkeiten der sozialen Erwartungen umzugehen und die angedeutete Selbstdefinition auf diesen schwierigen Sachverhalt auszurichten, gehört zu den charakteristischen Merkmalen der Lebensphase Jugend. Um die vielfältigen Handlungsanforderungen und Widersprüche bei der Entwicklung von persönlicher Autonomie flexibel und sinnvoll zu bewältigen, benötigen Jugendliche einen „inneren Kompass“. Wenn eine eigene identitätsrelevante Orientierung gelingt, haben Jugendliche Spielräume für die Selbstorganisation ihrer Persönlichkeit erlangt – die jedoch abhängig sind von den individuellen und sozialen Ressourcen der Bewältigung gestellter Entwicklungsaufgaben, wie sie sich in der je vorfindbaren Lebenslage junger Menschen ausgestalten (vgl. Hurrelmann 2010).

Die Lebenslage von Kindern und Jugendlichen kann ihre Entwicklung fördern oder einschränken, mithin benachteiligend wirken. Das Konzept Lebenslage umfasst eine dreifache theoretische Perspektive: Objektive Lebenslagen werden betrachtet, subjektive Orientierungen, Wahrnehmungen, Erfahrungen sowie auch vermittelnde Instanzen von Milieu, Kultur, Lebenswelt (vgl. Chassé 1999). Im Zuge der Modernisierungsdebatte wird der Lebenslagendiskurs auch in der Sozialen Arbeit aufgegriffen. Pluralisierung und Individualisierung lassen den Bedarf an Hilfe und Unterstützung wachsen, es findet zunehmend eine Entgrenzung sozialer Risiken statt und es gibt eine tendenzielle Normalisierung der Sozialen Arbeit. Sie wird zu einem unverzichtbaren Bestandteil sozialer Infrastrukturen und sozialstaatlicher Grundversorgung. Soziale Arbeit erhält dadurch eine Akzentverschiebung: von der Bearbeitung materieller Notlagen hin zu komplexeren psychosozialen Problemlagen, gleichzeitig ist sie nicht mehr nur für Problemgruppen, sondern potenziell für die gesamte Bevölkerung zuständig (vgl. ebd., S. 148). Modernisierungstheoretisch ist Lebenslage heute in einem direkten Zusammenhang mit dem Theorem der „Risikogesellschaft“ (Beck) zu sehen, das die Entstehung, das Erleben von und Optionen der Intervention bei sozialen Problemen und Benachteiligungsstrukturen konturiert. „Der Begriff Lebenslage erfasst in sozialpädagogischer Perspektive die sozial abgestuften Zugänge bzw. Zugangsmöglichkeiten zu materiellen, immateriellen und sozialen Ressourcen (eingeschlossen soziale Unterstützung und Zugänge zu sozialen Netzwerken) und die damit gegebenen Rahmungen sozialer und individueller Spielräume. So bezeichnet Lebenslage die unterschiedlichen Voraussetzungen zur Ausbildung und Realisierung von Interessen, Bedürfnissen, Werthaltungen und Deutungsmustern, die den Umgang mit spezifischen Anforderungen und Zumutungen und die Spielräume dazu strukturieren, also von Lebensbewältigung. Daher sind Lebenslagen der strukturierende soziale Hintergrund für biografische Erfahrungen“ (vgl. ebd., S. 150).

Böhnisch spricht darüber hinaus von Individualisierung als der Charakteristik einer bestimmten Lebenslage junger Menschen (vgl. 1992, S. 90). Er versteht unter Lebenslagen sozialstaatlich vermittelte Zuschnitte von Chancen, Belastungen und Ressourcen. Man könnte auch pragmatisch sagen: Unter Lebenslage versteht man ein Set von Bewältigungsmöglichkeiten als Spielräume der Erfahrung, Kommunikation, Regeneration, Mitgestaltung und Versorgung, die einem jungen Menschen eine mehr oder weniger ausgeprägte Teilhabe am gesellschaftlichen Vollzug und Leben ermöglichen. Spielräume sind gleichzeitig Aussagen über die sozialen Netzwerke, in die junge Menschen eingebunden sind, schließlich über das Ressourcen- und Unterstützungssystem, auf das zurückgegriffen werden kann und eine gelingende Sozialisation wesentlich bestimmt. Der biografische Steuerungsmechanismus bei der Bewältigung von Anforderungen der Individualisierungsdynamik umfasst auch die Organisation hierfür notwendiger sozialer Unterstützung. Für die Kinder- und Jugendhilfe ist es wichtig, so Rätz-Heinisch/Schröer/Wolff (2009, S. 36), „(…) dass sie erst einmal eine sozialpolitische Abklärung vornimmt: Welche Spielräume haben Kinder- und Jugendliche, ihre Interessen jenseits von Familie und Schule in die Gesellschaft einzubringen? Wie erleben die Kinder und Jugendlichen ihre Situation alltäglich? Damit wird das Konzept Lebenslage auch für die Kinder- und Jugendhilfe relevant. Richtig verstanden öffnet es uns nicht nur den Blick für die Ressourcen, die Kinder und Jugendliche in zentralen Lebensbereichen wie Familie, Schule und Freizeit haben (…), sondern genauso für das alltägliche Bewältigungserleben und die gesellschaftliche Akzeptanz, die Kinder und Jugendliche erwarten können.“

Moderne Gesellschaften wie die Bundesrepublik Deutschland – das kann hier pointiert festgehalten werden – sind nicht allein durch Erfolg,

Leistungsfähigkeit und materiellen Wohlstand gekennzeichnet; sie werden auch durch soziale Probleme, durch Benachteiligungen und Armut Einzelner und gesellschaftlicher Gruppen geprägt. Das Ausmaß dieser sozialen Belastungen hängt von den ökonomischen Rahmenbedingungen ab, aber auch vom Umgang mit den Menschen, die von sozialer Not betroffen sind. Der gesellschaftliche Umgang mit sozialen Problemen, die Qualität sozialer Politik also, die vielfältigen Formen der sozialen Hilfen haben ihre Geschichte. Das soziale System der Bundesrepublik, die verschiedenen sozialen Handlungsfelder, die unterschiedlichen Träger für soziale Aufgaben, die Komplexität rechtlicher und organisatorischer Voraussetzungen sind in ihren Grundelementen nur aus der historischen Perspektive zu verstehen. Diese geschichtliche Betrachtung wird auch die Spannung zwischen Phasen der Ausgrenzung und der Integration benachteiligter Gruppen erkennen lassen.

1.2 Ziele und Aufgaben der Kinder- und Jugendhilfe

Praxis und Theorie sozialen Handelns für und mit benachteiligten Gruppen auf der einen Seite sowie das Angebot präventiver Unterstützung, Begleitung und Entwicklungsförderung auf der anderen Seite lassen sich, wie vorstehend beschrieben, unter dem Begriff der Sozialen Arbeit allgemein zusammenfassen. Soziale Arbeit lässt sich auf soziale Benachteiligungen und soziale Verelendung von Menschen ein und fragt zugleich nach den Bedingungen, die Notlagen hervorrufen. Soziale Arbeit denkt darüber nach, wie diese Bedingungen – individuell und gesellschaftlich – zu überwinden sind. Sie bietet konkrete Hilfen und stellt politische Forderungen. Schließlich hat Soziale Arbeit im Laufe ihrer Geschichte verstärkt auch danach gefragt, ob und wie – präventiv – verhindert werden kann, dass Menschen in wirtschaftliche und psychosoziale Not geraten. Daneben ist Soziale Arbeit aber über diesen klassischen Aufgaben- und Zuständigkeitsbereich hinaus generell an der Frage der gesellschaftlichen Integration der nachwachsenden Generationen interessiert, d.h. daran, wie das Recht jedes jungen Menschen „auf Förderung seiner Entwicklung und auf Erziehung zu einer eigenverantwortlichen und gemeinschaftsfähigen Persönlichkeit“ (§ 1 Abs. 1 SGB VIII) realisiert werden kann.

§ 1 SGB VIII | Recht auf Erziehung, Elternverantwortung, Jugendhilfe

(1) Jeder junge Mensch hat ein Recht auf Förderung seiner Entwicklung und auf Erziehung zu einer eigenverantwortlichen und gemeinschaftsfähigen Persönlichkeit.

(2) Pflege und Erziehung der Kinder sind das natürliche Recht der Eltern und die zuvörderst ihnen obliegende Pflicht. Über ihre Betätigung wacht die staatliche Gemeinschaft.

(3) Jugendhilfe soll zur Verwirklichung des Rechts nach Absatz 1 insbesondere

1. junge Menschen in ihrer individuellen und sozialen Entwicklung fördern und dazu beitragen, Benachteiligungen zu vermeiden oder abzubauen,

2. Eltern und andere Erziehungsberechtigte bei der Erziehung beraten und unterstützen,
3. Kinder und Jugendliche vor Gefahren für ihr Wohl schützen,
4. dazu beitragen, positive Lebensbedingungen für junge Menschen und ihre Familien sowie eine kinder- und familienfreundliche Umwelt zu erhalten oder zu schaffen.

Angesichts einer gegenwärtig rapide zunehmenden Individualisierung der Lebensführung und der Pluralisierung von Lebensverhältnissen und einer damit im Zusammenhang stehenden Auflösung traditioneller Milieus, Handlungs- und Orientierungsperspektiven, der schwindenden Geltungskraft universeller Werte und Normierungen, der Veränderung familialer Lebensformen und der tendenziell abnehmenden Bedeutung der Familie für Sozialisation und gesellschaftliche Integration von Kindern und Jugendlichen wird dieser sozialpädagogische Auftrag zunehmend bedeutsamer. Jugendhilfe stellt einen Ausschnitt der Sozialen Arbeit dar und ist fachtheoretisch vor allem veranstaltete Sozialpädagogik. Sie richtet sich an Kinder, Jugendliche und ihre Familien. Für die Kinder- und Jugendhilfe gilt es, junge Menschen in ihrer individuellen und sozialen Entwicklung zu fördern, Benachteiligungen zu vermeiden und abzubauen sowie Sorge zu tragen für positive Lebensbedingungen und eine kinder- und familienfreundliche Umwelt. Kinder- und Jugendhilfe umfasst demnach allgemein fördernde, direkt helfende und politische Aufgabenbereiche (vgl. Abb. 1). Im Mittelpunkt dieser Bemühungen steht der Erziehungsgedanke und vermehrt die Orientierung am übergreifenden Konzept der bildungsbezogenen Entwicklungsförderung junger Menschen im sozialräumlich-lokalen Verbund der Sozial-, Erziehungs- und Bildungsinstitutionen.

Kinder- und Jugendhilfe verfolgt demnach vorrangig das Ziel der lebensweltorientierten Gestaltung von Bedingungen des Aufwachsens, der Entwicklung und des Zusammenlebens in Familien, indem sie Selbständigkeit fördern, soziale und kulturelle Spezifika beachten, Benachteiligung abbauen helfen und Beteiligung als Beitrag zu Demokratiebildung leisten möchte. Kinder- und Jugendhilfe ist ein Sammelbegriff für unterschiedlichste Praxisangebote, Organisationsformen und Zielstellungen, die jedoch immer wieder unter dem im § 1 SGB VIII codifizierten Leitziel zusammengeführt werden können (vgl. Abb. 1). Zusammengefasst geht es also Kinder- und Jugendhilfe, erstens, um die allgemeinerzieherische Aufgabe der Förderung der Entwicklungsmöglichkeiten von jungen Menschen und um die Ausbildung ihrer Fähigkeiten. Dies geschieht einerseits durch pädagogisch unterstützende, familienergänzende Angebote, z.B. in Kindertagesstätten oder in Jugendfreizeiteinrichtungen. Andererseits sollen gezielte Maßnahmen soziale Ungleichheiten und Benachteiligungen verringern und Entwicklungsdefizite beheben, z.B. durch Spiel- und Lernhilfen in einem sozialen Brennpunkt oder durch das Angebot einer heilpädagogischen Kindergruppe. Zweitens tritt Jugendhilfe durch pädagogische und wirtschaftliche

Abb. 1: Kinder- und Jugendhilfe – Ziele, Aufgaben, Institutionen

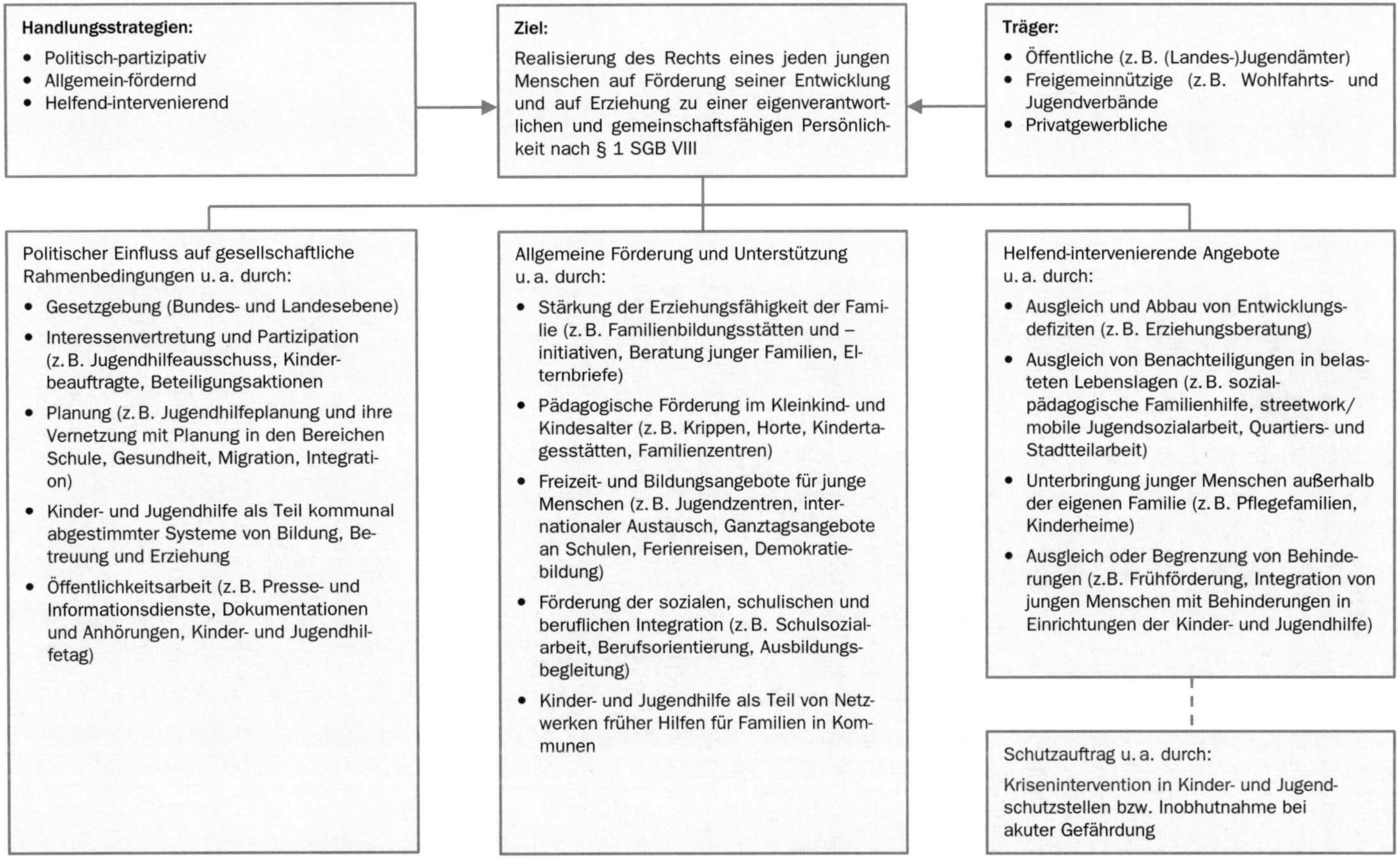

Leistungen direkt ein, wenn akute individuelle Schwierigkeiten bei jungen Menschen und ihren Familien erkannt werden. Als Beispiele solcher Situationen seien individuelle Verhaltensauffälligkeiten – was immer auch deren Ursachen sein mögen –, zerbrochene Familien, Scheidungen oder Jugendkriminalität genannt. Die Formen der Hilfen reichen von Beratung, Einzelbetreuung, sozialpädagogischer Familienhilfe über die Unterbringung von Kindern außerhalb der eigenen Familie bis hin zur Familien- und Jugendgerichtshilfe. Die Mitwirkung an gerichtlichen Verfahren macht deutlich, dass Jugendhilfe auch Funktionen der sozialen Kontrolle wahrnimmt. Drittens schließlich nimmt eine anwaltschaftlich verstandene Jugendhilfe einen unmittelbaren Einfluss auf die Politik. Dies kann durch öffentliche Fachdiskussionen ebenso geschehen wie durch Einmischung in andere Ressorts (Stadtplanung) oder durch die Beeinflussung der Gestaltung von Sozialpolitik im Rahmen der Gesetzgebungsverfahren.

Quer zu den hier benannten Aufgabenbereichen, d.h. alle Förderungen und Leistungen der Kinder- und Jugendhilfe betreffend, werden Handlungsprinzipien einer umfassend konzipierten und offensiv verstandenen Jugendhilfe unter anderem mit Begriffen wie „Leistung statt Eingriff", „Prävention statt Reaktion", „Flexibilisierung statt Bürokratisierung" und „Demokratisierung statt Bevormundung" belegt. Bereits der Achte Jugendbericht der Bundesregierung (BMJFFG 1990) hat diese immer noch zeitgemäßen Standards einer modernen Kinder- und Jugendhilfe unter den Oberbegriff der „Lebensweltorientierung" gefasst. Dieses Konzept wird durch Strukturmaximen wie Prävention, Regionalisierung, Alltagsorientierung, Partizipation und Integration bestimmt.

Prävention meint eine Orientierung an lebenswerten, stabilen Verhältnissen und Hilfe bei der Bewältigung kritischer Lebensphasen und -ereignisse. Dezentralisierung/Regionalisierung verlangt von der Jugendhilfe eine Arbeit in gewachsenen lokalen Strukturen und die Entwicklung tragfähiger kleinräumiger Förderungs- und Unterstützungsstrukturen. Alltagsorientierung bezieht sich auf die Respektierung der (unterschiedlichen) Lebenserfahrungen der Handlungsadressaten, bedeutet leichte Zugänglichkeit und ganzheitliche Konzeption der Hilfen. Integration betont das Prinzip der Normalisierung gegenüber Ab- und Ausgrenzung und soll zur Überwindung traditioneller Zuständigkeitsbegrenzungen der Jugendhilfe beitragen. Partizipation meint umfassende Beteiligung der Betroffenen am Hilfeprozess, Sicherung von Rechtspositionen und des Prinzips der Freiwilligkeit in den Hilfen (vgl. dazu ausführlich BMJFFG 1990, S. 85ff.).

Die hier formulierten Ansprüche an eine offensive Kinder- und Jugendhilfe stehen allerdings oftmals noch in einem deutlichen Widerspruch zur alltäglichen Praxis. Jugendhilfe – das darf nicht übersehen werden – wird mit gesellschaftlichen Benachteiligungen konfrontiert, deren Ursachen weitgehend in sozioökonomischen Bedingungen zu suchen sind. Die Beispiele der Jugendarbeitslosigkeit oder Armutslagen und andere strukturell verursachte, prekäre Lebenssituationen junger Menschen und Familien machen die Grenzen der Kinder- und Jugendhilfe deutlich und verweisen einmal mehr auf die enge Verknüpfung der Sozialpädagogik im allgemeinen und der Jugendhilfe im Besonderen mit dem jeweiligen Politik- und Wirtschaftssystem einer Gesellschaft. Die Veränderung solcher Bedingungen ist eine sozial- und gesellschaftspolitische Herausforderung, die Jugendhilfe allein nicht bewältigen kann. Jugendhilfe muss allerdings auf gesellschaftliche Grundwidersprüche hinweisen und durch Forderungen, Einmischungen und Praxismodelle darauf drängen, dass junge Menschen, unabhängig von ihrer sozialen Herkunft, die gleichen Chancen erhalten, ihre Fähigkeiten zu entwickeln und sich als Bürgerinnen und Bürger in einem demokratischen Staatswesen zu eigenverantwortlichen Persönlichkeiten zu entfalten.

Die Praxis der Kinder- und Jugendhilfe systematisch darzustellen, erweist sich als schwierig, weil ihre Handlungsfelder sehr unterschiedlich sind. Die Leistungen der Kinder- und Jugendhilfe umfassen u.a. als allgemeinerzieherische Aufgaben z.B. die Tagesbetreuung von Kindern, Spielplätze, die Jugendarbeit oder Beratungsangebote, als Hilfen zur Erziehung z.B. die sozialpädagogische Familienhilfe oder die verschiedenen Formen der Unterbringung außerhalb der eigenen Familie (vgl. Teil II). Entsprechend der Verschiedenartigkeiten sind auch die Arbeitsweisen und die Methoden der Jugendhilfe unterschiedlich, und dies wiederum erfordert unterschiedliche Qualifikationen (z.B. Erzieher/innen, Sozialarbeiter/innen, Diplompädagog/innen, Psycholog/innen).

Die Leistungen der Kinder- und Jugendhilfe wenden sich in der Regel als Angebote an Kinder, Jugendliche und ihre Familien, sie beruhen auf dem Grundsatz der Freiwilligkeit. Es gibt aber auch Situationen, in denen Jugendhilfe tätig werden muss, wo sie, um Kinder und Jugendliche zu schützen (Kindeswohlgefährdung), eingreift und veranlasst, dass Maßnahmen auch gegen den Willen der Eltern angeordnet werden.

Verschiedenartig sind aber auch die Trägerschaften der Jugendhilfe. Auf der einen Seite gibt es die Träger der öffentlichen Jugendhilfe – Jugendämter, Landesjugendämter. Sie tragen die Gesamtverantwortung für die Erfüllung der Aufgaben, wie sie das Kinder- und Jugendhilfegesetz vorsieht. Auf der anderen Seite nehmen Jugend- und Wohlfahrtsverbände (freie Träger) Aufgaben der Jugendhilfe wahr. Auch sie bieten Einrichtungen und soziale Dienste an. Die Träger der öffentlichen Jugendhilfe sind zur partnerschaftlichen und planvollen Zusammenarbeit mit den freien Trägern verpflichtet, wobei die öffentliche Jugendhilfe mit eigenen Angeboten sich dort zurückhalten soll, wo freie Träger in gleicher Weise die fachlichen Voraussetzungen für die jeweiligen Leistungen erfüllen. Zwischen der Verpflichtung der öffentlichen Träger zur Gesamtverantwortung und der eigenverantwortlichen Tätigkeit der freien Träger besteht eine Wechselwirkung. Dies setzt bei öffentlichen und freien Trägern der Jugendhilfe Strukturen und Organisationsformen voraus, die den genannten Zielen einer offensiven Jugendhilfe wirksam dienen. Und notwendig sind eine systematische Planung der sich aus den Zielen der Jugendhilfe ergebenden Aufgaben und ihre hinreichende finanzielle Absicherung (vgl. Teil III).

2. Ursprünge und Entwicklungslinien

Eine Sichtweise, die bei geschichtlichen Entwicklungen den gesellschaftlichen Zusammenhängen besondere Aufmerksamkeit zollt, zeigt, dass die Praxis der Jugendhilfe heute und in früheren Zeiten von einer Vielzahl unterschiedlicher Faktoren beeinflusst wurde und wird. Solche Einflussgrößen sind politische Interessen – von Regierenden und Regierten auf verschiedenen Feldern: Wirtschafts-, Arbeitsmarkt-, Bildungs- und Sozialpolitik –, wirtschaftliche Gegebenheiten und geistige Strömungen.

Ausgangs- und Orientierungspunkt ist dabei die Überlegung, dass Jugendhilfe in ihren institutionellen Formen und Zielen weder als Ergebnis zwangsläufiger, quasi naturgesetzlicher Entwicklungsverläufe noch vorrangig als Ausfluss religiöser, humanistischer und sozialpädagogischer Ideen- und Theorienbildung angesehen werden kann. Eine Betrachtungsweise, die gesellschaftliche Zusammenhänge einbezieht, zeigt vielmehr, dass Qualität und Umfang der geschichtlichen und der heutigen Jugendhilfepraxis von einer Vielzahl intervenierender Faktoren und deren gegenseitigen Beeinflussung bestimmt und geprägt wurde und wird. Zu diesen Einflussgrößen zählen vor allem ökonomische Zwänge (Merkantilismus, Kapitalismus), politische Interessen (Arbeitsmarkt-, Bevölkerungs-, Bildungs- und Sozialisationspolitik) und geistige Strömungen (Pietismus, Aufklärung, Neuhumanismus, deutscher Idealismus, pädagogische Bewegung), die wiederum in Abhängigkeit von epochalen Umwälzungen des ökonomischen Unterbaus gesehen werden müssen.

In diesem Zusammenhang kann der historische Aufriss auch ein Raster darstellen, das eine Einordnung und Bewertung der heute vorfindbaren Handlungsfelder und Institutionen der Jugendhilfe ermöglicht und sie als „gewordene" und damit als prinzipiell auch veränderbare Determinanten sozialpädagogischen Handelns ihres „objektiven Schleiers" entkleidet.

2.1 Kinder- und Jugendfürsorge in der vorindustriellen Zeit

Die Anfänge der Kinderfürsorge liegen im späten Mittelalter: Seit dem 13. Jahrhundert richteten kirchliche Stiftungen in den Städten Findel- und Waisenhäuser ein. Zuvor fanden elternlose Kinder Aufnahme in den allgemeinen Armenfürsorgeeinrichtungen, den Hospitälern. Im Zuge der Spezialisierung des mittelalterlichen Spitalwesens entstanden nun die ersten Einrichtungen, die besonders für die Betreuung ausgesetzter Kinder gedacht waren, und solcher, für die weder die Großfamilie noch eine der Zünfte sorgte, die ebenfalls Fürsorgepflichten gegenüber den Witwen und Waisen verstorbener Mitglieder hatten.

In der Praxis dieser frühen Kinderfürsorge sind schon die beiden noch heute bestehenden Grundformen der Ersatzerziehung, die Familienpflege und die Anstaltserziehung, angelegt. In der Regel wurden danach die Säuglinge und Kleinkinder – wegen der hohen Sterblichkeit in den Anstalten – von Ammen aufgezogen und erst im Alter von fünf bis sieben Jahren wieder in die Anstalt aufgenommen. Man beschäftigte die Kinder dort mit Haus- und Heimarbeiten, ließ sie auch für das Hospital oder die Stiftung um Almosen betteln. Sobald die Kinder selbstständig „nach dem Almosen gehen" konnten, wurden sie aus dem Hospital oder der Stiftung entlassen.

Dies stellte in dieser Zeit keine sozial verachtete Tätigkeit dar. Denn im Selbstverständnis der mittelalterlichen Ständegesellschaft wurde Armut als gottgewollt betrachtet. Sie gab den Armen Grund zur gottgefälligen Askese und den Wohlhabenden Anlass zur gottgefälligen Mildtätigkeit.

Die Arbeit der Findel- und Waisenhäuser beschränkte sich auf die Versorgung der Heranwachsenden. Von einem Erziehungsziel oder gar einer Berufsausbildung ist nirgends die Rede (vgl. Scherpner 1966, S. 17ff.).

Die bescheidenen Anfänge der Kinderfürsorge wurden bald von den politischen und wirtschaftlichen Umwälzungen betroffen, die aus heutiger Sicht den geschichtlichen Übergang zur Neuzeit markieren: Der Fernhandel und die aufkommende Geldwirtschaft revolutionierten die spätmittelalterliche Wirtschafts- und Gesellschaftsordnung. Der Aufstieg der Städte begann, die als Verkehrsknotenpunkte und Marktplätze bedeutsam wurden. Innerhalb der Stadtmauern etablierte sich ein selbstbewusstes Stadtbürgertum, dessen herausragende Repräsentanten zunächst Kaufleute waren (z.B. die Fugger in Augsburg). Weltanschaulich und philosophisch wurde dieser Prozess, der auch die Befreiung von kirchlicher und weltlich-landesherrlicher Bevormundung beinhaltete, durch den Humanismus und später durch die Reformation und den Protestantismus befördert. Damit rückte die Produktivität ins Zentrum des zeitgenössischen Menschenbildes. Die Arbeit und ihr Ertrag galten als Ausweis für ein gottgefälliges Leben, Stand und Beruf als Produkt von Vorsehung und als Ausdruck für Erwählung. Daraus entstand jene Arbeits- und Lebenshaltung, die Max Weber später als „protestantisches Arbeitsethos" charakterisierte (vgl. Weber 1972, S. 17ff.).

Diese Entwicklung wirkte sich unmittelbar auf den gesellschaftlichen Umgang mit der Armenbevölkerung aus: Die bis dahin als gottgefällig und zur Almosentugend veranlassend verstandene Armut galt bald als Ausdruck von Arbeitsscheu und persönlichem Versagen.

Unter diesen und den von außen gegebenen Umständen, zu denen Teuerungs- und Hungerkrisen sowie schließlich die Wirren des Dreißigjährigen Krieges zu zählen sind, gingen die Städte, die bislang Zentren der Armenpflege waren, zu Restriktionen über: „Die Waisenhäuser hatten nicht Raum genug für die familien- und heimatlosen Kinder, die auf den Straßen zu verderben drohten (…). Auf dem flachen Land rotteten sich Scharen von Bettlern und Vagabunden, verstärkt durch soldatische Elemente, zu Räuberbanden zusammen, denen gegenüber die Regierungen nur mehr die repressiven Mittel einer starken Armenpolizei, Bettelverbote, Bettlerjagden, einsetzen konnten" (Scherpner 1966, S. 51). Die Strafen für die Aussetzung von Kindern wurden verschärft. Solche und andere Versuche, z.B. die Kontrolle der Geburtenrate durch Heiratsverbote, verhinderten das Anwachsen der Zahl unversorgter Kinder nicht. Lediglich ihre Lebensbedingungen wurden dadurch noch weiter verschlechtert (s.a. Sachße/Tennstedt 1983, S. 109ff.).

Eine organisierte Armenpflege und Kinderfürsorge konnte sich unter diesen Umständen nicht entwickeln. Einzelne Ansätze einer nichtrepressiven Armenfürsorge und Eingliederung von Armenkindern durch ein qualifiziertes System öffentlicher Ersatzerziehung blieb ohne Wirkung (z.B. die 1542 gegründeten Ypener Armenschulen; vgl. Scherpner 1966, S. 37ff.).

„Zum Wohle des Fürsten" – Erziehung im Zuchthaus

> „Arbeitsscheue Bettler, gerichtlich abgeurteilte Verbrecher, aufsässige Kinder, gebrechliche Alte, verarmte Witwen, Waisenkinder und Prostituierte, venerisch Kranke und Wahnsinnige: Keine Randgruppe der absolutistischen Gesellschaft, die nicht ihr Kontingent zur Belegung der Zwangsanstalten beigesteuert hätte, die Elemente der Armenfürsorge, der medizinischen Betreuung, des Strafvollzugs und merkantiler Wirtschaftsforderung in eigentümlicher Weise verknüpften." (Sachße/Tennstedt 1983, S. 115)

Das Zucht- und Arbeitshaus etablierte sich im 17. Jahrhundert als die Institution staatlicher Armenpolizei und „Fürsorge". In den Zuchthäusern entdeckten die Landesherren ein probates Mittel merkantiler Wirtschaftspolitik und clevere Unternehmer fanden darin die rentabelsten aller möglichen Produktionsstätten. Vor allem Textilfabrikanten ließen in Zucht- und Arbeitshäusern Großbetriebe für Spinnereiarbeiten und Tuchfabrikation einrichten. Der Arbeitstag war lang und hart. Nur von den kargen Mahlzeiten und Betstunden unterbrochen dauerte er von fünf Uhr früh bis acht Uhr am Abend (vgl. Lütge 1976, S. 365ff.). Zum Teil dienten die Anstalten allein dem Zweck, den Wohlstand des Landes und des Regenten zu heben, so z.B. das 1712 fertiggestellte Stuttgarter Waisenhaus. Kinder und Jugendliche mussten die gleichen Lebens- und Arbeitsbedingungen wie Erwachsene ertragen. Auch wenn es – wie schon 1596 in Amsterdam – gelegentlich besondere Arbeitshäuser für Kinder und Jugendliche gab, stand auch hier einzig die Arbeit im Vordergrund.

NOTIFICATIONS-PATENT
wegen des angelegten und eingerichteten Spinn- und Arbeits-Hauses in der Stadt Königsberg in Preußen

De Dato Berlin, den 8ten Januarii 1756

Gedruckt bey dem Königl. Preußis. Hof-Buchdrucker
Joh. Heinr. Härtung

Wir Friderich von Gottes Gnaden
König in Preussen, Marggraf zu Brandenburg, des Heil. Röm. Reichs Ertzkämmerer und Chur-Fürst etc., Thun kund und fügen hiemit zu wissen:

§ 6.

Weil dieses Spinn- und Arbeits-Hauß in der Absicht angeleget und fundiret ist, dass das Publicum von überflüßigen Müßiggängern und ungehorsamen Leuten gereiniget werde, und Wir diese heilsame Anstalten auch auf die Provintz Litthauen extendiret wissen wollen; So sollen darinnen auch keine andere, als solche Leute männlichen und weiblichen Geschlechts auf- und angenommen werden, die nur leichte Verbrechen begehen, und auf Veranlassung der Obrigkeit, zur Besserung auf gewisse Zeiten dahin verurtheilet worden, zur Arbeit aber auch tüchtig sind, desgleichen Kinder, so von Eltern und Freunden verlassen, und zu denen Jahren gekommen, dass sie zur Arbeit, zum Nutz des gemeinen Wesens, und zu ihrem künftig eigenem Besten zwar geschickt sind, aber keine Anweisung dazu haben; dann starcke gesunde Bettler und Umläuffer, ferner Herren-loses und müßiges Volck, so nicht darthun kan, dass es ein erlaubtes Gewerbe treibet, und sich davon ehrlich ernähret, nicht minder ungehorsame, wiederspenstige, freche und böse Dienstbothen, wie auch dergleichen Handwercks-Bursche, imgleichen solcher Eltern Kinder, bey denen die ordinaire Hauß-Zucht ihren Zweck nicht erreichen will, sondern eine schärfere Correction nöthig ist, wie auch solche, welche Schulden gemacht, ihre Creditores aber zu bezahlen, durch ihre übele Lebens-Art sich ausser Stand gesetzet haben, gleichwohl aber noch gesund und zur Arbeit tüchtig, und dadurch vermögend sind, ihre Schuldener, nach Abzug der Unterhaltungs-Kosten, gantz oder zum Theil zu befriedigen, und endlich auch solche Leute, männlich und weiblichen Geschlechts, welche arbeiten können und wollen, aber wegen Armuth oder mangelnden Verlags und fehlenden Unterkommens davon und von Erwerbung ihres Unterhalts abgehalten werden.

Quelle: zit. nach Kuczynski/Hoppe 1958, Band II

Soziologisch betrachtet erfüllten die Zucht- und Arbeitshäuser eine doppelte Funktion: Nach zeitgenössischer Auffassung wurden die Insassen moralisch gebessert und zur Arbeit erzogen, was die „Gefährdeten“ außerhalb der Anstalten zu normkonformem Verhalten veranlasste. Die zweite Funktion ist in der Schrittmacherfunktion dieser Anstalten zu sehen, die sie für die Heranbildung einer fügsamen und genügsamen Arbeiterschaft sowie für das Entstehen der Großproduktion in Manufakturen, später in Fabriken, innehatten (vgl. Sachße/Tennstedt 1983, S. 120–122).

„Arbeit, Prügel und Frömmelei ..."

Andere Zielsetzungen verfolgte der Pietist August Hermann Francke (1663–1727) mit den von ihm 1694 gegründeten Halleschen Anstalten. Aus der Kritik an den bestehenden Zucht-, Arbeits- und Waisenhäusern heraus, die nur auf Arbeit und Ausbeutung abzielten, entwickelte er ein nicht minder bedrückendes, auf Askese und Zucht bedachtes Erziehungsprogramm:

> „Erziehung [war] als die Vorbereitung des erbsündenbelasteten Kindes zu seiner Bekehrung aufzufassen (…). Der Weg zur Bekehrung war hart: Der böse Eigenwille des Kindes musste gebrochen werden, Beten und Arbeiten erschienen als die einzigen Verhaltensweisen, die der Bösartigkeit des Kindes entgegenzuwirken vermochten, während das Spiel als Müßiggang, der aller Laster Anfang ist, verboten war und harte Strafen (…) unerlässlich schienen." (Blankertz 1982, S. 51).

In Halle entstand eine Waisen-, Schüler- und Studentenstadt mit 3.000 Zöglingen. Franckes Stiftungen waren Impuls für weitere Einrichtungen mit ähnlicher Programmatik: „Härter noch als in Franckes Anstalten in Halle stellte sich die pietistische Erziehung bei den Herrnhutern dar: fünf Stunden Unterricht, sechs Stunden körperliche Arbeit, drei Stunden Andachtsübungen, das war der Tageslauf im Herrnhuter Waisenhaus …" (Blankertz 1982, S. 53). Franckes Vorbild strahlte aber nicht nur in protestantischen Regionen, sondern hatte auch Vorbildcharakter für Waisenhausgründungen in katholischen Ländern (vgl. Scherpner 1966, S. 60).

> *„Man arbeitet nicht allein, dass man lebt,*
> *sondern man lebt um der Arbeit willen,*
> *und wenn man nichts mehr zu arbeiten hat,*
> *so leidet man oder entschläft."*
> (Das pietistische Lebens- und Glaubensbekenntnis
> des Grafen Ludwig von Zinzendorf eines Schülers
> A.H. Franckes; zit. nach Blankertz 1982, S. 53)

Der Aufklärungspädagoge Christian Gotthilf Salzmann (1744–1811) charakterisierte die Zustände in der überwiegenden Zahl der Waisenhäuser und Kinderanstalten seiner Zeit als solche, in denen die Kinder „in Not und

Verkommenheit“ lebten und deren Atmosphäre „durch eine Mischung aus Arbeit, Prügel und Frömmelei, aus Ordnungssucht, Lieblosigkeit und bornierter Psalmsingerei“ bestimmt wurde (Salzmann 1783).

Die öffentliche Kritik an diesen Zuständen und an der Kombination von Manufakturen mit Waisenhäusern mündete Ende des 18. Jahrhunderts in den „Waisenhausstreit“. Die hohe Sterblichkeit unter den Anstaltskindern wurde ins Feld geführt, um teilweise mit Erfolg für den Ausbau des Pflegekinderwesens und die Auflösung einiger Anstalten zu plädieren (vgl. Scherpner 1966, S. 92–95).

„Volkserziehung“ und „Industrieschulen“

Diese auf eine Eindämmung der übelsten Zucht- und Arbeitsmethoden in den Erziehungsanstalten zielende Entwicklung wurde dadurch begünstigt, dass allmählich der Aufbau eines Schulwesens begann, das die Erziehung und Bildung der Kinder unterer Sozialschichten leisten sollte. Ein wichtiges Datum ist hier das Jahr 1763: Für Preußen führte das „General-Land-Schulreglement“ die Staatsschule und die Schulpflicht für Kinder zwischen fünf und 14 Jahren ein. Ehe daraus aber soziale Wirklichkeit werden sollte, vergingen noch weit über hundert Jahre. Zunächst fehlten überall Schulen und Lehrer (vgl. Blankertz 1982, S. 58ff.). Wohlhabenden Eltern war erlaubt, für den Unterricht ihrer Kinder Hauslehrer anzustellen, die so genannten „Privat-Informatores“.

Der Volkserziehung widmeten sich die Schriften Salzmanns und Johann Heinrich Pestalozzis (1746–1827), die sich vor allem an Eltern und Erzieher wandten, ebenso Johann Bernhard Basedow, der prominenteste Vertreter der Philantropen neben Eberhard von Rochow (1734–1805). Die Philantropen („Menschenfreunde“) orientierten die Schulinhalte an der Aufklärungsidee und verstanden die Schule auch als Stätte von Freude, Frohsinn und Spiel (vgl. Blankertz 1982, S. 79ff.; Hermann 1981).

Pestalozzi entwickelte seine Theorie der sittlichen Elementarbildung, die er besonders eindrucksvoll in seinem „Stanser Brief“ von 1799 darstellte (in: Klafki 1975). Pestalozzi, der in seinen Heimen, die er zum Teil mit staatlicher Unterstützung führte, mehrfach scheiterte, hat durch seine pädagogischen Ideen und Alternativen der Heim- und Anstaltspraxis wichtige Impulse gegeben.

Als ein Ausdruck aufklärerischer und philantropischer Ideen ist auch der in Hamburg von 1788 bis 1814 unternommene Versuch anzusehen, die Kinder- und Jugendfürsorge mit kontrollierter und planvoller Erziehung und Betreuung zu verbinden, um die Armenkinder auf den „Stand der arbeitenden Armen“ vorzubereiten. Diesem Zweck dienten insbesondere die „Spinnschulen“, in denen Arbeit und Unterricht kombiniert wurden. Diese sollten die Kinder möglichst den ganzen Tag von dem „verderblichen Einfluss“ der Eltern fernhalten und ihnen „Arbeit, Religion und Bildung“ beibringen.

Dem gleichen Ziel dienten auch die mit der Haus- und Manufakturindustrie zuerst in Göttingen (1784), Würzburg und Bamberg (1795) entstandenen „Industrieschulen“ (vgl. Altvater 1971; Scherpner 1966, S. 19ff.; Kuczynski/Hoppe 1958, S. 34ff.). Diese sollten sich, im Unterschied zu den herkömmlichen Formen der Zwangsarbeit für Kinder, auszeichnen durch eine „Rücksichtnahme auf die noch in der Entwicklung begriffenen kindlichen Kräfte, ... die Mannigfaltigkeit der Arbeitsgegenstände ... und zuletzt die Unterstellung des ganzen unter einen Pädagogen und nicht unter einen Fabrikanten oder Verwaltungsmann“ (Neukamm, zit. n. Kuczynski/ Hoppe 1958, S. 38). Dabei hatten die Industrieschulen neben der Herausbildung technisch-industrieller Fertigkeiten auch armenpolizeiliche Aufgaben zu übernehmen.

Anweisung für die Eltern, deren Kinder in die Industrie-Schule aufgenommen werden.
Das große Armen-Collegium, dem die bessere Einrichtung der Volks-Schulen aufgetragen ist, hat mit Leidwesen gesehen, dass die Kinder der Armen so wenig in den christlichen Tugenden der Arbeitsamkeit, Reinlichkeit und Ordnung geübt worden, und ihnen so selten Mittel, ihr Brod zu verdienen, in ihrer frühen Jugend gelehrt worden sind, dass die meisten unter ihnen ihren armen Eltern lange zur Last liegen, statt ihnen durch ihren Verdienst zur Hilfe zu kommen, ja sogar einige in das schändliche, Leib und Seele verderbliche Laster der Bettelei schon in ihrer frühen Jugend verfallen sind. (...)
Wer nicht vor dem Schlage da ist (um 5 Uhr im Sommer und um 6 Uhr im Winter), wer während des Gebets, der Ermahnung und der Katechisation nicht aufmerksam und andächtig, während der Arbeit nicht stille, fleißig und folgsam gegen die Aufseher und die Unterweiser ist, wer nicht gekämmt und gewaschen in die Schule kommt, wer nicht mit seinen Hemden sich reinlich und ordentlich hält, wird zuerst durch eine schimpfliche Stelle im Angesicht der ganzen Schule, dann durch Entbehrung des Frühstücks und Vesper-Brodts, dann durch Einziehung des Verdienstes eines Tages, durch Anzeige an die Eltern und die Pfleger, noch körperlich und endlich durch Zuchthaus-Strafe bestraft werden.

Quelle: Brandt, M., Die Bestrebungen der Hamburgischen Armenanstalt von 1788

Mit der Aufklärung und den dadurch begünstigten neuen pädagogischen Ansätzen war noch keine Ablehnung der Kinderarbeit als solcher verbunden. „Man war allgemein überzeugt – und die großen Pädagogen des Zeitalters, auch Pestalozzi, teilten diese Ansicht –, dass Kinder von etwa fünf bis 12 Jahren die Hälfte ihres Unterhalts, die älteren ihn voll erwerben könnten.“ (Scherpner 1966, S. 101)

Die Industrieschule, die an die manufakturelle und verlagsmäßige Produktionsform gebunden war, verlor mit der zunehmenden Durchsetzung der Fabrikarbeit ihre historische Funktion und wurde „abgelöst durch die Fabrikschule (in der nicht mehr Lernen durch produktive Arbeit, sondern Industriearbeit durch Lernen notdürftig ergänzt wird) und die unmittelbare Kinderarbeit in der Fabrikindustrie“ (Ahlheim u.a. 1971 S. 31).

Die „Entdeckung der Kindheit“

Immer wieder zeigt sich in der Geschichte der Erziehung und der Kinder- und Jugendfürsorge, dass zwischen den fortschrittlichen Gedanken und Konzeptionen einerseits, der Praxis und der Lebenswelt der Jungen und Mädchen andererseits, eine breite Lücke klafft, insbesondere dann, wenn der Wirkungskreis von Anstaltsgründungen und die Zahl der tatsächlichen Heim- und Schulplätze ins Verhältnis zur Gesamtheit der Kinder und Jugendlichen in der Bevölkerung gesetzt wird. Dennoch haben Ideen der Erziehung im Zeitalter der Aufklärung nachhaltigen Einfluss auf die Geschichte der Theorie und der Institutionen der öffentlichen Erziehung gehabt.

Jean-Jacques Rousseau (1712–1778) betonte wohl als erster die Eigenständigkeit und das Eigenrecht des Kindes als Kind. Sein berühmter Erziehungsroman „Emil oder über die Erziehung“ (1762) ging auf die individuellen Eigenarten und Entwicklungsphasen des jungen Menschen ein, dem eine optimale, allseitige Entfaltung seiner Anlagen ermöglicht werden sollte. Höchstes Erziehungsziel war die „Selbsttätigkeit“ des Menschen als erfolgreicher, praktisch befähigter, toleranter und aufgeklärter Bürger. Schließlich sind auch die Pädagogen und Schulpolitiker des Neuhumanismus zu nennen, die mit ihrer in der Idee der Aufklärung begründeten Zuversicht, jeden Menschen zur Vernunft „hinbilden“ und befähigen zu können, die Erziehungs- und Schulprogramme ihrer Zeit prägten: Humboldt (1767–1835), Schleiermacher (1768–1834) (vgl. u.a. Blankertz 1982, S. 89-142; Benner 1978, 1987).

2.2 Private Kinder- und Jugendfürsorge im 19. Jahrhundert

Restauration und Rettungshaus

Politische und wirtschaftliche Entwicklungen verhinderten jedoch, dass sich durchgreifende Reformen sowohl im Schulwesen als auch in „öffentlichen“ – besser: allgemein karitativen – Erziehungsinstitutionen durchsetzen konnten. Die napoleonischen Kriege, die „Befreiungskriege“ und die anschließende Restaurationsära nach dem Wiener Kongress 1815 wirkten lähmend auf die politisch-soziale Sphäre: Die Wiederbelebungsversuche des Absolutismus (Heilige Allianz) und antiaufklärerische Strömungen in der Staatsphilosophie (s. Waldrich 1973, S. 18ff., S. 84ff.) dominierten.

Die Einrichtungen der Kinder- und Jugendfürsorge in kommunaler und kirchlicher bzw. privater Trägerschaft litten an der finanziellen Auszehrung der Städte, Stiftungen und Vereine, eine Folge der wirtschaftlichen Rezession in den ersten beiden Jahrzehnten des 19. Jahrhunderts (vgl. Lütge 1976, S. 453ff.). In den 1940er Jahren und der zweiten Hälfte des Jahrhunderts sollte dann die Industrie die (berufs-)ständische Ordnung auflösen und mit den durch ihr extensives Wachstum aufgeworfenen gesellschaftlichen Konflikten die „Soziale Frage" stellen.

Nach den herrschenden Anschauungen galt nun das Konzept der Aufklärung, Armut und Elend durch staatliche Armen- und Kinderfürsorge wirksam bekämpfen zu können, als irrig und gefährlich. Insbesondere die Bevölkerungstheorien des Engländers Thomas Robert Malthus (1766–1834), die an „Sozialdarwinismus" gemahnen, trugen zu einer entschieden restriktiven Armenpolitik bei.

Parallel zum Rückgang des staatlichen Engagements entwickelten sich jedoch auf dem Gebiet der Kinder- und Jugendfürsorge nunmehr private, insbesondere auch religiöse Hilfsorganisationen als Reaktion auf die von der frühen Industrialisierung hervorgerufenen sozialen Probleme.

Den bekanntesten und verbreitetsten Zweig dieser privaten Tätigkeit stellte die „Rettungshausbewegung" dar. Sie entstand zuerst im süddeutschen Raum, getragen von pietistischen „Erweckungsbewegungen". Als Vorbild diente die „Wehrli-Schule", 1799 von Phillip Emanuel von Feilenberg gegründet und 1810 von Johann Jakob Wehrli übernommen. Johannes Falk gründete 1813 den „Lutherhof" in Weimar; Christian Heinrich Zeller übernahm 1820 die Leitung der „Freywilligen Armenschullehrer- und Armenkinderanstalt" in Beuggen.

Der bedeutendste Vertreter der Rettungshausbewegung stammte aus dem norddeutschen Raum: Johann Hinrich Wichern (1808–1881), der 1833 das „Rauhe Haus" in Hörn bei Hamburg gründete. Er nahm zunächst 18 zum Teil vorbestrafte Jugendliche aus Hamburger Arbeitervierteln auf und bildete sie handwerklich aus. Als er diese Aufgabe allein nicht mehr schaffen konnte, richtete er das „Brüderhaus" zur Ausbildung von „Diakonen" ein und damit zugleich die erste sozialpädagogische Ausbildungsstätte in Deutschland. Wichern wollte mit seiner christlichen Rettungsanstalt und durch Aktivitäten in den Wohnbezirken, durch Straffälligenfürsorge, publizistische Tätigkeiten etc. einen Beitrag zur Bekämpfung von Not und Elend leisten, damit zugleich aber auch den Verfall der christlichen Staats- und Gesellschaftsordnung abwenden. So ist auch verständlich, dass Wichern an dem Zusammenschluss protestantischer Vereine zum „Zentralausschuss für die Innere Mission" entscheidenden Anteil hatte, der 1848 als kirchliche Reaktion auf die bürgerliche Revolution zustande kam.

Wicherns Erziehungskonzeptionen richteten sich – wie die zeitgenössische Sozialpädagogik überhaupt – an einem ständisch-patriarchalischen, d.h. vorindustriellen, Gesellschaftsbild aus. In der praktischen Durchführung kamen bei Wichern und anderen Vertretern der Rettungshausbewegung allerdings neue pädagogische Ansätze zum Tragen: der familienähnliche Charakter der Erziehungssituation in den Anstalten (bei gleichzeitiger Aufrechterhaltung der Geschlechtertrennung), die Verteilung der Verantwortung (Anfänge von Mitverwaltung), die Verbindung von theoretischer Ausbildung und Werkbildung, die Integration der Freizeit in den Erziehungsprozess. Daneben blieb die Arbeitserziehung ein wesentlicher Faktor des Erziehungsprozesses. Das Echo auf Wicherns Bestrebungen, mit dem „Rauhen Haus" eine qualifizierte und reflektierte Sozialarbeit zu versuchen, war groß: „Rettungshäuser gibt es in Deutschland von Basel bis zum Niederrhein, aber auch in Breslau, Köslin, Liegnitz und Görlitz, Goldberg und Oppeln (...). Allein in Bayern bestehen 1867 bereits 75 Rettungshäuser" (Wolf 1977, S. 32). Auf der anderen Seite war ihre Wirkung dadurch begrenzt, dass die Träger dieser Einrichtungen Kinder und Jugendliche nur mit Zustimmung der Erziehungsberechtigten aufnahmen, um eine weitgehende Autonomie gegenüber dem Staat und den von ihm getragenen Zwangs- und Disziplinierungsmaßnahmen zu sichern. In der Praxis bewirkte dies, dass straffällige Kinder und Jugendliche, die unter der Kontrolle der Armenpolizei standen, nicht in die privaten Anstalten aufgenommen wurden, sondern nach wie vor in die beklagenswerten Zustände der Armen- und „Corrections"-Anstalten überführt wurden.

Die ersten Kindergärten

Private Initiative fand, bei weitgehendem Ausschluss des Bürgertums von der politischen Macht in der ersten Hälfte des 19. Jahrhunderts, vielseitige Betätigungsfelder in der Fürsorge: Die ersten Einrichtungen für Menschen mit Behinderungen entstanden, Arbeitsfelder waren ferner Armen- und Mädchenschulen, Kinderschutzkommissionen, Jünglingsvereine – also Bereiche der offenen Kinder- und Jugendfürsorge. In diese Zeit reichen auch die Anfänge des Kindergartens zurück: Die ersten Modelle waren Einrichtungen in Frankreich (J. H. Oberlin) und England (R. O. Owen) (vgl. Heinsohn 1974, S. 33 ff.). An ihnen sowie am Rousseau'schen Vorbild vom Eigenrecht des Kindes und seiner optimalen Entwicklung anknüpfend, die Idee Pestalozzis von der Elementarbildung aufgreifend, konzipierte Friedrich Fröbel (1782–1852) seinen Kindergarten. Hier stand die allseitige Entwicklung der kindlichen Persönlichkeit im Mittelpunkt. Dabei sollten die Erziehungsprozesse aufgrund wissenschaftlich angeleiteter Erfahrungen und Experimente durch qualifizierte Berufserzieher umgesetzt werden (vgl. Heinsohn 1974, S. 51 ff.; Heiland 1982).

„Spielen, Spiel ist die höchste Stufe der Kinderentwicklung, der Menschenentwicklung in dieser Zeit; denn es ist freitätige Darstellung des Innern, die Darstellung des Innern aus Notwendigkeit und Bedürfnis des Innern selbst, was auch das Wort Spiel selbst sagt. Spiel (…) gebiert darum Freude, Freiheit, Zufriedenheit, Ruhe in sich und außer sich, Frieden mit der Welt. Die Quellen alles Guten ruhen in ihm, gehen von ihm hervor; ein Kind, welches tüchtig spielt, selbsttätig, still, ausdauernd, ausdauernd bis zur körperlichen Ermüdung spielt, wird gewiß auch ein tüchtiger, stiller, ausdauernder Mensch. Ist nicht die schönste Erscheinung des Kinderlebens dieser Zeit das spielende Kind? – das seinem völligen Aufgegangensein im Spiele eingeschlagene Kind?“

Quelle: Friedrich Fröbel, „Die Menschenerziehung“ (1826), in: Hederer 1975, S. 66f.

Im Bezugssystem der Fröbel'schen Pädagogik war der Kindergarten als Grundstufe eines allgemeinen Volksbildungssystems verankert. In Freiburg rief Anfang 1848 eine Bürgerinitiative (Provisorisches Komité) die Einwohner der Stadt auf, Beiträge zu zahlen, die die Einrichtung eines Kindergartens ermöglichten, der dann auch am 1. Juli desselben Jahres eröffnet wurde. Wegen des regen Zuspruchs reichten die Privatmittel bald nicht mehr für die Betriebskosten aus und seit 1867 zahlte die Stadt einen Zuschuss von zunächst 200 Gulden für die Einrichtung, die 1878 200 Kinder zählte. Gegen diesen und einen anderen Freiburger Kindergarten, die beide bei privater Trägerschaft konfessionell gebunden waren, wandten sich die Gründer der „Volkskindergärten“ Freiburgs 1878 unter Berufung auf Fröbel: Sie sollten vor allem ein Gegengewicht zu den beiden konfessionellen Kinderbewahrungsanstalten bilden. So wandte sich z.B. Prof. Franzius in den Bestimmungen seines Vermächtnisses über 16.839 M. an die Stadt strikt „gegen den Einfluss kirchlicher Kreise auf die Kinderbewahranstalten“ (Schwall-Düren 1980, S. 236).

Tabelle 1: Kinderbewahranstalten und Kindergärten und untergebrachte Kinder im Großherzogtum Baden

Jahr	Einrichtungen	Kinder
1874	231	15.920
1884	306	22.506
1894	469	34.619
1904	603	49.593

Quelle: Schwall-Düren 1980, S. 241; aufgr. d. Stat. Jahrb. für das Ghztm. Baden 1874–1907

In größerem Umfang entstanden Einrichtungen der Kleinkindererziehung aber erst, als das Elend der wachsenden Schicht von Fabrikarbeitern und die Einbeziehung der Frauen und älteren Kinder in die Industriearbeit zunahmen. Sie hatten allerdings wenig mit den Fröbel'schen Ideen gemein: Die Funktion dieser Bewahranstalten, die anfänglich in privater, später immer häufiger in kirchlicher Trägerschaft geführt wurden, beschränkte sich wesentlich darauf, neben der religiösen „Unterweisung", der frühen Einübung von Fabriktugenden (Ordnung, Pünktlichkeit, Fleiß, Gehorsam) und der Vermittlung elementarer Kulturtechniken die physische Erhaltung der Arbeiterkinder zu sichern.

Weder qualitativ noch zahlenmäßig waren also die Anfänge institutionalisierter Kleinkindererziehung ein bedeutender Faktor neben der Familienerziehung; 1914 besuchten knapp fünf Prozent aller Jungen und Mädchen zwischen drei und sechs Jahren im Deutschen Reich einen Kindergarten, der zudem nach wie vor eher Bewahranstalt als Förderstätte war.

2.3 Ausbau staatlicher Interventionen

Wenngleich zu Beginn des 19. Jahrhunderts immer noch fast drei Viertel der deutschen Bevölkerung überwiegend von der Landwirtschaft lebten, zeigten sich doch bereits tiefgreifende Strukturveränderungen, und die negativen sozialen Folgen der ab 1815 auf breiterer Grundlage sich durchsetzenden Industrialisierung traten immer deutlicher hervor. Bildung eines Landarbeiterproletariats, Abwanderung vom Land in die größeren Städte, Überangebot an Arbeitskräften und damit sinkende Reallöhne, Angleichung der Löhne von gelernten an die von ungelernten Arbeitern, Ersetzung der Arbeitskraft von Männern durch die von Frauen und Kindern, all dies sind Begleit- und Folgeerscheinungen der ökonomischen Umstrukturierungsprozesse. Unterernährung, Erschöpfung und Arbeitsunfälle (aufgrund der extensiven Ausbeutung der Arbeitskraft) führten zur Zunahme von Krankheits- und Sterbequoten. Im Gefolge der Verstädterung, der Verlagerung und Umstrukturierung des Berufsgefüges, der Auflösung der Großfamilie und der handwerklichen Produktionsgemeinschaften und der Trennung von Wohn- und Arbeitsstätte kam es zudem zu einem ständig fortschreitenden Verlust der Erziehungs- und Integrationskraft der traditionellen gesellschaftlichen Institutionen – vor allem der Familie. Bettelei, Gelegenheitskriminalität und Straßenprostitution nahmen außerordentlich zu.

Eingrenzung der Kinderarbeit

Eine wesentliche Ursache der zunehmenden materiellen und psychosozialen Verelendung und „Verwahrlosung" der Kinder war im 19. Jahrhundert das Problem der Kinderarbeit, insbesondere in der sich entwickelnden Industrie.

Nachdem eine Enquête der preußischen Regierung 1824 die „qualitative und quantitative Ungeheuerlichkeit der industriellen Kinderarbeit in gewissen preußischen Regierungsbezirken – vor allem des Westens – enthüllte, dauerte es noch 15 Jahre, ehe man sich zu einem gesetzlichen Eingriff entschloss" (Bäumer 1929, S. 12). Das „Preußische Regulativ über die Beschäftigung jugendlicher Arbeiter in Fabriken" vom 6. April 1839 sah ein Arbeitsverbot vor für Kinder unter neun Jahren, ebenso für Kinder unter 16 Jahren, die noch keinen dreijährigen Schulunterricht erhalten hatten (was jedoch durch die Einführung so genannter „Fabrikschulen" weitgehend umgangen werden konnte; vgl. Wolf 1977, S. 66ff.). Für die unter 16-Jährigen wurde zudem die Sonntags- und Nachtarbeit verboten, und ihre Arbeitszeit wurde auf zehn Stunden täglich beschränkt.

Tabelle 2: Die wichtigsten Beschäftigungsarten der 1898 in Deutschland „gewerblich" tätigen Kinder (unter 14 Jahren)

Beschäftigungsart	Zahl der Kinder
Arbeiten in Spinnereien und Webereien (insbesondere Spulen)	79.138
Herstellen von Posamenten	26.691
Herstellen von Tabakwaren	22.668
Häkeln, sticken	22.149
Flechten von Körben und Rohrstuhlsitzen	12.244
Arbeiten in der Strickerei und Wirkerei	12.163
Schneiderarbeiten	11.103
Anfertigen von künstlichen Blumen und Federschmuck	10.332
Flechten von Strohhüten und -matten	7.068
Nähen und zurichten von Handschuhen	6.589
Schuhmacherarbeiten	5.727
Anfertigen von Holzspielwaren und anderen Holzwaren (z. B. Zündholzschachteln)	5.639
Herstellen und ausstatten von Puppen	3.054
Mitarbeit beim Musikinstrumentenbau	2.673
Binden von Bürsten, einziehen von Borsten	2.509
Steine klopfen, Kies karren	1.949
Arbeiten in Ziegeleien	1.848
Drehen, schnitzen, schleifen und aufnähen von Hornknöpfen	1.403
Schleifen, schneiden und bemalen von Glas	1.378

Quelle: zit. nach Kuczynski/Hoppe 1958

Das „Regulativ" wurde später ergänzt und erweitert durch Gesetze und Verordnungen, die die Kontrollmöglichkeiten der Betriebe verbesserten (in Preußen ab 1853 durch die „Fabrikinspektoren"), das Mindestalter für die Beschäftigung von Kindern in Fabriken heraufsetzten (1853 auf 12 Jahre) und schließlich (1891) die Fabrikarbeit schulpflichtiger Kinder gänzlich verboten. Die meisten deutschen Staaten folgten dem preußischen Beispiel mit ähnlichen Gesetzen um die Jahrhundertmitte (vgl. Quandt 1978).

Das 1903 in Ergänzung zu den bestehenden Gesetzen verabschiedete „Gesetz betreffend die Kinderarbeit in gewerblichen Betrieben" hatte zum Ziel, auch den Bereich der Heimindustrie zu erfassen. Zu diesem Zweck war hier auch eine Eingriffsmöglichkeit in die elterliche Verfügungsgewalt vorgesehen. Damit sollten die Kinder vor der Ausbeutung und Misshandlung durch die eigenen Eltern geschützt werden. Denn in dem Maß, wie für die Unternehmer die Beschäftigung von Kindern in ihren Betrieben eingeschränkt wurde, gingen diese dazu über, im Rahmen von Heimarbeit die Ausbeutung auf die Eltern zu verlagern; konkret: Die Eltern traten als (Sub-) Unternehmer für ihre eigenen Kinder auf.

Berufsvormundschaften für „Haltekinder"

Hatte sich die Lage der Kinder im 19. Jahrhundert durch ihre Einbeziehung in den Bereich der industriellen und gewerblichen Produktion – neben der schon immer bestehenden Ausnutzung der kindlichen Arbeitskraft im landwirtschaftlichen Sektor – erheblich verschlechtert, so wirkte sich diese allgemeine Situation vor allem bei den nichtehelichen, zumeist in Pflegestellen untergebrachten „Zieh-, Halte- oder Kostkindern" besonders gravierend aus. Die Lage der Pflegekinder war, von wenigen Ausnahmen abgesehen, katastrophal. Die Kinder wurden häufig in ungeeignete, zum Teil gewerblich betriebene Pflegestellen gegeben. Mangelhafte hygienische Verhältnisse, Unterernährung und räumliche Enge führten während der ersten Lebenstage und -wochen zu außergewöhnlich hohen Sterbeziffern. Die älteren Pflegekinder sahen sich zudem einer frühen und extensiven Ausbeutung ihres Arbeitsvermögens ausgesetzt.

Die desolate Situation – hier am Beispiel der Berliner Verhältnisse – schildert in kaum noch zu übertreffender Deutlichkeit ein Bericht des preußischen Innenministers von 1840:

> „Es werden in Berlin jährlich 1000 bis 1100 uneheliche Kinder geboren, die zum großen Teil von der Geburt an in einem schlimmeren Verhältnis als die verwaisten Kinder sich befinden. Die Väter derselben, welche sich gewöhnlich für völlig frei von jeder Pflicht erachten, können oft nur durch gesetzlichen Zwang, der häufig wegen Entfernung und Armut der Beteiligten fruchtlos bleibt, zu irgendeiner dürftigen Leistung gezwungen werden, während die Mütter, dienend oder neuen Ausschweifungen sich hingebend, ihre Kinder nicht selbst erziehen können oder es nicht wollen, nur mühsam und mit Widerwillen spärliche Kost für die Erziehung durch Fremde aufbringen und nicht selten es für ein Glück halten, wenn der Tod die von ihnen als Bürde und Hindernis betrachteten Kinder hinwegrafft. Diesen Verhältnissen und Gesinnungen angemessen ist die Verpflegung dieser Kinder. Die Frauen, welche ein Gewerbe aus der

Aufnahme dergleichen Kinder machen und sich gegen geringe Vergütung dazu verstehen, sind zu deren Verwahrlosung, noch mehr als die Mütter, geneigt, und so findet man denn häufig diese unglücklichen Kinder in einem wahrhaft bedauernswürdigen Zustand, in ungesunden, feuchten und finsteren Wohnungen, auf schmutzigem Lager, tagelang an elenden so genannten Lutschbeuteln kauend, und ohne Wartung im eigenen Unflat verkümmernd. In dieser Weise wird früh schon der Grund zu den langwierigsten, oft unheilbarsten Übeln gelegt; später, wenn die Seelenkräfte sich entfalten, sind die moralischen Eindrücke nicht besser als die physischen, und Todesfälle sind unter diesen Kindern häufiger als unter anderen …" (zit. n. Pütter 1902, S. 32ff.).

Für Preußen wurde daraufhin (1840) durch eine „königliche Zirkularverfügung" die Aufnahme von „Haltekindern" unter vier Jahren gegen Entgelt von einer polizeilichen Erlaubnis abhängig gemacht. Eine effektive Kontrolle und eine positive – d.h. pädagogisch angeleitete – Betreuung der Pflegestellen konnte damit jedoch noch nicht erreicht werden.

Die Lebenschancen der unehelichen Kinder blieben weit hinter denen anderer zurück. 1896 erreichten nur 63 Prozent der unehelich geborenen Kinder in Berlin das erste Lebensjahr; in Bottrop, Schalke und Hamburg lag die Rate ebenfalls bei knapp 60 Prozent, in Großlichterfelde bei Berlin nur bei 20 Prozent! „Für die schlechte Lage der Pflegekinder war gar nicht so sehr die mangelnde Eignung der Pflegeeltern als vielmehr das nur schwankend eingehende oder gar ausbleibende Pflegegeld verantwortlich (…). Die wichtigste und die Lebenschancen am meisten mindernde Folge der geringen oder unregelmäßigen Alimentationen war der häufige Pflegestellenwechsel. Je häufiger der Pflegestellenwechsel, desto höher die Sterblichkeit!" (Peukert 1986, S. 100f.)

Ausgehend von dem Gedanken, dass die Misere des Pflegekinderwesens zum großen Teil zurückgeführt werden könne auf das Versagen des Instituts der bestellten Einzelvormundschaft, wurden vielerorts Versuche unternommen, das Vormundschaftswesen neu zu ordnen. So entwickelten sich neben den überkommenen Einzelvormundschaften, anknüpfend an die historisch älteren Anstaltsvormundschaften (vgl. Klumker 1931, S. 4ff.), neue Formen der vormundschaftlichen Betreuung: die Berufsvormundschaften.

Die ältesten Berufsvormundschaften gehen zurück auf Max Taube, Arzt der Leipziger „Ziehkinderanstalt", einer Einrichtung zur Betreuung von Pflegestellen. Auf Taubes Antrag wurde die Anstalt, die mit Hilfe bezahlter Pflegerinnen Säuglingsfürsorge und Pflegemütterschulung betrieb, Vormund. Diese Vormundschaft umfasste 1883 alle gegen Entgelt bei fremden Familien untergebrachten Kinder, sie wurde 1891 auch auf die bei Verwandten gegen Entgelt untergebrachten unehelichen Kinder und 1900 auf alle unehelichen Kinder, gleich wo sie untergebracht waren, ausgedehnt (vgl. Scherpner 1966, S. 174ff.).

Das Entscheidende an dieser neuen Form der Vormundschaft war, dass sie eine engere Verbindung von Vormundschaft und Erziehung sichern sollte und dass eine Person eine Vielzahl von Vormundschaften auf sich vereinigen konnte, was eine berufsmäßige Ausübung dieses Amtes ermöglichte.

Gesetze zur Zwangserziehung

Bis zum Inkrafttreten des Reichsjugendwohlfahrtsgesetzes (RJWG) im Jahr 1924 gab es drei Arten öffentlicher Ersatzerziehung:

- die aufgrund der §§ 1666 bzw. 1838 BGB (Eingriff in die elterliche Gewalt) erlassene Anordnung des Vormundschaftsgerichts (die so genannte „privatrechtliche Fürsorgeerziehung"),
- die „Zwangserziehung" nach § 56 StGB für die bedingt strafmündigen Jugendlichen sowie
- die Fürsorgeerziehung im engeren Sinn, beruhend auf landesrechtlichen Vorschriften, die nach Art. 135 des Einführungsgesetzes zum BGB aufrechterhalten blieben, soweit dies zur „Verhütung des völligen sittlichen Verderbens des Minderjährigen" für notwendig erachtet wurde.

In der Entwicklung der Gesetzgebung zur Fürsorgeerziehung lassen sich zwei Ausgangspunkte erkennen: Der von der bürgerlich-rechtlichen Seite herkommende Strang beruht auf der kirchlichen und privaten Fürsorge und findet seinen ersten Niederschlag schon im Allgemeinen Preußischen Landrecht von 1794. Damit wurde eine gesetzliche Grundlage geschaffen für das Eingreifen des Vormundschaftsgerichts, das Eltern die Erziehungsgewalt entziehen konnte, wenn diese ihre Kinder misshandelten, „zu Bösem verleiteten" oder ihnen den Unterhalt versagten (Allgemeines Landrecht, Teil II, Titel 2, Art. 90 und 91).

Der andere Strang der staatlichen Ersatzerziehung kommt vom Strafrecht her. Danach sollten Kinder für ihre Straftaten nicht mehr strafrechtlich zur Verantwortung gezogen werden. Derartige Vorschriften über die Sonderbehandlung straffälliger Kinder fanden sich erstmals im französischen *Code Pénal* von 1810, später im Preußischen Strafgesetzbuch von 1851 und schließlich reichseinheitlich im Reichsstrafgesetzbuch (RStGB) von 1871. Nach dem RStGB waren Kinder bis zum vollendeten 12. Lebensjahr strafunmündig (§ 55). Bei den 12- bis 18-Jährigen konnte auf Strafverfolgung und Verurteilung verzichtet werden: „Ein Angeschuldigter, welcher zu einer Zeit, als er das 12., aber nicht das 18. Lebensjahr vollendet hatte, eine strafbare Handlung begangen hat, ist freizusprechen, wenn er bei Begehung derselben die zur Erkenntnis ihrer Strafbarkeit erforderliche Einsicht nicht besaß" (§ 56 RStGB). In dem Urteil sollte allerdings festgelegt werden, „ob der Angeschuldigte seiner Familie überwiesen oder in eine Erziehungs- oder Besserungsanstalt gebracht werden soll."

Fürsorge-Erziehung

Fürsorge-Erziehung — ein Wort voll tröstlicher Milde und Aufrichtung. Man fühlt einen warmen Hauch von Nächstenliebe und Barmherzigkeit, denkt an Pestalozzi, als er auf dem Neuhof die verkommenen und verwahrlosten Bettelkinder um sich scharte, und erinnert sich seiner überquellenden Liebe und Güte, als er — ein barmherziger Samariter — unter den Waisenkindern in Stanz wirkte … „Alles, was ihnen an Leib und Seele Gutes geschah, ging aus meiner Hand. Jede Hilfe, jede Handbietung in der Not, jede Lehre, die sie von mir erhielten, ging unmittelbar von mir aus. Meine Hand lag in ihrer Hand, mein Auge ruhte in ihrem Auge. Meine Tränen flössen mit den ihrigen und mein Lächeln begleitete das ihrige. Sie waren außer der Welt, sie waren außer Stanz, sie waren bei mir und ich war bei ihnen. Ihre Suppe war die meinige, ihr Trank war der meinige. Ich hatte nichts, ich hatte keine Haushaltung, keine Freunde, keine Dienstboten um mich, ich hatte nur sie. Waren sie gesund, ich stand in ihrer Mitte, waren sie krank, ich stand an ihrer Seite. Ich schlief in ihrer Mitte. Ich war am Abend der Letzte, der ins Bett ging, und am Morgen der Erste, der aufstand. Ich betete und lehrte noch im Bett mit ihnen, bis sie einschliefen. Sie wollten es so. Alle Augenblicke mit Gefahren einer doppelten Ansteckung umgeben, besorgte ich die beinahe unbesiegbare Unreinlichkeit ihrer Kleider und ihrer Personen. …"

Welche Fülle von Liebe und Hingabe, Aufopferung und Selbstverleugnung spricht aus diesen Worten! Wie abgrundtief unter dem Liebeswerke jenes schlichten Mannes aber steht das Werk der Fürsorge-Erziehung, das unsere bürgerliche Gesellschaft an den Verwahrlosten und Verkommenen leistet! In dieser „Fürsorge" pulst keine Lebenswärme der hilfreichen, tröstenden Liebe, kein Pestalozzigeist findet in ihr Stätte und wirkende Kraft. In der Uniform des Aufsehers und Büttels schreitet sie einher, auf kahlen Höfen mit Glasscherben auf den Mauern oder in öden Gelassen mit Gitterfenstern bis zum vierten Stock waltet sie ihres Amtes. … Dunkle Karzer… Gummischläuche… die neunschwänzige Katze… Wasser und Brot… und dazu das Bibelbuch. Dieses ekle Gemisch von Frömmelei und Brutalität, plärrender Gottseligkeit und Herzensroheit, Knute und Hallelujah ist es, was sich heute Fürsorge-Erziehung nennt.

Quelle: Rühle 1906, S. 64 f.

Wenn auch die Zwangserziehung nur aufgrund einer gerichtlichen Entscheidung angeordnet werden konnte, so wurde doch deren Ausführung weiterhin fast ausschließlich privaten Organisationen, vor allem den Einrichtungen der Kirchen, übertragen. Die Durchführung der Zwangs- und Fürsorgeerziehung konnte auch in Familien erfolgen, in der Praxis herrschte jedoch die Anstaltserziehung vor. Als Gründe dafür wurden angegeben „das Fehlen einer ausreichenden Anzahl von Familien wie auch die in vielen Fällen unabweisbare Notwendigkeit, eine stramme Zucht zu handhaben, oder auf eine körperliche und moralische Reinigung Bedacht zu nehmen" (Kiene 1900, S. 67). Hinter diesen Erziehungsgrundsätzen steht oft eine entsprechende Praxis: primitive Einrichtungen, dürftige Kost, schlecht besoldetes und mangelhaft vorgebildetes Personal, drakonische Strafen, Abschließung der Anstalten nach draußen, extensive Kinderarbeit (vgl. dazu Rühle 1906; Agahd 1905).

Die mit der Zwangserziehungsgesetzgebung erfolgte Erweiterung der staatlichen Eingriffsmöglichkeiten erhielt allerdings nicht ungeteilten Beifall. Zeitgenössische Kommentatoren betonten, dass sich gegen diese Erweiterung vom Standpunkt des elterlichen Rechts schwerste Bedenken aufdrängten und dass der staatliche Eingriff „in das natürliche und ureigenste Recht der Eltern auf Erziehung ihrer Kinder“ (Kiene 1900, S. 24) nur als äußerstes und letztes Mittel Anwendung finden dürfe.

Dass es dabei jedoch nur vordergründig um die Wahrung elterlicher Rechtspositionen ging, wird deutlich, wenn die gleichen Autoren sorgenvoll darauf hinweisen, dass durch diese neue Gesetzgebung Eltern ja geradezu begünstigt und ermutigt werden könnten, sich der ihnen obliegenden Aufgabe der Kinderaufzucht zu entledigen. Es dürfe nicht verkannt werden, „dass diese Maßregel die Gefahr in sich birgt, das Gefühl der Verantwortlichkeit der Eltern für ihre Kinder abzuschwächen, wenn es ihnen zu leicht gemacht wird, die Sorge und Kosten der Erziehung auf Staat und Kommunalverbände abzuwälzen. In diese Maßregel würde dadurch ein bedenklicher sozialistischer Zug getragen, über dessen Hervortreten, z.B. in England, welches die staatliche Erziehung seit mehr als 40 Jahren in ausgedehntem Maße zur Anwendung bringt, geklagt wird.“ (Schmilz 1901, S. 47)

Um einem „schwindenden Verantwortlichkeitsgefühl entgegenzuwirken“, sahen die Zwangserziehungsgesetze deshalb vor, dass die Eltern „die Kosten des Unterhalts der Kinder während der Fürsorgeerziehung ganz zu tragen, oder wenn dies, wie es die Regel sein wird, über ihre Verhältnisse hinausgeht, wenigstens einen Teil davon, und mag er noch so gering sein, zu ersetzen“ hatten. Dabei sollte es nicht so sehr auf den Geldwert ankommen, entscheidend sei vielmehr „der moralische Eindruck auf die Eltern, die durch regelmäßig wiederkehrende Beiträge an ihre Verantwortung erinnert werden“ (Schmilz 1901, S. 48). Deutlich wird damit ein Widerspruch: Staatliches Handeln hat einerseits gesellschaftlichen Umwälzungen Rechnung zu tragen, andererseits soll die Verantwortung für die sozialen Folgelasten wiederum den betroffenen Personen, hier vor allem den Arbeiterfamilien, zugerechnet werden. Diese Position zeigt sich auch darin, dass die Provinzialstände 1835 einen Rechtsanspruch der Armen auf öffentliche Hilfe und Unterstützung kategorisch ablehnten: „Nach Ansicht der Versammlung darf überhaupt die Armut kein Rechtszustand werden. (...) Gesetzliche Armut wird die Scham und die Religion des Armen austilgen, denn das Band der Wohltätigkeit, geknüpft zwischen der Religion und dem Armen, wird gelöst.“ (zit. n. Dörner 1975, S. 284, Anm. 252)

Trotz der für die betroffenen Kinder und Jugendlichen bedrückend und oft ausweglos elend scheinenden Erziehungs- und Lebensbedingungen lassen sich rückblickend im ausgehenden 19. und beginnenden 20. Jahrhundert neue Tendenzen in der Jugendhilfe ausmachen, die in der Folgezeit der repressiven obrigkeitsstaatlichen „Fürsorge“ entgegenlaufen sollten. Die Ausdifferenzierung der Institutionen öffentlicher Erziehungshilfen und die damit einhergehende allmähliche Professionalisierung sind in diesem Zusammenhang zu nennen (s. *Berufsvormünder*).

Ein weiterer Faktor ist die Einführung der „Sozialpolitik“ und die Profilierung sozialpolitischer Fachleute und -kreise (s. Deutscher Verein). In diesem Zusammenhang müssen die sozialpolitischen Reformen des Kaiserreichs in der Bismarckzeit genannt werden: gesetzliche Kranken-, Unfall-, Invaliditäts- und Alterssicherung (für Arbeiter und einfache Angestellte) in den Jahren 1883, 1884 und 1889; 1891 die Novelle zur Reichsgewerbeordnung. Neben die staatliche Unterdrückung trat aktive Politik zur Sicherung existenzieller Lebensbedingungen: Damit sollte nach Bismarck „den besitzlosen Klassen der Bevölkerung“ verdeutlicht werden, „dass der Staat nicht bloß eine notwendige, sondern auch eine wohltätige Einrichtung sei“ (zit. n. Braun 1955, S. 11; ausführlich: Hentschel 1983, S. 9–28).

Die Politisierung der „sozialen Frage“, die nach gesellschaftlichen Erziehungsleistungen verlangende allmähliche Auflösung der traditionellen Großfamilie und die Bildung nötig und möglich machende Produktivitätsentwicklung in der Industrie rückten ebenso wie die Weiterentwicklung der Sozialarbeit und -pädagogik (s. Landwehr/Baron 1983, Wolf 1977) grundsätzliche und brennende Fragen der Jugendfürsorge ins Blickfeld staatlicher und gesellschaftlicher Aufmerksamkeit (ausführlich: Peukert 1986, insb. S. 37–139).

2.4 Jugendorganisationen und staatliche Jugendpflege

Kirchliche Jugendarbeit

Sieht man einmal von den studentischen Verbänden und Korporationen ab, so haben in dem Bereich, den wir heute Jugendarbeit nennen können, konfessionell gebundene Gruppen die längste Tradition (dazu ausführlich Siercks 1913; Zwerschke 1963).

Religiöse Jugendvereinigungen mit pietistischem Charakter entstanden zuerst in Basel (1768), später in Stuttgart (1805), Berlin (1827), Bremen (1834). Auf katholischer Seite bildeten sich entsprechende „Gesellenvereine“ (1846 in Elberfeld, 1848 in Köln durch Kolping). All diese Vereine hatten als Zielgruppe ausschließlich die männliche Jugend; entsprechende „Jungfrauenvereinigungen“ wurden erst später ins Leben gerufen.

Erklärtes Ziel dieser konfessionellen Vereinigungen war, neben der Wahrung der religiösen Bindung der Jugendlichen und der Festigung der Position der Kirchen, insbesondere die moralische und sittliche Integration der heranwachsenden Jugend. Erst das Auftreten der sozialistischen Arbeiterjugendorganisationen veranlasste die konfessionellen Verbände, stärker auch auf sozialpolitische Probleme (z. B. Jugendarbeitsschutz) einzugehen.

Neben die kirchlichen Jugendverbände traten in der zweiten Hälfte des 19. Jahrhunderts auch andere bürgerlich-nationale Bildungs-, Jünglings-, Gesellen- und Erziehungsvereine. Diese von Erwachsenen gegründeten und getragenen Vereine verfolgten – neben Zielen wie gesellschaftliche und nationale Erziehung, sinnvolle Freizeitausfüllung und gelenkte Geselligkeit der Jugendlichen, berufliche Fortbildung, religiös-sittliche Beeinflussung – auch das Interesse an einer „vorbeugenden Fürsorge“. Diese sollte mit dazu beitragen, „die noch schuldlose und unverdorbene Jugend unter dem armen Volke vor dem schwersten Falle zu bewahren“ (Lange, zit. n. Mollenhauer 1959, S. 113). Die in diesem Bereich tätigen Organisationen haben sich 1891 in der halbamtlichen „Zentralstelle für Arbeiterwohlfahrtseinrichtungen“ (ab 1906 „Zentralstelle für das gesamte Gebiet der Volkswohlfahrt“) zusammengeschlossen.

Bürgerliche Jugendbewegung

Als eine der Antworten auf den wirtschaftlichen, sozialen und geistigen Umbruch des 19. und beginnenden 20. Jahrhunderts und als Ausdruck einer „Krise der Kultur“ (Nohl) entwickelten sich viele pädagogische Neuansätze, die versuchten, alternative Formen der Erziehung zu finden. Eine besonders prägende Kraft neben der Volkshochschulbewegung und den Schulbewegungen war zweifelsohne die deutsche Jugendbewegung. War diese einerseits durch eine praktische Programmlosigkeit (vgl. Bondy 1929) gekennzeichnet, so war sie andererseits bestimmt durch ein neues „Lebensgefühl“, wie es charakteristisch im Aufruf zum „Ersten Freideutschen Jugendtag“ auf dem Hohen Meißner am 11./12. Oktober 1913 zum Ausdruck kam: „Die Freideutsche Jugend will aus eigener Bestimmung, vor eigener Verantwortung, mit innerer Wahrhaftigkeit ihr Leben gestalten. Für diese innere Freiheit tritt sie unter allen Umständen geschlossen ein“ (Messer 1915, S. 13).

Die Jugendbewegung zeichnete sich aus durch „die Entdeckung der Natur und des Wanderns; die Entdeckung der jugendlichen Gleichaltrigengruppe als besonderen Erlebnis- und Selbsterziehungsbereich; die Distanz zu gesellschaftlichen Konventionen und die Option für ungezwungene Kleidung und Umfangsformen; die Wiederentdeckung alter Lieder, Bräuche und Sitten und die Romantik des Gemeinschaftslebens außerhalb der städtischen Zivilisation“ (Giesecke 1983, S. 17).

Ihre spezifische Problematik lag in einem pädagogischen Optimismus, der nicht selten naiv-irrationale und unpolitische Züge trug. Der Glaube, die Erneuerung der Gesellschaft durch ein neues „Lebensgefühl“ und durch eine an kleingruppenhaften Gemeinschaften orientierte Erziehung herbeiführen zu können, markiert deutlich die idealistische und schließlich auch ideologisch verzerrte Einstellung zur Lebenssituation der Jugend. Ein aus unpolitischer Sozialromantik entworfenes Bild von der Jugend, das die gesellschaftliche Wirklichkeit ignoriert, führte letztlich zu einem Rückzug aus der sozialen Realität.

Wenn auch die von der Jugendbewegung ausgehende Unruhe nicht darauf abzielte, die Gesellschaft in ihren zentralen Herrschaftsstrukturen in Frage zu stellen, und wenn auch die oftmals übersteigerte Emotionalität Problemzusammenhänge eher verstellte als erhellte, so ist es doch sicher ein Verdienst der bürgerlichen Jugendbewegung, dass sie neben der Entdeckung der Gruppe als pädagogisches Prinzip zu einer Sensibilisierung der Gesellschaft und damit auch der Pädagogik für die Lebenssituation der Jugend und ihre Problemlagen geführt hat.

Arbeiterjugendorganisation

Die Ausgangssituation, die zur Gründung von Arbeiterjugendorganisationen führte, ist im Zusammenhang mit einer Krise der handwerklichen Ausbildung und der großen Zunahme der Zahl jugendlicher Fabrikarbeiter zu sehen. Die Konkurrenz zwischen Handwerk und Industrie verschlechterte einerseits die Ausbildungssituation der Lehrlinge, während andererseits die jungen Fabrikarbeiter als Lohnarbeiter einer extensiven Ausbeutung unterworfen waren (zur Entstehung und Entwicklung der Arbeiterjugend vgl. Giesecke 1983; Korn 1922; Lessing 1976; Sieger 1958; v. Werder 1972).

Als sich im Juni 1904 ein Lehrling erhängte, weil er die Misshandlungen seines Lehrmeisters nicht mehr ertragen konnte, war dies der äußere Anlass der Gründung des „ Vereins der Lehrlinge und jugendlichen Arbeiter Berlins“. Auch in anderen Teilen Deutschlands folgten bald unabhängig voneinander entsprechende Vereinsgründungen (1904 in Mannheim der „Verein junger Arbeiter“). Aufschluss über das schnelle Anwachsen dieser Bewegung geben insbesondere die Zahlen über die Teilnahme von Jugendlichen an Veranstaltungen und Vorträgen, an Ausflügen und Wanderungen (1912 etwa 150.000; nach Siercks 1913, S. 88f.).

Nach einer auf der ersten internationalen Konferenz der sozialistischen Jugendverbände 1907 in Stuttgart verabschiedeten Resolution (in: Westphal 1928, S. 133f.) sah sich die Arbeiterjugendbewegung insbesondere folgenden Zielsetzungen verpflichtet:

- Vermittlung von Wissen (z.B. über Nationalökonomie, Geschichte, Gesetzgebung),
- Vorbereitung der Arbeiterjugend auf den Klassenkampf durch Stärkung und Förderung von Solidarität, demokratischer Gesinnung, Disziplin, Selbstbewusstsein, Opferwilligkeit, Kühnheit, Besonnenheit,

- Aufklärung über geschlechtliche Fragen und Alkoholismus, Förderung der Achtung und der Kameradschaftlichkeit zwischen den Geschlechtern,
- Pflege der internationalen Solidarität,
- Unterstützung des antimilitaristischen Kampfes der Sozialdemokratie,
- körperliche Ertüchtigung durch Leibesübungen und Spiele,
- Förderung des „ästhetischen Sinnes“ der Arbeiterjugend.

Die hier formulierten Ziele lassen die Unterschiede zur bürgerlichen Jugendbewegung deutlich werden: Neben die Befriedigung emotionaler Bedürfnisse tritt die Stärkung und Entwicklung des „Klasseninteresses“; um die Befreiung von wirtschaftlicher Ausbeutung und gesellschaftlicher Unterprivilegierung praktisch-politisch umzusetzen, bekommt das Moment der überörtlichen Zusammenfassung und Organisation besonderes Gewicht.

Wenn in der Stuttgarter Entschließung von 1907 und in anderen Erklärungen ausdrücklich die politischen Ziele und Intentionen der sozialistischen Jugendorganisationen angesprochen werden, so standen doch in der praktischen Arbeit und nach außen hin andere Ziele im Vordergrund (Jugendschutz, Bildung, Erziehung). Die Ursache dafür lag wesentlich im geltenden „preußischen Vereinsrecht“, das „Frauenspersonen, Schüler und Lehrlinge“ von der Mitgliedschaft und Mitarbeit an politischen Vereinigungen ausschloss (in Süddeutschland war das Vereinsrecht großzügiger).

Die Arbeiterjugendorganisationen gerieten jedoch nicht nur mit den Gesetzen des preußischen Obrigkeitsstaates in Konflikt, auch die Organisationen der Arbeiterbewegung (Sozialdemokratische Partei und Gewerkschaften) betrachteten die rasch anwachsende Arbeiterjugendbewegung mit Zurückhaltung. Die Erwachsenenorganisationen nahmen für sich in Anspruch, die umfassende Interessenvertretung des Proletariats zu sichern und fürchteten daher durch die Entstehung eigenständiger Arbeiterjugendorganisationen ein Schwinden ihres Einflusses. Dieser Druck führte nach 1907 zu einer Auflösung der selbstständigen Arbeiterjugendorganisationen. Lediglich lokale Jugendorganisationen mit unpolitischem Charakter sollten noch weiter erhalten bleiben. Das Hauptgewicht der Jugendarbeit verlagerte sich nun auf die drittelparitätisch von Vertretern der Partei, Gewerkschafts- und Jugendfunktionären besetzte „Zentralstelle für die arbeitende Jugend Deutschlands“ (erster Vorsitzender Friedrich Ebert) und die in gleicher Zusammensetzung gebildeten Jugendausschüsse auf Bezirks- und Ortsebene. Die Hauptaktivität dieser Ausschüsse lag in der Durchführung von berufskundlichen und allgemeinbildenden Vorträgen, unterhaltenden Veranstaltungen, Wanderungen etc. Im Ergebnis wurde damit die von der frühen Arbeiterjugendbewegung „nicht aufgelöste Alternative zwischen einer Kampf- oder einer Erziehungsorganisation mit der Auflösung der Verbände und die jugendpflegerische Ausrichtung der Arbeiterjugend von Seiten der bürgerlichen Politiker in der Arbeiterbewegung zugunsten einer auf Erziehungsfunktionen hin strukturierten Organisation entschieden“ (Lessing 1976, S. 99f.).

Staatliche Jugendpflege

Parallel zur Entwicklung der bürgerlichen und der proletarischen Jugendbewegung entstand um die Jahrhundertwende die staatliche Jugendpflege (vgl. Muth 1961; Hirtsiefer 1930; Giesecke 1981, S. 59ff.; Siercks 1913). Nach einem ersten Erlass der preußischen Staatsregierung von 1901 sollten die Aktivitäten der bürgerlichen Vereine staatlicherseits nach Kräften unterstützt werden, weil „die jungen Leute, denen eine genügende Pflege und Fürsorge nicht von anderer Seite zuteil wird, nur zu leicht unter Einflüsse geraten, die geeignet sind, ihre geistige und sittliche Entwicklung in falsche Bahnen zu leiten“ (zit. n. Panter 1965, S. 18). Die hier eingeschlagene Tendenz wurde durch zwei weitere Erlasse (1905 und 1908) und den grundlegenden Jugendpflegeerlass von 1911 fortgeführt. Durch die staatliche Förderung sollten die Jugendlichen (hier zunächst ausschließlich die männliche arbeitende, ab 1913 auch die schulentlassene weibliche Jugend) zu Normkonformität angehalten und für Armee und Kriegsdienst begeistert werden. Zugleich sollte – in Verbindung mit dem Reichsvereinsgesetz von 1908 (der Fortführung des Preußischen Vereinsgesetzes), das nun generell Jugendlichen unter 18 Jahren die Mitgliedschaft in politischen Vereinen oder Parteien untersagte – die Arbeiterjugendbewegung zurückgedrängt werden.

Die dem Erlass von 1911 beigegebenen „Grundsätze und Ratschläge für die Jugendpflege“ lassen keinen Zweifel über die Zielsetzungen aufkommen: „Aufgabe der Jugendpflege ist die Mitarbeit an der Heranbildung einer frohen, körperlich leistungsfähigen, sittlich tüchtigen, von Gemeinsinn und Gottesfurcht, Heimat- und Vaterlandsliebe erfüllten Jugend. Sie will die Erziehungstätigkeit der Eltern, der Schule und Kirche, der Dienst- und Lehrherren unterstützen, ergänzen und weiterführen“ (zit. n. Hederer 1975, S. 376).

Dass „unter Jugendpflege im Sinne des Erlasses im Wesentlichen eine vormilitärische ‚vaterländische‘ Jugenderziehung verstanden werden sollte“ (Muth 1961, S. 603), zeigte sich insbesondere auch daran, dass der 1911 unter Mitwirkung des Kriegsministeriums, der Armee und der zivilen Behörden gegründete „Jungdeutschlandbund“, dessen Hauptzweck in der Vermittlung einer paramilitärischen Ausbildung, der Durchführung „jugendgemäßer“ Kriegs- und Geländespiele und wehrsportlicher Ertüchtigung lag, sich größter Unterstützung und Förderung durch die mit der Durchführung der staatlichen Jugendpflege beauftragten Ausschüsse bei den staatlichen Verwaltungen erfreuen konnte.

Erlaß

des

Ministers der geistlichen, Unterrichts- und Medizinal-Angelegenheiten

vom 18. Januar 1911

betreffend

Jugendpflege.

Die in den letzten Jahrzehnten erfolgte Veränderung der Erwerbsverhältnisse mit ihren nachteiligen Einflüssen auf das Leben in Familie und Gesellschaft hat einen großen Teil unserer heranwachsenden Jugend in eine Lage gebracht, die ihr leibliches und noch mehr ihr sittliches Gedeihen aufs schwerste gefährdet. Immer ernster wird daher die *allgemeine* Durchführung von Maßnahmen gefordert, welche dem heranwachsenden Geschlecht ein fröhliches Heranreifen zu körperlicher und sittlicher Kraft ermöglichen. Diese Forderung wird besonders dringend gerade auch von solchen erhoben, welche selbst seit geraumer Zeit sich um die Pflege der Jugend verdient gemacht und eigene Erfahrungen auf diesem Gebiete gesammelt haben.

Auch die Königliche Staatsregierung betrachtet die *Jugendpflege* wegen ihrer hohen Bedeutung für die Zukunft unseres Volkes als eine der wichtigsten Aufgaben der Gegenwart und hat deren Förderung dem mir unterstellten Ministerium übertragen.

Um über den Geist, in dem ich die Sache behandelt zu sehen und ihr zu dienen wünsche, von vornherein keinen Zweifel aufkommen zu lassen, bemerke ich, daß die Jugendpflege die Anwendung irgend einer bureaukratischen Schablone nicht verträgt. *Tunlichst freie Entfaltung aller geeigneten Kräfte* innerhalb des durch das Ziel gegebenen Rahmens und unter Fühlungnahme mit den dasselbe Ziel Erstrebenden ist unentbehrlich. Wenn irgendwo, so hängt hier der Erfolg der Arbeit von der selbstlosen Hingebung der Personen ab, die sie treiben, sowohl bei dem unmittelbaren Dienste an der Jugend selbst, wie bei den besonders wichtigen Bemühungen, der Jugendsache Freunde zu werben.

Die Stadtverwaltungen und Schuldeputationen finden hier ein weites Feld aussichtsvoller Tätigkeit...

Abb. 2: Jugendpflegeerlass von 1911

Der preußische Jugendpflegeerlass war mit einem Subventionsfonds von anfänglich einer, später (1914) vier Millionen Mark verbunden (Zahlen bei Muth 1961, S. 609). Um die sozialistischen Arbeiterjugendvereine auch zweifelsfrei von den Förderungsmitteln dieser Fonds und anderen materiellen Vergünstigungen (z.B. Bereitstellung von Jugendheimen, Fahrpreisermäßigungen, kostenlose Übernachtung von Wandergruppen in Kasernen) auszuschließen, verlangten die Förderungsrichtlinien, dass die Empfänger der Subventionen sich zu vaterländischer Gesinnung und Gottesfurcht bekennen und auf „staatserhaltendem Boden" stehen mussten.

Diese Jugendpolitik des preußischen Staates führte allerdings von Anbeginn zu nicht geringen Auseinandersetzungen und Konflikten mit den Kirchen, insbesondere der katholischen Kirche (vgl. Muth 1961, S. 611 ff.). Im Vordergrund stand hier die Sorge, dass die kirchlichen Aktivitäten durch die staatliche Förderung „vaterländischer" Vereine, so z.B. der Turnerschaften, der Pfadfinder, der – vorwiegend von Offizieren geleiteten – Jungwehren (Jungdeutschlandbund), berufsständischer Vereinigungen etc., beeinträchtigt werden könnten. Aber trotz dieser Meinungsverschiedenheiten und lokal oft erbittert ausgetragener Kämpfe um Macht, Einfluss und Subventionen wusste sich auch die katholische Kirche den „großen nationalen Zielen" verpflichtet und wollte hier – sei es auch nur aus taktischen Gründen – nicht abseits stehen: Im März 1912 schloss der Generalpräses der katholischen Jugendvereine ein Abkommen mit dem Jungdeutschlandbund, in dem eine korporative Mitgliedschaft der katholischen Jugendvereine im Jungdeutschlandbund vereinbart wurde.

Die erste Phase des staatlichen Engagements in der Jugendpflege findet mit dem Ausbruch des Ersten Weltkrieges einen vorläufigen Abschluss. Der durch diese Jugendpflegepolitik Preußens und anderer deutscher Staaten eröffnete Korridor staatlichen Einflusses auf den Freizeitbereich von Jugendlichen wird dadurch jedoch nicht aufgegeben, sondern in der Folgezeit noch ausgebaut und für staatliche Interventionen im Interesse der sozialen Anpassung und Integration der nachwachsenden Generationen genutzt.

2.5 Jugendwohlfahrt in der Weimarer Republik

Der verlorene Erste Weltkrieg rief in Deutschland soziale Folgeprobleme hervor, die die Lebenssituationen von Kindern und Jugendlichen aus Arbeiterfamilien erheblich verschlechterten. Ernährungsmängel, Wohnungsnot, unvollständige Familien, außerhäusliche Arbeit der Frauen waren nur einige Ursachen der auftretenden Defizite und Mängellagen, die verstärkt zu abweichendem und dissozialem Verhalten bei Kindern und Jugendlichen führten.

Ein Bild der Lage der Jugend in Berlin während der ersten Nachkriegsjahre gibt folgender Bericht:

„Kinder werden vielfach von Eltern zum Betteln oder gar zum Stehlen veranlasst und gezwungen – Straßenhandel, Durchsuchen von Müllkästen und Abfalleimern nach altem Papier und Lumpen durch Kinder – Nachlassen der Ehrlichkeit der Kinder – Zunahme von Habgier – Geldspekulation unter Kindern häufig – zunehmender Alkoholismus der Jugendlichen – zunehmendes Schwinden der elterlichen Autorität – da Mütter vielfach erwerbstätig, ermangeln Kinder jeglicher Aufsicht – zunehmende Verwilderung der Sitten – (…) besonders häufige Verführungen durch Ausländer – Zahl der Fälle, in denen Einleitung der Fürsorgeerziehung notwendig, nimmt dauernd zu – zur Zeit unterstehen dem Jugendamt annähernd 9000 Fürsorgezöglinge."

Quelle: Eschbach zit. n. Kuczynski/Hoppe 1958, Bd. 1, S. 338f.

Diesem Problemdruck zeigten sich weder die Maßnahmen und Möglichkeiten der überkommenen Kinder- und Jugendfürsorge noch die der vorbeugenden Jugendfürsorge (Jugendpflege) gewachsen. Wenn dies auch wesentlich den tiefgreifenden gesellschaftlichen Krisen zuzuschreiben ist, so lag die Ineffektivität des staatlichen Handelns und der Aktivitäten privater Organisationen zum Teil sicher auch an der organisatorischen und rechtlichen Zersplitterung der hier zum Handeln berechtigten und verpflichteten Instanzen.

Nach der Reichsverfassung von 1871 fiel die Kinder- und Jugendfürsorge in die Kompetenz der Länder. Für die Fürsorgeerziehung waren einheitlich nur die Eingriffsgrundlagen, nicht aber die Zuständigkeiten geregelt. Erziehung und Hilfe zur Berufsausbildung gehörten nur in einigen Staaten zu den gesetzlichen Pflichtaufgaben, die wirtschaftliche Fürsorge zählte noch zum Armenrecht. Dementsprechend herrschte in der Ausführung der Jugendhilfe angesichts des Zusammenbruchs ein großer Kompetenzwirrwarr.

Daher wurde auf dem Jugendfürsorgetag 1918 eine reichseinheitliche Regelung der öffentlichen Jugendhilfe gefordert, ein „Reichsjugendamtsgesetz".

Zur Betreuung der „Kriegerkinder und -waisen" hatten einzelne Großstädte während des Krieges Jugendämter eingerichtet, deren Arbeit, Zuständigkeit und Finanzierung einheitlich geregelt werden sollte. In der Anfangsphase der Weimarer Koalition (SPD, Zentrum, DDP) unter Führung der Sozialdemokraten konnten Sinn und Aufgabe von Fürsorge und privater Wohltätigkeit pointierter problematisiert werden als zuvor. Auf der anderen Seite waren die privaten bürgerlichen und konfessionellen Verbände im Bereich der Jugendpflege und -fürsorge im Gefolge der politischen, sozialen und wirtschaftlichen Kriegsfolgen in einer Struktur- und Finanzkrise. Um wieder Boden gegenüber Regierung und Verwaltung zu gewinnen, formierten sie sich 1919 zur „Reichsgemeinschaft von Hauptverbänden der freien Wohlfahrtspflege" (später „Deutsche Liga"), indes ohne die 1919 gegründete Arbeiterwohlfahrt. Im gleichen Jahr schlossen sich alle Richtungen zum „Ausschuss der Jugendverbände“ zusammen, seit 1926 als „Reichsausschuss der deutschen Jugendverbände“.

„Jedes deutsche Kind ...“

1920 legte das Reichsinnenministerium den Entwurf für ein Jugendwohlfahrtsgesetz vor. Der Einspruch des Reichsrates (Länderkammer) stoppte jedoch dessen Weg in das Parlament, weil die Kosten für die neu einzurichtenden Jugendämter nicht aufzubringen waren (Friedeberg/Polligkeit 1930, S. 36f.). Erst zwei Jahre später verabschiedete der Deutsche Reichstag am 9. Juli 1922 gegen die Stimmen der KPD das Reichsgesetz für Jugendwohlfahrt (RJWG) (vgl. dazu ausführlich mit Dokumenten Jordan/Münder 1987a). An seiner Formulierung hatte eine Expertenkommission um Wilhelm Polligkeit maßgeblich mitgewirkt.

> „Jedes deutsche Kind hat ein Recht auf Erziehung zur leiblichen, seelischen und gesellschaftlichen Tüchtigkeit.
> Das Recht und die Pflicht der Eltern zur Erziehung werden durch dieses Gesetz nicht berührt. Gegen den Willen der Erziehungsberechtigten ist ein Eingreifen nur zulässig, wenn ein Gesetz es erlaubt.
> Insoweit der Anspruch des Kindes auf Erziehung von der Familie nicht erfüllt wird, tritt, unbeschadet der Mitarbeit freiwilliger Tätigkeit, öffentliche Jugendhilfe ein.“ (RJWG, § 1, 1–3)

Weitere Festlegungen grundsätzlicher Bedeutung waren

a. die Zusammenfassung von Jugendpflege und Jugendfürsorge für Kinder und Jugendliche aller Altersgruppen unter dem Oberbegriff Jugendhilfe (§ 2);
b. die Konzentration der örtlichen öffentlichen Jugendhilfe im Jugendamt der Stadt oder des Kreises;
c. die Regelung des Verhältnisses von öffentlicher und freier Jugendhilfe (§ 9).

Im Ganzen betrachtet war das RJWG „von seiner Anlage her trotz des programmatischen § 1 kein eigentliches Leistungsgesetz, sondern ein Organisationsgesetz, in das die verschiedenen Leistungen eingestreut waren. Eigentlich war das RJWG ein Jugendamtsgesetz“ (Peukert 1986, S. 137). Das Jugendamt vereinte bei sich die Befugnisse der Amtsvormundschaft, die ihm für alle unehelich geborenen Kinder übertragen wurde, der Behörde für die Durchführung der Fürsorgeerziehung, der Förderung oder der eigenen Veranstaltung von Jugendpflegemaßnahmen. Im Jugendwohlfahrtsausschuss vollzog sich Planung und Ausführung der Jugendhilfe als Zusammenwirken der öffentlichen und der privaten Träger.

Neben den genannten Pflichtaufgaben sollte das Jugendamt auch „Einrichtungen und Veranstaltungen anregen, fördern und gegebenenfalls schaffen für (1.) Beratung in Angelegenheiten der Jugendlichen; (2.) Mutterschutz vor und nach der Geburt; (3.) bis (6.) Wohlfahrt der Säuglinge, der Kleinkinder, der im schulpflichtigen Alter stehenden Jugend, der schulentlassenen Jugend" (§ 4 RJWG).

Das gleichzeitig mit dem RJWG verabschiedete Einführungsgesetz legte fest, dass das Gesetz spätestens am 1. April 1924 in Kraft treten sollte. Eine aufgrund der inflationären Entwicklung und des Ermächtigungsgesetzes vom 8. Dezember 1923 erlassene *„Verordnung über das Inkrafttreten des RJWG"* (vom 14. Februar 1924) suspendierte jedoch wesentliche Gesetzesbestimmungen wieder. Wörtlich heißt es dazu in Artikel 1 der Verordnung:

> „... bis auf weiteres sind Reich und Länder nicht verpflichtet, Bestimmungen des RJWG durchzuführen, die neue Aufgaben oder eine wesentliche Erweiterung bereits bestehender Aufgaben für die Träger der Jugendwohlfahrt enthalten." (zit. n. Hodermann 1928, S. 63)

Dazu zählten der Verzicht auf Landesjugendämter und auf das Reichsjugendamt, die Befreiung der Jugendämter von der Mitwirkung bei Schutzaufsicht, Jugendgerichtshilfe u.a.m. (§§ 3, 5-8 RJWG) und die Befreiung von den „bedingten" Pflichtaufgaben (§ 4 RJWG). Später folgten weitere einschneidende Sparmaßnahmen. 1932 erließ z.B. der Reichspräsident eine (Not-)Verordnung, die zwecks Kostenersparnis eine Herabsetzung des Höchstalters in der Fürsorgeerziehung und die Entlassung „unerziehbarer" Jugendlicher vorsah.

Markstein oder Stückwerk?

Zeitgenössische und neuere Kommentare bezeichnen das RJWG als ein für seine Zeit außerordentlich fortschrittliches Gesetz. „Einen Markstein nicht nur in der Entwicklungsgeschichte der Jugendfürsorge, sondern auch für die soziale und kulturelle Entwicklung unseres Volkes" sahen darin Friedeberg/Polligkeit (1930, S. 29). Die Klage über das Zurückbleiben der Praxis hinter dem kodifizierten Programm wegen der Finanzmisere der Weimarer Republik sollte aber nicht über einige im Gesetz selbst angelegte Spannungen hinwegtäuschen:

Zwar räumt das RJWG jedem deutschen Kind ein Recht auf Erziehung ein und anerkennt so „die Öffentlichkeit der Erziehung im Prinzip" (Löwenstein 1922, zit. n. Jordan/Münder 1987a, S. 775), doch dieses Recht bleibt ein unverbindlicher Programmsatz, da daraus keine näheren Rechts- oder Leistungsansprüche abgeleitet werden.

Zwar fasst das RJWG unter dem Oberbegriff Jugendhilfe die Jugendpfle-

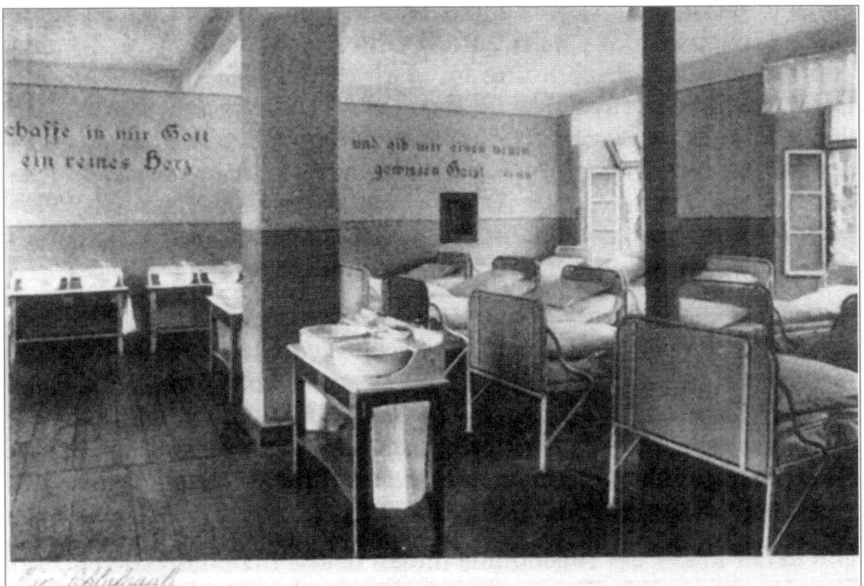

Abb. 3 und 4: Bilder aus der Fürsorgeerziehung etwa 1930
(Quelle: Scherpner/Schrapper 1981, S. 80)

ge und die Jugendfürsorge zusammen, hält diese Integration jedoch sachlich und konzeptionell nicht durch.

Zwar will das Gesetz die öffentliche Jugendhilfe stärken, räumt aber gleichzeitig freien privaten und konfessionellen Trägern weitgehende Mitbestimmungs- und Ausführungskompetenzen ein.

Der Jugendhilfe sind gegenüber der allgemeinen Wohlfahrtspflege keine ausreichenden Kompetenzen (z.B. im Hinblick auf die wirtschaftliche Jugendhilfe) eingeräumt worden.

Schließlich wird mit dem Jugendgerichtsgesetz von 1923 auf ein einheitliches Jugendgesetz verzichtet, wie es in der Fachdiskussion damals schon vorgeschlagen wurde (vgl. Francke 1929).

Sieht man einmal von diesen Mängeln ab, so blieb das RJWG auch dort noch unzulänglich, wo es bereits bestehende Fürsorgeinstitutionen neu zu regeln suchte, dies insbesondere im Bereich der Fürsorgeerziehung (FE). Hier übernahm das RJWG im Wesentlichen die Vorschriften des preußischen FE-Gesetzes von 1900, gab den Jugendämtern nur ein Mitwirkungsrecht und übertrug die Ausführung zudem den überörtlichen Trägern. Es verzichtete auch auf den Einbau der freiwilligen Erziehungshilfe.

Schon in den zwanziger Jahren wuchs daher die Kritik am RJWG, insbesondere an dem Verfahren zur Anordnung wie auch an der geübten Praxis der Fürsorgeerziehung (vgl. Peukert 1986, S. 195ff.). Gleichzeitig entwickelten sich aus der Reformpädagogik und sozialistischen Erziehungskonzepten neue Modelle der kollektiven Erziehung, die sich als funktionale Alternativen zur vorwiegend repressiven Anstaltserziehung darstellten (vor allem: Aichhorn 1925; Wilker 1921; Bernfeld 1969).

Aufgrund schlechter Lebensbedingungen kam es wiederholt zu Unruhen in den Erziehungsheimen, die ihren Höhepunkt in den „Heimrevolten" 1928 bis 1932 erreichten (vgl. Lampel 1928).

2.6 Jugendhilfe im NS-Staat

In der Zeit des deutschen Faschismus erfolgte eine tiefgreifende Umstrukturierung der Jugendhilfe (vgl. Kraus 1974 und vor allem Hasenclever 1978, S. 127ff.). Dies geschah weniger über einschneidende Gesetzesänderungen als vielmehr über den Weg einer „großzügigen" Interpretation und einer extensiven Nutzung der nach dem RJWG gegebenen Möglichkeiten. Die Organisation des Jugendamtes wurde allerdings 1939 durch ein Gesetz dahingehend geändert, dass statt der kollegialen Leitung die Geschäftsführung dem Bürgermeister bzw. Landrat übertragen wurde (Einführung des „Führerprinzips").

Im Übrigen sollten die rechtlichen Bestimmungen des RJWG so ausgelegt werden, dass damit eine „Erziehung im nationalsozialistischen Sinne" gesichert werden konnte (vgl. Kraus 1974, S. 175). Die damit gemeinten Erziehungsziele kommen deutlich zum Ausdruck im § 1 der 1939 erlassenen „Verordnung über Jugendwohlfahrt in den Sudetendeutschen Gebieten", in der – abweichend vom § 1 RJWG – formuliert wird:

> „Die Erziehung der Jugend im nationalsozialistischen Staat ist Erziehung zur deutschen Volksgemeinschaft. Ziel der Erziehung ist der körperlich und seelisch gesunde, sittlich gefestigte, geistig entwickelte, beruflich tüchtige deutsche Mensch, der rassebewusst in Blut und Boden wurzelt und Volk und Reich verpflichtet und verbunden ist. Jedes deutsche Kind soll in diesem Sinne zu einem verantwortungsbewussten Glied der deutschen Volksgemeinschaft erzogen werden“ (RGBl. 1429).

Um in der Praxis der Jugendhilfe diesen neuen Erziehungszielen zum Durchbruch zu verhelfen, wurden ab 1933 durch entsprechende Erlasse und Verordnungen, durch Parteianweisungen und Auf- bzw. Ausbau eigener Organisationen (hier vor allem der NSV für den eher fürsorgerischen Bereich und der HJ für den Sektor Jugendarbeit/Jugendpflege) die Grundlagen geschaffen.

Die NSV-Jugendhilfe

Die im April 1933 als Verein gegründete Nationalsozialistische Volkswohlfahrt (NSV) wird noch im gleichen Jahr als ein der NSDAP angeschlossener Verband anerkannt. Nach Auftrag und Aufgabenstellung betrachtet sich die NSV als zuständig „für alle Fragen der Volkswohlfahrt und der Fürsorge“ (Führererlass vom 03.05.1933, in: NDV, Nr. II 1933, S. 160). Ihren Zugriff kann die NSV auf mehreren Ebenen ausgestalten:

- Als Teil der NSDAP kann die NSV sich auf die Macht, den Einfluss und die Angst vor Sanktionen der NS-Partei stützen;
- ein amtlicher Auftrag und Handlungsspielraum erwächst der NSV aus der vom Reichsinnenministerium 1934 vorgenommenen Übertragung des „Hilfswerks Mutter und Kind“;
- schließlich kommen auch die im RJWG verankerten Sicherungen zugunsten der privaten und konfessionellen Verbände jetzt voll der NSV zugute, die über dieses Privileg große Teile der Jugendfürsorge von den Jugendämtern übernehmen kann.

> „Mit dem einfachen Mittel der Übertragung von Aufgaben der Jugendämter nach § 11 RJWG und gestützt auf einen Runderlass von 1941 über die ‚Übertragung von Geschäften des Jugendamtes auf die NSV-Jugendhilfe‘ gelang es der NSV, in weiten, vor allem ländlichen Gebieten des Reiches die Jugendämter auf die so genannten hoheitlichen Aufgaben, insbesondere der Amtsvormundschaft und die Sorge für ‚minderwertige‘, weniger ‚wertvolle‘ Kinder und Jugendliche zurückzudrängen.“ (Hasenclever 1972, S. 101)

Diese privilegierte Stellung der NSV kommt auch in deren – selbstbewusst vorgetragenen – Selbstverständnis zum Ausdruck:

> „Da die NS-Volkswohlfahrt sich grundsätzlich für die Besserung von Erbgut, Rasse, Gesundung und Leistungssteigerung einsetzt, enthält sie sich aller darüber hinausgehenden rein caritativen Aufgaben, die den drei anderen Verbänden, der Caritas, der Inneren Mission und dem Roten Kreuz, im Rahmen der Reichsgemeinschaft der freien Wohlfahrtspflege vorbehalten bleiben sollen. Unsere Aufgabe als Parteidienststelle der Nationalsozialistischen Deutschen Arbeiterpartei ist die Mitarbeit an der Verwirklichung unseres Parteiprogramms. Deshalb können und dürfen wir uns mit rassisch und erbbiologisch minderwertigem Menschenmaterial nicht befassen, sondern werden diese Aufgabe (…) den rein caritativen Verbänden überlassen." (Papke, zit. n. Kraus 1974, S. 169)

Vor dem Hintergrund dieser Selektionsprinzipien differenziert dann auch die Jugendfürsorge im NS-Staat (dazu auch Vagt 1935; Kraus 1974) nach

- erbgesunden, normal begabten, lediglich erziehungsgefährdeten Kindern und Jugendlichen,
- stärker gefährdeten, erbminderwertigen, schwererziehbaren, potenziell aber noch resozialisierbaren Kindern und Jugendlichen und schließlich
- schwersterziehbaren, anlage- oder charakterbedingt kaum noch besserungsfähigen Jugendlichen.

Für die zuerst genannte Gruppe schafft die NSV kleine, familienanalog strukturierte offene Heime mit Verbindung zur HJ (vgl. Hasenclever 1978, S. 132). Die Form der Erziehung wird, als Erziehungsfürsorge bezeichnet, deutlich von der klassischen Fürsorgeerziehung abgegrenzt. Für die Arbeit mit dieser Gruppe, der „nur erbgesunde, erziehbare, forderungsfähige und -willige und gemeinschaftsfähige Minderjährige" („Jugendheimstätten der NS-Volkswohlfahrt" in: NDV1940, S. 175) zugerechnet wurden, sollte der Grundsatz gelten, „dass kein Mittel zu teuer und kein menschlich-persönlicher Einsatz zu wertvoll sein dürfe, um diese Jugend der Volksgemeinschaft als wertvolle Glieder zuzuführen" (Vagt 1935, S. 297).

Bei der zweiten Gruppe von Kindern und Jugendlichen, denen aufgrund erblicher Minderausstattung nur noch eine „bescheidene, bedingte Erziehungsfähigkeit" (Vagt) zugesprochen wird, bleibt es in der Regel bei der Anordnung von Fürsorgeerziehung (FE), die – vor allem bezogen auf „erbkranke Jugend" – noch überwiegend in konfessionellen Anstalten durchgeführt wird.

Für die zuletzt genannte Gruppe der schwersterziehbaren Jugendlichen werden ab 1940 besondere „polizeiliche Jugendschutzlager" eingeführt (dazu NDV 1940, S. 174f. und 1941, S. 45f.; auch Werner 1943/44, S. 101ff.; Liebel/Bott 1980, Guse u.a. 1986).

Einladung

zur

Mitgliederversammlung des Allgemeinen Fürsorgeerziehungstages am 20. und 21. Mai 1935 in Kassel, Stadtpark, Wilhelmstraße 6.

Tagesordnung:

Montag, den 20. Mai:

20 Uhr: Halböffentliche Kundgebung:

Nationalsozialismus und Sozialerziehung.
Heinz Vagt, Referent im Hauptamt für Volkswohlfahrt bei der NSDAP. Reichsleitung, Berlin.

Aus dem Leben der Fürsorgeerziehung.
Pastor Wolff, Hannover-Kleefeld, Vorsitzender des AFET.

Dienstag, den 21. Mai:

9 Uhr: 1. **Die Erziehungsaufgaben des Nationalsozialismus.**
Reichsschulungsbeauftragter der NS.-Volkswohlfahrt Maierhofer, Berlin.

2. **Wie wirken sich die nationalsozialistischen Erziehungsgedanken und die Wandlungen, die der Nationalsozialismus auf allen entscheidenden Gebieten des deutschen Volkslebens hervorgerufen hat, in der Praxis der Fürsorgeerziehung aus**

a) **für die Fürsorgeerziehung außerhalb der Heime?**
Hans Wollasch, Dozent an den sozialen Schulen des Deutschen Caritasverbandes, Freiburg i. Br.

16 Uhr: b) **für die Erziehung in Heimen für männliche Zöglinge?**
Dr. Bendokat, Dozent an der staatlich anerkannten Volkspflegerschule des Stephansstifts, Hannover-Kleefeld.

c) **für die Erziehung in Heimen für weibliche Zöglinge?**
Frau Oberin Keßler, Düsseldorf, Dorotheenheim.

18½ Uhr: Mitgliederversammlung zur Vorlage des Entwurfs der neuen Satzung
Die Einladung zu dieser Sitzung ist gesondert erfolgt.

Am Mittwoch, den 22. Mai, ist den Teilnehmern die Möglichkeit gegeben, Fürsorge erziehungseinrichtungen, die sich im Bereich des Hessischen Bezirksverbandes befinden, zu besichtigen. Näheres hierüber wird während der Tagung bekanntgegeben.

Unterkunftsvermittlung: Der Verkehrsverein der Stadt Kassel, Obere Königstraße 28, hat sich freundlichst bereit erklärt, die Vermittlung von Hotelzimmern zu übernehmen.

Mittagessen: Als geeignete Gaststätten werden neben den Übernachtungshotels empfohlen: Herkulesbräu, Obere Königstr. 30; Ratskeller, Obere Königstr. 8; Pschorr-Bräu, Obere Königstr. 9; Gaststätten „Reiß", Obere Königstr. 15; Dortmunder Union, Königsplatz 53; Gasthof „Zeppelin", Hohenzollernstr. 26; Restaurant „Herkules", Hohenzollernstr. 77; Restaurant Meister, Garde-du-corps-Platz 6.

Auskunft während der Tagung erteilt in allen Fragen das Auskunftsbüro des Verkehrsvereins der Stadt Kassel im Hauptbahnhof.

Hannover-Kleefeld, im Mai 1935.
Stephansstift.

Wolff, Pastor.
Vorsitzender.

Abb. 5: Einladung zur Mitgliederversammlung des allgemeinen Fürsorgeerziehungstages im Jahr 1935

In diesen „Schutzlagern" wird „mit militärischem Drill und hartem Zwang und ohne jede rechtliche Sicherung des jungen Menschen eine Dauerunterbringung ähnlich der in Konzentrationslagern durchgeführt. Das angeblich durchweg sehr schlechte Menschenmaterial wird typenmäßig gesichtet und in ‚Blocke' für Untaugliche, charakterlich Abartige, Dauerversager, Gelegenheitsversager, fraglich Erziehungsfähige und Erziehungsfähige aufgeteilt. Eine Entlassung aus diesen Zwangslagern für über 16-jährige Jugendliche ist grundsätzlich nicht vorgesehen. Bei endgültig festgestellter Unerziehbarkeit erfolgt mit der Volljährigkeit – spätestens mit 25 Jahren – Überführung in ein Arbeitshaus oder ein Konzentrationslager, also eine endgültige Ausstoßung aus der ‚Volksgemeinschaft'." (Hasenclever 1978, S. 134)

Diese hier nur beispielhaft aufgezeigten, an Rasseideologien und pseudowissenschaftlichen Vererbungslehren ausgerichteten repressiven Selektionsprinzipien „nationalsozialistischer Erziehung" lassen, vor allem in Verbindung mit Ermächtigungen zur richterlich nicht mehr kontrollierbaren Zwangsunterbringung in Lagern und Anstalten, dem Zwangssterilisationsgesetz, Rassegesetzen, Verschärfungen des Strafrechts, auch des Jugendstrafrechts etc., eine deutliche Tendenz zur letztlich menschenverachtenden, zutiefst inhumanen „Antipädagogik" autoritärster Prägung erkennen. Die der NS-Ideologie und der darauf bezogenen staatlichen und gesellschaftlichen Praxis entspringende Destruktivität und Brutalität wird dann zuletzt in nicht mehr steigerbarer Weise manifestiert in den ab 1940 erfolgten Deportationen von Kindern und deren Ermordung in den faschistischen Vernichtungslagern (dazu: Johansen 1979, S. 215ff.; dort auch weitere Hinweise).

Die „Hitler-Jugend"

Hat sich die Ausrichtung der Wohlfahrtsorganisationen an nationalsozialistischen Zielsetzungen allmählich – und nie ganz vollständig – vollzogen, so erfolgte die Eingliederung der Jugendarbeit und der Jugendpflege in den NS-Staat und deren Instrumentalisierung für die Durchsetzung nationalsozialistischer Erziehungsziele bereits wenige Monate nach der Machtergreifung. Wichtige Entwicklungsstufen sind hier: die Ernennung von Schirachs zum Reichsjugendführer im Juli 1933 (Erlass des Reichsministers des Innern vom 8. Juli 1933, in: Panter 1965, S. 52f.); die Auflösung des Reichsausschusses der deutschen Jugendverbände und dessen Ersetzung durch einen Führerrat (1933) (Richtlinien des RMdI für den Jugendführer des Deutschen Reiches, in: Panter 1965, S. 53); Verbot der sozialistischen, kommunistischen und gewerkschaftlichen Jugendorganisationen und massive Beschränkungen der Arbeit konfessioneller Jugendverbände (vgl. Polizeiverordnung gegen die konfessionellen Jugendverbände vom 23.07.1935, Text in: Panter 1965, S. 57f.); die Ende 1933 vollzogene Überführung der evangelischen Jugendverbände in die Hitlerjugend (vgl. Abkommen über die Eingliederung der evangelischen Jugend in die Hitler-Jugend vom 19.12.1933, Text in: Brandenburg 1968, S. 296); die Stärkung der Stellung der Hitler-Jugend gegenüber Jugendamt, Schule und anderen öffentlichen Institutionen bis schließlich zum 1936 erlassenen „Gesetz über die Hitlerjugend".

In dem am 1.12.1936 von Hitler erlassenen Gesetz heißt es in den entscheidenden ersten drei Paragraphen:

> „§ 1: Die gesamte deutsche Jugend innerhalb des Reichsgebietes ist in der Hitlerjugend zusammengefasst. § 2: Die gesamte deutsche Jugend ist außer in Elternhaus und Schule in der Hitlerjugend körperlich, geistig und sittlich im Geiste des Nationalsozialismus zum Dienst am Volk und zur Volksgemeinschaft zu erziehen. § 3: Die Aufgabe der Erziehung der gesamten deutschen Jugend in der Hitlerjugend wird dem Reichsjugendführer der NSDAP übertragen. Er ist damit ‚Jugendführer des Deutschen Reichs'. Er hat die Stellung einer Obersten Reichsbehörde mit dem Sitz in Berlin und ist dem Führer und Reichskanzler unmittelbar unterstellt" (Text in: Panter 1965, S. 58f.).

Dieses Gesetz sichert der HJ in Verbindung mit der in einer zweiten „Durchführungsverordnung zum Gesetz über die Hitler-Jugend vom 25. März 1939" (Text in: Panter 1965, S. 62ff.) erlassenen „Jugenddienstpflicht" aller 10- bis 18-Jährigen einen außerordentlichen großen Einfluss auf die Jugendlichen.

So begründete die bereits genannte „Jugenddienstverordnung" von 1939 einen öffentlich-rechtlichen Erziehungsanspruch neben Schule und öffentlicher Fürsorgeerziehung. Darüber hinaus wurde der Hitler-Jugend durch verschiedene Disziplinarordnungen von 1936 bis 1943 (dazu Blohm 1979, S. 88ff.) eine eigene Gerichtsbarkeit und ein eigenes Disziplinarstrafrecht – bis hin zum zehntägigen Jugenddienstarrest – zugestanden.

Die HJ (dazu umfassend Brandenburg 1968), die sich vom „Jugendbund der NSDAP" (1922) über eine Angliederung an die SA (1926) zur Parteigliederung entwickelte (1935), übernahm damit sowohl Aufgaben, die dem Bereich der staatlichen Jugendpflege – und darüber hinaus der öffentlichen Erziehung – zuzurechnen sind, als auch solche, die typischerweise Aufgabe und Gegenstand von Jugendverbandsarbeit darstellen. Diese Doppelrolle zwischen Partei und Staat schlug sich auch im organisatorischen Aufbau der HJ (Reichsjugendführer gleich oberste Reichsbehörde mit nachgeordneten staatlichen Stellen) und in den dieser Organisation zugeschriebenen Kompetenzen nieder. Der HJ wurde damit im Ergebnis sowohl politisch wie rechtlich eine Monopolstellung im Bereich der Jugendarbeit eingeräumt.

Mit der HJ, die 1939 rund 8 Millionen Mitglieder, d.h. mehr als 90 Prozent der 10- bis 18-Jährigen, umfasste, sollte – im Zusammenspiel mit anderen von den Nationalsozialisten geschaffenen Organisationen – die umfassende Indienstnahme und Indoktrination der nachwachsenden Generation gelingen. So heißt es unverhüllt in einer Hitler-Rede von 1938, dass schon die Zehnjährigen vom Jungvolk erfasst werden sollten:

„Diese Jugend, die lernt ja nichts anderes, als deutsch denken, deutsch handeln und wenn diese Knaben mit zehn Jahren in unsere Organisation hineinkommen und dort oft zum ersten Male überhaupt eine frische Luft bekommen und fühlen, dann kommen sie vier Jahre später vom Jungvolk in die Hitlerjugend, dort behalten wir sie wieder vier Jahre, und dann geben wir sie erst recht nicht zurück in die Hände unserer alten Klassen- und Standeserzeuger, sondern dann nehmen wir sie sofort in die Partei, in die Arbeitsfront, in die SA oder in die SS, in das NSKK usw. Und wenn sie dort zwei Jahre oder anderthalb Jahre sind und noch nicht ganze Nationalsozialisten geworden sein sollten, dann kommen sie in den Arbeitsdienst und werden dort wieder sechs und sieben Monate geschliffen, alles mit einem Symbol, dem deutschen Spaten. Und was dann nach sechs oder sieben Monaten noch an Klassenbewusstsein oder Standesdünkel da oder noch vorhanden sein sollte, das übernimmt dann die Wehrmacht zur weiteren Behandlung auf zwei Jahre, und wenn sie nach zwei, drei oder vier Jahren zurückkehren, dann nehmen wir sie, damit sie auf keinen Fall rückfällig werden, sofort wieder in die SA, SS usw., und sie werden nicht mehr frei ihr ganzes Leben.“ (zit. n. Fest 1987, S. 311 f.)

Gleichschaltung und Widerstand

Die im Nationalsozialismus erfolgte nahezu totale Einordnung und Gleichschaltung der bisherigen Träger der Jugendfürsorge und Jugendarbeit geschah – in dieser Konsequenz – zweifelsohne gegen deren Widerstand. Es kann jedoch auch nicht übersehen werden, dass Loyalitätsadressen an die nationalsozialistischen Machthaber bzw. die Übernahme nationalsozialistischen Gedankenguts bei vielen Organisationen – vor allem in den Äußerungen führender Repräsentanten – schon früh festgestellt werden konnten (vgl. Schrapper 1991). So heißt es beispielsweise in einer 1933 vom Deutschen Verein für öffentliche und private Fürsorge herausgegebenen Erklärung: „Der auf nationalen und sozialen Grundlagen aufgebaute Staat verlangt eine einheitliche Jugendpolitik im Sinne nationalsozialistischer Erziehung, die sich auf die ganze Jugend erstreckt“ (NDV 1933, S. 146). Und eine Denkschrift des AFET (Allgemeiner Fürsorgeerziehungstag), ebenfalls von 1933, beginnt mit den Worten: „Die Fürsorgeerziehung (FE) als staatliche Ersatzerziehung hat sich ihrem Wesen und Charakter nach der Zielsetzung des Führers Adolf Hitler für den nationalsozialistischen Staat und für seine Erziehungsgrundsätze einzufügen“ (zit. n. NDV 1933, S. 183). Im Zusammenhang mit diesem Ziel stehe auch „gegenüber einer in den letzten Jahren einseitig hervorgetretenen Überbetonung der Zöglingsrechte eine stärkere Betonung ihrer Pflichten und eine Verteilung der an sie zu stellenden sittlichen Anforderungen“ (NDV 1933, S. 183).

Auch bei den Jugendorganisationen, Teilen der Mitgliederschaft und ihren Repräsentanten zeigten sich schon vor 1933 Sympathien bis offene Unterstützung für den Nationalsozialismus. So konnte Werner Kindt 1932 feststellen:

> „(...) im Jahre 1931 konnte ohne Übertreibung behauptet werden, dass die Jungmannschaft fast der gesamten Bündischen und der evangelischen Jugend aller Richtungen zu großen Teilen der NSDAP und ihren Jugend- und Kampftruppen angehörte oder doch mindestens auch ohne direkte Erwerbung des Parteibuches sehr nahe stand." (zit. n. Raabe 1961, S. 15)

Der hier aufgezeigten Tendenz entspricht auch das im Dezember 1933 von Reichsbischof Müller mit Baldur von Schirach geschlossene Abkommen, das die Eingliederung der evangelischen Jugendverbände in die HJ vorsah (Text in: Panter 1965, S. 56f.). Auch Gruppen der katholischen Jugend befanden sich seit 1930 auf dem „Marsch nach rechts" (so u.a. Müller 1965, S. 38).

Von Bedeutung für Jugendhilfe und Wohlfahrtspflege ist hier auch, dass – nachdem schon ein Teil der evangelischen Kirche (die so genannten „Deutschen Christen"; vgl. dazu Meier 1964) mit dem NS-Regime zusammenarbeitete – auch die katholische Kirche nach Abschluss des Konkordats zwischen dem Deutschen Reich und dem Heiligen Stuhl am 20.6.1933 „zur Überraschung und Bestürzung mancher Katholiken" (Borgmann 1972, S. 93) in ein sehr positives Verhältnis zum NS-Staat trat:

> „Nun auf einmal lobten sie (die deutschen Bischöfe, d.V.) in ihren mündlichen und schriftlichen Verlautbarungen alles, was ihnen am Nationalsozialismus irgendwie ‚positiv' zu sein schien: den Kampf gegen Sittenlosigkeit, Arbeitslosigkeit, gegen Hunger und Kälte, gegen Kommunismus, Bolschewismus und Weimarer Parteienstreit, gegen Liberalismus und Marxismus. Den Kampf gegen diese Mächte und Ideologien, so betonten sie, habe die Kirche schon immer geführt. (...) Manche Leiter der katholischen Vereine und Verbände übertrafen in diesem Bemühen die Bischöfe noch." (Borgmann 1972, S. 93)

Diese Feststellungen blieben jedoch einseitig, wenn nicht in einer Bilanz auch noch darauf hingewiesen würde, dass es daneben vielfältige Formen aktiver und passiver Verweigerung gegeben hat und Gruppen aus dem konfessionellen Bereich, der bürgerlichen und der Arbeiterjugendbewegung auch nach der „Machtergreifung" noch Widerstand gegen den Faschismus geleistet haben (dazu u.a. Klönne 1958, 1982).

3. Jugendhilfe und Jugendhilferecht nach 1945

3.1 Der Bundesjugendplan als neues Förderungsprogramm

Die sozialen Probleme, auf die die Jugendhilfe in der Nachkriegszeit reagieren musste, waren noch gravierender als jene nach dem Ersten Weltkrieg.

> **Jugendliche nach 1945**
> „Über 2 Millionen Kinder und Jugendliche waren aus ihrer Heimat vertrieben. Ein großer Teil von ihnen lebte noch in Lagern und Massenunterkünften.
> 1,6 Millionen Kinder und Jugendliche hatten im Zusammenhang mit den Kriegseinwirkungen Vater oder Mutter oder beide Eltern verloren, weitere Hunderttausende warteten noch auf die Rückkehr des Vaters aus der Kriegsgefangenschaft.
> Über 600.000 jugendliche Arbeitslose und nicht untergebrachte Lehrstellenanwärter wurden gezählt.
> Ein Drittel aller Kinder und Jugendlichen lebte in völlig unzureichenden Wohnverhältnissen.
> Etwa 80.000 Minderjährige verloren jährlich Vater oder Mutter durch Scheidung der Eltern. Es gab rund 14.000 geschiedene junge Leute unter 25 Jahren.
> Die Jugendkriminalität stieg.
> Bei den Schulanfängern war die Zahl der tuberkulös infizierten Kinder gegenüber der Vorkriegszeit von 7,9 Prozent auf 15 Prozent gestiegen. Etwa 40 Prozent der Jugendlichen zeigte neurotische Störungen, die auf Kriegseinwirkungen zurückzuführen waren. 23 Prozent der Geschlechtskranken waren Jugendliche.
> Die meisten Schulen waren überfüllt, es fehlte an Lehrern, die Leistungen der Schüler lagen erheblich unter denen der Vorkriegszeit.
> Tausende von Einrichtungen der Jugendfürsorge und Jugendpflege waren durch Kriegseinwirkung zerstört oder zweckentfremdet.“

(zit. n. „7 Jahre Bundesjugendplan“, in: Stätten der Jugend, München 1968)

Zur Unterstützung, Ergänzung und Erweiterung der vorhandenen bzw. im Aufbau befindlichen Institutionen und Instrumente der Jugendhilfe schuf daher der Bundestag 1950, ein Jahr nach der Gründung der Bundesrepublik, insbesondere mit Blick auf die Lage der „arbeits-, berufs- und heimatlosen Jugend“ ein neues Förderungsprogramm: den Bundesjugendplan. Landesjugendpläne wurden gleichzeitig vorgelegt (z.B. in Nordrhein-Westfalen 1950) oder folgten bald. Der Bundesjugendplan, offiziell als das „Kernstück der Jugendpolitik des Bundes“ bezeichnet, stellte „nach Anlage und Durchführung eine Gemeinschaftsleistung der staatlichen Stellen und der freien Organisation“ dar (BTDr. II 166, S. 9174 B). Die Position der Verbände, die sich nach dem Krieg rasch wieder reorganisiert hatten, sollte durch dieses staatliche Förderinstrument nicht beschnitten werden, sondern es sollte diesen vielmehr die materiellen Voraussetzungen ihrer Arbeit sichern (s.a. Kapitel Finanzen). Ende 1950 betrug die allgemeine Arbeitslosigkeit 11,9 Prozent. Unter der Jugend herrschte jedoch eine höhere Arbeitslosigkeit als unter den Erwachsenen insgesamt (bei mehr als 600.000 arbeitslosen Jugendlichen lag die Relation von Gesamtarbeitslosigkeit zur Jugendarbeitslosigkeit etwa bei 1:2). Von daher wird verständlich, dass die Behebung der „materiellen Jugendnot“ – hier insbesondere die Förderung von Maßnahmen zur Behebung der Jugendarbeitslosigkeit, der Bau von Jugendwohnheimen in Regionen mit günstiger Arbeits- und Ausbildungssituation sowie von Wohnheimen für jugendliche Aussiedler und Flüchtlinge, die Finanzierung von Integrationshilfen etc. – im Mittelpunkt der ersten Bundesjugendpläne stand.

In dem Maße allerdings, wie die beschäftigungspolitischen Probleme zurückgingen und die Eingliederung der Zuwanderer Fortschritte machte, kam der „Förderung der staatsbürgerlichen Erziehungsarbeit in der deutschen Jugend zur Verwurzelung in einer geistigen, sittlichen und sozialen Ordnung“ (Erich Mende) im Rahmen der Bundesjugendpläne eine größere Bedeutung zu.

Die damit aufgezeigte Aufgabenstellung beinhaltete auch die psychologische Vorbereitung der Jugendlichen auf die Wiederaufrüstung und die 1956 eingeführte allgemeine Wehrpflicht. So schließt z.B. ein vom Bundesinnenministerium 1953 (!) erstelltes Arbeitspapier über Zielsetzungen bisheriger und zukünftiger Bundesjugendpläne mit der Feststellung: „Die äußere Verteidigungsbereitschaft der deutschen Jugend ist nicht zu denken ohne ihre innere moralische und politische Festigung. Die beste Waffe des künftigen jungen deutschen Soldaten wird in seiner Charakterfestigkeit und in seiner Überzeugung bestehen, dass er bereit steht, für die Verteidigung einer freien Welt. Es ist eine der wichtigsten Aufgaben des Bundesjugendplanes, die junge Generation zu dieser Überzeugung hinzuführen“ (Quelle: Archiv AW; vgl. auch Der Spiegel v. 1.4.1953, S. 4; Dehler 1973, S. 40f.). Folgerichtig sperrte denn auch das Bundesinnenministerium 1956 dem Sozialistischen Deutschen Studentenbund (SDS) erstmals die Bundesjugendplanmittel, als dieser sich kritisch mit der Wiederbewaffnung auseinander setzte (vgl. Nikles 1976, S. 53).

Es ist an dieser Stelle weniger entscheidend, ob der finanziell insgesamt doch recht bescheiden ausgestattete Bundesjugendplan – die Förderungsmittel stiegen von 17,5 Millionen DM im Jahre 1950 auf 81 Millionen DM im Jahre 1960 – tatsächlich einen entscheidenden Beitrag zur politischen und sozialen Integration der Jugend zu leisten vermochte. Wichtiger ist die Feststellung, dass dem Bundesjugendplan eben die Funktion, „die nachwachsende Generation weltanschaulich-politisch nach dem Muster der Erwachsenengesellschaft zu strukturieren" (Giesecke), zukommen sollte. Von daher ergibt sich eine durchgehende Linie von der preußischen Jugendpflege über Weimar bis in die Bundesrepublik (vgl. Stackebrandt, in Böhnisch u.a. 1980, S. 43–120; Baetcke 1978).

Wenn die bildungsbezogenen Programme des Bundesjugendplans bis zu Beginn der sechziger Jahre weitgehend unkritisch und affirmativ die Restauration in Westdeutschland bestätigen und bekräftigen, so waren sie darin ein Spiegel des herrschenden politischen Selbstverständnisses. Begünstigt durch das Nachkriegs-„Wirtschaftswunder" festigte sich der Glaube an die Überlegenheit der „freien Welt". Erst nach Abschluss der Rekonstruktionsphase der westdeutschen Wirtschaft traten die Systemgrenzen (strukturelle Diskrepanz von „öffentlicher Armut" und „privatem Reichtum", „Bildungsnotstand") deutlicher in das öffentliche Bewusstsein. So konnte allmählich, später auch verstärkt durch die „antiautoritäre Bewegung" und deren Auswirkungen auf den Bereich der Jugendarbeit, eine inhaltliche Neuorientierung der politischen Bildung durchgesetzt werden. Statt unbefragter Lernziele rückten nun

Orientierungen an Zielen wie Kritikfähigkeit, Konfliktbewusstsein und Konfliktverhalten in den Vordergrund. Das Globalziel der Integration wurde dabei nicht aufgegeben (vgl. dazu auch die „Perspektiven zum Bundesjugendplan“ aus dem BMJFG vom Oktober 1975). Mit dieser inhaltlichen Neudefinition der Programme des Bundesjugendplanes erfolgte auch eine Öffnung in Richtung auf neue, bislang vernachlässigte Zielgruppen; Sonderprogramme für Arbeiterjugendliche, Jugendliche aus „sozialen Randgruppen“ wurden eingerichtet. Vor allem mit Einsetzen der wirtschaftlichen Rezession 1974/75 zeichnete sich dann deutlich diese neue Tendenz in der Förderungspolitik ab, die „kompensatorische Programme“ (Programme für lernschwache, berufsunreife, arbeitslose Jugendliche und Berufsanfänger; für Kinder ausländischer Arbeitnehmer und jugendliche Ausländer; zur Eingliederung jugendlicher Zuwanderer) gegenüber den allgemein bildungsbezogenen Programmen stärker zur Geltung brachte. Damit erfolgte erneut eine tendenzielle Angleichung an die Förderungsprioritäten der ersten Jugendpläne, die mit der Aufstockung einschlägiger Programme zur Bewältigung der Jugendberufsnot Mitte der 1980er Jahre fortgesetzt wird.

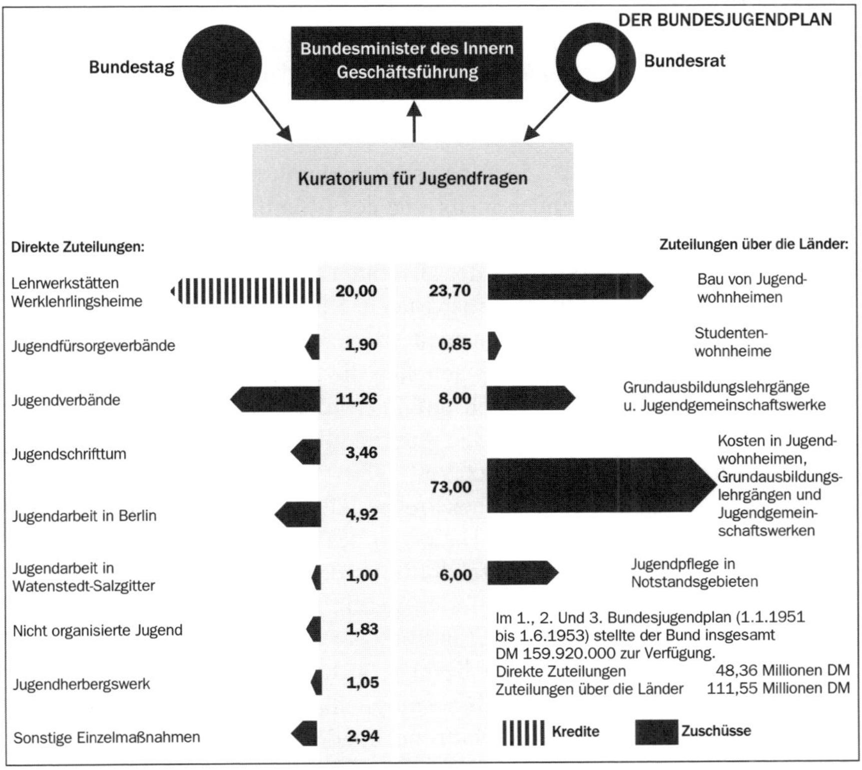

Abb. 6: Verteilung der Mittel der Bundesjugendpläne 1951–1953 an Trägereinrichtungen direkt und über Länderministerien bzw. Landesarbeitsämter (Quelle: Landwehr/Baron 1983, S. 266)

3.2 Ausbau der gesetzlichen Grundlagen

Das Ziel der ersten Nachkriegsnovelle zum Reichsjugendwohlfahrtsgesetz (RJWG) von 1953 bestand darin, die Einschränkungen wieder aufzuheben, die durch die Notverordnung der Weimarer Republik von 1924 entstanden waren. Die Novelle machte den Katalog des § 4 RJWG wieder zur Pflichtaufgabe des Jugendamtes, schrieb die Errichtung von Jugendämtern und Landesjugendämtern verpflichtend vor und führte wieder Jugendamtsausschüsse (jetzt: Jugendwohlfahrtsausschüsse) ein. Eine Neuerung war, dass das Jugendamt nun aus Jugendwohlfahrtsausschuss und Verwaltung zu bestehen hatte.

In einer – gegen die Stimmen der SPD angenommenen – Entschließung des 1. Bundestages vom 18.6.1953 anlässlich der Verabschiedung der Novelle wird darüber hinaus ausdrücklich das Prinzip des Nachrangs öffentlicher Jugendhilfe bekräftigt:

> „Das Jugendamt hat auf den einzelnen Gebieten der Jugendhilfe zunächst vorhandene Einrichtungen freier Träger zu fördern, sodann die freie Jugendhilfe anzuregen, notwendige neue Einrichtungen zu errichten, die aus öffentlichen Mitteln zu fördern sind, und schließlich eigene behördliche Einrichtungen zu schaffen, wenn der Weg der Anregung und Förderung erfolglos geblieben ist." (zit. n. NDV 10/1953, S. 300f.)

Das Thema „Subsidiarität", der Vorrang der Familie einerseits und der der freien Wohlfahrtspflege andererseits vor der öffentlichen Jugendhilfe, hat auch bei den Diskussionen um die zweite Nachkriegsnovelle zum RJWG (BGB1.1 S. 1206), die 1961 mit der absoluten Mehrheit der CDU/CSU gegen die Stimmen der Oppositionsparteien SPD und FDP verabschiedet wurde, eine wesentliche Rolle gespielt (Berichte und Protokolle in: Deutsches Jugendinstitut 1963). Versprach sich die „Fachöffentlichkeit" von einer Reform einen Rechtsanspruch auf Erziehung, die Integration von Jugendpflege und Jugendfürsorge, den Ausbau allgemeiner und spezieller Erziehungshilfen etc. (vgl. Hasenclever 1960) – Forderungen, die in der damaligen Situation wirtschaftlicher Prosperität durchaus realisierbar waren –, so bestand demgegenüber das Hauptziel des vorgelegten Entwurfs in einer stärkeren Anbindung der Jugendhilfe an den Elternwillen sowie in der Festlegung der Vorrangigkeit der freien Vereinigungen für Jugendhilfe.

Damit setzte nicht nur eine Grundsatzdiskussion ein über den Vorrang freier Vereinigungen, durch den besonders die Kommunen eine unangemessene Eingrenzung ihrer Handlungsmöglichkeiten befürchteten, auch die Länder fühlten sich durch verschiedene bundesrechtliche Regelungen im Bereich der Jugendpflege in ihren Rechten beschnitten. 1962 legten daher die Länder Hessen, Niedersachsen, Hamburg und Bremen Verfassungsbeschwerde und die Städte Dortmund, Darmstadt, Frankfurt/Main und Herne

Normenkontrollklage gegen Vorschriften des JWG und des BSHG (Bundessozialhilfegesetz) ein, besonders gegen die Bestimmungen, die den freien Vereinigungen einen Handlungsvorrang einräumten. In dem fünf Jahre später (1967) erfolgten Urteil (in: Deutscher Verein 1967) erklärte das Gericht die im Zentrum der Auseinandersetzung stehenden Vorschriften mit einer Mehrheit von 4:3 Stimmen für verfassungskonform.

Zum Verhältnis öffentlicher Träger zu freien Vereinigungen wurde danach festgestellt, dass letzteren durch die Bestimmungen (vor allem § 5 Abs. 3 JWG) kein absoluter Vorrang eingeräumt werden solle. Vielmehr sollten diese dem Zweck der „Erzielung des bestmöglichen Erfolgs durch Koordinierung öffentlicher und privater Anstrengungen" dienen. Da der Staat die gebotenen Hilfen weder organisatorisch noch finanziell in ausreichendem Maße allein leisten könne, seien Aufgabenabgrenzungen erforderlich, die „eine möglichst wirtschaftliche Verwendung der zur Verfügung stehenden öffentlichen und privaten Mittel sicherstellen soll(en)". Festgehalten wurde allerdings auch, dass „die Gesamtverantwortung dafür, dass dieses Ziel des Gesetzes erreicht wird, … nach § 5 Abs. 1 JWG das Jugendamt" trägt (zit. n. Deutscher Verein 1967, S. 23ff.).

Über die genannten wesentlich gesellschaftspolitisch akzentuierten Verschiebungen (vgl. Matthes 1964) hinaus hat die Novelle von 1961 folgende Veränderungen der gesetzlichen Grundlage gebracht:

- Erweiterungen der Pflichtaufgaben des Jugendamts durch die Einführung des § 5 JWG (Spezifizierung der jugendpflegerischen und vorbeugend jugendfürsorgerischen Aufgaben),
- Wiederherstellung der Zuständigkeit des Jugendamtes für Gewährung des Lebensunterhalts bei Unterbringung außerhalb des Elternhauses,
- Einführung der Erziehungsbeistandschaft (statt der bisherigen Schutzaufsicht),
- Erweiterung des Pflegekinderschutzes,
- Verankerung der Heimaufsicht,
- bundesrechtliche Grundlage für die freiwillige Erziehungshilfe,
- gesetzliche Einführung des Bundesjugendkuratoriums zur Beratung der Bundesregierung in allen Fragen der Jugendhilfe.

3.3 Exkurs: Jugendhilfe in der DDR

Bernd Seidenstücker

Jugendhilfe in der DDR hat sich aus einer gemeinsamen deutschen Vergangenheit kommend – namentlich ausgehend von dem im Reichsjugendwohlfahrtsgesetz (RJWG) von 1922 vorgenommenen Verständnis – wegentwickelt und deckt seit Anfang der 1950er Jahre begrifflich im Wesentlichen nur noch jenen Bereich ab, der dort als „Jugendfürsorge" bezeichnet wurde.

Nach 1945 wurde in der damaligen sowjetischen Besatzungszone zunächst ein anderer Weg eingeschlagen. Die reformpädagogische und jugendhilfepolitische Argumentation der *KPD* um das RJWG der 1920er Jahre wieder aufgreifend, prävalierte der Erziehungsgedanke in Abgrenzung zur historischen Traditionslinie armenpflegerischer Fürsorge. Das Entstehen spezieller Jugendhilfeinstitutionen im Rahmen der Wohlfahrt wurde abgelehnt, weil damit ein Sondererziehungsbereich geschaffen würde, der ohnehin benachteiligte Kinder und Jugendliche schicksalhaft im nicht allgemeinen Bildungs- und Erziehungswesen erfassen würde. Die neu entstehende Einheitsschule sollte sich in umfassender Weise um alle Kinder kümmern und dafür entsprechende Voraussetzungen schaffen. Der für die Geschichte der Jugendhilfe in der DDR bedeutsame Befehl 156 des Oberkommandierenden der Sowjetischen Militäradministration vom 20.6.1947 kam also nicht von ungefähr, sondern entstand gedanklich in der Deutschen Zentralverwaltung für Volksbildung. Im Ergebnis dessen wurden die Jugendämter aus den Sozialämtern herausgelöst und selbstständig neben das Schulamt in den Bereich der Volksbildung eingegliedert.

Diese anfänglichen Bestrebungen liefen darauf hinaus, alle auf Kinder bzw. Jugendliche bezogenen sozialpädagogischen, -fürsorgerischen und -politischen Aktivitäten in einem Kooperativ- und Koordinationszentrum – dem Jugendamt – für eine einheitliche Jugendpolitik außerhalb der Schule zusammenzufassen. Diese Entwicklung wurde aber bald insofern aufgelöst, indem nach § 6 der Verordnung über die Jugendämter andere Fachverwaltungen mit der Wahrnehmung von Jugendhilfeaufgaben betraut wurden, z.B.:

- *Schulverwaltung* für Kindergärten und Internate,
- *Arbeits- und Sozialwesen* für Berufsausbildung, Überwachung der beruflichen Entwicklung,
- *Gesundheitsverwaltung* für Eheberatung, Säuglingsfürsorge und Kleinkinderheime.

Als Mitglieder des Jugendamts- bzw. Landesjugendamtsbeirates hatten bis Ende der 1940er Jahre Vertreter nichtbehördlicher Jugendarbeit weltanschaulicher Verbände, z.B. des nach dem Krieg entstandenen „Werk der Jugend“ als überparteiliche und überkonfessionell geschaffene Organisation neben der *FDJ* (als einstige Initiatoren) sowie Kirchen Sitz und Stimme. Zu den freien Trägern von Jugendhilfe hatte sich nach dem Kriege vorübergehend neben dem „Werk der Jugend“ auch die „Volkssolidarität“ gesellt, aber auch die Kirchen konnten ihre Arbeit fortsetzen. Mit der Begründung, dass die Erziehung alleinige Aufgabe des Staates sei, wurden in den 1950er Jahren betriebliche und konfessionelle Heime nur noch belegt, wenn in staatlichen Heimen keine Plätze frei waren. Das führte dazu, dass kirchliche Träger fast nur noch Arbeit mit behinderten und kranken Kindern durchführen konnten.

Von substanzieller Bedeutung für die Entwicklung der Jugendhilfe war die Verordnung über die Übertragung der Angelegenheiten der freiwilligen Gerichtsbarkeit (1952). Dadurch wurden die Vormundschaftsgerichte aufgelöst und es erfolgte eine weitestgehende Übertragung von deren Kompetenzen auf die Referate Jugendhilfe (bzw. zunächst auf die Referate Mutter und Kind beim Gesundheitswesen). Die Jugendhilfeorgane erhielten damit direkte Eingriffsmöglichkeiten in das elterliche Erziehungsrecht. Daraus erklärt sich die Sonderstellung der Referate Jugendhilfe als Fachorgane des Rates (des Kreises/Stadtkreises/-bezirkes bzw. Bezirkes).

Anfang der 1950er Jahre wurde ein Amt für Jugendfragen beim Ministerrat der DDR gegründet, dem nunmehr ressortübergreifend eine anleitende, koordinierende und kontrollierende Funktion zur Jugendförderung in engster (auch personeller) Verknüpfung mit der FDJ, einschließlich eines Mitspracherechts bei der Jugendpolitik, eingeräumt (vgl. 1. Jugendgesetz der DDR) wurde.

Damit wurde nicht nur der 1947 eingeführte sehr weite Jugendhilfebegriff aufgegeben, sondern auch der traditionelle Jugendhilfebegriff des RJWG: Einheit von Jugendpflege (-förderung) und Jugendfürsorge innerhalb eines Fachressorts.

Mit der Begründung, dass Jugendschutz eine Pflicht aller Bürger sowie staatlicher und gesellschaftlicher Organisationen sei, wurde der Jugendschutz Mitte der 1950er Jahre ebenfalls aus dem traditionellen Aufgabenfeld der Jugendhilfe herausgelöst und in die Verantwortung des ressortübergreifenden Amtes für Jugendfragen übertragen (vgl. JschVO). Damit wurden die Aufgaben der Jugendhilfeorgane im Prinzip nur noch auf die jugendfürsorgerische Einzelfallbearbeitung orientiert, wenngleich ihr gemäß der Jugendhilfeverordnung (JHVO) von 1966 noch die Aufgabe verblieb, aus der Einzelfallbearbeitung Erfahrungen zu verallgemeinern und den „Räten Vorschläge zur vorbeugenden Bekämpfung der sozialen Fehlentwicklung Minderjähriger, der Jugendkriminalität und der Vernachlässigung und Aufsichtslosigkeit von Minderjährigen, sowie zur Sicherung der positiven Entwicklung von elternlosen und familiengelösten Kindern und Jugendlichen“ zu unterbreiten (§ 3 Abs. 4).

In der Realität gab es bei der Einlösung dieser Aufgabe immer wieder Probleme, weil durch knappe Planstellenbemessungen der hauptamtlichen Mitarbeiter der Jugendhilfe in den Kommunen die Einzelfallbearbeitung die Jugendhilfeorgane zeitlich überlastete und kaum Zeit ließ, sich dieser übergreifenden Präventionsaufgabe zu stellen. Hinzu kam, dass die Räte aus politischen Gründen auch weniger geneigt waren, sich Fragen von Kindern zuzuwenden, die Sozialisationsdefizite aufwiesen und deren Ursachen durch die Jugendhilfemitarbeiter zudem auch außerhalb familiärer Strukturen erblickt wurden.

Diese historische Entwicklung der Jugendhilfe in der DDR ist nur vor dem Hintergrund der gesellschaftspolitischen Absichten eines angestrebten sozialistischen Staates zu interpretieren. Auf der Grundlage der Fiktion, dass bei ausreichender ökonomischer Grundlage massenhaft eine Bewusstseinsentwicklung im Sinne einer „sozialistischen Menschengemeinschaft“ vor sich gehen werde und insofern die fürsorgliche Zuwendung zu jedem Einzelnen Sache aller sei, wurde gefolgert, dass es perspektivisch keines solchen Sonderbereiches, wie der Jugendhilfe mehr bedürfe. Insofern wurde ständig darauf geachtet, dass sich diese Spezialorganisation Jugendhilfe nicht ausweitete.

In der Realität war die Tätigkeit der Jugendhilfeorgane und ihrer Einrichtungen jedoch immer vonnöten, wobei deren praktische Zielsetzungen weniger an den sozialistischen Erziehungsidealen – wie sie das FGB und die Heimordnung beschrieben – orientiert waren als vielmehr im Kern an elementaren Sozialisationsleistungen, die anderweitig nicht zu erbringen waren. (Dazu ausführlich und mit Materialien: Seidenstücker 1990)

3.4 Reform des Jugendhilferechts

Nachdem das Bundesverfassungsgericht 1967 die Novelle zum JWG bestätigt hatte, setzte in der Fachöffentlichkeit bald wieder eine anhaltende Diskussion um eine grundlegende Reform des Jugendhilferechts ein.

Die Jugendhilferechtsreform sollte für die erste sozial-liberale Koalition (1969–1973) ein zentrales jugendpolitisches Vorhaben darstellen. Dazu lagen Vorarbeiten und Überlegungen von Fachorganisationen der Jugendhilfe (Arbeiterwohlfahrt 1970; Deutscher Verein 1974) bereits vor. Diesen von den Verbänden erarbeiteten Reformvorschlägen ging es – bei aller Unterschiedlichkeit im Detail – um die Beseitigung des „Modernitätsrückstandes“ des vorfindbaren Jugendhilfesystems. Sie stellten dabei insbesondere folgende Forderungen auf:

- Konkretisierung der zu allgemein gehaltenen Vorschriften des JWG über die Ansprüche junger Menschen, d.h. Einführung eines über den derzeitigen § 1 JWG hinausgehenden förmlichen und einklagbaren Rechtsanspruchs auf individuelle Erziehungshilfen einschließlich die dafür eventuell notwendigen wirtschaftlichen Leistungen sowie eines Teilhabeanspruchs von jungen Menschen, Eltern und Erziehern aus Einrichtungen und Dienste zur allgemeinen Förderung der Jugend und der Familie;
- Betonung des Leistungscharakters der Jugendhilfe und Aufstellung eines systematischen und flexiblen Leistungskataloges, bei dem die offenen Hilfen Vorrang vor institutionellen Erziehungshilfen erhalten sollen;
- Aufhebung der bisherigen Sonderinstitute Freiwillige Erziehungshilfe (FEH) und Fürsorgeerziehung (FE) bei gleicher Kostenregelung für alle Formen der Fremdplatzierung;
- Stärkung der Rechtsstellung der betroffenen jungen Menschen;
- Abbau der unterschiedlichen Ausstattung der Jugendämter sowie der Einrichtungen und Dienste der Jugendhilfe und Sicherung der notwendi-

gen Differenzierung und der personellen Ausstattung der Einrichtungen durch entsprechende Verpflichtungen der Jugendbehörden;
- Übertragung aller Aufgaben und Leistungen, die sich direkt an junge Menschen und Erziehungsberechtigte wenden, vom überörtlichen auf den örtlichen Träger, das kommunale Jugendamt;
- sorgfältigere Abstimmung des Jugendhilferechts mit dem Bundessozialhilfegesetz, insbesondere hinsichtlich der Hilfen für körperlich, geistig und seelisch Behinderte;
- Überprüfung der Zuständigkeitsregelung zwischen Jugendamt und Vormundschaftsgericht.

Die „Vorschläge der Arbeiterwohlfahrt für ein erweitertes Jugendhilferecht" (Arbeiterwohlfahrt/1970) beschäftigen sich darüber hinaus mit Überlegungen zur Zusammenfassung von Vormundschafts- und Jugendgericht sowie zur weitgehenden Entpönalisierung des Jugendkriminalrechts. Damit sollte über ein grundlegend neu gestaltetes Jugendhilfegesetz hinaus die überholte jugendrechtliche Unterscheidung von „Jugendverwahrlosung" und „Jugendkriminalität" überwunden und die im heutigen Jugendgerichtsgesetz geregelte Materie nahezu vollständig in das künftige Jugendhilfegesetz aufgenommen werden.

Über diese Reformvorschläge von Fachorganisationen und Trägergruppen hinaus machte auch die 1969 erstmals von der Bundesregierung eingesetzte Kommission zur Erstellung des Dritten Jugendberichts über „Aufgaben und Wirksamkeit der Jugendämter in der Bundesrepublik Deutschland" die Notwendigkeit einer Reform der Jugendhilfe deutlich.

Die mit dem Diskussionsentwurf von 1973 (BMJFG 1973; dazu auch Jordan 1975) eingeleitete, über die Referentenentwürfe von 1974 und 1977 sowie den Regierungsentwurf von 1978 konkretisierte und inhaltlich abgeschwächte (vgl. dazu Münder 1979), im Bundestag 1980 beschlossene Reform des Jugendhilferechts scheiterte zunächst aber am ablehnenden Votum des Bundesrates und auch an ablehnenden Voten einflussreicher Kräfte außerhalb von Bundestag und Bundesrat (vgl. dazu Schäfer 1982). Da es sich beim Jugendhilferecht um eine zustimmungspflichtige Rechtsmaterie handelt, kam ein Gesetz nicht zustande.

Die Reform des Jugendhilferechts ist am Streit über zentrale „ideologische" Fragen – vor allem Verhältnis Elternrecht/Kindesrecht, Subsidiarität –, letztlich aber entscheidend wohl doch wegen der von Ländern und Kommunen befürchteten Mehrbelastungen der Haushalte gescheitert. Sowohl 1974 wie 1980 wurden in Phasen der Rezession und der Kürzungen in öffentlichen Haushalten offensichtlich andere Prioritäten gesetzt.

Die „Neuordnung“ des Kinder- und Jugendhilferechts von 1990

Erst in der 11. Legislaturperiode (1987-1990) kommt die Jugendhilferechtsreform mit der Verabschiedung des „Gesetzes zur Neuordnung des Kinder- und Jugendhilferechts“ (BGBl. 1 S. 1163) zu ihrem vorläufigen Abschluss. Das Gesetz trat zum 1. Januar 1991 (in den neuen Bundesländern mit materiellen Einschränkungen schon zum 3.10.1990) in Kraft und hat als neue rechtliche Grundlage der Jugendhilfe in der Bundesrepublik das noch wesentlich auf Strukturprinzipien und Vorgaben des Reichsjugendwohlfahrtsgesetzes von 1922 basierende Jugendwohlfahrtsgesetz abgelöst.

Begründungen und Ziele der Reform

Schon für den Beginn der neueren Reformdiskussion war bestimmend, dass das Gesetz für Jugendwohlfahrt (JWG) in weiten Teilen den Anforderungen an eine leistungsorientierte Jugendhilfe nicht mehr gerecht wurde. Der 3. Jugendbericht von 1972 stellt hierzu lakonisch fest: „Noch in seiner jetzigen Fassung ist das JWG völlig durch seine Herkunft aus dem Polizeirecht (Pflegekinderschutz) und Strafrecht (FE) und durch obrigkeitliche Vorstellungen einer eingreifenden Verwaltung geprägt.“ (BMJFG 1972, S. 31)

Bei allen Reformbemühungen war von daher das Interesse bestimmend, ein neues Jugendhilferecht als ein Leistungsrecht auszugestalten, das von Rechtsansprüchen Betroffener ausgeht, repressive Momente zurückdrängt und Jugendhilfe nach den Grundsätzen moderner Leistungsverwaltung mit stark präventiven Ansprüchen und Möglichkeiten aufbaut.

Gesellschaftliche Entwicklungen, hier vor allem veränderte familiale Lebenslagen und Veränderungen in den Sozialisationsbedingungen junger Menschen, haben neue Anforderungen an die Jugendhilfe entstehen lassen, denen mit dem klassischen Katalog des JWG nicht mehr angemessen begegnet werden konnte. Tendenziell hat die Jugendhilfepraxis unter Ausnutzung der generalklauselartigen Aufgabenbeschreibungen gem. §§ 5/6 JWG versucht, neueren Anforderungen Rechnung zu tragen, d.h., es hat sich eine Vielzahl von präventiven, offenen und ambulanten Angeboten entwickelt, die sich allerdings nur unter großem definitorischen Aufwand in die Systematik des JWG einordnen lassen. Da sich damit aber die Diskrepanz zwischen Gesetz und tatsächlicher Praxis extrem erweitert hat und zudem die skizzierten neueren Entwicklungen regional sehr unterschiedlich erfolgt sind, ergab sich die allgemein akzeptierte Notwendigkeit, für diese neueren Anforderungen und Entwicklungen einen gesetzlichen Rahmen zu finden, der Handlungsmöglichkeit und Handlungsauftrag der Jugendhilfe deutlicher bestimmt, vereinheitlichend wirkt, Unklarheiten beseitigt und so ein größeres Maß an Rechts- und Handlungssicherheit bei allen Beteiligten ermöglicht.

Schwerpunkte der Rechtsreform

In den Vorberatungen wie auch in den Begründungen zur Reform wurden aus regierungsamtlicher Sicht Regelungsschwerpunkte benannt, die z.T. auch auf frühe Forderungen der Reformdiskussion zurückgreifen (vgl. dazu z.B. Stellungnahme der Bundesregierung zum 3. Jugendbericht von 1972, S. VIII). Zu diesen Schwerpunkten gehören:

„• die Verstärkung der allgemeinen Angebote der Jugendarbeit und Jugendsozialarbeit,
- die Verbesserung der Angebote zur Förderung der Erziehung in der Familie (Familienfreizeit, Familienbildung, Familienberatung),
- die Verbesserung der Hilfen für Familien in besonderen Lebenssituationen (Beratung in Trennungs- und Scheidungssituationen; Betreuung und Versorgung von Kindern in Notfällen),
- die Verbesserung der Angebote der Tagesbetreuung von Kindern durch die Verpflichtung von Kommunen und Ländern zum bedarfsgerechten Ausbau der verschiedenen Formen der Tagesbetreuung (insbesondere Kindergärten, altersgemischte Gruppen, Tagesmütter),
- die gesetzliche Verankerung ambulanter und teilstationärer Erziehungshilfen (Erziehungsberatung, soziale Gruppenarbeit, sozialpädagogische Familienhilfe) neben den klassischen Formen der Pflegefamilie und der Heimerziehung,
- die Verbesserung der Hilfen für junge Volljährige, insbesondere für benachteiligte junge Menschen zur beruflichen Eingliederung und zur Verselbstständigung,
- die vorrangige Zuordnung seelisch behinderter Kinder und Jugendlicher zur Jugendhilfe,
- der Schutz personenbezogener Daten im Bereich der Jugendhilfe,
- die Neuordnung der Kinder- und Jugendhilfestatistik,
- die Stärkung des Funktionsschutzes freier Träger durch frühzeitige Beteiligung an der Jugendhilfeplanung.“ (U. Lehr, in: BMJFFG – Informationen Nr. 7 v. 17.5.1990)

Auch verzichtet das Kinder- und Jugendhilfegesetz in Abgrenzung zum JWG auf negative und diskriminierende Verhaltensbeschreibungen („Verwahrlosung“, „Gefährdung oder Schädigung der Entwicklung“) und hierauf bezogene repressive Interventionsstrategien (Fürsorgeerziehung). Im Bereich der Hilfen zur Erziehung wird demgegenüber ein Anspruch (Hilfe zur Erziehung) daran geknüpft, dass „eine dem Wohl des Kindes oder des Jugendlichen entsprechende Erziehung nicht gewährleistet ist“ (§ 27 Abs. 1). Damit wird stärker das engere soziale Umfeld (Familie) in Problemanalyse und Hilferepertoire einbezogen. Andeutungsweise werden die Aufgaben der Jugendhilfe und ihre Orientierung auch noch weiterbesteckt, wenn es in § 1 heißt, dass Jugendhilfe auch dazu beitragen soll, „positive Lebensbedingungen für junge

Menschen und ihre Familien sowie eine kinder- und familienfreundliche Umwelt zu schaffen".

In anderen Bereichen folgt das nunmehr vorliegende Gesetz nicht den „Reformtraditionen" der zurückliegenden Jahre. Sollte nach den Vorstellungen der ersten sozialliberalen Koalition die Rechtsreform noch die „Begründung eines förmlichen und einklagbaren Rechtsanspruchs eines jeden jungen Menschen auf Erziehung im Sinne einer seinen Anlagen und Neigungen entsprechenden vollen gesellschaftlichen Integration" und die „Ausgestaltung der Jugendhilfe zu einem selbstständigen, die Erziehung und Bildung in Elternhaus, Schule und Beruf unterstützenden Erziehungsträger" beinhalten, so folgt das nunmehr vorliegende Gesetz in seinen grundsätzlichen Festlegungen einer anderen „Philosophie" (Familienzentrierung und Leistungsanspruch der Personensorgeberechtigten).

§ 1 SGB VIII | Recht auf Erziehung, Elternverantwortung, Jugendhilfe

„Jeder junge Mensch hat ein Recht auf Förderung seiner Entwicklung und auf Erziehung zu einer eigenverantwortlichen und gemeinschaftsfähigen Persönlichkeit.
Pflege und Erziehung der Kinder sind das natürliche Recht der Eltern und die zuvörderst ihnen obliegende Pflicht. Über ihre Betätigung wacht die Gemeinschaft.
Jugendhilfe soll zur Verwirklichung dieses Rechtes insbesondere
1. junge Menschen in ihrer individuellen und sozialen Entwicklung fördern und dazu beitragen, Benachteiligungen zu vermeiden oder abzubauen,
2. Eltern und andere Erziehungsberechtigte bei der Erziehung beraten und unterstützen,
3. Kinder und Jugendliche vor Gefahren für ihr Wohl schützen,
4. dazu beitragen, positive Lebensbedingungen für junge Menschen und ihre Familien sowie eine kinder- und familienfreundliche Umwelt zu erhalten oder zu schaffen."

Leistungen des Gesetzes

Im § 2 SGB VIII werden die von der Jugendhilfe zu erfüllenden Aufgaben unterschieden in „Leistungen" und „andere Aufgaben". Während unter dem Etikett „andere Aufgaben" im Wesentlichen die eingreifenden und kontrollierenden Tätigkeiten der Jugendhilfe normiert sind (vgl. dazu das Kapitel „Hoheitliche Aufgaben"), werden die Leistungen in vier Abschnitten ausdifferenziert. Diese werden überschrieben als:

- Jugendarbeit, Jugendsozialarbeit, erzieherischer Kinder- und Jugendschutz,
- Förderung der Erziehung in der Familie,
- Förderung von Kindern in Tageseinrichtungen und in Tagespflege,
- Hilfe zur Erziehung, Hilfe für junge Volljährige.

Inwieweit die neuen Leistungen Realität in der durchschnittlichen Jugendhilfepraxis sind, entscheidet sich nicht zuletzt auch daran, in welchem Um-

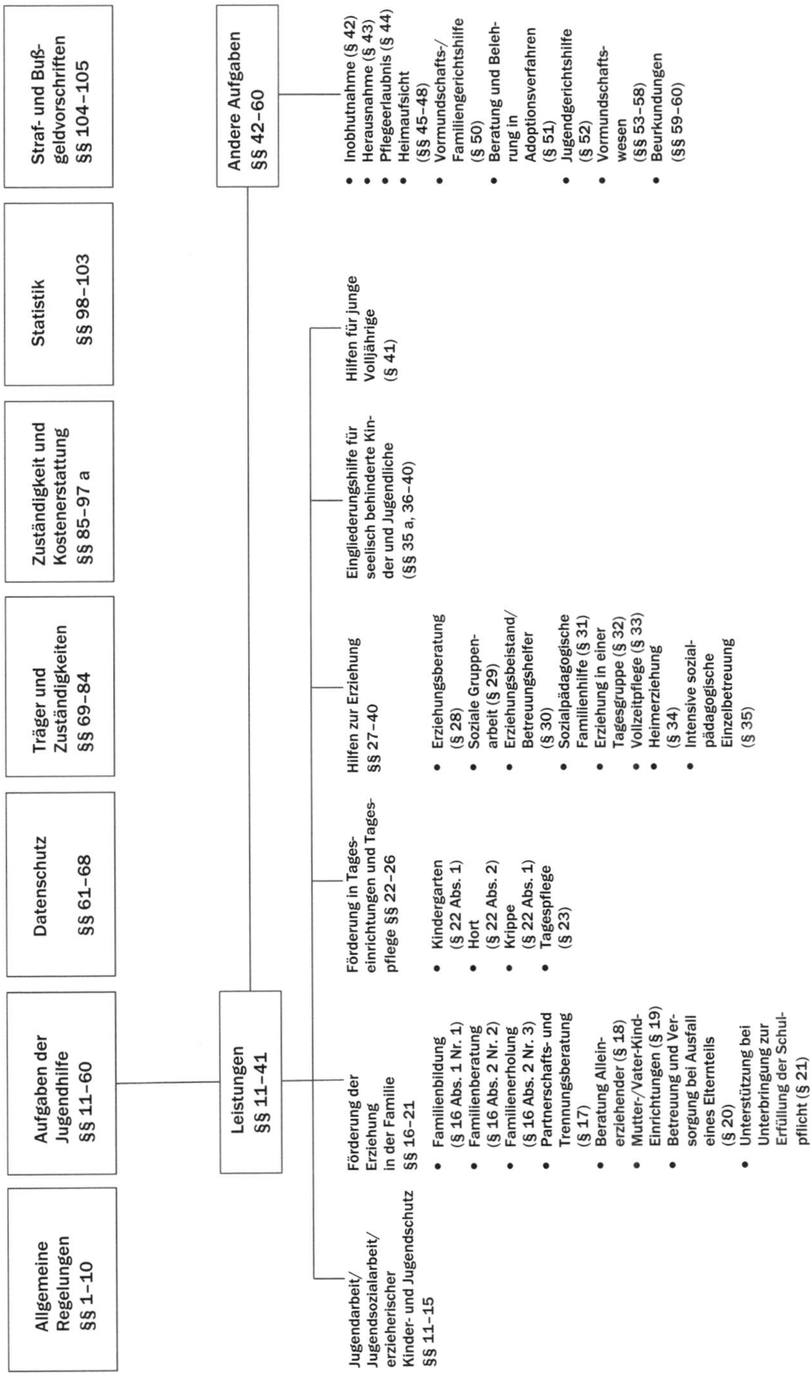

Abb. 7: Systematik des SGB VIII (Quelle: Schüler 2006)

fang Leistungsverbesserungen tatsächlich finanziert werden. In jedem Fall bleibt es auch zukünftig bedeutsam, ob die in der neuen Nomenklatur aufgeführten Leistungen und Aufgaben der Jugendhilfe als allgemeine Förderungsverpflichtungen oder aber als individuelle und im Zweifelsfall auch einklagbare Rechtsansprüche angelegt sind.

Rechtsstellung von Kindern und Jugendlichen

Dem Kinder- und Jugendhilfegesetz ist zu Recht von vielen Seiten vorgeworfen worden, dass es „familienlastig" sei (vgl. dazu Münder u.a. 2003). Gemeint ist damit, dass in einer zentralen Grundoption dieses Gesetzes von einer „Allzuständigkeit" von Eltern für alle Facetten der Erziehung ihrer Kinder ausgegangen wird. Aufgrund der zunehmenden Komplexität und Unübersichtlichkeit unserer Gesellschaft, der hier strukturell angelegten Konflikte und Benachteiligungen sowie der grundsätzlichen Wandlungsprozesse, die die Familie selbst erfährt (Ein-Kind-Familien, Ein-Eltern-Familien), sind Familien heute jedoch weniger denn je allein imstande, junge Menschen umfassend auf das Leben vorzubereiten.

Vor diesem Hintergrund hätte nun ein neues Gesetz einerseits Jugendhilfe die Möglichkeit geben müssen, im Rahmen der verfassungsmäßigen Möglichkeiten und Spielräume hier ergänzend und korrigierend an Gewicht zu gewinnen, und zum anderen daraus die Konsequenz folgen lassen müssen, Kinder und Jugendliche als Betroffene und zentrale Adressaten des Gesetzes nicht nur als Beteiligte, sondern als Gestaltende am Jugendhilfeprozess zu beteiligen. Dies gilt umso mehr, als sich Leistungen der Jugendhilfe im Regelfall nicht auf Bereitstellung materieller und anderer Ressourcen beziehen (wie z.B. in der Sozialhilfe), sondern als persönliche Hilfen ausgestaltet sind, die ihre erhoffte bzw. angestrebte Wirkung nur dann erreichen, wenn die Handlungsadressaten selbst an der Zielerreichung aktiv mitwirken bzw. ihre Bereitschaft hierfür zu erreichen ist.

Aus der bereits genannten Elternzentriertheit des Gesetzes ergibt sich nun, dass – wie schon im JWG – die Beteiligungsoptik im Schärfebereich primär auf die Personensorgeberechtigten ausgerichtet ist. Zwar sind nach § 8 SGB VIII Kinder und Jugendliche entsprechend ihrem Entwicklungsstand an allen sie betreffenden Entscheidungen der öffentlichen Jugendhilfe zu beteiligen, müssen in gerichtlichen Verfahren auf ihre Rechte hingewiesen werden und haben das Recht, sich „in allen Angelegenheiten der Erziehung und Entwicklung an das Jugendamt zu wenden". Gleichwohl bleiben wesentliche Kritikpunkte. Die Erwartungen, die sich an den Diskussionsentwurf von 1973 geknüpft haben, dass nämlich im zukünftigen Jugendhilferecht der junge Mensch als Träger von eigenen Rechten stärker in den Mittelpunkt des Gesetzes gestellt wird und ihm mit zunehmendem Alter auch weitgehende Antrags- und Mitwirkungsrechte eingeräumt werden, löst das Kinder- und Jugendhilfegesetz nicht ein.

Ausblick

Auch das Kinder- und Jugendhilfegesetz mit seinen fachlich verbesserten Möglichkeiten stößt auf strukturelle gesellschaftliche Restriktionen, die einer optimalen Realisierung allgemeiner Förderungen bzw. individueller Erziehungshilfen Grenzen setzen. Zumindest sollte Jugendhilfe daran erinnert werden, dass sie, wenn diese Grenzen aufgeweicht bzw. partiell überwunden werden sollen, neben ihrer Arbeit mit Kindern, Jugendlichen und ihren Familien auch strukturelle Aspekte zu berücksichtigen hat. Dies heißt also, dass Jugendhilfe sich nicht damit bescheiden darf, die neue gesetzliche Grundlage auszufüllen und umzusetzen. Sie ist weiterhin gefordert, als Interessenvertreterin für die Belange junger Menschen und ihrer Familien einzustehen, entwicklungsbeeinträchtigende Strukturen und Entscheidungsprozesse zu benennen und zu kritisieren sowie auf der Ebene politischen Handelns auf eine Verbesserung der Lebensbedingungen von Kindern, Jugendlichen und ihren Eltern hinzuwirken.

4. Aktuelle Entwicklungstendenzen – Kinder- und Jugendhilfe im 21. Jahrhundert

Kinder- und Jugendhilfe ist nicht nur mit den Lebenslagen ihrer Adressat/inn/en als sozialpädagogische Herausforderung im konkreten Praxishandeln konfrontiert, sie muss auf diese auch mit bedarfsgerechten Formen der Organisation ihrer Angebote reagieren. Denn Kinder- und Jugendhilfe steht gegenwärtig einer Reihe neu akzentuierter Themen gegenüber, die einerseits strategische Konzeptentwicklungen verlangen und andererseits die Notwendigkeit einer fachlichen Planung und Steuerung unterstreichen: Dies vergegenwärtigen z.B. die Anforderungen im Kontext von Kinderschutzaufgaben, des von Schrapper (vgl. 2010) pointierten „Migrations-Integrations-Dilemmas“ oder der Folgen andauernder und sich verschärfender Folgen von Kinderarmut – genauso wie die bedrängenden Forderungen nach einer Wirkungsorientierung, die Erfahrung von Um- und Abbaudynamiken der Angebotsstrukturen sowie die abverlangte Legitimation von Leistungen und ihre Überprüfung entlang von Zielformulierungen. Kinder- und Jugendhilfe reagiert in diesen Verhältnissen, vollzieht aber durchaus auch eine aktive Veränderung und Anpassung an veränderte Anforderungen bzw. neu akzentuierte Themen. Dies ist in der Jugendhilfepraxis bereits deutlich erkennbar und wird in der Fachdebatte facettenreich erörtert. Die Veränderungen sollen hier als fünf Entwicklungstendenzen und –bedingungen der Kinder- und Jugendhilfe verdichtet beschrieben werden (vgl. zum Folgenden Maykus/Schone 2010; Maykus 2009a sowie die Abb. 8).

4.1 Entwicklungstendenzen und -bedingungen der Kinder- und Jugendhilfe

Tendenz der Schnittstellenorganisation

In der Kinder- und Jugendhilfe spielen Kooperation und Vernetzung seit jeher eine wichtige Rolle und sind Teil ihres professionellen Selbstverständnisses. Und diese Rolle wird umso mehr betont, je häufiger die Erfahrungen mit Grenzen einer Spezialisierung von sozialen Dienstleistungen gemacht werden. Die Einsicht wächst, dass den beschriebenen komplexen Lebens- und Problemlagen der Adressat/inn/en auch vielfältige und koordinierte Hilfenetzwerke – als Praxis der Schnittstellenbildung – entsprechen sollten. Beispiele hierfür gibt es bereits vielerorts, teilweise auch langjährig etabliert: z.B. Soziale Frühwarnsysteme, Familienzentren oder Jugendhilfestationen. Zu nennen sind natürlich auch die wachsenden Bemühungen der Kooperation von Kinder- und Jugendhilfe mit dem Bereich der Gesundheitshilfe und -förderung (z.B. bezüglich Strategien der Gesundheitsförderung in Kindertagesstätten und einer darauf abgestimmten Elternarbeit; vgl. grundlegend BMFSFJ 2009) und die bereits seit einigen Jahren zunehmend intensivierte Kooperation mit oft ganztägig organisierten Schulen, die die Einbindung sozialpädagogischer Kompetenzen dort wesentlich befördert hat (vgl. Holtappels u.a. 2007; exemplarisch für das Bundesland NRW Beher u.a. 2005, 2007, 2009).

Räumliche Vernetzungstendenz

Mit der erkennbaren Orientierung an kooperativ auszugestaltenden Arbeitsfeldern geht auch die wieder verstärkt betrachtete Ebene des Räumlichen einher. Zwei Bezüge stehen dabei im Mittelpunkt: Der Sozialraum als Horizont für die konzeptionelle und organisatorische Gestaltung von Jugendhilfeangeboten und gleichzeitig die Betonung des kommunalen Raums als öffentlich verantworteter Lebensraum der Adressat/inn/en. Vor allem im Zuge der Bildungsdebatte gewinnt die Betonung der Kommune als zentraler Akteur beim Aufbau eines kommunal zu etablierenden und sich als abgestimmt zeigenden Systems von Bildung, Betreuung und Erziehung an Gewicht (vgl. Maykus 2010). Die Forderung nach einer kommunalen Steuerung und Planung einer sozialen und Bildungsinfrastruktur hat auch Einfluss auf die Kinder- und Jugendhilfe. Als kommunale Selbstgestaltungsaufgabe ist ihr dieser Horizont vertraut, nicht aber die (An-)Forderung auf dieser strukturell-strategischen (politisch und administrativ geprägten) Ebene mit dem Bildungssektor neue Formen der Kooperation und Vernetzung einzugehen (vgl. ebd.). Denn: Kooperation in der Schule zu gestalten, ist die klassische Kooperationsfrage, sie auf die Strukturentwicklung in einer Kommune zu beziehen und gar zum Schlüssel für die Entstehung lokaler Bildungslandschaften zu erklären, ist die neue Qualität einer Kooperationsdebatte, die die (sozial-) pädagogischen Akteure genauso fordert wie die aus den Bereichen Planung und Steuerung der kommunalen Schul- und Jugendhilfeverwaltung. Letztlich sind diese Bezüge unerlässlich für den Aufbau auch weiterer Strukturentwicklungen, z.B. Früher Hilfen und sozialer Frühwarnsysteme zur Etablierung eines lebensweltorientierten Kinderschutzes (vgl. Wagenblass 2010 sowie Hensen/Schone 2010).

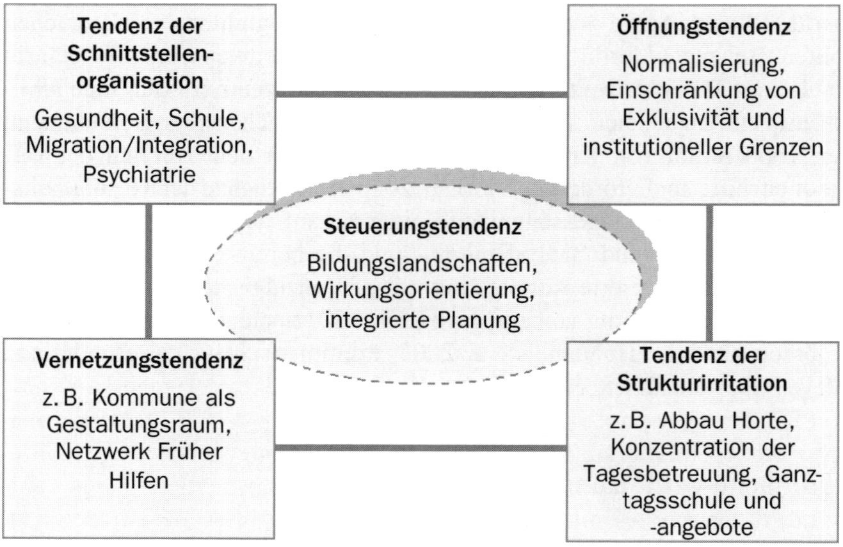

Abb. 8: Entwicklungstendenzen der Kinder- und Jugendhilfe (Quelle: Maykus/Schone 2010)

Öffnungstendenz

Kooperation und Vernetzung bleibt Fassade, wenn sie nur oberflächlich, ohne Initiative und Offenheit für Veränderungen seitens der Kooperationspartner eingegangen wird. Die Kinder- und Jugendhilfe bildet nicht nur Schnittstellen zu angrenzenden sozialen Feldern, sie geht nicht nur eine neue Qualität der Vernetzung auf der strategischen Ebene ein – nein, sie sieht sich auch mit Einflüssen auf die je eigenen Programme, die Konzepte und Angebotsprofile ihrer Leistungsbereiche konfrontiert. Und sie setzt diese Einflüsse durchaus als eine Innovationsstrategie um, zwischen Anpassung, Optimierung und Handlungsdruck, vor allem ausgelöst durch den Ausbau von ganztägig organisierten Schulen. Aktuelle Entwicklungen – wie z.B. die Annäherung des spezialisierten und exklusiven Leistungsfeldes der Erziehungshilfen an Regelkontexte (vgl. Maykus 2008), wie die Erweiterung von Konzepten der Kindertagesstätten hin zu sozialräumlich verankerten Zentren der Kinder- und Familienförderung oder wie die Integration von Jugendhilfeleistungen in die Ganztagsorganisation von Schulen (vgl. Teil II, Kap. 4) – zeigen eine Kinder- und Jugendhilfe, die ihre traditionellen Strukturen öffnet, hinterfragt und nachhaltig modifiziert (vgl. Merchel 2010b). Sie öffnet institutionell geprägte Grenzen und Konzepte, entwickelt neue Formen und Orte der Angebotserbringung und geht damit eine Balance zwischen der Stabilisierung des Bewährten und von Innovationsprozessen gleichermaßen ein. Dieser Sachstand führt unmittelbar zur nächsten Entwicklungstendenz:

Tendenz der Strukturirritation

Kooperation und Vernetzung, die erkennbare Ausdifferenzierung und Innovation von Angeboten kumulieren zu einer umfassenden Dynamik der Kinder- und Jugendhilfe. Diese Dynamik erfasst die Kinder- und Jugendhilfe nicht partiell, sondern in ihren Grundfesten. Der Ausbau von Ganztagsangeboten an Schulen, die Bildungsdebatte mit der Neuformatierung von Bildungsqualitäten in ihrem sozialräumlichen Zusammenspiel, der wachsende Anspruch an den Schutzauftrag und seine Professionalisierung sowie die gesellschaftlichen Rahmenbedingungen irritieren die Strukturen und das Selbstverständnis der Kinder- und Jugendhilfe in einer grundsätzlichen Weise. Die zunehmend zu beobachtende Konzentration der Tagesbetreuung von Kindern im Schulalter in der (offenen) Ganztagsschule, der damit einhergehende Einfluss auf Funktionen und Inhalte angrenzender Jugendhilfeleistungen lassen Fragen mit dem Charakter der Selbstvergewisserung aufkommen: Droht ein Funktions- (auch Bedeutungsverlust?) der offenen Kinder- und Jugendarbeit? Kann sie ein Profil entwickeln, das gleichermaßen schul- und bildungsbezogene Akzente setzt sowie sozialräumlich verankerte, schulunabhängige Angebote der Jugendbildung etabliert? Welche Entwicklungen nimmt das Feld der Hilfen zur Erziehung? Worauf deutet die erkennbare Ambulantisierung der Hilfen langfristig hin? Welche Auswirkungen haben die Tendenzen der Familienorientierung und Normalisierung dieses Feldes – auf ihre Konzepte, Organisation, Planung und Finanzierung?

Um eine qualitative und strukturelle Entwicklung der Kinder- und Jugendhilfe im Kontext der Kooperation, Vernetzung und Öffnung zu initiieren, müssen geeignete Steuerungs- und Planungsformen gefunden werden, die aus der Irritation Innovation werden lassen und sie stabilisiert. In diesem Prozess wird sich die Kinder- und Jugendhilfe Einflüssen ausgesetzt sehen, die zu einem partiellen Wandel ihre Angebote und deren struktureller Organisation führen werden (vgl. Maykus 2006a). Wie sich dieser Wandel äußern wird, ist erst in Ansätzen erahnbar, jedoch keineswegs verlässlich zu prognostizieren. Es stellt sich in jedem Fall die Frage: Wie können entsprechende Praxisentwicklungen die Innovation von Kinder- und Jugendhilfe befördern, statt eine schiere Reaktion auf Entwicklungen zu sein, die auf anderer Ebene (politisch und fiskalisch) entschieden werden und einen nachhaltigen Strukturaufbruch der Kinder- und Jugendhilfe bedeuten könnten? Dies zeigt sich im Abbau der offenen Kinder- und Jugendarbeit auf der einen Seite sowie dem Ausbau der Tagesbetreuung auf der anderen Seite. Dies zeigt sich auch darin, die Prävention zum Kernbereich zu erklären und Intervention als unvermeidbares Geschäft erscheinen zu lassen. Geht die Einheit der Kinder- und Jugendhilfe verloren, wie Rauschenbach/Schilling (2008) vor diesem Hintergrund kritisch fragen? Die alarmierenden, zeitdiagnostisch wertvollen Zahlen zur Personalentwicklung in den Hilfen zur Erziehung sowie zum Sozialen Dienst in Jugendämtern (vgl. Fendrich 2008; Pothmann 2008c) zeigen in diesem exemplarischen Feld der Jugendhilfe, wie die auf Innovation zielenden Überlegungen und das darin behauptete Innovationspotenzial konterkariert, gar ad absurdum geführt werden könnte. Die Anforderung einer kritischen fachöffentlichen Begleitung aktueller Jugendhilfeentwicklungen und ihrer Rahmenbedingungen stellt sich mehr denn je. Diese begleitend-analysierende Funktion sollte Jugendhilfeplanung in der Kombination von empirischen Fakten als Grundlage von Reflexion sowie Kommunikation in Planungsgruppen und Gremien erfüllen (vgl. Jordan/Schone 2010 sowie Maykus 2006c sowie Kap. 5 im Teil III).

Steuerungstendenz

Kinder- und Jugendhilfe muss in diesem Kontext nicht nur geeignete Formen der Steuerung und Planung finden, sondern ist bereits in ihrer strategischen Gestaltung von dieser Situation und auch von fachlichen Debatten beeinflusst. So sind die Gestaltung kommunaler Bildungslandschaften und die Forderung nach bereichsübergreifenden, integrierten Planungsprozessen (z.B. in Form einer kommunalen Bildungsplanung, die Schulentwicklungs- und Jugendhilfeplanung miteinander verzahnen will) bereits Ausdruck einer durch diese (z.T. erst mittelbar zu jugendhilferelevanten Leitsätzen werdenden) Maximen geprägten Organisation von Kinder- und Jugendhilfe geworden. Hinzu kommen aktuelle fachliche Diskurse, die dazu beitragen modellhafte Qualifizierungsvorhaben zu erproben, allen voran die Orientierung an „Wirkungen" des sozialpädagogischen Handelns, die zum Beispiel die Qualitätsentwicklung, Entgeltvereinbarungen und Hilfeplanungen im Feld der Hilfen zur Erziehung neu justieren soll.

Die vorstehend skizzierten Praxisentwicklungen der Kinder- und Jugendhilfe – sowie auch die gesellschaftlichen, fachlichen und rechtlichen Entwicklungsimpulse (vgl. dazu die Beiträge in Teil I dieses Bandes) – symbolisieren eine besondere Anforderung an ihre institutionelle Verfasstheit, ihre Fachlichkeit und Professionalität, Handlungskompetenz, partnerschaftliche Zusammenarbeit mit den freien Trägern, interdisziplinäre Netzwerkbildung und Kooperation sowie an die fachliche Steuerung und Planung. Strukturelle Fragen der Gestaltung und Organisation von Kinder- und Jugendhilfe, mithin die Frage nach der Notwendigkeit einer strukturellen Einheit der Kinder- und Jugendhilfe sind angesprochen, in die der Band grundlegende Einblicke gewähren will.

4.2 Potenziale der Kinder- und Jugendhilfe als einheitliches Leistungssystem

Lebensbewältigung und soziale Integration verlangen jedem Gesellschaftsmitglied erhöhte Anforderungen in der Gestaltung der eigenen Biografie ab, was bei fehlenden individuellen und sozialen Ressourcen hierfür in Problemkonstellationen münden kann. Lebensbewältigung zu gestalten, wieder herzustellen und zu erhalten, Integrationsprobleme vielfältiger Art zu lösen – dieser sozialpädagogische Aufforderungscharakter entgrenzter gesellschaftlicher Verhältnisse löst Aktivitäten der Kinder- und Jugendhilfe aus. Und er stellt sie vor ebenso erhöhte Anforderungen, die eine unmittelbare Relevanz für die Frage nach ihrer Organisation und Struktur haben. Kinder- und Jugendhilfe will mit ihren Angeboten einen Beitrag zur sozialen Gerechtigkeit leisten und Bedingungen des Aufwachsens junger Menschen effektiv mitgestalten. Voraussetzung hierfür, so Rauschenbach/Schilling (2008), ist eine in sich geschlossene Jugendhilfe, die nicht nur gerechtes Aufwachsen mit ermöglichen will, sondern auch ein wesentlicher Motor für die entsprechenden Entwicklungen sozialer Infrastrukturen sein kann. Aktuelle Befunde der Kinder- und Jugendhilfestatistik (Bundesebene) geben Hinweise auf ein anderes Bild (vgl. ebd.): Die Daten zeigen, dass Kinder- und Jugendhilfe auf diese aktuellen Anforderungen mit einer internen Ungleichzeitigkeit und Niveauverschiebung reagiert: Sie erfährt nicht im Ganzen, sondern leistungsfeldspezifisch deutliche Veränderungen. Der erkennbar gesenkte Personaleinsatz in der Kinder- und Jugendhilfe zeigt sich vor allem in den Feldern der Hilfen zur Erziehung und der offenen Kinder- und Jugendarbeit (zuvörderst dort mit dem vergleichsweise stärksten Stellenabbau), während der Bereich der Kindertagesbetreuung deutlich expandiert ist: Profitiert die frühe Förderung und Bildung von Debatten um das Bildungssystem? Steht die offene Kinder- und Jugendarbeit nur noch im Schatten von frühkindlicher Bildung und der vermehrten Einführung von Ganztagsbetreuungsangeboten an Schulen? Während diese Entwicklungen durchaus auch auf Fakten wie dem demografischen Wandel und der Einschränkung von Mitteln der Kinder- und Jugendhilfe zurückzuführen sind, so stellt sich doch die Frage, ob infolge einer (gegebenenfalls einseitig integrierten) Bildungsdebatte Kernfelder der Kinder- und Jugendhilfe marginalisiert werden. Vergegenwärtigt man sich zudem Aufgaben wie Kinderschutz, Hilfe in prekären Lebenslagen, Tagesbetreuung, Kooperation mit Schulen und sozialräumliche Vernetzung, wäre eine Stabilisierung von Personal und Leistungen in allen Feldern der Kinder- und Jugendhilfe erwartbar. Der im vorstehenden Abschnitt skizzierte Entwicklungskontext der Kinder- und Jugendhilfe ist dabei eindeutig und drückt gleichzeitig ihr zentrales Systemmerkmal aus: Denn eine Anforderung wie z.B. die Integration und Förderung junger Menschen mit Migrationshintergrund ist nicht von einem Angebotsbereich der Kinder- und Jugendhilfe allein, sondern im Zusammenspiel aller Bereiche – im Sinne einer einheitlichen Entwicklungsstrategie – zu lösen (vgl. zum Folgenden Maykus/Schone 2010).

Der § 1 SGB VIII umschreibt diese Einheit der Kinder- und Jugendhilfe vor allem hinsichtlich ihrer konzeptionellen Koordinaten, die gleichermaßen Bildung, Betreuung, Erziehung und Förderung von jungen Menschen umfasst. Kinder- und Jugendhilfe vermittelt in einem solch breiten Verständnis ihres sozialpädagogischen Leistungsprofils Kompetenzen und ihr wird daher unter anderem auch eine zentrale Bedeutung beim Aufbau kommunaler Bildungslandschaften, in der Kooperation mit Schule, zugeschrieben (vgl. BMFSFJ 2005). Damit dies nicht nur Programmatik ist, sondern erfahrene und qualifizierte Praxis bleibt, ist die Sicherung moderner fachlicher Standards in der Kinder- und Jugendhilfe wichtiger denn je. Die im vorstehenden Punkt skizzierten zukünftigen Entwicklungsthemen der Kinder- und Jugendhilfe umspannen den hierbei geforderten Gestaltungsrahmen zwischen Aufbauorganisation, Konzeptentwicklung und Qualifizierung, der im Zuge der Föderalismusreform einer grundsätzlichen Diskussion unterzogen wird, wie z.B. im Rahmen eines Enquêteberichtes zur Förder- und Betreuungssituation von Kindern im Land Nordrhein-Westfalen: „Das deutsche Kinder- und Jugendhilferecht hat Grundprinzipien, die die Struktur der Kinder- und Jugendhilfe garantieren. Dazu zählen: Kinder- und Jugendämter auf der örtlichen und überörtlichen Ebene, Jugendhilfeausschüsse und die Mitwirkung der freien Träger. Diese Strukturen gewährleisten die Verwirklichung der Leistungsrechte des SGB VIII. Sie sichern auch die Umsetzung des quantitativen und qualitativen Ausbaus der Kindertagesbetreuung. Im Zuge der Föderalismusreform erhalten die Länder nun die Möglichkeit, den Behördenaufbau und das Verwaltungsverfahren abweichend vom Bundesrecht zu gestalten. Damit stellt sich auch für Nordrhein-Westfalen die Frage, ob es an den genannten Strukturen der Kinder- und Jugendhilfe festhalten will“ (Enquête-Kommission 2008, S. 43).

Die aktuellen Anforderungen an Kinder- und Jugendhilfe führen dazu, dass sie ihre Konzepte und Angebotsstrukturen gegenwärtig einer Prüfung unterzieht, um erfolgreich zu sein und um den Herausforderungen gerecht zu werden. Die Ziele und Maximen der Kinder- und Jugendhilfe werden in diesem Zuge durchaus neu justiert (z.B. im Kontext der Bildungsdebatte oder der stärkeren Betonung des Schutzauftrages), ihre Methoden und Handlungsroutinen daraufhin verortet sowie die Organisation ihrer Angebote bedacht (z.B. mit Blick auf neue Intensitäten der Kooperation mit Schulen, dem strukturellen Umbau von Leistungselementen der Erziehungshilfe oder der konzeptionellen Erweiterung von Kindertagesstätten zu Familienzentren).

„Vieles spricht dafür, dass es zur Erfüllung der vorstehenden Anforderungen zwar keiner Einheitsstruktur wohl aber einer Struktureinheit in der öffentlichen Jugendhilfe bedarf. Das SGB VIII basiert auf einer solchen

Struktureinheit. Wenn sie aufgegeben werden sollte, müsste die gesamte Statik der Jugendhilfe als ein Element der öffentlichen Fürsorge neu überdacht werden“ (AGJ 2007, S. 8). Die Rede von der Einheit der Kinder- und Jugendhilfe ist dabei in einem erweiterten Sinne zu verstehen, als Wechselwirkung von sieben Ebenen, die es zu gestalten gilt (vgl. Maykus/Schone 2010):

1. *Strukturelle Ebene von Einheit:* Hierbei ist das strukturell verankerte Zusammenspiel der Angebotsbereiche, ihrer organisatorischen Grundlagen sowie der Blick auf eine sozialräumliche Verzahnung der Leistungen von Kinder- und Jugendhilfe von Belang.
2. *Konzeptionelle Ebene von Einheit:* Hier sind die Konzeptbezüge der Angebote zwischen eher präventiven, lebenslagengestaltenden und interventiven, problembearbeitenden Ansätzen in ihrem Wechselverhältnis und Zusammenwirken gemeint.
3. *Steuerungsbezogene Ebene von Einheit:* Das Jugendamt als öffentlicher Träger ist als Zentrum einer Gestaltung kommunal einheitlicher, in sich geschlossener und jugendhilfepolitisch verankerter Kinder- und Jugendhilfepraxis anzuerkennen. Die Zweigliedrigkeit des Jugendamtes ist dabei als konstitutiv anzusehen.
4. *Trägerbezogene Ebene von Einheit:* Die partizipative, zwischen öffentlichen und freien Trägern partnerschaftlich zu gestaltende, plural geprägte Trägerlandschaft der Kinder- und Jugendhilfe ist ebenso ein zentrales Merkmal einheitlicher Kinder- und Jugendhilfe.
5. *Gesetzlich-normative Ebene von Einheit:* Die im SGB VIII dokumentierte einheitliche Struktur der Kinder- und Jugendhilfe und der dort normierten Leistungssicherung und -gewährung ist Ausdruck ihrer Geschlossenheit.
6. *Adressatenbezogene Ebene von Einheit:* Kinder- und Jugendhilfe ist im umfassenden Sinne der Bildung, Betreuung und Erziehung an allen jungen Menschen und Familien orientiert, bildet gleichsam ein adressatenbezogen einheitliches, auf den Lebenslauf der Adressat/inn/en bezogenes (die problemzentrierte Sichtweise überwindendes und normalisierendes) Leitbild.

Die Einheit der Kinder- und Jugendhilfe vor diesem Hintergrund als unverändert wichtiges Merkmal einer öffentlichen Infrastruktur sozialer Unterstützung junger Menschen und Familien zu verstehen, bedeutet nicht, unreflektiert den Erhalt des Bestehenden zu fordern. Vielmehr soll für eine sachgerechte Struktur und Rahmung plädiert werden, die die beschriebenen anspruchsvollen Aufgaben der Kinder- und Jugendhilfe realisieren hilft. Zukünftig ist kein Strukturwandel der Kinder- und Jugendhilfe, im Sinne der Aufgabe ihrer Einheit und der zunehmenden Zersplitterung ihrer Leistungsfelder gefragt, sondern eine Innovation ihrer strukturellen Koppelungen mit angrenzenden Feldern des Sozial- und Bildungswesens. Hierfür ist eine weitere Verfachlichung und Qualifizierung der sozialpädagogischen Aktivitäten in den Leistungsfeldern der Kinder- und Jugendhilfe unerlässlich, die zu einem Wandel ihres Handlungs- und Angebotsniveaus führen kann. Kinder- und Jugendhilfe kann den hohen Anforderungen der interdisziplinären Kooperation sowie der gemeinsamen Gestaltung von positiven Lebensbedingungen junger Menschen und Familien nur in ihrer Gesamtheit gerecht werden.

„Jugendhilfe wirkt nur im Ganzen gut", so hat Christian Schrapper (vgl. 2003 und 2010) es ausgedrückt und mit dem Bild einer Angebots- und Leistungspyramide verdeutlicht, dass die präventiven, regelhaften und normalisierten (potenziell für alle jungen Menschen und Familien gedachten) Angebote der Kinder- und Jugendhilfe gleichsam einen (breiten) Sockel darstellen, der den interventiven und z.T. stärker eingreifenden, auch hoheitlichen, Tätigkeitsbereich der Kinder- und Jugendhilfe nicht nur trägt, sondern ebenso wesentlich beeinflusst (siehe Abb. 9, verändert nach Schrapper 2003): Je ausgebauter der Sockel an präventiven Angebotsstrukturen – so die These –, in desto geringerem Maße entstehen Lebens- und Fallkonstellationen, die eine interventive Kinder- und Jugendhilfe auslösen. Und je ausgebauter der zwischen diesen beiden Facetten vermittelnde, eine Brückenfunktion übernehmende Bereich der Kinder- und Jugendförderung, desto stabiler wird die Gestaltung von Zu- und Übergängen zu den Angeboten sowie die Konstitution des Gesamtnetzwerkes sozialräumlicher Kinder- und Jugendhilfe (die sich auf alle Altersstufen des Kinder- und Jugendalters und den dabei entstehenden Förderbedarf bezieht) sein. Wird dieses Zusammenspiel missachtet und strukturell eingeschränkt, drohen Schieflagen auf allen der oben benannten Ebenen der Einheit der Kinder- und Jugendhilfe. Vor allem entstünde eine Kinder- und Jugendhilfe, die lediglich zwischen zwei miteinander unverbundenen Polen agiert: zwischen der frühen Förderung und Erziehung von Kindern auf der einen und der Intervention bei problematischen Erziehungs- und Lebenssituationen auf der anderen Seite. Die Gefahr, auf letzteres reduziert zu werden ist nicht nur groß, sondern würde eine Entwicklung markieren, die den Maximen einer modernen Kinder- und Jugendhilfe grundlegend widerspricht und einem Rückschritt in frühe Zeiten des Jugendwohlfahrtsgesetzes (JWG) gleichkäme.

Hält man sich die Anforderungen an die Kinder- und Jugendhilfe mit den aktuellen Entwicklungen vor Augen, so kann man einerseits eine Kontinuität von Themen wahrnehmen (die auch in den vorgehenden Auflagen dieses Bandes dokumentiert sind), andererseits aber auch deren deutliche Verschiebung, neue Anforderungen, verstärkte Schnittstellen mit angrenzenden Feldern des Sozial- und Bildungswesens und die deutliche Intensivierung fachlicher Maximen. Unverändert aktuell sind die Auswirkungen des demografischen Wandels auf die Kinder- und Jugendhilfe (vgl. Bürger/Schone 2010), die Positionierung der Kinder- und Jugendhilfe in der Bildungsdebatte (vor allem bezüglich der Weiterentwicklung von Strukturen und Angeboten der Kinder- und Jugendarbeit), die Neujustierung von

Jugendsozialarbeit im Zuge sozialrechtlicher Veränderungen des Arbeitssektors sowie der Wandel der Hilfen zur Erziehung, die angespannten finanziellen kommunalen Ressourcen für Leistungen der Kinder- und Jugendhilfe sowie die Herausforderungen sozialer Integration von jungen Menschen und Familien mit Migrationshintergrund.

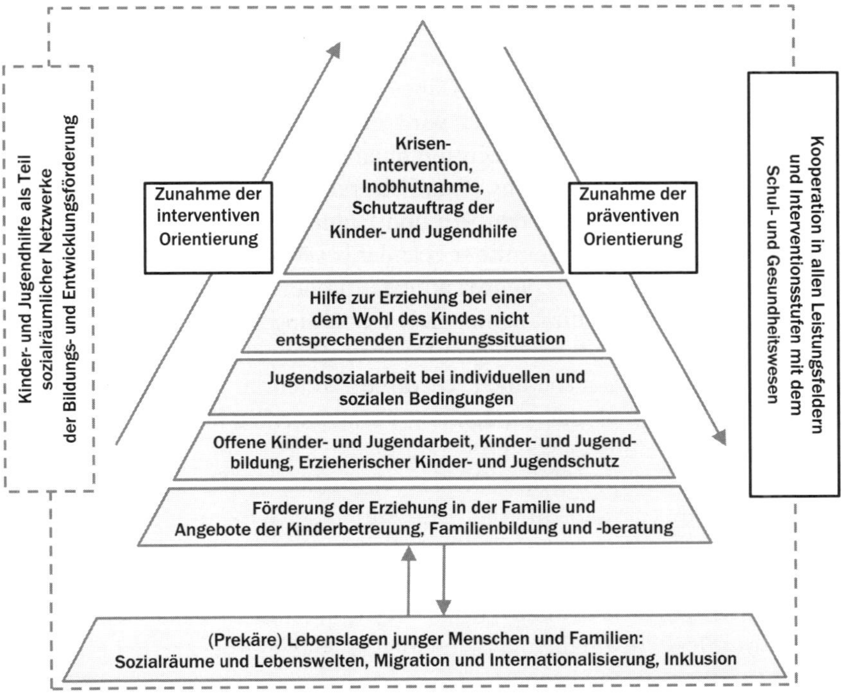

Abb. 9: Leistungspyramide und Interventionsniveaus der Kinder- und Jugendhilfe (Quelle: Maykus/Schone 2010, verändert nach Schrapper 2003)

Aufgrund zwischenzeitlicher gesetzlicher Änderungen und Erweiterungen, der Einführung vielfältiger Landesprogramme und dem fortgeschrittenen Fachdiskurs auf der Grundlage von empirischen Forschungsbefunden haben diese Themen nicht nur eine kontinuierlich gleiche Bedeutung, sondern sie gewinnen an Relevanz, erhalten neue Schwerpunktsetzungen und Verschiebungen hinsichtlich fachlicher, fachpolitischer und letztlich kommunalpolitischer Konsequenzen. Der vorliegende Band orientiert sich in seinem Aufbau an der Grundannahme einer einheitlichen Kinder- und Jugendhilfe, die ihr Leistungsspektrum als Gesamtstruktur etabliert. Die Hauptabschnitte des Bandes im Teil II repräsentieren daher die in der Abbildung 9 gezeigten Stufen bzw. Ebenen der Leistungspyramide von Kinder- und Jugendhilfe, führen in Rahmenbedingungen, Konzepte, methodische Orientierungen, den Praxisstand sowie in Entwicklungsperspektiven ein. Letztlich werden die Stufen der Leistungspyramide der Kinder- und Jugendhilfe nicht nur getrennt voneinander betrachtet, sondern in den jeweiligen Abhandlungen auch ihr Verhältnis zueinander, Bezüge und Vernetzungen sowie Wechselwirkungen aufgezeigt. Damit wird eine Grundposition unterstrichen: Eine wirkungsvolle Kinder- und Jugendhilfe, die „im Ganzen" ihr Potenzial einbringt und junge Menschen und Familien als verlässlicher öffentlicher Partner unterstützt, benötigt eine deutliche Profilierung und Professionalisierung ihrer Steuerungsgrundlagen und -modalitäten in den Kommunen (vgl. dazu die Abschnitte III und IV). Dabei ist es bedeutsam, dass eine solche Profilierung wesentlich befördert wird durch die Weiterentwicklung von Verfahren der fachlichen Steuerung in kommunalen Jugendämtern (Planung, Kooperation, Vernetzung, Qualitätsmanagement), durch eine sukzessive Etablierung eines kooperativen und fachlich reflektierten Controllings zur Sicherung sozialpädagogischer Standards (Wirkungsorientierungen und darauf abgestimmte Konzeptentwicklungen in den Leistungsfeldern), durch die konsequente Orientierung an der Gestaltung sozialräumlicher Infrastrukturen der Familien- und Jugendförderung sowie durch ihr Engagement für eine gemeinsame – von allen relevanten Akteuren des Sozial-, Gesundheits- und Bildungswesens getragene – Verantwortung in den Kommunen.

Teil II
Leistungen und Handlungsfelder

1. Familienförderung und Tagesbetreuung von Kindern

Sybille Stöbe-Blossey

Mit der Familienförderung und der Tagesbetreuung von Kindern ist ein Handlungsfeld umschrieben, das sich steigenden Anforderungen ausgesetzt sieht. Gesellschaftliche Entwicklungen gehen mit einem Anstieg sozialer Disparitäten und mit Veränderungen der familiären Strukturen einher: Zu nennen sind beispielsweise die steigende Zahl an Ein-Eltern- und so genannten Patchwork-Familien, die angesichts von wachsender Mobilität abnehmenden Unterstützungsstrukturen der traditionellen Großfamilie oder auch die immer öfter konstatierte Überforderung vieler Familien in der Erziehung. Regionale Disparitäten wachsen; in einigen sozial benachteiligten Wohngebieten bündeln sich bildungskritische Problemlagen wie Arbeitslosigkeit, Armut, hohe Zahlen an nicht-deutschsprachigen Kindern sowie ein geringes Bildungsniveau der Eltern (vgl. Strohmeier 2002). Besonders gravierend ist die zunehmende Bedeutung von Armut als Problem von Familien mit Kindern (vgl. Butterwegge/Klundt/Zeng 2005): So lag beispielsweise im Ruhrgebiet der Anteil von unter 15-Jährigen, die in einer SGB II-Bedarfsgemeinschaft leben, im Jahr 2008 bei 23,6 Prozent, in einzelnen Städten mit fast einem Drittel sogar deutlich darüber (vgl. RUBS – Ruhrgebietsdatenbank zu Bildung und Sozialem; http://www.masterplanbildung.de/index.php). Zusammenfassend muss festgestellt werden, dass es einen wachsenden Anteil an Kindern gibt, die aufgrund ihrer Entwicklungsbedingungen als „bildungsbenachteiligt" gelten müssen. Diese und andere Entwicklungen führen dazu, dass der Familienförderung und der Kindertagesbetreuung verstärkt eine kompensatorische Funktion zukommt.[1]

Vor allem als Folge der Debatten um die PISA-Studie ist mit dem Beginn des neuen Jahrtausends wieder stärker in den Mittelpunkt der öffentlichen Diskussion getreten, was fachlich schon seit langem gefordert wird, nämlich vor dem Hintergrund entwicklungspsychologischer Erkenntnisse die frühkindliche Bildung aufzuwerten und der frühen Förderung von Kin-

1 Bei Spieß (2004) finden sich verschiedene Hinweise auf positive Effekte, die sich durch eine frühzeitige Förderung von Kindern auf ihren Bildungsverlauf ergeben; zur Korrelation zwischen der Dauer des Kita-Besuchs und den Bildungsverläufen vgl. Büchner/Spieß (2007); speziell zu positiven Effekten des Kindergartenbesuchs auf die Bildungsverläufe von Kindern aus Familien mit Zuwanderungsgeschichte vgl. Spieß/Büchel/Wagner (2003) und Becker (2010).

dern – und damit auch der Familienförderung – eine weit höhere Bedeutung zuzumessen, als dies lange Zeit der Fall war. Gerade neuere Ergebnisse der Hirnforschung deuten darauf hin, dass auch Lernprozesse eines Erwachsenen und sein Interaktions- und Kommunikationsverhalten durch frühkindlich ausgeprägte neuronale Grundmuster bestimmt werden. Die Ausbildung dieser neuronalen Grundmuster wiederum hängt stark davon ab, ob zum entwicklungsphysiologisch „geeigneten" Zeitpunkt die entsprechenden Anreize gesetzt werden. So lassen sich besonders sensible „Zeitfenster" etwa für den Spracherwerb, grobmotorische Fähigkeiten oder das Bindungsverhalten feststellen (vgl. zusammenfassend bspw. Kasten 2003 und Singer 2003). Zwar gibt es in der Forschung nach wie vor unterschiedliche Auffassungen darüber, inwieweit frühe Prägungen die weitere Entwicklung eines Kindes determinieren oder in welchem Maße Weichenstellungen später korrigiert werden können, und auch der Stellenwert des Einflusses von genetischen Bedingungen einerseits und von Umwelteinflüssen andererseits ist keineswegs geklärt. Eindeutig jedoch lässt sich aus vorliegenden Forschungsergebnissen die Schlussfolgerung ziehen, dass Förderung im frühkindlichen Alter besonders wirksam ist und dass im Umkehrschluss diesbezügliche Defizite besonders gravierende Auswirkungen haben. Umso dringender stellt sich die Frage, wie frühe Förderung organisiert und institutionell verankert werden kann.

Weiter erhöht wird der Handlungsdruck durch die demographische Entwicklung. Erstens ist absehbar, dass es in einigen Jahren mangels Nachwuchs in vielen Bereichen zu einem Fachkräftemangel kommt, so dass der frühen Förderung als Maßnahme zur Ausschöpfung von „Bildungsreserven" erhöhte Bedeutung zukommt. Zweitens wird der Ausbau der Kindertagesbetreuung als ein wesentlicher Faktor zur Beeinflussung der demographischen Entwicklung diskutiert (vgl. Rürup/Gruescu 2003): Die Erleichterung der Vereinbarkeit von Beruf und Familie soll Familien bei der Entscheidung unterstützen, ihren Kinderwunsch zu realisieren. Der Ausbau der Betreuung für unter Dreijährige ist im Kontext dieser Diskussion zu sehen. Drittens schließlich wird als Essenz einer vom Bundesministerium für Familie, Senioren, Frauen und Jugend in Auftrag gegebenen Studie darauf hingewiesen, dass es signifikante Zusammenhänge zwischen umfassender institutioneller Kinderbetreuung und der Erwerbsbeteiligung von Müttern gibt (vgl. Büchel/Spieß 2002). Damit lässt sich für den Ausbau der Kinderbetreuung ein erheblicher volkswirtschaftlicher Nutzen nachweisen (vgl. bspw. Sell 2004; speziell zu den Einnahmeeffekten bei öffentlichen Haushalten und Sozialversicherungsträgern Spieß et al. 2002). Eine erweiterte Erwerbsbeteiligung von Müttern entspricht im Übrigen auch den subjektiven Wünschen vieler Familien (vgl. Krone/Stöbe-Blossey 2010). Die Verbesserung der Vereinbarkeit von Beruf und Familie steht demnach sowohl aufgrund dieser Wünsche als auch des zu erwartenden Bedarfs der Volkswirtschaft an qualifizierten Arbeitskräften auf der Agenda.

In diesem Beitrag soll zunächst darauf eingegangen werden, welche rechtlichen Grundlagen (1) und welche Trägerlandschaft (2) das Feld der Kindertagesbetreuung (die als der wesentliche Anknüpfungspunkt für die Familienförderung[2] verstanden wird) strukturieren. Im Anschluss wird die aktuelle Situation anhand von Daten zur Tagesbetreuung von noch nicht schulpflichtigen Kindern skizziert (3). Während bei dieser Beschreibung des Praxisfeldes quantitative Elemente im Vordergrund stehen, geht es im darauf folgenden Abschnitt um qualitative Entwicklungen, die insbesondere die Konzipierung und Gestaltung von Familienförderung und Kindertagesbetreuung betreffen (4). Abschließend werden einige Schlussfolgerungen im Hinblick auf künftige Herausforderungen abgeleitet (5).

1.1 Rechtliche Grundlagen

Die Rahmenbedingungen für die frühkindliche Bildung, Förderung und Betreuung werden in Deutschland durch das Kinder- und Jugendhilfegesetz (KJHG bzw. 8. Buch des Sozialgesetzbuchs; SGB VIII) gesetzt. Konkretisiert wird dieser Rahmen durch die Ausführungsgesetze der einzelnen Bundesländer. Die Umsetzungsverantwortung liegt im Wesentlichen bei den örtlichen Jugendämtern, also bei den Kommune und Kreisen, wobei die Leistungserbringung häufig durch freie Träger erfolgt. In diesem Abschnitt werden zunächst grundlegende Strukturen des SGB VIII und der Landesgesetze skizziert. Da das SGB VIII in den letzten Jahren Gegenstand mehrerer Reformen war, die die rechtlichen Rahmenbedingungen für die Kindertagesbetreuung verändert haben, werden im Anschluss einige wichtige Entwicklungen sowie die Grenzen in der Umsetzung von Reformimpulsen angesprochen.

Das Kinder- und Jugendhilfegesetz und die Gesetze der Bundesländer

Die Kindertagesbetreuung gehört zum System der Jugendhilfe und findet als solche ihre rechtlichen Grundlagen im SGB VIII (§ 2 II Nr. 2; § 22ff.). Inhaltlich unterscheidet das SGB VIII zwischen „Leistungen der Jugendhil-

2 Andere Aspekte der Familienförderung, wie bspw. finanzielle Transfers oder auch Leistungen zur Unterstützung bei Pflegebedürftigkeit von Angehörigen, bleiben hier unberücksichtigt. Der Begriff „Familienförderung“ wird in diesem Beitrag auf Dienstleistungen zur Förderung der Erziehung von Kindern verstanden. Dabei stehen die Tagesbetreuung und die an sie gekoppelten Leistungen im Mittelpunkt; für weitere Leistungen der Jugendhilfe (etwa Erziehungsberatung oder Hilfen zur Erziehung) sei auf die weiteren Abhandlungen im Abschnitt II verwiesen.

fe“ (§ 2 II[3]) und „anderen Aufgaben der Jugendhilfe“ (§ 2 III). Der Unterschied zwischen beiden Teilbereichen liegt – ein wenig vereinfachend zusammengefasst – darin, dass es sich bei dem erstgenannten Teil vorrangig um Angebote und Dienstleistungen für junge Menschen und ihre Familien handelt, während im letzteren Teil eher hoheitlich geprägte Aufsichts- und Kontrollaufgaben im Mittelpunkt stehen. Die „Förderung von Kindern in Tageseinrichtungen und in Tagespflege“ (so die Bezeichnung der Kindertagesbetreuung im SGB VIII) gehört zu den „Leistungen der Jugendhilfe”, ebenso wie die Jugendarbeit, die Jugendsozialarbeit, die Förderung der Erziehung in der Familie und die Hilfen zur Erziehung. Was die „anderen Aufgaben der Jugendhilfe” betrifft, so ist für die Kindertagesbetreuung vor allem der „Schutz von Kindern und Jugendlichen in Familienpflege und in Einrichtungen“ (3. Kapitel, 2. Abschnitt) relevant: In § 43 („Erlaubnis zur Kindertagespflege“) ist geregelt, dass eine Person einer Erlaubnis bedarf, wenn sie „ein Kind oder mehrere Kinder außerhalb des Haushalts des Erziehungsberechtigten während eines Teils des Tages und mehr als 15 Stunden wöchentlich gegen Entgelt länger als drei Monate betreuen will“ (§ 43 I). Auch der „Träger einer Einrichtung, in der Kinder oder Jugendliche ganztägig oder für einen Teil des Tages betreut werden oder Unterkunft erhalten“, benötigt eine Erlaubnis (§ 45: „Erlaubnis für den Betrieb einer Einrichtung“, meistens kurz als „Betriebserlaubnis“ bezeichnet).

Das SGB VIII schreibt den Ländern die Errichtung von überörtlichen und örtlichen Trägern der Jugendhilfe vor (Landesjugendämter[4] und örtliche Jugendämter). Grundsätzlich ist der örtliche Träger für alle Aufgaben nach dem SGB VIII zuständig, soweit sie nicht dem überörtlichen Träger zugewiesen sind (§ 85 I). Wichtige Aufgaben des überörtlichen Trägers (§ 85 II) im Kontext der Kindertagesbetreuung sind vor allem die Beratung der örtlichen Träger und die Entwicklung von Empfehlungen zur Erfüllung der Aufgaben nach dem SGB VIII, die Wahrnehmung der Aufgaben zum Schutz von Kindern und Jugendlichen in Einrichtungen (wozu die Erteilung der Betriebserlaubnis nach § 45 gehört, während für die Erlaubnis zur Tagespflege der örtliche Träger zuständig ist), die Beratung der Träger von Einrichtungen während der Planung und Betriebsführung und die Fortbildung von Mitarbeiter/inne/n in der Jugendhilfe. Das Aufgabengebiet des überörtlichen Trägers umfasst somit sowohl hoheitliche Aufgaben (Schutz des Kindeswohls) als auch Dienstleistungen gegenüber den kommunalen Jugendämtern und den Trägern von Kindertageseinrichtungen.

3 Soweit nicht anders angegeben, beziehen sich die zitierten Paragraphen in diesem Kapitel auf das SGB VIII.

4 In den meisten Bundesländern ist die Funktion des überörtlichen Trägers einer Landesbehörde (teilweise auch dem zuständigen Ministerium selbst) zugeordnet. In manchen Ländern hingegen sind höhere Kommunalverbände zuständig, nämlich der Kommunalverband für Jugend und Soziales (KVJS) in Baden-Württemberg und die beiden Landschaftsverbände Rheinland und Westfalen-Lippe in Nordrhein-Westfalen.

Inhaltlich beschränkt sich das SGB VIII auf einige programmatische Formulierungen zur Funktion von Kindertagesbetreuung (§ 22: Grundsätze der Förderung): „(1) Tageseinrichtungen sind Einrichtungen, in denen sich Kinder für einen Teil des Tages oder ganztägig aufhalten und in Gruppen gefördert werden. Kindertagespflege wird von einer geeigneten Tagespflegeperson in ihrem Haushalt oder im Haushalt des Personensorgeberechtigten geleistet. Das Nähere über die Abgrenzung von Tageseinrichtungen und Kindertagespflege regelt das Landesrecht. Es kann auch regeln, dass Kindertagespflege in anderen geeigneten Räumen geleistet wird. (2) Tageseinrichtungen für Kinder und Kindertagespflege sollen 1. die Entwicklung des Kindes zu einer eigenverantwortlichen und gemeinschaftsfähigen Persönlichkeit fördern, 2. die Erziehung und Bildung in der Familie unterstützen und ergänzen, 3. den Eltern dabei helfen, Erwerbstätigkeit und Kindererziehung besser miteinander vereinbaren zu können. (3) Der Förderungsauftrag umfasst Erziehung, Bildung und Betreuung des Kindes und bezieht sich auf die soziale, emotionale, körperliche und geistige Entwicklung des Kindes. Er schließt die Vermittlung orientierender Werte und Regeln ein. Die Förderung soll sich am Alter und Entwicklungsstand, den sprachlichen und sonstigen Fähigkeiten, der Lebenssituation sowie den Interessen und Bedürfnissen des einzelnen Kindes orientieren und seine ethnische Herkunft berücksichtigen."

In § 26 ist festgeschrieben, dass das „Nähere über Inhalt und Umfang der in diesem Abschnitt geregelten Aufgaben und Leistungen" durch Landesrecht bestimmt wird. Die Ausführungsgesetze der Länder (vgl. http://www.bildungsserver.de/zeigen.html?seite=1899) regeln insbesondere die Finanzierung der Kindertageseinrichtungen, die Mindeststandards im Hinblick auf Personaleinsatz und Gruppengrößen sowie mögliche Betreuungsformen und -zeiten. Darüber hinaus konkretisieren sie in unterschiedlicher Weise den Bildungsauftrag und Fragen der Qualitätsentwicklung.

In der Regel erfolgt die Finanzierung der Kindertagesbetreuung über Zuschüsse des Landes und der Kommunen, Eigenanteile der Träger und Elternbeiträge. Bemessungsgrundlage sind traditionell in der Regel Gruppen, für die bestimmte Größen, Altersstrukturen sowie Richtlinien für die Personal- und Sachausstattung zugrunde gelegt werden. Seit etwa 10 Jahren werden als Reformkonzept Möglichkeiten einer „Subjektfinanzierung" diskutiert: Statt einer Finanzierung von Einrichtungen werden in einem System der Subjektfinanzierung Eltern mit Nachfragemacht – das heißt konkret: mit Gutscheinen für Kindertagesbetreuung – ausgestattet, damit sie die von ihnen benötigte Kinderbetreuung „kaufen" können (Kreyenfeld et al. 2001).

Einige Bundesländer haben in den letzten Jahren neue Finanzierungssysteme entwickelt, die sich an einer Subjektfinanzierung orientieren (vgl. Überblick in Stöbe-Blossey 2010a, S. 69ff.). Erstmals wurde in Hamburg 2003 ein Gutschein-System eingeführt. Unter Berücksichtigung ihrer Erwerbstätigkeit erhalten Eltern einen Gutschein, nach dem ihnen eine bestimmte Stundezahl zusteht, die sie bei einem Anbieter ihrer Wahl buchen können. Für den Mindestflächenbedarf pro Kind und die Personalausstattung wurden Standards definiert, die die Anbieter nicht unterschreiten dürfen. Die Belegung, die Vereinbarung der Anwesenheitszeiten ebenso wie die Gestaltung der Gruppen liegen in diesem Rahmen im Ermessen des Anbieters. Auch in Berlin erhalten Eltern einen Gutschein. Dieser umfasst mindestens eine Halbtagsförderung am Vormittag; darüber hinaus richtet sich der Umfang nach Arbeits- und Wegezeiten. Nachdem der Umfang ursprünglich pro Tag berechnet und die jeweils längste an einem Tag benötigte Betreuungszeit zugrunde gelegt wurde, gibt es inzwischen die Möglichkeit, über die Woche unterschiedlich verteilte Arbeitszeiten der Eltern zu berücksichtigen. Dabei wird der durchschnittliche monatliche Umfang der über die Zeit zwischen 7.30 Uhr und 12.30 Uhr hinausgehenden benötigten Betreuung ermittelt, und Eltern können die konkreten Betreuungszeiten in diesem Rahmen in Abstimmung mit dem Anbieter frei wählen. Auch Bayern praktiziert seit 2005 eine kindbezogene Förderung, wenn auch diese nicht über Gutscheine abgerechnet wird, sondern über den Nachweis von Buchungsstunden durch die Einrichtung auf der Grundlage eines so genannten Basiswertes, der den Umfang der Betreuungszeit, das Alter der Kinder, eine eventuelle Behinderung und die mögliche Notwendigkeit von Sprachförderung berücksichtigt. Einen Anspruch auf eine bestimmte Stundenzahl je nach Erwerbstätigkeit gibt es in Bayern nicht. Dies bedeutet zum einen, dass Eltern auch mehr (öffentlich geförderte) Stunden nutzen können, als sie für die Zeit ihrer Erwerbstätigkeit benötigen; es bedeutet zum anderen aber auch, dass sie keinen Anspruch darauf haben, dass ihre Arbeitszeiten abgedeckt werden. In Nordrhein-Westfalen war die Einführung einer Kindpauschale politisch beabsichtigt; nach einigen Konflikten wurde eine Lösung gefunden, die seit 2008 gruppenbezogene Elemente als Berechnungsgrundlage mit kindbezogenen Zuweisungen kombiniert und die Verfügbarkeit von Plätzen an Planungsdaten der örtlichen Jugendhilfeplanung bindet.

Diese neuen Formen der Finanzierung sind umstritten. Während einerseits eine erhöhte Flexibilität und Orientierung an den Bedarfen der einzelnen Familie hervorgehoben wird, wird andererseits – insbesondere bei einer Orientierung der Gutscheine am zeitlichen Umfang der Erwerbstätigkeit – eine Verlagerung von Betreuungskapazitäten von sozial schwachen Sozialräumen in „nachfragestarke“ Stadtteile kritisiert. Und was für Eltern mehr Flexibilität bedeutet, bringt für die Einrichtungen weniger Planungssicherheit. In jedem Falle zeigt sich, dass Veränderungen in der landesrechtlichen Förderstruktur regelmäßig mit teilweise massiven Konflikten verbunden sind (zu Konzepten und Kontroversen vgl. Betz u.a. 2010 und Diller u.a. 2004).

Reformen im Kinder- und Jugendhilfegesetz

Der Bund hat durch seine Rahmengesetzgebung in den letzten Jahren verschiedene Reformen in der Jugendhilfe angestoßen oder gefördert. Diese Reformen betrafen nicht nur, aber doch schwerpunktmäßig die Kindertagesbetreuung, und hier sind sowohl die Bildung und Förderung von Kindern als auch der Anspruch einer verbesserten Vereinbarkeit von Familie und Beruf von Bedeutung. Die Kindertagesbetreuung hatte in den westlichen Bundesländern durch die Umsetzung des Rechtsanspruchs auf einen Kindergartenplatz in der zweiten Hälfte der 1990er-Jahre einen erheblichen quantitativen Ausbau erfahren, und auch in aktuellen Reformprozessen erfährt der quantitative Ausbau die größte öffentliche Beachtung. Andere Reformen im SGB VIII wurden in der Öffentlichkeit weniger stark wahrgenommen, sind aber letztlich nicht minder bedeutsam, zumal sie vielfach strukturelle Rahmenbedingungen verändern, und zwar sowohl auf der Ebene der Verwaltung und der Steuerung von Leistungen als auch im Hinblick auf die Leistungserbringung. Einige wesentliche Entwicklungen sollen daher im Folgenden skizziert werden.

Qualitätssicherung und -entwicklung

Eine Diskussion über die Entwicklung von Qualitätskonzepten und Qualitätsmanagement in der Kindertagesbetreuung wurde zum einen durch die allgemeinen Debatten um Verwaltungsmodernisierung angestoßen. Zum anderen gab eine Änderung des SGB VIII aus dem Jahre 1999 wichtige Impulse: Das SGB VIII sieht seitdem in den Paragraphen 78a–g für verschiedene Typen von Einrichtungen (insbesondere im Bereich der stationären und teilstationären Leistungen) „Vereinbarungen über Leistungsangebote, Entgelte und Qualitätsentwicklung“ vor. Diese Gesetzesänderung steigerte insgesamt das Interesse am Thema Qualitätsmanagement und führte „in kürzester Zeit zu einem rasanten Anstieg von Veröffentlichungen und – zumeist programmatisch bleibenden – Pro- und Contra-Zeitschriftenabhandlungen zur Qualitätsentwicklung in der Jugendhilfe“ (Dörfer et al. 2001, S. 2). Viele Träger von Kindertageseinrichtungen führten Qualitätsmanagementsysteme ein, die sich oft an allgemeinen Normen der Qualitätssicherung (wie der aus dem Kontext der Industrie stammenden Normenserie DIN EN ISO 9000ff.) orientieren und die darin definierten Verfahrensweisen mit dem Leitbild eines Trägerverbandes verknüpften (vgl. AWO 2003; BETA 2002; KTK 2004; Paritätische Gesellschaft für Qualität mbH 2004). Darüber hinaus entstanden fachspezifische Organisationsentwicklungsverfahren (vgl. bspw. Ziesche 1999), und 1999 wurde vom Bundesministerium für Familie, Senioren, Frauen und Jugend (BMFSFJ) die „Nationale Qualitätsinitiative im System Tageseinrichtungen für Kinder (NQI)“ initiiert. Die NQI war ein länder- und trägerübergreifender Forschungsverbund (BMFSFJ 2002), der in mehreren

Teilprojekten inhaltliche Kriterien zur Qualitätsentwicklung in bestimmten Themenfeldern erarbeitete (für einen Überblick und eine Klassifizierung von unterschiedlichen Konzepten des Qualitätsmanagements in der Kindertagesbetreuung vgl. Esch u.a. 2006).

Bei der Weiterentwicklung der rechtlichen Rahmenbedingungen im SGB VIII wurde diese Entwicklung aufgegriffen, indem die Qualitätsentwicklung in der Kindertagesbetreuung durch das zum 01.01.2005 in Kraft getretene „Gesetz zum qualitätsorientierten und bedarfsgerechten Ausbau der Tagesbetreuung und zur Weiterentwicklung der Kinder- und Jugendhilfe“ (Tagesbetreuungsausbaugesetz – TAG) thematisiert wurde. Im neu eingefügten § 22a I heißt es nunmehr: „Die Träger der öffentlichen Jugendhilfe sollen die Qualität der Förderung in ihren Einrichtungen durch geeignete Maßnahmen sicherstellen und weiterentwickeln. Dazu gehören die Entwicklung und der Einsatz einer pädagogischen Konzeption als Grundlage für die Erfüllung des Förderauftrags sowie der Einsatz von Instrumenten und Verfahren zur Evaluation der Arbeit in den Einrichtungen.“ In der Öffentlichkeit, selbst in der Fachöffentlichkeit, wurde diese Vorschrift zunächst nur begrenzt wahrgenommen; die Diskussion war dominiert von dem im selben Gesetz geforderten Ausbau der Betreuung für unter Dreijährige. Ein Veränderungsprozess ist jedoch im Gange: In wachsendem Maße wird die Qualitätsdebatte in den örtlichen Jugendämtern und auch auf der Ebene der Bundesländer aufgegriffen und nach geeigneten Instrumenten gefragt. In jedem Falle spricht das SGB VIII mit der zitierten Vorschrift die Steuerungsverantwortung des öffentlichen Trägers der Jugendhilfe an: Qualität liegt damit nicht allein in der Verantwortung der einzelnen Organisation (sei es in der der Tageseinrichtung oder in der ihres Trägers), sondern wird als Aufgabe im öffentlichen Interesse definiert.

Instrumente für eine qualitätsorientierte Steuerung liegen grundsätzlich vor. Zu nennen ist etwa die bereits 1980 in den USA publizierte „Early Childhood Environment Rating Scale“ (ECERS; vgl. Harms/Clifford 1980 und 1998). Als erste deutsche Fassung der ECERS wurde 1997 die Kindergarten-Einschätz-Skala (KES) in Deutschland veröffentlicht; 2005 erschien die dritte überarbeitete Fassung („KES-R“; Tietze u.a. 2005). Mit Hilfe derartiger Instrumente können Beobachtungen anhand der definierten Kriterien vorgenommen und eine Bewertung der Einrichtung durchgeführt werden. Das Ergebnis kann – wie in Deutschland – für die Vergabe eines freiwilligen Zertifikats genutzt werden; es kann aber auch – wie in einigen US-Staaten Praxis – als eine Grundlage für die Erteilung einer Betriebserlaubnis oder für eine (je nach erreichter Qualität abgestufte) staatliche Förderung verwendet werden. Der Staat kann auf diese Weise Mindeststandards für die Qualität der Einrichtungen sowie Anreize zur Weiterentwicklung setzen; für Eltern bedeutet die Klassifizierung ein hohes Maß an Transparenz.

Bislang allerdings gibt es nur wenige konkrete Initiativen, die darauf abzielen würden, Qualitätsmanagement in diesem Sinne für die politischadministrative Steuerung zu nutzen. Die tatsächliche Akzeptanz der Grundgedanken von Qualitätsmanagement ist längst nicht so weit gediehen, wie es die breite Debatte zu diesem Thema erscheinen lässt. Zum einen läuft jeglicher Versuch einer trägerübergreifenden Steuerung Gefahr, als unzulässiger Eingriff in die Trägerautonomie (vgl. 1.2) interpretiert zu werden. Zum anderen stößt das Prinzip einer trägerexternen, unabhängigen Prüfung auf eine weit verbreitete Ablehnung – Prüfungen werden als Ausdruck von Misstrauen gedeutet, und Bottom-up-Prozesse werden als eigentlicher Kern von Qualitätsentwicklung angesehen, die durch die Festlegung von Standards eher gestört werden (zu fachlichen Kontroversen um Qualitätsmanagement in Kindertageseinrichtungen vgl. Beiträge in Diller u.a. 2005, Altgeld/Stöbe-Blossey 2009). Als Zwischenfazit lässt sich daher festhalten, dass die Implementierung von Qualitätsmanagementkonzepten in der Kindertagesbetreuung bislang zwar sicher viele Impulse für die Organisationsentwicklung gegeben hat; die Nutzung für die Steuerung steht in Deutschland jedoch noch ganz am Anfang. Die Veränderung rechtlicher Rahmenbedingungen auf Bundesebene hat somit bislang nur eine begrenzte Wirkung entfaltet.

Ausbau der Kindertagesbetreuung

Der in der Öffentlichkeit am stärksten wahrgenommene Bestandteil des TAG betraf den Ausbau der Kindertagesbetreuung für unter Dreijährige. Hier wurde festgeschrieben, dass „für Kinder im Alter von unter drei Jahren und im schulpflichtigen Alter (…) ein bedarfsgerechtes Angebot an Plätzen in Tageseinrichtungen und in Tagespflege vorzuhalten“ ist (§ 24 II). Im Unterschied zu den Drei- bis Sechsjährigen gab es also zunächst keinen subjektiven Rechtsanspruch. Bedarfsgerechtigkeit blieb allerdings keine Leerformel, sondern wurde zumindest für die unter Dreijährigen definiert: Demnach ist ein „Kind, das das dritte Lebensjahr noch nicht vollendet hat (…) in einer Tageseinrichtung oder in Kindertagespflege zu fördern, wenn 1. diese Leistung für seine Entwicklung zu einer eigenverantwortlichen und gemeinschaftsfähigen Persönlichkeit geboten ist oder 2. die Erziehungsberechtigten a) einer Erwerbstätigkeit nachgehen, eine Erwerbstätigkeit aufnehmen oder Arbeit suchend sind, b) sich in einer beruflichen Bildungsmaßnahme, in der Schulausbildung oder Hochschulausbildung befinden oder c) Leistungen zur Eingliederung in Arbeit im Sinne des Zweiten Buches erhalten. Lebt das Kind nur mit einem Erziehungsberechtigten zusammen, so tritt diese Person an die Stelle der Erziehungsberechtigten. Der Umfang der täglichen Förderung richtet sich nach dem individuellen Bedarf.“ (§ 24 III) Eine Übergangsregelung verpflichtete die Träger der öffentlichen Jugendhilfe (also die Jugendämter der Gemeinden bzw. Kreise), diese Anforderungen spätestens bis zum 01.10.2010 zu erfüllen und bis dahin jährliche Ausbaustufen zu beschließen und den aktuellen Bedarf sowie den erreichten Ausbaustand zu ermitteln (§ 24a).

An den Formulierungen zeigt sich bereits, dass der Kindertagespflege eine quasi gleichberechtigte Rolle neben den Kindertageseinrichtungen zugewiesen wird. Dies gilt auch für Drei- bis Sechsjährige, soweit es um Ganztagsplätze geht. Hier besteht zwar weiterhin der zum 01.01.1999 vollständig in Kraft getretene Rechtsanspruch auf einen Kindergartenplatz. Ergänzend wird jedoch festgelegt, dass der Träger der öffentlichen Jugendhilfe darauf hinzuwirken hat, dass für diese Altersgruppe *„ein bedarfsgerechtes Angebot an Ganztagsplätzen oder ergänzend Förderung in Kindertagespflege zur Verfügung steht“* (§ 24 I). Kurz gefasst: Alle Betreuungsformen, die über einen „einfachen“ Kindergartenplatz für Drei- bis Sechsjährige hinausgehen, können gleichermaßen mit Tagespflege abgedeckt werden.

Schon kurze Zeit nach Inkrafttreten des TAG zeigte sich, dass die Aktivitäten von Ländern und Kommunen zum Ausbau der Betreuung für unter Dreijährige ebenso wie die intendierte quantitative und qualitative Weiterentwicklung der Kindertagespflege hinter den Erwartungen zurückblieben. Der Grund dafür liegt in der Konstruktion des Gesetzes, das weite Spielräume ließ und für die Realisierung der Ziele faktisch eine aktive Implementation von Ländern und Kommunen erforderte. Die Bereitschaft dazu hielt sich auf diesen beiden Ebenen aber in Grenzen – nicht wegen politischer Differenzen über die Ziele, sondern weil die mit dem Ausbau verbundenen Finanzmittel letztlich durch diese beiden Ebenen aufgebracht werden mussten. Gleichzeitig stieg – nicht zuletzt angesichts der demographischen Entwicklung – der politische Druck auf eine Forcierung des Ausbaus; nach Inkrafttreten des TAG blieb das Thema auf der politischen Agenda und nahm sogar noch eine wachsende Bedeutung ein.

Auf einem „Krippengipfel“ am 2. April 2007 (vgl. die Erläuterungen zum Kinderförderungsgesetz (Deutscher Bundestag 2008) sowie zusammenfassend BMFSFJ 2008a, S. 34ff.) beschlossen daher der Bund, die Länder und die kommunalen Spitzenverbände, sich auf Maßnahmen zu verständigen, die bis zum Jahre 2013 zu einem Angebot von Betreuungsplätzen für bundesweit durchschnittlich 35 Prozent der unter Dreijährigen führen sollten. Die darauf folgende Novellierung des SGB VIII sollte einen wesentlich stärker regulativen Charakter haben als das TAG: Mit dem am 26.09.2008 beschlossenen Kinderförderungsgesetz wurde nun für Kinder im Alter von zwischen 12 Monaten und unter drei Jahren bis zum Jahre 2013 ein subjektiver Rechtsanspruch eingeführt (Art. 1 Nr. 7 und 8 KiföG), und für die Tagespflege wurden Vorgaben zur Entlohnung und sozialen Absicherung formuliert (Art. 1 Nr. 5 KiföG).

Begleitend wurde eine Unterstützung des Ausbaus durch Bundesmittel beschlossen, eine Absicht, die verfassungsrechtlich nicht einfach zu realisieren war. Mit dem am 26.09.2008 beschlossenen Kinderförderungsgesetz (Art. 2 und 3) wurde daher zum einen über ein Sondervermögen für die Ausbauphase bis 2013 Investitionskosten in Höhe von 2,15 Mrd. Euro bereitgestellt. Basis für diese Regelung ist Art. 104b I GG: „Der Bund kann, soweit dieses Grundgesetz ihm Gesetzgebungsbefugnisse verleiht, den Ländern Finanzhilfen für besonders bedeutsame Investitionen der Länder und der Gemeinden (Gemeindeverbände) gewähren, die 1. zur Abwehr einer Störung des gesamtwirtschaftlichen Gleichgewichts oder 2. zum Ausgleich unterschiedlicher Wirtschaftskraft im Bundesgebiet oder 3. zur Förderung des wirtschaftlichen Wachstums erforderlich sind." Zum anderen erhalten die Länder über eine Änderung des Finanzausgleichsgesetzes einen höheren Anteil am Umsatzsteueraufkommen, der ihnen von 2009 bis 2012 zusätzliche Finanzmittel in Höhe von 1,85 Milliarden Euro und danach von 770 Millionen Euro jährlich einbringt. Eine Zweckbindung dieser Mittel für die Kinderbetreuung ist rechtlich nicht umsetzbar; dass diese Mittel für die laufenden Betriebskosten in der Betreuung von unter Dreijährigen eingesetzt werden, basiert auf einer politischen Vereinbarung. Es bleibt abzuwarten, wie diese Regelungen mittelfristig verarbeitet werden.

Andere Wege zur Lösung der Finanzierungsproblematik im föderativen System wurden zwar diskutiert, aber nicht umgesetzt. Dies gilt insbesondere für den Vorschlag einer Subjektfinanzierung. Dieses Instrument könnte einen Weg zur Mobilisierung von Ressourcen des Bundes weisen, denn er würde auf diese Weise nicht Kommunen oder Länder, sondern einzelne Personen (Eltern) finanziell unterstützen. Zwar wurde die Einführung einer Subjektfinanzierung von Seiten des Bundesministeriums für Familie, Senioren, Frauen und Jugend in die politische Diskussion gebracht (BMFSFJ 2008b) und durch den dort angesiedelten Wissenschaftlichen Beirat für Familienfragen unterstützt (BMFSFJ 2008a, S. 51f.). Eine Operationalisierung bis hin zu einer Gesetzesinitiative erfolgte jedoch nicht. Grundlegende Strukturveränderungen sind somit durch das Kinderförderungsgesetz nicht zu verzeichnen.

1.2 Träger

Dem örtlichen Jugendamt obliegt die Gesamtverantwortung dafür, dass die notwendigen Einrichtungen und Dienste der Jugendhilfe zur Verfügung stehen (§ 79), und es hat im Rahmen der Jugendhilfeplanung den Bestand an Einrichtungen und Diensten und den Bedarf festzustellen und die zur Befriedigung des Bedarfs notwendigen Vorhaben zu planen (§ 80 SGB). Die soeben erwähnten Rechtsansprüche in der Kindertagesbetreuung richten sich vor diesem Hintergrund an das örtliche Jugendamt. Der öffentliche Träger kann die Leistungen selbst erbringen (bspw. durch die Einrichtung kommunaler Kindertagesstätten), und er kann mit freien Trägern der Jugendhilfe kooperieren (§ 4 und § 74f. SGB). Träger von Kindertageseinrichtungen außerhalb der öffentlichen Trägerschaft sind die Kirchen und die großen Wohlfahrtsverbände, darüber hinaus Elterninitiativen und – je nach Bundesland unterschiedlich – vereinzelt auch privatwirtschaftliche Anbieter.

In der Jugendhilfe spielen traditionell freie Träger eine große Rolle, welche auch im SGB VIII festgeschrieben ist: „Die Jugendhilfe ist gekennzeichnet durch die Vielfalt von Trägern unterschiedlicher Wertorientierungen und die Vielfalt von Inhalten, Methoden und Arbeitsformen" (§ 3 I). Dem Subsidiaritätsprinzip entsprechend sollen öffentliche Träger von eigenen Maßnahmen absehen, wenn geeignete Einrichtungen, Dienste und Veranstaltungen von freien Trägern betrieben oder rechtzeitig geschaffen werden können (§ 4 II). Darüber hinaus sollen die Träger der öffentlichen Jugendhilfe die Tätigkeit von freien Trägern anregen und unter bestimmten Voraussetzungen fördern. Für eine auf Dauer angelegte Förderung ist in der Regel die Anerkennung als Träger der freien Jugendhilfe Voraussetzung (§ 74 I). Bedingung für diese Anerkennung ist – neben fachlichen Anforderungen – unter anderem die Verfolgung gemeinnütziger Ziele (§ 75 I). Die Kirchen und Religionsgemeinschaften des öffentlichen Rechts sowie die auf Bundesebene zusammengeschlossenen Verbände der freien Wohlfahrtspflege sind per definitionem anerkannte Träger der freien Jugendhilfe (§ 75 III). Andere Träger haben einen Rechtsanspruch auf Anerkennung, wenn sie seit drei Jahren die für die Anerkennung formulierten Voraussetzungen erfüllen (§ 75 II). Nur auf die anerkannten freien Träger bezieht sich im Übrigen das erwähnte Subsidiaritätsprinzip nach § 4 II; sollten andere Anbieter die gleichen Leistungen bereitstellen, stellt dies keinen Grund für den öffentlichen Träger dar, auf eigene Angebote zu verzichten.

Darüber hinaus unterscheidet sich der Jugendhilfeausschuss, dessen Einrichtung nach dem SGB VIII (§ 70) vorgeschrieben ist, durch seine Zusammensetzung von den übrigen kommunalen Ausschüssen: Als stimmberechtigte Mitglieder gehören ihm zu drei Fünfteln Mitglieder der Vertretungskörperschaft der jeweiligen Kommune bzw. des Kreises oder von ihr gewählte, in der Jugendhilfe erfahrene Männer und Frauen an; zwei Fünftel werden auf Vorschlag der örtlichen anerkannten Träger der freien Jugendhilfe von der Vertretungskörperschaft gewählt, wobei die Vorschläge der Jugend- und der Wohlfahrtsverbände angemessen zu berücksichtigen sind (§ 71 I). Eine analoge Regelung gilt auch für den beim überörtlichen Träger anzusiedelnden Landesjugendhilfeausschuss. Die freien Träger sind somit an der Steuerung der Kindertagesbetreuung und damit auch an Verteilungsentscheidungen beteiligt – zweifellos ein wesentliches Kennzeichen der Strukturen in diesem Politikfeld.

Tabelle 1 zeigt, dass der Anteil der öffentlichen Träger an der institutionellen Kindertagesbetreuung in den letzten Jahren abgenommen hat – geringfügig in den westlichen und sehr deutlich in den östlichen Bundesländern. Letzteres hängt weniger mit einem Rückzug öffentlicher Träger aus dem Angebot als vielmehr mit dem Aufbau zivilgesellschaftlicher Strukturen in den neuen Ländern zusammen. Die Tabelle zeigt allerdings auch, dass erhebliche strukturelle Unterschiede bestehen bleiben, sowohl im Hinblick auf die Verteilung zwischen öffentlichen und freien Trägern als auch innerhalb der letzteren. Deutlich wird ebenfalls, dass privat-gewerbliche Anbieter sowie Kindertageseinrichtungen als Teile eines Unternehmens nach wie vor nur eine marginale Rolle spielen. Leicht angestiegen ist hingegen der Anteil sonstiger juristischer Personen und Vereinigungen, zu denen beispielsweise private Initiativen (mit vielfach innovativen Angebotsformen) gehören, die zwar eine gemeinnützige Rechtsform (bspw. gGmbH) haben, aber keinem Verband angeschlossen sind.

Tab. 1: Plätze bzw. Kinder in Tageseinrichtungen 2002 bis 2009 nach Art der Träger und Ländergruppen

Art des Trägers	2002 Plätze[1]	2006 Kinder[2]	2009 Kinder[2]	2002 Plätze[1]	2006 Kinder[2]	2009 Kinder[2]
	Anzahl			Prozentanteil (Spaltenprozent)		
	Deutschland					
Insgesamt	2.741.313	2.738.989	2.793.379	100	100	100
Öffentliche Träger	1.105.870	1.030.002	995.333	40,3	37,6	35,6
Träger der freien Jugendhilfe zusammen	1.635.443	1.708.987	1.798.046	59,7	62,4	64,4
Arbeiterwohlfahrt	116.025	129.177	135.317	4,2	4,7	4,8
Deutscher Paritätischer Wohlfahrtsverband	135.445	201.908	229.363	4,9	7,4	8,2
Deutsches Rotes Kreuz	73.531	77.827	81.972	2,7	2,8	2,9
Diakon. Werk/sonst. der EKD angeschlossenen Träger	479.462	471.133	479.883	17,5	17,2	17,2
Caritasverband/sonstige kath. Träger	656.965	610.651	586.015	24,0	22,3	21,0
Zentralwohlfahrtsstelle der Juden in Deutschland	900	805	1.013	0,0	0,0	0,0
sonst. Religionsgemeinschaften öffentlichen Rechts	8.350	12.909	9.680	0,3	0,5	0,3
Jugendgruppen, -verbände, -ringe	817	2.759	2.035	0,0	0,1	0,1
Sonst. juristische Personen, andere Vereinigungen	153.874	185.001	249.310	5,6	6,8	8,9
Teil eines Unternehmens/Betriebes	/	5.137	3.835	/	0,2	0,1
Privatgewerblich[3]	10.074	11.680	19.623	0,4	0,4	0,7
	Westdeutschland					
Insgesamt	2.182.125	2.120.399	2.131.764	100	100	100
Öffentliche Träger	797.696	751.311	728.239	36,6	35,4	34,2
Träger der freien Jugendhilfe zusammen	1.384.429	1.369.088	1.403.525	63,4	64,6	65,8
Arbeiterwohlfahrt	74.628	77.943	82.430	3,4	3,7	3,9
Deutscher Paritätischer Wohlfahrtsverband	63.183	89.959	105.741	2,9	4,2	5,0
Deutsches Rotes Kreuz	50.873	51.885	54.096	2,3	2,4	2,5
Diakon. Werk/sonst. der EKD angeschlossenen Träger	432.937	413.610	413.460	19,8	19,5	19,4
Caritasverband/sonstige kath. Träger	644.111	596.124	571.484	29,5	28,1	26,8
Zentralwohlfahrtsstelle der Juden in Deutschland	761	550	752	0,0	0,0	0,0
sonst. Religionsgemeinschaften öffentlichen Rechts	7.798	11.904	9.278	0,4	0,6	0,4
Jugendgruppen, -verbände, -ringe	703	1.773	1.419	0,0	0,1	0,1
Sonst. juristische Personen, andere Vereinigungen	104.795	114.247	147.292	4,8	5,4	6,9
Teil eines Unternehmens/Betriebes	/	3.628	3.247	/	0,2	0,2
Privatgewerblich[3]	4.640	7.465	14.326	0,2	0,4	0,7

	Ostdeutschland					
Insgesamt	559.188	618.590	661.615	100	100	100
Öffentliche Träger	308.174	278.691	267.094	55,1	45,1	40,4
Träger der freien Jugendhilfe zusammen	251.014	339.899	394.521	44,9	54,9	59,6
Arbeiterwohlfahrt	41.397	51.234	52.887	7,4	8,3	8,0
Deutscher Paritätischer Wohlfahrtsverband	72.262	111.949	123.622	12,9	18,1	18,7
Deutsches Rotes Kreuz	22.658	25.942	27.876	4,1	4,2	4,2
Diakon. Werk/sonst. der EKD angeschlossenen Träger	46.525	57.523	66.423	8,3	9,3	10,0
Caritasverband/sonstige kath. Träger	12.854	14.527	14.531	2,3	2,3	2,2
Zentralwohlfahrtsstelle der Juden in Deutschland	139	255	261	0,0	0,0	0,0
sonst. Religionsgemeinschaften öffentlichen Rechts	552	1.005	402	0,1	0,2	0,1
Jugendgruppen, -verbände, -ringe	114	986	616	0,0	0,2	0,1
Sonst. juristische Personen, andere Vereinigungen	49.079	70.754	102.018	8,8	11,4	15,4
Teil eines Unternehmens/Betriebes	/	1.509	588	/	0,2	0,1
Privatgewerblich[3]	5.434	4.215	5.297	1,0	0,7	0,8

1) Plätze für Kinder im Krippen- und Kindergartenalter
2) Kinder im Alter von unter acht Jahren, die eine Tageseinrichtung besuchen
3) Für das Jahr 2002 sind die wirtschaftlichen Träger unter den privatgewerblichen Trägern zusammengefasst.
Quelle: Autorengruppe Bildungsberichterstattung 2010, gekürzte Fassung der Tabelle C1.4web
(Stat. Ämter Bund/Länder, Kinder- und Jugendhilfestatistik, Berechnungen der Autorengruppe Bildungsberichterstattung)

1.3 Praxisfelder

Das Praxisfeld der Kindertagesbetreuung lässt sich, wie im Kontext der rechtlichen Rahmenbedingungen dargestellt, unterteilen in die Förderung in Kindertageseinrichtungen und in der Kindertagespflege. Tabelle 2 zeigt, dass die institutionelle Kindertagesbetreuung quantitativ den deutlich größeren Stellenwert hat. Kindertagespflege wird vorrangig für unter Dreijährige genutzt; bei älteren Kindern geht es, wenn, dann häufig um eine ergänzende Betreuung außerhalb der Öffnungszeiten von Kindertageseinrichtungen. Abbildung 2 gibt des Weiteren einen Überblick über die noch nicht schulpflichtigen Kinder verschiedener Altersgruppen, die in Tageseinrichtungen und in Kindertagespflege gefördert werden. Bei den Drei- bis Sechsjährigen zeigt sich, dass diese Altersgruppe inzwischen auch in den alten Bundesländern sehr weitgehend durch die Angebote der institutionellen Betreuung erreicht wird. Dass die Quote in dieser Altersgruppe dennoch nach wie vor geringfügig niedriger liegt als in den neuen Ländern, ist vor allem durch die geringere Beteiligung der Dreijährigen bedingt, die im Westen oft erst mit Beginn des jeweils nachfolgenden Kindergartenjahres eine Tageseinrichtung besuchen. Bei den Vier- und Fünfjährigen haben sich die Quoten inzwischen angeglichen und liegen bei 94,2 Prozent bzw. 97,2 Prozent im Westen und bei 94,5 Prozent bzw. 97,3 Prozent im Osten (Autorengruppe Bildungsberichterstattung 2010, Tabelle C2-1A). Deutliche Unterschiede zeigen sich hingegen bei den unter Dreijährigen; hier war die Quote im Jahr

2009 trotz einer deutlichen Steigerung im Westen (immerhin allein um fast 5 Prozentpunkte zwischen 2008 und 2009) in den neuen Ländern immer noch mehr als doppelt so hoch.

Tab. 2: Quote der Bildungsbeteiligung* von Kindern in Tageseinrichtungen und Tagespflege 2006 bis 2009 nach Alters- und Ländergruppen (in %)**

Altersgruppen	2006			2008			2009		
	Insgesamt[1)]	Davon Kinder in		Insgesamt[1)]	Davon Kinder in		Insgesamt[1)]	Davon Kinder in	
		Tageseinrichtungen[1)]	Tagespflege		Tageseinrichtungen[1)]	Tagespflege		Tageseinrichtungen[1)]	Tagespflege
	Deutschland								
Unter 3-Jährige	13,6	12,1	1,6	17,8	15,3	2,5	20,4	17,4	3,0
3- bis u. 6-Jährige	87,6	87,1	0,5	91,6	90,9	0,8	92,5	91,7	0,8
	Westdeutschland								
Unter 3-Jährige	8,0	6,8	1,2	12,2	10,0	2,2	14,6	12,0	2,6
3- bis u. 6-Jährige	86,8	86,2	0,5	91,0	90,2	0,8	92,0	91,1	0,9
	Ostdeutschland								
Unter 3-Jährige	39,3	36,2	3,2	42,0	38,0	3,9	44,9	40,5	4,4
3- bis u. 6-Jährige	91,9	91,2	0,6	94,6	93,9	0,7	95,1	94,4	0,7

* Bei der Berechnung der altersspezifischen Quoten der Bildungsbeteiligung wird die Anzahl der Kinder in Tageseinrichtungen und Tagespflege auf die altersentsprechende Bevölkerung am 31. Dezember des vorherigen Jahres bezogen.
** Kinder, die sowohl Kindertageseinrichtungen als auch Kindertagespflege nutzen, werden doppelt gezählt. 2009 gab es in Deutschland 3.483 (0,8%) unter 3-Jährige und 9.783 (0,5%) 3- bis 6-Jährige, die sowohl eine Kindertagespflege als auch eine Kindertageseinrichtung in Anspruch genommen haben.
Quelle: Autorengruppe Bildungsberichterstattung 2010, gekürzte Fassung der Tabelle C2-1A
(Stat. Ämter Bund/Länder, Kinder- und Jugendhilfestatistik, Berechnungen der Autorengruppe Bildungsberichterstattung)

Die Bildungsbeteiligungsquoten der unter Dreijährigen unterscheiden sich nicht nur zwischen Osten und Westen, sondern auch innerhalb der Gruppen der östlichen und der westlichen Bundesländer erheblich. Im Osten liegen sie im Jahr 2009 zwischen 40,1 Prozent (Sachsen) und 55,1 Prozent (Sachsen-Anhalt); in Berlin werden 41,6 Prozent erreicht; in den westlichen Bundesländern steht Hamburg mit 25,7 Prozent deutlich an der Spitze; die Quoten in den anderen Ländern liegen zwischen 11,6 Prozent (Nordrhein-Westfalen) und 17,6 Prozent Rheinland-Pfalz) (vgl. Autorengruppe Bildungsberichterstattung 2010, Tabelle C2-2A). Aktuellere Zahlen des Statistischen Bundesamtes verweisen auf einen kontinuierlichen Anstieg der Quoten vor allem in den westlichen Bundesländern, aber noch nicht auf grundlegende strukturelle Veränderungen.

Unterschiede gibt es weiterhin in den Betreuungszeiten. Nach wie vor ist der Anteil an Ganztagsbetreuung (die in Tabelle 3 als eine Betreuungszeit von mehr als 7 Stunden definiert wird) im Osten wesentlich höher als im Westen; in Thüringen erreicht er bei den Drei- bis Sechsjährigen fast die 90 Prozent-Marke, in Baden-Württemberg hingegen liegt er bei 12 Prozent.

Während im Osten der Anteil bei den unter Dreijährigen und den Drei- bis Sechsjährigen nahezu identisch ist, werden im Westen die unter Dreijährigen zu einem deutlich höheren Anteil ganztägig betreut als ältere Kinder. Dieser angesichts des Mangels an Plätzen für unter Dreijährige eigentlich paradoxe Befund ist zum einen dadurch zu erklären, dass in dieser Al-

Tab. 3: Kinder* in Tageseinrichtungen und Tagespflege 2009 nach täglicher Betreuungszeit, Altersgruppen und Ländern

Land	Kinder in Tagesbetreuung	Bis zu 5 Stunden	Mehr als 5 bis zu 7 Stunden[1)]	Mehr als 7 Stunden
	Anzahl	in %		
Kinder im Alter von unter 3 Jahren				
Deutschland	417.190	23,8	27,8	48,5
Westdeutschland	241.852	31,2	33,6	35,2
Ostdeutschland	175.338	13,6	19,7	66,7
Baden-Württemberg	44.472	31,2	43,9	24,9
Bayern	50.556	44,3	30,7	25,0
Berlin	38.293	14,0	27,2	58,8
Brandenburg	27.305	4,2	31,3	64,5
Bremen	2.243	26,0	31,8	42,1
Hamburg	12.538	13,2	33,5	53,3
Hessen	25.491	21,3	33,5	45,3
Mecklenburg-Vorpomm.	19.038	9,4	28,3	62,3
Niedersachsen	23.529	45,0	26,1	28,9
Nordrhein-Westfalen	52.508	21,4	30,4	48,1
Rheinland-Pfalz	17.135	28,8	39,1	32,1
Saarland	3.281	15,8	32,3	51,8
Sachsen	40.418	7,6	18,5	73,9
Sachsen-Anhalt	28.541	38,3	4,0	57,7
Schleswig-Holstein	10.099	41,0	28,9	30,1
Thüringen	21.743	6,9	7,3	85,8
Kinder im Alter von 3 Jahren bis zum Schuleintritt				
Deutschland	2.298.635	23,7	43,6	32,7
Westdeutschland	1.876.928	26,6	48,4	25,0
Ostdeutschland	421.707	10,6	22,4	67,1
Baden-Württemberg	322.077	7,6	80,4	12,0
Bayern	347.195	32,8	42,9	24,3
Berlin	83.718	9,3	32,6	58,2
Brandenburg	63.437	4,5	40,6	54,9
Bremen	16.360	33,9	41,6	24,4
Hamburg	44.707	42,4	19,1	38,5
Hessen	179.651	31,5	32,7	35,8
Mecklenburg-Vorpomm.	44.140	5,6	35,6	58,8
Niedersachsen	231.550	65,5	20,2	14,3
Nordrhein-Westfalen	512.795	10,7	55,6	33,7
Rheinland-Pfalz	115.639	19,9	50,1	30,0
Saarland	26.201	22,7	53,2	24,1
Sachsen	113.614	6,5	17,8	75,7
Sachsen-Anhalt	58.301	36,4	3,9	59,8
Schleswig-Holstein	80.753	54,9	28,4	16,8
Thüringen	58.497	5,1	5,3	89,6

* Kinder, die sowohl Kindertageseinrichtungen als auch Kindertagespflege nutzen, werden doppelt gezählt. 2009 gab es in Deutschland 3.483 (0,8%) unter 3-Jährige und 9.783 (0,5%) 3- bis 6-Jährige, die sowohl eine Kindertagespflege als auch eine Kindertageseinrichtung in Anspruch genommen haben.

1) Gegebenenfalls mit Mittagsunterbrechung

Quelle: Autorengruppe Bildungsberichterstattung 2010, Tabelle C2-13web
(Stat. Ämter Bund/Länder, Kinder- und Jugendhilfestatistik, Berechnungen der Autorengruppe Bildungsberichterstattung)

tersgruppe oft nur diejenigen Kinder einen Platz erhalten, deren Eltern ihn aus beruflichen Gründen besonders dringend benötigen – und für die Vereinbarkeit von Beruf und Familie reichen angesichts der Lage der Arbeitszeiten oft auch bei Teilzeitstellen Plätze mit weniger Stunden nicht aus. Zum anderen gibt es in einigen Ländern traditionelle Strukturen; so gab es in Nordrhein-Westfalen nach dem bis 2008 geltenden Gesetz über Tageseinrichtungen für Kinder (GTK) für unter Dreijährige ausschließlich Ganztagsplätze, eine Praxis, die von vielen Trägern auch nach der gesetzlichen Änderung fortgeschrieben wird. Dieses Beispiel zeigt, dass der Umfang der Betreuung stärker durch die Strukturierung des Angebots als durch Bedarf und Nachfrage der Familien bestimmt wird. Nur so lassen sich auch die großen Unterschiede zwischen den Bundesländern erklären.

1.4 Relevante Konzepte und Methoden

Der quantitative Versorgungsgrad mit Betreuungsplätzen, der im letzten Abschnitt im Mittelpunkt stand, beschreibt einen zwar wesentlichen Aspekt, aber eben doch nur einen Teil der Realität und der Entwicklung in Kindertagesbetreuung und Familienförderung. Daher geht es im Folgenden um Konzepte und Methoden in diesem Feld. Diese standen zwar vielleicht weniger stark im Mittelpunkt des öffentlichen Interesses als der quantitative Ausbau; jedoch unterlagen und unterliegen sie einer deutlich wahrnehmbaren fachlichen Weiterentwicklung. Einige Beispiele dafür sollen im Folgenden dargestellt werden, wobei es sich dabei angesichts der Vielfalt des Feldes und der fachlichen Entwicklung nur um eine exemplarische Auswahl handeln kann. Eingegangen wird in diesem Sinne auf Bildung und Sprachförderung, den Aufbau von vernetzten Angebotsstrukturen sowie auf flexible Lösungen zur Unterstützung der Vereinbarkeit von Beruf und Familie.

Frühkindliche Bildung im Elementarbereich

Im 12. Kinder- und Jugendbericht wird gefordert, den Bildungsanspruch „im Sinne eines persönlichen Rechts des Kindes als ‚Bildung von Anfang an' zu betrachten" (BMFSFJ 2005, S. 349). Zwar ist dieser Bildungsanspruch schon lange im SGB VIII verankert (§ 22.2), jedoch wird er erst seit Beginn dieses Jahrtausends im Zuge der PISA-Debatte verstärkt diskutiert und seitdem auch konzeptionell konkretisiert. Als wesentliche Entwicklungen sollen hier die Einführung von Bildungsleitlinien, die Gestaltung des Übergangs von der Kindertageseinrichtung in die Grundschule sowie die Sprachförderung dargestellt werden.

Die systematischere Gestaltung von Bildungsprozessen in der frühen Kindheit durch die Einführung von Rahmencurricula kann als internationale Tendenz bezeichnet werden (Gisbert 2004), und es gibt in einigen Staaten eine breite Diskussion und teils langjährige Erfahrungen mit unterschiedlichen Bildungskonzepten (für einen Überblick vgl. Fthenakis/Oberhuemer 2004). In Deutschland wurde in einem Gutachten („Auf den Anfang kommt es an") für das Bundesministerium für Familie, Senioren, Frauen und Gesundheit als Voraussetzung für „eine zeitgemäße Bildung und Erziehung in den Tageseinrichtungen (...) die Entwicklung von Bildungsstandards und deren Konkretisierung in Bildungs- und Erziehungsplänen" (BMFSFJ 2003b, S. 80) empfohlen. Im Jahr 2004 vereinbarten die Jugendministerkonferenz und die Kultusministerkonferenz einen „Gemeinsamen Rahmen der Länder für die frühe Bildung in Kindertageseinrichtungen" (Beschluss der JMK vom 13./14.05.2004, Beschluss der KMK vom 03./04.06.2004), der dieses Thema aufgreift: „Die Kindertageseinrichtungen des Elementarbereichs werden heute als unentbehrlicher Teil des öffentlichen Bildungswesens verstanden. (...) Bildungspläne im Elementarbereich präzisieren den zu Grunde gelegten Bildungsbegriff und beschreiben den eigenständigen Bildungsauftrag der Kindertageseinrichtungen, der in unmittelbarer Beziehung zu den weiteren Aufgaben der Erziehung und Betreuung steht. Sie verleihen den Bildungsprozessen in den Kindertageseinrichtungen Transparenz und bieten Orientierung für die Fachkräfte, Eltern und Lehrkräfte gleichermaßen. Bildungspläne haben aber insbesondere die Aufgabe, die Grundlagen für eine frühe und individuelle Förderung der Kinder zu schaffen. Dieser gemeinsame Rahmen stellt eine Verständigung der Länder über die Grundsätze der Bildungsarbeit der Kindertageseinrichtungen dar, der durch die Bildungspläne auf Landesebene konkretisiert, ausgefüllt und erweitert wird. Innerhalb des gemeinsamen Rahmens gehen alle Länder eigene, den jeweiligen Situationen angemessene Wege der Ausdifferenzierung und Umsetzung. Bildungspläne sind Orientierungsrahmen, auf deren Grundlage die Tageseinrichtungen unter Berücksichtigung der lokalen Gegebenheiten träger- oder einrichtungsspezifische Konzeptionen erstellen."

Seit 2003 wurden in allen Bundesländern Bildungsleitlinien für den Bereich der Kindertageseinrichtungen verabschiedet – mit unterschiedlichen Inhalten und unterschiedlicher Verbindlichkeit (vgl. Überblick in Fthenakis 2004, Stöbe-Blossey/Torlümke 2010; Texte der einzelnen Bundesländer unter www.bildungsserver.de/zeigen.html?seite=2027). Zu länderübergreifenden Standards ist es allerdings dabei nicht gekommen. Vielmehr unterscheiden sich die Leitlinien der einzelnen Länder vom Bildungsverständnis her erheblich, wie sich exemplarisch anhand der Länder Bayern, Nordrhein-Westfalen und Brandenburg zeigen lässt.

In Bayern wurde das Staatsinstitut für Frühpädagogik (IfP, München) mit der Erarbeitung eines Bildungs- und Erziehungsplans (BEP) beauftragt. Dieser wurde in 104 Einrichtungen erprobt, lag Ende 2005 zur landesweiten Anwendung vor und wurde gesetzlich verankert. Der BEP enthält sowohl Orientierungen als auch konkrete Handlungsanleitungen für pädagogische Fachkräfte zur Umsetzung in die Praxis. Er ist daher sehr detailliert und stellt auf über 480 Seiten ein umfassendes Instrument zur Bildungsarbeit mit Kindern in Tageseinrichtungen dar (BSMAS/IfP 2006).

In Nordrhein-Westfalen wurde 2003 vom zuständigen Ministerium und von den Trägerverbänden eine Bildungsvereinbarung unterzeichnet (MSJK 2003). Das dieser Vereinbarung zugrunde liegende Bildungsverständnis setzte vor allem auf die Anknüpfung an Selbstbildungspotenziale der Kinder. Insofern wurden weder konkrete Ziele formuliert noch Modelle für strukturierte Bildungsangebote vorgelegt. Des Weiteren sah die Bildungsvereinbarung die Dokumentation der Bildungsprozesse im Kindergartenalter vor und hat damit den Anstoß dafür gegeben, dass nun auf breiter Basis Beobachtungsinstrumente entwickelt und eingesetzt werden. Betont wurde in der Vereinbarung vor allem die Autonomie der Träger in der Umsetzung. Nach einigen Debatten um eine Reform der Bildungsleitlinien legten im Frühjahr 2010 die beiden für Schule und für Jugendhilfe zuständigen Ministerien gemeinsam einen Entwurf für Bildungsgrundsätze für den Elementar- und Primarbereich vor (MSW/MGFFI 2010), deren Umsetzung erprobt wird.

Auch in Brandenburg wurden „Grundsätze elementarer Bildung und Erziehung" mit den Trägern vereinbart (MBJS 2004). In einer zum 01.07.2007 in Kraft getretenen Gesetzesnovellierung wurde die Orientierung an diesen Grundsätzen festgeschrieben und die Einrichtungen verpflichtet, in ihren pädagogischen Konzeptionen darzulegen, wie sie diese Grundsätze umsetzen. Die Grundsätze enthalten einige Anregungen zur praktischen Ausgestaltung der Bildungsarbeit und Beispiele guter Praxis. Auch für die allgemeine Qualitätsentwicklung gab die Gesetzesnovelle einen zusätzlichen Anstoß: Die örtlichen Jugendämter können auf der Grundlage eines vom Land zu schaffenden Rahmens externe Evaluierungen in den Einrichtungen durchführen lassen.

In der pädagogischen Fachdiskussion gibt es durchaus Kontroversen über die zugrunde zu legenden Bildungskonzepte (vgl. bspw. Laewen 2004, S. 152 ff., Leu/Remsperger 2004, S. 168, zusammenfassend Joos 2002). Die unterschiedlichen Ansätze haben Auswirkungen auf den Grad der Strukturierung der Bildungsarbeit. Ergebnisse aus Erzieher/innen-Befragungen, die im Rahmen eines von der Hans-Böckler-Stiftung geförderten Forschungsprojekts am Institut Arbeit und Qualifikation exemplarisch in Bayern, Brandenburg und Nordrhein-Westfalen durchgeführt wurden, deuten darauf hin, dass sich als Folge unterschiedlicher Konzepte in den einzelnen Bundesländern eine unterschiedliche Praxis herausgebildet hat (Stöbe-Blossey/Torlümke 2010, S. 143 ff.). In Bayern beurteilten fast alle befragten Erzieher/innen den BEP positiv, weil er ein zunehmend bewussteres und strukturierteres Arbeiten fördere und konkrete Handlungsanleitungen gebe. In Nordrhein-Westfalen wurde vor allem auf die Einführung der schriftlichen Dokumentation der Bildungsprozesse der einzelnen Kinder verwiesen, ein Schritt, der grundsätzlich von den meisten Befragten positiv beurteilt wurde, weil man nun mehr über den Entwicklungsstand der Kinder wisse. In der Tat schien der Hauptakzent bei der Umsetzung der Bildungsvereinbarung auf dem Thema „Dokumentation“ zu liegen; nur vereinzelt berichteten die Befragten von einer konzeptionellen Erweiterung der Bildungsarbeit. In Brandenburg ergab die Befragung, dass die Auseinandersetzung mit den „Grundsätzen elementarer Bildung“ in allen Kindertageseinrichtungen als Bestandteil einer notwendigen Weiterentwicklung und im engen Zusammenhang mit der Einführung und Aktualisierung von Maßnahmen zum Qualitätsmanagement gesehen wurde.

Insgesamt zeigte sich sowohl im Hinblick auf die Gestaltung von Bildungsprogrammen als auch auf die Beobachtung und Dokumentation, dass Leitlinien zur Strukturierung der eigenen Arbeit von den pädagogischen Fachkräften mehrheitlich nicht als Einschränkung des persönlichen Handlungsspielraums, sondern als Unterstützung angesehen werden. Die Arbeit mit strukturierten Instrumenten wird als ein Teil professionellen Handelns betrachtet, die Bereitstellung derartiger Instrumente als eine Anerkennung von Professionalität. Der entscheidende Engpassfaktor für die Umsetzung besteht – dies wurde aus allen drei Ländern berichtet – in dem Mangel an Verfügungszeiten. Sowohl die Vorbereitung von Bildungsprojekten als auch die Dokumentation der kindlichen Entwicklung erfordern zeitliche Spielräume. Dies wird bislang in den Fördersystemen der Bundesländer nicht in hinreichendem Maße berücksichtigt.

Der Übergang Kindertageseinrichtung-Grundschule

Parallel zu der Erarbeitung von Bildungsleitlinien und teilweise darin integriert entwickelten sich Bestrebungen, die Zusammenarbeit zwischen Kindertageseinrichtungen und Grundschulen zu stärken und zu institutionalisieren. Auch dieses Element findet sich im „Gemeinsamen Rahmen“ wieder: „Bildung und Lernen beginnen in der Familie, setzen sich in den Kindertageseinrichtungen fort und erfahren in den Grundschulen mit dem dortigen Curriculum eine altersgerechte Weiterführung. (…) Kindertageseinrichtungen, Grundschulen und Eltern arbeiten deshalb eng zusammen im Sinne einer kontinuierlichen Bildungsbiografie.“

Der Übergang vom Kindergarten in die Grundschule ist eine wichtige Etappe in der Entwicklung des Kindes. „Selbstbild, Leistungsentwicklung und Schulerfolg von Kindern hängen maßgeblich davon ab, wie (gut oder schlecht) grundlegende Bildung in den jeweiligen Institutionen gelingt und die Übergangssituationen zwischen ihnen bewältigt werden.“ (Denner/ Schumacher 2004, S. 12) Die erfolgreiche Bewältigung durch das Kind ist demnach eine günstige Voraussetzung für die Bewältigung nachfolgender Übergänge. Jedoch gehören gerade Kindergarten und Grundschule in Deutschland traditionell verschiedenen Systemen (Jugendhilfe und Schulsystem) an, die personell, curricular und strukturell voneinander getrennt sind und unterschiedlichen pädagogischen Konzepten folgen (Faust/Rossbach 2004, S. 91; vgl. auch Diller u. a. 2010). Dies macht die Gestaltung des Übergangs – gerade auch im internationalen Vergleich – besonders schwierig. Gabriele Faust und Hans-Günther Rossbach bezeichnen dieses Thema denn auch als einen „Dauerbrenner in der pädagogischen und bildungsreformerischen Diskussion" (Faust/Rossbach 2004, S. 91). Dabei geht die Fachdiskussion zur frühkindlichen Bildung inzwischen über die Befassung mit dem Übergang hinaus und richtet sich verstärkt auf eine Kooperation und Verzahnung beider Bildungsbereiche – Ziel ist es, nicht nur den punktuellen Prozess der Einschulung in den Blick zu nehmen, sondern Elementar- und Schulbildung stärker zu verknüpfen und kontinuierliche Bildungsbiografien zu fördern. Zusammengefasst wird diese Debatte unter dem Begriff „Bildungshaus" (Strätz u. a. 2007, S. 12), wobei damit nicht vorrangig eine räumliche Einheit oder Zusammenfassung von Kindergarten und Schule umschrieben wird, sondern ebenso ein lokales Netzwerk aus einem oder mehreren Kindergärten und einer oder mehreren Grundschulen (ebd.; „netzwerkbasiertes Bildungshaus").

Dass das Thema in den letzten Jahren neue Aktualität gewonnen hat, zeigt sich nicht zuletzt daran, dass viele Bundesländer in den letzten Jahren (in Kindergarten- und Schulgesetzen, ergänzenden Verordnungen und Bildungsleitlinien; vgl. Stöbe-Blossey/Torlümke 2010) Regelungen zu diesem Themenfeld geschaffen haben und dass sich vielfältige Aktivitäten entwickelt haben. Zu nennen sind bspw. gegenseitige Informationen zwischen Schulen und Kindertageseinrichtungen über Ziele, Aufgaben, Arbeitsweisen, pädagogische Grundlagen und Organisationsformen der jeweiligen Bereiche, gemeinsame Feiern, Veranstaltungen und Projekte, gegenseitige Besuche und Hospitationen, die wechselseitige Teilnahme an Besprechungen und Konferenzen, gemeinsame Elterngespräche, Besuche der Kindergartenkinder in der Schule, gemeinsame Fortbildungen für Lehrer/innen und Erzieher/innen sowie verbindliche Vereinbarungen über die Verfahren und Inhalte der Zusammenarbeit (Kooperationsverträge). Einige Kommunen haben inzwischen damit begonnen, die Kooperationsprozesse zu moderieren und zu strukturieren, damit die Zusammenarbeit nicht mehr so stark von den Zufälligkeiten persönlicher Kontakte abhängt.

Bei allen diesen Initiativen geht es nicht um eine Veränderung der institutionellen Struktur mit dem Ziel eines anders aufgebauten Schulsystems (wie in einigen anderen Staaten mit einer Integration von Elementar- und Primarbereich in einer Institution vorfindbar), sondern um die Stärkung der Kooperation zwischen den bestehenden Institutionen. Darüber hinaus ist zu fragen, ob und inwieweit durch die curricularen Vorgaben für die Schulen und die Bildungsleitlinien für Kindergärten ein gemeinsames Bildungsverständnis und somit eine Verzahnung beider Bereiche gefördert wird. International gibt es verschiedene Beispiele für einen solchen Ansatz: So wird in Schweden, beginnend mit der Vorschule, mit aufeinander aufbauenden Curricula gearbeitet (Menke 2009). In England enthält das Vorschulcurriculum „Planning for Learning in the Foundation Stage" (QCA/DfEE 2001) Lernziele, an die das „National Curriculum" für die Schule anknüpft. Die Anschlussfähigkeit von Bildungsinhalten wird so zur Selbstverständlichkeit und muss nicht von jeder einzelnen Institution erarbeitet werden.

In einigen Bundesländern existieren inzwischen altersgruppen- und institutionenübergreifende Leitlinien, was in der Fachdiskussion als günstig bewertet wird: „Ein gemeinsames Bildungsverständnis von Elementar- und Primarbereich wird besonders deutlich gefördert, wenn für beide Bereiche ein gemeinsamer Bildungs- und Erziehungsplan entwickelt wird" (Strätz u.a. 2007, S. 81). Zu nennen ist hier beispielsweise der „Gemeinsame Orientierungsrahmen für die Bildung in Kindertagesbetreuung und Grundschule" in Brandenburg (MBJS 2008). Er verfolgt das Ziel, den Bildungsleitlinien für den Elementarbereich und den Curricula für den Primarbereich einen verbindenden gemeinsamen Rahmen zu geben. Hervorzuheben sind die Bildungspläne Hessens und Thüringens: Anders als die nur auf den Kindergarten bezogenen Bildungsleitlinien der übrigen Länder richten sich diese Pläne ausdrücklich auf die Bildung und Erziehung von Kindern bis zehn Jahren (HSM/HKM 2007; TKM 2008). Der kindzentrierte Fokus, so der Thüringer Bildungsplan, lasse „das organisationstheoretische Denken in pädagogischen Institutionen hinter sich und überschreitet die inhaltlichen Grenzen bestimmter pädagogischer Ansätze", und der Plan sei „institutionenübergreifend und konzeptneutral angelegt" (TKM 2008, S. 5). Wie weiter oben schon erwähnt, hat inzwischen auch Nordrhein-Westfalen mit den Bildungsgrundsätzen für den Elementar- und Primarbereich einen ähnlichen Weg beschritten.

Bei allen diesen Instrumenten handelt es sich nicht um gemeinsame oder anschlussfähige Curricula, wie sie international vorzufinden sind, sondern um Bestrebungen, eine Klammer zwischen existierenden Curricula der Grundschulen und dem Bildungsverständnis im Kindergarten zu schaffen. Sie stellen somit erste Schritte dar, deren Umsetzung und deren Auswirkungen auf die Integration beider Bereiche und vor allem auf die Förderung kontinuierlicher Bildungsbiografien zu beobachten sein werden.

Sprachförderung

Ein wesentlicher Bestandteil der Bildungsarbeit ist die Sprachförderung. In der Fachdiskussion besteht Einigkeit darüber, dass diese Förderung so früh wie möglich beginnen muss. Wie groß die Bedeutung dieser Frage ist, wird schon allein deutlich, wenn man sich vergegenwärtigt, dass inzwischen nach

Angaben des Statistischen Bundesamtes ein gutes Drittel der Kinder unterhalb des Schulalters einen Migrationshintergrund hat. In zunehmendem Maße zeigt sich außerdem, dass auch Kinder mit deutscher Muttersprache Sprachförderbedarf haben, der sich zwar nicht auf Deutsch als Zweitsprache, dafür aber umso mehr auf Schwierigkeiten in der Sprachentwicklung bezieht.

Als erstes Bundesland hat daher Nordrhein-Westfalen im Jahr 2007 ein Verfahren eingeführt, mit dem die Sprachkompetenz aller Kinder zwei Jahre vor der Einschulung überprüft wird, damit rechtzeitig Fördermaßnahmen eingeleitet werden können. Um möglichst alle Kinder zu erreichen, ist diese Überprüfung in § 26 II des Schulgesetzes rechtlich festgeschrieben. Mit Hilfe des so genannten Delfin-4-Tests, einem zweistufigen Testverfahren, überprüfen Lehrer/innen zusammen mit Erzieher/inne/n in der Kindertageseinrichtung die Sprachentwicklung aller Kinder. Wird in der ersten Stufe festgestellt, dass ein Kind zusätzlichen Sprachförderbedarf hat, wird ihm dieses bescheinigt. Für Kinder, die keinen Sprachförderbedarf haben, ist das Verfahren nach der ersten Stufe beendet. Alle Kinder, bei denen kein eindeutiges Testergebnis vorliegt, gehen in die zweite Stufe des Delfin-4-Verfahrens. Für jedes Kind, bei dem zusätzlicher Sprachförderbedarf festgestellt wird, stellt das Land dem zuständigen Jugendamt nach § 21 II Kinderbildungsgesetz zusätzliche finanzielle Mittel in Höhe von 340 Euro pro Jahr bereit. Somit ist nicht nur die Sprachstandfeststellung als solche, sondern auch die Finanzierung der Sprachförderung gesetzlich geregelt. Stattfinden soll die zusätzliche Sprachförderung in den Kindertageseinrichtungen, als ergänzende Maßnahme zur allgemeinen Sprachförderung, die sowieso Bestandteil des Bildungsauftrages für alle Kinder ist. Speziell für Kinder, die keine Einrichtung besuchen, sollen vor allem die Familienzentren Sprachfördermaßnahmen anbieten (§ 16 I Nr. 4 Kinderbildungsgesetz).

Erste Erfahrungen wurden 2008 ausgewertet (vgl. Bericht der Landesregierung „Sprachstand und Sprachförderung“ vom 28.02.2008). Im ersten Jahr (2007) wurden 17,2 Prozent, im zweiten Jahr 22,4 Prozent der Kinder als sprachförderbedürftig eingestuft, wobei der Anstieg wahrscheinlich auf Modifikationen im Verfahren zurückzuführen war, die der Einschätzung der Erzieher/innen ein stärkeres Gewicht zumessen. Die regionalen Differenzen im Hinblick auf den Sprachförderbedarf waren erheblich (zwischen knapp 10 Prozent und fast einen Drittel). Insgesamt kann somit davon ausgegangen werden, dass etwa ein knappes Viertel der Kinder vor Schuleintritt eine zusätzliche Sprachförderung erhält. Die dafür eingesetzten Landesmittel haben sich zwischen 2005 und 2009 nahezu vervierfacht (von 7,5 Millionen Euro auf 28 Millionen Euro).

Angesichts der hohen Bedeutung des Themas wurde in den letzten Jahren eine Vielzahl an Instrumenten sowohl für die Sprachstandfeststellung als auch für die Sprachförderung entwickelt (vgl. Überblick bspw. in Bunse/Hoffschildt 2008 und Jampert et al. 2007). In der Fachdiskussion gibt es dabei erhebliche Kontroversen über die Methodik: Welchen Stellenwert hat die Förderung der Erstsprache – soll sich die Sprachförderung im Elementarbereich in erster Linie auf den Erwerb der deutschen Sprache konzentrieren, oder ist – angesichts von Erkenntnissen über die Bedeutung der Beherrschung der Erstsprache für den Zweitspracherwerb – eine integrierte Förderung notwendig? Inwieweit und auf welche Weise können und müssen die Eltern in die Sprachförderung einbezogen werden? Worin liegt der Nutzen strukturierter Sprachförderprogramme im Vergleich zu einer Sprachförderung im Alltag der Kindertageseinrichtung und wie kann diese alltägliche Förderung optimiert werden (vgl. bspw. Anstatt 2007; MGFFI 2009; Röhner 2008; Wiedenmann/Holler-Zittlau 2007; MGFFI 2009)? Bislang ist wenig darüber bekannt, wie die Sprachförderung inhaltlich umgesetzt wird und wie Kosten und Nutzen der einzelnen Konzepte einzuschätzen sind. Daher wird es in den nächsten Jahren erforderlich sein, die Effekte unterschiedlicher Konzepte der Sprachförderung zu evaluieren und auf dieser Basis Empfehlungen zur inhaltlichen Gestaltung zu entwickeln.

Integrierte Dienstleistungen zur Förderung von Kindern und Familien

Für Kinder und Familien sind in den vergangenen Jahren immer stärker spezialisierte Dienstleistungssysteme entstanden. Dies ist einerseits eine positive Entwicklung, die auf gesellschaftliche Bedarfe und Probleme differenzierte Antworten gibt und Ausdruck einer gewachsenen Professionalisierung ist. Andererseits führt die Spezialisierung dazu, dass der ganzheitliche Blick auf die Person, die Probleme und die Ressourcen der Betroffenen verloren geht. Verschärft wird diese Problematik dadurch, dass das Bildungswesen, das Gesundheitssystem und die Kinder- und Jugendhilfe als jeweils eigene Politik- und Handlungsfelder betrachtet werden, zwischen denen es wenige Brücken gibt (vgl. Dewe/Wohlfahrt 1991, S. 20f. mit weiteren Verweisen). Und diese Felder sind auch in sich wieder zergliedert in Teilbereiche – so ist es keineswegs selbstverständlich, dass es innerhalb der Jugendhilfe eine Verknüpfung zwischen Kindertageseinrichtungen und den Hilfen zur Erziehung gibt. Daher ist es nicht verwunderlich, dass in der sozialpolitischen Debatte der letzten Jahre verstärkt auf die Komplexität und Interdependenz von Problemen hingewiesen wurde (Schridde 2005). Vernetzung soll nun zur Entwicklung von Lösungsansätzen für komplexe Probleme beitragen, die von einzelnen Institutionen nicht bewältigt werden können. In diesem Abschnitt soll daher auf Formen der Vernetzung eingegangen werden, nämlich auf die diesbezügliche Weiterentwicklung von Kindertageseinrichtungen zu „Knotenpunkten“ sowie auf lokale Netzwerke zur Unterstützung von Kindern und Familien.

Verknüpfung von familienbezogenen Dienstleistungen in und mit Kindertageseinrichtungen

Nicht nur in Deutschland, sondern international lässt sich ein Trend zu einer Funktionserweiterung von Tageseinrichtungen für Kinder ausmachen (Altgeld/Krüger/Menke 2008): Kindertageseinrichtungen sollen zu Zentren für integrierte und niederschwellig zugängliche Dienstleistungen und Unterstützungssysteme für Kinder und Familien werden. Vorbild sind vielfach die britischen „Early Excellence Centers" (EEC), die seit 1997 über ein Pilotprogramm der Regierung ins Leben gerufen wurden. Ziel der EEC ist es, mit Angeboten aus einer Hand auf die komplexen Bedürfnisse von Familien einzugehen (vgl. Bertram et al. 2002), wie das Beispiel im Kasten zeigt.

Das Pen Green Centre, Corby/Großbritannien

Im Jahre 1983 wurde das „Pen Green Centre for under 5's and their families" in dem von Stahlarbeit geprägten Ort Corby im englischen North Hampshire eröffnet. Im Mittelpunkt des Konzepts steht die Einbindung der Eltern in die Erziehungsarbeit und Entwicklung des Kindes. Durch Angebote zur Fort- und Weiterbildung werden die Kompetenzen und das Selbstbewusstsein der Eltern gestärkt, damit sie sich für die Belange ihrer Kinder besser einsetzen können. Zur Dokumentation der Fortschritte des Kindes werden Entwicklungsbücher angelegt. Entsprechend den Bedürfnissen der Kinder und der Eltern werden Projekte, Kurse, Gruppenbetreuungen, Workshops und Seminare durchgeführt und im Bedarfsfall Beratungs- und Unterstützungsleistungen von externen Personen und Institutionen zur Verfügung gestellt. Alle Leistungen werden somit unter einem Dach angeboten („One-Stop-Shop"), was die Analyse, Bewertung, Passgenauigkeit und Inanspruchnahme der Leistungen erheblich vereinfacht.

Diskutiert wurden derartige konzeptionelle Ansätze in Deutschland zunächst vor allem im Kontext von durch das Bundesfamilienministerium in Auftrag gegebenen Studien des DJI (Deutsches Jugendinstitut 2004 und 2005). In den DJI-Recherchen wurden in Deutschland zwar keine Einrichtungen angetroffen, die bereits über eine ausgereifte Praxis nach dem Vorbild der EEC verfügen, aber doch eine Vielzahl von Beispielen, die in diese Richtung gehen. Seit diesen Recherchen fand in Deutschland eine Weiterentwicklung statt. Ein Ansatz zur systematischen und flächendeckenden Umsetzung derartiger Konzepte findet sich seit Anfang 2006 in Nordrhein-Westfalen. Hier werden zwischen 2006 und 2012 nach und nach ein Drittel der gut 9.000 Kindertageseinrichtungen zu Familienzentren ausgebaut, die mit Familienbildung und -beratung kooperieren und Familien diese Angebote niederschwellig im Sozialraum zugänglich machen, die Vermittlung und Qualifizierung von Tagespflege unterstützen und erweiterte Angebote für die Vereinbarkeit von Familie und Beruf bereithalten sollen.

Um das Leistungsangebot der Familienzentren zu steuern und transparent zu machen, wurde ein Gütesiegel „Familienzentrum NRW“ (MGFFI 2007/2010) entwickelt. Ein Gütesiegel ist ein Zertifikat, das der zertifizierten Institution bestätigt, dass sie bestimmte Qualitätsstandards einhält (vgl. Stöbe-Blossey 2008). Diese Zertifizierung, bestehend aus Selbstevaluation und externer Überprüfung, bildet nun für die Familienzentren die Voraussetzung dafür, eine jährliche Landesförderung von 12.000 Euro zu erhalten (§§ 16 I und 21 III Kinderbildungsgesetz). Somit beschritt das Land Nordrhein-Westfalen nicht nur inhaltlich einen neuen Weg, indem es eine Erweiterung des Auftrages von Kindertageseinrichtungen in Angriff nahm. Darüber hinaus wurde dieser Weg verknüpft mit der Einführung einer bis dahin im deutschen System der Kindertagesbetreuung noch nicht praktizierten Form der Steuerung und stellt somit einen Schritt zur Umsetzung der weiter oben angesprochenen Ansätze zur Qualitätssteuerung dar: Mit dem Gütesiegel werden die Leistungen eines Familienzentrums definiert, so dass die jährliche Förderung von der Erbringung eines bestimmten Leistungsspektrums abhängig gemacht wird.

Das Projekt wurde wissenschaftlich begleitet. Die Ergebnisse, die auch auf inzwischen entstandene vergleichbare Ansätze in anderen Bundesländern und in vielen einzelnen Kommunen übertragbar sein dürften, zeigen, dass es durch die Niederschwelligkeit der Angebote in der Tat besser gelingt, vor allem benachteiligte Familien mit Bildungs- und Beratungsangeboten zu erreichen (vgl. www.paedquis.de; zusammenfassend Stöbe-Blossey u.a. 2008 sowie Stöbe-Blossey 2010b). Voraussetzung ist allerdings zum einen, dass dieser Ansatz von Seiten der Tageseinrichtung mit hohem Engagement und einer angemessenen Ansprache der jeweiligen Zielgruppen verfolgt und vom jeweiligen Träger unterstützt wird. Zum anderen müssen sich auch Beratungsstellen (vgl. Zimmer/Schrapper 2006) und Bildungsstätten verstärkt für eine zugehende Arbeitsweise öffnen. Besonders bewährt hat sich die erweiterte Kooperation mit Erziehungsberatungsstellen, die dadurch (beispielsweise über Sprechstunden in Familienzentren) nach Wahrnehmung aller Beteiligten die Zugangsschwelle zur Beratung insbesondere für sozial benachteiligte Familien deutlich senken konnten (vgl. Schilling/Stöbe-Blossey 2009). Allerdings zeigt sich auch, dass die lokale Infrastruktur zusammen mit den Familienzentren wachsen muss, denn die Kapazitäten im Bereich der Beratung sind begrenzt. Auf dem Feld der Familienbildung hat sich ein breites, dezentrales und an die Bedingungen des jeweiligen Sozialraums angepasstes Angebot entwickelt. Nach anfänglichen Schwierigkeiten kommt es bei der Weiterentwicklung der Kindertagespflege mehr und mehr zu einer produktiven Zusammenarbeit zwischen Familienzentren, Jugendämtern, Tagespflegevereinen und anderen diesbezüglichen Institutionen. Im Hinblick auf die Vereinbarkeit von Beruf und Familie ist eine erhöhte Sensibilität der Familienzentren für Bedürfnisse der Familien zu konstatieren; die Erweiterung und die Flexibilisierung der Betreuungsangebote stecken jedoch noch in den Anfängen (Stöbe-Blossey 2010c).

Auf Vernetzung setzt auch der Ansatz sozialer Frühwarnsysteme. Konzeptionell sind hier vor allem Arbeitsformen von Bedeutung, wie sie – ausgehend von einem 2002 gestarteten Modellprojekt (www.soziale-fruehwarn systeme.de) – in Nordrhein-Westfalen entwickelt wurden. Soziale Frühwarnsysteme zielen darauf ab, dass Signale riskanter Entwicklungen frühzeitig erkannt werden und dass mit Hilfe einer strukturierten Handlungskette aus „Wahrnehmen – Warnen – Handeln“ eine frühzeitige, systematische und interdisziplinär angelegte Unterstützung der betroffenen Individuen und Familien erfolgt (Bastian u.a. 2008; Böttcher u.a. 2008; Esch u.a. 2010).

Die Gründe für diesen Ansatz lassen sich folgendermaßen zusammenfassen: Risiken und Gefahren für Kinder und Familien entstehen nicht von heute auf morgen, sie kündigen sich meist schon viel eher an. Jedoch werden schwache Signale riskanter Entwicklungen oft gar nicht oder nur unzureichend erfasst. Und selbst wenn sie wahrgenommen werden, ist systematisches Handeln eher die Ausnahme. Wo aber frühzeitige Hilfen versagen bzw. nicht stattfinden, sind später oftmals erhebliche Folgen für Kinder und Familien zu beklagen. Vielfach werden derartige Initiativen vor allem im Hinblick auf die Prävention von akuter Kindeswohlgefährdung, von Misshandlung und Vernachlässigung diskutiert. Sie sind jedoch breiter angelegt; wichtig ist ein umfassender präventiver Ansatz. Das Ziel besteht nicht nur darin, akuter Kindeswohlgefährdung vorzubeugen, sondern durch die frühe Erkennung von riskanten Entwicklungen und die entsprechend frühe Bereitstellung von Hilfen für alle Kinder die Chancen für eine positive Entwicklung zu verbessern.

In der letzten Zeit richtet sich das Interesse zunehmend auf Familien mit unter Dreijährigen; unter dem Oberbegriff „Frühe Hilfen“ geht es darum, Familien möglichst früh zu erreichen und Kindern von Geburt an eine Unterstützung zugänglich zu machen. Ein Ausdruck dieser Entwicklung ist die Einrichtung des „Nationalen Zentrums Frühe Hilfen“ (NZFH) (www.fruehe hilfen.de/1867.0.html), das im März 2007 seine Arbeit bundesweit aufgenommen hat. Betrieben wird es im Rahmen des Aktionsprogramms des Bundesministeriums für Familie, Senioren, Frauen und Jugend „Frühe Hilfen für Eltern und Kinder und soziale Frühwarnsysteme“ durch die Bundeszentrale für gesundheitliche Aufklärung (BZgA) und das Deutsche Jugendinstitut (DJI) in gemeinsamer Trägerschaft. Diese gemeinsame Trägerschaft ist Ausdruck der angestrebten Vernetzung zwischen Jugendhilfe und Gesundheitsförderung, eine Vernetzung, die inzwischen allgemein als eine wesentliche Voraussetzung für ein funktionierendes System früher Hilfen gilt. Das Zentrum soll die Praxis dabei unterstützen, familiäre Belastungen früher und effektiver zu erkennen und bedarfsgerechte Unterstützungsangebote bereitzustellen: „Das übergeordnete Ziel des Nationalen Zentrums

Frühe Hilfen (NZFH) ist es, Kinder durch eine möglichst wirksame Vernetzung von Hilfen des Gesundheitswesens und der Kinder- und Jugendhilfe früher und besser vor Gefährdungen zu schützen“ (www.fruehehilfen.de/3232.0.html).

In Rheinland-Pfalz wurde mit dem 27.02.2008 verabschiedeten „Landesgesetz zum Schutz von Kindeswohl und Kindergesundheit“ eine landesgesetzliche Basis für die Bildung und finanzielle Unterstützung von Netzwerken früher Hilfen geschaffen. Als zentrale Ziele formuliert das Gesetz (§ 3 IV) vor allem die Schaffung geeigneter Rahmenbedingungen zur frühen Förderung und wirkungsvollen Umsetzung des Schutzauftrags, die Transparenz über unterschiedliche Hilfeangebote und ihre bedarfsgerechte Weiterentwicklung sowie die Initiierung und Umsetzung fach- und bereichsübergreifender Fortbildungen. Den Jugendämtern wird die Verantwortung für die Bildung, Planung und Steuerung lokaler Netzwerke zugewiesen, in die der Gesundheitsbereich zu integrieren ist (§ 3). Darüber hinaus werden die Akteure des Gesundheitswesens durch entsprechend eingefügte Formulierungen im Gesetz über den öffentlichen Gesundheitsdienst, im Heilberufsgesetz, im Landeshebammengesetz und im Landeskrankenhausgesetz zur Mitwirkung aufgerufen. Das Land fördert die Aktivitäten der örtlichen Jugendämter durch die Einrichtung einer überregionalen Service-Stelle und durch die Leistung einer Pauschale in Höhe von sieben Euro/Jahr pro Kind unter sechs Jahren (§ 4). Die 41 Jugendamtsbezirke erhalten auf diese Weise durchschnittlich 35.000 Euro jährlich und nutzen diese Ressourcen vorrangig für die Einrichtung von Koordinierungsstellen. Eine Evaluation zum 31.12.2008 (MASGFF 2009) zeigte, dass bereits in kurzer Zeit eine hohe, wenn auch nicht flächendeckende Einbeziehung von Personen und Institutionen des Gesundheitswesens gelungen war: Hebammen waren in allen Netzwerken vertreten, Kinderärzte in 89 Prozent, Geburtskliniken in 74 Prozent, Gynäkologen in 70 Prozent, Kinderkliniken in 52 Prozent. Die Zwischenbilanz aus der Sicht der Jugendämter war positiv. So sahen bspw. je 92 Prozent der befragten Ämter Verbesserungen des Informationsflusses und der Kenntnisse über Angebote anderer Institutionen, 68 Prozent nahmen eine verbesserte Zusammenarbeit im Einzelfall und 62 Prozent eine zeitnahere Reaktion auf Fälle von Kindeswohlgefährdung wahr.

Eine wichtige Zielsetzung von Vernetzungsprojekten besteht darin, Familien über den Gesundheitsbereich möglichst frühzeitig anzusprechen – bereits während der Schwangerschaft und insbesondere unmittelbar nach der Geburt über die jeweiligen Geburtskliniken. Dabei geht es vor allem darum, die Bindungs-, Beziehungs- und Erziehungskompetenz der Eltern zu stärken und auf diese Weise Vernachlässigung und Kindeswohlgefährdung vorzubeugen sowie die Entwicklungschancen des Kindes zu fördern (Meysen u.a. 2009, S. 12ff.). Im Rahmen von (vor allem US-amerikanischen) Langzeitstudien wurden nicht nur Risiko-, sondern auch Schutzfaktoren untersucht, Faktoren also, die dazu beitragen, dass auch Kinder in schwierigen Lebenssituationen sich zu kompetenten und psychisch stabilen Erwachsenen entwickeln können. In diesem Kontext wurde in den USA das Programm „STEEP" entwickelt, erprobt und evaluiert (Steps Toward Effective, Enjoyable Parenting – Schritte zu einer effektiven, Freude bereitenden Elternschaft; Erickson/Egelant 2006). Das Programm betrifft Familien von der Schwangerschaft bis zum vollendeten zweiten Lebensjahr. Es basiert auf bindungstheoretischen Forschungen und zielt darauf ab, durch die Förderung einer sicheren Eltern-Kind-Bindung Schutzfaktoren aufzubauen und zu stärken. Instrumente dafür sind vor allem Eltern-Kind-Gruppen und Hausbesuche, verbunden mit einer ressourcenorientierten, wertschätzenden Umgangsweise mit den Eltern und einer Aufarbeitung ihrer eigenen (negativen) Bindungserfahrungen. Inzwischen wird das Programm im Kontext von Netzwerken früher Hilfen auch in einigen deutschen Kommunen erprobt.[5]

Auch der Einsatz von Familienhebammen – also von Hebammen mit einer Zusatzqualifikation im psychosozialen Bereich – gewinnt an Bedeutung (vgl. http://www.familienhebamme.de/wir.html, Staschek 2006). Die Betreuung einer Familie durch eine Familienhebamme, die sich auf die Zeit bis zur Vollendung des ersten Lebensjahres des Kindes erstreckt, findet meistens im vertrauten häuslichen Umfeld statt und profitiert davon, dass der Hebammenberuf insgesamt positiv besetzt ist und die Mütter den Hebammen großes Vertrauen entgegenbringen. Im Vergleich zu den allgemeinen Leistungen einer Hebamme – Vorsorge, Geburtsbegleitung, Wochenbettbetreuung, Ernährungsberatung, Pflegeanleitung, Nachsorge und Stillberatung – fördert eine Familienhebamme zusätzlich das Selbsthilfepotenzial der Frauen. Das bedeutet, dass sie den Aufbau und die Pflege einer stabilen Eltern-Kind-Bindung unterstützt, bei der Strukturierung eines geregelten Tagesablaufs hilft, die Entwicklung des Kindes fördert und eine erhöhte Aufmerksamkeit für Zeichen von Kindeswohlgefährdung benötigt, um den Schutz des Kindes sowie der Mutter zu gewährleisten. In einigen Kommunen wird inzwischen der Einsatz von Familienhebammen über die Jugend- oder Gesundheitsämter und teilweise auch in Zusammenarbeit mit Geburtskliniken koordiniert und gezielt im Rahmen der Präventionsarbeit genutzt (vgl. bspw. „Bielefelder Modell"; familienhebamme.de/8_Bielefeld_Ellbracht_Bielefelder_Modell.pdf; verschiedene Standorte im Rahmen

5 Vgl. bspw. im Rahmen des BMFSFJ-geförderten Aktionsprogramms „Frühe Hilfen für Eltern und Kinder und Soziale Frühwarnsysteme" die Projekte in Brandenburg und Hamburg: www.fruehehilfen.de/projekte/modellprojekte-fruehe-hilfen/praxis projekte/wie-elternschaft-gelingt-wiege-steep-brandenburg/ und www.fruehehilfen.de/projekte/modellprojekte-fruehe-hilfen/praxisprojekte/wie-elternschaft-gelingt-wiege-steep-hamburg/ oder ein Modellprojekt im Kontext des Frankfurter Bündnisses für Familien: www.skf-frankfurt.de/html/__-steep_.html

des Projekts „Guter Start ins Kinderleben“, zu Sachsen-Anhalt Ayerle u.a. 2010).

Ein Risikoscreening hilft bei der Identifizierung von Familien mit Hilfebedarf; auf dieser Basis erfolgt eine Weitervermittlung in geeignete Hilfestrukturen im Sinne sozialer Frühwarnsysteme. Wissenschaftlich fundierte Instrumente für ein frühes Risikoscreening liegen inzwischen vor. In diesem Zusammenhang wurden Längsschnittstudien – auch hier größtenteils aus den USA – ausgewertet, in denen untersucht wurde, welche Faktoren, die schon bei einem Screening nach der Geburt erkennbar sind, sich mit hoher Wahrscheinlichkeit ungünstig auf die Entwicklung von Kindern auswirken (Kindler 2007). Auf dieser Grundlage wurde ein „Anhaltsbogen“ erarbeitet, der Mitarbeiter/innen einer Geburtsklinik bei der Früherkennung von Risikosituationen unterstützt, so dass sie den Familien frühzeitig und niederschwellig Hilfen vermitteln können. Als Ergebnis des vom Bundesfamilienministerium von 2006 bis 2009 geförderten Gemeinschaftsprojekts der Länder Baden-Württemberg, Rheinland-Pfalz, Bayern und Thüringen „Guter Start ins Kinderleben“ wurden Arbeitsmaterialien bereitgestellt, die sich sowohl auf die Gestaltung der lokalen Vernetzung beziehen als auch Einschätzbögen und Gesprächsleitfäden enthalten (Ziegenhain et al. 2010).

In verschiedenen lokalen Projekten werden solche Ansätze inzwischen aufgegriffen. So wurde, anknüpfend an den „Anhaltsbogen“, in einem Netzwerkprojekt im Kreis Olpe unter Beteiligung von Fachkräften aus der Jugendhilfe und dem Gesundheitswesen unter dem Titel „Die gelbe Ampel“ ein „Einschätzbogen Frühe Hilfen“ erarbeitet, der die Fachkräfte aus verschiedenen Berufsgruppen dabei unterstützen soll, familiäre Belastungssituationen zu erkennen und geeignete Hilfen zu vermitteln, bevor die „Ampel“ von „gelb“ auf „rot“ springt (siehe www.kreis-olpe.de/standard/page.sys/530.htm). Der professionsübergreifende Dialog war für die Entwicklung eines konsensfähigen und praxisnahen Instruments von hoher Bedeutung.

Hier schließt sich der Kreis zu den einleitenden Bemerkungen zum Thema „Frühe Hilfen“: Die Kooperation zwischen Jugendhilfe und Gesundheitswesen ist gleichzeitig die notwendige Voraussetzung als auch eine große Herausforderung für den Aufbau von Netzwerken früher Hilfen (Kasper 2009). In einer Studie des Deutschen Instituts für Urbanistik zeigt sich, dass die Bildung lokaler Netzwerke vorrangig von Jugendämtern ausgeht (Landua u.a. 2009, S. 47f.). In der Tat ist es in erster Linie die Jugendhilfe, die das Gesundheitswesen zur Erfüllung ihres Auftrags („Familien frühzeitig erreichen“) braucht – umgekehrt besteht ein solcher Kooperationsbedarf nicht auf den ersten Blick. Dabei könnte im Professionsverständnis von Jugendhilfe und Gesundheit ein Anknüpfungspunkt für einen Dialog liegen. In beiden Feldern ist die Thematik der Prävention von hoher Bedeutung. Moderne Gesundheitswissenschaft fragt – im Sinne eines salutogenetischen Ansatzes – nicht in erster Linie „Was macht uns krank?“, sondern: „Was macht und erhält uns gesund?“ (Bäcker u.a. 2008, S. 93);

ähnlich bedeutsam ist in der Jugendhilfe das Leitbild der „Ressourcenorientierung“ (Schaller/Schemmel 2003), also der Anspruch, an den Stärken der Klienten anzusetzen statt die Defizite zu betonen. Die Weltgesundheitsorganisation WHO hat schon 1948 Gesundheit definiert als einen „Zustand vollständigen physischen, geistigen und sozialen Wohlbefindens und nicht die bloße Abwesenheit von Krankheit und Gebrechlichkeit“ (zitiert nach Bäcker u.a. 2008, S. 93); für die Jugendhilfe wird in § 1 SGB VIII ein ähnlich umfassender Anspruch formuliert: „Jeder junge Mensch hat ein Recht auf Förderung seiner Entwicklung und auf Erziehung zu einer eigenverantwortlichen und gemeinschaftsfähigen Persönlichkeit.“ Wenn auch bekanntermaßen die Leitbilder und die Realität in keinem der beiden Politikfelder deckungsgleich sind, dürften diese Leitbilder doch eine Kommunikationsgrundlage zwischen den Professionen bieten.

Bedarfsgerechte Betreuungszeiten – Flexibilität und Zeitsouveränität für Familien

Dass die Teilhabe von Müttern am Erwerbsleben gestiegen ist, dass sie – auch aus volkswirtschaftlicher Perspektive im Hinblick auf den beginnenden Fachkräftemangel – weiter steigen muss und wird und dass dies vielfach auch den Wünschen junger Familien entspricht, sind inzwischen allgemein bekannte Feststellungen (vgl. Krone/Stöbe-Blossey 2010). Allein der quantitative Ausbau der Kindertagesbetreuung kann hier jedoch keine Lösung darstellen. Gleichzeitig fühlen sich nämlich viele, gerade jüngere Eltern unter Druck, den unterschiedlichen Anforderungen aus Beruf und Familie gerecht zu werden. So geben knapp ein Drittel der Eltern unter 45 Jahre in einer Befragung des BMFSFJ zum Familienleben an, nicht genug Zeit für die Familie zu haben (vgl. BMFSFJ 2008c; vgl. auch Klenner/Pfahl 2008). Die Ausgestaltung der öffentlichen Kinderbetreuung ist in diesem Kontext in doppelter Hinsicht von Bedeutung. Zum einen bedeutet eine gut organisierte Infrastruktur eine zeitliche Entlastung von Eltern und reduziert damit die Zeitnot. Dies gilt allerdings nur dann, wenn die Betreuungszeiten hinreichend flexibel sind und der sehr unterschiedlichen Lage der Arbeitszeiten der Eltern Rechnung tragen. Zum anderen darf nicht übersehen werden, dass sich die Wünsche der Familien – auch dies kommt in Befragungen zum Ausdruck – nicht nur auf eine erweiterte Kinderbetreuung richten, sondern auch auf mehr (gemeinsame) Zeit für die Familie. Auch diese Bedürfnisse müssen bei der Organisation der Kinderbetreuung berücksichtigt werden – letztlich geht es um die Schaffung und Förderung von „Zeitwohlstand“ (Seehausen 2008) für Familien.

Der 7. Familienbericht der Bundesregierung (BMFSFJ 2006a) greift das skizzierte Spannungsfeld auf und fordert eine nachhaltige Familienpolitik, die eine „Zeitpolitik“ für Familien einschließt. Diese wiederum müsste eine

Kombination von Flexibilität und Verlässlichkeit und die Ermöglichung unterschiedlicher „richtiger“ Zeitmuster für Familien ohne normative Vorgaben beinhalten (ebd., S. 243). Neben Anforderungen an die betriebliche Arbeitszeitgestaltung und an die staatliche Regulierung von (Teilzeit-)Arbeit wird in diesem Kontext die Gestaltung der Infrastruktur für Kinderbetreuung angesprochen: „Komplexe Ökonomie erfordert komplexe Betreuungsarrangements“, so lautet eine Zwischenüberschrift (ebd., S. 238). Gefordert wird eine gezielte Abstimmung von Erwerbs- und Betreuungszeiten: „Erwerbszeiten und die Öffnungszeiten von Betreuungseinrichtungen werden, abhängig von lokalen Strukturen, zu passfähigen integrierten Angeboten entwickelt. Unter Berücksichtigung kommunaler und regionaler Besonderheiten können hier spezifische ‚Betreuungspakete' geschnürt werden, die auf die Zeitbedarfe von Eltern sowohl in ihrer Familien- als auch in ihrer Beschäftigtenrolle eingehen.“ (ebd., S. 273) Vor diesem Hintergrund werden in diesem Abschnitt zunächst Möglichkeiten flexibler Betreuungsangebote und im Anschluss Formen unternehmensnaher Kinderbetreuung diskutiert.

Flexible Betreuungszeiten

Der schon seit Jahren feststellbare Trend zur Ausdifferenzierung von Arbeitszeiten beschleunigt sich: Mehr als jede/r zweite Beschäftigte arbeitet in Deutschland mittlerweile zu „atypischen“ Arbeitszeiten, wie samstags und sonntags, nachts und in Wechselschichten (vgl. Böckler-Impuls 18/2006). Waren es 1991 erst 34 Prozent, die zu Randzeiten arbeiten mussten, hat sich ihr Anteil bis zum Jahr 2007 auf 59 Prozent erhöht (vgl. Seifert 2008). Dabei arbeitet der überwiegende Teil dieser Beschäftigten nicht täglich, sondern in höchst unterschiedlichem Umfang zu diesen „atypischen“ Zeiten – egal, ob eine Vollzeit- oder eine Teilzeitbeschäftigung vorliegt. In der Teilzeitarbeit ist festzustellen, dass die klassische Halbtagsstelle am Vormittag vielfach der Vergangenheit angehört; stattdessen gibt es höchst unterschiedliche Zeitstrukturen (vgl. Esch u.a. 2005, Krone/Stöbe-Blossey 2010).

Diese Entwicklungen werden immer noch wenig beachtet. Die Diskussion um die Vereinbarkeit von Beruf und Familie wird nach wie vor oft nach dem „Alles-oder-nichts-Prinzip“ geführt, als ginge es nur um die Frage „Berufstätigkeit ja oder nein“. Forderungen nach einer Verbesserung der Betreuungssituation beziehen sich demnach immer noch pauschal auf das Stichwort „Ganztagsbetreuung“. Aber selbst wenn eine Ganztagsbetreuung, was längst nicht selbstverständlich ist, tatsächlich eine Öffnungszeit bis 17.00 Uhr oder sogar bis 18.00 Uhr beinhaltet, reicht dies vielfach nicht aus, um die Arbeitszeiten abzudecken. Darüber hinaus wünschen viele teilzeitbeschäftigte Eltern (vor allem für kleine Kinder) nicht für jeden Tag lange Betreuungszeiten, sondern sind an Lösungen interessiert, die zu ihren Arbeitszeiten passen und hinreichend Zeit für ein gemeinsames Familienleben lassen. Dies dürfte im Übrigen auch im Interesse der Kinder sein: Zwischen dem arbeitsmarktorientierten Bedarf der Eltern und den Wünschen der Kinder – sowohl im Hinblick auf zeitliche Zuwendung durch die Eltern als auch auf eigene Gestaltungsspielräume – besteht durchaus ein Spannungsverhältnis (Mierendorff/Olk 2003, S. 446); flexible Angebotsstrukturen erleichtern es den Familien, Lösungen zu finden, die die Interessen aller Familienmitglieder berücksichtigen.

In der pädagogischen Debatte wird die Forderung nach Flexibilität in den Betreuungszeiten oft mit Skepsis betrachtet. Die Umsetzung des Bildungsauftrages, so wird argumentiert, erfordere kontinuierliche Anwesenheitszeiten einer Kindergruppe; die Orientierung der Betreuungszeiten am Bedarf der Eltern stehe im Widerspruch dazu. Da es wenig sinnvoll sein kann, arbeitsmarktbezogene Anforderungen einerseits und pädagogische Qualität andererseits gegeneinander auszuspielen, gilt es nach organisatorischen Lösungen zu fragen, die beide Aspekte miteinander verbinden. Der Lösungsweg besteht vor allem in einer Modularisierung von Angeboten (zu verschiedenen Modellen sowie damit verbundenen pädagogischen Fragen vgl. Klinkhammer 2005 und 2008; Esch u.a. 2005, S. 100ff., Stöbe-Blossey 2010b, S. 54ff.).

Im Kindergartenalter bedeutet dies bspw., dass es „Kernzeiten" geben muss (in der Regel am Vormittag), die für alle verbindlich sind und in besonderem Maße für Bildungsangebote genutzt werden, und weitere Betreuungsstunden „hinzugebucht" werden können. Schwerpunktmäßig für unter Dreijährige bieten sich „Bausteinsysteme" an: Familien können bedarfsorientiert Frühbetreuung, Vormittags- und Nachmittags-Kernzeiten, Über-Mittag-Betreuung und Spätbetreuung miteinander kombinieren. Erfahrungen von flexibel arbeitenden Einrichtungen zeigen, dass eine Mindestanwesenheit von zwei halben Tagen zugrunde zu legen ist, damit Kinder sich hinreichend integrieren und mit dem Einrichtungsalltag vertraut sind. Vor allem darf Flexibilität nicht gleichgesetzt werden mit einem beliebigen Kommen und Gehen, sondern muss – etwa durch eine Kontinuität der erwachsenen Bezugspersonen und einen strukturierten Tagesablauf mit wiederkehrenden vertrauten Elementen – pädagogisch gestaltet werden. Für Schulkinder schließlich sind die Entwicklung von Selbstständigkeit und eigene Gestaltungsspielräume wichtig. Gerade wenn die in Folge der PISA-Studie vielfach diskutierte Forderung nach einer individuellen Förderung ernst genommen wird, müssen auch schulische Betreuungslösungen individuell gestaltbar sein. Auch bei der Weiterentwicklung von Ganztagsschulen ist dieser Aspekt zu berücksichtigen.

Was die Betreuung zu atypischen Zeiten (etwa abends, nachts oder am Wochenende) betrifft, so sind derartige Angebote – je nach Sozialstruktur des Umfeldes – oft nur für eine kleine Zielgruppe von Bedeutung. Für diese jedoch sind sie oft eine notwendige Voraussetzung, um erwerbstätig sein zu können. Dies betrifft vor allem Alleinerziehende, die nicht auf familiäre

Unterstützungsstrukturen für atypische Zeiten zurückgreifen können. Gerade wenn sich ein Bedarf auf kleine Gruppen konzentriert, ist eine Lösung über eine einfache Ausweitung der Öffnungszeiten von Betreuungseinrichtungen oft nicht realisierbar. Insofern ist es nahe liegend, verschiedene Angebote zu verknüpfen. So gibt es inzwischen (insbesondere private) Institutionen, die das Angebot in ihrer Einrichtung ergänzen durch die Vermittlung von Betreuung für die Zeiten, die nur von wenigen Familien benötigt und daher in Gruppen nicht abgedeckt werden. Dazu gehören auch durch Tagesmütter betreute Kleingruppen in den Einrichtungen nach Ende der Öffnungszeit. Auf diese Weise können institutionelle Lösungen mit Tagespflege verknüpft werden. Eine im Auftrag des Bundesfamilienministeriums erstellte Studie des DJI trägt denn auch den programmatischen Titel „Von der Tagespflege zur Familientagesbetreuung“ (Jurczyk u.a. 2004) und betont die Notwendigkeit der Kooperation zwischen Tagespflege und Tageseinrichtungen.

Für die Infrastruktur der Kindertagesbetreuung bedeutet die Realisierung einer Zeitpolitik für Familien eine Präzisierung und Differenzierung der Anforderungen, die sich aus der Entwicklung der Frauenerwerbstätigkeit ergeben. Es geht eben nicht nur um mehr Betreuung und um Betreuungsangebote zu unterschiedlichen Tageszeiten, und es geht auch nicht nur um Betreuung von hoher Qualität. Vielmehr sind nicht zuletzt Wahlmöglichkeiten der Familien im Hinblick auf die Betreuungszeiten von Bedeutung, damit auch in der Kinderbetreuungsinfrastruktur unterschiedliche „richtige“ Zeitmuster von Familien Akzeptanz finden. Daran muss sich zum einen die (zum großen Teil durch das jeweilige Bundesland gestaltete) Regulierung der Kindertagesbetreuung orientieren, indem unterschiedliche Zeitmodelle ermöglicht und finanziell gefördert werden. Zum anderen – und dies ist im Sinne der Qualität unabdingbar – müssen auch pädagogische Konzepte dahingehend weiterentwickelt werden, dass sie mit einer Zeitpolitik für Familien kompatibel sind. Umgekehrt heißt dies: Pädagogische Konzepte, die auf feste Gruppen in festen Zeitstrukturen setzen, stehen im Widerspruch zu einer nachhaltigen Familienpolitik und sollten überdacht werden.

Ein Engpassfaktor liegt darüber hinaus darin, dass innovative Zeitmodelle häufig vor dem Problem prekärer Finanzierungsstrukturen stehen. Insofern ist darüber nachzudenken, derartige Angebote besser in die Regelförderung für Kinderbetreuung zu integrieren. In den Kindergartengesetzen der Bundesländer finden derartige Fragen jedoch bislang kaum Berücksichtigung (vgl. Stöbe-Blossey 2010a). Der Bund wiederum – wie sich auch in der lang anhaltenden Debatte um die Finanzierung des Ausbaus der Betreuungslösungen für unter Dreijährige zeigt – gibt zwar konzeptionelle Impulse, hat aber weder eine konkrete Regelungsbefugnis noch eine Finanzierungszuständigkeit. Hier werden Grenzen der Umsetzbarkeit von Reformen im föderalen System offenkundig.

Schon seit einigen Jahren gibt es verstärkt Bestrebungen zur Einbeziehung der Ressourcen von Unternehmen in die Verbesserung der Kinderbetreuung – ein nahe liegender Ansatz, sind es doch veränderte Arbeitszeitstrukturen und damit Anforderungen von Unternehmen, die den Betreuungsbedarf erheblich beeinflussen. „Familienförderung ist Wirtschaftsförderung", folgert Harald Seehausen (2005) aus den Erfahrungen mit betriebsbezogenen Projekten und stellt fest, dass „sozial innovative Kindertageseinrichtungen und Betriebe gemeinsam wirtschaftlich erfolgreicher sind" (Seehausen 2005, S. 178). Das Bundesfamilienministerium gab einschlägige Studien in Auftrag, um Unternehmen für die Bedeutung familienfreundlicher Personalpolitik zu sensibilisieren. So weist eine Studie der Prognos AG nach, dass eine familienfreundliche Personalpolitik für Unternehmen einen betriebswirtschaftlichen Nutzen bringt – durch eine Verbesserung der Arbeitsbeziehungen, eine Reduktion von Fehlzeiten, eine Senkung der Fluktuation und damit eine Sicherung von Humankapitalinvestitionen und schließlich ein positives Image (vgl. BMFSFJ 2003a; weitere Publikationen in diesem Kontext: BMBFSJ 2004, 2006b/c, 2007, 2008d/e/f, 2009, 2010).

Für eine unternehmensnahe Kinderbetreuung als Element einer familienfreundlichen Personalpolitik gibt es unterschiedliche Lösungen (vgl. BMFSFJ 2004/2008g, MGFFI 2010). Assoziiert wird unternehmensnahe Kinderbetreuung häufig zuerst mit einem Betriebskindergarten, der von einem Unternehmen als eigene Einrichtung zur Betreuung von Mitarbeiterkindern betrieben wird. Da Unternehmen in der Regel nicht über das dafür fachlich erforderliche pädagogische und organisatorische Know-how verfügen, werden nicht selten externe Dienstleister eingeschaltet, die die Einrichtung betreiben. Dafür kommen zum einen private, auf unternehmensnahe Kinderbetreuung spezialisierte Anbieter in Frage, zum anderen übernehmen auch „klassische" freie Träger immer häufiger diese Funktion. In unternehmensexterner Trägerschaft gibt es auch Einrichtungen, die von mehreren Unternehmen gemeinsam genutzt werden oder auch den Familien im Stadtteil offen stehen. Je nach den gesetzlichen Voraussetzungen in dem jeweiligen Bundesland ist unter bestimmten Voraussetzungen eine öffentliche Förderung solcher Einrichtungen im Rahmen der geltenden Kindergartengesetze möglich. Eine weitere Organisationsform besteht darin, dass Unternehmen sich vertraglich Belegplätze in vorhandenen Kindertageseinrichtungen sichern. In einer solchen Konstruktion beteiligt sich das Unternehmen meistens über Spenden oder regelmäßige Zuschüsse an der Finanzierung der Einrichtung. Insgesamt bieten nach Befragungen des Instituts der deutschen Wirtschaft 2,4 Prozent der Unternehmen eine betriebliche Lösung zur Kinderbetreuung an (vgl. BMFSFJ 2010, S. 17).

Darüber hinaus haben sich verschiedene Angebote entwickelt, die die öffentliche Kindertagesbetreuung ergänzen und vor allem auf Sondersituationen ausgerichtet sind. Dazu gehören Ferienprogramme, mit denen Familien bspw. die Schließungszeiten ihrer Regeleinrichtungen in den Sommerferien überbrücken können, Eltern-Kind-Arbeitszimmer, die es Eltern ermöglichen, ihr Kind etwa bei Ausfall der Betreuungsperson oder bei einer leichten Erkrankung mit ins Büro zu bringen, oder Betreuungsangebote für Ausnahmesituationen wie Dienstreisen und Fortbildungen oder für den Ausfall des regulären Betreuungssystems. Bei allen diesen Angeboten ist zu beachten, dass sie nur dann im oben skizzierten Sinne einer nachhaltigen Familienpolitik wirken, wenn sie mit flexiblen, durch die Beschäftigten individuell nutzbaren Lösungen der Arbeitszeitgestaltung und einer familienfreundlichen Unternehmenskultur gekoppelt sind (zum Zusammenhang zwischen personalpolitischen Maßnahmen und Unternehmenskultur vgl. ausführlich Nickel 2011). Wenn hingegen mit an den betrieblichen Bedarfe orientierten Kinderbetreuungslösungen nur die uneingeschränkte Verfügbarkeit der Beschäftigten organisiert werden soll, dürfte dies eher zum „Zeitnotstand“ denn zum „Zeitwohlstand“ von Familien beitragen.

Die Vielzahl der Initiativen und die breite Unterstützung auf der Ebene der Unternehmensverbände dürfen des Weiteren nicht zu der Annahme verleiten, dass sich die Arbeitswelt bereits auf breiter Basis in Richtung auf Familienfreundlichkeit verändern würde. Bei Unternehmen besteht meistens vor allem dann Interesse an der Implementierung familienfreundlicher Lösungen, wenn sie konkrete Personalprobleme haben. Daher ist es zweifellos sinnvoll, wenn unternehmensbezogene Dienstleistungsangebote ausgebaut werden und wenn Kommunen sich bemühen, Unternehmen in die Verantwortung einzubinden und sich auch den Unternehmen gegenüber als Dienstleister begreifen, das heißt, wenn sie sie bei der Umsetzung derartiger Initiativen bestmöglich unterstützen. Allerdings ist es wichtig, sich über die begrenzte Reichweite dieses Ansatzes klar zu sein: Gerade benachteiligte Gruppen auf dem Arbeitsmarkt bleiben dabei leicht auf der Strecke. Das Engagement von Unternehmen kann daher die kommunale Verantwortung für eine bedarfsgerechte Infrastruktur zwar ergänzen, aber keinesfalls ersetzen.

1.5 Aktuelle Entwicklungen

Der Bedeutungszuwachs von Kindertagesbetreuung und Familienförderung manifestiert sich in einer Vielzahl politischer Initiativen und Debatten sowie in Programmen, Projekten und Modellvorhaben. Von umfassenden Reformen, die den Ansprüchen sozialer Integration, der Erweiterung von Bildungschancen, der pädagogischen Qualität und der Gleichstellungspolitik gleichermaßen Rechnung tragen würde, ist Deutschland jedoch noch weit entfernt. Engpassfaktoren liegen in finanziellen Rahmenbedingungen, in einer immer noch unzureichenden politischen Prioritätensetzung, in fehlender Projekt- und Programmevaluation, im mangelnden Zusammenspiel zwischen freien Trägern und öffentlicher Hand sowie im Zuständigkeitsgeflecht des föderalen Systems. Dennoch zeigen die Ausführungen im dritten Abschnitt dieses Beitrags, dass es durchaus zu einer quantitativen Weiterentwicklung des Gesamtsystems gekommen ist und weiter kommen wird; im vierten Teil wird deutlich, dass es auch erhebliche qualitative Impulse gibt, wobei in vielen innovativen Projekten und Programmen Tagesbetreuung und Familienförderung enger miteinander verknüpft werden, als dies bisher der Fall war. In den nächsten Jahren wird es darauf ankommen, den quantitativen Ausbau weiterzuführen und die vielfältigen Initiativen, wie sie vor allem im vierten Teil dargestellt wurden, zu evaluieren und zu verstetigen sowie punktuelle Projekte in Regelprogramme zu überführen.

2. Kinder- und Jugendarbeit

2.1 Grundlagen

Die Kinder- und Jugendarbeit (gesetzlich geregelt in den §§ 11 Jugendarbeit und 12 Jugendverbände) ist traditionell der Bereich der Jugendhilfe, in dem anknüpfend an den Interessen von Kindern und Jugendlichen Aktivitäten verwirklicht werden, die von ihnen selbst mitbestimmt und mitgestaltet werden, sie zu einer eben solchen Selbstbestimmung befähigen und zu gesellschaftlicher Verantwortungsübernahme sowie zu sozialem Engagement anregen und hinführen. In beiden Feldern – der verbandlichen Jugendarbeit sowie der offenen Kinder- und Jugendarbeit – geht es darum, Selbstorganisation und Partizipationsfähigkeit zu ermöglichen und soziale Bildungsprozesse zu gestalten, die die Persönlichkeitsentwicklung unterstützen und politische Handlungsfähigkeit fördern (vgl. Deinet/Nörber/Sturzenhecker 2002, S. 693 ff., grundlegend Deinet/Sturzenhecker 2005 und zur Demokratiebildung in der Jugendarbeit Sturzenhecker 2008). Die Angebote der Kinder- und Jugendarbeit sind grundsätzlich freiwillig und bieten ihren Adressaten erhebliche Autonomiespielräume. Die zentralen institutionellen Strukturcharakteristika der offenen Kinder- und Jugendarbeit sind nach Sturzenhecker (vgl. 2005, S. 341 f.):

- *Offenheit:* Funktionen, konzeptionelle Grundlagen, fachliche Standards pädagogischen Handelns, Ziele und Zielgruppen sind nur vage beschrieben und nicht eindeutig festgelegt – sie müssen in den Einrichtungen und Angebotsformen der Kinder- und Jugendarbeit vor Ort erst geklärt werden. Das Prinzip der Freiwilligkeit bedingt, dass offen ist, wer und in welchem Umfang die Angebote genutzt werden. Ferner sind die Angebots- und Öffnungszeiten sowie die konkreten Inhalte der Angebote nicht präzise festgelegt.
- *Marginalität:* Jugendarbeit steht neben Familie und Schule sowie anderen Sozialisationsfeldern und muss ihren Ort – gerade in einer Zeit sich verändernder Beziehungen zwischen den Sozialisationsfeldern – bestimmen, profilieren und behaupten. Kinder- und Jugendarbeit hat keinen eigenständigen, sondern einen komplementären Auftrag (im Gegensatz zur Schule), steht daher im Vergleich zu Schule und Familie nachrangig, selbst innerhalb des Systems der Kinder- und Jugendhilfe als randständig dar. Die erkennbare Tendenz des Abbaus dieses Feldes und zum Teil schwierige Situationen der Ressourcenausstattung symbolisieren, dass

Jugendarbeit zwar fachlich (gerade im Zuge der Bildungsdebatte) einen Stellenwert hat, strukturell aber marginalisiert wird. Frühe Förderung, Ausbau der Tagesbetreuung und Kinderschutz scheinen gegenwärtig wichtiger zu sein als offene Kinder- und Jugendarbeit.

- *Diskursivität:* Das pädagogische Handeln und das Erleben der jungen Menschen in der offenen Kinder- und Jugendarbeit sind durch Aushandlungs- und Kommunikationsprozesse gekennzeichnet. Alltäglichkeit und lebensweltliche Offenheit werden gestützt durch geringe Regeln und die relativ freie Gestaltbarkeit des gegebenen Raumes.

Diese Strukturbedingungen bilden den Rahmen für die Erfüllung der grundlegenden Funktionen von Kinder- und Jugendarbeit: Bildung und Persönlichkeitsentwicklung, Kommunikation und Verständigung in Gruppen sowie Einüben in demokratische Prozesse (vgl. ebd.). Anders als beispielsweise in der Schule oder den stärker fürsorglichen Bereichen der Jugendhilfe spielt Engagement und Mitbestimmung in der Kinder- und Jugendarbeit von je her eine zentrale Rolle. Sie bietet jungen Menschen wichtige Lern- und Erfahrungsräume für Mitwirkung und gesellschaftliche Teilhabe (vgl. bereits BMFSFJ 2002, S. 199). Kinder- und Jugendhilfe hat damit einen – im weitesten Sinne verstandenen – Auftrag zur Gestaltung von Sozialisationsbedingungen, die (vor allem im Feld der Jugendarbeit) die Ausprägung bürgerschaftlicher Kompetenzen fördert und anregt. Teilhabe und Beteiligung in Kindheit und Jugend haben entscheidende Bedeutung für die Entwicklung eines demokratischen Bewusstseins und die Herausbildung zivilgesellschaftlicher Handlungsorientierungen. Es ist Teil des Bildungsauftrags der Jugendhilfe, die Fähigkeit junger Menschen zur Selbst- und Mitbestimmung, zur gesellschaftlichen Verantwortungsübernahme und zu Solidarität – in engem Zusammenhang von Persönlichkeitsentwicklung und Demokratisierung der Gesellschaft – anzuregen und zu entwickeln (vgl. Sturzenhecker 2005, 2006). Konzepte der Kommunalpädagogik (vgl. Richter 1998, 2008) und Demokratiebildung (vgl. Sturzenhecker 2008) bieten hierbei eine erweiterte Perspektive, die Kommune nicht nur als Ort der Planung, Steuerung und administrativ-strukturellen Umsetzung von Bildungsinfrastrukturen erscheinen lässt, sondern auch als Ort der demokratischen Auseinandersetzung, der Aushandlung und der kommunikativen Entwicklung von Innovation (als ein Ort politischer Prozesse), als Raum eben, der die sozialpädagogischen Prozesse stärker der Kommune als Ort der Gemeinsamkeit zuordnet.

Zu den Zielgruppen der Kinder- und Jugendarbeit gehören, wie der Begriff eigentlich deutlich macht, nicht nur Jugendliche, sondern auch Kinder (vgl. Gernert 2005, S. 316). Offene Kinder- und Jugendarbeit spricht konzeptionell alle Altersstufen, vor allem ab dem fortgeschrittenen Schulalter bis hin zur Volljährigkeit und darüber hinaus (bis zum 27. Lebensjahr sowie über 27 Jahre „in angemessenem Umfang“; ebd.) an. Schwerpunktmäßig sind in den Angeboten (vor allem der offenen Kinder- und Jugendarbeit) jedoch ältere Kinder und Jugendliche anzutreffen, der Anteil der Kinder an den Angeboten hat generell in der Praxis erst zaghaft zugenommen, wenngleich sich gegenwärtig jedoch erkennbar eine solche zunehmende altersbezogenen Vorverlagerung der Zielgruppe zeigt: Kinder und Jugendliche im Schulalter gehören zur Kernzielgruppe. Es muss abgewartet werden, wie sich der bundesweite Ausbau der Ganztagsschulen zukünftig auf die Inanspruchnahme und Zielgruppenstruktur der offenen Kinder- und Jugendarbeit auswirkt (siehe unten).

Im Kinder- und Jugendhilfegesetz werden die Aufgaben und Träger der Jugendarbeit differenziert beschrieben (vgl. unten §§ 11 und 12 SGB VIII). Auch wird versucht, eine stärkere Absicherung der materiellen Ressourcen der Jugendarbeit zu erreichen. Verwirklicht werden soll dies einerseits durch eine klare Zuordnung der Jugendarbeit zu den Leistungen der Jugendhilfe in § 2 Abs. 2 Nr. 7, andererseits durch die Verpflichtung des öffentlichen Trägers, von den für die Jugendhilfe bereitgestellten Mitteln einen angemessenen Anteil für die Jugendarbeit zu verwenden (§ 79 Abs. 2 Satz 2). Mit der Formulierung, dass „die zur Förderung der Entwicklung junger Menschen erforderlichen Angebote zur Verfügung zu stellen" (§ 11 Abs. 1 Satz 1) sind, macht der Gesetzgeber deutlich, dass die Jugendhilfeträger hier eine Bereitstellungspflicht haben. Maßgebliches Instrument zur Umsetzung dieser Pflicht ist die Jugendhilfeplanung nach den §§ 80, 81 im Rahmen der Gesamtverantwortung des Jugendamtes nach § 79. Diese hat unter anderem sicherzustellen, dass im Bereich eines örtlichen öffentlichen Trägers der Jugendhilfe alle Schwerpunkte nach § 11 Abs. 3 auch vorzufinden sind.

§ 11 Jugendarbeit (SGB VIII)

(1) Jungen Menschen sind die zur Förderung ihrer Entwicklung erforderlichen Angebote der Jugendarbeit zur Verfügung zu stellen. Sie sollen an den Interessen junger Menschen anknüpfen und von ihnen mitbestimmt und mitgestaltet werden, sie zur Selbstbestimmung befähigen und zu gesellschaftlicher Mitverantwortung und zu sozialem Engagement anregen und hinführen.

(2) Jugendarbeit wird angeboten von Verbänden, Gruppen und Initiativen der Jugend, von anderen Trägern der Jugendarbeit und den Trägern der öffentlichen Jugendhilfe. Sie umfasst für Mitglieder bestimmte Angebote, die offene Jugendarbeit und gemeinwesenorientierte Angebote.

(3) Zu den Schwerpunkten der Jugendarbeit gehören:

1. außerschulische Jugendbildung mit allgemeiner, politischer, sozialer, gesundheitlicher, kultureller, naturkundlicher und technischer Bildung,
2. Jugendarbeit in Sport, Spiel und Geselligkeit,
3. arbeitsweit-, schul- und familienbezogene Jugendarbeit,
4. internationale Jugendarbeit,
5. Kinder- und Jugenderholung,
6. Jugendberatung.

(4) Angebote der Jugendarbeit können auch Personen, die das 27. Lebensjahr vollendet haben, in angemessenem Umfang einbeziehen.

§ 12 Förderung der Jugendverbände

(1) Die eigenverantwortliche Tätigkeit der Jugendverbände und Jugendgruppen ist unter Wahrung ihres satzungsgemäßen Eigenlebens nach Maßgabe des § 74 zu fördern.
(2) In Jugendverbänden und Jugendgruppen wird Jugendarbeit von jungen Menschen selbst organisiert, gemeinschaftlich gestaltet und mitverantwortet. Ihre Arbeit ist auf Dauer angelegt und in der Regel auf die eigenen Mitglieder ausgerichtet, sie kann sich aber auch an junge Menschen wenden, die nicht Mitglieder sind. Durch Jugendverbände und ihre Zusammenschlüsse werden Anliegen und Interessen junger Menschen zum Ausdruck gebracht und vertreten.

Weitere Bestimmungen zur Jugendarbeit finden sich in Landesjugendplänen und Jugendbildungsgesetzen einzelner Länder. Grundsätzlich kann festgestellt werden, dass die Jugendarbeit als kommunale Aufgabe in einem besonderen Spannungsverhältnis steht: Einerseits bekommt sie die praktischen Probleme und politischen Implikationen der Arbeit mit Jugendlichen am unmittelbarsten zu spüren, andererseits wirken sich administrativ-bürokratische Regelungen und der öffentliche Legitimationsdruck auf sie am stärksten aus. Die beschriebene Offenheit und Vielfalt als strukturelle Merkmale der Kinder- und Jugendarbeit sind es dann auch, die die Profilierung und klar konturierte Außendarstellung (Was ist die Funktion und der Nutzen von Jugendarbeit in konkreten Angeboten?) erschweren und damit ebenso Anlass für einen – intern konzeptionell-strukturell verursachten – Legitimationsdruck dieses Felder der Kinder- und Jugendhilfe forcieren.

Das Feld der Kinder- und Jugendarbeit befindet sich in einer schwierigen Situation, die gleichermaßen eine schwierige Ausgangssituation für ihre weitere Profilierung und z.B. das Zusammenwirken mit Schulen (als ein zentrales Zukunftsfeld) zur Folge hat. Entgegen der bildungsbezogenen und -theoretischen Euphorie der Aufwertung der Kinder- und Jugendhilfe wirft die Jugendhilfestatistik die Frage auf, ob die Jugendarbeit in genau dieser Bildungsdebatte nicht vielleicht vergessen wurde (vgl. Pothmann 2008a und 2008b), denn sie ist von einem spürbaren Abbau der Personalstellen betroffen, wenngleich die Zahl der (wohl häufiger ehrenamtlich betriebenen) Einrichtungen nicht zurück gegangen ist. In der Abbildung 1 ist zu erkennen, dass die Anzahl der Maßnahmen der Kinder- und Jugendarbeit (meint Kinder- und Jugenderholung, außerschulische Jugendbildung und internationale Jugendarbeit, Mitarbeiterfortbildungen) kontinuierlich abgenommen hat, die Zahl der Teilnehmenden seit 2000 ebenso bei relativ gleichbleibenden finanziellen Ausgaben (rechnet man die allgemeine Preissteigerung ein, ist der in 2008 erkennbare Anstieg etwas zu relativieren; vgl. Pothmann/Thole o.J.a).

Tab. 4: Entwicklung der Kinder- und Jugendarbeit in Deutschland

	Anzahl der Maßnahmen	Anzahl der Teilnehmenden	Höhe der finanziellen Ausgaben (in 1000)
1992	127.915	4.308.121	1.116.804
1996	130.372	4.671.921	1.254.208
2000	116.643	4.547.306	1.411.459
2004	97.267	3.667.451	1.349.776
2008	89.157	3.282.471	1.544 488

(Quelle: Eigene Darstellung; Pothmann/Thole o.J. a; Ergänzung Statistisches Bundesamt 2010)

Pothmann/Thole (o.J. b) kommentieren die Eckdaten zur Kinder- und Jugendarbeit für Deutschland (insgesamt betrachtet und bezogen auf den Vergleich von West- und Ostdeutschland) wie folgt: „Im Jahr 2006 zählte die Einrichtungs- und Personalstatistik bundesweit 17.966 Einrichtungen, in denen 42.926 Personen auf 20.570 Stellen beschäftigt sind. Pro 10.000 der 12- bis 21-Jährigen werden damit 47 Beschäftigte und 23 Stellen über die Statistik ausgewiesen. Dabei ist – verlässt man sich auf die Angaben der Statistik – in Relation zur altersentsprechenden Bevölkerung in den östlichen Bundesländern eine zumindest quantitativ besser ausgestattete Kinder- und Jugendarbeit zu konstatieren. Das zeigt sich beispielsweise mit Blick auf die Personalsituation: Im Kontrast zu den westlichen Ländern der Bundesrepublik Deutschland – wo pro 10.000 der 12- bis 21-Jährigen 20 sogenannte Vollzeitäquivalente festgestellt werden können – entfallen in den östlichen Ländern 34 von diesen auf 10.000 Heranwachsende. Bei den öffentlich geförderten Maßnahmen und den daran teilnehmenden Personen stellt sich diese Situation genau anders herum dar. Für die östlichen Bundesländer ist – zumindest rein statistisch gesehen – nach wie vor ein Nachholbedarf hinsichtlich der Durchführung und der Akzeptanz dieser Angebote zu konstatieren. Werden 2004 bundesweit pro 10.000 der 12- bis 21-Jährigen 104 Maßnahmen ausgewiesen, so sind dies in den westlichen 111 und in den östlichen Bundesländern 72. Noch deutlicher wird diese Diskrepanz bei den Teilnehmer/inne/n an diesen Maßnahmen. Werden im Westen pro 100 der genannten Bevölkerungsgruppe 42 gezählt, so sind dies im Osten lediglich 27."

Mit Blick auf die relevante Altersgruppe in der Kinder- und Jugendarbeit (6- bis unter 27-Jährige) stellen Schilling/Pothmann/Fendrich (o.J.) bereits auf der Grundlage der 10. koordinierten Bevölkerungsvorausberechnung des Statistischen Bundesamtes von 2002 fest, dass „(…) die für die Arbeit mit Kindern relevante Alterskohorte der 6- bis unter 14-Jährigen bis 2015 um gut 18 Prozent abnehmen (wird), während die Anzahl der Jugendlichen bis 2005 erst noch einmal um mehr als rund 5 Prozent ansteigt, um dann ebenfalls wieder langsam zurückzugehen. In der Altersgruppe der über 18-Jährigen zeichnet sich hingegen bis 2012 ein moderater Anstieg ab.“ Die Dimensionen des demografischen Wandels und die Auswirkungen auf die Kinder- und Jugendarbeit hat van Santen (vgl. 2010) auf der Grundlage der 12. Bevölkerungsvorausberechnung systematisch entlang der Unterscheidung nach infrastrukturellen (Konsequenzen für das Ausmaß und die Verteilung der Angebote) als auch adressatenbezogenen (Konsequenzen für Lebenslagen und Konzepte) Aspekten entworfen. Wenn sich die Auswirkungen des generellen Rückgangs der zentralen Zielgruppe der Kinder- und Jugendarbeit regional nicht wirklich voraussagen lassen (da sich der bundesweite Trend vor Ort unterschiedlich zeigen wird), so ist die Veränderung der sozialen Lage junger Menschen offenkundig und damit auch ein Aufforderungscharakter für die Kinder- und Jugendarbeit entstanden, hierauf konzeptionell zu reagieren: Armut, sozialer Rückzug, materielle Benachteiligung mit ihren individuellen Bewältigungsanforderungen und die soziale Erosion in den Städten und Regionen erfordern eine Kinder- und Jugendarbeit, die sowohl offene Räume für die selbsttätige Persönlichkeitsentwicklung bietet als auch gezielte Angebote des Ausgleichs von Benachteiligung, der Hilfe zur Lebensbewältigung und der Sozialintegration (vgl. ebd.). Kinder- und Jugendarbeit wird auf demografische Veränderungen mit integrierten, personell und räumlich flexiblen (mobilen) sowie auch schulbezogenen Konzepten reagieren müssen.

Vor diesem Hintergrund verbindet Hafeneger (vgl. 2008, S. 38) mit der Jugendarbeit mehrere strukturpolitische Entwicklungen, die ihre Profilbildung gleichermaßen erschweren und herausfordern werden: die gebrochene Expansion des Feldes, der Rückzug öffentlicher Verantwortung durch finanzielle Einschnitte, ein erhöhter Legitimationsdruck bei hinterfragter Relevanz dieses Leistungsbereiches der Kinder- und Jugendhilfe, die verstärkte Wirkungs- und Qualitätsorientierung im Zuge einer kontrollierenden Förderpolitik, die Aufwertung des Ehrenamtes sowie schul- und bildungspolitische Einflüsse. Hinzu kommt eine erkennbare fachpolitische Schwerpunktsetzung der Kinder- und Jugendhilfe auf die frühe Förderung, frühe Hilfen und Kinderschutz sowie Tagesbetreuung, die die Aufmerksamkeit für Jugendliche und die Jugendphase in ihren verdichteten Bewältigungsanforderungen deutlich einschränken (vgl. Böllert 2009, S. 96ff.). Und das, obwohl der deutliche „Vergesellschaftungsschub“ (ebd., S. 100) von Jugend – ausgedrückt in der Aufwertung von Jugend als Lebensphase, in ihrer soziokulturellen Verselbständigung und den in ihr repräsentierten sozialen Ungleichheiten – eine deutlichere konzeptionelle Berücksichtigung in der Jugendhilfe verlangt, als bislang geschehen. Um jungen Menschen Angebote zur Bewältigung und Sozialintegration anzubieten, ist eine Kinder- und Jugendhilfe in den Kommunen zu etablieren, die sich auf alle Altersstufen bezieht und nur im Ganzen einer ausgebauten Leistungsstruktur zwischen Prävention, Unterstützung sowie Hilfe und Krisenintervention gut wirkt (vgl. Schrapper 2010) – dabei ist die offene Kinder- und Jugendarbeit ein unverzichtbarer Bestandteil einer sozialen Infrastruktur vor Ort.

2.2 Träger

Kinder- und Jugendarbeit ist nicht nur konzeptionell und strukturell durch Offenheit gekennzeichnet, sie ist zudem organisatorisch in zwei Formen bzw. Ausgestaltungskontexten zu unterscheiden: Kinder- und Jugendarbeit stellt sich dar als

- in hohem Maße ehrenamtlich organisierte Arbeit in Jugendverbänden (im Rahmen freier Trägerschaft und weitgehend eigenständig organisiert) sowie als
- Berufsfeld professioneller Sozialpädagog/inn/en bzw. sozialpädagogischer Fachkräfte, die in öffentlich wie auch frei getragenen Einrichtungen der Kinder- und Jugendarbeit tätig sind (z.B. Jugendhäuser, Jugendzentren, Häuser der Offenen Tür, Jugendbildungsstätten).

Der Trägerpluralismus der Jugendhilfe kommt in der Jugendarbeit besonders stark zum Ausdruck. Der größte Teil der Freizeitangebote für junge Menschen wird von den Jugendverbänden bestritten. Sie unterhalten allein einen großen Teil der Jugendfreizeitstätten und Jugendheime, wovon die Mehrzahl wiederum den konfessionellen Gliederungen gehört. Jeder Jugendverband setzt in seiner Jugendarbeit ganz spezifische inhaltliche Akzente, je nachdem ob es sich um einen Fachverband (z.B. Jugend des Deutschen Roten Kreuzes), Freizeitverband (Jugend des Deutschen Alpenvereins), um eine konfessionelle (z.B. Katholische Junge Gemeinde), gewerkschaftliche (DGB-Jugend) oder politische Gruppierung (Junge Union etc.) handelt.

Die Form der Gruppenarbeit ist bei den Jugendverbänden das tragende Organisationsprinzip, allerdings leisten sie auch vielerorts „offene Jugendarbeit“, nachdem ihnen die Jugendzentrumsbewegung in den siebziger Jahren und ein langsamer, aber anhaltender Rückgang der Mitgliederzahlen in den 1980er Jahren deutlich machten, dass viele Jugendliche weniger an organisatorischen Dauerbindungen, sondern vielmehr an einzelnen Veranstaltungen bzw. themenbezogener Arbeit in Projekten interessiert sind (vgl. Arbogast/Tippelt 1981, S. 19f.). Die Freizeitindustrie und die Konkurrenz kommerzieller „Jugendarbeit“ sind für die Jugendverbände eine grundsätzliche Herausforderung. Trotz einer Reihe offener Angebote dominiert in der verbandlichen Jugendarbeit demnach die Gruppenstruktur. Anders ist es bei den öffentlichen Trägern. Jugendarbeit ist hier in großem Umfang offene und Jugendzentrumsarbeit. Der Alltag fordert zugleich eine umfassende praktische Sozialarbeit angesichts der bereits in den 1980er Jahren benannten (und weiterhin aktuellen) Aufgaben: „Auseinandersetzung mit den Drogenproblemen, Betreuung von jungen Ausländern, Arbeit mit deklassierten Randgruppen und in sozialen Brennpunkten sowie Hilfen zur Bewältigung vorschulischer und schulischer Probleme, Integrationshilfen bei Arbeitslosigkeit und spezielle Beratung zum verbesserten Übergang von Schule und Beruf“ (Arbogast/Tippelt 1981, S. 25). Durch adressatenspezifische und stadtteilorientierte Angebote nähert sich die kommunale Jugendarbeit den Lebensbereichen der Jugendlichen und entwickelt Jugendhilfeprofile zwischen traditioneller „Jugendpflege“ und moderner Sozialarbeit, die sozialräumlich, lebensweltorientiert und demokratiebildend ausgerichtet sind.

2.3 Praxisfelder

Die Kinder- und Jugendarbeit hat ein sehr breites Spektrum an Angeboten, die eine kaum überschaubare Vielfalt thematischer Ausrichtungen in politischer, kultureller, konfessioneller, sach- und sportbezogener Hinsicht ausmacht. Die Themen reichen von der Freizeitgestaltung, über (gendersensible) Förderung der Persönlichkeitsunterstützung und Partizipation bis hin zu speziellen Projekten. Diese Angebotsinhalte können in verschiedensten Einrichtungen durchgeführt werden, z.B. in den Verbänden, Kinder- und Jugendtreffs, Jugendkulturzentren und Jugendkunstschulen, Jugendzentren, Spielplätzen und mobilen Spiel- und Freizeitangeboten. Da die möglichen Varianten und die Vielfalt in der Praxis an dieser Stelle nicht beschrieben werden können, werden lediglich exemplarisch zwei übergreifende Praxisfelder (in institutioneller wie auch konzeptioneller Hinsicht, was im Folgenden nicht getrennt wird) der Kinder- und Jugendarbeit vorgestellt. Im Anschluss daran erfolgt in der Abbildung 1 eine Übersicht über die zentralen Felder der Kinder- und Jugendarbeit (vgl. Landesjugendring NRW 2010).

Schulbezogene Kinder- und Jugendarbeit

Eine offene sozialräumlich orientierte Kinder- und Jugendarbeit ergänzt Schule sehr gut und kann auch in sie hineinreichen. Denn die Unterstützung der Lebensbewältigung junger Menschen (durch Beratung, Betreuung, Unterstützung beim Übergang in Ausbildung und Beruf), das Angebot von Aneignungsräumen als Orte lebensweltorientierter Bildung sowie die aktive Nutzung öffentlicher Räume für jugendliche Interessen sind nach Deinet (vgl. ebd.) Potenziale der sozialräumlichen Jugendarbeit, die sie zum attraktiven Partner für Schulen macht. Schulbezogene Jugendarbeit gehört denn auch explizit zu den Schwerpunkten der Jugendarbeit gemäß § 11 SGB VIII und ist mit ihren Angeboten den in § 11 Abs. 1 SGB VIII beschriebenen Zielsetzungen verpflichtet (vgl. zum Folgenden Maykus 2010):

„Jungen Menschen sind die zur Förderung ihrer Entwicklung erforderlichen Angebote der Jugendarbeit zur Verfügung zu stellen. Sie sollen an den Interessen junger Menschen anknüpfen und von ihnen mitbestimmt und mitgestaltet werden, sie zur Selbstbestimmung befähigen und zu gesellschaftlicher Mitverantwortung und zu sozialem Engagement anregen und hinführen.“ Schulbezogene Jugendarbeit bietet in diesem Sinne Schülern im Rahmen der Jugendhilfe sozialpädagogische Hilfen und Angebote in der Schule oder ausdrücklich auf Schule bezogene, im unmittelbaren Schulumfeld angesiedelte Angebote, die einen Beitrag zu ihrer Persönlichkeitsbildung darstellen, ihre individuelle und soziale Entwicklung fördern und dazu beitragen, Bildungsbenachteiligungen abzubauen. Schulbezogene Jugendarbeit stellt eine breite Palette von Freizeit-, Bildungs-, Erholungs- und Begegnungsmöglichkeiten für Schüler dar, die trotz unterschiedlicher pädagogischer Konzepte folgende gemeinsame Merkmale haben: Freiwilligkeit der Teilnahme, Orientierung an den Bedürfnissen der Kinder und Jugendlichen, Beteiligung der Kinder und Jugendlichen an der Planung und Gestaltung der Angebote, Verzicht auf Leistungskontrollen und starre Regelwerke, Gruppenorientierung und Erfahrungsbezug (vgl. zu den Standards der offenen Jugendarbeit Deinet/Sturzenhecker 2005 sowie zur grundlegenden Einordnung in den Kontext der Kinder- und Jugendhilfe Rätz-Heinisch/Schröer/Wolff 2009). Schulbezogene Jugendarbeit verbindet zwei Angebotssegmente: zum einen freie, gestaltbare Räume und Treffs, die einen Freiraum für selbständige Kinder- und Jugendkulturen bieten, zum anderen konzipiert sie vorstrukturierte Gruppenangebote und Projekte als Gelegenheits- und Kontakträume für Schüler. Sie zielt dabei auf die Befähigung der Schüler zur sinnvollen Gestaltung ihrer freien Zeit, auf die Herausbildung eigener Lebensentwürfe und persönlicher Ziele und auf den Erwerb von Kompetenzen zum konstruktiven Umgang mit gesellschaftlichen Anforderungen und Bedingungen (Orientierungsaufgabe). Schulbezogene Jugendarbeit ist schwerpunktmäßig eine begleitend-initiierende Arbeit und wendet sich einerseits an alle Schüler, die in den Angeboten der schulbezogenen Jugendarbeit Freiräume für Selbsttätigkeit und Eigeninitiative erfahren können. Andererseits wendet sich schulbezogene Jugendarbeit aber auch an benachteiligte, beeinträchtigte oder vernachlässigte Schüler, stellt also eine sozialpädagogische Instanz der Unterstützung und Hilfe in gefährdeten Sozialisationsprozessen dar. Mit ihren Angeboten kann schulbezogene Jugendarbeit eine Bereicherung des Lebensraumes Schule und individueller Bildungsprozesse darstellen, indem sie sowohl „personale Angebote“ als auch „sozialräumliche Angebote“ zur Verfügung stellt (vgl. Maykus 2010):

- Personale Angebote der schulbezogenen Jugendarbeit umfassen Erfahrungs- und Freizeiträume in der Gleichaltrigenkultur (Geselligkeit), aber auch die Möglichkeit der Kontaktaufnahme mit Erwachsenen, die als Bezugs-, Vertrauens- und Ansprechpersonen fungieren können. Die sozialpädagogischen Fachkräfte sollten hierbei sowohl über initiierende und gestaltende Kompetenzen als auch über kommunikative, beratend-begleitende Kompetenzen bei der Klärung und Bearbeitung von jugendspezifischen Sinn- und Orientierungsfragen verfügen.

- Sozialräumliche Angebote: Angebote der schulbezogenen Jugendarbeit stellen Orte der Freizeit dar, die soziale Netze, Stützpunkte und Kontaktstellen für Schüler bedeuten können. Sie sind zudem Erlebnisräume jugendgemäßer Lebensweisen, als offene Kommunikationsangebote ermöglichen sie Schülern Selbstentfaltungs-, Erprobungs- und Lernprozesse.

Schulbezogene Kinder- und Jugendarbeit erfüllt, zusammengefasst, vor allem fünf Funktionen:

- *Prävention:* Angebote der schulbezogenen Jugendarbeit haben einen Anteil an der grundlegenden und spezifischen Förderung von Kompetenzen der Lebensführung und Konfliktbewältigung bei Schülern.
- *Hilfe zur Lebensbewältigung:* Schulbezogene Jugendarbeit zeigt Lösungsmöglichkeiten bei Problemen in den Bereichen Familie, Schule, Freizeit und Freunde auf, sie erhält eine beratende, stützende und ressourcenerschließende Funktion.
- *Bildungsfunktion:* Schulbezogene Jugendarbeit trägt mit ihren Angeboten zur Vermittlung von Fähigkeiten und Fertigkeiten in außerunterrichtlichen wie auch mit Unterricht vernetzten Bildungsangeboten bei, sie leistet Hilfe und Unterstützung bei der Entwicklung eigener tragfähiger Wert- und Orientierungsmuster.
- *Freizeitfunktion:* Schulbezogene Jugendarbeit bietet Räume und Treffs zu eigeninitiierten und gemeinsamen Freizeitaktivitäten von Schülern und trägt bei zur Förderung sozialer, emotionaler, kognitiver, kreativer, sportlicher u.a. Fähigkeiten.
- *Identifikations- und Integrationsfunktion:* Schulbezogene Jugendarbeit bietet Gelegenheits- und Möglichkeitsräume für Kontakte, Geselligkeit und Gemeinschaftserlebnisse von Schülern.

Für die offene Kinder- und Jugendarbeit gibt es mehrere Gründe, schulbezogene Angebotsbereiche dieser Funktionalität zu etablieren (vgl. Thimm 2006, S. 75ff.). Das erweiterte Bildungsverständnis, erstens, erleichtert Schule und Jugendhilfe das Zusammenkommen und Ausloten von gemeinsamen Prozessen der pädagogischen Förderung junger Menschen, für die Schule ein zentraler Lebensort ist. Daher sollte Jugendarbeit diesen Ort bewusst für ihre Angebote wählen, um einerseits von einer besseren Erreichbarkeit der Adressaten, konzeptionellen Impulsen für sozialräumliche und schulbezogene Angebote, höherer öffentlicher Wahrnehmung und einer dadurch erkennbaren Aufwertung der Jugendhilfe zu profitieren (vgl. auch Fröhlich-Gildhoff u.a. 2006, S. 312), andererseits aber auch einen möglichen Um- und Abbau der Kinder- und Jugendarbeit durch eine Profilveränderung vorzubeugen. In jedem Fall kann Jugendarbeit dazu beitragen, zweitens, Schule als Lern- und Lebensraum für junge Menschen attraktiver, erfahrbarer und vielfältiger zu gestalten. Denn Jugendarbeit ist mit ihren fachlichen Maximen explizit auf die lebensweltlichen Erfahrungen und Bedürfnisse junger Menschen ausgerichtet und kann ihnen am Ort Schule einen Raum anbieten, ihnen gerecht zu werden, statt sie im stärker strukturierten und reglementierten Schulalltag zu vernachlässigen (vgl. ebd.). Die Potenziale der schulbezogenen Jugendarbeit müssen in ihrer Umsetzung stets einhergehen mit ihrer identitären Vergewisserung über Ziele und fachliche Orientierungen. Lindner (vgl. 2006, S. 303 ff.) hebt hervor, dass Jugendarbeit ihr Profil positiv bestimmen sollte, etwa als Ort der „sozialpädagogischen Bildung“, statt – wie so häufig anzutreffen – das „außerschulische“ in der Freizeit- und Bildungsarbeit hervorzuheben, was einer negativ-abgrenzenden Funktionsbestimmung gleichkommt. In diesem Sinne darf Jugendarbeit gerade im Zuge des Ganztagsschulausbaus ihr Profil nicht verlieren, sondern muss es klären, vermitteln und gegen eine Entwertung („unspezifische Freizeitarbeit, die jeder leisten kann“) schützen. Vor allem im Kontext der Ganztagsschule macht Lindner nicht nur Chancen für die Jugendarbeit aus, sondern wirft auch einen kritischen Blick auf aktuelle Entwicklungen (vgl. ebd.): Die Ganztagsschule bleibt aus seiner Sicht hinter ihrem Potenzial zurück, betont zu sehr betreuende Angebote ohne eine Veränderung der Schulkultur zu erwirken; die Kooperation mit außerschulischen Partnern ist daher noch deutlich ausbaufähig und schließlich sind die Leitlinien der individuellen, multiprofessionellen Förderung junger Menschen in der Ganztagsschule eher noch Programmatik statt gelebte Praxis (vgl. ebd.). In dieser Situation findet sozialpädagogische Bildung noch nicht die Resonanz und Gestaltungsspielräume, die zur Entfaltung des Potenzials von Jugendarbeit führen würde (vgl. zur Kooperation von Jugendarbeit und Schule auch Göppel 2009, Lindner 2009).

Partizipation und Demokratiebildung

Die Partizipation von Kindern und Jugendlichen hat in den vergangenen Jahren an erheblicher Bedeutung gewonnen. Der Begriff der Partizipation wird dabei in der Fachdiskussion mit unterschiedlichen Konnotationen verwendet (vgl. zum Folgenden Hartnuß/Maykus 2005). In der gesellschaftlichen Debatte um die Partizipation von Kindern und Jugendlichen – und auf dieser Gruppe von Bürger/inne/n soll hier der Fokus liegen – fungiert er in erster Linie als Sammelbegriff für verschiedene Arten und Formen der Beteiligung, Teilhabe, Teilnahme, Mitwirkung, Mitbestimmung und Mitgestaltung von Kindern und Jugendlichen an sie betreffenden Angelegenheiten. Die politische Legitimation einer stärkeren Partizipation von Kindern und Jugendlichen resultiert aus der grundlegenden Einsicht, dass Kinder und Jugendliche von Geburt an Mitglieder des demokratischen Gemeinwesens und von daher mit angemessenen Rechten und Pflichten an dessen Gestaltung zu beteiligen sind. In diesem Sinne ist die Partizipationsdebatte in starkem Maße politisch motiviert. Besonderen Einfluss hatte und hat hierbei

Definition	Aufgaben/Ziele	Zielgruppen
1. Jugendgruppenarbeit in Verbänden Jugendgruppenarbeit ist das vorherrschende Prinzip in den Jugendverbänden und die meisten Jugendgruppen sind einem Jugendverband angeschlossen. Jugendgruppenarbeit ist freizeitbezogen und zielorientiert. Als VermittlerIn der Ziele fungiert oft ein/-e nur wenig ältere GruppenleiterIn oder ein Organisationsteam.	• Verbandspolitische Interessenvertretung • Wertevermittlung der Verbände usw. • Vermittlung von Fähigkeiten und Fertigkeiten, Hilfe und Unterstützung bei der Entwicklung eigener kultureller, politischer, gesellschaftlicher und religiöser Werte • Förderung sozialer, emotionaler, kognitiver, kreativer, handwerklicher, • sportlicher, beruflicher u. a. Fähigkeiten	Kinder und Jugendliche
2. Offene Angebote in Einrichtungen Unter Offener Jugendarbeit versteht man Angebote, Veranstaltungen, Einrichtungen, die grundsätzlich – abgelöst von einem Vereinszweck – allen Kindern, Jugendlichen und Erwachsenen zur Verfügung stehen. Offene Einrichtungen können sein: • Jugendfreizeitstätten bzw. Jugendzentren, • Jugendtreffs, • Jugendräume. Offene Angebote umfassen: • Angebote der Jugendhäuser und Jugendtreffs, z.B. Raumaneignung der Jugendlichen im Offenen Treff mit Gelegenheiten zum Billard und Kicker spielen, • Sportmöglichkeiten etc. • Angebote zur Beteiligung und Mitgestaltung des Programms und der Gestaltung der Einrichtung.	• Grundlegende und spezifische Förderung von Lebenskompetenz • Aufzeigen von Lösungsmöglichkeiten bei Lebensproblemen im Bereich Familie, Schule etc. • Vermittlung von Fähigkeiten und Fertigkeiten, Hilfe und Unterstützung bei der Entwicklung eigener kultureller, politischer, gesellschaftlicher und religiöser Werte • Förderung sozialer, emotionaler, kognitiver, kreativer, handwerklicher, sportlicher, beruflicher u. a. Fähigkeiten*	Alle Kinder und Jugendlichen
3. Mobile Jugendarbeit/ Streetwork Mobile Jugendarbeit/Streetwork ist die Vereinigung verschiedener Handlungsfelder, dazu zählen • aufsuchende Tätigkeiten, • Gemeinwesenarbeit, • Einzelfallhilfe und Gruppenarbeit (gruppen-, szene-, cliquenbezogene Tätigkeiten).	Meint sowohl straßen-, cliquen- und sozialraumorientierte sozialpädagogische Methoden, die der nachhaltigen Verbesserung der Lebenssituation und der Förderung der Entwicklung benachteiligter Jugendlicher dienen, als auch mobile Angebote in ländlichen, aber auch städtischen Territorien als Alternative oder Ersatz für feste Einrichtungen nicht nur für benachteiligte Jugendliche	Menschen, deren zentraler Sozialisationsort der Lebensraum „Straße“ ist und die von sozialer Benachteiligung, Marginalisierung, Diskriminierung, Kriminalisierung etc. betroffen sind; u. a.: Straßenkinder, Jugendcliquen, Drogenabhängige, Obdachlose.

Definition	Aufgaben/Ziele	Zielgruppen
4. Jugenderholung Jugenderholungen berücksichtigen neben mehrtägigen Fahrten, Lagern und Freizeiten auch wesentlich kürzer andauernde Stadtranderholungen (die Maßnahmen liegen i.d.R. zwischen 5 und 21 Tagen).	Dient der Erholung und Entspannung, der Selbstverwirklichung und der Selbstfindung. Die Maßnahmen sollen die seelische, geistige und körperliche Entwicklung fördern, die Erfahrung sozialer Beziehungen untereinander vermitteln und soziale Benachteiligungen ausgleichen.	Kinder und Jugendliche
5. Internationale Begegnung (Internationale) Jugendbegegnungen fördern die persönliche Begegnung junger Menschen aus verschiedenen Ländern. Außerdem soll der Erfahrungsaustausch von Führungskräften der Jugendarbeit gefördert und die Zusammenarbeit der Träger der Jugendhilfe über den nationalen Bereich hinaus unterstützt werden. Die Begegnungen sollen nach dem Prinzip der Gegenseitigkeit aufgebaut werden.	Dient der internationalen Verständigung und dem Verständnis anderer Kulturen sowie der Friedenssicherung. Trägt zu grenzüberschreitenden, gemeinsamen Problemlösungen bei und soll das europäische Identitätsbewusstsein stärken.	I.d.R. sind die TeilnehmerInnen bei Internationalen Jugendbegegnungen im Jugendalter (zwischen 14 und 18 Jahren); zumeist soll das Zahlenverhältnis zwischen den Jugendlichen aus den verschiedenen Ländern ausgeglichen sein.
6. Außerschulische Jugendbildung/ Mitarbeiterfortbildung Außerschulische Jugendbildung umfasst die allgemeine, politische, soziale, kulturelle (s.u.), naturkundliche und technische Bildung. Sie wird z.B. in Jugendbildungsstätten, in Jugendverbänden, in internationalen Begegnungsstätten und in politischen und kulturellen Vereinigungen durchgeführt. Qualifizierte Aus- und Fortbildung von MultiplikatorInnen in der Jugendarbeit. Beispiele: Juleica-Ausbildungen, Bildungsurlaub	Frühzeitig soll das Interesse an politischer Beteiligung herausbildet werden. Entwickelt werden soll die Fähigkeit zur kritischen Beurteilung politischer Vorgänge und Konflikte. Durch die aktive Mitgestaltung politischer Vorgänge soll zur Persönlichkeitsentwicklung beigetragen werden.	Jugendliche und junge Erwachsene Zumeist bestimmte Alters oder Zielgruppen, z. B. MultiplikatorInnen, Mädchen, HauptschülerInnen usw.
7. Kulturelle Bildungsarbeit Vermittlung von Ausdrucks- und Gestaltungsmöglichkeiten für Jugendliche durch Medien wie Presse, Video, Computer, Film, Theater, Musik oder Tanz. Beispiele: Tanz-, Theater-, Zirkus-, Museums-, Medienpädagogik	Soll Angebote zur Förderung der Kreativität und Ästhetik im Rahmen kultureller Formen umfassen, zur Entwicklung der Persönlichkeit beitragen und jungen Menschen die Teilnahme am kulturellen Leben der Gesellschaft erschließen.	Jugendliche und junge Erwachsene
8. Kooperation Jugendarbeit und Schule siehe die vorstehende Darstellung in diesem Abschnitt des Bandes	siehe die vorstehende Darstellung in diesem Abschnitt des Bandes	Kinder und Jugendliche im Schulalter

Abb. 1: Praxisfelder der Kinder- und Jugendarbeit (Quelle: Landesjugendring NRW 2010, Projekt „Das Wissen zur KJA“)

die UN-Kinderrechtskonvention (Übereinkommen über die Rechte des Kindes der Vereinten Nationen vom 20.11.1989), die in Deutschland 1992 ratifiziert wurde. Mit ihr wurden erstmalig politische, zivile, soziale, wirtschaftliche und kulturelle Rechte von Kindern zusammengefasst und in einer völkerrechtlich verbindlichen Konvention vereinbart. Die Beteiligung von Kindern nimmt dabei – gleichauf mit Schutz- und Fürsorgeaspekten – einen zentralen Stellenwert ein. Davon ausgehend und angeregt durch Entwicklungen und gute Beispiele in anderen europäischen Ländern werden in Deutschland insbesondere auf kommunalpolitischer Ebene, häufig unterstützt durch Landesregierungen, seit nunmehr einigen Jahren verschiedene politische Beteiligungsformen von Kindern und Jugendlichen (von Kinder- und Jugendforen über Kinderfreundlichkeitsprüfungen bis hin zu Kinderbeauftragten u.v.m.) erprobt. Einige dieser Formen sind inzwischen fester Bestandteil von Planungs- und Entscheidungsprozessen auf kommunalpolitischer Ebene. Wettbewerbe und Programme auf Bundesebene, initiiert von Ministerien, aber auch unabhängigen Stiftungen, unterstützen und fördern diese Entwicklungen (vgl. ebd.).

Erst in zweiter Linie wird der Begriff der Partizipation in einem pädagogischen Sinne als Methode bzw. Prinzip verstanden. In der Sozialarbeit/Sozialpädagogik wurden Instrumente der Partizipation zunächst im Kontext sozialplanerischer Vorhaben operationalisiert. Erst später fanden partizipative Ansätze Eingang in die allgemeinen Strukturmaximen alltagsorientierter Sozialpädagogik und Jugendhilfe. Partizipation beschreibt demnach das arbeitsfeldübergreifende Anliegen der Beteiligung und Mitwirkung der Nutzer bzw. Adressaten bei der Wahl und Erbringung sozialpädagogischer Dienstleistungen, Angebote und Programme (vgl. Schnurr 2001, S. 1330). In diesem Kontext geht es darum, durch Möglichkeiten der Mitentscheidung in konkreten lebens- und alltagsweltlichen Bereichen die Aneignung von Kompetenzen der Verantwortungsübernahme zu fördern (vgl. Stange/Wiebusch 1997, S. 385). Dabei besteht die Herausforderung darin, altersgerechte Partizipationsmöglichkeiten in Familie, Kindertagesstätte, Schule, Freizeit, etc. zu schaffen, die Spaß bieten, interessant sind und zugleich ernsthafte, d.h. in ihrer Wirkung tatsächlich konsequenzenreiche Mitgestaltungsmöglichkeiten darstellen. Partizipation ist hier gleichzeitig ein Prinzip, mit dem Akzeptanz, Qualität und Nachhaltigkeit von Entscheidung hergestellt bzw. erhöht werden kann, in dem Kinder und Jugendliche als Expert/inne/n ihres Alltags in die Entscheidungen über sie betreffende Angelegenheiten einbezogen werden. Dies ist allerdings nur dann möglich, wenn Institutionen und die in ihnen handelnden Erwachsenen bereit sind, einen Teil ihrer bislang ausgeübten Entscheidungsmacht an Kinder und Jugendliche abzugeben und ihnen reale Verantwortung zu übertragen (vgl. Backhaus-Maul/Olk 2000, S. 15 und aktuell Hartnuß/Olk 2010).

Die offene Kinder- und Jugendarbeit kann hierzu einen wichtigen Beitrag liefern und aktiv partizipationsbasierte Demokratiebildung fördern.

Sturzenhecker (vgl. 2008, S. 704) sieht die Möglichkeit, ein gleichberechtigtes, freies Diskutieren und Aushandeln von gemeinsamen Entscheidungen (als Inbegriff von Demokratie) durch die Angebote und Gelegenheitsstrukturen der Kinder- und Jugendarbeit zu unterstützen. Denn das Bildungskonzept der Kinder- und Jugendarbeit zielt mit der Förderung von Selbsttätigkeit und Aneignung, Selbstbestimmung und Entfaltung der subjektiven Mündigkeitspotenziale auf basale demokratische Kompetenzen. Eine demokratisch verfasste Alltagspraxis, so Sturzenhecker (vgl. ebd., S. 706), die Demokratielernen und Bildung als komplementäre Elemente erkennt, ermöglicht Erfahrungen der Solidarität und Anerkennung, symmetrische Dialoge und Unterstützung der Artikulation und Vertretung der Interessen junger Menschen. Partizipation würde als Vorstufe von Demokratie gelebt, die sich in einer breiten Entscheidungs- und Beteiligungsberechtigung der Kinder und Jugendlichen zeigt. Demokratie wäre demnach Ziel und Bildung eine Form der Kinder- und Jugendarbeit, die zur Persönlichkeitsentwicklung und gesellschaftlicher Mitverantwortung beiträgt – mithin explizit Demokratiebildung durch Freiräume, freiwillige Aktivitäten und Diskursivität betreibt (vgl. ebd., S. 707 sowie Praxisbeispiele unter www.politikundpartizipation.de oder den Themenseiten des Bundesjugendrings unter www. jugendserver.de).

2.4 Relevante Konzepte und Methoden

Die konzeptionellen und methodischen Grundlagen der Kinde- und Jugendarbeit sind sehr umfassend und kaum systematisierbar, sie reichen von der genderspezifischen, interkulturellen, cliquenorientierten, kulturellen Arbeit, über bildungsbezogene, sozialräumliche und präventive Ansätze bis hin zu konkreten Methoden der Projektarbeit, mobilen Jugendarbeit und Streetwork oder erlebnispädagogischen Angeboten (vgl. im Überblick Deinet/Sturzenhecker 2005). An dieser Stelle können die unterschiedlichen methodischen und konzeptionellen Variationen der Kinder- und Jugendarbeit nicht erörtert und vorgestellt werden, statt dessen wird im Folgenden nur eine kurze Skizzierung übergreifender fachlicher Orientierungen vorgenommen.

Methodentrias Einzelfall-, Gruppen- und Gemeinwesenorientierung als Basis des Handelns in einer „sozialpädagogischen Arena“

Kinder- und Jugendarbeit ist in der modernen Gesellschaft nicht nur Ort der sozialen Teilhabe und Persönlichkeitsentwicklung, sondern auch ein Beitrag zur Hilfe zur Lebensbewältigung und Sozialintegration in einer komplexer gewordenen Phase des Jungseins. Die individuelle Orientierung der Angebote hat daher neben der häufig dominierenden Gruppenperspektive in der Kinder- und Jugendarbeit deutlich an Bedeutung gewonnen und zeigt sich in unterschiedlichen einzelfallbezogenen Formen der Beratung, Unterstützung, Hilfe und Orientierung (vor allem in den identitätsrelevanten Themen wie Schule, Arbeit, Partnerschaft). Jugendberatung in der offenen Kinder- und Jugendarbeit betont die ko-produktive, aktiv-realitätsverarbeitenden Anteile der Jugendlichen im Beratungsprozess und ordnet die Bewältigungsanlässe sozialräumlich ein. Eine biografie- und bewältigungsorientierte Jugendberatung im Sinne von Einzelfallarbeit ist eine wesentliche methodische Säule der offenen Kinder- und Jugendarbeit (vgl. Schumann 2005, S. 291 ff.). Die pädagogische Arbeit mit Gruppen, strukturierte Kommunikation in Gruppenerfahrungen sowie die Nutzung gruppendynamischer Effekte für die Förderung junger Menschen macht eine weitere wesentliche methodische Grundlage aus, genauso wie die Gemeinwesenarbeit, die – reformuliert als Sozialraumorientierung – symbolisiert, dass lebensweltliche Erfahrungen, Benachteiligungen und prekäre Lebenslagen, die sich im Quartier und Stadtteil zeigen, auch Gegenstand der sozialpädagogischen Arbeit in der Kinder- und Jugendarbeit sein sollen (vgl. ebd., S. 297 ff.). Aus der trotz dieser methodischen Strukturierung weiter bestehenden Offenheit und Komplexität der Kinder- und Jugendarbeit wurde häufig direkt auf pädagogische Konstellationen geschlossen (die dann nahezu unfassbar, offen und kaum beschreibbar schienen), was Cloos u.a. dazu bewegt hat, im Gegenteil die pädagogischen Prozesse in der Jugendarbeit empirisch zu analysieren, um im Ergebnis die Strukturen des jugendpädagogischen Raumes zu kennzeichnen (vgl. 2009 und zum Folgenden Maykus 2010). Kinder- und Jugendarbeit kennzeichnen die Autoren demnach als „Handeln in der sozialpädagogischen Arena", das durch Performität (z.B. Flüchtigkeit, Diskontinuität und Spontaneität im Handeln, als klarer Kontrast zur Schule), Sozialität (komplexe Interaktion, Wechsel (de-) zentrierter Anteile dabei, als Arbeit am Gelegenheitsrahmen) und Materialität (materielle Ressourcen zu Zwecken der Pädagogik, die ein Eigenleben als lokale Dispositive entwickeln) geprägt ist (vgl. ebd., S. 15 ff.). Die zentralen Handlungsmuster der Sozialpädagogen in der Kinder- und Jugendarbeit bewegen sich dabei in einem Spannungsfeld von Alltäglichkeit und Professionalität (vgl. ebd.), das in ihren spezifischen entwicklungsfördernden und bildungsorientierten Effekten zu beschreiben ist. Uhlendorf/Rosenbauer (vgl. 2008, S. 478 ff.) skizzieren überblickhaft den methodisch-didaktischen Horizont von Kinder- und Jugendarbeit, der das Handeln in der sozialpädagogischen Arena strukturieren kann. Dabei unterscheiden sie Praxisformen (Einzel- und Gruppenarbeit, sozialräumliche Methoden) von Ebenen einer schul- und bildungsorientierten Jugendarbeit (Bildungsperspektiven: z.B. Gruppe, Biografie, Lebensbewältigung; subjektive Bildungsdimensionen: z.B. Selbst- und Körperkonzepte, Werte und Normen;

Basisbedingungen für Bildungsprozesse: z.B. Anleitung zur Selbsttätigkeit, Anerkennung und Sozialität; Bildungsthematiken: z.B. Gesundheit, Armut, Konflikte, Partnerschaft, Ästhetik).

Lebenswelt- und Sozialraumorientierung als Leitkonzepte

Eine an der Lebenswelt orientierte Jugendhilfe bedeutet, nach den Verhältnissen der jungen Menschen zu fragen, in denen sie sich vorfinden und behaupten, nach räumlichen, zeitlich-biografischen und sozialen Erfahrungen zu fragen, ebenso wie nach den pragmatischen und alltäglichen Deutungs- und Handlungsmustern, mit denen sich Jugendliche in ihren Verhältnissen arrangieren. Die Lebenswelt der Jugendlichen zu betrachten heißt auch, ihre Strukturen und Ressourcen in der Determiniertheit gesellschaftlicher und sozialer Voraussetzungen zu erkennen. Schließlich wird die Lebenswelt der Jugendlichen als Ort subjektiver Anstrengung der Lebensbewältigung verstanden. Lebensweltorientierung als Konzept der Sozialpädagogik bedeutet demnach in der Kinder- und Jugendarbeit, in der Lebenswelt der Adressaten anzusetzen, an ihren Erfahrungen und Routinen, um im Medium dieser Analyse und der vorfindbaren Ressourcen – aber mit spezifischen Möglichkeiten professionell inszenierter Programme – zum gelingenderen Lebensarrangement der Jugendlichen beizutragen (vgl. Thiersch 1998, S. 25ff., 1986, 2005). Lebensweltorientierte Jugendhilfe konzentriert sich in spezifischen Entwicklungs- und Strukturmaximen, die vor allem in den Begriffen der Prävention, Regionalisierung/Dezentralisierung, Integration, Partizipation und Alltagsorientierung bekannt geworden sind (vgl. BMFSFJ 1990).

Lebensbewältigung als Fokussierung von Entwicklungsprozessen in der Jugendphase

Die Bewältigungsthematik hängt mit gesamtgesellschaftlichen Dynamiken zusammen und findet ihre Verortung im Individualisierungsprozess als soziologische Strukturkategorie der Freisetzung und Optionsvielfalt aber auch verstellter, indivdualisierter sozialer Ungleichheit und neuer Formen der Integration und Vergemeinschaftung. Dieser soziologischen Kategorie, diesem soziologischen Befund der risikogesellschaftlichen Verhältnisse entspricht auf der subjektiven Seite die Frage nach dem Umgang mit neuen Anforderungen, Unsicherheiten und Belastungen. Gemeint ist gleichsam die Repräsentierung dieses soziologisch-strukturellen Sachverhaltes in der individuellen Biografie, im individuellen Erleben. Böhnisch (vgl. 1997, S. 25) fasst diesen soziostrukturellen Aufforderungscharakter für den einzelnen, das Sich-Auseinandersetzen mit dem Aufgegebenen als „biografische Lebensbewältigung“ zusammen, als ein Streben nach psychosozialer

Handlungsfähigkeit und Orientierung. Sozialraumorientierung (vgl. Kessl/Reutlinger 2010, Deinet 2005) bedeutet in Ergänzung dazu, dass sich soziale Verhältnisse Kindern und Jugendlichen vor allem räumlich darstellen. Die Gegenstandsbedeutung heißt für Jugendliche, den Gegenstand aus einer Gewordenheit zu begreifen und sich die darin verkörperten sozial vermittelten Eigenschaften anzueignen. Dieser Aneignungsprozess ist eingebettet in den „Raum" unserer Gesellschaft, in räumliche Gegebenheiten. Fragen mit sozialpädagogischer Relevanz lauten vor diesem Hintergrund etwa: Wie ist der soziale Lebensraum von Kindern und Jugendlichen strukturiert? Wie und wo finden Aneignungsprozesse statt? Wodurch werden Aneignungsprozesse gefördert bzw. behindert?

Capability approach – der Befähigungsansatz als Kernziel der Entwicklungsförderung junger Menschen

Der Befähigungsansatz (capability approach), auch Verwirklichungschancenansatz genannt, ist für das Feld der offenen Kinder- und Jugendarbeit eine gewinnbringende Grundlage. Der Ansatz hebt hervor, dass die Verwirklichung des Rechts auf ein „gutes Leben" nur in der Verbindung gesellschaftlicher Aktivitäten und individuellen Handelns gelingen kann (vgl. Krafeld 2010, S. 310). Die individuelle Entwicklung von Kindern und Jugendlichen hängt damit entscheidend davon ab, ob und inwiefern sie gesellschaftliche Bedingungen (samt ihrer Veränderungen) als relevant für ihr Handeln und ihre Lebensgestaltung ansehen. Die Förderung der Persönlichkeit und eines „guten Lebens" wird als ein soziales Vorhaben, als ein Handeln im sozialen Kontext angesehen, so dass die Wechselwirkung zwischen Gesellschaft und Individuum stets konstitutiv ist für ein entsprechend konzipiertes sozialpädagogisches Handeln in der Kinder- und Jugendarbeit. Damit die persönliche Lebensentfaltung gelingt (Krafeld; vgl. ebd., S. 313f.) sieht hierin eine Erweiterung der Kategorie Lebensbewältigung, die seiner Meinung nach zu sehr problemzentriert gedacht ist), sind förderliche und unterstützende Einflussfaktoren wichtig: Anerkennung, Verwirklichungschancen, Erlebnisse der Selbstwirksamkeit sowie wertschätzende Beziehungen (vgl. ebd., S. 315). Offene Kinder- und Jugendarbeit kann mit ihren institutionellen Rahmenbedingungen und sozialpädagogischen Konzepten hierzu einen wichtigen Beitrag leisten. Insbesondere ihre Orientierung an der Selbstbestimmung und partizipativ gestützten Entfaltung von Persönlichkeit im sozialen Rahmen der Gruppe lässt sie diese Faktoren alltäglich umsetzen. Kinder- und Jugendarbeit kann zudem einen sensibleren Blick auf die Verwirklichungschancen junger Menschen forcieren, indem sie selbstreflexiv und sozialräumlich orientiert danach fragt, inwiefern förderliche Bedingungen für die Lebensentfaltung bei den Kindern und Jugendlichen ihres Einzugsgebietes gegeben sind, welchen Beitrag andere, ggf. auch kooperierende Einrichtungen dazu leisten und wie die bewertete Situation dann auch (kooperativ, in einem Netzwerk der Befähigung und Förderung) verändert werden könnte (vgl. ebd. und grundsätzlich Otto/Ziegler 2008).

2.5 Aktuelle Entwicklungen

Die Kinder- und Jugendarbeit ist in mehrfacher Hinsicht gefordert, ihre Konzepte weiter zu entwickeln und an die sich verändernden Bedarfe junger Menschen anzupassen. Dabei sind die aktuell wirksamen Einflussfaktoren auf dieses Praxisfeld vor allem der demografische Wandel (quantitativer Rückgang der Hauptzielgruppe der Kinder- und Jugendarbeit in den nächsten Jahren), die veränderte Jugendphase in ihren Auswirkungen auf das Aufwachsen junger Menschen und darauf abgestimmter sozialpädagogischer Arrangements, erweiterte Lernwelten und Bildungsorte (vor allem auch in ihrem Zusammenspiel), der Ausbau der Ganztagsschulen sowie die Verknappung finanzieller Ressourcen bei gleichzeitiger Anforderung eine Profilierung, Veränderung und Professionalisierung der Kinder- und Jugendarbeit voranzutreiben.

Sozialpädagogische Bildung als Konzeptkern der Kinder- und Jugendarbeit profilieren

Die offene Kinder- und Jugendarbeit, so Rauschenbach (vgl. 2009), gehört zu den „anderen Orten“ der Bildung, die die Entfaltung der Persönlichkeit und sozialer Kompetenz sowie der Identitätsbildung dienen (vgl. ebd., S. 184). Dieser andere Ort der Bildung befindet sich laut Rauschenbach gegenwärtig angesichts rückläufiger Finanzmittel und des Personalabbaus in diesem Feld der Kinder- und Jugendhilfe (siehe Kap. 1) auf dem Prüfstand. Jugendarbeit muss ihr Leistungsvermögen kenntlicher machen als bisher und ein Spannungsverhältnis einebnen: Sie ist zwar nicht selbstverständlicher Teil des Aufwachsens junger Menschen, bietet aber gleichzeitig wichtige Aspekte einer die schulischen Erfahrungen ergänzenden personalen, praktischen und sozialen Bildung. So wird sie denn auch vermehrt von Schulen als Bildungspartner entdeckt, ist aber in bundesweiter Perspektive im Kontext der Ganztagsschule (bisher) nur ansatzweise beteiligt (vgl. ebd., S. 192 ff. und zu Kooperationsfragen in der Ganztagsschule Arnoldt 2007). Offene Kinder- und Jugendarbeit kann den Umgang mit Pluralität und Ungewissheit in der Lebensphase Jugend optimieren, indem sie die ihr eigenen Bildungsleistungen stärker betont: Sie trägt zur Förderung von Engagement und Demokratiebildung bei, fördert das Reflexionsvermögen und Handlungswirksamkeit Jugendlicher durch *learning by doing* und damit auch das soziale Kapital junger Menschen (vgl. Rauschenbach 2009, S. 200 ff.; ausführlich Sturzenhecker 2003, 2006). Damit kann Kinder- und Jugendarbeit einen Gegenpol zu den Dilemmata von Schule bilden, die durch eine Überbetonung des kognitiven Lernens, durch Selektionsprozesse, einen mangelnden Lebenswelt- und Gegenwartsbezug sowie praktischen Nutzwert zum Tragen kommen (vgl. ebd., S. 167ff.). Es ist jedoch bedeutsam, den spezifischen Bildungsauftrag der Jugendarbeit zu erhalten und als Leistungsmerkmal zu verstärken: Müller (vgl. 2006) sieht Kinder- und Jugendarbeit als eine Pädagogik des Antwortens und der Wahrnehmung, des Verstehens jugendlicher Bedürfnisse an (vgl. auch Friebertshäuser 2009). Informelle Bildungsprozesse entstehen in der Jugendarbeit daher nicht vorrangig durch bereitgestellte Angebote, sondern erst in der Nutzung durch die Jugendlichen, d.h. die Bildungsbedeutung von Angeboten der Jugendarbeit ergeben sich nicht aus professionell zugeschriebenen Zielen pädagogischer Arrangements (Wie kann Bildung vermittelt werden?), sondern aus der aktiven Aneignung und des Gebrauchs der Angebote durch die jungen Menschen (Wie entfalten Gelegenheitsräume subjektiv bildsame Effekte?) (vgl. ebd., S. 298). Abgrenzung allein („Pendant-Denken“ zur Schule) wird trotz dieses konzeptionellen Kerns der Bildungsförderung nicht das identitätsstiftende Profil der Zukunft sein. Vielmehr ist gleichermaßen eine Profilierung sozialräumlicher Ansätze der Jugendarbeit mit Schnittstellen (nicht nur) zur Schule wichtig, genauso wie die Integration von Grundelementen der Jugendarbeit als Angebotsbestandteil in (Ganztags-) Schulen, um das Potenzial sozialpädagogischer Bildung zu entfalten. Ziel muss dabei ein komplementäres Verhältnis von Schule und Jugendarbeit sowie Autonomie infolge erkennbarer Handlungsstrategien und spezifischer Bildungsaufträge sein, die durch eine „kooperationsoffene Eigenständigkeit“ verkörpert wird.

Plurale Bildungsorte und der konflikthafte Bezug zur Schule

Lernen ist immer mehr ein selbstgesteuerter Prozess, der sich auf Qualifikation und Identitätsbildung gleichermaßen bezieht und sich im Kontext unterschiedlicher, über Schule deutlich hinausgehender, Gelegenheitsstrukturen vollzieht (vgl. ebd., S. 192). Die größte Bedeutung hat in dieser Lebensphase der Sport, gefolgt von Medien und Gruppenerlebnissen. Lernen neben der Schule ist demnach ein aktuelles Thema und verdeutlicht laut dieser Studie, dass Jugendliche in verschiedensten Lebens- und Lernwelten aktiv agieren. Eine zunehmend zu konstatierende Informalisierung und Selbstorganisation des Lernens erfordert, so Wahler/Tully/Preiß (vgl. ebd., S. 201), eine pädagogisch inszenierte Integration von Lerninhalten, Lernorganisation und sozialen Kontexten sowie eine stärkere Kompatibilität institutioneller und informeller Lernprozesse. Die Kooperation mit der Jugendhilfe soll dabei sicher stellen, so Scherr (vgl. 2004) dass junge Menschen in differenzierten Betreuungs- und Bildungsarrangements einen produktiven Umgang mit Vielfalt und Unterschiedlichkeit lernen, eine Partizipationskultur entsteht und ein umfassendes, sozialpädagogisiertes Bildungskonzept Grundlage des professionellen Handelns ist (Unterstützung von Persönlichkeitsbildung und Kompetenzen der Lebensbewältigung, was Bildung als Subjektbildung markiert, für die eine schulbezogene Jugendarbeit Spielräume eröffnen sollte, vgl. Scherr 2008, S. 140 f.). Die Kooperation von Jugendhilfe und Schule ist in einem solchen Setting stets dahingehend zu reflektieren, ob Diskrepanzen zwischen den sozialpädagogischen Standards und ihren Umsetzungschancen im institutionellen Rahmen Schule nicht zu weit auseinanderdriften (Spannungsfeld zwischen Programmatik und Praxis) und ob sowie in welcher Form Abgrenzungen zwischen sozialen Schichten und Milieus durch Kooperation verstärkt (als Zuwendung zum Abweichenden an Sonderorten und in Spezialsettings) oder im Interesse sozialen Lernens und der individuellen Entwicklungsförderung eingedämmt werden können. Vor allem die Potenziale der offenen Kinder- und Jugendarbeit sind laut Scherr (vgl. ebd., S. 554) demnach wichtige Elemente, die in Ganztagsschulen konzeptionell integriert werden sollten und die Identifikation der Schüler mit dem (als attraktiver erlebten) Lern- und Lebensort Schule erhöhen können. Jugendarbeit suggeriert dabei einen eindeutigen Bezug auf eine Zielgruppe, der jedoch im Gegenteil sehr vielschichtig zu sehen ist: Jugend, so Hunner-Kreisel (vgl. 2008, S. 41 f.) ist kein einheitliches Phänomen, sondern meint eine Alterskohorte, Entwicklungsphase und eine soziale Gruppe gleichermaßen. Jugend ist vielmehr ein soziales Konstrukt, das abhängig ist von sozialen, kulturellen und historischen Faktoren und weithin die passagere Phase der Identitätsbildung in Vergemeinschaftungsprozessen umschreibt. Entscheidend ist hier die Frage, wie der Blick auf Jugend als Lebensphase die konzeptionelle Ausrichtung institutioneller pädagogischer Arbeit in Jugendhäusern oder Ganztagsangeboten leitet: Wird das Phänomen Jugend konzeptionell so eingebunden, dass vorstrukturierte Angebote eher einschränkend wirken, oder eröffnen diese Zugänge, Chancen und soziale Konstellationen, die den Bewältigungs- und Bildungsanforderungen junger Menschen gegenüber sensibel sind (vgl. ebd., S. 44 f.)? Kinder- und Jugendarbeit kann vor allem das Potenzial von Peer-Beziehungen nutzen, indem es sie in ihrer Ermöglichungs-, Vermittlungs- und Kompensationsfunktion fördert, damit auch Lernmöglichkeiten und einen Erwerb breiter Kompetenzen ermöglicht (vgl. Krüger/Grunert 2008, S. 389): Räume für peer-Erleben, die Anerkennung außerschulischer Lernfelder, aber auch *peer-learning* als Element des Unterrichts können hierfür einen Rahmen bieten, der durch die Kooperation mit der Jugendarbeit freizeitpädagogische Grundsätze auf den Ort Schule übertragen, sie mithin als Basis eines Gesamtkonzeptes von Lern-, Förder- und Freizeitangeboten mit Bildungseffekten wirksam werden lässt (vgl. Opaschowski/Pries 2008, S. 428).

Bildung in seiner räumlichen Dimension als Entwicklungsimpuls – Ganztagsbildung

Der „sozialräumliche Blick" der offenen Kinder- und Jugendarbeit liefert eine Reihe von Anregungen für die vorstehend genannten bildungsorientierten Kooperationen mit Schule. Deinet (vgl. 2006c, S. 27) sieht in der Durchführung von Lebensweltanalysen (z.B. durch Methoden wie Stadtteilbegehung, Nadelmethode, Cliquenraster, Autofotografie, subjektive Landkarten, Zeitbudgets und Fremdbilderkundungen) einen guten Zugang zu Fragen der Gestaltung von jugendgerechten Bildungsräumen und einen aktiven Beitrag zur Intensivierung von Beteiligungsmöglichkeiten für junge Menschen. Treeß (vgl. 2002) sieht vor diesem Hintergrund das Ziel einer sozialräumlichen Kooperation von Jugendhilfe und Schule im Aufbau von Kinderräumen und Kinderkultur, etwa durch Ganztagsangebote, die Elemente der offenen Arbeit mit denen der Hortarbeit verknüpft, durch Spielmobile und Abenteuerspielplätze oder Kinderkultureinrichtungen mit kreativen Angeboten. Gemeinsam geplant, konzipiert und umgesetzt können diese Angebote für ein breites Spektrum von Zielgruppen geöffnet werden und vorhandene Ressourcen sinnvoll bündeln. Die offene Kinder- und Jugendarbeit stellt in mehrfacher Hinsicht Bildungs-Räume zur Verfügung und kann als Partner von Schule deren Öffnung hin zu informellen und nicht-formellen Bildungsqualitäten unterstützen (vgl. Deinet/Icking 2006, S. 14ff.):

- wenig vordefinierte Räume, die Raumbildung (Spacing) ermöglichen sowie Selbstbildung durch eigenverantwortliche Gestaltung,
- Unterstützung bei der Bewältigung von Lebenssituationen durch Beratung, Einzelfallhilfe, Betreuung, Schulaufgabenhilfe, Übergang Schule-Beruf,
- Bildungsräume der Jugendarbeit sind Komplementär- und Gegenräume zur Schule,
- der sozialräumliche Blick der offenen Kinder- und Jugendarbeit revitalisiert öffentliche Räume für das Aufwachsen junger Menschen.

In diesem Kontext erhält der Ansatz einer „Ganztagsbildung" seine grundlegende Bedeutung, denn Ganztagsbildung verkörpert einen Perspektivenwechsel: Sie betont, dass es eine reflexive Auseinandersetzung mit den Bildungsanforderungen in der Wissensgesellschaft geben soll sowie eine bildungstheoretisch fundierte Kritik an den aktuellen (Ganztags-)Schulentwicklungen, die immer noch eine institutionenzentrierte denn eine biografieorientierte Perspektive erkennen lassen (ausgedrückt etwa in Ganztagsschule statt einer Ganztagsbildung, die auf subjektive Bildungsprozesse und -modalitäten abstellt; vgl. Otto/Coelen 2004). Otto/Coelen versuchen die daraus resultierenden praktischen pädagogischen Optionen bildhaft mit einem „multi-aktiven Bildungszentrum" zu umreißen (vgl. ebd.), das vor allem in der Kooperation von Jugendhilfe und Schule gestaltet werden sollte, verstanden als ein kommunales Kooperationsfeld bzw. lokale Schnittstellenaktivitäten. In diesem Zusammenhang entwirft Coelen (vgl. 2002, 2004) das Modell einer kommunalen Jugendbildung, die die Differenz zwischen den Systemen Schule und Jugendhilfe nicht einzuebnen, sondern konstruktiv in vereinbarte Kooperationskontexte einzubinden versucht. Coelen (vgl. 2002) vertritt dabei die These, dass Einrichtungen der Jugendarbeit einen gewichtigen Anteil an der Identitätsbildung von Kindern und Jugendlichen haben und Schule nur einen Teil davon mit ihren spezifisch institutionalisierten Bildungsprozessen abdeckt. Daher plädiert Coelen dafür, dass Schule und Jugendhilfe in arbeitsteiliger, aber kooperativer Form Bildung zu einem Ganzen werden lassen sollten (vgl. ebd., S. 53).

Kinder- und Jugendarbeit als Teil eines interinstitutionellen und -professionellen Netzwerkes

In den Kommunen und sozialen Nahräumen junger Menschen äußern sich die Anforderungen und Probleme des Aufwachsens in der modernen Gesellschaft. Eine sozialräumlich agierende Kinder- und Jugendarbeit ist daher immer mehr gefordert, sich nicht nur selbst als Teil der Lebenswelt ihrer Adressaten zu verstehen (als Teil der individuellen und sozialen Netzwerke junger Menschen), sondern auch als Teil des kommunalen Netzwerkes unterschiedlichster Institutionen und Personengruppen, die die Förderung von Kindern und Jugendlichen zum Auftrag haben. Da die gesellschaftlich mitbedingten Bewältigungsanforderungen junger Menschen komplexer werden, ist auch ein vielseitiges und komplexes Netzwerk an Unterstützung und Räumen der Entfaltung dringend geboten – keine Institution, keine pädagogische Profession kann allein, je für sich den Bedarfen gerecht werden, vielmehr kann ihnen nur abgestimmt und kooperativ begegnet werden. Für die Kinder- und Jugendarbeit bieten sich eine Reihe von Vernetzungspotenzialen in einem kommunalen Verbund sozialer Unterstützung und Förderung: Sie kann etwa gezielt mit den Angeboten und Institutionen des Kinder- und Jugendschutzes kooperieren, Aufklärung betreiben, Projekte anbieten, Informationen und Materialien verbreiten und fortbildend wirken (z.B. zu den Themen Gewalt, Sucht, Sexualität) (vgl. Bienemann 2005). Ferner erfordert die schwieriger gewordene Integration eines Teils der Jugendlichen in den Ausbildungs- und Arbeitsmarkt eine stärkere Vernetzung mit der Jugendberufshilfe (vgl. Teil II, Kapitel 3). Die Kinder- und Jugendarbeit kann mit ihrer lebensweltorientierten, alltagsnahen Arbeit Zugänge ermöglichen und (berufs-)biografische Beratungen anbieten, sie kann bei Verweigerung des Schulbesuchs vermittelnd und begleitend agieren und Partner der Schulsozialarbeit sein. Generell sollten die offene Kinder- und Jugendarbeit, Jugendberufshilfe und Schulsozialarbeit ihre Konzepte abstimmen, zielgruppen- und themenspezifisch verzahnen und ein durch persönliche Kontakte getragenes Netzwerk der Förderung Jugendlicher vor Ort aufbauen (vgl. Thoring 2005). Schließlich erweist sich auch eine stärkere Beziehung zu den Hilfen zur Erziehung als zentral, wenngleich dieses Feld der Kinder- und Jugendhilfe ganz anders organisiert und rechtlich reglementiert ist als die Kinder- und Jugendarbeit (interventiver Einzelfallbezug und Familienorientierung vs. Prinzipien der Gruppenorientierung und Freiwilligkeit). Es gibt jedoch zunehmend Brücken zwischen beiden Feldern, von denen beide profitieren können: Soziale Dienste der Jugendämter sind heute mehrheitlich sozialräumlich organisiert und gehen enge Kontakte mit allen Jugendhilfeangeboten in ihrem räumlichen Zuständigkeitsbereich ein, wobei die Kinder- und Jugendarbeit wichtige Zugänge zu jungen Menschen erschließen, Kompetenzen der cliquenorientierten Arbeit einbringen und ihren stärker präventiven Charakter wirksam werden lassen kann. Umgekehrt könnte eine fallunabhängige Präsenz der Sozialen Dienste in der Kinder- und Jugendarbeit zu Kontakten, zu kollegialer Beratung (Nutzung des Vernetzungswissens des ASD auch im Bereich der Kinder- und Jugendarbeit) und zur Konzipierung stadtteilbezogener Projekte führen (vgl. Stork 2005). Zudem können Kinder- und Jugendarbeit und Soziale Dienste bzw. die Hilfen zur Erziehung Partner in regionalisierten Angebotsstrukturen, im Rahmen eines Quartiersmanagement und bei dem Versuch der effektiveren Bündelung von Ressourcen in einem Stadtteil sein (vgl. Deinet 2006b).

Armut und soziale Benachteiligung

Im Abschnitt I dieses Bandes ist Armut als ein zentraler gesellschaftlicher Einflussfaktor auf das Leben junger Menschen beschrieben worden: Rund ein Fünftel der jungen Menschen leben demnach in Deutschland in Armutsverhältnissen, wobei die Kernzielgruppe der Kinder- und Jugendarbeit (die 13- bis 25-Jährigen) die größte Gruppe ausmachen. Lebenslagenmerkmale wie Migrationshintergrund, alleinerziehende Elternteile oder Wohnverhältnisse in benachteiligten Stadtteilen erhöhen nachweislich das Risiko prekärer Lebenssituationen für junge Menschen. Zudem sind ihre Chance, eine Beschäftigung mit hinreichendem Einkommen für gesellschaftliche Teilhabe zu finden und ihr Zugang zu freiwilligem Engagement als Ort des Lernens von Selbständigkeit und persönlicher Entwicklung deutlich eingeschränkt. Nicht selten sind die Entwicklung alltagspraktischer Fertigkeiten und die gesundheitliche Situation von in Armut lebenden jungen Menschen beeinträchtigt. Mit dieser Situation sind die Jugendverbände und die offene Kinder- und Jugendarbeit gleichermaßen konfrontiert, denn dort äußern sich die schwierigen Lebensumstände junger Menschen, dort wird von ihnen auch nach Hilfe und Entlastung gesucht. Die Reduzierung von Armut ist zwar vorrangig ein Thema sozial- und arbeitsmarktpolitischer Interventionen, die individuellen Konsequenzen und lebensweltlichen Bewältigungsversuche fordern jedoch die Kinder- und Jugendarbeit heraus. Sie kann gezielt Zugänge zu Angeboten und Erfahrungen sozialer Teilhabe ermöglichen, Persönlichkeitsentwicklung und Bildungserfolge (auch in Kooperation mit Schulen) fördern. In der Kooperation mit Angeboten der Jugendsozialarbeit (siehe oben) sollte sie die berufliche und schulische Integration benachteiligter Jugendlicher stärken und sozialräumlich verankerte, niedrigschwellige Angebote der Gesundheitsförderung realisieren. Auch bei speziellen Fragen und Problematiken der Lebensführung kann die Kinder- und Jugendarbeit ein geeigneter Ort der Förderung und Befähigung sein, z.B. mit Blick auf das Training alltagspraktischer Kompetenzen, die Beratung bei möglichen Schulden und generell hinsichtlich des Umgangs mit Geld (vgl. Oskamp 2008). Offene Kinder- und Jugendarbeit kann im Kontext von Armut – verstanden als Lebenslagenarmut mit Auswirkungen auf die Spielräume der Bildung und Entwicklung, der psychischen und physischen Gesundheit sowie sozialer Netzwerke – ein Ort der Teilhabe, Entlastung, Unterstützung und Befähigung sein.

Internationalisierung von Lebenswelten junger Menschen

Die Lebenssituation junger Menschen und Familien mit Migrationshintergrund stellt das Bildungs- und Sozialwesen vor die Anforderung, Unterstützungsangebote zielgruppen- und lebenslagenspezifischer Qualität auszudifferenzieren, um die soziale und Bildungsteilhabe dieser Adressaten zu erhöhen. Kinder- und Jugendhilfe ist demnach auch mit fortschreitenden Entwicklungen der Internationalisierung konfrontiert. Der Begriff der Internationalisierung führt weg vom reinen Bezug auf Migration und die damit häufig einhergehende Defizitorientierung. Er meint den allmählichen Prozess, mit dem Gesellschaft durch unterschiedliche kulturelle Einflüsse durchdrungen wird; auch mit Einfluss auf die wirtschaftliche und soziale Entwicklung, auf kulturelle Ausdrucksformen und politische Regulierungen. Die Zuwanderung von Migranten ist daher nur als ein Teil von Internationalisierung verstanden, also nicht damit gleichzusetzen. Die Hauptherausforderung für die Kinder- und Jugendhilfe besteht vor diesem Hintergrund, eine konzeptionelle Gesamtstrategie der Gestaltung des sozialen Lebens zu entwerfen, der Teilhabe und Integration, die sie als Leitrahmen für ihre Organisation, Planung und fachliche Steuerung in den Kommunen versteht. Im Speziellen ist die interkulturelle Öffnung der Institutionen – so auch der Kinder- und Jugendarbeit – das wichtigste Thema der Zukunft in diesem Kontext, einhergehend mit dem Versuch der stärkeren Bündelung der Integrationsaktivitäten von Schule, Kinder- und Jugendhilfe Sport etc. in der Kommune. Offene Kinder- und Jugendarbeit kann einen Beitrag dazu leisten, für die lebensweltlichen Bedürfnisse und Herkunftskulturen der Jugendlichen zu sensibilisieren und ihre Interessensvertretung zu unterstützen. Dabei sind die vielfältigen, auch etablierten Ansätze der interkulturellen Pädagogik in der Kinder- und Jugendarbeit zu intensivieren und als Baustein kommunaler Integrationsarbeit zu verankern. Kinder- und Jugendarbeit kann nicht nur als Ort der interkulturellen Begegnung und Verständigung, der sozialen Teilhabe und Bildung wirken, sondern in diesem Zusammenhang auch kompetenter Partner kommunaler Schlüsselinstanzen werden, z.B. der Familienbüros, Migrations- und Integrationsstellen oder Bildungsbüros (vgl. den Überblick über Konzepte interkultureller Aktivitäten in der Kinder- und Jugendarbeit bei Brenner 2007).

Dynamisch-verdichtete Jugendphase und veränderte Zielgruppenkonzepte

Im Abschnitt I dieses Bandes sind die gesellschaftlichen Entwicklungen in ihren Auswirkungen auf das Aufwachsen junger Menschen und Familien beschrieben worden. Mit den modernen Bedingungen gesellschaftlichen Lebens wird eine „entstrukturierte" Jugendphase verbunden, die eine nicht mehr klar erkennbare Übergangsphase in das Erwachsenenalter kennzeichnet, sondern Elemente des Jugend- wie auch des Erwachsenenlebens gleichermaßen umspannt und als eindeutig definierbare Passage erodiert (vgl. die Charakterisierung der Bewältigungsanforderungen und -strategien junger Menschen bei Hurrelmann 2008). Die ausgeweitete Schulzeit (immer mehr in Ganztagsschulen), zukünftig wegfallende Wehrdienst- und Zivildienstzeiten und der entsprechend frühe Start in das Ausbildungs- bzw. Berufsleben stellen die Kinder- und Jugendarbeit vor die zentrale Herausforderung, die passenden themen-, alters- und entwicklungsgemäßen Angebote für einerseits Kinder (als die eine wachsende Zielgruppe) sowie für junge Erwachsene (als die andere zukünftig bedeutsame Zielgruppe) zu realisieren, um damit auch den sich ankündigenden Auswirkungen des Ausbaus der Ganztagsschulen konzeptionell gerecht zu werden. Zudem ist die besondere Bedarfssituation von Kinder- und Jugendarbeit in ländlichen Regionen (wieder) stärker zu reflektieren, denn gerade angesichts der gesellschaftlichen Entwicklungsdynamiken ist zu fragen, wie sich dort ihr Stellenwert als Raum des Rückhalts, der Orientierung und der Vernetzung mit Vereinen stabilisiert oder verändert (vgl. Faulde 2008).

Professionalisierung und Ehrenamtlichkeit als zwei Seiten der beruflichen Qualität

Die Kinder- und Jugendarbeit stellt sich, wie oben dargestellt, in zwei Ausgestaltungsformen dar. In der Zukunft wird sich in den Kommunen entscheiden müssen, in welchem Verhältnis die berufliche, von sozialpädagogischen Fachkräften getragene Arbeit mit Kindern und Jugendlichen zu der vor allem ehrenamtlich organisierten Verbandsarbeit stehen soll. Die vielfach geforderte weitere Professionalisierung der Kinder- und Jugendarbeit im Sinne der Profilierung fachlicher Standards und entsprechender Ausbildungsinhalte würde die beruflichen Angebotskontexte zwar aufwerten, die ehrenamtlichen jedoch in Frage stellen. Gleichermaßen grundsätzlich (fachpolitisch) und schwerpunktmäßig in der kommunalen Jugendhilfeplanung ist daher zu klären, wie das Wechselverhältnis beider Formen der Kinder- und Jugendarbeit zu bewerten und auszugestalten ist. In Frage gestellt sind beide Bereiche jedoch nicht, auch die Konnotierung eines Besseren oder Schlechteren ist hier nicht zulässig, da beide Formen der Kinder- und Jugendarbeit einen relevanten Anteil an der Unterstützung des Aufwachsens junger Menschen haben. Die Vergewisserung über Berufsrollenprofile wird angesichts der vielfältigen Entwicklungsimpulse auf die Kinder- und Jugendarbeit eine wichtige Bedeutung erhalten. Gegenwärtig werden professionelle Standards eher offen markiert und Reflexion als Kernkompetenz vermittelt: Der Umgang mit den Widersprüchlichkeiten der Kinder- und Jugendarbeit, bedingt durch ihre Strukturcharakteristika, scheint dabei die wichtigste Eigenschaft professionellen Handelns zu sein (vgl. die Versuche zur Bestimmung von Merkmalen der Professionalität in der Jugendarbeit bei Hafeneger 2007 und Óhidy 2008). Mit dieser Frage ist auch die Strategie der Personalentwicklung in der beruflichen Kinder- und Jugendarbeit verbunden, zumal die erkennbar wachsende Zahl der Teilzeitbeschäftigungen und flexiblen Anstellungsverhältnisse die Gefahr von Qualitätseinbußen birgt: Zu hinterfragen ist angesichts dieses Trends, ob eine angemessene Kontinuität in der Arbeit (und in den persönlichen Beziehungen zwischen den Erwachsenen und jungen Menschen) dann noch möglich ist und ob die die notwendigen sozialpädagogischen Standards (Konzepte und Methoden) der Kinder- und Jugendarbeit umfassend realisiert werden können. Hier sind Verfahren der Qualitäts- und Konzeptentwicklung bedeutsam, um eine fachliche adäquate Professionalisierungsstrategie unter Berücksichtigung des Ehrenamts, die Schaffung entsprechender Personalstrukturen und Arbeitsbedingungen sowie die Orientierung an den Wirkungen der Kinder- und Jugendarbeit zu einem gezielten Gestaltungsprozess zu vereinen.

Wirkungsorientierte Profilschärfung durch Qualitäts- und Konzeptentwicklung

Die demografische Entwicklung wird dazu führen, wie oben erwähnt, dass Jugendliche ein selteneres Gut in der Gesellschaft werden und sie daher einer besonderen Aufmerksamkeit und auch Förderung ihrer Potenziale bedürfen (vgl. van Santen 2010). Kinder- und Jugendarbeit ist einer der wichtigen Orte für diese Förderung (sie trägt Wirkungspotenziale in sich; vgl.

Linder 2008a), sie benötigt aber auch selbst die Aufmerksamkeit und Legitimation, eine solche Funktion zu übernehmen bzw. zu behalten. Daher ist es von Bedeutung, dass Kinder- und Jugendarbeit sich mit den Wirkungen ihrer Arbeit als Merkmal von Ergebnisqualität beschäftigt (Wie wird die Persönlichkeitsentwicklung und Bildung junger Menschen gefördert, um welche Effekte zu erzielen?) und diese auch transparent macht. Hierfür müssen Bewertungsmaßstäbe und fachliche Kriterien entwickelt werden, die in jeder Einrichtung dialogisch zu entwickeln und zu verhandeln sind. Um dies strukturiert und gezielt zu tun, ist einerseits ein arbeitsfeldspezifisches Qualitätsmanagement wichtig, dass die Beschreibung, Bewertung und fortlaufende Evaluation der Angebote ermöglicht (vgl. grundsätzlich Merchel 2010; für die Kinder- und Jugendarbeit entwickelte Selbstevaluationsverfahren siehe bei v. Spiegel 2005 und Schumann 2005). Auf diese Weise können – auch empirisch relevante – Informationen über die Prozesse, Bedingungen/Strukturen und Ergebnisse der Kinder- und Jugendarbeit sowie die Einschätzungen der Kinder und Jugendlichen dazu systematisch ermittelt und kommuniziert werden, statt nur alltäglichen Wahrnehmungen und Erfahrungen zu folgen. Solche regelmäßigen Zeiten und Räume des „evaluativen Blicks über die eigene Schulter“ sollten in der Teamorganisation der Kinder- und Jugendarbeit fest verankert, methodisch gestützt und als Teil des professionellen Handelns verstanden werden (zur Relevanz von Nutzeranalysen vgl. z.B. Bernet/Dalaker 2008, zur Bedeutung von (Selbst-)Evaluation Lindner 2008 sowie Leser/Lindner/Reif 2009, Zitzmann 2009). Der Blick auf die eigene Einrichtung und die alltägliche Arbeit dort kann auch durch den Austausch und Vergleich mit anderen Einrichtungen angeregt werden. Diese Möglichkeit des gemeinsamen und voneinander Lernens will z.B. der „kommunale Wirksamkeitsdialog“ ermöglichen, der besonders in Nordrhein-Westfalen umfassender erprobt wurde (vgl. zu Erfahrungen damit Deinet 2006c und Deinet/Liebig 2006). Resultate regelmäßiger Qualitätsentwicklung und wirkungsorientierter Evaluationen führen in der Regel auch zur Veränderung von Konzepten, sprich von den fachlichen Grundlagen und Orientierungen der Kinder- und Jugendarbeit in der jeweiligen Einrichtung. Daher ist es andererseits von großer Bedeutung, Konzeptentwicklungs- und -überprüfungsprozesse in der Kinder- und Jugendarbeit zu realisieren und sie als Mittel der bedarfsorientierten Entwicklung, Veränderung und Anpassung an die Lebenswelten der Kinder und Jugendlichen zu verstehen (vgl. zu Schritten und Methoden der Qualitätsentwicklung Scherr 2005; Deinet/Sturzenhecker 1996, von Spiegel 2008). Beide Aspekte der Entwicklung von Kinder- und Jugendarbeit – Qualitätsmanagement sowie Konzeptentwicklung – sind wichtige Säulen einer Praxis, die sich um ihre Wirkungen und Ergebnisse, mithin um die Frage ihrer fachlichen und damit auch fachpolitischen Profilierung bemüht – die gerade in der Kinder- und Jugendarbeit aufgrund der vielfältigen, in diesem Kapitel beschriebenen Einflussfaktoren wichtiger denn je ist.

3. Jugendsozialarbeit

Jugendsozialarbeit steht als Oberbegriff für unterschiedliche Leistungen der Jugendhilfe zur Sicherung der schulischen, beruflichen und sozialen Integration von jungen Menschen: Schulsozialarbeit, berufsvorbereitende- und berufsorientierende Angebote, (flankierende) Jugendwohnmaßnahmen zur beruflichen Förderung sowie Hilfen für junge Menschen mit Migrationsvorgeschichte.

Im Schwerpunkt werden über die Jugendsozialarbeit Hilfen zur beruflichen Integration finanziert. Der Bereich der berufsbezogenen Erziehungs- und Bildungshilfen für junge Menschen ist ein relativ junges Feld der Jugendhilfe (zu den historischen Ursprüngen vgl. Breuer 1965, Fülbier/Münchmeier 2001). In seiner noch heute vorfindbaren Ausprägung hat es sich wesentlich in den ersten Nachkriegsjahren unter dem Eindruck der „arbeits-, berufs- und heimatlosen Jugend" herausgebildet.

Danach ist Jugendsozialarbeit „eine Aufgabe der Jugendhilfe zur gesellschaftlichen und beruflichen Integration junger Menschen. Sie übernimmt dabei einerseits eine Anwaltsfunktion, die alle jungen Menschen bei der Integration in das Sozialisationsfeld Beruf im Blickfeld hat. Andererseits bietet sie konkrete Hilfen zur sozialen und beruflichen Integration für bestimmte Adressatengruppen an, die mit gravierenden Nachteilen in der Konkurrenz um Ausbildungs- und Arbeitsplätze umgehen müssen" (Fülbier/Schnapka 1991, S. 282).

3.1 Rechtliche Grundlagen

Die Stellung der Jugendsozialarbeit innerhalb der Jugendhilfe sichert formal und inhaltlich der § 13 SGB VIII. Der Auftrag der Jugendhilfe wird im Gesetz wie folgt definiert:

§ 13 SGB VIII | Jugendsozialarbeit

„Jungen Menschen, die zum Ausgleich sozialer Benachteiligungen oder zur Überwindung individueller Beeinträchtigungen in erhöhtem Maße auf Unterstützung angewiesen sind, sollen im Rahmen der Jugendhilfe sozialpädagogische Hilfen angeboten werden, die ihre schulische und berufliche Ausbildung, Eingliederung in die Arbeitswelt und ihre soziale Integration fördern" (§ 13 Abs. 1 SGB VIII)

Leistungen zur beruflichen Integration werden innerhalb der Jugendhilfe auch mit dem Fachbegriff „Jugendberufshilfe“ umschrieben. Über Angebote der Jugendberufshilfe hinaus bieten auch die Agenturen für Arbeit oder die Arbeitsgemeinschaften (kurz ARGEN) berufsvorbereitende, berufsorientierende und berufsqualifizierende Maßnahmen an. Diese Leistungen werden in den Sozialgesetzbüchern II (für den Handlungsrahmen der ARGEN) und III (für den Handlungsrahmen der Agentur für Arbeit) beschrieben. Der Gesetzgeber sieht die Agentur für Arbeit und die ARGEN vorrangig vor der Jugendhilfe in der Zuständigkeit für die berufliche Förderung junger Menschen (vgl. § 13 Abs. 2 SGB VIII). Leistungen der Jugendsozialarbeit erhalten nach Schruth (2005) allerdings dann eine vorrangige Stellung, wenn sich bei Jugendlichen ein besonderer sozialpädagogischer Förderbedarf neben einem Bedarf zur beruflichen Förderung ergibt. Um den Erfolg beruflicher Fördermaßnahmen sicherzustellen, kann über die Jugendhilfe auch ein Wohnangebot, das sogenannte „Jugendwohnen“ finanziert werden (§ 13 Abs. 3 SGB VIII).

Die Akteure im Kontext der Jugendsozialarbeit sind nach § 13 Abs. 4 SGB VIII dazu angehalten, mit den wichtigsten Partnern auf regionaler Ebene zu kooperieren. Dementsprechend wurden in den vergangenen Jahren neben der intensiven Kooperation im Einzelfall vielfältige sozialräumlich ausgerichtete Initiativen aufgebaut. Im Bereich der Jugendberufshilfe wurden z. B. Prozesse zur Jugendberufshilfeplanung initiiert (vgl. Stuckstätte 2007a, 2007b), Schule und Jugendhilfe haben ihre regionalen Planungen zusammengeführt (integrierte Jugendhilfe- und Schulentwicklungsplanung), Projekte zur interdisziplinären Integrationsförderung wurden ins Leben gerufen sowie lokale Bildungslandschaften entwickelt.

Leistungen der Jugendsozialarbeit werden vielfach als Projekte angeboten, die neben den Kommunen über Landes- oder Bundesmittel sowie aus Mitteln des europäischen Sozialfonds finanziert werden. Die Angebotsbreite variiert von Kommune zu Kommune erheblich, je nachdem, wie der Stellenwert der Jugendsozialarbeit in den Kommunen definiert wird.

3.2 Träger

Leistungen der Jugendsozialarbeit werden von öffentlichen und freien Trägern angeboten (je nach Organisationsmodell der Kommunen). Alle großen freien Wohlfahrtsverbände wie die Caritas, die Arbeiterwohlfahrt, die Diakonie, der Internationale Bund usw. sind in diesem Feld aktiv. Zudem engagieren sich vielerorts kleinere Vereine und Initiativen in der Jugendsozialarbeit.

Im Bereich der beruflichen Förderung werden Maßnahmen der ARGEN und der Agentur für Arbeit z. T. ebenfalls von Trägern der Jugendhilfe ausgeführt. Hier bewerben sich die Einrichtungen in sogenannten Ausschreibungsverfahren um die zeitlich befristete Durchführung. Ein Vorteil dieser Träger ist, dass sie über ein breites Förderspektrum verfügen und somit Bildungsübergänge eng begleiten können.

3.3 Praxisfelder

Zu den Praxisfeldern der Jugendsozialarbeit zählen:
- Jugendberufshilfe,
- Sozialpädagogische Förderung in der Schule (Schulsozialarbeit und darüber hinausgehende Projekte z.B. im Kontext des Ganztags),
- Jugendwohnen,
- Integrationshilfen für junge Menschen mit Migrationsvorgeschichte.

Jugendberufshilfe

Die Jugendberufshilfe umfasst aktuell folgende Angebote:
- Beratung zum Thema Ausbildung und Arbeit über Jugendberatungsstellen,
- Beratung und Begleitung im Sinne des Case-Managements im Prozess der Berufsintegration über Kompetenzagenturen (vgl. Institut für berufliche Bildung, Arbeitsmarkt- und Sozialpolitik 2006),
- berufsorientierende und berufsvorbereitende Bildungsmaßnahmen, die junge Menschen auf höherschwellige berufsqualifizierende Maßnahmen der ARGE oder der Agentur für Arbeit sowie auf den Übergang in Ausbildung und Arbeit vorbereiten, wie z.B. die Jugendwerkstatt (vgl. Bujard u.a. 2003),
- sozialpädagogisch begleitete und beruflich qualifizierende Beschäftigungsprojekte für arbeitslose junge Menschen.

Die quantitative Inanspruchnahme der Jugendsozialarbeit in diesem Feld wurde und wird wesentlich mitbestimmt durch aktuelle Entwicklungen auf dem Ausbildungsstellen- und Arbeitsmarkt. Die berufsbezogenen Hilfen der Jugendsozialarbeit dürfen jedoch nicht als bloß konjunkturell und wirtschaftlich bedingte Angebote gewertet werden. Schließlich ist der Übergang in die duale Ausbildung nur noch ein Weg neben weiteren im heutigen Übergangssystem Schule – Beruf (zu verstehen als Gesamtsystem beruflicher Förderangebote der Agentur für Arbeit, der ARGEN, berufsbildender Schulen sowie der Jugendhilfe). Jugendsozialarbeit leistet einen wesentlichen Beitrag zur Bewältigung des Übergangs, der in einer individualisierten Gesellschaft von hoher Komplexität geprägt ist (vgl. Stuckstätte 2011a).

Sozialpädagogische Förderung in der Schule

Das etablierteste Angebot der Jugendhilfe im Bereich der Schule ist die Schulsozialarbeit. Diese existiert seit gut drei Jahrzehnten in unterschiedlichen konzeptionellen Ausrichtungen (einen Überblick geben Drilling 2004 und Speck 2007). Heute ist Schulsozialarbeit in nahezu allen Schulformen anzutreffen, in den letzten Jahren auch zunehmend häufiger in Grund- und berufsbildenden Schulen. Seit dem Aufkommen der Ganztagsschulen haben sich die Angebote der Jugendsozialarbeit an Schulen erheblich erweitert. In Projektform werden allgemeine Angebote zur Erweiterung persönlicher und sozialer Kompetenzen, themenspezifische präventive Angebote sowie Angebote zum Thema Ausbildung und Beruf realisiert (vgl. Teil II, Kapitel 4).

Jugendwohnen

Das Jugendwohnen stellt eine flankierende Leistung zu Angeboten der Jugendberufshilfe dar. Jugendliche und junge Erwachsene, die für ihr berufliches Fortkommen den Wohnort wechseln müssen und Unterstützung in ihrer Verselbständigungsphase bedürfen, können in Wohnprojekten (Wohnheimen, Wohngemeinschaften, Einzelwohnen) der Jugendhilfe eine intensive sozialpädagogische Begleitung erfahren. Dabei können die inhaltlichen Ausrichtungen der Angebote erheblich variieren: Es handelt sich „um spezifische Organisationsformen und professionelle Handlungsansätze, die mit unterschiedlicher regionaler, trägerspezifischer und konzeptioneller Ausrichtung und Schwerpunktlegung aus der Verbindung von Wohnangeboten, der Integration in Schule, Ausbildung und Beruf mit sozialpädagogischer Begleitung bestehen“ (Müller 2008, S. 3). Von 2007 bis 2011 werden die konzeptionellen Ausrichtungen der Wohnangebote sowie ihre Wirkungsspektren über das bundesweite Praxisentwicklungsprojekt „Leben lernen – Chancen nutzen – Projekt Jugendwohnen“ des Verbandes der Kolpinghäuser e.V. (VKH) in Kooperation mit dem Institut für sozialpädagogische Forschung Mainz (ISM) erforscht (vgl. www.projekt-jugendwohnen.de). Bundesweit gibt es gut 550 Träger, die Jugendwohnangebote vorhalten.

Integrationshilfen für junge Menschen mit Migrationsvorgeschichte

Jugendsozialarbeit bietet im Weiteren unterschiedliche Hilfen zur schulischen, beruflichen und sozialen Integration junger Menschen mit Migrationsvorgeschichte an. Diese Angebote bestehen z.B. aus berufsbezogenen Sprachkursen oder jugendspezifischen Integrationskursen, die in schulische oder berufliche Angebote integriert werden. Ziel ist es, Bildungsbenachteiligungen von Migranten in schulischen Kontexten sowie auf dem Ausbildungs- und Arbeitsmarkt abzubauen und Teilhabe zu ermöglichen.

Eine wesentliche Funktion nehmen hierbei die bundesweit gut 400 eingerichteten Jugendmigrationsdienste ein. Zu ihren Aufgabenbereichen gehören die individuelle Integrationsförderung neu eingewanderter, nicht mehr schulpflichtiger Jugendlicher (Integrationsplanung, Moderation und Begleitung des Integrationsprozesses, die Vermittlung zu anderen Diensten und Einrichtungen, die Durchführung von Gruppenangeboten) sowie das vernetzte Arbeiten im Sozialraum zwischen relevanten Akteuren im Integrationsprozess (vgl. Graf/Sommer 2008, S. 31 f.). Darüber hinaus wirken die Dienste auf eine interkulturelle Öffnung der unterschiedlichen Angebote der Jugendhilfe hin (wie z.B. die Kooperation der Jugendhilfe mit Migrantenselbstorganisationen).

3.4 Relevante Konzepte und Methoden

Wie die bisherigen Ausführungen zeigen, werden unter dem Oberbegriff Jugendsozialarbeit ganz unterschiedliche Leistungen der Jugendhilfe zur Förderung der schulischen, beruflichen und sozialen Integration zusammengeführt. Ebenso vielfältig gestalten sich die Bezugskonzepte in den jeweiligen Praxisfeldern. Exemplarisch soll an dieser Stelle das Konzept der „Sozialpädagogik des Übergangs" (vgl. Arnold u.a. 2005, Stauber u.a. 2007, Oehme/Schröer 2009) vorgestellt werden, das in den letzten Jahren den fachlichen Diskurs in der Jugendberufshilfe bzw. im Übergangssystem Schule – Beruf wesentlich mitbestimmt hat. Zentrale Aspekte dieses Konzeptes sind ebenfalls übertragbar auf Angebote der Jugendsozialarbeit in Schulen oder auf den Bereich der Integrationshilfen für junge Menschen mit Migrationsvorgeschichte.

Sozialpädagogik des Übergangs

Im Kontext des Konzeptes „Sozialpädagogik des Übergangs" ist es Aufgabe der Jugendsozialarbeit, Jugendliche auf die Herausforderungen im Übergang von der Schule in den Beruf umfassend vorzubereiten. Ziel der Hilfen soll sein, die Jugendlichen handlungsfähig für die Lebenslage „Übergang" zu machen (vgl. Oehme/Schröer 2009, S. 20), die in der heutigen Zeit aus Phasen der Ausbildung, der Arbeit, des Jobbens, der Qualifizierung oder der Arbeitslosigkeit bestehen kann. Diese Zielsetzung geht mit einigen grundlegenden Leitmaximen für Förderangebote der Jugendsozialarbeit einher (ebd., S. 22 f., Pohl u.a. 2007, S. 233 f.):

- Es bedarf einer genauen *Betrachtung der Lebenswelten* der Jugendlichen (über eine verengte Sicht auf die Ausbildungsfähigkeit hinaus auf andere

Lebensbereiche). Nur so lassen sich individuelle Entwicklungspotentiale mit den Jugendlichen erschließen.

- Hierzu bedarf es einer Anerkennung der *Jugendlichen als Akteure im Übergang*, als Mitgestalter/innen von Lernorten, Beschäftigungskontexten und Unterstützungsangeboten. Dies impliziert eine freiwillige Teilnahme der Jugendlichen an Qualifizierungsmaßnahmen, die Schaffung von Wahlmöglichkeiten, die Realisierung flexibler Angebote sowie eine Ergebnisoffenheit im Hinblick auf das Ziel der Maßnahmen.
- Dafür braucht es *Raum für Aneignungsprozesse*, ein pädagogisches Setting, das Erprobungs- und Mitbestimmungsmöglichkeiten eröffnet.
- In der Folge können *biografische Potentiale* der Jugendlichen (alltägliche Probleme, Beschäftigungsvorstellungen, Interessen, Fähigkeiten) Anknüpfungspunkte für Projektarbeiten in ihren Sozialräumen bilden.
- Durch die Herstellung der Anschlussfähigkeit sozialpädagogischer Interventionen an die Lebenswelten der Jugendlichen erfahren diese eine höhere Relevanz bzw. *Ernstcharakter* für die Jugendlichen, was sich positiv auf die Motivation auswirkt.
- In der Konsequenz bedeutet dies, dass Lernerfahrungen jenseits des formalen Lernens von allen relevanten Akteuren im Übergangssystem als ebenso relevant für die Entwicklung von Zukunftsperspektiven anerkannt werden.

Deutlich wird, dass eine wie die hier beschriebene „Sozialpädagogik des Übergangs“ in ihren theoretischen Grundannahmen angelehnt ist an die Konzepte der Lebensweltorientierung von Thiersch (2005) bzw. der Lebensbewältigung von Böhnisch (2008). Eine Sozialpädagogik in diesem Sinne knüpft ihre Unterstützung nicht an formale Kriterien des Gelingens und Scheiterns an und verfestigt somit soziale Ungleichheit, sondern versteht sich als generelles Unterstützungsangebot von der beruflichen Förderung bis hin zu lebenspraktischen Übungen (vgl. Pohl u.a. 2007, S. 230). Dabei richtet sie ihren Blick auf biografische Ressourcen, die Jugendliche auf unterschiedlichsten Ebenen in den Förderprozess einbringen können. Die Jugendlichen sollen Raum erhalten, um sich als selbstwirksam und somit als handlungsfähig und Umwelt gestaltend zu erfahren. Sie sollen befähigt werden, das Verhältnis zwischen gesellschaftlichen Anforderungen und Möglichkeiten (insbesondere die des Arbeitsmarktes) und eigenen Bedürfnissen und Interessen in Bezug auf den eigenen Lebenslauf zu reflektieren und zu gestalten (ebd., in Anlehnung an Alheit/Dausien 2000). Aufgabe der Jugendsozialarbeit ist es folglich, durch die Zusammenarbeit mit den Jugendlichen an ihrer Biografie Unterstützung bei der Herstellung einer Kohärenz in brüchigen Lebensläufen zu ermöglichen und einen eigenen Lebensstil im Übergang zu entwickeln (ebd., S. 232).

Das Konzept der „Sozialpädagogik des Übergangs“ distanziert sich davon, dass Übergangssystem Schule – Beruf nur in einer Kompensationsfunktion für das schulische und berufliche Bildungssystem zu sehen (vgl. Pohl u.a. 2007, S. 231). Hiermit ist gemeint, dass es im Schwerpunkt nicht Aufgabe der Jugendsozialarbeit sein kann, als „Zulieferer“ für das Ausbildungswesen Defizite Jugendlicher im schulischen und persönlichen Bereich mit dem Ziel einer passgenauen Vermittlung in den Arbeitsmarkt auszugleichen. Ein derartiges Selbstverständnis würde zum einen den ohnehin im Fördersystem präsenten Defizitblick auf Jugendliche fördern, zum anderen könnte Jugendsozialarbeit einen derart umfassenden Kompensationsauftrag kaum erfüllen (im Hinblick auf die vielfältigen Ausbildungsperspektiven auf dem Arbeitsmarkt). Im Weiteren würde sie mit einem derart eng geführten Förderverständnis den häufig komplexen Lebenssituationen und damit einhergehenden Unterstützungserfordernissen junger Menschen nicht gerecht (vgl. Stuckstätte 2011 a).

Fachliche Kompetenz für Handlungsfelder der Jugendsozialarbeit

Um in den unterschiedlichen Handlungsfeldern der Jugendsozialarbeit professionell agieren zu können, bedarf es sehr differenzierter Kompetenzen seitens der Fachkräfte. Auf der Ebene des Fachwissens bedarf es eines grundlegenden Wissens über das Schul- und Berufsbildungssystem sowie über die Leistungssysteme für junge Migrant/inn/en. Zudem müssen Sozialarbeiter/innen weitläufige Kenntnisse über Lebenswelten heutiger Jugendlicher besitzen. Letztendlich ist eine breite Konzept- und Methodenkompetenz in der Zusammenarbeit von Sozialarber/inne/n in schulischen und beruflichen Kontexten gefragt. Relevante Methoden sind im Kontext der Einzelfallarbeit soziale Diagnostik, soziale Netzwerkarbeit, Case Management, Beratung; in Gruppenkontexten Methoden der Gruppenarbeit; im Kontext fallübergreifender und fallunabhängiger Arbeit Methoden der Gemeinwesenarbeit und der Sozialraumorientierung sowie in Organisations- und Netzwerkkontexten Methoden des Netzwerkmanagements und der Sozialplanung. Empowerment und Partizipation sind in allen Kontexten handlungsleitende Maxime (vgl. Stuckstätte 2011 a).

3.5 Aktuelle Entwicklungen

Der Gesetzgeber hat den Kommunen mit seinen Kann- und Soll-Formulierungen im Gesetz viel Freiraum zur Umsetzung des Leistungsbereichs der Jugendsozialarbeit gelassen. Eine Konsequenz hieraus ist, dass Angebote der Jugendsozialarbeit in Zeiten knapper Kassen regelmäßig auf dem Prüfstand stehen und ihre Notwendigkeit in Frage gestellt wird.

Eine in der Praxis immer wieder vorfindbare Profilschwäche der Jugendsozialarbeit befördert derartige Entwicklungen. So gelingt es Trägern vielfach nicht ausreichend, ihren Bildungsauftrag im Bereich der Jugendsozialarbeit eindeutig zu formulieren und in ein profiliertes Bildungsangebot zu überführen. Zu häufig lässt sich Jugendsozialarbeit ihre Aufgaben fremd definieren. So übernimmt sie z.B. mancherorts nur die „Feuerwehrfunktion" für Kinder und Jugendliche in schwierigen Lebenssituationen im Kontext Schule (so wie es Lehrer/innen vielfach erwarten vgl. Speck 2007, S. 34, Müller 2004, S. 224), statt zudem präventive Lern- und Beratungsangebote für Schüler/innen, Lehrer/innen und Eltern zu entwickeln.

Seit den Arbeitsmarktreformen im Jahr 2005 ist zudem die Legitimation der Leistungen der Jugendberufshilfe in Abgrenzung zu Angeboten der ARGEN ein aktuelles Thema der Jugendsozialarbeit. Mancherorts haben Jugendämter mit dem Rückzug aus der Jugendsozialarbeit reagiert, in der Annahme, dass die Förderungen der ARGEN diese ersetzen. Schruth (2005) führt in seinem Gutachten jedoch aus, dass Angebote der Jugendsozialarbeit aufgrund ihres vorrangigen sozialpädagogischen Förderschwerpunktes eine Ergänzung und kein Äquivalent für Leistungen nach dem SGB II sind. In diesem Kontext ist Jugendsozialarbeit ebenfalls gefragt, auf kommunaler Ebene ihren Bildungsauftrag neben Leistungen nach dem SGB II und III eindeutig zu definieren.

Um Leistungen der Jugendsozialarbeit als kommunale Regelangebote implementieren zu können, müssen die einzelnen Leistungsbereiche stärker als in den letzten Jahren erfolgt immer wieder selbstkritisch angefragt und weiterentwickelt werden. Hierzu bedarf es eines Reflexionsraums für Fachkräfte sowie einer fortlaufenden Reflexion und (empirischen) Überprüfung der Hilfeprozesse. Das Praxisentwicklungsprojekt „Leben lernen – Chancen nutzen – Projekt Jugendwohnen" des Verbandes der Kolpinghäuser e.V. (VKH) verfolgt dieses Ziel und möchte im Ergebnis Transparenz über die unterschiedlichen Förderansätze im Jugendwohnen herstellen und somit Grundlagen fachlicher Weiterentwicklungen schaffen. Das Projekt ist Ergebnis eines längeren sozialpolitischen Diskurses über die Notwendigkeit des Jugendwohnens.

4. Kinder- und Jugendhilfe im Kontext der Schule

Ende der 1960er, Anfang der 1970er Jahre des letzten Jahrhunderts war die Diskussion um die Bildungsreform mit ihren Leitvorstellungen der Chancengleichheit, der breiten Öffnung weiterführender Schulen sowie der Gründung von Gesamtschulen als demokratische Leistungsschulen Anlass für die Auseinandersetzung mit Sozialpädagogik in der Schule. In diesem Kontext entstanden als erste größere Jugendhilfeprojekte in Schulen Angebote der Schulsozialarbeit (zu historischen Vorläuferprojekten siehe Speck 2007, S. 9f.).

Schulbezogene Angebote der Jugendhilfe richteten sich in den 1970er Jahren vor allem an benachteiligte Kinder und Jugendliche. Es entstanden sowohl Projekte in sozialen Brennpunkten als auch Hausaufgaben- und sozialpädagogische Schülerhilfen. In den 1980er Jahren wurde Schulsozialarbeit stärker vor dem Hintergrund der Integration von ausländischen Kindern und Jugendlichen diskutiert. Veränderte gesellschaftliche Bedingungen wie Probleme auf dem Arbeits- und Ausbildungsmarkt, das Infragestellen der Verwertbarkeit schulischer Abschlüsse, die Zunahme berufstätiger und auch allein erziehender Mütter, verlangten nach weiteren ganztägigen Betreuungsformen. Eine Akzentuierung der Schulsozialarbeit erfolgte durch zunehmende Phänomene wie Drogenkonsum, Aggressivität und Gewalt sowie verschiedene Formen abweichenden Verhaltens Jugendlicher, mit denen sich Schule konfrontiert und z.T. überfordert sah.

In den 1990er Jahren wurde das Thema der Kooperation von Jugendhilfe und Schule mehr denn je diskutiert. Diese neue Diskussion basierte auf Anregungen aus der bildungspolitischen und frauenpolitischen Debatte, auf Erkenntnisse über veränderte Lebenslagen und Bewältigungsanforderungen von jungen Menschen und ihren Familien in einer individualisierten Gesellschaft, auf dem neuen SGB VIII/KJHG und dem damit verbundenen Paradigmenwechsel der Jugendhilfe (Lebenswelt- und Dienstleistungsorientierung), auf Tendenzen innerer und äußerer Öffnung der Schule und auf vermehrte Probleme in der Schulpraxis. In den neuen Bundesländern erhielt nach der Wende diese Diskussion neue Impulse durch die Neu- und Umstrukturierung des Schul- und Jugendhilfesystems und die Auswirkungen des Transformationsprozesses auf das Aufwachsen von Kindern, Jugendlichen und ihren Familien (vgl. dazu Olk/Bathke/Hartnuß 2000, S. 18ff.). Spätestens mit dem 11. Kinder- und Jugendbericht und dem Hinweis auf einen breiten öffentlichen Konsens zur Kooperationsnotwendigkeit – der u. a. aus Diskursen um die PISA-Ergebnisse resultierte – stellt die Kooperation von Jugendhilfe und Schule ein zentrales Entwicklungsthema der Jugendhilfe dar.

Zu den klassischen Kooperationsfeldern von Jugendhilfe und Schule zählen (vgl. Krüger/Stange 2009, S. 14.):

- Kindertageseinrichtungen und Grundschulen,
- Jugendarbeit,
- Jugendsozialarbeit im Übergang Schule – Beruf,
- Schulsozialarbeit,
- Erzieherischer Kinder- und Jugendschutz,
- ASD Kontakte,
- Erzieherische Hilfen.

Neue Perspektiven für die Kooperation von Jugendhilfe und Schule haben sich aus der Entwicklung der Ganztagsschulen seit dem Jahr 2004 ergeben, sowohl im Primar- als auch im Sekundarbereich sowie an berufsbildenden Schulen. Die Erfahrungen der ersten Jahre zeigen sowohl eine deutliche Intensivierung der Zusammenarbeit in klassischen Kooperationsfelder, als auch die Erschließung neuer Kooperationsmöglichkeiten (z. B. im Kontext der Integration von Erziehungshilfen in den Ganztag). Auf kommunaler Ebene sind zunehmend Bemühungen um die Zusammenführung von Schul- und Jugendhilferessorts zu beobachten. So entstehen in der öffentlichen Verwaltung Fachbereiche für Schule und Jugend, die auch eine integrierte Jugendhilfe- und Schulentwicklungsplanung vorantreiben. Nicht zuletzt haben die neuen landesgesetzlichen Grundlagen zum Kinderschutz in der Schule dazu beigetragen, dass sich vielerorts Kooperationen intensiviert haben.

4.1 Rechtliche Grundlagen

Die rechtlichen Grundlagen zur Kooperation von Jugendhilfe und Schule sind zum einen dem SGB VIII, zum anderen landesspezifischen Ausführungsgesetzen zum SGB VIII, Schulgesetzen, Förderprogrammen, Erlassen und Rahmenkonzepten zu entnehmen.

Im Kontext des SGB VIII wird die Kooperation über den § 81 SGB VIII (sowie indirekt über den § 1 SGB VIII) geregelt, der besagt, dass die öffentliche Jugendhilfe mit anderen Stellen und öffentlichen Einrichtungen im Kontext ihrer Aufgabenerfüllung zu kooperieren hat. Die Schule sowie die Schulverwaltung werden explizit als Kooperationspartner aufgeführt. Allerdings lässt sich aus dem Gesetz nicht herleiten, wie diese Zusammenarbeit auszugestalten ist. In der Folge sind in der Praxis unterschiedliche und hinsichtlich der Kooperationsdichte variierende Konzepte entstanden (vgl. hierzu auch Münder 2004, S. 562 f.). § 10 SGB VIII beschreibt den Vorrang schulischer Leistungen vor denen der Jugendhilfe, sofern die Schule notwendige Leistungen vorhält (z. B. Beratungsangebote bei Schulproblemen).

Die einzelnen Kooperationsfelder der Jugendhilfe mit der Schule werden über die definierten Leistungsbereiche des SGB VIII rechtlich abgesichert. Zur Förderung der schulischen Ausbildung können Kooperationsangebote über den § 13 SGB VIII Jugendsozialarbeit finanziert werden (vgl. Teil II, 3. Kapitel). Dieser Paragraph stellt auch die zentrale rechtliche Grundlage der Schulsozialarbeit dar. Im Kontext der Ganztagsschulentwicklung und der damit einhergehenden Verortung von Angeboten der Jugendarbeit in den Schulkontext erfährt der § 11 SGB VIII Relevanz (vgl. Teil II, 2. Kapitel). Erziehungshilfen werden nach der gängigen Praxis als Einzelfallhilfe nach § 27 SGB VIII im Schulkontext angeboten.

Die Kooperationspraxis von Jugendhilfe und Schule wird im Weiteren durch die Ausführungsgesetze zum SGB VIII der einzelnen Bundesländer sowie durch Schulgesetze, Erlasse, Richtlinien und Förderprogramme beeinflusst. Diese Gesetze unterliegen infolge fachlicher Weiterentwicklungsprozesse sowie politischer Konjunkturen fortwährenden Änderungen (eine Übersicht über landesspezifische Regelungen geben Hartnuß/Maykus 2004b, S. 578 f.). Beispielsweise ergibt sich für Nordrhein-Westfalen nach § 5 SchulG NRW (Stand 21.12.2010) eine „Soll-Vorschrift" für die Zusammenarbeit der Schule mit außerschulischen Partnern. In § 9 SchulG NRW werden „Kann-Vorschriften" für die Kooperation der Schule mit Trägern der Jugendhilfe im Kontext des Ganztags formuliert. Kooperationsverpflichtungen mit dem Jugendamt im Rahmen der Einhaltung der Schulpflicht ergeben sich aus § 41 SchulG NRW. Die Zusammenarbeit mit dem Jugendamt bei Verdacht auf Kindeswohlgefährdungen wird in § 42 Abs. 6 SchulG NRW geregelt. Die Ausführungsgesetze zum SGB VIII formulieren vorrangig Regelungen mit organisatorisch-koordinativem Charakter zur Umsetzung von strukturellen wie fallbezogenen Aspekten von Angeboten (vgl. Hartnuß/ Maykus 2004b, S. 585). In landesspezifischen Erlassen, Richtlinien, Förderprogrammen und Rahmenkonzepten werden recht konkrete Aussagen über Inhalte, Strukturen, Organisation und Finanzierung der Kooperation von Jugendhilfe und Schule formuliert (sämtliche Materialien sind online über die zuständigen Ministerien abrufbar).

4.2 Träger

Das Trägerprofil der Kinder- und Jugendhilfe in Schulen variiert je nach Praxisfeld. Schulsozialarbeiter/innen sind z. B. bei kommunalen Trägern (Schul- oder Jugendämtern) oder bei freien Trägern angestellt oder werden wie in NRW aus Landesförderungen (über das Schulministerium) finanziert. Diese unterschiedlichen Anstellungsverhältnisse führen dazu, dass es keine einheitliche statistische Erfassung dieser Berufsgruppe gibt und keine zuverlässigen Aussagen darüber gemacht werden können, wie verbreitet Schulsozialarbeit bundesweit tatsächlich ist (im Sinne von Versorgungsquoten pro Schule pro Schulform).

Angebote der Jugendhilfe im Ganztag werden ebenfalls von der öffentlichen wie freien Jugendhilfe vorgehalten. Über die Jugendhilfe hinaus bieten z.B. Musik- oder Malschulen (die auch private Dienstleister sein können), Sportvereine sowie Elterninitiativen Förderprojekte an. Träger des offenen Ganztags im Primarbereich sind überwiegend freie Träger der Jugendhilfe (vgl. für NRW z.B. Wissenschaftlicher Kooperationsverbund 2010, S. 26).

Zu den freien Trägern sozialpädagogischer Angebote in Schulen (von Ganztagsangeboten bis zu beruflichen Förderangeboten im Übergang Schule – Beruf) lassen sich alle großen Verbände zählen, die aus anderen Feldern der Kinder- und Jugendhilfe bekannt sind: Caritas, Diakonie, Paritätischer Wohlfahrtsverband, Arbeiterwohlfahrt, Deutsches Rotes Kreuz sowie kleinere lokale Vereine und Verbände in freier Trägerschaft.

4.3 Praxisfelder

Nachfolgend wird aufgrund der Vielfalt von Kooperationskontexten im Bereich Jugendhilfe und Schule nur eine Auswahl vorgestellt (einen umfangreichen Überblick geben Hartnuß/Maykus 2004a, Coelen/Otto 2008, Henschel u.a. 2009).

Schulsozialarbeit

Schulsozialarbeit stellt ein langjähriges Kooperationsfeld mit der Schule dar. Dabei lässt sich mit Schulsozialarbeit kein einheitliches Konzept sozialpädagogischer Angebote am Lebensort Schule verbinden. Die Ausgestaltung dieses Praxisfeldes erfolgt höchst unterschiedlich und hängt u.a. von folgenden Faktoren ab:

- Qualifikation und fachliche Interessen sowie fachliches Selbstverständnis des Schulsozialarbeiters/der Schulsozialarbeiterin,
- Bedarfslagen der Schule, des Schulumfeldes sowie der Schüler-, Eltern- und Lehrerschaft,
- Konzeptionelle Ausrichtung der Schule sowie die darin enthaltene inhaltliche Ausrichtung der Schulsozialarbeit (wenn sie denn im Schulprogramm benannt und beschrieben wird),
- strukturelle Einbindung der Schulsozialarbeit in den Schulalltag, Kooperationsstrukturen (gemeinsame Konferenzen und Fachberatungen von Lehrer/inne/n und Schulsozialarbeiter/inne/n),
- Anstellungsverhältnis des Schulsozialarbeiters/der Schulsozialarbeiterin (freier vs. schulischer Träger und die damit einhergehende institutionelle

Anbindung an die lokale Trägerlandschaft der Jugendhilfe im Hinblick auf fachlichen Austausch und Beratung).

Abhängig von diesen Strukturen werden Konzepte der Schulsozialarbeit unterschiedlich in den Schulalltag integriert. Vorzufinden ist die gesamte Spannbreite von additiven bis integrativen Konzepten. Hartnuß und Maykus (2004, S. 34) benennen folgende Einbindungsmodi (vgl. hierzu auch Speck 2007, Drilling 2009):

- „additive Struktur (keine organisatorischen und inhaltlichen Berührungen zwischen Schule und Jugendhilfe, im Sinne eines Nebeneinanders ohne Wechselseitigkeit),
- integrative Struktur (umfassende Integration der Sozialpädagogen in die Schule als Dienstleister und Verstärkungskapazität),
- delegative Struktur (der Schulsozialarbeit werden die Aufgaben von der Schule zugewiesen, keine Eigenständigkeit der Jugendhilfe)
- kooperative Struktur (Schule und Jugendhilfe sehen sich als gleichwertige und -berechtigte Partner an, lösen gemeinsam und arbeitsteilig Aufgaben in Eigenständigkeit)."

Bedingt durch diese Ausrichtungen variieren die Ziele und Zielgruppen der Schulsozialarbeit. So reichen in manchen Praxiskonzepten die Zielgruppendefinitionen von der gesamten Schülerschaft, über Lehrer/innen bis hin zu Eltern. Andere Konzepte setzen Schwerpunkte auf spezifische Schüler- und Elterngruppen, wie z.B. auf Schüler/innen, die herausforderndes Verhalten im Schulalltag zeigen und/oder auch im sonstigen Alltag mit besonderen Herausforderungen der Lebensbewältigung konfrontiert sind. Speck (2007, S. 28) formuliert als Ziel der Schulsozialarbeit die Unterstützung der individuellen, sozialen, schulischen und beruflichen Entwicklung (vgl. § 13 SGB VIII), die Vermeidung und der Abbau von Benachteiligung, die Beratung und Unterstützung von Eltern und Lehrer/inne/n in ihrer Erziehung sowie die Entwicklung einer schülerfreundlichen Umgebung. Diese allgemeine Zieldefinition bedarf es in der Praxis den vorfindlichen Gegebenheiten anzupassen und inhaltlich zu füllen.

Folgende Aufgabenschwerpunkte können zum Leistungsspektrum der Schulsozialarbeit gezählt werden (vgl. hierzu auch Speck 2007, S. 62f., Deinet/Icking 2006, S. 104, Pötter/Spies 2011, S. 89.):

- Beratung (von Schüler/inne/n, Eltern, Lehrer/inne/n),
- Einzelfallhilfen (bezogen auf unterrichtliche sowie sonstige lebensweltliche Themen der Schüler/innen),
- Gruppenpädagogische Angebote zum sozialen Lernen,
- Freizeit- und Betreuungsangebote sowie offene Kontakt- und Gesprächsangebote (von der Gestaltung aktiver (Mittags-)Pausen über offene Schülerclubs bis hin zu AG-Angeboten am Nachmittag),

- Berufsorientierung und Angebote zum Thema Übergang Schule – Beruf (Bewerbungstrainings, Beratung, Betriebsbesuche),
- Mitwirkung in Unterrichtsprojekten und in schulischen Gremien,
- Sozialräumliches Arbeiten/Gemeinwesenarbeit,
- Vernetzungstätigkeiten mit weiteren Akteuren sozialer Dienstleistungen und darüber hinaus (Beratungsstellen, Ämter, Verbände, Selbsthilfegruppen) im Kontext von fallspezifischer und fallübergreifender Tätigkeiten.

Schulsozialarbeiter/innen finden sich heute in allen Schulformen, von der Grundschule bis zur berufsbildenden Schule. Dabei ist festzustellen, dass Schulsozialarbeit in den einzelnen Ländern nach unterschiedlichen Modellen finanziert und damit auch strukturell abgesichert wird. Nach wie vor gibt es zu unverbindliche gesetzliche Grundlagen zur Schulsozialarbeit, auf Bundes-, Landes- und kommunaler Ebene. Dadurch wird Schulsozialarbeit allerorts abhängig vom Zuspruch pädagogischer Fachvertreter/innen sowie sozialpolitischer Akteure. In der Folge variieren Finanzierungsmodelle erheblich im Hinblick auf Geldgeber, Förderzeiten und Förderumfänge. So gibt es bis heute unversorgte Schulen bzw. Schulsozialarbeiter/innen, die für zwei bis drei Schulen zuständig sind. Diese nicht zufriedenstellenden Rahmenbedingungen der Arbeit sind ein Grund dafür, warum das Leistungsspektrum von Schulsozialarbeit erheblich variiert.

Aufgrund der Konzeptvielfalt und des damit verbundenen z. T. an Beliebigkeit anmutenden fachlichen Profils der Schulsozialarbeit werden immer wieder Forderungen nach Mindeststandards gestellt sowie nach Qualitätsentwicklungsprozessen und praxisnaher Evaluation. Bis heute fällt es Fachkräften in diesem Handlungsfeld schwer, einen eigenständigen sozialpädagogischen Bildungs- und Erziehungsauftrag zu formulieren und sich mit diesem im Kontext Schule zu positionieren.

Kooperation mit dem ASD

Kontakte zwischen Schulen und den meist beim Jugendamt angegliederten Allgemeinen Sozialen Diensten (ASD) zählen zum Alltagsgeschäft und erfolgen zu unterschiedlichen Anlässen.

Schulen nehmen insbesondere bei Verdacht auf Kindeswohlgefährdungen Kontakt auf. So sind Schulen ein zentraler Fremdmelder. Insbesondere die neuen gesetzlichen Grundlagen zum Kinderschutz in den Schulgesetzen vieler Bundesländer sowie die aktuellen Überlegungen zu einem neuen Bundeskinderschutzgesetz (vgl. BMFSFJ 2010) sensibilisieren Schulen und Träger der öffentlichen Jugendhilfe für Fragen zur Ausgestaltung ihrer Kooperation. Vielerorts wurden bereits Kooperationsstandards zwischen Schulen und ASD entwickelt (vgl. Teil II, 10. Kapitel).

Schule agiert auch als vermittelnde Instanz zwischen Eltern und Jugendamt/Jugendhilfe. Aus Beratungskontexten mit Schüler/inne/n und Eltern können sich Überlegungen ergeben, Beratungs- und Dienstleistungsmöglichkeiten des ASD anzufragen (z.B. bei Erziehungsproblemen oder Schulabstinenz). Kooperationen entstehen im Weiteren aus der Beteiligung schulischer Akteure im Rahmen von Hilfeplanverfahren nach § 36 SGB VIII. Hier können sich Möglichkeiten ergeben, den Lebensort Schule als eine Erziehungsinstanz in den Hilfeprozess aktiv mit einzubeziehen.

Um gute Kooperationen realisieren zu können, ist es notwendig, dass ASD und Schule in einem fortwährenden, auch fallübergreifenden Kommunikationsprozess stehen. Sozialräumlich ausgerichtete ASD haben den Vorteil, nah am Schulort zu sein und auf kurzem Wege schnell und unbürokratisch unterstützen zu können. So haben sich in den vergangenen Jahren interessante Kooperationsstrukturen entwickelt, indem der ASD z.B. regelmäßig Sprechstunden in Schulen für Schüler/innen, Eltern und Lehrer/innen anbietet bzw. regelmäßig über seine Dienstleistungen informiert.

Unabhängig von der Einzelfallarbeit sollten ASD darum bemüht sein, Schulen in sozialräumliche Konzeptentwicklungen einzubinden. Schulen können einen Beitrag zur Weiterentwicklung sozialer Infrastruktur im Sozialraum leisten (z.B. aufgrund ihrer räumlichen Möglichkeiten, die ggf. vielfältige Nutzungen im Stadtteil zulassen). Gleichzeitig kann Schule von Sozialraumakteuren profitieren, wenn diese z.B. im Rahmen des Ganztags lebensweltorientierte Projekte anbieten (vgl. hierzu auch Greese 2004, S. 456).

Weitere Kooperationsanlässe bilden Projekte, die Erziehungshilfen am Lebensort Schule anbieten.

Verortung von Jugendhilfeleistungen im Ganztag

Fachliche Diskurse um die Leistungsfähigkeit der Schule vor dem Hintergrund aktueller gesellschaftlicher Wandlungsprozesse beförderten Überlegungen, Jugendhilfe und ihre sozialpädagogischen Kompetenzen im Bereich des lebensweltorientierten Handelns enger an Schule zu binden. So konstatierte der 12. Kinder- und Jugendbericht (vgl. BMFSFJ 2005, S. 304):

> „Das Bundesdeutsche Schulsystem ist in seiner gegenwärtigen Verfasstheit nicht allein in der Lage, den veränderten gesellschafts- und bildungspolitischen Verhältnissen und den sich daraus ergebenden Herausforderungen gerecht zu werden; vielmehr drängt sich mehr und mehr die Notwendigkeit einer Kooperation von Jugendhilfe und Schule auf der Ebene der beiden Gesamtsysteme auf."

Ein zentrales Ergebnis der Bildungsdebatte, die nicht zuletzt durch die Ergebnisse von Schulleistungsstudien wie TIMSS oder PISA immer wieder neu entfacht wurde, ist die schrittweise flächendeckende Einführung der Ganztagsschule von der Primarstufe bis zur Sekundarstufe II seit dem Jahr 2004. Schulen und Jugendhilfeeinrichtung arbeiten seitdem mehr oder weniger kooperativ an Ganztagsschulprogrammen, die auf eine möglichst umfassende Förderung in Bildungs- und Erziehungskontexten abzielen.

Die Einführung der Ganztagsschule geht mit deutlichen Auswirkungen auf die Angebotsstruktur der Kinder- und Jugendhilfe einher (z.B. im Bereich Horte und Jugendarbeit), da ihre Klientel jetzt einen Großteil des Tages in der Schule verbringt und dort mit neuen Lern- und Erfahrungsräumen konfrontiert wird. Gleichzeitig stellt der Ganztag Schulvertreter/innen vor neue Herausforderungen, da der Schulalltag nun erweiterte Lernangebote und Erziehungsaufgaben umfasst bzw. umfassen muss (zur theoretischen Verortung der Ganztagsschuldebatte vgl. Coelen/Otto 2008). In der Konsequenz stehen Schulen vor der Herausforderung, den Lebensort Schule auch sozialpädagogisch zu denken, um den anspruchsvollen Zielsetzungen der Ganztagschule Rechnung zu tragen:

- Verbesserung der Vereinbarung von Familie und Beruf,
- Verbesserung der Bildungsqualität und
- Herstellung von Chancengleichheit für Kinder in schwierigen, benachteiligten Lebenslagen.

In der Kinder- und Jugendhilfe wurden zunächst Akteure aus dem Bereich der Jugendarbeit aktiv und entwickelten im Rahmen der offenen Ganztagsschule im Primarbereich meist additive Angebote im Nachmittagsbereich. Diese bestanden und bestehen bis heute vielfach aus Betreuungsangeboten, Hausaufgabenhilfen, Freizeitangeboten sowie Angeboten zum sozialen Lernen (vgl. hierzu Holtappels u.a. 2007 S. 190f., Wissenschaftlicher Kooperationsverbund 2010, S. 40f.). Mittlerweile wird vielerorts angestrebt, sozialpädagogische Angebote intensiver mit schulischen Angeboten in einem rhythmisierten Schulalltag zu verbinden. Jugendarbeit bietet sich hier mit ihrem Bildungsprofil als Partner von Ganztagsschulen an. Schließlich stellt sie geeignete pädagogische Settings zur außerunterrichtlichen Förderung alltagsbezogener Bewältigungskompetenzen zur Verfügung, z.B. über freizeit- und erlebnispädagogische Angebote, Angebote zum sozialen Lernen, kreative Angebote sowie Betreuungsangebote (vgl. hierzu ausführlich Deinet u.a. 2009).

Nach ersten positiven Erfahrungen im Bereich der Jugendarbeit wurde die Idee im Sinne einer Inklusionsstrategie weiterverfolgt, Hilfen im Rahmen von Regelangeboten zu verorten. In der Konsequenz entstanden Überlegungen zur Integration von Erziehungshilfen im Ganztag, die sich insbesondere mit der Frage beschäftigten, wie Kinder mit besonderem erzieherischen Förderbedarf und ihre Familien individuell im Schulkontext unterstützt werden können. Gegenwärtig wird versucht, Angebote wie Tagesgruppen, Erziehungsberatung, soziale Gruppenarbeit und Erziehungsbeistandschaften in den Ganztag zu integrieren (vgl. hierzu auch Thoring 2007, S. 23f.). Darüber hinaus werden Modelle der flexiblen Erziehungshilfen im Ganztag erprobt (vgl. Landschaftsverband Westfalen-Lippe 2008). Hierbei geht es darum, abhängig vom Förderbedarf der Schüler/innen und ihrer Familien flexible Unterstützungsinstrumente über den üblichen Leistungskatalog nach § 27 SGB VIII hinaus am Ort Schule zu installieren. Flexible Angebote umfassen mancherorts auch Elternbildungsprogramme und Elterntrainings. Exemplarisch sind nachfolgend Angebote flexibler Hilfen an der Wellbachschule in Bielefeld – einer Ganztagsgrundschule – dargestellt:

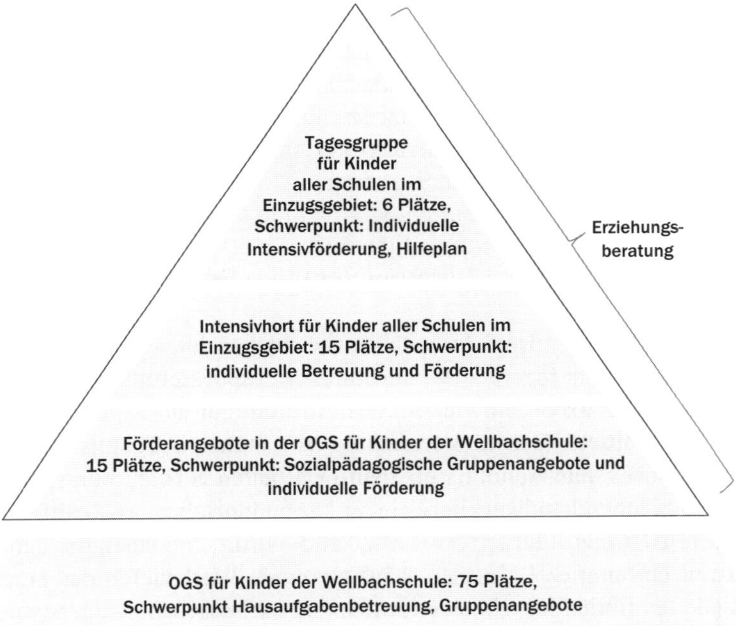

Abb. 2: Flexible Hilfen an der Wellbachschule in Bielefeld
(Quelle: Landschaftsverband Westfalen-Lippe 2008, S. 24)

Besondere Herausforderungen ergeben sich in der Organisation der Hilfen im Schulkontext dadurch, dass Erziehungshilfen individuelle Leistungen sind und per Gesetz nur für einen definierten Einzelfall gewährt werden. Hier bedarf es kreativer Organisationsmodelle seitens der Schulen und Jugendämter, um ein integratives – nicht im Schulalltag parallel laufendes – Angebot zu implementieren. Die Problematik, dass vielerorts Erziehungshilfen nur als additives Angebot umgesetzt werden, wird durch eine starke Symptomfokussierung sowie durch schlecht funktionierende Kooperationsbezüge zu schulischen Akteuren bedingt bzw. befördert. Nachteilig wirkt sich zudem aus, wenn Kosteneinsparungen eine zentrale Motivation zur Integration der Hilfen darstellen. Trotz dieser und weiterer bedenkenswerter Aspekte eröffnen Erziehungshilfen am Lebensort Schule einen niedrigschwelligen und unmittelbaren Zugang zu Hilfen im Alltag der Klienten. Diese lebensweltnahe Verortung dürfte dazu beitragen, dass Schwellenängste abgebaut und Hilfen leichter akzeptiert werden. Gleichsam eröffnet der Lebensort Schule mit seinen multiprofessionellen Teams Möglichkeiten, neue und flexible Hilfearrangements zu entwickeln. Diese Möglichkeiten können insbesondere dann genutzt werden, wenn es gelingt, Erziehungshilfen – wo möglich und sinnvoll – in die Regelstrukturen zu integrieren und keine Sonderangebote unter dem Dach der Schule zu schaffen. Sonst besteht die Gefahr, dass gerade der Ort Schule Sorgen betroffener Familien schürt, als „Problemfamilie" vom sozialen Umfeld durch die augenscheinliche Teilnahme an speziellen Förderangeboten wahrgenommen zu werden. Ebenfalls ist darauf zu achten, dass die Beteiligung der Eltern nicht durch die Einbeziehung der pädagogischen Fachkräfte im Ganztag in den Hintergrund rückt (vgl. hierzu ausführlich Landschaftsverband Westfalen-Lippe 2008, S. 18f.).

Jugendsozialarbeit im Übergang Schule – Beruf

Das Praxisfeld Jugendsozialarbeit hat sich in den letzten Jahren zu einem regelhaften Partner für viele weiterführende Schulen rund um das Thema Ausbildung und Arbeit entwickelt. Die Attraktivität der Jugendhilfe in diesem Feld resultiert aus der Verbindung von sozialpädagogischen und berufsspezifischen Fachkenntnissen (häufig arbeiten Sozialarbeiter/innen mit einer zusätzlichen handwerklichen oder kaufmännischen Ausbildung in diesem Bereich), aus alternativen Lehr- und Lernmethoden zum Unterricht sowie aus erweiterten Lernorten (häufig werden Werkstätten der Träger genutzt oder es finden Berufsfelderkundungen in Betrieben statt). Somit ergeben sich neue und erweiterte Erfahrungs- und Lernräume für Schüler/innen. Angebote der Jugendsozialarbeit zielen darauf ab, die schulische, berufliche und soziale Integration von Schüler/inne/n zu befördern und individuelle wie soziale Benachteiligungen abzubauen.

Methodisch arbeiten pädagogische Fachkräfte (im Idealfall in Kooperation mit Lehrer/inne/n) sowohl in Einzelfall- als auch in Gruppenkontexten. Einzelfallberatungen und -betreuungen umfassen folgende Schwerpunkte:

- Lebensweltnahe Beratung (die über Anliegen zum Thema Ausbildung und Arbeit deutlich hinausgehen können),
- intensive Betreuung einzelner Schüler/innen (bei Vorliegen besonderer Förderbedarfe z.B. in Folge von Schulmüdigkeit, Drogenproblematiken o.ä.),
- individuelle schulische und berufliche Perspektiventwicklung im Rahmen einer individuellen Förderplanung,
- offene Beratungsangebote.

Schwerpunkte der Gruppenangebote können sein:

- Berufstheoretischer- oder berufspraktischer Unterricht,
- Berufserkundungen,
- Angebote zur Förderung sozialer Kompetenzen,
- Projekte wie Schülerfirmen,
- Bewerbungstrainings,
- Kooperationsprojekte mit berufsbildenden Schulen,
- Partnerschaftsprojekte zwischen Schulen und Betrieben.

In der Regel richten sich Angebote der Jugendsozialarbeit an ganze Klassen, meist in Klasse neun oder zehn – teilweise jedoch auch schon in Klasse acht. Meist finden die Förderungen im Rahmen von zwei Unterrichtsstunden pro Woche statt oder in Form von Blockveranstaltungen. Neben Schüler/inne/n stellen auch Eltern und Lehrer/innen Zielgruppen dieser Jugendhilfeangebote dar. Eltern sind in die individuelle Förderplanung mit einzubeziehen oder im Rahmen spezifischer Elternangebote über Bildungsmöglichkeiten im Ausbildungssystem zu informieren. Mit Lehrer/inne/n wird ebenfalls eng kooperiert, zum einen hinsichtlich der Einbindung der Angebote in den Schulalltag, zum anderen bezüglich der Absprache zu spezifischen Förderbedarfen einzelner Schüler/innen. Zudem besteht häufig Interesse seitens der Lehrer/innen, über aktuelle Fördermöglichkeiten im Bereich der Berufsvorbereitung mit der Jugendhilfe im Austausch zu stehen. Über die Arbeit mit den Schüler/inne/n hinaus gehört die Gremienarbeit innerhalb und außerhalb der Schule zum Aufgabenspektrum der pädagogischen Fachkräfte.

Die wenigsten Förderangebote in diesem Bereich sind dauerhaft angelegt. Finanziert werden sie in der Regel aus Mitteln der Jugendhilfe, die häufig im Rahmen von Modellförderungen um externe Mittel erweitert werden. Wie in kaum einem anderen Bereich der Jugendhilfe hat sich geradezu ein „Förderdschungel" in der Jugendsozialarbeit in den letzten Jahren entwickelt. Unzählige Landes- und Bundesprogramme bis hin zu EU-weiten Programmen bilden den Rahmen, in dem an stetiger Innovationen gearbeitet werden soll. Inwieweit dieser Anspruch noch Gültigkeit haben kann, ist fraglich. Projektdatenbanken des Deutschen Jugendinstitutes (www.dji.de) oder des Bundesinstituts für Berufsbildung (www.bibb.de) spiegeln die Vielfalt der Förderpraxis wider (vgl. exemplarisch für Berliner Hauptschulen Thimm 2009, S. 471). Da Leistungen der Jugendsozialarbeit keine „Muss-Leistungen" im SGB VIII sind, ist ihre Finanzierung auf kommunaler Ebene immer wieder zu verhandeln. Häufig sind zeitlich begrenzte Modellförderungen die einzige Möglichkeit für regionale Akteure, Angebote in diesem Bereich vorzuhalten. In der Jugendsozialarbeit bedarf es deshalb dringend der Absicherung finanzieller Grundleistungen, um vielfach erprobte, erfolgreiche Berufsorientierungsprogramme in die Regelförderung zu überführen. Ganztagsschulen könnten in diesem Zusammenhang einen geeigneten Rahmen darstellen. Dafür bedarf es jedoch auch der Initiative der Schulen, an Regelstrukturen mitzuarbeiten und sich für diese mitverantwortlich zu fühlen.

4.4 Relevante Konzepte und Methoden

Zur Beschreibung dessen, was Jugendhilfe in Schule leistet, haben sich in den vergangenen Jahren unterschiedliche Begrifflichkeiten herausgestellt: Schulbezogene Soziale Arbeit, Soziale Arbeit an Schulen, Schuljugendarbeit, Jugendarbeit mit Schüler/inne/n, schulbezogene Jugendsozialarbeit oder schulbezogene Jugendhilfe, um nur einige zu nennen. Gegenwärtig begegnet man aber vermehrt der Formulierung „Kooperation von Jugendhilfe und Schule", womit ein Oberbegriff geprägt, ein größerer Rahmen des Zusammenwirkens suggeriert und ausgedrückt wird. Er ist eine konzeptuelle Klammer für die Tätigkeit von Sozialpädagog/inn/en mit spezifischen sozialpädagogischen Konzepten und Methoden in der Schule oder im unmittelbaren Schulumfeld. Diese Tätigkeit kann mehr oder wenig intensiv und kontinuierlich eine Kooperation von Jugendhilfe und Schule bedeuten. Ein allgemeingültiger theoretischer Bezugsrahmen als konzeptionelle Hintergrundfolie für die Aktivitäten der Jugendhilfe in diesem Feld existiert nicht.

Vielfach werden das Bildungsverständnis der Jugendhilfe und der damit einhergehende Auftrag in Schule mit dem Begriff einer „ganzheitlichen" Förderung umschrieben. In diesem Kontext wird häufig auf die Konzepte der Lebensweltorientierung von Thiersch (2005) und/oder der Lebensbewältigung von Böhnisch (2008) verwiesen. Im Sinne dieser theoretischen Ansätze ist es Ziel der Kooperation von Jugendhilfe und Schule, eine neue pädagogische Qualität von Bildung und Lernen am Ort Schule zu verwirklichen. Durch Prozesse der Schulöffnung im Sinne der Hinwendung zu den Lebenswelten der Kinder und Jugendlichen und die sie umgebenden Sozialräume wird der Ort Schule vom Lern- zum Lebensort. Ganzheitlich meint in diesem Sinne, über das schulische Lernen hinaus Schüler/innen in den Blick zu nehmen und ihre Stärken und Schwächen im Kontext ihre lebensweltlichen Bezüge umfassend zu betrachten. Somit gewonnene Erkenntnisse stellen dann den Ausgangpunkt integrierter Bildungsangebote dar. Integriert meint in diesem Sinne nicht die Addition formaler, nicht formalisierter und informeller Bildungsangebote im Schulalltag, sondern die Auflösung dieser analytischen Kategorien zugunsten eines Bildungsverständnisses, das auf Lebensbewältigung in all ihren Facetten abzielt und entsprechend biografisch anschlussfähige Lernangebote vorhält (vgl. Böhnisch/Schröer 2004). Schließlich vollziehen sich formalisierte Lernprozesse nicht losgelöst von informellen.

Derartig integrierte Lernangebote bedürften besonderer Erfahrungsräume, die Schule und Jugendhilfe zur Verfügung stellen müssen. Diese Lernräume sollen Aneignungsmöglichkeiten zur Verfügung stellen, in denen Erfahrungen des Selbstwerts, der sozialen Anerkennung und der Selbstwirksamkeit gemacht werden können. Solche Lernerfahrungen bringen Bewältigungskompetenzen hervor, über die Kinder und Jugendliche in einer entgrenzten, auf Flexibilität in sämtlichen Lebensbereichen angelegten Gesellschaft verfügen müssen (vgl. Böhnisch/Schröer 2004, S. 196f.). Bildungsziel ist, personale Integrität zu entwickeln und soziale Integration zu befördern.

Um diesem Auftrag der Jugendhilfe am und um den Ort Schule herum entsprechen zu können, bedarf es Methodenkompetenz seitens der (sozial-) pädagogischen Fachkräfte in folgenden Bereichen:

- Prävention (besondere Förderbedarfe werden früh erkannt und aufgegriffen),
- Partizipation (Schüler/innen und Eltern werden an der Gestaltung des Schullebens aktiv und konsequent beteiligt),
- Empowerment,
- Sozialraumorientierung (Sozialräume von Schüler/inne/n werden analysiert und in Förderkontexten berücksichtigt),
- Elternarbeit (ganzheitliche Förderung im Sinne einer möglichst umfassenden Förderung kann nur gelingen, wenn Fachkräfte unterschiedlicher Professionen und Eltern systematisch und kontinuierlich an Förderprozessen beteiligt werden; Schule kann nur dann zum Lebensort werden, wenn sie auch für Eltern ein attraktiver sozialer Ort ist),
- Soziale Gruppenarbeit (Erfahrungen der sozialen Anerkennung und Wertschätzung lassen sich gut über soziale Gruppenprozesse ermöglichen, durch soziale Gruppenarbeit können vielfältige Erkenntnisse über relevante lebensweltliche Themen und sozialräumliche Erfahrungen gewonnen werden, die Berücksichtigung in schulischen Förderprogrammen finden können),
- Einzelfallarbeit (um anschlussfähige Förderungen realisieren zu können, braucht es Raum zum individuellen Gespräch bzw. zur individuellen Beratung),
- Netzwerkarbeit (über die soziale Netzwerkarbeit im Einzelfall hinaus müssen pädagogische Fachkräfte methodische Kompetenz im vernetzten Arbeiten besitzen, um Prozesse der Schulöffnung unterstützen und flexible Hilfearrangements entwickeln zu können),
- Qualitätsentwicklung und Evaluation (da sich zentrale Bereiche der Kooperation mit Schule im Aufbau befinden – z.B. Angebote im Ganztag – bedarf es der stetigen Evaluation, um die eigene Arbeit kritisch zu hinterfragen und Qualitätsentwicklungsprozesse zu befördern).

Wie in allen Bereichen der Jugendhilfe bedarf es auch im Kooperationsfeld Jugendhilfe Schule neben Fachwissen und Handlungskompetenz einer professionellen Haltung. Auf das Handlungsfeld Schule bezogen bedeutet dies z.B., sich sozialpädagogischer Möglichkeiten und Grenzen im Handlungsfeld Schule bewusst zu sein und diese entsprechend im multiprofessionellen Team zu vertreten. Im Hinblick auf die Arbeit mit den Schüler/inne/n ist professionelle Reflexivität gefragt, die Raum für Supervision und kollegiale Beratung braucht. Im Sinne des gemeinsamen Lernens kann es förderlich sein, auch diese Prozesse im Rahmen multiprofessioneller Teams zu gestalten (unter Einbeziehung von Erzieher/inne/n, Lehrer/inne/n etc.).

4.5 Aktuelle Entwicklungen

Gemeinsames Bildungsverständnis und kommunale Bildungsplanung

Um einem möglichst ganzheitlichen Bildungsanspruch gerecht zu werden, bedarf es sowohl auf der Ebene einzelner Schulen sowie auf kommunalen Planungsebenen (Schulentwicklungs- und Jugendhilfeplanung) eines inhaltlichen Bildungsdiskurses. Hier ist abhängig vom regionalen Bedarf systemübergreifend zu erörtern, auf welchem Bildungsverständnis gemeinsame Förderstrategien und damit verbundene Förderangebote fußen (sollen) und wie diese im Sinne der gemeinsamen Leitorientierung praktisch umzusetzen sind.

In der Realisierung übernehmen Schule und Jugendhilfe sowie weitere regionale Akteure ihrem Bildungsprofil entsprechend unterschiedliche, sich ergänzende Aufgaben. Grundlage einer erfolgreichen und für alle zufriedenstellenden Zusammenarbeit auf der Ebene einzelner Schulen sowie in kommunalen Planungskontexten muss Klarheit und Transparenz über den Bildungsauftrag der beteiligten Systeme sein. Jugendhilfe hat für sich demnach zu klären, wie sie ihren Bildungsauftrag im Kontext Schule versteht und an welchen Stellen sie demnach unterstützen kann. Diese systeminterne Klarheit ist eine Grundvoraussetzung, damit Zuständigkeiten zwischen den Arbeitsbereichen nicht verschoben werden und unter Umständen Kinder und ihre spezifischen Förderbedarfe aus dem Blick geraten.

Der hier formulierte Anspruch einer abgestimmten schul- oder kommunalspezifischen Bildungsstrategie ist derzeit eher noch eine Vision als gelebte Praxis. Vielfach gelingt es insbesondere aus strukturellen Gründen nicht einmal auf der Ebene einzelner Schulen, sich über Bildungsverständnisse und -profile zu verständigen und gemeinsame Leitorientierungen zu entwickeln. Demnach zeichnet sich dieses Thema als ein zentrales Entwicklungsthema der nächsten Jahre ab (vgl. zum Thema Bildungsplanung auch Olk 2008, S. 950f.).

Kooperationsprobleme

Die Praxis spiegelt den Bedarf sozialpädagogischer Förderung in einer mittlerweile weit entwickelten Kooperationslandschaft von Jugendhilfe und Schule wieder. Wenn auch eine positive Bilanz des aufeinander Zubewegens von Jugendhilfe und Schule gezogen werden kann, so ist nicht zu verkennen, dass sich die Praxis nach wie vor mit altbekannten Kooperationsproblemen auseinandersetzen muss. Unterschiedliche Handlungslogiken der Systeme Schule und Jugendhilfe und die damit verbundenen variierenden inhaltlichen Ausrichtungen und Organisationsstrukturen bringen mancherorts Kooperationen an ihre Grenzen. Althergebrachte Vorwürfe, man dürfe als Jugendhilfe nur Feuerwehrfunktionen übernehmen und würde vom schulischen System in seinen Möglichkeiten nicht anerkannt und wertgeschätzt kennzeichnen Jugendhilfediskussionen. Andererseits sehen sich Lehrer/innen mit Klagen konfrontiert, sie würden ihrem Erziehungsauftrag nicht Rechnung tragen und Lebenswelten junger Menschen nicht ausreichend in der schulischen Förderung berücksichtigen. Hartnuß und Maykus (2004, S. 27) benennen aktuelle Herausforderungen in der Kooperationsgestaltung:

- „die Klärung von gegenseitigen Erwartungen, von Zielen und fachlichen Leitvorstellungen in der Kooperation von Jugendhilfe und Schule, von Sozialpädagogen und Lehrern sowie eine institutionelle und organisatorische Verankerung der Zusammenarbeit (Schaffung einer Kooperationsstruktur und -kultur),
- die Schaffung von notwendigen Rahmenbedingungen für die Kooperation in materieller, räumlicher, sachlicher und personell qualifikatorischer Sicht auf beiden Seiten (Ausgangsbedingungen optimieren und etablieren) sowie
- die Offenheit und lebensweltlich orientierte Konzeption von Schule als Basis für die Kooperation (unter anderem) mit der Jugendhilfe (kooperationsorientierte Schulentwicklung)."

In dem Spannungsverhältnis, die eigene Identität zu wahren und gleichzeitig kooperativ den Lebensort Schule zu entwickeln, agieren aktuelle Praxisentwicklungsprozesse (zu Herausforderungen in Kooperationsbezügen siehe auch Hartnuß/Maykus 2004a, Coelen/Otto 2008, Henschel u.a. 2009). Besondere Aufmerksamkeit ist zukünftig Organisationsentwicklungsprozessen zu schenken, die einen Rahmen schaffen müssen, die bestehenden und bekannten Kooperationsprobleme bearbeitbar zu machen. Hierzu müssen Leitungspersonen in Jugendhilfe und Schule geschult werden.

Kinderschutz

Auf die gesetzlichen Neuerungen im SGB VIII zum Thema Kinderschutz (§ 8a SGB VIII) reagieren die Bundesländer seit dem Jahr 2005 nach und nach mit eigenen Vorschriften zum Auftrag der Schulen beim Verdacht auf eine Kindeswohlgefährdung. So heißt es z.B. in § 4 Abs. 3 des Brandenburgischen Schulgesetzes:

> „Die Schule ist zum Schutz der seelischen und körperlichen Unversehrtheit, der geistigen Freiheit und der Entfaltungsmöglichkeiten der Schülerinnen und Schüler verpflichtet. Die Sorge für das Wohl der Schülerinnen und Schüler erfordert es auch, jedem Anhaltspunkt für Vernachlässigung oder Misshandlung nachzugehen. Die Schule entscheidet rechtzeitig über die Einbeziehung des Jugendamtes oder anderer Stellen."

In Art. 31 Abs. 1 des Bayerischen Gesetzes über das Erziehungs- und Unterrichtswesen etwa wird folgender Auftrag formuliert:

> „Die Schulen arbeiten in Erfüllung ihrer Aufgaben mit den Jugendämtern und den Trägern der freien Jugendhilfe sowie anderen Trägern und Einrichtungen der außerschulischen Erziehung und Bildung zusammen. Sie sollen das zuständige Jugendamt unterrichten, wenn Tatsachen bekannt werden, die darauf schließen lassen, dass das Wohl einer Schülerin oder eines Schülers ernsthaft gefährdet oder beeinträchtigt ist und deshalb Maßnahmen der Jugendhilfe notwendig sind."

Diese neuen gesetzlichen Grundlagen lösten vielfach Verunsicherungen in der Praxis aus. Im Raum stand die Frage, was dieser allgemein formulierte Auftrag konkret für das Handeln der Professionellen im Schulalltag bedeutet. Schließlich fühlte man sich auch vor den gesetzlichen Regelungen dem Kindeswohl verpflichtet und ging Anzeichen von Gefährdungen in der Regel nach bestem Wissen und Gewissen – jedoch recht unterschiedlich – nach. Hintergrund der Aufnahme von Passagen zum Kindeswohl in die Schulgesetze war das Anliegen, die Kooperationen von Jugendämtern, freien Trägern und Schulen verbindlicher und transparenter auf der Grundlage definierter Verfahrensschritte zu gestalten. Aktuell wird in der Praxis an diesen Verfahrensschritten gearbeitet (vgl. exemplarisch die Abb. 3). In diesem Zusammenhang ist perspektivisch darüber nachzudenken, ob auch Lehrer/innen zu Kinderschutzfachkräften auszubilden sind, damit Schulen über eigene und schnell zugängliche Fachkompetenz im Hause verfügen.

Kooperationsvereinbarung zwischen der Reichshofschule und dem Schwerter Jugendamt

Vereinbarungen zur Kooperation zwischen Schule und Jugendamt bei akuter Gefährdung des Kindeswohls begründen sich im § 42 Abs. 6 Schulgesetz NRW

„Die Sorge für das Wohl der Schülerinnen und Schüler erfordert es, jedem Anschein von Vernachlässigung oder Misshandlung nachzugehen. Die Schule entscheidet rechtzeitig über die Einbeziehung des Jugendamtes oder anderer Stellen."

Hat eine Lehrkraft bei einem Kind den Verdacht auf eine akute Kindeswohlgefährdung oder stellt eine solche fest, ist in diesem Fall unverzüglich zu handeln.
Das bedeutet auch, dass schon bei einem bestehenden Zweifel, ob die Kooperation mit dem Jugendamt nötig ist, eine erste Beratung wie nachstehend aufgeführt, stattfindet.

Vorgehensweise für den Fall einer möglichen Gefährdung eines Kindes:
Lehrer/Betreuungskräfte nehmen Auffälligkeiten wahr und melden diese der Schulleitung.

Mögliche Auffälligkeiten:

- im Verhalten (Aggression, Zurückhaltung, Isolation, Hyperaktivität, Gewalt)
- im äußeren Erscheinungsbild (Kleidung, Gesundheit, Verletzungen, Ernährung, Schulausstattung)
- im Umfeld des Kindes (Elternmitarbeit, Schulbesuch, Hausaufgaben, Freundschaften, außerschulische Aktivitäten)
- Lern- und Arbeitsverhalten (LRS, Dyskalkulie, Hochbegabung)

Gemeinsam wird über das weitere Vorgehen beraten.

Alle Auffälligkeiten und alle Maßnahmen werden in einem dafür vorgesehenen Papier dokumentiert und in der Akte des Kindes aufbewahrt.
Hier kann das Jugendamt im Vorfeld einbezogen werden, ohne dass der Fall sofort zum „Fall" wird.
An dieser Stelle muss gemeinsam entschieden werden, in welcher Form auf die Familie zugegangen wird. Es wird im Einzelfall festgelegt, in welcher Zusammensetzung und an welchem Ort ein erstes Gespräch stattfindet.
Besonders wichtig ist es, zu überlegen, wie man der jeweiligen Familie einen möglichst gelungenen Einstieg anbieten kann.

Das Jugendamt arbeitet vorbeugend und fallübergreifend in der Reichshofschule und macht folgende dauerhafte Angebote:

- Regelmäßige Sprechstunde für Kinder, Eltern und Lehrer einmal im Monat
- Teilnahme an den Teamsitzungen der OGS (ca. alle 6 Wochen) zum TOP „Schwierige Kinder"
- Teilnahme an einzelnen Veranstaltungen der Schule wie Elternabende, Infoveranstaltungen, Elternvorträgen

Abb. 3: **Kooperationsvertrag der Reichshofgrundschule mit dem Jugendamt Schwerte (Quelle: Landschaftsverband Westfalen Lippe 2008, S. 62)**

Noch sind Vereinbarungen wie diese in der Praxis eher die Ausnahme als die Regel. Das dürfte sich in den kommenden Jahren deutlich ändern, insbesondere dann, wenn sich der Entwurf zu einem neuen Bundeskinderschutzgesetz von 12/2010 durchsetzt.

Funktionalisierung der Jugendhilfe in Zeiten knapper Kassen

Die Jugendhilfe ist nicht nur aus fachlicher Perspektive ein attraktiver Partner für Schulen. In finanzieller Hinsicht erschließen sich deutlich flexiblere Unterstützungsmöglichkeiten für Kinder, Jugendliche und ihre Familien aus der kommunalen Jugendhilfe im Vergleich zum landeseinheitlich geregelten Schulsektor. Über erzieherische Hilfen können Ressourcen für kostenintensive Einzelförderungen in der Schule generiert werden. Zudem eröffnen kommunale Töpfe für Jugendarbeit und Jugendsozialarbeit Spielräume. Diese Flexibilität ist sicherlich förderlich zur Gestaltung des Lebensortes Schule. Allerdings darf das Engagement der Jugendhilfe nicht so weit gehen, dass sie versucht, Ressourcenengpässe im Bildungssystem zu kompensieren (wie z.B. im Bereich der individuellen Förderung). Damit würde sie sich zum Erfüllungsgehilfen von Schulen herab degradieren und ihren eigenständigen Bildungsauftrag schwächen. Mancherorts sind derartige Entwicklungen erkennbar. Da nehmen Schulen die Ressourcen der Jugendhilfe in Form von Schulsozialarbeit dankend an, diktieren ihr dann jedoch (schulische) Aufgaben vor. Kompensatorische Bemühungen können dazu beitragen, dass dringend notwendige Reformbemühungen innerhalb der Schule ausgebremst werden nach dem Motto „warum sollen wir Unterrichtskonzepte auf Kinder mit herausforderndem Verhalten ausrichten, wenn sich doch die Schulsozialarbeit individuell kümmern kann“. Die Praxis der Jugendhilfe bewegt sich an dieser Stelle in dem Spannungsverhältnis, ihre Leistungen in Regelangebote einzubringen und gleichzeitig eigene Bildungs- und Förderprofile wahren zu wollen. Dieses Spannungsverhältnis muss in den kommenden Jahren im Dialog mit Schule austariert werden. Hier ist auch Schule gefragt, sich systemintern ihrem Reformbedarf zu stellen und im Sinne aktueller Anforderungen an das Bildungssystem Schule neu zu denken.

5. Ambulante und teilstationäre Hilfen zur Erziehung

5.1 Ausprägungen des Leistungsfeldes – Hilfe zur Erziehung im Spiegel der Statistik

Die Hilfen zur Erziehung stellen unverändert ein zentrales Handlungsfeld der Kinder- und Jugendhilfe dar. Ihre Bedeutung drückt sich gegenwärtig nicht nur hinsichtlich der sozialpädagogischen Konzepte und Angebotsprofile aus, die sich in den letzten Jahren erkennbar ausdifferenziert haben, sondern auch in einer deutlichen Expansion der Fallzahlen in diesem Feld. Fendrich/Pothmann/Wilk (2011a, S. 1) beschreiben in ihrem Gesamtüberblick über den Entwicklungsstand der Hilfen zur Erziehung: „Mit der überarbeiteten Erfassung der erzieherischen Hilfen zählt die amtliche Kinder- und Jugendhilfestatistik für das Jahr 2009 insgesamt rund 834.531 Hilfen zur Erziehung. Diese Summe enthält – anders als die Ergebnisse vorangegangener Erhebungen (vgl. auch Pothmann 2007) – sämtliche Leistungen der Hilfen zur Erziehung gem. §§ 27ff. SGB VIII einschließlich der Hilfen für junge Volljährige (§ 41 SGB VIII). Addiert man darüber hinaus bei den familienorientierten Hilfen noch die in den Familien lebenden jungen Menschen hinzu, so weist die Statistik einen rechnerischen Wert von knapp 954.400 Kindern, Jugendlichen und jungen Volljährigen aus, die von Leistungen der Hilfen zur Erziehung erreicht werden. Pro 10.000 der unter 21-Jährigen entspricht dies einer Inanspruchnahmequote von 585 Hilfen zur Erziehung. Oder anders formuliert: Rechnerisch werden bis zu 5 Prozent der jungen Menschen 2009 von Leistungen gem. §§ 27ff. SGB VIII aufgrund eines erzieherischen Bedarfs erreicht. Da allerdings nicht auszuschließen ist, dass bei jungen Menschen im gleichen Jahr zwei oder drei unterschiedliche Hilfen zur Anwendung kommen, dürften hier auch Doppelzählungen enthalten sein.“ Mit steigendem Alter nimmt die Inanspruchnahme der Leistungen in diesem Bereich zu: Bei den einjährigen Kindern sind es pro 10.000 dieser Altersstufe 241 Hilfen gegenüber 653 Hilfen auf diese Größenordnung der 6-jährigen Kinder. In der Altersgruppe der 7- bis 15-jährigen Kinder und Jugendlichen erhalten bis zu 8 Prozent eines Jahrgangs Leistungen der Erziehungshilfe, mit steigendem Alter (18 Jahre und älter) nimmt die Inanspruchnahme wiederum ab (vgl. ebd. und Abb. 4).

Die Inanspruchnahme der Hilfen variiert zudem deutlich nach den unterschiedlichen Settings in diesem Leistungsbereich der Kinder- und Jugendhilfe. Vor allem die ambulanten und teilstationären Hilfen – mit ihrer Zielsetzung der familienunterstützenden Hilfe – bilden insgesamt einen umfassenden Katalog verschiedener Praxisformen. Mit Fendrich/Pothmann/Wilk (2011a, S. 2) kann man aktuell sagen, dass „(das) höchste Fallzahlenvolumen (…) dabei für die Erziehungsberatung ausgewiesen (wird). Deren Anteil an allen Hilfen beträgt 53 Prozent (…). Fast jede vierte Hilfe ist eine ambulante Leistung, z.B. eine sozialpädagogische Familienhilfe oder auch eine Erziehungsbeistandschaft, so wie nicht ganz jede fünfte eine familienersetzende Maßnahme im Rahmen einer Vollzeitpflege oder einer Heimerziehung darstellt." Bezieht man die Erziehungsberatung nicht mit ein (da sie einen grundsätzlich anderen Charakter hat als die anderen Hilfen und Fallzahlen aufgrund bereits kurzer Kontakte und uneinheitlicher Erfassungsmerkmale vergleichsweise hoch sind), entfallen ca. 58 Prozent der Hilfen auf die ambulanten und teilstationären Hilfen, ca. 42 Prozent auf Heimerziehung oder Vollzeitpflege. Familienunterstützende Hilfen nehmen also einen größeren Teil der Gesamtinanspruchnahme von Hilfen zur Erziehung gegenüber den stationären Hilfen ein (vgl. ebd. und zu den stationären Hilfen das Kapitel 6 in Teil II).

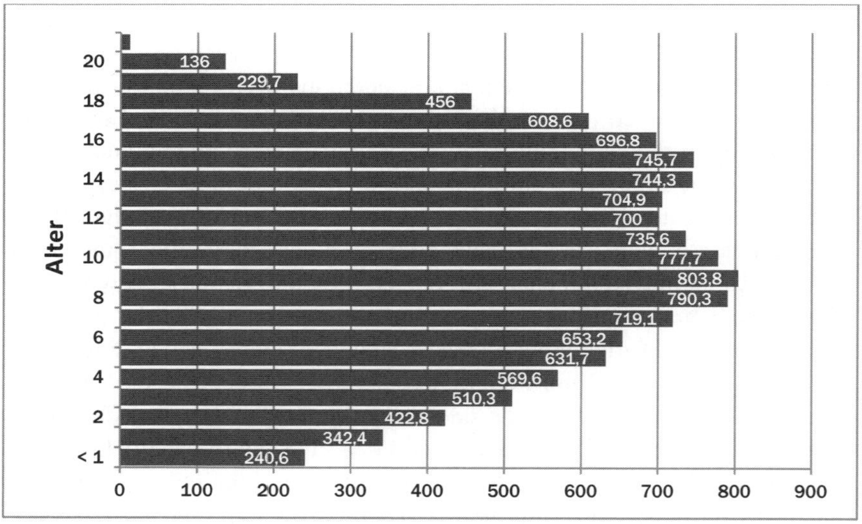

Abb. 4: Inanspruchnahme von Hilfen zur Erziehung nach Altersjahren (2009, Summe der andauernden und beendeten Hilfen) (Quelle: Fendrich/Pothmann/Wilk 2011a, S. 1)

Hilfe zur Erziehung kann laut Gesetzgeber nicht nur in den im SGB VIII genannten Hilfesettings (§§ 28–35) erbracht werden, sondern auch in flexibler, die Versäulung einzelner Hilfeformen überwindender Form. Hilfen können demnach auf der Grundlage von § 27 Abs. 2 realisiert werden und sind seit 2007 auch als Teil der Kinder- und Jugendhilfestatistik empirisch beschreibbar: „Laut amtlicher Statistik werden im Jahr 2007 insgesamt 23.364 so genannte Hilfen zur Erziehung gem. § 27 SGB VIII ohne Verbindung zu Hilfen gem. §§ 28–35 SGB VIII ausgewiesen (kurz: ‚27er-Hilfen). Das ist die Summe aus am Jahresende andauernden und im Laufe des Jahres beendeten Hilfen. Pro 10.000 der unter 21-Jährigen entspricht dies einer Inanspruchnahmequote von knapp 14 Hilfen“ (vgl. Fendrich/ Pothmann/Wilk 2011 b, S. 1). Auf der Gewährungsgrundlage des § 27 Abs. 2 werden überwiegend ambulante und teilstationäre Hilfen durchgeführt, die außerhalb des Katalogs der rechtlich codifizierten und in der Praxis etablierten Hilfen anzusiedeln sind. Lediglich gut 10 Prozent der Hilfen werden in stationärer Form erbracht (vgl. ebd., S. 2).

Die Kinder- und Jugendhilfestatistik bietet seit dem Erhebungsjahr 2009 auch Einblicke in die soziale und familiäre Situation der Leistungsempfänger, so dass Zusammenhänge zwischen den gewählten Hilfen und Lebenslagenmerkmalen analysiert werden können. Die aktuelle Datenbasis zeigt demnach, so Fendrich/Pothmann/Wilk (vgl. 2011 c, S. 1), die deutliche höhere Wahrscheinlichkeit der Inanspruchnahme von Hilfen zur Erziehung bei Alleinerziehenden und Transfergeldempfängern. Gegenüber Verheirateten und Patchwork-Familien ist die Inanspruchnahme familienunterstützender Hilfen vier Mal, die stationärer Hilfen sogar fünf Mal höher. Ein großer Teil der Alleinerziehenden, der Hilfen beansprucht (72 Prozent), erhält Transfergeldzahlungen, was neben zeitlichen auch die ökonomischen Belastungen und eine allgemeine Ressourcenknappheit der Betreffenden belegt. Die Hilfen zur Erziehung reagieren demnach nicht nur auf umschreibbare, individuelle und familiäre Erziehungsdefizite, sondern sind Teil unterstützender und kompensierender Interventionen in prekären Lebenslagen. Zusammenfassend kann man wiederum mit Fendrich/Pothmann/Wilk (2011 c, S. 2) sagen, „(…) dass sicherlich die Hilfen zur Erziehung ganz offenkundig notwendige Unterstützungsleistungen für Familien in schwierigen Lebenskonstellationen sind. Der Ausfall eines oder beider Elternteile, die Trennung und Scheidung, aber auch die Folgen von fehlenden materiellen Ressourcen sowie damit verbundene Ausgrenzungsprozesse stellen Lebenslagen dar, in denen eine Hilfe zur Erziehung überproportional häufig die familiäre Erziehung unterstützt, nicht selten aber auch ersetzt. Die gute Nachricht ist, dass die Kinder- und Jugendhilfe Familien in erkennbar schwierigen Situationen unterstützt. Bedenklich stimmt die Verteilung der in Schwierigkeiten geratenen Personen mit Blick auf den Alleinerziehendenstatus sowie den Bezug von Transferleistungen.“

Die Tabelle 6 zeigt das Gesamtvolumen der Fallzahlen im Bereich der Hilfen zur Erziehung im Jahr 2008 in Deutschland. Im Bereich der hier betrachteten ambulanten und teilstationären Hilfen ist in allen Leistungsfeldern ein Anstieg der Fallzahlen erkennbar: Im Jahr 2007 wurden 7.813 Hilfen in Form sozialer Gruppenarbeit gewährt, im Jahr 2008 dagegen 8.015. Bezüglich der Fallzahlen in der Erziehungsbeistandschaft beläuft sich der

Anstieg von 15.281 auf 16.478 und am deutlichsten in der sozialpädagogischen Familienhilfe von 31.689 auf 39.196 zwischen den Jahren 2007 und 2008 (vgl. Statistisches Bundesamt 2010).

Tab. 5: Fallzahlen der Erziehungshilfen insgesamt im Jahr 2008

	Begonnene Hilfen	Hilfen am 31.12.	Beendete Hilfen
Hilfen gemäß § 27 Abs. 2	25.124	31.930	17.333
Erziehungsberatung	307.494	132.913	308.935
Soziale Gruppenarbeit	8.015	7.490	7.631
Erziehungsbeistandschaft	16.478	17.746	14.710
Betreuungshelfer/innen	5.993	5.534	4.769
Sozialpädagogische Familienhilfe	39.196	52.280	28.884
Erziehung in einer Tagesgruppe	9.356	16.997	-
Vollzeitpflege	14.423	54.429	-
Heimerziehung, sonst. betreute Wohnformen	32.198	58.690	-
Eingliederungshilfe gemäß § 35 a	16.071	30.626	12.734

Quelle: Statistisches Bundesamt 2010, S. 222 ff.; Markierung: ambulante und teilstationäre Hilfen

Der quantitative Anstieg ist sicherlich einerseits mit Blick auf mögliche Ungenauigkeiten bei der Datenerfassung im Rahmen der amtlichen Statistik zu relativieren, jedoch in jedem Fall auch – und das ist für die fachliche Weiterentwicklung dieses Feldes entscheidend – Indikator für ein verändertes Gesamtgefüge der erzieherischen Förderung junger Menschen, in das die Hilfen zur Erziehung eingebunden sind. Dieses veränderte und „doppelte Gesamtgefüge" drückt sich in zweierlei Hinsicht aus:

- *Bedarfsbezogenes Gesamtgefüge der erzieherischen Förderung:* Die Lebenslagen junger Menschen und Familien in der modernen Gesellschaft gehen einher mit einem erhöhten Aufkommen an Unterstützungsbedarf, der nicht allein mit sozialpolitischen Maßnahmen, sondern vermehrt mit personal vermittelten, sozialpädagogischen Hilfen beantwortet werden muss. Die Expansion Sozialer Arbeit im Allgemeinen widerspiegelt sich daher auch im Feld der Hilfen zur Erziehung mit ihrem spezifischen, jugendhilferechtlich definierten Problemzugang zu den Lebenslagen von Familien, in denen eine dem Wohl des Kindes nicht entsprechende Erziehung nicht vorliegt oder gefährdet ist.
- *Angebotsstrukturelles Gesamtgefüge der erzieherischen Förderung:* Der Ausbau von Ganztagsangeboten an Schulen in Deutschland, die konzeptionelle Veränderung der Tagesbetreuung und Familienbildung sowie eine Ausdifferenzierung von Maßnahmen und Strukturen des Kinderschut-

zes bilden ein neujustiertes System von Bildung, Familienförderung und erzieherischer Unterstützung ab, in das die Hilfen zur Erziehung eingebunden sind und das sich auf ihre Konzepte, ihre Organisation und Vernetzung mit angrenzenden Angebotssegmenten des Bildungs- und Sozialwesens auswirkt. Dies wirkt natürlich auch auf die Bedarfsentwicklung aus, indem Hilfe zur Erziehung neue, erweiterte und intensivierte Zugänge zu den Lebenslagen der Adressaten erhält.

Dieses Gesamtgefüge kann als Erklärung für die Expansion der Fallzahlen in den Hilfen zur Erziehung dienen, bedarf jedoch der weiteren – auch durch Forschungsvorhaben gestützten – Prüfung und Beobachtung der zukünftigen Trends. Generell kann man sagen (vgl. auch Fendrich/Pothmann/Wilk 2011 a), dass die ambulanten Hilfen zur Erziehung gegenüber den stationären Hilfen weiter an Gewicht gewinnen und die Jugendämter den Ausbau dieses Leistungsbereiches offensichtlich intensiviert haben. Die ambulanten Hilfen (allen voran die soziale Gruppenarbeit, Tagesgruppen, Erziehungsberatung und Familienhilfe) sind gerade das Leistungsfeld, das in dem „doppelten Gesamtgefüge" die nachhaltigsten Entwicklungsimpulse erfährt: Es ist der vergleichsweise niedrigschwelligste, den Regelangeboten anderer Bereiche strukturell ähnlichste und dem Präventionsgedanken am ehesten verpflichtete Hilfekontext dieses Leistungsbereiches. Diese Entwicklungen sollten jedoch nicht dazu führen, die altbekannte und empirisch als undifferenziert belegte Pauschalformel „ambulant geht vor stationär" wiederzubeleben. Stattdessen sollte eine weitere Ausdifferenzierung des Angebotsspektrums dazu führen, fallspezifische Lösungen auf höchstem fachlichem Niveau und situationsgerecht anzubieten; was im Einzelfall nicht eine ambulante, sondern auch stationäre Hilfe bedeuten kann.

Hält man sich diese Situation vor Augen, ist der Anstieg der Fallzahlen in den Hilfen zur Erziehung keine einmalige und kurzfristige Reaktion auf äußere Bedingungen, sondern Beginn bzw. Fortführung eines langfristigen Trends, bei dem kein quantitativer Rückgang erwartbar ist. Stattdessen steht die „Familialisierung" (Orientierung der Hilfen an der Stabilisierung des Familiensystems, z. B. anhand des Ausbaus der sozialpädagogischen Familienhilfe und der Erziehungsberatung erkennbar), der damit einhergehende, übergreifende Trend der „Ambulantisierung" sowie die zunehmend konsequentere, eine neue Qualität erreichende „Vernetzungsorientierung" in der Kinder- und Jugendhilfe" für eine Fortsetzung angebotsstruktureller Dynamiken in den Hilfen zur Erziehung, die sich auch einem stetig wachsenden Bedarf an diesem sozialpädagogischen Leistungsbereich (Fallzahlen und gewährte Hilfen) ausdrücken wird. Das Beispiel Nordrhein-Westfalen: Ein Blick auf die Entwicklung der ambulanten Hilfen zur Erziehung (siehe Tabelle 6) vergegenwärtigt den expansiven Trend, der sich jedoch auch innerhalb eines Bundeslandes nicht auf jede einzelne Hilfeform gleichermaßen auswirkt.

Tab. 6: Beispiel Bundeslandebene: Entwicklung der ambulanten Hilfen zur Erziehung in Nordrhein-Westfalen von 1991–2006

	Ambulante Hilfen	Erziehungsbeistandschaft	Betreuungshelfer	Soziale Gruppenarbeit	SPFH	Durch SPFH betreute Kinder	Tagesgruppenerziehung	ISE
				Fallzahlen absolut				
1991	14.959	3.527	618	1.168	2.887	7.877	1.342	427
1995	18.664	3.494	743	1.879	3.750	9.753	2.028	767
1996	20.629	3.703	805	1.891	4.145	10.516	2.695	1.019
1997	22.272	3.611	814	2.231	4.377	11.109	3.287	1.220
1998	23.822	3.554	737	2.014	4.788	12.175	3.888	1.454
1999	25.569	3.268	857	1.842	5.433	13.518	4.463	1.621
2000	27.396	3.374	801	2.008	6.463	15.903	3.947	1.363
2001	30.163	3.655	844	2.340	7.248	17.542	4.400	1.382
2002	31.918	3.694	966	2.285	7.904	18.748	4.739	1.486
2003	35.909	4.188	1.141	2.646	9.079	21.080	5.243	1.611
2004	38.668	4.557	1.027	2.652	10.127	23.228	5.556	1.648
2005	38.724	4.660	1.074	2.725	11.052	24.916	4.194	1.155
2006	40.142	4.511	1.113	2.708	11.589	26.251	4.385	1.174
				Index (1991 = 100)				
1991	100,0	100,0	100,0	100,0	100,0	100,0	100,0	100,0
1995	124,8	99,1	120,2	160,9	129,9	123,8	151,1	179,6
2000	183,1	95,7	129,6	171,9	223,9	201,9	294,1	319,2
2003	240,0	118,7	184,6	226,5	314,2	267,6	390,7	377,3
2004	258,5	129,2	166,2	227,1	350,8	294,9	414,0	385,9
2005	258,9	132,1	173,8	233,3	382,8	316,3	312,5	270,5
2006	268,3	127,9	180,1	231,8	401,4	333,3	326,8	274,9

Quelle: AKJ-Stat. 2008, S. 14

Die Leistungen der sozialpädagogische Familienhilfe wurden verstärkt in Anspruch genommen; hingegen nimmt die Zahl der Erziehungsbeistandschaften ab und die Entwicklung der Tagesgruppen ist eher „(...) unter der Perspektive des Fortschreibungsfehlers zu betrachten, so dass hier eher von einer Konsolidierung, wenn nicht von einem Rückgang ausgegangen werden kann. Diese Annahme bestätigt der Blick auf die begonnenen Hilfen. Hier ist ein tatsächlicher Rückgang von knapp 10 Prozent zum Vorjahr zu konstatieren.“ (AKJ Stat 2008, S. 18). Der Ausbau von Ganztagsangeboten an Schulen (vor allem als offene Angebote im Primarbereich, zunehmend auch im Sekundarbereich) hat dabei eine gravierende Auswirkung auf die Entwicklung dieses Leistungsbereiches der Hilfen zur Erziehung. Ebenso sind die benannten Entwicklungen von Familienzentren, des Schutzauftrages in der Kinder- und Jugendhilfe und der Ausbau Früher Hilfen für Familien für die Expansion der ambulanten Hilfen ausschlaggebend. Aber auch angebotsintern wird der Ausbau flexibler Hilfen zur Erziehung von kommunalen Jugendämtern verstärkt berichtet, die sozialräumlich orientiert und integriert (auch in Regelangebote eingebunden) realisiert werden. Auch dieser Anspruch wirkt sich auf die Fallzahlen insgesamt und die verstärkte Relevanz der ambulanten Hilfen aus.

5.2 Rechtliche Grundlagen und organisatorische Rahmungen

Die Gründe dafür, dass Kinder von ihren Eltern getrennt und außerhalb der eigenen Familie in Pflegefamilien und Heimen untergebracht werden, sind vielfältig. Die Diskussion um die Angemessenheit bzw. Unangemessenheit dieser Reaktion von Jugendhilfe auf erzieherische Probleme hat eine lange Tradition. Die Kritik traditioneller Erziehungshilfe, vor allem in Form der Anstalts- und Heimerziehung, ist dabei nicht das eigentlich Neue oder Entscheidende der Diskussion, die vor über 40 Jahren aufkam. Bedeutsamer ist vielmehr, dass über punktuelle Kritik und Veränderungsbemühungen hinaus eine Entwicklungslinie deutlich wird, die, ausgehend von dem Ziel der Reduzierung von Heimunterbringungen, zuerst zu einer Aufwertung und zu einem Ausbau der Vollzeit- und Familienpflege (Ersatzfamilie) geführt hat und dann – darüber hinausgehend – Erziehungshilfen deutlicher und konsequenter auf die Herkunftsfamilie zurückbezieht und diese selbst stärker als in der Vergangenheit in den Jugendhilfeprozess integrieren will. Wenn dies gegenwärtig auch noch nicht bedeutet, dass damit die Hilfen zur Erziehung außerhalb der eigenen Familie überflüssig werden, so werden doch Akzente anders gesetzt. Diese Entwicklungslogik entspricht nicht nur fachlichen Postulaten (familienbezogene, offene, präventive und freiwillig angenommene Hilfen haben Vorrang vor Eingriffen/Interventionen), auch die Respektierung der elterlichen Rechte und die Anerkennung ihrer Bedeutung für den Sozialisationsprozess begünstigen ebenso wie fiskalische, von der Kostenseite her angelegte Argumentationen einen Ausbau familienunterstützender Hilfen und begründen deren Priorität vor familienersetzenden Hilfen.

Im Dritten Jugendbericht der Bundesregierung von 1972 wurde bereits die Forderung nach einem Vorrang der offenen (ambulanten) Hilfen vertreten:

> „Den Vorstellungen der Kommission zufolge sollten offene, unterstützende und ergänzende Hilfen mit dem Ziel, dem jungen Menschen in seiner Familie zu helfen und ihn in seinem gewohnten Lebensraum zu belassen, Vorrang vor anderweitiger Unterbringung haben. Dieser Grund-

> satz des Vorrangs sollte als Gestaltungsprinzip der Jugendhilfe im Leistungsteil des Gesetzes verbindlich geregelt werden“ (BMJFG 1972, S. 144).

Und auch im Zwischenbericht der Kommission Heimerziehung von 1977 heißt es:

> „Kein anderes Entwicklungsziel der Jugendhilfe findet eine so allgemeine Zustimmung wie die Forderung nach dem Ausbau der ambulanten Hilfen. Die These, dass die ambulante Jugendhilfe gegenüber der stationären Jugendhilfe unterrepräsentiert sei, war mitbegründend für den Auftrag, der dieser Kommission erteilt wurde“ (IGfH 1977, S. 327).

Zusammenfassend werden im Zwischenbericht folgende Argumente genannt, die für einen Ausbau der ambulanten Hilfen sprechen:

- Die Herkunftsfamilie ist trotz aller gesellschaftlichen Veränderungen und Einbrüche immer noch das vorherrschende Sozialisationsmodell. Von daher sind eine Stützung dieser Konstellation und eine Förderung der Erziehung in der Familie wünschenswert.
- Wenn die Störung der Entwicklung von Kindern und Jugendlichen vorwiegend eine Funktion der sozialen Gebilde ist, denen die Kinder angehören (hier: der Familie), so scheint es sinnvoll, in diesem Kontext anzusetzen und die Bedingungen und Voraussetzungen der Störungen zu beheben.
- Stationäre Maßnahmen haben erhebliche unerwünschte Nebenwirkungen, die durch ein familienergänzendes und im sozialen Umfeld der Minderjährigen angesiedeltes Angebot vermieden werden können.

Die seiner Zeit geforderte Entwicklung ist in der modernen Kinder- und Jugendhilfe Praxis geworden: Die im Zwischenbericht der Kommission Heimerziehung kritisierte Unterrepräsentanz der ambulanten Hilfen ist heute nicht mehr festzustellen (siehe Kap. 5.1).

Rahmensetzungen des SGB VIII

Ein Anspruch auf Hilfe zur Erziehung wird daran geknüpft, dass „eine dem Wohl des Kindes oder des Jugendlichen entsprechende Erziehung nicht gewährleistet ist“ (§ 27 SGB VIII). Damit wird der Blick von „Verhaltensauffälligkeiten“ und „Störungen“ des Kindes oder Jugendlichen auf das soziale Umfeld (Familie, Schule, Nachbarschaft) und die hier problemverursachenden Faktoren gelenkt. Dies begünstigt umwelt- und lebensweltorientierte Ansätze in der Sozialarbeit und Sozialpädagogik.

Die im SGB VIII zum Ausdruck kommende fachliche und sozialpolitische Grundorientierung lässt sich in die Formel fassen: „Gestaltung der Hilfe zur Erziehung als sozialpädagogische Dienstleistung". Diese Ausgestaltung der Hilfe zur Erziehung als ein Leistungsangebot für Familien, Kinder und Jugendliche zielt auf ein Konzept, das sich absetzt von traditionellen Vorstellungen, in denen Hilfe zur Erziehung in die Nähe eines obrigkeitlichen Eingriffs gerückt wurde. Statt als Eingriffsinstrumentarium zu wirken, soll Hilfe zur Erziehung ein fachlich qualifiziertes Leistungsangebot für Familien und Kinder/Jugendliche in schwierigen Lebenssituationen sein, dessen Inanspruchnahme und konkrete Ausgestaltung im Einzelfall in Zusammenarbeit der Familien und Kinder/Jugendlichen mit den Fachkräften des Jugendamtes und den Fachkräften in den beteiligten Einrichtungen und Diensten erfolgt. Dem sozialpädagogischen Erfordernis der Einbeziehung der Betroffenen in den Hilfeprozess entspricht die im SGB VIII vorgenommene Festlegung von Beteiligungsrechten (Hilfeplanung gem. § 36; Wunsch- und Wahlrecht gem. § 5).

Wenn die Hilfe zur Erziehung fachlich in der Tendenz als eine Dienstleistung charakterisiert wird, dann muss dies in den konkreten Kontakten zwischen Fachkräften des Jugendamtes und Familien/Kindern/Jugendlichen erfahrbar werden (Abbau von Distanz). Auch muss das Jugendamt durch geeignete Formen der Öffentlichkeitsarbeit dafür Sorge tragen, dass das traditionelle Negativimage des Jugendamtes abgebaut und der Leistungscharakter der Jugendhilfe den Adressaten nahe gebracht wird. Nicht zuletzt liegt auch in der Realisierung des Dienstleistungsgedankens und in seiner Vermittlung nach außen ein wichtiger Aspekt in der Herausbildung einer präventiven Jugendhilfe.

Auch wenn der Aspekt der Dienstleistung, d.h. die Tatsache, dass Angebote und Leistungen nicht einseitig seitens der Träger realisiert werden können, sondern nur dann, wenn die Leistungsberechtigten (Minderjährige, junge Menschen, Personensorgeberechtigte) dies wollen, auch bei den Hilfen zur Erziehung dominiert, so kann es doch unter der Zielsetzung des zivilen Kinderschutzes (staatliches Wächteramt) im Einzelfall auch erforderlich sein, dass das Jugendamt das Vormundschaftsgericht (§ 50 Abs. 3 SGB VIII) anruft, um notwendige Hilfen auch gegen den Willen der Personensorgeberechtigten zu realisieren. Mit der Auffächerung einer breiten Palette von möglichen Hilfen zur Erziehung will das SGB VIII die ambulanten und teilstationären Hilfen gegenüber den tradierten familienersetzenden Hilfen (§§ 33, 34) stärken und damit einer fachlichen Orientierung in Richtung auf familienunterstützende Angebote und Leistungen Rechnung tragen. Eine umfassende und flächendeckende Umsteuerung („Ambulantisierung") im Bereich der Hilfe zur Erziehung hat erkennbar stattgefunden und ist eine weiterhin – vor allem auch im Rahmen der Jugendhilfeplanung (§ 80) – zu realisierende Aufgabe.

Gleichrangigkeit aller Hilfen

Zwischen den einzelnen im SGB VIII genannten Hilfearten besteht keine Rangfolge in dem Sinne, dass eine intensivere Hilfe (z.B. Sozialpädagogische Familienhilfe oder Heimerziehung) den vorherigen Einsatz einer weniger intensiven Hilfeform (z.B. Erziehungsberatung oder Erziehungsbeistandschaft) voraussetzen würde. Jede Hilfeform hat ihr eigenes fachliches Profil und ist in ihren Wirkungsmöglichkeiten ausgerichtet auf bestimmte familiäre und/oder individuelle Problemkonstellationen. Die Hilfeformen dürfen daher nicht als miteinander konkurrierende Hilfen verstanden werden, sondern müssen als Hilfen mit jeweils eigenem sozialpädagogischen Wirkungsprofil, aber auch als einander ergänzende und miteinander verzahnte Hilfen angesehen und entsprechend organisiert werden (vgl. Abb. 5).

Arbeitsformen	Angebote		Hauptzielgruppen
Familien-unterstützende Hilfen	Erziehungsberatung	→	Eltern mit Kindern aller Altersgruppen
	Sozialpäd. Familienhilfe	→	Familien mit jüngeren Kindern
	Soziale Gruppenarbeit		Ältere Kinder und Jugendliche
	Erziehungsbeistände	→	Ältere Kinder und Jugendliche
Familien-ergänzende Hilfen	gemeinsame Wohnformen für Väter/Mütter und Kinder	→	Allein erziehende Eltern mit Kindern unter 6 Jahre
	Tagesgruppen	→	Kinder bis 14 Jahre
	Sozialpädagogische Tagespflege	→	Kinder im Vor- und Grundschulalter
Familien-ersetzende Hilfen	Vollzeitpflege	→	Insbesondere jüngere Kinder
	Heimerziehung/sonstige Wohnformen	→	Kinder/Jugendliche/junge Volljährige
	Intensive sozialpäd. Einzelbetreuung	→	Jugendliche und Heranwachsende

Abb. 5: Formen der Hilfe in Belastungs- und Krisensituationen (Quelle: Gintzel/Jordan u.a. 1997)

Bei der Erörterung von Hilfen, die dem erzieherischen Bedarf im Einzelfall angemessen sind, sind allerdings die Möglichkeiten des Einsatzes insbesondere solcher Hilfen zu prüfen und mit Vorrang zu versehen, die das vorhandene Sozialisationsfeld des Kindes/Jugendlichen erhalten und stützen. Lebensweltorientierte Hilfeangebote sind aus sozialpädagogischer Sicht besonders wichtig. Im Hinblick auf Jugendhilfeplanung ist die Sicherung lebensweltorientierter Hilfen ein wichtiges Kriterium bei der Gestaltung der Angebotsstruktur in der Hilfe zur Erziehung. Das Prinzip des Lebensweltbezugs gilt auch für Heimerziehung als diejenige Hilfe, die mit einer zumindest zeitweise vorgenommenen räumlichen Trennung der Lebensfelder von Familien und Kind/ Jugendlichem einhergeht. Dies hat Folgen zum einen für eine Unterbringungspraxis, die die regionalen und sozialen Bezüge des Kindes/Jugendlichen und der Familie einzubeziehen hat, und zum anderen für eine Verzahnung der auf das Kind und mit den auf die Familie ausgerichteten Hilfen.

Offenheit der Angebotspalette

§ 27 Abs. 2 SGB VIII macht deutlich, dass Hilfe zur Erziehung „insbesondere“ als Leistung nach den §§ 28 bis 35 zu erbringen ist. Durch diese Öffnungsklausel bleibt der Weg frei für neue Entwicklungen, Praxiskonzepte und Lösungsversuche, bleibt die Möglichkeit, im Einzelfall unkonventionelle und im Gesetz nicht beschriebene Leistungen zu erbringen. Auch steht die Hilfe zur Erziehung mit ihren vielfältigen, z.T. spezialisiert angebotenen Hilfeformen immer in Bezug zu den anderen Bereichen (Arbeitsfeldern) der Jugendhilfe. Sachliche Zusammenhänge zum Bereich „Förderung der Erziehung in der Familie“ (Teil II, 2. Kapitel) existieren vor allem im Hinblick auf Angebote für Familien in belastenden Lebenssituationen (z.B. § 17 „Beratung in Fragen der Partnerschaft, Trennung und Scheidung“, § 18 „Beratung und Unterstützung bei der Ausübung der Personensorge“, § 19 „Gemeinsame Wohnformen für Mütter/Väter und Kinder“, § 20 „Betreuung und Versorgung des Kindes in Notsituationen“, § 21 „Unterstützung bei notwendiger Unterbringung zur Erfüllung der Schulpflicht“), zumal die Abtrennung dieser Leistungen von denen, die als „Hilfe zur Erziehung“ geführt werden eher fiskalischen statt inhaltlichen Argumenten geschuldet ist. Weitere Bezüge dürfen nicht aus dem Blick geraten und müssen sowohl im Alltag der Jugendhilfe als auch bei weiteren Infrastrukturplanungen Beachtung finden.

Flexibilisierung der Hilfe zur Erziehung

Das Aufrechterhalten der Balance zwischen dem jeweils fachlich eigenständigen Profil der einzelnen Angebotsformen und der notwendigen Verzahnung der Hilfen sowie das Ermöglichen einer einzelfallbezogenen Flexibilität des Einsatzes von Hilfeangeboten erfordert eine kontinuierliche fachliche Kooperation zwischen den verschiedenen Einrichtungen und dem Jugendamt. Wenn eine solche Kooperation nicht hergestellt und gepflegt wird, besteht zum einen die Gefahr einer gegenseitigen Abgrenzung von Einrichtungen, die auch im Einzelfall Einbußen an pädagogischer Effektivität mit sich brächte. Zum anderen reduziert eine mangelnde Kooperation die Chancen für ein flexibles Handeln im Einzelfall z.B. dann, wenn bei Bedarf Absprachen über ein notwendiges Angebot, das bisher noch nicht vorhanden ist und kurzfristig geschaffen werden muss, getroffen und umgesetzt werden sollen. Die fachliche Perspektive der Ergänzung und inhaltlichen Verzahnung verschiedener Hilfeangebote muss sich auch in einer entsprechenden Kooperationsstruktur zwischen den Einrichtungen/Trägern widerspiegeln. Neben der Kooperation im Einzelfall und anderen Kooperationsbezügen zwischen dem Jugendamt und einem einzelnen freien Träger stellen insbesondere trägerübergreifende Arbeitsgemeinschaften eine wichtige Form der Kooperation dar.

Unter den Begriffen „Kinder- und Familienhilfezentrum, „Jugendhilfestation, „Integrierte Erziehungshilfen" etc. werden in neuerer Zeit organisatorisch-strukturelle Konzepte diskutiert (Klatetzki 1995; Winter 1993, Peters u.a. 1998), welche unterschiedliche Hilfen aus dem Bereich der Jugendhilfe (hier Hilfe zur Erziehung) und perspektivisch auch Hilfen aus anderen Hilfesystemen (z.B. Frühförderung) sowie Selbsthilfeaktivitäten (z.B. selbstorganisierte Kinderbetreuung) in einer spezifischen Weise zusammenfassen (vgl. dazu auch die entsprechenden Prämissen und Forderungen des Achten Jugendberichtes; BMJFFG 1990, S. 17, 85ff.). Ziel ist es, Spezialisierungen und Separierungen einzelner Hilfeformen aufzubrechen und diese wieder zusammenzuführen. Damit soll die Möglichkeit eröffnet werden, alle ambulanten und teilstationären (z.T. auch stationäre) Hilfen für Kinder, Jugendliche und Familien an einem Ort und flexibel zu erbringen, Übergänge zwischen Hilfeformen „abzufedern", Trägerwechsel und Abbruche zu vermeiden. Der Verzicht auf das Vorhalten einzelner Hilfearten („Säulen") hat den Vorteil, dass das sozialpädagogische Handeln, weil nicht im vornherein schon eine Festlegung auf eine bestimmte Angebotsform erfolgt, individuell erbracht und zeitnah im Hilfeprozess modifiziert werden kann (z.B. bezüglich der zeitlichen Intensität, des methodischen Ansatzes). Dies bedeutet aber gleichzeitig, dass die Form der Hilfe zur Erziehung eines eindeutigen Rahmens bedarf (um nicht beliebig bzw. willkürlich gehandhabt zu werden). Zu diesem Rahmen gehört eine präzise Hilfezielbestimmung und eine schriftliche Hilfeplanung, die Ziele, Teilziele, Aufgaben, Bearbeitungsschritte, Verantwortlichkeiten, Zeitressourcen Rückkopplungsschritte etc. klar benennt und den Beteiligten und Betroffenen so die Möglichkeit gibt, die Aktivitäten der Fachkräfte des Zentrums im Kontext der Zielbestimmungen zu überprüfen.

Qualifizierte Entscheidungs- und Hilfeplanung

Die Ausdifferenzierung des Angebots im Bereich der erzieherischen Hilfen hat auch zur Konsequenz, dass die Entscheidungspraxis in den Jugendämtern zu verbessern ist. Dort, wo auf Entwicklungsprobleme von Kindern und Jugendlichen erst dann reagiert wurde, wenn familientrennende Maßnahmen nicht mehr vermieden werden konnten bzw. dies auch die einzig relevanten Handlungsstrategien waren, konnten Hilfeplanungen weitgehend auf Einrichtungen der Fremderziehung delegiert werden. Wenn nun auf kommunaler Ebene selbst ein differenzierteres Angebot zur Verfügung steht, zudem nun auch die Eingliederungshilfen für seelisch behinderte Kinder und Jugendliche in den Zuständigkeitsbereich der Jugendhilfe fallen, stellt sich hier verschärft die Frage nach Zeitpunkt, Grundlage und Lösungsvorschlägen in fachlich begründeten Entscheidungsprozessen. Die §§ 36 und 37 SGB VIII (Mitwirkung, Hilfeplan, Zusammenarbeit bei Hilfen außerhalb der eigenen Familie) geben hierzu einige Grundorientierungen (vgl. dazu Kapitel 9 in diesem Teil II). Darüber hinaus können die §§ 72 (Mitarbeiter, Fortbildung), 79 (Gesamtverantwortung, Grundausstattung) und 80 (Jugendhilfeplanung) Grundlagen für eine fundiertere Fachlichkeit kommunaler Jugendhilfe geben. Das Gesetz definiert hier gleichwohl nur Mindeststandards.

Verhältnis der Hilfe zur Erziehung zum Maßnahmekatalog des JGG

Im Zusammenhang mit dem SGB VIII konnte – offensichtlich aufgrund nachhaltiger Interventionen der Justiz – die Chance nicht genutzt werden, „die Grenzen zum Strafrecht neu zu vermessen und die historisch bedingte Verzahnung zugunsten einer zweckorientierten Aufgabenverteilung zwischen beiden Instanzen aufzulösen" (Wiesner 1991b, S. 542). So bleibt es denn – statt die Unterschiede zwischen einem leistungsrechtlich ausgestalteten SGB VIII und einem Jugendstrafrecht (JGG) zu akzentuieren – bei Verwischungen und in den Konsequenzen hoch strittigen Überlappungen:

Der Richter kann gemäß § 10 JGG Weisungen auferlegen, die nicht oder kaum mit dem SGB VIII abgestimmt sind (z.B. sozialer Trainingskurs, Täter-Opfer-Ausgleich) und von daher auch keine jugendhilferechtlichen Konsequenzen haben (müssen). Der Richter kann – im Rahmen der „Erziehungsmaßregeln" aus Anlass der Straftat eines Jugendlichen – einen Erziehungsbeistand bzw. eine Hilfe zur Erziehung in einer Einrichtung oder in einer sonstigen betreuten Wohnform anordnen. Gefordert ist lediglich eine „Anhörung" des Jugendamtes. Hier muss es zwangsläufig zu Konflikten kommen, wenn das Jugendgericht für sich die Entscheidungsbefugnis in Anspruch nimmt und damit Vorschriften des SGB VIII (z.B. Leistungsbewilligung nach § 27 und Verfahrensregelungen nach den §§ 36, 37 SGB VIII) „ausgehebelt" werden.

Der Richter kann bis zur Rechtskraft des Urteils „die einstweilige Unterbringung in einem geeigneten Heim der Jugendhilfe anordnen" (§ 71 Abs. 2 JGG) bzw. die Anordnung zur Vermeidung von Untersuchungshaft treffen (§ 72 Abs. 4 JGG). Im Unterschied zum § 12 JGG ist hier nicht einmal eine Anhörung des Jugendamtes gefordert. § 71 Abs. 2 JGG bestimmt allerdings: „Die Ausführung der einstweiligen Unterbringung richtet sich nach den für das Heim der Jugendhilfe geltenden Regelungen." Dieses Nebeneinander von Weisungen nach dem JGG und angeordneten Hilfe zur Erziehung nach dem SGB VIII – mit bzw. ohne Beteiligung des Jugendamtes – verwischt die Unterschiedlichkeit der Zielsetzungen, Handlungsanlässe und Reaktionsformen von Jugendhilfe und Jugendgerichtsbarkeit.

5.3 Hilfeformen

Übergreifende Beratungsleistungen und Erziehungsberatung

Schon Mitte der 1970er Jahre wurden Zielbestimmungen und Prinzipien einer modernen („offensiven") Jugendhilfe mit Begriffen wie „Leistung statt Eingriff" bzw. „Prävention statt Reaktion" belegt. Dabei spielten auch Aspekte der „Ganzheitlichkeit", der „Dezentralisierung" und der weitestgehenden Einbeziehung der Betroffenenperspektive in das Angebot eine Rolle. Für die Praxis bedeutete dies, dass Sozialarbeit/Sozialpädagogik sich neue Arbeitsfelder zu erschließen und neue Arbeitsansätze zu entwickeln hatte. Bei diesen Orientierungen kommt Beratungs- und Unterstützungsangeboten als Zwischenglied zwischen solchen der allgemeinen Förderung (Leistungen und Angebote, die sich im Prinzip an alle Kinder, Jugendliche und Familien richten) und den erzieherischen Hilfen im Einzelfall (Ausgangssituationen sind hier schon manifeste Krisen, Probleme und hieraus resultierender Handlungsbedarf) eine besondere Rolle zu. Beratungs- und Unterstützungsangebote sind – im Unterschied zur allgemeinen Förderung – auf spezifische Problem- und Bedürfnislagen von Personen und Gruppen ausgerichtet. Dadurch gehen nicht nur allgemeine soziale Benachteiligungen, Ungleichheiten und Chancenbeeinträchtigungen bestimmter Gruppen in die Konzeption der Angebote ein, sie sollen gleichzeitig auch als „niedrigschwellige" Angebote mit Dienstleistungscharakter (keine Stigmatisierungswirkung) die Handlungsadressaten erreichen.

Wenn bei der Schaffung eines neuen Jugendhilferechtes das Interesse bestimmend war, dieses als Leistungsrecht auszugestalten, das von den Ansprüchen und Bedürfnissen Betroffener ausgeht, deren Partizipation in den Mittelpunkt stellt, repressive Momente zurückdrängt und Jugendhilfe nach den Grundsätzen moderner Leistungsverwaltung mit stark präventiven Ansprüchen und Möglichkeiten aufbaut, so bedeutet das gleichzeitig, dass den Beratungs- und Unterstützungsangeboten eine größere Bedeutung zukommt. Beratungsangebote werden demzufolge auch im Kinder- und Jugendhilfegesetz in den verschiedensten Zusammenhängen als Aufgabe und Verpflichtung der Jugendhilfe benannt. So zum Beispiel als Jugendberatung (§ 11), Familienberatung (§ 16), Beratung in Fragen der Partnerschaft, Trennung oder Scheidung (§ 17), Beratungsangebote für alleinerziehende Eltern sowie von Elternteilen, denen die elterliche Sorge nicht zusteht

(§ 18), Erziehungsberatung (§ 28), bei Inanspruchnahme von Hilfen zur Erziehung (§ 36), bei der Verselbstständigung eines jungen Volljährigen (§ 41), bei der Inobhutnahme eines Minderjährigen (§ 42).

Neben den Beratungsverpflichtungen der Kinder- und Jugendhilfe mit Blick auf Eltern bzw. Erziehungsberechtigte werden auch Beteiligungs- und Beratungsrechte von Kindern und Jugendlichen genannt. Von herausragender Bedeutung ist hier vor allem § 8 SGB VIII, der neben der Verpflichtung der Jugendhilfe, Kinder und Jugendliche an den sie betreffenden Entscheidungen zu beteiligen, diesen das Recht gibt, sich in allen Angelegenheiten der Erziehung und Entwicklung an die Jugendhilfe zu wenden (Beratungsverpflichtung der Jugendhilfe). Dabei können „Kinder und Jugendliche ohne Kenntnis des Personensorgeberechtigten beraten werden, wenn die Beratung aufgrund einer Not- und Konfliktlage erforderlich ist und solange durch die Mitteilung an den Personensorgeberechtigten der Beratungszweck vereitelt würde“ (§ 8 Abs. 3 SGB VIII). Damit wird Beratungsstellen aber auch anderen beratend tätigen Personen die legitime Chance eröffnet, mit Kindern und Jugendlichen in Krisensituationen ein Vertrauensverhältnis aufzubauen und Perspektiven der Konfliktlösung zu entwickeln, ohne dass durch eine sofortige Rückkoppelung mit den Personensorgeberechtigten Blockierungen und Einschränkungen ausgelöst werden. Ist so der Ausbau und die Qualifizierung von Beratungsangeboten eine Konsequenz des SGB VIII, so gibt das Gesetz auch Impulse für den Ausbau von Unterstützungsangeboten bzw. zur Absicherung und Stabilisierung solcher Angebote, sofern sie schon vorhanden sind. Von großer Bedeutung ist dabei, dass Unterstützungsangebote der Jugendhilfe – soweit sie nicht im Zusammenhang mit den Hilfen zur Erziehung zu sehen sind – sich nicht primär an individuell zu bestimmenden Defizitlagen orientieren sollen, sondern hier viel allgemeiner soziale Benachteiligungen und Beeinträchtigungen der Lebensbedingungen junger Menschen und ihrer Familien den Ausgangspunkt darstellen. So sollen eben z.B. Angebote der Jugendsozialarbeit (§ 13) nicht nur zur Überwindung „individueller Beeinträchtigungen“ beitragen, sondern auch zum „Ausgleich sozialer Benachteiligung“. Und auch die im 2. Kapitel (Teil II) genannten Unterstützungsangebote im Zusammenhang mit der Förderung der Erziehung in der Familie (vgl. z.B. Vater-Mutter-Kind-Einrichtungen, § 19, und Angebote zur Betreuung und Versorgung von Kindern in Notsituationen, § 29) sind auf Unterstützung im Vorfeld von ausgeprägten Defizitsituationen angelegt. Dabei soll es nicht in das Belieben der Träger der Jugendhilfe gestellt werden, ob sie jeweils vor Ort ein ausreichendes Angebot von Beratungs- und Unterstützungsaktivitäten vorhalten. Über eine allgemeine Gewährleistungsverpflichtung hinaus werden an vielen Stellen den Betroffenen („Leistungsberechtigten“) Rechtsansprüche eingeräumt, die Jugendhilfe binden und verpflichten. Allerdings wird sich zukünftig noch zeigen müssen, ob es hier im Zusammenspiel von engagierten und innovationsbereiten Fachkräften, sensibilisierter und handlungsbereiter Jugendpolitik und den Anforderungen und Ansprüchen seitens der Betroffenen mittelfristig zu einem flächendeckenden und bedarfsgerechten Angebot von Beratungs- und Unterstützungsangeboten kommt.

Unsicherheiten, Belastungen bei der Vereinbarung von Familie und Beruf, Arbeitslosigkeit und Krisen durch Armut und sozialen Abstieg erhalten Beratung und Unterstützung eine immer größere Bedeutung. Dabei wird zu beachten sein, wann und für wen welche Beratungs- und Unterstützungsinhalte und -formen erwartet werden, denn die unterschiedlichen Bedürfnislagen der verschiedenen Adressatengruppen sind hier zu beachten. Von daher werden Beratungs- und Unterstützungsangebote auch zielgruppenspezifische Orientierungen zu entwickeln haben. So kann es sich beispielsweise um spezifische Angebote für Mädchen („... die unterschiedlichen Lebenslagen von Mädchen und Jungen [sind] zu berücksichtigen, Benachteiligungen abzubauen und die Gleichberechtigung von Mädchen und Jungen zu fördern"; § 9), Angebote für arbeitslose bzw. von Arbeitslosigkeit bedrohte Jugendliche (Jugendsozialarbeit), Integrationshilfen im Bezugsfeld Schule (Schulsozialarbeit), Angebote für Familien in unterschiedlichen Lebenslagen und Erziehungssituationen sowie Angebote zur Krisenhilfe (z.B. Inobhutnahme) handeln. Einige der in der Kinder- und Jugendhilfe bereits erprobten Beratungs- und Unterstützungsangebote – mit besonderer Berücksichtigung des Angebotes der Erziehungsberatung als Form der Hilfe zur Erziehung – werden im Folgenden dargestellt und erörtert (vgl. grundsätzlich Krause u.a. 2003, adressatenbezogen Schlippe 2001, Eckey/Krüger 2008).

Beratung als Aufgabe der Kinder- und Jugendhilfe kann als Prävention und als Krisenintervention verstanden werden. Orientiert an verschiedenen Problemlagen und Problemgruppen – erziehungsauffällige und schuldeviante Kinder, Partner- und Sexualschwierigkeiten junger Menschen, Berufsfindungsprobleme Schulentlassener, Drogenabhängigkeit Jugendlicher, Schwierigkeiten in Ehe und Familie oder soziale Notlagen Alleinerziehender –, hat sich eine Vielzahl spezialisierter Beratungsdienste entwickelt. Das SGB VIII benennt an verschiedenen Stellen (vgl. z.B. §§ 1 Abs. 3 Satz 2; 8 Abs. 4; 11 Abs. 3 Zif. 6; 16 Abs. 2 Zif. 2; 17; 18; 21; 23 Abs. 4; 25; 28; 26 Abs. 1; 37 Abs. 1 und Abs. 2; 41 Abs. 4; 42 Abs. 1; 51; 53) Beratung als funktionale Aufgabe und Leistung der Kinder- und Jugendhilfe.

Nach Thiersch u.a. kann Beratung verstanden werden als „ein Handeln, das (...) auf die Veränderung eines – wie auch immer verursachten – Zustandes der Hilfebedürftigkeit, auf eine Krise gerichtet ist. Dieser Zustand soll mit dem Ziel geändert werden, die Hilfebedürftigkeit zu beseitigen oder wenigstens zu reduzieren" (1977, S. 101). Aufgabe der Beratung soll sein, „die Ratsuchenden bei der Lösung von Problemen der Lebensführung zu unterstützen, ohne ihnen eine bestimmte Lösung aufzudrängen" (Wissenschaftlicher Beirat für Familienfragen beim BMFS 1993, S. 8 und 30). Für Proksch ist Beratung nach dem SGB VIII „klassische Hilfe zur Selbsthilfe" (1990, S. 323 vgl. auch Krause u.a. 2003).

§ 28 SGB VIII | Erziehungsberatung

„Erziehungsberatungsstellen und andere Beratungsdienste und -einrichtungen sollen Kinder, Jugendliche, Eltern und andere Erziehungsberechtigte bei der Klärung und Bewältigung individueller und familienbezogener Probleme und der zugrunde liegenden Faktoren, bei der Lösung von Erziehungsfragen sowie bei Trennung und Scheidung unterstützen. Dabei sollen Fachkräfte verschiedener Fachrichtungen zusammenwirken, die mit unterschiedlichen methodischen Ansätzen vertraut sind."

Erziehungsberatung (vgl. § 28) kann im Schwerpunkt als personenbezogene Beratung (in Abgrenzung zur inhalts-, aufgaben- oder themenbezogenen Beratung wie z.B. Verbraucherberatung, Schuldnerberatung, Beratung für Wohnungslose etc.) bestimmt werden. Bei Anerkennung von Überlappungen und Mischformen lässt sich die (Erziehungs-) Beratung von Therapie dadurch unterscheiden, dass sie in der Regel auf einen kürzeren Zeitraum angelegt und weniger strukturiert bzw. offener ist (dem Ratsuchenden mehr Freiheit lässt, Themen und Interaktionsformen der Beratung zu bestimmen und im Verlauf zu ändern) und sich auf Probleme bezieht, die weniger gravierend (autonomiebeschränkend) sind. Beratung kann allerdings als eine (mögliche) Vorstufe zur Therapie angesehen werden. Erziehungsberatung kann von Kindern, Jugendlichen jungen Volljährigen, Eltern und Erziehungsberechtigten in Anspruch genommen werden. Die Inanspruchnahme erfolgt freiwillig und ist kostenlos (vgl. § 91). Die Berater/innen sind zur Verschwiegenheit verpflichtet. Die Offenbarung von Inhalten des Beratungsgesprächs gegenüber Dritten setzt grundsätzlich die Einwilligung der beratenen Personen voraus.

Die Erziehungsberatung ist die zahlenmäßig bedeutendste Hilfeart im Gesamtspektrum der erzieherischen Hilfen. Der Bedarf für diese Hilfe wuchs in den 1990er Jahren kontinuierlich. So nahmen in Deutschland die Beratungen je 10.000 junger Menschen (Beratungsquote) zwischen 1991 und 2001 von 59 auf 118 zu. Die alters- und geschlechtsspezifischen Beratungsquoten zeigen, dass Minderjährige eine höhere Beratungsquote als junge Volljährige haben und bei Minderjährigen mehr Jungen als Mädchen beraten werden. Im Jahr 2008 wurden über 300.000 Beratungen begonnen, genauso viele beendet und am Stichtag 31.12. rund 132.000 Beratungsfälle verzeichnet (vgl. Kap. 5.1 und Statistisches Bundesamt 2010).

Die Erziehungsberatung (Belardi u.a. 1996, S. 97ff.; Cremer u.a. 1994; Hundsalz 1995; Menne 1996, 2006) hat die Aufgabe, Verhaltensauffälligkeiten, Erziehungs- und Lernschwierigkeiten sowie Entwicklungsstörungen vorzubeugen (Prävention) bzw. diese zu diagnostizieren und zu behandeln. Zusammenfassend werden in der Literatur ebenso wie in den von Trägern und öffentlichen Stellen erarbeiteten Richtlinien häufig folgende Aufgabenschwerpunkte für die Arbeit der Erziehungsberatungsstellen genannt (vgl. dazu Spittler/Specht 1984, S. 13 und aktuelle Standortbestimmungen bei

Hörmann/Körner 2008, Körner/Hörmann 2000, 2002, Imelmann/Romeike 2010, Korr/Zander/Stierlin 2003):

- beratende Intervention (Unterstützung von Kindern, Jugendlichen und ihren Familien bei dem Verständnis und der Bewältigung entstandener Probleme),
- therapeutische Intervention (auf einen bestimmten Zeitraum angelegte, methodisch strukturierte Beziehungen, die Verhaltensänderungen bewirken sollen),
- präventive Multiplikatorenarbeit (Beratung und Unterstützung von Eltern, Lehrkräften und Erzieher/inne/n etc., um Probleme der Entwicklung von Kindern und Jugendlichen frühzeitig zu erkennen und eigene Lösungskompetenzen zu stärken),
- präventive Information (Öffentlichkeitsarbeit und politische Einflussnahme, um Belastungen in den Lebensfeldern von Kindern und Jugendlichen zu identifizieren und Veränderungen zu bewirken).
- Anlässe für die Inanspruchnahme von Erziehungsberatung sind (nach Menne 1996) zumeist:
- emotionale Probleme (z.B. Ängste, Einsamkeit, depressive Zustände),
- soziale Vorhaltensauffälligkeiten (z.B. Kontaktschwierigkeiten, Aggressivität, Geschwisterrivalität),
- Probleme im Schul- und Leistungsbereich (z.B. Leistungsversagen, Schulschwänzen, Teilleistungsstörungen),
- Schwierigkeiten in der familialen Interaktion (z.B.: Gesprächsverweigerung, körperliche Züchtigung, Ablösung vom Elternhaus),
- psychosomatische Auffälligkeiten (z.B. Einnässen, Einkoten, Ess- oder Sprachstörungen).

Die Ausgestaltung der Erziehungsberatung kann folgende Bestandteile vollständig oder teilweise beinhalten:

- persönlichkeits- und systemorientierte Diagnostik unter Einbeziehung der Familie und des sozialen Umfeldes,
- Vereinbarung über Art und Umfang der angebotenen Hilfe,
- Beratung und Behandlung für das Individuum, die Familie und
- Beratung für das soziale Umfeld,
- Krisenintervention,
- Koordination der Hilfe mit anderen bestehenden Maßnahmen und weiteren Hilfsmöglichkeiten innerhalb und außerhalb der Einrichtung.

Aufgaben der fallübergreifenden Beratung im Sinne des SGB VIII sind insbesondere:

- Darstellung der Leistungen der Erziehungsberatung in der Öffentlichkeit als allgemein zugängliche psychosoziale Dienstleistung (Gemeindenähe),
- Erreichen von beratungsfernen (hilfsbedürftigen) Bevölkerungsgruppen durch niedrigschwellige Angebote, lebensweltorientierte Methoden,

- Förderung von Eltern und jungen Menschen in ihrer pädagogischen und/ oder sozialen Kompetenz,
- Thematisieren von allgemeineren, aus der Beratungspraxis erfahrenen Fragen, Tabus und Problemen des Gemeinwesens oder unserer Gesellschaft in der Öffentlichkeit, z.B. in Form gemeinwesenorientierter Arbeit,
- Förderung eines positiven Erziehungsklimas, einer positiven Einstellung zu Bedürfnissen von Kindern, Jugendlichen und Familien in der Öffentlichkeit und Aufbau unterstützender Strukturen (örtliche und regionale Sozialpolitik),
- Kooperation mit anderen psychosozialen und pädagogischen Einrichtungen, Initiativen und Selbsthilfegruppen und Angebot beraterischer Unterstützung.

Neue Impulse zum Überdenken der Arbeit von institutionalisierten Beratungseinrichtungen kommen auch vom SGB VIII selbst. Wenn dort die Beratungsdienste für Kinder, Jugendliche und Eltern – neben der Benennung von Beratungsaufgaben an anderen Stellen des Gesetzes – auch in den Kanon der Hilfen zur Erziehung einbezogen werden, hat dies in der Konsequenz eine stärkere Einbeziehung der Erziehungsberatungsarbeit in die hier erforderlichen Angebote und Hilfeprozesse (vgl. vor allem § 36 SGB VIII) zur Folge. Die Erziehungsberatung wäre demnach stärker auf die Bedürfnisse der Adressaten der sozialen Dienste, der Kinder und Jugendlichen in besonderen Lebens- und Förderungssituationen, auszurichten, was auch bedeuten müsste, dass institutionalisierte Beratungsstellen hier Kapazitäten bereitzustellen hätten.

Erziehungsberatung liegt auf der Grenze zwischen Prävention und Intervention. So gibt es einerseits Beratungseinrichtungen, die von psychosozialen Problemlagen einzelner junger Menschen (und/oder ihrer Familien) ausgehen, diese diagnostizieren und behandeln. Ein solcher Ansatz wäre als stärker therapeutisch im Sinne der Intervention zu charakterisieren. Andererseits werden in der Diskussion über Beratungskonzepte zunehmend die Stichworte Alltag, Lebenswelt, Stadtteilarbeit aufgegriffen und entsprechende Versuche in der Praxis entwickelt. Solche Schwerpunktsetzungen gehen von einem relativ weit gefassten Begriff der Prävention aus. Nicht der Einzelfall, sondern das ihn umgebende Milieu wird zum Brennpunkt der Arbeit, die zum Ursprung sozialarbeiterischen Handelns zurückkehrt, zu den Betroffenen, zu den Familien, den Kindern und Jugendlichen.

Das Konzept der Stadtteilorientierung baut Barrieren durch eine unmittelbare, zielgruppenorientierte Arbeit ab. Schon allein die räumliche Begrenzung des Arbeitsfeldes bietet Vorteile:

- kurze Wegen für die Klienten,
- die Beratungsstelle in der Nachbarschaft verliert auch nach außen hin den behördlichen Charakter und reduziert damit Schwellenängste vor allem sozial benachteiligter Klienten,

- die Kooperation mit anderen Institutionen wird einfacher, weil die Kontakte überschaubar bleiben und konkrete Anknüpfungspunkte durch gemeinsame Zielgruppe und Arbeitsfeld gegeben sind,
- persönlich ansprechende Öffentlichkeitsarbeit und die Mitwirkung der Mitarbeiter an Elternabenden von Kindergärten, Vorträgen und Kinderfesten machen die Beratungsstelle bekannt.

Darüber hinaus bietet die stadtteilbezogene Neustrukturierung des Beratungsangebotes eine gute Chance, die Lebensbedingungen von Familien, Kindern und Jugendlichen positiv zu beeinflussen. Dabei ist zuerst an ganz konkrete Hilfen zur Behebung von Not und Krisensituationen zu denken. Hierunter fallen Unterstützung bei der Wohnungssuche oder Beantragung von materiellen Hilfen ebenso wie die Organisierung einer Kinderbetreuung im Stadtteil in Zusammenarbeit mit einer Initiative, von Familienbildungs- und Erholungswochenenden, die Vermittlung leistungsschwacher Schüler an Eltern von Klassenkameraden zur Hausaufgabenbetreuung oder an freiwillig mitwirkende Lehrer. Dies entlastet zum einen die Betroffenen sehr konkret und materiell. Zum anderen wird die wechselseitige Hilfe bei Kinder- oder Aufgabenbetreuung möglicherweise zu einem Kristallisationspunkt neuer Nachbarschaftsbeziehungen, die sich tendenziell auf weitere Personen und vor allem andere Berührungspunkte des täglichen Lebens ausweiten können, die ja in der Hausarbeit, Erziehung und Freizeit potenziell vorhanden sind.

Stadtteilorientierte Erziehungsberatung zielt also nicht auf eine Erweiterung reiner Dienstleistungsfunktionen. Durchgängiges Prinzip aller Anstrengungen – und dies ist auch ein politisches – ist die Einbeziehung und Aktivierung der Betroffenen selbst, die Förderung ihrer sozialen Kontakte, Anregung und Unterstützung zur Selbsthilfe. Methodisch bieten sich vielfältige Möglichkeiten der Anregung und Mitarbeit in Initiativen durch Bereitstellung von Räumen, durch Kontaktvermittlung und Übernahme von Drehpunktfunktionen, Straßen- und Kinderfesten etc. Übergeordnetes Ziel ist dabei die Schaffung von Kooperationsstrukturen, von informellen Systemen im Wohngebiet zur Überwindung der zunehmenden privatisierenden Isolierung der Bewohner. Stadtteilorientierung öffnet auch der Einzelfallarbeit neue Möglichkeiten, die der Vielschichtigkeit des Beratungsbedarfs angemessen sind. Durch die genaue Kenntnis der Lebensbedingungen der betroffenen Familien kann erreicht werden, ihre Probleme in personenübergreifenden Zusammenhängen zu sehen – nicht im Sinne sozialer Kontrolle – und die verursachenden Bedingungen von Problemlagen auch im konkreten Fall einzugrenzen. Die unterstützenden Hilfen im Rahmen von Beratung und Therapie können, wenn es angezeigt ist, in das soziale Umfeld hineinverlagert werden (vgl. zu zukünftigen Profilen der Erziehungsberatung Vossler 2003, Zimmer/Schrapper 2006).

Über die genannten Unterstützungs- und Betreuungsmöglichkeiten von

Kindern und Jugendlichen im Kontext der Beratung hinaus haben sich in der Vergangenheit ambulante und teilstationäre Erziehungshilfen entwickelt, die versuchen, die Lücke zwischen eher unverbindlichen und bestimmte Personengruppen nur unzulänglich erreichenden Beratungsangeboten einerseits und den eingreifenden Maßnahmen der Jugendhilfe (Fremdunterbringung) andererseits zu schließen (vgl. Abb. 6).

Methodische Orientierung	Angebote	(Haupt-)Zielsetzung der Hilfe
Familienorientierte Hilfen	Erziehungsberatung Sozialpäd. Familienhilfe	Stärkung oder Wiederherstellung der Erziehungsfähigkeit der Familie
Gruppenorientierte Hilfen	Tagesgruppe	
	Soziale Gruppenarbeit	Unterstützung älterer Kinder, Jugendlicher und junger Erwachsener bei der Bewältigung von Problemen (Verselbstständigung)
Einzelfallorientierte Hilfen	Erziehungsbeistände	

Abb. 6: Familienunterstützende und -ergänzende Hilfen (Quelle: Gintzel/Jordan u.a. 1997)

Das SGB VIII nimmt diese Entwicklungen auf und nennt (§§ 28 ff.) einige dieser entwickelten Formen im Kontext der Hilfen zur Erziehung. Im Folgenden sollen diese weiteren Angebotsformen (neben der Erziehungsberatung, siehe oben) kurz dargestellt und in ihren Leistungsprofilen charakterisiert werden.

Soziale Gruppenarbeit

Soziale Gruppenarbeit (auch Erfahrungskurse, Übungs- und Erfahrungskurse) ist ein aus der Praxis der Jugendhilfe entwickeltes Angebot zum sozialen Lernen in Gruppen, das auf der Freiwilligkeit der Inanspruchnahme beruht und neben Jugendlichen auch ältere Kinder (12 bis 14 Jahre) einbezieht.

§ 29 SGB VIII | Soziale Gruppenarbeit

„Die Teilnahme an sozialer Gruppenarbeit soll älteren Kindern und Jugendlichen bei der Überwindung von Entwicklungsschwierigkeiten und Verhaltensproblemen helfen. Soziale Gruppenarbeit soll auf der Grundlage eines gruppenpädagogischen Konzepts die Entwicklung älterer Kinder und Jugendlicher durch soziales Lernen in der Gruppe fördern."

„Soziale Gruppenarbeit“ steht als Oberbegriff für Angebote einer zeitlich befristeten (Kurs) oder fortlaufenden pädagogischen Betreuung von Minderjährigen in Krisen ihrer Entwicklung. Diese beinhalten i.d.R. deutliche Verhaltensprobleme vor allem im Bereich des normkonformen Verhaltens, bei denen jedoch über konkrete inhaltliche Angebote unter Einbeziehung des sozialen Umfelds Chancen zur Entwicklung und Stärkung der sozialen Kompetenzen gesehen werden.

Soziale Gruppenarbeit in Kursform (Alternative: fortlaufende Gruppenarbeit) wird i.d.R. für vier Zeitstunden wöchentlich geplant und dauert zwischen sechs bis 12 Monaten. Die Aufnahme in den Kurs erfolgt gleichzeitig für alle Teilnehmer/innen. Ebenso beenden diese den Kurs auch gleichzeitig. Die Zahl kann zwischen drei und zehn Personen liegen. Die Gruppenarbeit kann durch Gruppenfahrten und Wochenendseminare ergänzt werden. Die praktische Gestaltung des Kursprogramms erfolgt in einem gruppenpädagogischen Ansatz (themen- und gesprächsorientierte Gruppentreffen und aktions- und erlebnisorientierte Angebote). Neben der kursbezogenen Angebotsform gibt es auch positive Erfahrungen mit fortlaufenden Gruppen, d.h. Aufnahmen können zu jedem Zeitpunkt erfolgen ebenso wie die individuelle Beendigung. Aus dem Bezugsfeld der Jugendhilfe liegen auch positive Berichte über „Übungs- und Erfahrungskurse für schwer problembelastete Jugendliche“ (Kokoschka/Uhlendorf 1992) vor, die als erlebnispädagogische Kurse mit vier bis sieben Monaten Dauer angelegt sind.

Auf der Grundlage der Zahlen der amtlichen Jugendhilfestatistik (Statistisches Bundesamt 2003) haben im Jahr 2002 6.180 ältere Kinder und Jugendliche das Angebot der sozialen Gruppenarbeit (überwiegend allerdings als „soziale Trainingskurse“ durchgeführt) erhalten. Die Fallzahl ist inzwischen gestiegen: Im Jahr 2008 wurden bereits rund 8.000 Hilfen in diesem Leistungsbereich begonnen und fast genauso viele beendet (vgl. Kap. 5.1 und Statistisches Bundesamt 2010).

Soziale Gruppenarbeit kann angesiedelt werden zwischen offenen pädagogischen Angeboten (Jugendarbeit) bzw. beratenden Hilfen (z.B. Jugend-/Erziehungsberatung) und der Erziehung außerhalb der eigenen Familie. Nach den bisherigen Erfahrungen (z.B. Elger u.a. 1987) befinden sich im Betreuungsfeld der sozialen Gruppenarbeit Kinder und Jugendliche aus sozial benachteiligten Familien, bei denen jedoch das familiäre Beziehungsnetz als ausreichend tragfähig eingeschätzt wird, um ein Verbleiben in der Familie zu ermöglichen. Wenn auch soziale Gruppenarbeit Fremdunterbringungen nicht ersetzen kann, so können doch über die Vermittlung positiver Erlebnisse und Angebote sozialen Lernens Verhaltensänderungen bei den betreuten Kindern und Jugendlichen bewirkt werden. Im Unterschied etwa zum Erziehungsbeistand wirkt die soziale Gruppenarbeit weniger in das familiäre bzw. engere soziale Umfeld des Minderjährigen ein.

Angebote der sozialen Gruppenarbeit im Kontext der Jugendhilfe sind allein auf der Grundlage freiwilliger Mitarbeit zu realisieren, zumal im Bezugsfeld des JGG die „sozialen Trainingskurse“ (§ 10 Abs. 1 Nr. 6 JGG) als „Erziehungsmaßregel“ zur Verfügung stehen und die Teilnahme an Angeboten der sozialen Gruppenarbeit vom Jugendgericht nicht verpflichtend angeordnet werden kann. Da § 29 SGB VIII auch „ältere Kinder“ einbezieht, § 27 Abs. 2 („insbesondere“) die Öffnung der Angebote für jüngere Jahrgänge ermöglicht, ist die soziale Gruppenarbeit als ein jugendhilfespezifisches Angebot zu profilieren und von den sozialen Trainingskursen nach dem JGG abzugrenzen. In diesem Zusammenhang ist auch die Frage zu stellen, ob Jugendhilfe überhaupt für straffällige Jugendliche und Heranwachsende nach entsprechenden Zuweisungen durch die Justiz das Angebot des „sozialen Trainingskurses“ vorhalten sollte oder diese Form der Weisung nach den JGG nicht angemessener im Bezugsfeld und in der Verantwortlichkeit der Jugendstrafrechtspflege zu etablieren wäre.

Erziehungsbeistandschaft

Im Jugendwohlfahrtsgesetz war die Erziehungsbeistandschaft als einzige Form ambulanter erzieherischer Hilfen vorgesehen (vgl. §§ 55 ff. JWG). Die aus der älteren Schutzaufsicht (vgl. §§ 56 ff. RJWG) entwickelte und ursprünglich ehrenamtlich angelegte Erziehungsbeistandschaft hat sich zunehmend zu einem von hauptamtlichen Fachkräften getragenen pädagogischen Angebot weiterentwickelt (Münder u.a. 2003, § 30). Auch inhaltlich hat sich die Erziehungsbeistandschaft, die ursprünglich auf „Verwahrlosung“ (RJWG) bzw. Gefährdungen oder Schädigungen der Entwicklung (JWG) abstellte, zu einem Angebot zur „Bewältigung von Entwicklungsproblemen“ ausdifferenziert (vgl. Behnies u.a. 1992; Gebert/Schone 1993).

§ 30 SGB VIII | Erziehungsbeistand, Betreuungshelfer

„Der Erziehungsbeistand und der Betreuungshelfer sollen das Kind oder den Jugendlichen bei der Bewältigung von Entwicklungsproblemen möglichst unter Einbeziehung des sozialen Umfelds unterstützen und unter Erhaltung des Lebensbezugs zur Familie seine Verselbstständigung fördern.“

Die Aufgabe des Erziehungsbeistandes besteht darin, Problemlagen von Minderjährigen unter Einbezug ihres sozialen Umfelds zu bearbeiten. Gegenstand der Betreuung sind insbesondere:

- Beziehungen zwischen Eltern und Kindern/Jugendlichen,
- schulische Probleme des Kindes/Jugendlichen,
- andere soziale Bezüge des Kindes/Jugendlichen (z.B. Freundeskreis).

Nach dem Wortlaut des § 30 SGB VIII wird die Erziehungsbeistandschaft als ein sozialpädagogisches Angebot verstanden, das insbesondere auf die

Unterstützung des Minderjährigen ausgerichtet ist und sich damit von anderen Methoden sozialpädagogischer Hilfen unterscheidet, die stärker die Familie in den Blick nehmen. Nach dem Konzept des SGB VIII arbeiten die Erziehungsbeistände zwar auch mit den Personensorgeberechtigten zusammen, die im Rahmen der Hilfeplanung ihre Zustimmung zu einer Erziehungsbeistandschaft geben müssen, und sie tragen im Gespräch mit Eltern und Kindern/Jugendlichen zur Bewältigung von Erziehungsproblemen im Familienalltag bei. Dabei sollen jedoch im Unterschied z.B. zur sozialpädagogischen Familienhilfe stärker das Kind/der Jugendliche selbst und dessen Wunsch nach Unterstützung im Mittelpunkt sozialpädagogischen Handelns stehen.

In der Praxis ist die Altersspanne der Minderjährigen, die im Rahmen einer Erziehungsbeistandschaft betreut werden, relativ groß. Sie liegt zwischen neun bis 16 Jahren. Dabei ist eine Tendenz erkennbar, im Rahmen einer Erziehungsbeistandschaft vor allem mit älteren Minderjährigen auch in Richtung auf eine Verselbstständigung (Übergang in eine eigene Lebensform) zu arbeiten. Diese Akzentsetzung wird der Erziehungsbeistandschaft nun explizit als Aufgabenstellung zugewiesen. Erziehungsbeistandschaften, die zumeist durch hauptamtliche Mitarbeiter/innen (Sozialarbeiter/Sozialpädagogen) bzw. Honorarkräfte durchgeführt werden, sind i.d.R. längerfristig (ein bis drei Jahre) angelegt. Es werden unterschiedliche Methoden der Sozialarbeit/Sozialpädagogik (Einzel- und Gruppenarbeit) angewendet. Kernstück der Arbeit sind zumeist regelmäßige Beratungsgespräche mit den Kindern/Jugendlichen und deren Eltern. Formen der Gruppenarbeit (gemeinsame Freizeitaktivitäten) haben sich bewährt (vgl. dazu den Überschneidungsbereich zur „sozialen Gruppenarbeit“ § 29 SGB VIII).

In der Literatur wird – wenn die Erziehungsbeistandschaft als Sonderdienst (beim Jugendamt oder einem freien Träger) eingerichtet ist – von Fallzahlen von 10 bis 30 Fällen je Erziehungsbeistand ausgegangen. Die derzeitige Praxis hat sich bei 25 Fällen eingependelt. Dort, wo die Erziehungsbeistandschaft als intensive Form der ambulanten Hilfe praktiziert wird, finden sich auch niedrigere Fallrelationen. Um eine effektive Arbeit leisten zu können, sollte eine Fallzahl von 20 nicht überschritten werden.

Nach den Angaben der amtlichen Jugendhilfestatistik (Statistisches Bundesamt 2003) wurden 2002 noch 12.765 Kinder oder Jugendliche im Rahmen der Erziehungsbeistandschaft betreut und im Jahr 2008 waren es über 34.000 gewährte Hilfen (Summe begonnene Hilfen und Hilfen am 31.12. der Erziehungsbeistandschaft; vgl. Kap. 5.1 und Statistisches Bundesamt 2010).

Im Gegensatz zu der Konzeption der Erziehungsbeistandschaft als einer auf Freiwilligkeit und Einvernehmlichkeit gegründeten Hilfeform steht die nach § 12 Jugendgerichtsgesetz (JGG) auch weiterhin gegebene Möglichkeit der Anordnung als Erziehungsmaßregel. Entbehrlich ist die Anordnungsmöglichkeit schon allein deswegen, weil nach dem JGG der „Betreuungshelfer“ zur Verfügung steht. Für die Fortentwicklung der Erziehungsbeistandschaft ist daher neben einer weiteren Durchsetzung von Hauptamtlichkeit und Fachlichkeit der Erziehungsbeistände und dem Verbund dieses Angebots mit anderen Hilfen (z.B. soziale Gruppenarbeit nach § 29, intensive sozialpädagogische Einzelbetreuung nach § 35 SGB VIII) auch der Verzicht auf deren Anordnung (nach dem JGG) zu fordern.

Sozialpädagogische Familienhilfe

Im Rahmen des Ausbaus familienorientierter ambulanter erzieherischer Hilfen hat der Einsatz der sozialpädagogischen Familienhilfe (SPFH) bundesweit Beachtung und Verbreitung gefunden (vgl. Allert u.a. 1994; Helmig 2001; Hofgesang 2001; kritisch: Karsten/Otto 1987; Peters 1990). Ergänzend – und z.T. konkurrierend – haben sich zudem ab Mitte der 1990er Jahre neue Formen familienorientierter Kurzzeithilfen unter Bezeichnungen wie „Families First“, „Familie im Mittelpunkt“, „Familienaktivierung“ (Koch/Lambert 2000; Helming 1999; Gehrmann/Müller 1998) entwickelt und etabliert, um damit intensive familienbezogene Hilfen auch kurzfristig und in Krisensituationen verfügbar zu machen (vgl. zum Wandel der Familienhilfe Fröhlich-Gildhoff/Engel/Rönnau 2006).

§ 31 SGB VIII | Sozialpädagogische Familienhilfe

„Sozialpädagogische Familienhilfe soll durch intensive Betreuung und Begleitung Familien in ihren Erziehungsaufgaben, bei der Bewältigung von Alltagsproblemen, der Lösung von Konflikten und Krisen, im Kontakt mit Ämtern und Institutionen unterstützen und Hilfe zur Selbsthilfe geben. Sie ist in der Regel auf längere Dauer angelegt und erfordert die Mitarbeit der Familie.“

Seit Beginn der 1990er Jahre hat die SPFH einen beträchtlichen Ausbau erfahren, der bis heute anhält. Ende 2002 wurden 23.495 Familien (Ende 1991: 9.089 Familien) durch die SPFH unterstützt. Dabei dominierten Betreuungen durch Mitarbeiter/innen bei öffentlichen Trägern (rund 70 Prozent aller Betreuungen). Der Schwerpunkt der Arbeit der SPFH liegt in Familien, in denen das jüngste Kind unter sechs Jahre alt ist. In 75 Prozent der betreuten Familien leben zwei und mehr Kinder (Statistisches Bundesamt 1996, 2003). Aktuell ist die sozialpädagogische Familienhilfe diejenige Hilfeform, die den stärksten Zuwachs an Fallzahlen verzeichnet: Allein die im Jahr 2008 begonnenen Hilfen von über 39.000 überstiegen das Volumen von 2007 um mehr als 7.000 Fälle (begonnene Hilfen in 2007: 31.689) (vgl. Kap. 5.1 und Statistisches Bundesamt 2010).

Sozialpädagogische Familienhilfe ist eine pädagogische Dienstleistung, die durch eine gezielte Verbindung von pädagogischen und alltagspraktischen Hilfen die Selbsthilfekompetenzen der Familie zu stärken versucht (vgl. grundsätzlich Rothe 2008; Woog 2010; Helmig 2007; Weinert-Portmann 2009). Es ist ein Kennzeichen des Handlungsfeldes, dass die pädagogische Hilfe in der Umwelt der Familie stattfindet und dass daher diese Hilfe zu ihrer Wirksamkeit einer besonderen Bereitschaft der Familie zur Mitarbeit und einer besonderen Beziehung zwischen dem jeweiligen Familienhelfer und der Familie bedarf. Sozialpädagogische Familienhilfe ist eine ambulante Hilfe, die sich an die gesamte Familie richtet. Es besteht die Erwartung, dass die Familie durch die Betreuung und Begleitung die Fähigkeit zur Problemlösung und Alltagsbewältigung (wieder-)gewinnt. In den meisten Fällen bedarf es hierzu einer längeren Zeitspanne. In jedem Fall ist aber die Mitarbeit der Familie in diesem Prozess eine notwendige Voraussetzung zur Erreichung des Ziels. Familienhilfe bezieht sich auf unterschiedliche Aspekte, z.B. erzieherische Situation, Beziehungen zwischen Eltern und Kindern sowie zwischen Elternteilen, gesundheitliche Situation von Eltern und Kindern, materielle Situation der Familie (einschließlich der Wohnsituation), Verhältnis von Familie und sozialem Umfeld.

Sozialpädagogische Familienhilfe wird vor allem durch folgende Prinzipien bestimmt:

- Es handelt sich um eine längerfristige Hilfe (im Gegensatz zu den kurzfristigen Hilfen zur Aufrechterhaltung der Haushaltsführung nach § 70 BSHG bzw. der Betreuung und Versorgung eines Kindes in Notsituationen nach § 20 SGB VIII).
- Die pädagogische Hilfe findet in der Umwelt der Familien statt; der/die Familienhelfer/in erlebt unmittelbar die Alltagsprobleme der Familien.
- Sozialpädagogische Familienhilfe ist weniger ein therapeutisches Angebot als vielmehr eines der konkreten, praktischen Lebenshilfe.
- Es ist eine bestimmte Einzelperson für die Betreuung der Familie zuständig, die zudem eine relativ große Nähe zu den Betroffenen und ihren Problemen hat.
- Familienhilfe versucht die Isolation der Familien aufzubrechen und deren Öffnung nach außen (Institutionen und informelle Gruppen) zu unterstützen.

Neben diesen durchweg positiv zu beurteilenden Aspekten gibt es aber Gesichtspunkte, die bei einer Wertung der sozialpädagogischen Familienhilfe – auch bei deren Vergleich mit anderen sozialen Diensten – Beachtung finden müssen. Zu diesen eher problematisch einzuschätzenden Momenten gehören folgende:

- Die Anwesenheit eines Familienhelfers in der Familie bedeutet einen starken Einbruch in den familiären Intimbereich („gläserne Familie"). Von daher werden Verhaltensbereiche der Familienmitglieder einer Bewertung und Kontrolle zugänglich, die andere soziale Dienste in dieser Form nicht haben.

- Die Familien haben zumeist nicht von sich aus die Familienhilfe in Anspruch genommen. Nicht selten hat erst ein mehr oder minder deutlicher Druck von außen (drohende Eingriffe, Fremdplatzierungen oder anderweitig nicht erfüllter Wunsch nach Rückführung von Kindern) die Familien zur Akzeptanz dieses Angebots veranlasst (vgl. dazu aber die Anforderungen des § 31 SGB VIII: Mitarbeit der Familie).
- Die Familienhelfer/innen arbeiten in dem emotionalen Spannungsfeld der Familie. Darin einbezogen können sich Parteilichkeiten, Ambivalenzen und Ablehnungen entwickeln, die der fortwährenden Kontrolle bzw. Korrektur bedürfen.
- Durch die längerfristige Einbindung einer außenstehenden Fachkraft in die Familiendynamik kann das der Familie eigene Problemlösungspotential weiter geschwächt werden (Experten- und Schiedsrichterfunktion der Familienhilfe).

Sozialpädagogische Familienhilfe verwirklicht sich durch beratende Gespräche, modellhaftes Handeln und praktische Hilfe. Die dabei wahrgenommenen Aufgaben können gekennzeichnet werden als Erziehungsberatung, Partnerberatung, Einzelberatung, Hausaufgabenbetreuung, Anleitung bei der Arbeit im Haushalt, Unterstützung bei der materiellen Lebenssicherung, Unternehmungen (Aktivitäten) mit Eltern und Kindern. Dabei können ergänzend andere Institutionen in Anspruch genommen werden (z.B. Tagesbetreuung von Kindern außerhalb der Familie, Schuldnerberatung).

Einen besonderen Stellenwert hat die Verbesserung des Verhältnisses der Familie zum sozialen Umfeld. Viele Familien sind in ihrem sozialen Umfeld isoliert und erfahren von daher keine entsprechende Unterstützung. Wichtig ist auch, dass sozialpädagogische Familienhilfe regionalisiert angeboten wird. Die Arbeit kann sich dann darauf richten, dass die Familien Einrichtungen des Stadtteils (z.B. soziale Infrastruktur) verstärkt nutzen, ärztliche und andere professionelle Hilfen in Anspruch nehmen, die Kooperation mit der Schule verbessert wird. Gruppenangebote für Familien (z.B. Frauengruppe, Kindergruppe) machen es möglich, die Präsenz der Familienhelfer/innen im Privatbereich der Familie zu verringern und die Kontakte und Selbsthilfeaktivitäten zwischen den Familien zu fördern.

Die für die Arbeit mit den Familien veranschlagte Wochenarbeitszeit beträgt zwischen fünf und 20 Stunden (einschließlich Teamsitzung, Supervision, Verwaltungstätigkeit usw.). Sozialpädagogische Familienhilfe für eine Familie wird in der Regel für einen Zeitraum von ein bis zwei Jahren (mit der Möglichkeit der Verlängerung) geleistet. Diese Zeit wird aufgrund der praktischen Erfahrungen in den meisten Fällen benötigt, um die Ziele bzw. Teilziele der Familienarbeit zu erreichen. Die mit der sozialpädagogischen Familienhilfe als ambulanter Erziehungshilfe gegebenen Möglichkeiten können erst bei einer Sicherung fachlicher Mindeststandards voll erschlossen werden. Hierzu gehören u.a.:

- Die Festanstellung der sozialpädagogischen Familienhelfer/innen muss zur Regel werden, wie dies in anderen Arbeitsfeldern der Sozialarbeit/ Sozialpädagogik selbstverständlich ist.
- Sozialpädagogische Familienhilfe erfordert eine sozialpädagogische Qualifikation, die erfüllt wird durch Sozialarbeiter/innen, Sozialpädagog/inn/en, Diplom-Pädagog/inn/en sowie – mit Einschränkungen – durch Erzieher/innen.
- Familienhelfer/innen brauchen berufsbegleitende Möglichkeiten der Qualifikation durch fachlichen Austausch, Beratung, Fortbildung und Supervision.
- Familienhilfedienste brauchen eine angemessene räumlich-sachliche Ausstattung.
- Die Betreuung im Einzelverhältnis der Familienhelfer/innen zur Familie ist zu ergänzen durch familienübergreifende Angebote.

In der sozialpädagogischen Familienhilfe, die in besonderer Weise den Privatbereich der Familie berührt, sind die Prinzipien des Datenschutzes (Datenschutzvorschriften nach den §§ 61, 64, 65 SGB VIII) besonders sorgfältig zu reflektieren und zu beachten.

Der Aspekt des Datenschutzes ist deshalb von zentraler Bedeutung, weil die sozialpädagogische Familienhilfe so dicht wie kaum ein anderer sozialer Dienst in den Intimbereich der Familie hineindringt (vgl. dazu auch Merchel 1995, S. 23ff.). Dies unterstreicht auch der Achte Jugendbericht, wenn er feststellt: „Angesichts der Intimität von Familienhilfe ist elementare Voraussetzung für die Arbeit die Trennung gegenüber allen hoheitlichen Aufgaben und damit gegebenen Kontrollmöglichkeiten. Auch da, wo Familienhilfe nicht (wie es vielfältig unterstützt wird) in eigenen Vereinen angesiedelt ist, sind Pflicht und Recht zur Verschwiegenheit der Familienhelferin dem Amt gegenüber unverzichtbar. Berichtspflicht an das Amt ist mit dem Arbeitsarrangement von Familienhilfe nicht vereinbar." (BMJFG 1990, S. 140)

Für das Profil der Sozialpädagogischen Familienhilfe ist charakteristisch, dass sie sich primär an Familien richtet, deren Lebenssituation durch massive materielle Probleme und familiäre Belastungen gekennzeichnet wird, weniger dagegen durch Verhaltensauffälligkeiten der Kinder selbst (dieses ist auch im Zusammenhang mit dem niedrigen Durchschnittsalter der betreuten Kinder zu sehen). Allerdings kann diese Hilfe bei Familien mit (seelisch) behinderten Kindern und Jugendlichen ebenfalls sinnvoll und hilfreich sein. Sozialpädagogische Familienhilfe scheint besonders erfolgreich bei Familien in akuten Einzelkrisen, beim Tod eines Partners, bei Trennung, bei besonderen Schwierigkeiten mit Kindern, bei Problemen alleinerziehender Eltern, vor allem von Müttern. Demgegenüber scheint sozialpädagogische Familienhilfe eher ungeeignet bei Familien, die dauerhaft überfordert sind und sich in extremen, sich gegenseitig verstärkenden Lebenskrisen (z.B. Arbeitslosigkeit, Überschuldung, Isolierung, hohe Kinderzahl) befinden oder durch massive Strukturkrisen (z.B. gewalttätige Väter/ Eltern, Suchtabhängigkeiten, psychische Leiden) gekennzeichnet sind.

Dabei sollte vor einer sozialpädagogischen Familienhilfe geprüft werden, ob durch weniger intensive Hilfestellungen (z.B. kurzfristige Unterstützung bei der Alltagsbewältigung, Vermittlung von Kuren und anderen entlastenden Hilfen, Aktivierung informeller Netze [Verwandtschaftssystem], Vermittlung von Tagespflege, Hort oder Ganztagsschulplätzen) ausreichende Hilfestellung gegeben werden kann.

Die im Rahmen der sozialpädagogischen Familienhilfe tätigen hauptberuflichen Fachkräfte definieren dieses Angebot im Regelfall als eine eigenständige ambulante Hilfe, die kein bloßer Ersatz für andere Hilfen (z.B. Fremdunterbringung) sein soll. Im Verhältnis zum Fremdunterbringungsbereich wird verstärkt eine präventive Orientierung angestrebt, d.h. ein Beginn von Familienhilfe schon dann, wenn Problemlagen noch nicht so verfestigt sind und an Veränderungsmotivationen und Veränderungschancen bei den Familien angesetzt werden kann.

In der fachlichen Kontroverse befindet sich weiterhin die Frage, in welchem Verhältnis sozialpädagogische Familienhilfe – primär verstanden als praktische Lebenshilfe und Hilfe zur Selbsthilfe – zu therapeutischen Arbeitsansätzen steht. Hierbei ist zu beachten, dass die sozialpädagogische Arbeit in den Familien nicht den Standards und Rahmenbedingungen therapeutischer Intervention entspricht. Zudem kann eine Therapiezentrierung in der sozialpädagogischen Familienhilfe zu einer Verkürzung der Problemsicht (Ausblendung materieller und struktureller Deprivationen) und zu einer Vernachlässigung lebenspraktischer Beratung und Unterstützung führen.

Erziehung in einer Tagesgruppe

Die Tagesgruppe soll für Familien, die sich in besonders belasteten Lebenssituationen befinden, den Verbleib des Kindes oder Jugendlichen in der Familie und im sozialen Milieu ermöglichen, indem die Familie von der Betreuung und Versorgung des Kindes oder Jugendlichen tagsüber entlastet und gleichzeitig durch eine intensive Beratung, Betreuung und Unterstützung der Familie mittelfristig eine Bewältigung der Problemursachen und eine Neuorientierung ermöglicht wird.

§ 32 SGB VIII | Erziehung in einer Tagesgruppe

„Hilfe zur Erziehung in einer Tagesgruppe soll die Entwicklung des Kindes oder des Jugendlichen durch soziales Lernen in der Gruppe, Begleitung der schulischen Förderung und Elternarbeit unterstützen und dadurch den Verbleib des Kindes oder des Jugendlichen in seiner Familie sichern. Die Hilfe kann auch in geeigneten Formen der Familienpflege geleistet werden." (§ 32 SGB VIII)

Mit der Erziehung in einer Tagesgruppe sollen Angebote des sozialen Lernens, der schulischen Förderung und der unterstützenden Elternarbeit in die Angebotspalette der Hilfen zur Erziehung aufgenommen werden, die sich seit Beginn der 1980er Jahren aus ersten Modellversuchen teilstationärer Gruppen von Kinder- und Jugendheimen heraus entwickelt haben (vgl. IGfH 1987; Späth 2001; Krüger u.a. 1994; Lambach/Thurau 1992). In den meisten Fällen fand die Gründung der Tagesgruppen als Differenzierung oder als Umwandlung eines Heimes statt. Mehr als drei Viertel aller Tagesgruppen sind an ein Heim gebunden. Tagesgruppen werden überwiegend von freien, vor allem konfessionellen, Trägern betrieben (vgl. dazu Lambach/Thurau 1992). Über eine längere Tradition verfügen Tagesgruppen in der Arbeit mit Menschen mit Behinderung (heilpädagogische Tagesstätten) als Leistung der Eingliederungshilfe (§§ 39, 40 SGB XII).

Nach den Zahlen der amtlichen Jugendhilfestatistik wurden im Jahr 2000 15.934 Kinder und Jugendliche im Rahmen einer Tagesgruppe nach § 32 SGB VIII betreut. 1991 waren dies erst 6.049 Kinder und Jugendliche. Diese Zahlen verdeutlichen und unterstreichen den rasanten Ausbau, den dieses Angebot in den zurückliegenden Jahren erfahren hat. Im Jahr 2008 waren es insgesamt über 26.000 Hilfen der Erziehung in einer Tagesgruppe (Summe begonnene Hilfen und Hilfen am 31.12.2010; vgl. Kap. 5.1 und Statistisches Bundesamt 2010). Vor dem Hintergrund der bisherigen Entwicklung finden sich sehr unterschiedliche Begrifflichkeiten (z.B. heilpädagogische, sozialtherapeutische, teilstationäre Gruppenarbeit) und Konzeptionen der Arbeit in Tagesgruppen hinsichtlich pädagogisch-therapeutischer Ausrichtung, Altersgruppen, Betreuungsdauer, Standort, Zahl und Qualifikation der Mitarbeiter/innen.

Die im Gesetz genannten Arbeitsziele der Erziehung in einer Tagesgruppe umfassen im Wesentlichen:

- sozialpädagogische Gruppenarbeit mit Kindern (soziales Lernen in der Gruppe) mit dem Ziel ein strukturiertes Lernfeld zu schaffen, in dem (auch durch gemeinsames Spielen, Freizeitangebote im handwerklichen und musischen Bereich, Feste und andere Unternehmungen) Regeln sozialen Verhaltens eingeübt und Integration in die Gruppe gefördert wird;
- sozialpädagogische bzw. heilpädagogische und/oder therapeutische Einzelförderung;
- Förderung der schulischen Entwicklung, über die Hausaufgabenhilfe hinaus auch über die Bearbeitung von Schulängsten, Schulverweigerung bzw. misslungene Integration in die schulische Lerngruppe;
- Elternarbeit zumeist über Hausbesuche, Elternnachmittage, Elterntrainings und -kurse, Gespräche mit einzelnen Elternpaaren. Auch Freizeitaktivitäten mit Eltern und Kindern können in diesem Zusammenhang durchgeführt werden.

Ziele der Arbeit in den Tagesgruppen liegen in der emotionalen Entwicklung und Stabilisierung des Kindes, der Förderung und Begleitung der schulischen Integration und der Verbesserung und Stabilisierung der Beziehungen zwischen Eltern und Kindern. Fernziel ist dabei auch, über die Erfolge der Förderung und der flankierenden Elternarbeit die Betreuung in einer Tagesgruppe allmählich durch weniger intensive Betreuungs- und Beratungsangebote, vor allem im Umfeld der Familien und ihrer Kinder, abzulösen.

Bei der Konzeption der Arbeit von Tagesgruppen stellt sich die Frage nach Gemeinsamkeiten und Abgrenzungen gegenüber der Arbeit im Hort einerseits und der sozialpädagogischen Familienhilfe andererseits. Hinweise für die Indikation können daraus abgeleitet werden, dass die Tagesgruppe ihre Bedeutung wesentlich aus dem Ziel ableitet, fremdunterbringende Maßnahmen zu vermeiden. Gegenüber der Hortarbeit treten somit Ziele der Betreuung und Erziehung schulpflichtiger Kinder berufstätiger Eltern und die Bewältigung von Schulschwierigkeiten in den Hintergrund (bestenfalls Teilziele). Gegenüber der sozialpädagogischen Familienhilfe, die ihren Schwerpunkt in der Arbeit in der Familie hat, treten die sozialpädagogische Gruppenarbeit und die intensive Förderung des Kindes oder Jugendlichen in den Vordergrund.

Die Tagesgruppe als Angebot der Erziehungshilfe hat ihren Standort zwischen ambulanten/beratenden Hilfen einerseits und Fremdunterbringungen andererseits. Sie soll zur Vermeidung von Fremdunterbringungen beitragen. Die Betreuung von Kindern und Jugendlichen in Tagesgruppen kann Unterbringungen außerhalb der eigenen Familie in dem Maß substituieren, als Möglichkeiten der Aktivierung materieller und personaler Ressourcen in der Familie unter Mitwirkung der Eltern vorhanden, ausgebaut und stabilisiert werden können. Bei grundsätzlich tragfähigen Beziehungen innerhalb der Familie liegt ein Vorteil der Tagesgruppe darin, dass diese einen weniger starken Eingriff in den privaten Lebensraum der Familie darstellt als z.B. die sozialpädagogische Familienhilfe bzw. eine Unterbringung außerhalb der eigenen Familie. Zielgruppenbeschreibungen aus Praxis und Literatur stellen als Zielgruppe Kinder mit persönlichkeitsbedingten Auffälligkeiten und Störungen und Kinder aus Familien mit erzieherischen Defiziten in den Vordergrund (vgl. bereits Späth 1990). Nach einer bundesweiten Bestandsaufnahme der Planungsgruppe Petra (Lambach/Thurau 1992) zeigte sich in den 1990er Jahren, dass häufig Kinder mit schulischen Problemen (im Leistungsbereich, im Umgang mit anderen Kindern etc.) und Kinder in familiären Schwierigkeiten (Eltern sind überfordert, Beziehungsprobleme in der Familie) in Tagesgruppen aufgenommen wurden. Angesichts der konzeptionellen Veränderungsimpulse auf Tagesgruppen durch die Einführung von Ganztagsangeboten an Schulen bleibt abzuwarten, inwiefern sich Zielgruppenprofile bestätigen, ändern und ggf. neue organisatorische Konzepte dieser Hilfeform verlangen (siehe unten).

5.4 Handlungsbedingungen und konzeptionelle Aspekte

Die (ambulanten und teilstationären) Hilfen zur Erziehung sind als Praxisfeld der Kinder- und Jugendhilfe veranstaltete Sozialpädagogik, sprich, in den unterschiedlichen Settings kommen die grundsätzlichen Methoden, Konzepte und Verfahren zum Tragen, wie sie in diesem Band an mehreren Stellen beschrieben werden (u.a. in Teil I): Sozialraumorientierung, Lebensweltorientierung und Lebenslagenbezüge als Konzepte etwa, genauso wie Gruppen- und Einzelfallarbeit und übergreifende, stadtteil- und gemeinwesenbezogen wirksame Ansätze praktischer Sozialpädagogik im Kontext erzieherischer Hilfen (vgl. grundsätzlich die überblickhaften Darstellungen zu Methoden, Konzepten und Verfahren der Sozialen Arbeit bei Kreft/Müller 2010). Daher sollen an dieser Stelle zunächst grundsätzliche Merkmale des Handelns in den Erziehungshilfen pointiert und danach lediglich feldspezifische und aktuell bedeutsame konzeptionelle Impulse in knapper Form benannt werden:

Handlungsanforderungen in den Hilfen zur Erziehung

Das Handlungsfeld der Hilfen zur Erziehung ist durch Heterogenität gekennzeichnet, stellt eine Vielfalt an unterschiedlichen pädagogischen Settings dar, die mit unterschiedlichen Methoden, Intensitäten und Professionen durchgeführt werden – einheitlich gestaltet sich jedoch eine das Feld umspannende Entwicklungsdynamik, Suchbewegung und Selbstverortung als Reaktion auf äußere Anforderungen und auf interne, professionelle Fachdiskurse. Mit Blick auf methodisches Handeln und Handlungskompetenz in den Erziehungshilfen lassen sich diese Bewegungen in vier Fragen abbilden, die gleichsam Spielräume, zum Teil Pole, aber auch notwendige Ergänzungsverhältnisse benennen lassen:

- Worauf zielt das Handeln in den Erziehungshilfen (Interventionsperspektive)? Hier steht einerseits die Einzelfallorientierung im Mittelpunkt, die entsprechend der rechtlichen Grundlagen eine möglichst bedarfsgerechte Ausrichtung des Hilfearrangements an den Problemlagen junger Menschen und ihrer Familien versuchen soll, andererseits wird vermehrt die sozialräumliche Ausrichtung der Hilfen, des sozialpädagogischen Blickwinkels betont. Über den „Fall" hinaus soll das Feld, seine lebensweltliche Einordnung beachtet werden und die Hilfe entsprechend konzipiert werden. Die Interventionsperspektive erhält einen erweiterten Blick, der zu der Frage führt:
- Wie soll das Handeln institutionell verortet und abgesichert werden (Organisationsperspektive)? Der Versäulung von Hilfen, dem Nebeneinander spezialisierter Angebote soll zunehmend eine flexibilisierte Angebotsstruktur an die Seite gestellt werden, sie teilweise auflösen, um damit

der Komplexität von Problemlagen der Adressaten gerecht werden zu können. Dabei werden Konzepte entspezialisierter, mehrere Hilfeformen integrierender Einrichtungen erprobt, Ausdifferenzierungen vorgenommen und eine Vielfalt an Hilfen geschaffen – jeweils mit Einfluss auf das Mitarbeiterverständnis, notwendige Ressourcen und pädagogische Leitideen in der Gestaltung von Erziehungs- und Lernarrangements. Demnach stellt sich die Frage

- Was sind Maximen und Leitvorstellungen des Handelns (Konzeptperspektive)? An dieser Stelle hat sich das Konzept der Lebensweltorientierung durchgesetzt, das sich in der praktischen Umsetzung als anspruchsvoll und komplex zeigt, mithin auf organisatorische und professionelle Voraussetzungen sowie Sicherungen angewiesen ist: der zielorientierte Zuschnitt und die Ausstattung von Angeboten werden bedeutsam, ebenso wie die Festlegung konzeptioneller Schwerpunktsetzungen, methodischer Verfahren, Arbeitsweisen, verbindlicher Kooperationen und wirtschaftlicher Arbeitsweisen (vgl. Schrapper 2003). All dies sind Anforderungen an Tätige und Leitungskräfte, die sich auch im Kontext bedarfsgenerierender Faktoren und gesellschaftlicher Einflüsse auf die Erziehungshilfen verorten müssen, wie Armut junger Menschen, demografischer Wandel oder auch die Diskussion um eine Bildungsorientierung der Jugendhilfe, die Bildungsleistungen konzipieren will (vgl. Winkler 2003).
- Wie kann das Handeln optimiert und weiterentwickelt werden (Effektivierungsperspektive)? Fragen der Effektivierung fordern die Operationalisierung pädagogischer Ziele und Arbeitsweisen heraus, stellen sie in Zusammenhang von Zielen der Ökonomisierung (Kundenorientierung und Wirtschaftlichkeit) und Standardisierung (Entgeltvereinbarungen, in diesem Zuge Leistungsbeschreibungen und Qualitätsentwicklungsvereinbarungen). Diese Wege der Vereinheitlichung führen einerseits zu einer stärkeren evaluativen Arbeitsweise, andererseits verstellen sie eher den Blick auf Qualität in den Erziehungshilfen, die sich an der Maximierung von Individualität orientiert, damit tendenziell entstandardisiert ist.

Ausgehend von diesem knapp skizzierten Bedingungsgefüge sind die Erziehungshilfen nicht nur zwangsläufig eingebunden in diese Verhältnisse, sondern in ihrer Ausgestaltung auch von ihnen abhängig. Jugendhilfe stellt selbst, intern, einen Modernisierungs- und Entwicklungsprozess dar, muss sich über Anforderungen, Vorgaben und Ziele verständigen, Konzepte weiterentwickeln und tut dies unter Bedingungen der Offenheit und Kontingenz. Praxis muss daher als Entwicklungsfeld gestaltet werden (so sind etwa die Konzepte der Sozialräumlichkeit und der Flexibilisierung Ausdruck eines solchen Selbstverortungs- und Veränderungsprozesses moderner Jugendhilfe). Dies erhöht den Planungs- und Steuerungsbedarf, die Notwendigkeit der Bestimmung von Handlungszielen im einzelfallorientierten und übergreifenden, konzeptionellen Sinne. Mitarbeiter/innen und Einrichtungen der Erziehungshilfe (als Organisation) müssen demnach ebenso entwicklungs- und veränderungsfähig sein, genauso jedoch – und das macht die hohe Anforderung aus – handlungsfähig, mithin kompetent, fall- und situationsadäquat zu handeln. Damit zeichnet sich ein Bedingungsgefüge von Handlungsbedingungen und -anforderungen, das als Rahmen bzw. Hintergrundfolie für die nähere Bestimmung von Kompetenzformen dienen kann (Abb. 7).

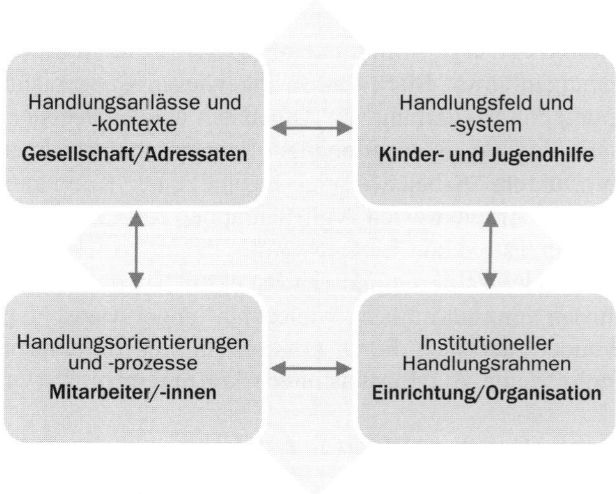

Abb. 7: „Komponenten-Viereck" der Handlungsbedingungen (Quelle: Maykus 2003)

Auf der Grundlage einer lebensweltorientiert konzipierten Jugendhilfe formuliert Hansbauer (2001, S. 356) eine Definition des fachlichen Handelns in den Erziehungshilfen, unter dem „(…) dasjenige Berufshandeln verstanden werden (kann), das unter Bezugnahme auf ethische Postulate und wissenschaftliches Wissen versucht, „dem Fall" in seiner Spezifik und in seinen Bezügen zum gesellschaftlichen/sozialen Kontext durch ein explizier- und begründbares, konzeptuell gestütztes und methodisch reflektiertes Vorgehen gerecht zu werden. Zu den integralen Bestandteilen fachlichen Handelns gehören damit insbesondere die Beteiligung der Betroffenen, das Bemühen um ein angemessenes Verständnis „des Falles" sowie die – verfahrenstechnisch gesicherte und auf Dauer gestellte – Reflexion über die Angemessenheit pädagogischen Handelns, dessen „strukturelle" Rahmung" sowie die Zielerreichung."

Fachlichkeit in den Erziehungshilfen fußt demnach auf beruflichen Haltungen und Fachwissen, auf reflexiver Fallarbeit in methodisch begründeten Schritten sowie einer konzeptionellen wie durch förderliche Rahmenbedingungen geschaffenen Absicherung des Handelns (vgl. Maykus 2003). Lebensweltorientierte Jugendhilfe erfordert von den sozialpädagogisch Tätigen einen betont reflexiven Zugang zum Handeln, wird gleichsam eine Schlüsselkategorie des methodischen Handelns (vgl. Maykus 2001a, Hansbauer 2001), das die eigene Person, die Anforderungen des Falles, die eingesetzten Methoden und formulierten Ziele sowie die Bedingungen, unter denen gehandelt wird, stets durchdacht, überprüft, abgestimmt und gegebenenfalls situationsadäquat modifiziert wissen will (vgl. die Anregungen zu Kompetenzmodellen für die ambulante Hilfe zur Erziehung bei Hülsermann 2010 und für die stationäre Hilfe bei Günder/Reidegeld 2010). Eine solche zentrale Anforderung ist nur als methodisches und strukturiertes Handeln realisierbar und sollte mit Blick auf die Tätigkeit der Mitarbeiter/innen in den Einrichtungen, mit Blick auf die Arbeit mit den Adressaten, gleichsam auf die „Basisarbeit" bezogen folgende Schritte berücksichtigen (erweitert nach von Spiegel 2002, S. 582 f.):

- Analyse der lebensweltlichen Konstellationen und Bedingungen eines Falles,
- Analyse und Konkretisierung des Hilfeanlasses sowie der resultierenden Aufgaben und Handlungsmöglichkeiten,
- Entwicklung von fallspezifischen Zielen,
- Vergegenwärtigung und Planung von Handlungsschritten und -regeln, Vereinbarungen,
- Pädagogischer Handlungsprozess und Zielerreichung als begründetes und strukturiertes Handeln sowie
- Evaluation des Handelns und der erreichten Ziele auf der Grundlage der fallspezifischen Zielformulierung sowie der Bedingungen der Umsetzung.

Konzeptionelle Impulse für die Hilfen zur Erziehung

Bildungs- und schulbezogene Konzeptentwicklungen stellen eine erste wesentliche Anforderung dar. Die Träger der Hilfen zur Erziehung sollten in ihren Settings und bezüglich ihrer Adressaten Leistungsanteile identifizieren, die subjektive Bildungsprozesse fördern und für einen erfolgreichen Schulbesuch motivieren. Die Angebote profilieren sich als erzieherische Hilfe mit spezifischen, den Problem- und Lebenslagen der Adressaten entsprechenden Bildungseffekten, sollten aber nicht der Gefahr verfallen, ihre vorrangige Funktion dem Bildungsparadigma zu opfern (vgl. Maykus 2007). Denn diese besteht vielmehr nach wie vor in der Sicherung elementarer Grundbedürfnisse als Voraussetzung subjektiver Bildungsprozesse, in der Unterstützung von Alltagskompetenzen sowie der Vernetzung unterschiedlicher Lebens- und Bildungsorte und der Unterstützung schulischen Lernens (vgl. Müller 2006, S. 25 ff.). Vereinbarungen zwischen Schulen, Trägern und Jugendämtern müssen die Zusammenarbeit im Einzelfall in den Einrichtungen/Angeboten sowie im Schulalltag fallübergreifend und sozialräumlich orientiert regeln.

Eine weitere Herausforderung für die Konzepte der Hilfen zur Erziehung stellt die wachsende Zahl kleiner Kinder in den Einrichtungen und Angeboten dar (vor allem in den stationären Hilfen, siehe Kapitel 5.2), die einrichtungsinterne Differenzierungen, problemspezifische Konzepte der Elternarbeit (vgl. Gragert/Seckinger 2008) sowie Verzahnung mit frühen Hilfen und Aktivitäten des Kinderschutzes auslöst (vgl. Wohlgemuth 2010). In diesem Zusammenhang sind Kinderarmut und prekäre Lebenssituationen junger Menschen Einflussfaktoren auf das Feld der Hilfen zur Erziehung, die konzeptionelle Entwicklungen verlangen. Denn die Frage ist hierbei, welche Möglichkeiten Hilfe zur Erziehung wirklich hat, um entlastend und kompensatorisch zu wirken, wenn sie mit komplexen Problemlagen konfrontiert wird, die eine umfassendere, lebenslagenbezogene Unterstützung erfordert – und nicht nur eine auf die Erziehungssituation bezogene. Armutskonstellationen und unterschiedliche Familienkonstellationen (v.a. Kinder von Alleinerziehenden) erhöhen die Hilfewahrscheinlichkeit deutlich (vgl. Bürger 2010) und stellen die Frage nach dem Stellenwert der Hilfen zur Erziehung im Kontext zunehmender und an Komplexität gewinnender gesellschaftlicher Probleme. Die Arbeit mit Alleinerziehenden in den Hilfen zur Erziehung, das frühere Erreichen dieser Zielgruppe im Falle eines Hilfebedarfes, der ebenso früher erkannt und adäquat aufgefangen werden kann – bevor sich Probleme zuspitzen – und die Überprüfung der Wirkungen bisheriger Konzepte (z.B. in der Familienhilfe, vgl. Helming 2010) sind Themen der Zukunft in diesem Feld der Kinder- und Jugendhilfe.

Sich verändernde Bewältigungsmuster von Kindern und Jugendlichen in der modernen Gesellschaft sind weitere Impulse für die Weiterentwicklung der konzeptionellen Grundlagen erzieherischer Hilfen. Dabei sind vor allem Gewaltphänomene Anlass für die Vergewisserung über die Rahmenbedingungen und Handlungsformen der Hilfen zur Erziehung: Konzepte niederschwelliger Arbeit, genderspezifische Zugänge, pädagogische Räume für die alltägliche Konfrontation mit Bewältigungsverhalten und zur Ermöglichung individuellen Umlernens durch neue Erfahrungen sowie die Betonung von Konzepten der Ressourcenorientierung, Biografiearbeit und lebensweltorientierter Förderung junger Menschen mit Verhaltensschwierigkeiten sind ebenso Herausforderungen für die Hilfen zur Erziehung (vgl. exemplarisch mit Blick auf Gewaltphänomene bei Mädchen Jansen 2010).

5.4 Aktuelle Entwicklungen

Die vorstehend benannten aktuellen Trends in der Entwicklung des Arbeitsfeldes Hilfe zur Erziehung haben Auswirkungen auf das Handeln der Mitarbeiter/innen in den Allgemeinen Sozialen Diensten (ASD) der Jugendämter und fordern zugleich konzeptionelle und organisatorische Antworten dieser als Entsprechung zum wachsenden Aufgabenvolumen. Das Institut für soziale Arbeit e.V. (2004) hat mit Blick auf die Anforderungen des ASD geschlussfolgert: „Diese Organisationshoheit des Jugendamtes hat für die Entwicklung der Hilfen zur Erziehung eine Schlüsselfunktion. Weil sie die Zuweisungs- und Steuerungsinstanz für alle Hilfearten mit Ausnahme der Erziehungsberatung ist, richten sich alle Steuerungsbemühungen, seien sie fachlicher oder fiskalischer Art, in erster Linie an den ASD. In dieser Lage sehen sich die Dienste nicht nur einer steigenden Zahl von Rat- und Hilfesuchenden, sondern auch wachsenden Anforderungen an die Qualität ihrer Arbeit gegenüber" (ebd., S. 44). Diese Einschätzung hat vor dem Hintergrund der aktuellen Entwicklung weiterhin Gültigkeit, so dass die Entwicklungserfordernisse und Bedingungen der ASD-Arbeit – Hilfeplanung im Kontext knapper Ressourcen, Optimierung der Hilfeplanung durch Verfahren des Casemanagements sowie verstärkte sozialräumliche Ausrichtung des ASD (vgl. ebd.) – nicht nur weiter von großer Bedeutung sind, sondern auch verstärkt werden können (vgl. hierzu auch Teil II, Kapitel 6.4). Denn das ASD-Handeln wird in der Hilfeplanung und -gewährung von vielen unterschiedlichen Faktoren beeinflusst (vgl. Bürger 2008) und bedarf daher vor dem Hintergrund der Expansion dieses Feldes einer weiteren Qualifizierung durch Schulungen, Supervision und praktikablen Formen des Qualitätsmanagements. Die Schlüsselfunktion des ASD muss auch zusammengeschaut werden mit der kritisch zu bewertenden Personalentwicklung in den Hilfen zur Erziehung. Einem geringer werdenden Anstellungsumfang der Beschäftigten steht das in seiner Expansion beschriebene Aufgabenvolumen gegenüber. Dieses Verhältnis darf nicht zu Qualitätseinbußen der sozialpädagogischen Leistungen in den Hilfen führen und macht auf die notwendige fachliche Steuerung des Arbeitsfeldes Hilfe zur Erziehung in der Kinder- und Jugendhilfe aufmerksam (vgl. AKJ Stat 2008 und mit Blick auf Entscheidungsprozesse in Jugendämtern Eger 2008): Der demografische Wandel, geschlechts- und altersgruppenspezifische Konzepte (vor dem Hintergrund steigender Fallzahlen für Jungen und Jugendliche und gleichzeitig der Frage, ob zukünftig jüngere Kinder nicht verstärkt als Adressaten – durch die Einbindung der Hilfen in Regelkontexte etwa – in den Blick geraten), die Ausdifferenzierung von Laufzeiten der Hilfen, die unerlässlich zu wahrende Gleichrangigkeit von ambulanten und stationären Hilfen sowie die sich abzeichnende Annäherung der Hilfen zur Erziehung an Regelkontexte verlangen die Gestaltung dieses Feldes auf (mindestens) drei Ebenen (siehe Abb. 1): die Auslösebedingungen der erzieherischen Hilfe als bedarfsgenerierende Faktoren, die Steuerungsstrategien und bedarfsmoderierenden Aktivitäten der öffentlichen Kinder- und Jugendhilfe sowie die Einbettung der Hilfen zur Erziehung in die sozialräumliche Infrastruktur in den Kommunen.

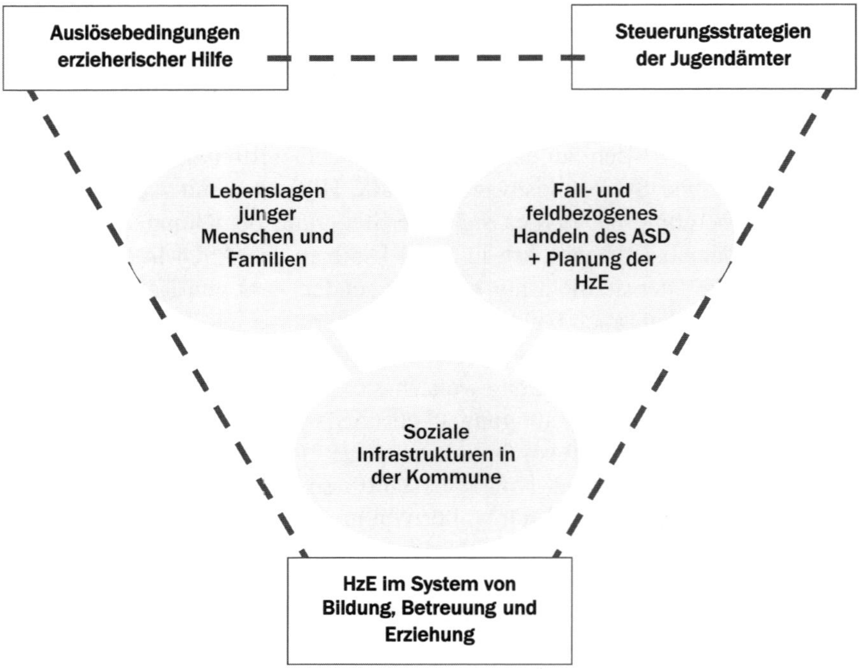

Abb. 8: Zusammenspiel von Ebenen der Gestaltung erzieherischer Hilfe (Quelle: Maykus 2009a)

Im Rahmen dieses Zusammenspiels von Ebenen der Gestaltung einer zukunftsfähigen Hilfe zur Erziehung in Deutschland gewinnt gerade die Einbindung dieses Arbeitsfeldes in das kommunale System von Bildung, Betreuung und Erziehung an Bedeutung. Die vielerorts begonnenen Initiativen zum Aufbau lokaler Bildungslandschaften und kommunaler Bildungsnetzwerke fordern nicht nur die Kinder- und Jugendhilfe, sondern auch das Feld der Hilfen zur Erziehung heraus, ihren Anteil an der Gestaltung von Bildungsbedingungen junger Menschen und an der Gestaltung entsprechender kommunaler Angebotsstrukturen zu bestimmen (vgl. Maykus 2009b). Die Hilfen zur Erziehung sind Bestandteil einer sozialen Infrastruktur in der Kommune, sind sie daher als „Bildungsleistungen" anzusehen? Bildung ist auch ein Thema für die Erziehungshilfen, so Müller (vgl. 2006), die Kristallisationspunkt von sozialer Benachteiligung und Bildungsbenachteiligung seien. Die sozialpädagogische Identität – Hilfe zur Lebensbewältigung zu leisten und Sozialintegration zu fördern – ist anschlussfähig an Bildungsfragen junger Menschen, an deren Alltagswelten, Erfahrungen und Ursachen, die zu Hilfebedarf und sozialer Ausgrenzung führen. In einem derart erweiterten sozialpädagogischen Verständnis von Hilfe zur Erziehung ist diese auch in ihren Bildungsleistungen bestimmbar, als Unterstützung der Selbstbildung und der Förderung von Lebensbildung (vgl. Thiersch 2006). Nach Müller (vgl. 2006, S. 25ff.) sind dies die Sicherung elementarer Grundbedürfnisse als Voraussetzung subjektiver Bildungsprozesse, die Unterstützung von Alltagskompetenzen als Lebensbildung, die Vernetzung unterschiedlicher Lebens- und Bildungsorte sowie die Unterstützung schulischen Lernens. Diese Eckpfeiler gilt es in praktische Konzepte der unterschiedlichen Settings von Hilfe zur Erziehung zu übersetzen, zu operationalisieren und wirksam werden zu lassen. Hier steht die Entwicklungsarbeit noch am Anfang und muss sich auch der Grenzen dieses Anspruches in der Praxis sicher noch vergewissern. Hilfen zur Erziehung sind daher nicht als Bildungsleistungen einzuschätzen, sondern als Hilfeformen, die in ihren Settings einen wichtigen Anteil an der Unterstützung von Bildungsbiografien haben, indem sie Voraussetzungen für gelingende Bildungsprozesse junger Menschen und in Familien (mit-)schaffen (vgl. auch kritisch Treptow 2004). Befinden sich die Hilfen zur Erziehung durch diese verstärkte Orientierung an Bildungsfragen in einem Prozess der Normalisierung?

Grundsätzlich: Die Hilfen zur Erziehung als Leistungsbereich der Jugendhilfe stellen eine sozialpädagogische Unterstützung von jungen Menschen und Familien dar, reagieren auf die Bedingungen des Aufwachsens und gestiegener Anforderungen der Lebensbewältigung. Hilfen zur Erziehung kennzeichnen grundsätzlich einen kompensatorischen Aspekt. Sie wollen junge Menschen fördern, die von defizitären sozialisatorischen Lebens- und Erziehungssituationen betroffen sind, die Familienerziehung (wieder) stärken, unterstützen und in ihrem Alltag beraten, Benachteiligung mindern und ihre Auswirkungen (z.B. auf Bildungsbiografien) eindämmen. Hilfe zur Erziehung als sozialpädagogisches Handlungsfeld ist demnach in ihrem Adressatenbezug zunächst nicht durch eine Normalisierung und Regelhaftigkeit, sondern durch eine „Exklusivität“ des Gewährungszusammenhangs und des Unterstützungsbedarfs zu kennzeichnen (vgl. Maykus 2004).

Und trotzdem: Es entsteht vermehrt eine Praxis der Integration erzieherischer Hilfe in unterschiedliche Regelangebote der Erziehung und Bildung (vgl. Maykus 2008), die anzudeuten scheint: Eine einseitige Sicht auf Exklusivität der Hilfen zur Erziehung wird aktuell und zukünftig weder diesem Leistungsbereich noch den aktuellen Unterstützungsbedarfen der Adressaten gerecht. Hilfe zur Erziehung scheint mehr zu werden, als nur eine Praxis in den gängigen internen (und gesetzlich normierten) Settings dieses Feldes, sie vollzieht sich zunehmend auch in Schnittstellen, in denen sie den Einzelfallbezug einschränkt und darüber hinaus strukturell verankerte und sozialräumliche Konzepte umsetzt. Dies zeigt sich zum Beispiel in Kooperationen der Hilfen zur Erziehung mit Familienzentren, Kindertagesstätten, mit Einrichtungen der Früherkennung, der frühen Förderung und Hilfe für Familien sowie mit ganztägig organisierten Schulen, die außerschulische Partner in ihre Angebotsstruktur integrieren. Über Kooperation hinaus entstehen dabei auch neue Organisationsformen erzieherischer Hilfe, die sich eine integrative Dimension erschließt und nicht eine „Hilfeform", sondern das sozialpädagogische Ziel der „erzieherischen Förderung" in den Mittelpunkt rückt. Was sind Gründe dafür? Warum nähert sich die Hilfe zur Erziehung den Regelangeboten partiell (mit vor allem den ambulanten Angeboten ihres Leistungsspektrums und auch darin nicht ausschließlich, sondern in Teilen) an? Vier Gründe seien genannt, die zeigen, dass die Überwindung von Folgen separierter Systeme von Bildung, Betreuung und Erziehung durchaus auch bereits die Hilfen zur Erziehung betrifft und sie beginnt zu verändern (vgl. Maykus 2008):

- Fortschreitender Profilwandel: Fendrich/Pothmann (vgl. 2007, S. 133f.) belegen anhand der Jugendhilfestatistik die zunehmende Ambulantisierung eines wachsenden Arbeitsfeldes Hilfe zur Erziehung. Die bundesweit steigenden Fallzahlen resultieren vor allem aus einem Anstieg der familienunterstützenden und -ergänzenden Leistungen (vor allem bezüglich der Familienhilfe, Erziehungsbeistandschaften und Tagesgruppen): „Das Profil der Hilfen zur Erziehung verändert sich somit kontinuierlich hin zu einem niedrigschwelligen, die Familien vor allem unterstützenden Angebot der Kinder- und Jugendhilfe" (ebd., S. 134). Kostendruck in den Kommunen und das fachliche Leitbild präventiver, die Familien stärkender Ansätze sind hier sicher gleichermaßen entscheidende Impulse. Der fortschreitende Profilwandel lässt durchaus eine grundsätzliche Anschlussfähigkeit an Normalisierungstendenzen zu, bedeutet sie aber nicht automatisch. Denn hinzu kommt:
- Institutionelle Umweltbedingungen verändern sich: Kindertagesstätten suchen bei wachsenden Aufgaben und schwierigen Herausforderungen für ihre Träger professionelle Unterstützung (vgl. Späth 2005), verändern sich zu sozialräumlich verankerten Familienzentren (vgl. Rietmann/Hensen 2008), Netzwerke der frühen Hilfen für Familien entstehen, die soziale Dienste und Einrichtungen der Erziehungshilfe ausdrücklich einbeziehen. Und natürlich wirkt sich der Ausbau der Ganztagsangebote an Schulen auf die Kinder- und Jugendhilfe aus: Zwischen Konkurrenz, Kooperation und Komplementarität sind Entwicklungen in der Praxis denkbar und bereits zu erkennen (vgl. Maykus 2006a).
- Netzwerkorientierung schließt Hilfe zur Erziehung als Akteur ein: Komplexer werdenden Problemlagen junger Menschen und Familien sollen auch Netzwerke der Unterstützung entsprechen, die multiprofessionell und interinstitutionell getragen werden. Dabei verliert die Hilfe zur Erziehung partiell ihren Sonderort und wird zum Bestandteil einer solchen

sozialen Infrastruktur. Hilfe zur Erziehung wird in dieser Hinsicht nicht mehr nur eine kompensatorische, sondern auch eine präventive (im Sinne von: zugespitzte Hilfekarrieren vermeidende) Funktion zugeschrieben.
- Fachpolitische und konzeptionelle Umweltimpulse fordern Hilfe zur Erziehung heraus: Die Bildungsdebatte hat, wie oben beschrieben, inzwischen auch die Hilfen zur Erziehung erreicht, die ihre Konzepte prüft und ihren Anteil an der Unterstützung von Bildungsbiografien zu bestimmen versucht. Dabei ist sie mit der entscheidenden Frage konfrontiert, ob sie sich in Teilsegmenten des Leistungsfeldes als Bildungsleistung profilieren will oder aber (weiterhin) als Hilfeleistung sieht, die Voraussetzungen für Bildungsprozesse schafft. Die Argumente für letztere Sichtweise dominieren durchaus überzeugend (vgl. die obigen Ausführungen und grundlegend Müller 2006).

Man könnte vor diesem Hintergrund sagen, das Feld der Hilfen zur Erziehung kommt in Bewegung (vgl. Maykus 2008), es wird in seinen konzeptionellen, institutionellen Grundlagen angeregt, es verändert die Intensitäten der Kooperation mit angrenzenden sozialpädagogischen Feldern und erfährt erweiterte Formen und Orte seiner Leistungserbringung (z.B. in Schulen, Tagesstätten oder Familienzentren). Diese Entwicklung lässt eine entscheidende strukturelle Neutarierung (bzw. die Anforderung einer solchen) des Feldes der Hilfen zur Erziehung erkennen: Hilfen zur Erziehung zeigen tendenziell eine Balance zwischen der problem- und adressatenbezogen ausgedrückten Exklusivität (institutionelle und konzeptionell-pädagogische Abschottung mit einer lediglich einzelfallbezogenen Öffnung von Handlungsstrategien) und einer tendenziellen Normalisierung ihrer sozialpädagogischen Dimension der „besonderen erzieherischen Förderung“, die einen veränderten institutionellen Rahmen erhält (Öffnung konzeptionell-pädagogischer Merkmale von Hilfe zur Erziehung bei gleichzeitiger Integration der Handlungsstrategien in fremde institutionelle Kontexte).

Aus den genannten Berührungspunkten lassen sich Chancen und Grenzen einer im Kontext von Bildungsinfrastrukturen verorteten Hilfe zur Erziehung ableiten (vgl. Maykus 2008, S. 206). Die Chancen einer Normalisierungstendenz von Hilfe zur Erziehung in kommunalen Bildungslandschaften zeigen sich in adressatenbezogener und organisationsbezogener Sicht. Mit Blick auf die Adressaten und ihren Unterstützungsbedarf kann eine effektivere, multiprofessionelle und ganzheitliche Bearbeitung von Problemen erfolgen, können Zugänge zu Hilfeangeboten erleichtert, deren Akzeptanz erhöht und eine Segmentierung einzelner Angebote vermieden werden. Zudem erhält die Orientierung an den familiären Lebenslagen eine erhöhte und generalisierte Bedeutung, in dem Elternarbeit, Elternberatung und Familienbildung intensiviert werden. Eine solche Verzahnung unterschiedlicher Bildungs- und Unterstützungsqualitäten kann die Eröffnung von Teilhabemöglichkeiten wesentlich fördern. Bezogen auf die organisatorische oder strukturelle Sicht der Hilfeerbringung ist eine stärkere Abstimmung zwischen allen Beteiligten in Hilfeverläufen erwartbar, eine Innovationskultur durch anregende Kooperationen, Entwicklungsimpulse für die Organisationen und Einrichtungen sowie eine Ressourcenverzahnung mit Synergieeffekten in operativer und strategisch-organisatorischer Sicht. Die lokale Verankerung von Hilfen zur Erziehung kann zudem deutlich intensiviert werden, indem sie Orte der Kooperation und Angebotserbringung eingeht, die den Anspruch der niedrigschwelligen Hilfe befördern können.

Risiken, oder eher Vorbehalte, ergeben sich vor allem bezüglich der Frage, wie ein dem Grunde nach institutionell kaum veränderter Leistungsbereich der Hilfe zur Erziehung durch partielle Angebotsveränderungen und neue kontextuelle Einbindungen einen nachhaltigen Normalisierungsschub auslösen kann. Sind nicht Grenzen dieses Prozesses bereits strukturell vorgegeben? Nur die strukturelle Ausdifferenzierung von Integrationsniveaus der besonderen erzieherischen Förderung kann dieses Grundproblem bearbeitbar machen. Des Weiteren besteht die Gefahr, dass ein solcher Entwicklungsprozess den Mitarbeiter/inne/n und Organisationen zu wenig Raum und Zeit für Lernprozesse einräumt, dass Unsicherheiten, Überlastungen und fehlende Vorbereitungen auf veränderte, komplexer werdende und kooperative Aufgabenbereiche zu kurz kommen (Qualifizierung und kollegiale Beratung). Damit man sich in Netzwerken nicht verliert, müssen kooperationsorientierte Kompetenzen etabliert werden. Ferner darf eine Normalisierung und Integration der Angebote in Regelkontexte kommunaler Bildungslandschaften nicht in eine Funktionalisierung, nicht in eine Entfremdung und in einen Verlust des sozialpädagogischen Profils der Hilfen zur Erziehung (als eine Variante der Integrationsniveaus) münden, sondern muss vielmehr konzeptionelle Klärungen auslösen zwischen Autonomie und Adaption – vor allem bezüglich der Frage: (Inwiefern) Kann Bildung die handlungsleitende Maxime des Erziehungshilfesektor sein? Könnte die Gefahr bestehen, dass das Bildungsprimat zu einer neuen Oberflächlichkeit des fachlichen Blicks führt (weg von Fragen der Sozialintegration und Hilfe zur Lebensbewältigung, von der Bearbeitung individueller und sozialer Benachteiligungskonstellationen hin zur Generalformel „Bildung“)?

Sechs weitere zentrale Entwicklungserfordernisse im Feld der Hilfe zur Erziehung seien an dieser Stelle abschließend knapp skizziert:

1. Die erkennbare „Familialisierung“ (Stärkung von Familien) als konzeptionelle Maxime aktueller struktureller Entwicklungen in den Hilfen zur Erziehung muss einhergehen mit einer verstärkten Aufmerksamkeit für methodisch-praktische Fragen der Elternarbeit, Familienberatung und der Stärkung der elterlichen Erziehungskompetenz im Kontext unterschiedlicher Angebotsbereiche. Die Vielfalt in der Praxis beobachtbarer Ansätze (vgl. den Überblick bei Ader 2001 a, 2001 b; praktische Herausforderungen exemplarisch bei Gragert/Seckinger 2008) sollte auf unterschiedli-

chen Zielebenen ausdifferenziert werden: bezogen auf präventive, unterstützende und in Kooperation mit anderen sozialen Leistungsfeldern praktizierte Hilfe für Eltern und Familien (gerade im Zuge der Familienorientierung kommunaler Bildungslandschaften, die Konzepte der Bildung, Beratung, informeller sozialer Netzwerke und problemspezifischer Intervention der Sozialen Arbeit in einem sozialräumlichen Unterstützungssystem für Familien abstimmen kann), auf die Qualifizierung von Elternarbeit in den Arbeitsprozessen der unterschiedlichen Erziehungshilfen selber und auf die Mitwirkung der Hilfen zur Erziehung in Netzwerken Früher Hilfen für Familien sowie in sozialen Frühwarnsystemen (vgl. dazu auch Teil II, Kapitel 2.4).

2. Die Hilfen zur Erziehung befinden sich vor dem Hintergrund der Bildungs- und schulbezogenen Kooperationsdebatte in einer Phase der Selbstvergewisserung, die einerseits durch die verstärkte bildungsbezogene Profilierung, andererseits durch den Ausbau von Ganztagsangeboten an Schulen ausgelöst wurde. Der eher reaktive Umgang mit diesen Anforderungen lässt noch keine verallgemeinerbaren Veränderungen und Entwicklungen erkennen, zeigt aber das herausfordernde und zuweilen widersprüchliche Bedingungsgefüge der schul- und bildungsbezogenen Diskussion, in dem die Erziehungshilfen, genauso wie die Kinder- und Jugendhilfe im Allgemeinen, ihre Entwicklungsoptionen ausloten und erproben müssen. Eine konzeptionelle Neuausrichtung der Jugendhilfe im Sinne schulischer Konzeptionsfelder wird als unerlässlich angesehen (vgl. z.B. Merchel 2005), die daraus resultierenden Konsequenzen für die Praxis sind auf der Grundlage eines fachlichen Profils zu reflektieren. Die häufig wahrgenommene Konkurrenzsituation im Zuge des Ausbaus von Ganztagsangeboten sollte nicht an die Stelle der notwendigen Kooperationsentwicklung treten. Vielmehr sollten Leistungsmöglichkeiten und Qualitäten der Kooperationsinstitutionen analysiert und damit der Tatsache Geltung verschafft werden, dass diese (fachlich argumentiert) kaum gegenseitig ersetzt werden, sondern nur in ein anderes Verhältnis rücken können (vgl. Maykus 2007). Die erzieherischen Hilfen – dies betrifft v.a. die Erziehungshilfe in Tagesgruppen und soziale Gruppenarbeit – sollten in diesem Zuge ihre Exklusivität partiell einschränken zugunsten ihrer Integration bzw. der Integration ihrer Adressaten in normalisierte Förder-, Unterstützungs- und Lernstrukturen im schulischen und schulnahen, sozialräumlichen Bereich. Schule besinnt sich gleichzeitig durch eine ganztags- und lebensweltorientierte Konzipierung auf die Notwendigkeit, hierfür Offenheit und Integrationsbereitschaft zu etablieren, dies gleichsam als Schlüsselstelle von Schulentwicklung anzusehen. So kann Hilfe zur Erziehung ihren unerlässlichen Anteil an der Gestaltung von Bildungsbiografien effektiv leisten, Baustein kommunaler Bildungslandschaften werden und einen Teil ihrer (ambulanten) Leistungen

zukünftig auch als selbstverständlichen Angebotsbestandteil von Ganztagsangeboten in Schulen integrieren (vgl. ebd. und Ausführungen oben).

3. Kinder- und Jugendhilfe in Deutschland ist gegenwärtig mit zwei zentralen Themen verbunden: allen voran das Thema Bildung und die Frage nach der Rolle, dem Bildungsprofil der Jugendhilfe. Und in diesem Zuge auch die Frage, wie Kinder- und Jugendhilfe zur Förderung von Bildung in einer Gesellschaft beitragen kann, die als „multikulturell" bezeichnet wird, oder von der man weiß, dass die Lebenswelten der jungen Menschen und Familien zunehmend internationalisiert werden. Diese Internationalisierung von Lebenswelten, insbesondere in großstädtischen Ballungsgebieten, erfordert nicht nur der Kinder- und Jugendhilfe im Allgemeinen, sondern auch den Erziehungshilfen im Speziellen eine weitreichende Anforderung ab: Sie müssen Zugangsbarrieren für junge Menschen und Familien mit Zuwanderungsgeschichte abbauen, ihren Anteil an den Adressaten der Hilfen dadurch wesentlich erhöhen und konzeptionell einen Prozess der interkulturellen Öffnung vollziehen (vgl. Diehm 2005; Schröer 2005; Süzen 2010). Gegenwärtig kann man sicher – gerade im Kontext von Migrationskontexten junger Menschen – eher eine Defizitorientierung wahrnehmen; von „Integrationsproblemen oder -konflikten" ist häufig die Rede. Das wirkt sich bislang auch auf die Kinder- und Jugendhilfe aus, die dann nicht selten als eine Instanz gesehen wird, die diese Konflikte lösen und ausgleichen soll. Demgegenüber ist eine veränderte Perspektive notwendig: Sie ist bereits gegeben, indem Bildung und Erziehung zunehmend in ihren infrastrukturellen Voraussetzungen gesehen wird (als Gestaltungsaufgabe in einer Kommune und in Sozialräumen) und die Entwicklungsförderung sich an allen jungen Menschen gleichermaßen orientiert. Hierfür ist das Personal in den Erziehungshilfen zu qualifizieren, sind die Konzepte weiterzuentwickeln und interkulturelle Kompetenzen des Personals verstärkt zu nutzen.
4. Das Feld der Hilfen zur Erziehung muss sich auseinandersetzen mit der aktuellen Forderung nach einer „Wirkungsorientierung" in der Kinder- und Jugendhilfe (vgl. kritisch Ziegler 2006; von Spiegel 2006 und Praxisbeispiele aus einem bundesweiten Modellprojekte in ISA 2008). Dabei ist ein fachlich reflektierter Weg der Gestaltung, Qualifizierung und Qualitätsverbesserung der Hilfen anzustreben, der verkürzten Ökonomisierungen und Steuerungstechnologien in der Praxis der Kinder- und Jugendhilfe widersteht. Dabei erweist sich das Zusammenwirken der öffentlichen und freien Träger auf einer vereinbarten, zielorientierten und kontraktartigen Basis als Schlüsselinstrument, das gegenwärtig noch deutlich zu optimieren wäre.
5. Dabei gewinnt die Kooperation öffentlicher und freier Träger noch weiter an Bedeutung. Denn die Erziehung junger Menschen wird in einer modernen Gesellschaft schwieriger, die Belastungen für Familien nehmen zu, nicht selten mit Konsequenzen für das Aufwachsen der Kinder

in ihnen. Hilfe zur Erziehung muss ihren Anteil an der Kinderschutzarbeit und an der Gewährleistung des Wohls von Kindern explizit entwickeln, qualifizieren und einer ständigen Überprüfung unterziehen. Zwischen Hilfe und Kontrolle, zwischen Elternförderung und Kinderschutz, zwischen Förderung und Eingriff handelt in diesem Kontext insbesondere auch die Erziehungshilfe (vgl. Kindler/Lillig 2006, Ziegenhain 2006). Die Abstimmung der öffentlichen und freien Träger bei der Gefährdungseinschätzung ist unerlässlich und eine Basis für die Entscheidung über Hilfeformen und -intensitäten, für die problemspezifische Ausrichtung einer Hilfe, ihre Fokussierung in Abhängigkeit von Risikostrukturen in den Lebenslagen junger Menschen und Familien.

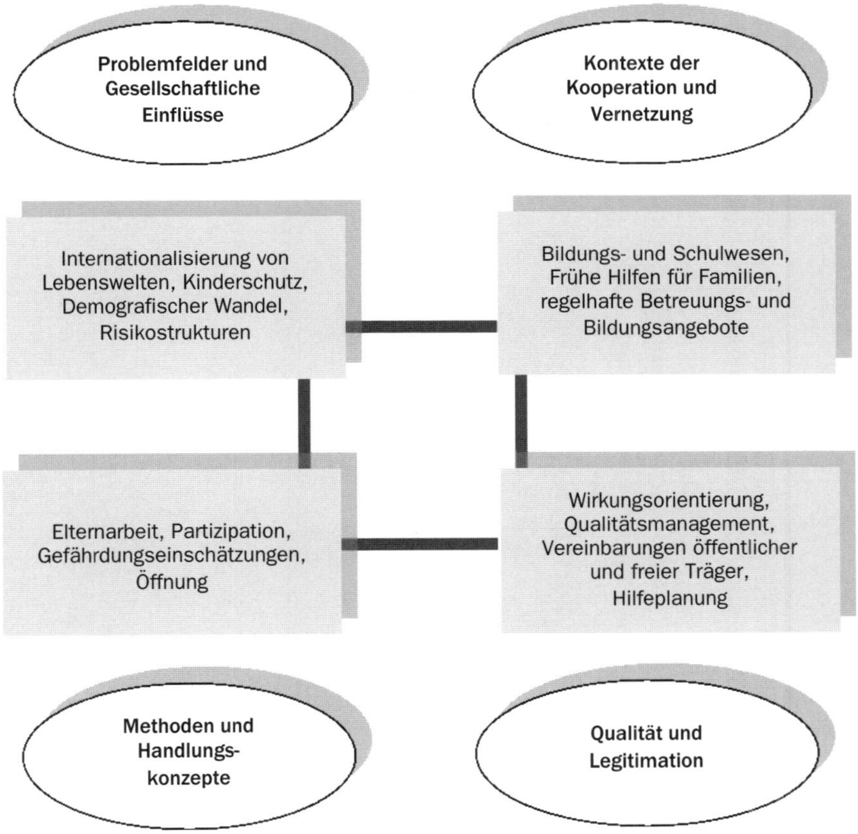

Abb. 9: Anforderungsgefüge an das Arbeitsfeld Hilfe zur Erziehung: Entwicklungsbereiche (Quelle: Maykus 2009a)

6. Vor dem Hintergrund dieser zentralen Entwicklungserfordernisse sollte der Allgemeine Soziale Dienst als Kernstück einer modernen Kinder- und Jugendhilfe ausgebaut und weiter qualifiziert werden. Die Mitarbeiter/innen des ASD und der ASD als sozialer Dienst in seiner Funktion

sind gegenwärtig durch Unsicherheiten gekennzeichnet, insbesondere durch den entstandenen Handlungs- und Legitimationsdruck bei akuten Kindeswohlgefährdungen. Dieser Unsicherheit, dem Dilemma geradezu zwischen Allzuständigkeit und der Zuschreibung eines Krisendienstes (vgl. Müller 2008), sollt mit der Profilierung des Kerngeschäftes entgegnet werden. Dieses Kerngeschäft ist (und sollte zukünftig intensiviert werden) die Hilfeplanung und das Fallmanagement, der aktive Kinderschutz und das Management von Kinderschutzaufgaben im Gemeinwesen als Unterstützung einer Gesamtstrategie und Systeme Früher Hilfen sowie die Mitwirkung an einer sozialräumlichen Infrastruktur der Jugend- und Familienförderung (vgl. ebd.).

6. Stationäre Hilfen zur Erziehung und weitere Formen der Unterbringung außerhalb der Herkunftsfamilie

Unterbringungen in Pflegefamilien und Einrichtungen der Heimerziehung waren – und sind häufig noch – neben der Adoption die bedeutsamsten Möglichkeiten der Jugendhilfe zur Sicherung der Lebens- und Entwicklungsbedingungen von Kindern und Jugendlichen aus unzulänglichen, überforderten bzw. kindeswohlgefährdenden familiären Situationen. Die Vollzeitpflege und die Heimerziehung sowie die sonstigen betreuten Wohnformen werden als stationäre Erziehungshilfen bezeichnet. Darüber hinaus können im Rahmen der intensiven sozialpädagogischen Einzelbetreuung stationäre Hilfen geleistet werden. Gintzel/Jordan u.a. (1997) geben einen Überblick über Hilfeformen außerhalb der Familie, auf die im Weiteren näher eingegangen wird:

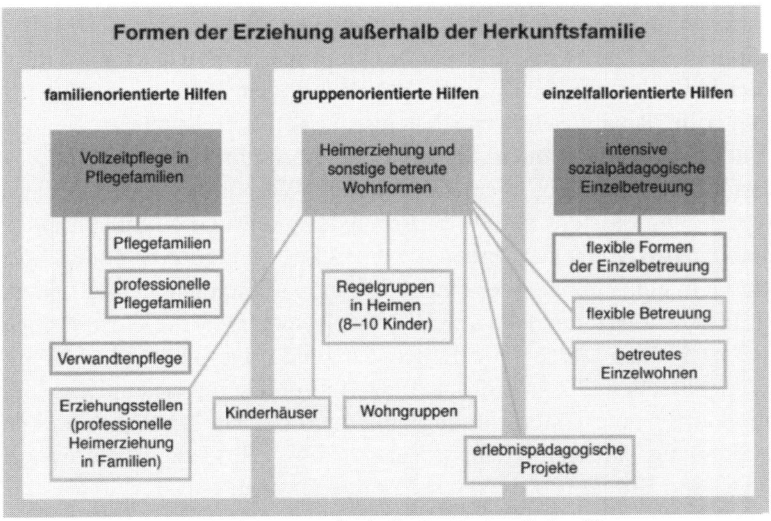

Abb. 10: Formen der Erziehung außerhalb der Herkunftsfamilie (Quelle: Gintzel/Jordan u. a. 1997)

In akuten Krisensituationen können Kinder in Obhut genommen und somit zeitweise außerhalb ihrer Herkunftsfamilie untergebracht werden. Diese Hilfe zählt rechtlich nicht zu den stationären Erziehungshilfen, sondern zu den „anderen Aufgaben" des Jugendamtes (vgl. Teil II, Kapitel 11.1). Zwei weitere Möglichkeiten der Unterbringung außerhalb der Herkunftsfamilie sind die Adoption sowie die geschlossene Unterbringung. Diese beiden Möglichkeiten werden aufgrund ihrer rechtlichen Sonderstellung sowie ihrer quantitativen Relevanz im Hinblick auf die Zahl betroffener Kinder und Jugendlicher in diesem Kapitel nur randläufig behandelt.

Indikationen für eine Unterbringung außerhalb der Herkunftsfamilie

Kinder und Jugendliche werden außerhalb ihrer Familien untergebracht, wenn eine dem Wohl des Kindes entsprechende Betreuung und Erziehung nicht mehr gewährleistet werden kann. Die Eltern sind dann nicht in der Lage (vorübergehend oder langfristig), ihren Erziehungsrechten und -pflichten (Art. 6 Grundgesetz) nachzukommen. Fremdunterbringungen erfolgen in der Regel mit dem Einverständnis der Eltern. Nur in Ausnahmefällen, in denen eine Kindeswohlgefährdung zu vermuten/zu erkennen ist, eine missbräuchliche Ausübung der elterlichen Sorge, Vernachlässigung, Versagen der Eltern oder Dritter vorliegt und die Eltern nicht gewillt und/oder nicht in der Lage sind, die Gefährdungen abzuwenden, ist der Tatbestand des § 1666 BGB erfüllt und das Familiengericht leitet erforderliche Maßnahmen zur Herausnahme des Kindes auch gegen den Willen der Eltern ein. Die Aufgaben der öffentlichen und freien Jugendhilfe erfolgen gemäß § 8a SGB VIIII (vgl. Teil II, Kapitel 10). Die Form der Unterbringung sowie die Dauer wird im Kontext der Hilfeplanung nach § 36 SGB VIII mit allen Beteiligten erörtert (vgl. Kapitel Hilfeplanung/Betroffenenbeteiligung Teil II, 9. Kapitel).

Eindeutige Indikationen für eine Unterbringung außerhalb der Herkunftsfamilie lassen sich nicht formulieren. Was für die eine Familie eine Überforderung darstellt (wie z.B. Arbeitslosigkeit und Krankheit eines Elternteils), wird von einer anderen konstruktiv gemeistert. Zudem gibt es häufig nicht eine einzige oder eindeutige Indikation, die zu einer Unterbringung führt. Zumeist handelt es sich um vielschichtige Problemsituationen in Familien, die den Anlass von Hilfen darstellen. Deshalb bedarf es immer eines spezifischen Blicks auf den Einzelfall und seine Besonderheiten. Indikationen für eine Unterbringung außerhalb der Herkunftsfamilie können in Anlehnung an Rätz-Heinisch u.a. (2009, S. 158), Blandow (2001, S. 112f.) und Bürger (2001, S. 651f.) folgende sein:

- Vorübergehende oder dauerhafte Abwesenheit der Eltern (längerfristige Unterbringung eines Elternteils im Krankenhaus oder in der Psychiatrie, Antritt einer Haftstrafe, Verschwinden, Tod, Flucht der Kinder aus ihrem Herkunftsland),
- Ablehnung oder Scheitern der Elternschaft bzw. Überforderung mit der Erziehungsverantwortung, die zu sämtlichen Formen des Missbrauchs, der Vernachlässigung oder der Misshandlungen führen können,

- Scheitern von Pflege- oder Adoptionsverhältnissen,
- massive Entwicklungsprobleme oder -gefährdungen und damit einhergehende problematische Verhaltensweisen und Verhaltensstrategien (Beziehungs- und Ablösungskonflikte, Schulverweigerung, Ausbildungsprobleme, Drogenprobleme, Straffälligkeiten, Ausreißen, erhebliches aggressives Verhalten),
- äußere Umstände (Wohnungsprobleme),
- seelische Behinderungen (Psychosen, Neurosen, frühkindlicher Autismus, schwere frühkindliche psychische Fehlentwicklungen).

6.1 Rechtliche Grundlagen

Die rechtlichen Grundlagen stationärer Erziehungshilfen bilden die Paragraphen § 27 in Verbindung mit §§ 33 oder 34 SGB VIII. Der § 33 SGB VIII umschreibt die Hilfeform der Vollzeitpflege:

§ 33 SGB VIII | Vollzeitpflege

„Hilfe zur Erziehung in Vollzeitpflege soll entsprechend dem Alter und Entwicklungsstand des Kindes oder des Jugendlichen und seinen persönlichen Bindungen sowie den Möglichkeiten der Verbesserung der Erziehungsbedingungen in der Herkunftsfamilie Kindern und Jugendlichen in einer anderen Familie eine zeitlich befristete Erziehungshilfe oder eine auf Dauer angelegte Lebensform bieten. Für besonders entwicklungsbeeinträchtigte Kinder und Jugendliche sind geeignete Formen der Familienpflege zu schaffen und auszubauen."

Unter Vollzeitpflege wird im Gegensatz zur Tagespflege (§ 23 SGB VIII) die Unterbringung, Betreuung und Erziehung eines Kindes oder Jugendlichen über Tag und Nacht außerhalb des Elternhauses in einer anderen Familie verstanden. Bei mehr als fünf aufgenommenen Kindern/Jugendlichen liegt keine Familienpflege, sondern eine Betreuung in einer Einrichtung vor (vgl. dazu auch „Großpflegestelle").

Wenn § 33 SGB VIII von einer Hilfe zur Erziehung „in einer anderen Familie" bzw. von „Familienpflege" spricht, in den §§ 37 (Zusammenarbeit bei Hilfen außerhalb der eigenen Familie) und 44 SGB VIII (Erlaubnis zur Vollzeitpflege, vgl. Teil II, Kapitel 11.2) aber der Begriff der Pflegeperson Verwendung findet, so wird deutlich, dass einerseits bei der Vermittlung von Kindern in Vollzeitpflegestellen ein „offener" Familienbegriff zugrunde liegt. Jugendhilfe darf sich daher bei der Auswahl von Pflegepersonen nicht am Modell der traditionellen Kleinfamilie orientieren, sondern hat auch unverheiratete Paare, Einzelpersonen, in größeren und anderen Haushaltsgemeinschaften lebende Personen zu berücksichtigen, wenn diese im Einzelfall eine erfolgversprechende Erziehungsarbeit gewährleisten. Andererseits wird der Begriff der Herkunftsfamilie eng gefasst und bezieht sich auf die biologischen Eltern eines Kindes/Jugendlichen. Somit umfasst die Hilfe zur Erziehung „in einer anderen Familie" (Vollzeitpflege) auch Verwandtenpflegestellen. Ausschlaggebend ist hier allein, dass ein erzieherischer Bedarf besteht, der durch die leiblichen Eltern des Kindes oder Jugendlichen nicht erfüllt wird und die Unterbringungsform die notwendige und geeignete Hilfe zur Erziehung im Sinne des § 27 SGB VIII darstellt. Sind diese Voraussetzungen gegeben, sind die Kosten der Erziehung (vgl. § 39 SGB VIII) auch für Kinder und Jugendliche, die von Verwandten – auch von Großeltern – betreut werden, neben dem notwendigen Unterhalt für das Kind oder den Jugendlichen zu zahlen.

Die Hilfeformen der Heimerziehung und sonstiger betreuter Wohnformen werden vom Gesetzgeber wie folgt umschrieben:

§ 34 SGB VIII | Heimerziehung, sonstige betreute Wohnform

Hilfe zur Erziehung in einer Einrichtung über Tag und Nacht (Heimerziehung) oder in einer sonstigen betreuten Wohnform soll Kinder und Jugendliche durch eine Verbindung von Alltagserleben mit pädagogischen und therapeutischen Angeboten in ihrer Entwicklung fördern. Sie soll entsprechend dem Alter und Entwicklungsstand des Kindes oder des Jugendlichen sowie den Möglichkeiten der Verbesserung der Erziehungsbedingungen in der Herkunftsfamilie

1. eine Rückkehr in die Familie zu erreichen versuchen oder
2. die Erziehung in einer anderen Familie vorbereiten oder
3. eine auf längere Zeit angelegte Lebensform bieten und auf ein selbständiges Leben vorbereiten.

Jugendliche sollen in Fragen der Ausbildung und Beschäftigung sowie der allgemeinen Lebensführung beraten und unterstützt werden.

Heimerziehung ist im Gegensatz zur Tagesgruppe (§ 32 SGB VIII) die Unterbringung, Betreuung und Erziehung eines Kindes oder Jugendlichen über Tag und Nacht außerhalb des Elternhauses in einer Einrichtung. Einrichtungen der Heimerziehung und betreute Wohnformen bieten Kindern und Jugendlichen unter Berücksichtigung ihrer wachsenden Fähigkeiten und Bedürfnisse zu selbstständigem verantwortungsbewussten Handeln (§ 9 Zif. 2 SGB VIII) und ihrer Beziehung zur Herkunftsfamilie (§ 37 Abs. 1 SGB VIII) eine zeitlich befristete Erziehungshilfe oder eine auf Dauer angelegte Lebensform. Je nach den Anforderungen im Einzelfall ist dies mit besonderen pädagogischen und ggf. therapeutischen Angeboten oder Ausbildungs- bzw. Beschäftigungsangeboten zu verbinden (§ 27 Abs. 3 SGB VIII). Als Zielsetzungen werden ausdrücklich benannt:

- Förderung der Rückkehr in die Familie,
- Vorbereitung der Erziehung in einer anderen Familie (Vollzeitpflege),
- Angebot einer auf längere Zeit angelegten Lebensform,
- Vorbereitung auf ein selbstständiges Leben.

Diese Zielsetzungen sind im Kontext mit den Vorschriften über Mitwirkung und Hilfeplan (§ 36 SGB VIII) bzw. Zusammenarbeit bei Hilfen außerhalb der eigenen Familie (§ 37 SGB VIII) zu sehen. Ebenso wie bei der Unterbringung von Kindern und Jugendlichen in Pflegefamilien (Vollzeitpflege) wird auch hier von der Jugendhilfe ein qualifizierter, beteiligungsorientierter Prüfprozess erwartet, der Veränderungen der Situationen mit reflektiert und dazu auffordert, hieraus ggf. Konsequenzen zu ziehen. Dies sind Aufgaben, die nicht den Einrichtungen und ihren Trägern überlassen werden können, sondern das Jugendamt zu aktiver Prozessbegleitung verpflichtet.

Deutlich wird, dass die Zielsetzungen der Heimerziehung sehr unterschiedlich sein können. Diese Tatsache ist Folge der Pluralisierung von Mustern familialer Lebensführung und die damit einhergehenden unterschiedlichen Entwicklungs- und Förderbedürfnisse von Kindern, Jugendlichen und ihrer Familien. In der Konsequenz hat sich eine Konzeptvielfalt in der Heimerziehung entwickelt (vgl. Unterabschnitt relevante Konzepte und Methoden). Diese Vielfalt versucht dem rechtlichen Anspruch zu genügen, alters- und entwicklungsgerechte Hilfen anzubieten.

Die intensive sozialpädagogische Einzelbetreuung (ISE) kann auf eine Erziehungshilfe gemäß § 27 in Verbindung mit § 34 SGB VIII hinauslaufen bzw. an diese anschließen. Der Gesetzgeber formuliert zu dieser Hilfeform:

§ 35 SGB VIII | Intensive sozialpädagogische Einzelbetreuung

Intensive sozialpädagogische Einzelbetreuung soll Jugendlichen gewährt werden, die einer intensiven Unterstützung zur sozialen Integration und zu einer eigenverantwortlichen Lebensführung bedürfen. Die Hilfe ist in der Regel auf längere Zeit angelegt und soll den individuellen Bedürfnissen des Jugendlichen Rechnung tragen.

Die ISE ist ein stark individualisiertes Hilfeangebot, das sich vorzugsweise an Jugendliche in besonders schwer belasteten Lebenssituationen richtet und von einer hohen Betreuungsdichte gekennzeichnet wird. Einerseits handelt es sich hierbei um ein sehr offenes, nicht an tradierte Formen bzw. Institutionen gebundenes Angebot, ambulant oder mit Wohnhilfen verbunden, ganz auf die Bedürfnisse des Einzelfalls ausgerichtet. Andererseits stellt die Gesetzesbegründung heraus, dass es sich bei der ISE um ein Angebot vor allem für Jugendliche handeln soll, die sich anderen Hilfeangeboten entziehen, sich in besonders gefährdenden Lebenssituationen befinden und für die auch Formen der geschlossenen Unterbringung ungeeignet sind (BT-Ds. 11/5948, 72). Damit kann die intensive sozialpädagogische Einzelbetreuung als Ultima Ratio verstanden werden für den Fall, dass andere Erziehungsangebote versagen.

Die Inobhutnahme ist eine Hilfe in akuten Krisensituation von Familien. Hierbei ist es das Ziel, Kinder oder Jugendliche auf eigenen Wunsch, auf

Wunsch der Familie oder infolge fachlicher Einschätzungen des Jugendamtes in Verbindung mit einem Beschluss des Familiengerichtes zeitlich begrenzt in Obhut zu nehmen und vor Gefahren für ihr Wohl zu schützen. Der Gesetzgeber umschreibt die rechtlichen Bedingungen in § 42 SGB VIII unter dem Abschnitt „andere Aufgaben". Im Kontext der Inobhutnahme geht es um die Krisen- und Perspektivklärung des Kindes und seiner Familie. Während der Zeit der Inobhutnahme verfügt das Jugendamt über die Personensorge im erforderlichen Umfang. Bei der Inobhutnahme handelt es sich um eine hoheitliche Aufgabe des Jugendamtes.

Der Vollständigkeit halber wird an dieser Stelle auf eine weitere Form der Unterbringung außerhalb der eigenen Familie verwiesen, der Adoption. Hier handelt es sich um eine auf Dauer angelegte Integration in einen neuen Familienverband gemäß des Rechtsinstituts der Adoption (BGB, 8. Titel). Die Rechtsgrundlagen der Adoption begründen sich aus dem Familienrecht §§ 1741–1772 BGB/ Gesetz über die Vermittlung der Annahme als Kind-Adoptionsvermittlungsgesetz, BGB1.I, S. 1762. Die Aufgaben der Jugendhilfe im Kontext von Adoptionsverfahren werden z.B. im § 50 SGB VIII „Mitwirkung in Verfahren vor den Familiengerichten" beschrieben. Der wesentliche Inhalt des Adoptionsvermittlungsgesetzes ist:

- Konzentrierung der Adoptionsvermittlung im Bereich der Jugendämter und der freien Träger auf fachlich qualifiziert besetzte Adoptionsvermittlungsstellen;
- Einrichtung zentraler Adoptionsstellen bei den Landesjugendämtern, zu deren Aufgaben insbesondere die fachliche Beratung der örtlichen Adoptionsvermittlungsstellen und der überregionale Ausgleich bei Adoptionsbewerbern und Kindern gehört;
- Rechtsanspruch der Adoptiveltern, der leiblichen Eltern und – seinem Alter entsprechend – des Adoptivkindes auf eingehende Beratung und Unterstützung durch Adoptionsvermittlungsstellen; besonders wichtig wird diese vor- und nachgehende Beratung bei der Adoptionsvermittlung älterer Kinder oder bei Kindern in besonders schwierigen Lebenssituationen;
- Meldepflicht der Heimeinrichtungen, um die Kinder möglichst früh zu erfassen, die für eine Adoptionsvermittlung in Betracht kommt.

Die gesetzliche Grundlage zur geschlossenen Unterbringung bildet der § 1631b des Bürgerlichen Gesetzbuches (BGB). Unterbringungsgründe für die ca. 260 Plätze in Deutschland sind erhebliches fremd- oder selbstgefährdendes Verhalten und eine intensiv abgeprüfte, nicht gegebene Erreichbarkeit durch andere, weniger einschneidende Maßnahmen (vgl. Kindler u.a. 2007, S. 42). Eine geschlossene Unterbringung geht mit besonders strengen gesetzlichen Auflagen einher wie z.B. die Anhörung durch einen Vormundschaftsrichter, die Stellungnahme eines Sachverständigen, die Bestellung eines Verfahrenspflegers. Ob man bei einer geschlossenen Unterbringung von einer

„wirkungsvollen Hilfe" sprechen kann, ist nach wie vor äußert fraglich. Studien sprechen vielfach eine andere Sprache (vgl. ebd., S. 44f.).

6.2 Träger

Im Kontext der Hilfen außerhalb der Herkunftsfamilie zeigt sich die gewohnte Trägervielfalt der Kinder- und Jugendhilfe. Den Zahlen des Statistischen Bundesamtes (2008, S. 17f.) ist zu entnehmen, dass im Jahr 2006 94 Prozent (85.838) der genehmigten Plätze in den stationären Erziehungshilfen sowie in weiteren Formen der Unterbringung außerhalb der Familie (Inobhutnahme) seitens der freien Träger (inkl. Wirtschaftsunternehmen) vorgehalten wurden. Im Hinblick auf die freien Träger zeigt sich, dass die meisten Plätze durch die diakonischen Werke und sonstige, der EKD angeschlossenen Träger, den paritätischen Wohlfahrtsverband und die Caritas angeboten wurden. Die Anteile belaufen sich prozentual auf alle genehmigten Plätze freier Träger zu 26 Prozent auf die Diakonie, zu 19 Prozent auf den DPWV und zu 18 Prozent auf die Caritas. Im Weiteren zählen zu relevanten Trägern in diesen Arbeitsbereichen die Arbeiterwohlfahrt und das Deutsche Rote Kreuz, deren Platzzahlen jedoch deutlich geringer sind.

6.3 Praxisfelder und ihre relevanten Konzepte und Methoden

Die Ausführungen in diesem Kapitel beginnen mit der Heimerziehung, da historisch betrachtet zentrale Diskurse in und um dieses Handlungsfeld vor dem Hintergrund sich wandelnder Gesellschaftsprozesse dazu geführt haben, dass sich ambulante und teilstationäre Hilfen sowie alternative Wohnhilfen ausgebildet haben und mit Einführung des KJHG/SGB III gesetzlich fixiert wurden.

Heimerziehung

Infolge der Heimkampagnen in den 1970er Jahren (vgl. Brosch 1975) entwickelte sich eine beachtliche öffentliche Aufmerksamkeit für Institutionen der Heimerziehung und die dort vorfindbaren Lebensbedingungen junger Menschen. Kritisiert wurden dabei vor allem:

- die anonymen und beziehungsarmen Milieus in (großen) Einrichtungen der Heimerziehung,
- die identitätsstörenden und stigmatisierenden Wirkungen „institutioneller Erziehung"
- die Künstlichkeit und Abgehobenheit des pädagogischen Milieus im Heim,
- die medizinisch-psychiatrisch überzogene Heimdifferenzierung,

- die an repressiven Mustern ausgerichteten Einweisungskriterien („Verwahrlosung"),
- lange Heimaufenthalte bei gleichzeitig fehlender Erziehungsplanung,
- unüberschaubare und wenig verlässliche Bezugssysteme im Heimmilieu,
- bürokratische Handlungsabläufe, Schichtdienst und Personalfluktuation mit der Folge von Beziehungsverlusten und Desorientierung bei den Kindern und Jugendlichen,
- die räumliche, institutionelle und soziale Abkapselung der Heime von den sie umgebenden sozialen Umwelten,
- die geschlossene Unterbringung in der Heimerziehung.

Ein Rückblick auf die Entwicklungen im Bereich der Heimerziehung zeigt, dass viele Forderungen und Positionen der kritischen Auseinandersetzung inzwischen auf breiterer Basis fachliche Anerkennung gefunden haben. Dies bezieht sich vor allem auf folgende Bereiche:

- Ausdifferenzierung von Einrichtungen der Heimerziehung im Sinne auch einer Einbeziehung von teilstationären und ambulanten Angeboten,
- milieunaher Auf- und Ausbau von Kleinstheimen (Kinderhäusern) mit dem Ziel einer familienorientierten Ausgestaltung des pädagogischen Milieus,
- Ausbau und Verbesserung der Nachbetreuung von heimentlassenen Jugendlichen,
- Entwicklung von Alternativen zur geschlossenen Unterbringung in der Heimerziehung,
- Dezentralisierung von Einrichtungen der Heimerziehung, Bildung von Jugendwohngemeinschaften,
- betreutes Einzelwohnen, mobile Betreuung.

Dezentralisierung, Entspezialisierung und Flexibilisierung sind heute zu Schlüsselbegriffen einer sich wandelnden Heimerziehung geworden. Durch kleinere Lebenseinheiten (Wohngruppen) soll der Anonymität eines fremdbestimmten (zentralverwalteten) Alltags entgegengewirkt und der Individualität der betreuten Kinder und Jugendlichen entsprochen werden. Entspezialisierung beinhaltet den Verzicht auf Differenzierung und daraus resultierender Ausgrenzung und Stigmatisierung. Flexibilisierung meint schließlich, dass Grenzen zwischen ambulanter, teilstationärer und stationärer Unterbringung aufgebrochen werden, fließende Übergänge möglich sind – dies vor allem auch mit Blick auf individuell gestaltete Formen des Übergangs von Heimerziehung in Formen betreuten Einzelwohnens bzw. andere Formen der Begleitung und Nachbetreuung. Im Gesetz wird diese Tendenz zur Entinstitutionalisierung und Flexibilisierung auch dadurch unterstrichen (und gefördert), dass die „sonstige betreute Wohnform" in den Geltungsbereich des § 34 SGB VIII einbezogen wurde.

Die Vielfältigkeit heutiger Konzepte, nach denen in der Heimerziehung gearbeitet wird, entspricht der Vielfalt familiärer Formen der Lebensführung und der unterschiedlichen Anlässe für eine Heimerziehungsmaßnahme. Demnach lässt sich mit dem Begriff „Heimerziehung" nicht mehr das Bild vom klassischen Großheim verbinden, sondern er steht als Sammelbegriff für unterschiedliche konzeptionelle Ausrichtungen, die z.T. nicht trennscharf voneinander abgrenzbar sind (vgl. hierzu auch Freigang und Wolf 2001, Bürger 2001, S. 647):

- *Wohneinheiten in Zentralheimen:* Hier sind Wohngruppen mit fünf bis acht Kindern in abgetrennten Wohneinheiten in einem zentralen Haus bzw. auf einem Heimgelände untergebracht. Betreut werden die Kinder und Jugendlichen von vier bis fünf pädagogischen Fachkräften im Schichtdienst.
- *Dezentrale Wohngruppen:* Hier leben fünf bis acht Kinder in kleinen Wohneinheiten (Mietwohnungen, Einfamilienhaus) in normalen Wohnumfeldern. Dezentrale Wohngruppen können Wohneinheiten eines größeren Trägers/Zentralheims sein oder eigenständige Kleinstheime.
- *Wohngruppen mit sozialpädagogischen, heilpädagogischen oder therapeutischen Ausrichtungen:* In diesen Wohneinrichtungen finden nach einem spezialisierten Konzept besondere Förderungen statt bzw. therapeutische Angebote werden in den Heimalltag integriert.
- *Wohngruppen mit einem spezifischen Zielgruppenbezug:* Diese Einrichtungen wenden sich z.B. speziell an junge Frauen mit Missbrauchserfahrungen, an junge straffällige Männer, oder Kinder mit einer Altersbegrenzung nach oben.
- *Familienähnliche Wohnformen:* Hier wohnen Kinder oder Jugendliche mit ihren Betreuer/inne/n eng und z.T. in privaten Räumlichkeiten zusammen. Exemplarisch für diese Unterbringungsform sind sozialpädagogische Lebensgemeinschaften, Erziehungsstellen oder Kinderdörfer, in denen bis zu vier Kinder mit ihren Betreuer/inne/n „rund um die Uhr" zusammenleben. Unterstützt werden die Betreuer/innen durch pädagogische Ergänzungskräfte, die stundenweise, über Tag und/oder in Urlaubszeiten den familienähnlichen Alltag mit unterstützen. Häufig sind diese Wohnformen an eine Heimeinrichtung und ihren professionellen Kontext angegliedert.
- Für ältere Jugendliche existieren z.B. im Anschluss an eine „reguläre" Heimerziehungsmaßnahme *Verselbständigungsgruppen*, in denen sie WG-ähnlich zusammenleben und je nach Bedarf stundenweise sozialpädagogisch betreut werden.
- Jugendliche im Verselbständigungsprozess können zudem auch *mobil* in ihrer eigenen Wohnung betreut werden. Diese Hilfe wird sowohl im Anschluss an eine „reguläre" Heimerziehungsmaßnahme gewährt, als auch

direkt bei Hilfebeginn, wenn der Jugendliche alt genug ist, die Voraussetzungen für das selbständige Wohnprojekt erfüllt und zudem ein Gruppenkontext dem Betreuungsbedarf des Jugendlichen nicht entspricht.

Diese Auflistung kann keinen Anspruch auf Vollständigkeit erheben, da die Praxis der Wohnprojekte fortwährend originelle Wohnformen entwickelt. Diese entstehen häufig höchst individuell und flexibel aus dem Bedarf einzelner Kinder und Jugendlicher und ihrer Familien. Deutlich wird zudem, dass die Abgrenzungen zwischen Hilfen nach § 34 SGB VIII und Angeboten der Vollzeitpflege nach § 33 SGB VIII fast fließend sind, zumindest im Kontext der familienähnlichen Wohnformen.

Die Heimerziehung erfordert durch ihren stetigen Wechsel von Einzelfall- und Gruppenarbeit ein vielfältiges methodisches Repertoire. Günder (2007, S. 182) verweist auf unterschiedliche Studien, die nachweisen konnten, dass ein positiver Hilfeverlauf u. a. stark von fachlich qualifizierten Hilfen bzw. von der Anwendung spezifischer, auf den Förderbedarf des Kindes abgestimmter Methoden abhängig ist. Das Konzept der Lebensweltorientierung (vgl. Thiersch 2005) erfährt in der Heimerziehung besondere Relevanz, da es in der Heimerziehung gilt, Hilfen mit Klienten nah an ihrem Alltag und ihren Ressourcen partizipativ zu entwickeln. In einer Studie von Günder (2007, S. 183 f.) wurden folgende Methoden von Leitungspersonen sowie pädagogischen Fachkräften aus dem Gruppenkontext als relevant für die Heimerziehung benannt:

- Strukturierung des Alltags/Freizeitpädagogik
- Beziehungsarbeit
- Verhaltenstherapie, Verhaltenstraining
- Einzelfallorientierung
- Elternarbeit, systemische Eltern- und Familienarbeit
- Gruppenarbeit
- Heilpädagogisches bzw. therapeutisches Reiten
- Milieutherapie nach Bruno Bettelheim
- Ressourcenorientierung

Deutlich wird, dass einige Nennungen recht unspezifisch sind bzw. keine eigentlichen pädagogischen Methoden darstellen. Die Elternarbeit ist z. B. erst dann als methodisches Handeln im pädagogischen Sinne zu verstehen, wenn sie planmäßig, regelmäßig, zielgerichtet und unter professionellen Inhalten und Rahmenbedingungen erfolgt (ebd., S. 187). Die Ergebnisse von Günder lassen für einen nicht unerheblichen Teil der 25 befragten Institutionen vermuten, dass die theoretische Fundierung sowie der reflektierte Einsatz von Methoden ausbaufähig sind. Dieses Ergebnis ist jedoch kein spezifisches für die Heimerziehung. Methodische „Unschärfen" oder mangelnde theoretische Fundierungen lassen sich auch in anderen Feldern der Kinder- und Jugendhilfe konstatieren (z. B. im Feld Jugendhilfe und Schule vgl. Teil

II, 4. Kapitel). Zudem dürften die genannten Methoden ergänzt werden um sozialpädagogische Diagnostik, sozialpädagogische Beratung, Empowerment, Sozialraumorientierung, soziale Netzwerkarbeit, Ansätze der Partizipation/Beteiligung sowie um Kollegiale Beratung, die für professionelles Arbeiten in diesem Handlungsfeld ebenfalls von besonderer Bedeutung sind.

Es zeigen sich in der Gesamtschau vorliegender Studien die oben aufgeführten methodischen Schwerpunktsetzungen in der Heimerziehung, die in Zukunft noch zu professionalisieren und zu institutionalisieren sind.

Vollzeitpflege

Mit der Qualifizierung und der rechtlichen Aufwertung der Pflegekinderarbeit durch das KJHG in den 1990er Jahren war wesentlich die Erwartung verbunden, dass es gelingen könnte, die Unterbringung von Kindern in Pflegefamilien gegenüber der institutionellen Variante (Heimerziehung) nicht nur in ihrem Bestand abzusichern, sondern darüber hinaus quantitativ zu steigern. Dies wurde insbesondere dort als Planungs- und Handlungsstrategie artikuliert, wo im intra- und interkommunalen Vergleich hohe Anteile der Unterbringungen in Institutionen zu verzeichnen waren. Hier wurden entsprechende Hoffnungen an eine nicht nur finanzsparende, sondern zugleich auch adäquate Lebensorte für Kinder und Jugendliche sichernde Unterbringungspraxis (in Pflegefamilien) geknüpft. In der Folge entwickelten sich im Pflegekinderwesen in den vergangenen 20 Jahren entsprechend der variierenden Hilfebedarfe der Klienten vielfältige Konzepte.

Konzepte und Methoden

Die Konzepte im Pflegekinderwesen variieren maßgeblich nach der zeitlichen Perspektive der Hilfe und der damit verbundenen Zielsetzung. In § 33 SGB VIII wird auf diese entscheidende Differenzierung hingewiesen: Vollzeitpflege kann „eine zeitlich befristete Erziehungshilfe oder eine auf Dauer angelegte Lebensform bieten“. Nach Dauer und Zielsetzung lassen sich vor allem folgende Formen der Vollzeitpflege unterscheiden (vgl. hierzu auch Biermann 2001, S. 611 f., Blandow 2004, S. 157 f.):

- *Kurzzeit- bzw. Bereitschaftspflege:* Gemeint sind hier sowohl Pflegeverhältnisse, in denen bei einem befristeten Ausfall der Herkunftsfamilie eine Pflegefamilie die Versorgung und Erziehung eines Kindes übernimmt, als auch die Aufnahme von Kindern in Krisen- und Notsituationen über die Bereitschaftspflege, in denen Kinder aus ihren bisherigen Lebenszusammenhängen herausgenommen werden müssen (oder selbst aus ihnen flüchten) und in einem Übergangszeitraum bis zur Klärung ihrer weiteren Entwicklungsperspektive Schutz und Zuwendung erfahren (§ 42 SGB VIII Inobhutnahme). Im Rahmen der Kurzzeitpflege sind in den vergangenen Jahren innovative Konzepte wie Familien-Partnerschaftsmodelle entstanden. Diese eigenen sich für Familien, in denen abzusehen ist, dass von Zeit zu Zeit Krisen auftreten (z.B. krankheitsbedingt), bei denen Unterstützung bei der Versorgung und Erziehung der Kinder benötigt wird. Jenseits der Krisen ist in den Familien eine tragbare Versorgungs- und Erziehungssituation gegeben. In diesem Modell stehen die Herkunfts- und Pflegefamilie auch außerhalb von Krisensituationen in einem stetigen Kontakt. Das Pflegekind besucht regelmäßig (z.B. wöchentlich oder vierzehntägig) die Pflegefamilie und übernachtet ggf. auch dort. Kommt es zur Krise, steht der Herkunftsfamilie eine vertraute Partnerfamilie zur Seite, die dann vorübergehend die Versorgung und Erziehung des Kindes übernimmt.

- *Übergangspflege:* Pflegefamilien übernehmen für einen befristeten, auf kürzere oder längere Dauer angelegten Zeitraum die Erziehung und Versorgung eines Kindes, dessen Herkunftsfamilie hierzu nicht in der Lage ist (z.B. wegen Krankheit, Strafverbüßung, Belastung durch Beziehungsprobleme), jedoch weiterhin die Verantwortung für das Kind wahrnehmen möchte und könnte. In der Zeit der Entlastung und Hilfe durch eine Übergangspflege soll die Herkunftsfamilie so weit wie möglich an der Erziehungssituation in der Pflegefamilie beteiligt werden. Die Identifikation und der Status des Kindes in seinen Bezügen zur Herkunftsfamilie sollen nicht abgelöst werden.
- *Dauerpflege:* In diesen auf Konstanz ausgerichteten Pflegeverhältnissen werden Minderjährige mit oder ohne eine kontinuierliche Mitwirkung ihrer Eltern auf Dauer/unbefristet in einer Pflegefamilie untergebracht. Wenn Rückkehroptionen in die Herkunftsfamilie bestehen, dann werden diese an positive Veränderungen in der Herkunftsfamilie geknüpft. Sozialpädagogische Pflegestellen und Erziehungsstellen sind besondere Dauerpflegeverhältnisse, in denen schwer vermittelbare, insbesondere ältere Kinder und Jugendliche untergebracht werden. In dieser Pflegeform werden besondere pädagogische Qualifikationen von den Pflegeeltern erwartet.
- *Verwandtschaftspflege:* Hierbei kann es sich um eine der oben beschriebenen Pflegeformen handeln, die Pflegepersonen sind in diesem Fall jedoch Angehörige des Kindes bzw. des Jugendlichen. Diese Pflegeform ist deshalb gesondert aufzuführen, da in Fällen möglicher Verwandtschaftspflege genau zu prüfen ist, ob sie dem Wohl des Kindes entspricht (nur weil ein Verwandtschaftsverhältnis vorliegt muss dieses nicht den geeigneten Rahmen für die Betreuung und Erziehung des Kindes darstellen). In der Praxis werden derzeit besondere Standards für die Verwandtenpflege entwickelt, die von der Auswahl der Pflegepersonen bis hin zur Vorbereitung und Begleitung des Pflegeverhältnisses durch die pädagogischen Fachkräfte reichen.
- Bei der *Adoptionspflege* handelt es sich um eine von den vorgenannten Typen abzugrenzende und rechtlich besonders bestimmte Form (§ 1744

BGB) eines Pflegeverhältnisses. Das Kind wird mit dem Ziel der Adoption zur „Eingewöhnung“ bei überprüften Adoptionsbewerbern aufgenommen (§ 8 AdVermG).

Diese Auflistung kann keinen Anspruch auf Vollständigkeit erheben. In der Vollzeitpflege ergeben sich durch die unterschiedlichen Lebenssituationen der Familien und der daraus resultierenden Hilfebedarfe fortwährend neue Hilfeformen.

Abb. 11: Werbebroschüre für die Westfälische Pflegefamilie, eine Pflegeform nach § 33 Satz 2 SGB VIII (Quelle: LWL 2011)

In diesem Kontext gilt es die gesetzlichen Grundlagen des § 33 SGB VIII kreativ zu nutzen. So sind in der Praxis innovative Konzepte entstanden, wie z.B. die Aufnahme ganzer Familien (z.B. Mutter mit Kind) in eine Pflegefamilie. Die Grenzen zwischen Kurzzeitpflege, Übergangspflege und Dauerpflege können fließend sein. Eine ursprünglich als kurzzeitig gedachte Unterbringung kann sich zu einer länger andauernden, dann möglicherweise auch dauerhaften Unterbringung entwickeln. Ein ursprünglich auf Zeit mit Rückkehrperspektive angelegtes Pflegeverhältnis kann sich zu einem Dauerpflegeverhältnis ausgestalten. Für die Hilfeplanung (vgl. §§ 36, 37 SGB VIII) kommt es dabei entscheidend darauf an, im Rahmen qualifizierter sozialpädagogischer Entwicklungsprognosen Aussagen über die erwartete Funktion der Vollzeitpflege zu treffen und diese im Rahmen regelmäßiger Überprüfungen des Hilfeplans ggf. zu revidieren. Methodisches Können ist insbesondere in den Bereichen der sozialpädagogischen Diagnostik, des Empowerments, der Ressourcenorientierung, der sozialen Netzwerkarbeit und des Verhandelns gefragt.

Vor allem im Zusammenhang mit den Bestimmungen über Mitwirkung und Hilfeplan (§ 36 SGB VIII) und der Zusammenarbeit bei Hilfen außerhalb der eigenen Familie (§ 37 SGB VIII) zeichnet sich in der Praxis ein Entwicklungsbedarf ab. Hierzu gehört auch die Weiterentwicklung von Konzepten der Elternarbeit mit der Herkunftsfamilie sowie der Schulung, Beratung und Begleitung von Pflegepersonen und ihrer leiblichen Kinder. Der Entwicklung von Verfahrensstandards im Pflegekinderwesen wird zudem aufgrund der Vielfalt heutiger Konzepte besondere Aufmerksamkeit geschenkt (vgl. Deutscher Verein 2004).

Fachliche Diskurse zur konzeptionellen Weiterentwicklung geeigneter Pflegeformen beschäftigen sich immer wieder mit der Rolle der Herkunftsfamilie in Pflegeverhältnissen und damit einhergehend mit der Respektierung der Bindungen eines Kindes zu seiner Herkunftsfamilie. So sprechen sich viele Einrichtungen für nach Möglichkeit familienergänzende statt familienersetzende Pflegekonzepte aus und entwickeln entsprechende Modelle der Elternarbeit. Das SGB VIII favorisiert keines der genannten Konzepte. Vielmehr wird akzeptiert, dass die Vielfalt der unterschiedlichen Problemlagen von Kindern und Jugendlichen nach unterschiedlichen Lösungsmöglichkeiten verlangt. Da unterschiedliche Aufgabenstellungen und Zielsetzungen regelmäßig dann zu Problemen führen, wenn für Betroffene und Beteiligte (Pflegeeltern, Kind, Herkunftsfamilie) die Ziele und Perspektiven der Inpflegegabe nicht eindeutig erkennbar sind bzw. hier gegenläufige Einschätzungen (vor allem bei Familienpflege auf Zeit bzw. auf Dauer) nicht bearbeitet werden, wird auf eine qualifizierte Erziehungs- und Entwicklungsplanung (Hilfeplan, vgl. dazu §§ 36, 37 SGB VIII) abgestellt.

Intensive sozialpädagogische Einzelbetreuung (ISE)

Die ISE dient der intensiven Unterstützung einzelner Jugendlicher zur sozialen Integration und zur eigenverantwortlichen Lebensführung. Die Hilfe ist auf längere Zeit angelegt und stellt eine Alternative zur fragwürdigen geschlossenen Unterbringung oder zur Unterbringung in einer Psychiatrie bzw. im Anschluss an diese dar. In einer ISE sind insbesondere Jugendliche mit besonderem, herausfordernden Verhalten und massiven Beziehungsstörungen anzutreffen, häufiger aus dem Prostitutions-, Drogen- oder Obdachlosenmilieu (vgl. Klawe 2001, S. 664).

Konzepte und Methoden

Eine Kategorisierung der vorfindlichen Konzepte in Konzepttypen lässt sich im Rahmen der ISE aufgrund der höchst individuellen Ausrichtung der

Hilfen nicht vornehmen. Die intensive sozialpädagogische Einzelbetreuung unterscheidet sich von anderen Betreuungsangeboten (z.B. dem betreuten Einzelwohnen) vor allem durch

- größere Formenvielfalt (ambulantes oder mit Unterbringungshilfen verbundenes Angebot),
- größere Offenheit der Inhalte (z.B. Einbezug erlebnispädagogischer Angebote),
- eine von vornherein auf längere Zeit angelegte Betreuung,
- eine von der individuellen Situation des Jugendlichen (jungen Volljährigen) ausgehende Angebotsgestaltung (keine Standardisierung) und
- (dies als herausragendes Merkmal) eine deutlich höhere Betreuungsintensität.

> „Die Betreuung ist sehr stark auf die individuelle Lebenssituation des jungen Menschen abzustellen und erfordert mitunter eine Präsenz bzw. Ansprechbereitschaft des Pädagogen rund um die Uhr. Seine Tätigkeit umfasst neben der intensiven Hilfestellung bei persönlichen Problemen und Notlagen auch Hilfestellung bei der Beschaffung und den Erhalt einer geeigneten Wohnmöglichkeit, bei der Vermittlung einer geeigneten schulischen oder beruflichen Ausbildung bzw. der Arbeitsaufnahme, bei der Verwaltung der Ausbildungs- und Arbeitsvergütung und anderer finanzieller Hilfen sowie bei der Gestaltung der Freizeit." (RegE-Begr., in: BT-Ds 11/5948, 72)

Diese Beschreibung der Hilfe nach § 35 SGB VIII stellt darauf ab, dass bei dieser Hilfe der junge Mensch seinen Lebensort in der Regel außerhalb seiner Familie haben wird.

Einzelbetreuung bedeutet, dass eine sozialpädagogische Fachkraft für einen oder mehrere Jugendliche zuständig ist. Mit Blick auf das zentrale Merkmal der Einzelbetreuung nach § 35 SGB VIII, deren Intensität, bietet sich als pragmatisches Abgrenzungskriterium von anderen Hilfen der Bezug auf den Personalschlüssel an. Dieser lässt als Richtgröße Aussagen darüber zu, mit welchem zeitlichen Aufwand pädagogische Fachkräfte die Betreuungsarbeit gestalten können. Wenn also Betreuungsintensitäten gefordert sind, die über die üblichen (u.a. in den Heimpflegesätzen geregelten) Relationen hinausgehen, dürfte eine Zuordnung dieses Angebots zur intensiven sozialpädagogischen Einzelbetreuung gegeben sein.

Formale Abgrenzungen sollten allerdings nicht den Blick auf Chancen verstellen, die eine praktische und örtliche Verknüpfung des Angebots der intensiven Einzelbetreuung mit anderen ambulanten Hilfen, hier vor allem dem Erziehungsbeistand (§ 30 SGB VIII) und der sozialen Gruppenarbeit (§ 29 SGB VIII), bietet. Dadurch wird der Aufbau eines integrierten Angebots für Jugendliche und Herangewachsene gefördert, der Wechsel zwischen Betreuungsformen unterschiedlicher Intensität sowie zwischen Individual- und Gruppenarbeit erleichtert. Dies bedeutet zugleich, dass sich die intensive Einzelbetreuung auch losgelöst von heimbezogenen Trägerschaften entwickeln kann.

Intensive sozialpädagogische Einzelbetreuung erfordert in aller Regel besondere Motivationen und Belastbarkeiten der sozialpädagogischen Fachkräfte; vor allem deshalb, weil zu den Jugendlichen auch in sehr schwierigen und belastenden Situationen und Entwicklungsphasen enge personale Beziehungen aufrechtzuerhalten sind. Außerdem verlangt diese Arbeit ein hohes Maß an Reflexion, Spontaneität und Risikobereitschaft. Die Fachkräfte müssen akzeptieren, dass die z.T. sehr jugendhilfeerfahrenen und „jugendhilfefrustrierten" Jugendlichen sich nur bedingt auf weitere Hilfen einlassen und erst recht Probleme haben können, neue Beziehungen einzugehen. Hier ist Professionalität dahingehend gefragt, den Jugendlichen Alternativen zur intensiven Beziehungsarbeit anzubieten, z.B. in Form von pragmatischen Alltagshilfen innerhalb ihrer Milieus (vgl. Klawe 2001, S. 680f.).

Relevante Methoden im Kontext der ISE sind insbesondere Ansätze der sozialpädagogischen Beratung, sozialpädagogische Diagnostik, Empowerment und Ressourcenorientierung, Ansätze der aufsuchenden und sozialräumlichen Arbeit, ggf. der Elternarbeit sowie der sozialen Netzwerkarbeit. Eine besondere Bedeutung kommt der Einbindung der einzelnen Betreuer/innen in ein Team zu sowie die damit verbundenen Möglichkeiten zu kollegialer Beratung und Supervision. Die Methode der Erlebnispädagogik bildet häufig einen Schwerpunkt von ISE Konzepten. So ist die ISE über fachliche Diskurse hinaus durch das Spektrum milieunaher bzw. milieuferner erlebnispädagogischer Konzepte (z.B. Auslandprojekte) (ebd., S. 668f.) und die Frage nach ihren Erfolgen bekannt geworden.

Festzuhalten ist, dass dieses Betreuungsangebot gegenüber der Heimunterbringung eine substituierende, zum Teil eine ergänzende Funktion (als Anschlusshilfe) einnehmen kann. Diese bezieht sich sowohl auf die Vermeidung einer Heimunterbringung bei älteren Jugendlichen als auch auf die Ablösung einer Heimunterbringung durch eine intensive Einzelbetreuung.

Inobhutnahme

Bei der Inobhutnahme handelt es sich um eine sozialpädagogische Intervention im akuten Krisenfall. Ziel der Intervention ist es, Kindern und Jugendlichen vorübergehend Schutz zu gewähren, zur Lösung der Krise beizutragen und mit allen Beteiligten erste Zukunftsperspektiven zu entwickeln. Eine Inobhutnahme folgt auf eine Fremd- oder Selbstmeldung beim Jugendamt und einer damit einhergehenden Prüfung der Gefährdungssituation. Bereits der Wunsch nach einer Inobhutnahme durch Kinder oder Jugendliche und das damit verbundene subjektive Empfinden drohender Gefahr verpflichtet das Jugendamt in Obhut zu nehmen (vgl. Trenczek 2009, S. 393). Inobhutnahmen folgen zu ca. 25 Prozent auf eine Selbstmeldung und zu ca. 75 Prozent auf eine Fremdmeldung (vgl. Pothmann 2010). Zur Zielgruppe von Kindern und Jugendlichen in akuten Gefährdungssituationen zählen auch junge unbegleitete Flüchtlinge (vgl. zu dieser Zielgruppe Kampelmann 2004, S. 201 f.). Diese werden aufgrund der Tatsache, dass sie ohne Personensorgeberechtigte einreisen, in Obhut genommen und bekommen einen Vormund oder Pfleger gemäß §§ 1773, 1909 BGB über das Jugendamt zur Seite gestellt. Jeder kommunale Jugendhilfeträger muss einen 24 Stunden Bereitschaftsdienst sicherstellen, so dass zu jeder Tages- und Nachtzeit über Inobhutnahmen entschieden werden kann. Hilfen müssen dann möglichst niedrigschwellig, schnell und unbürokratisch erfolgen (vgl. Trenczek 2008, S. 27), was jedoch nicht jeder Orts gelingt (vgl. Neumann-Witt 2009, S. 64).

Konzepte und Methoden

Wie in der Heimerziehung und Vollzeitpflege haben sich in den vergangenen Jahren auch in der Inobhutnahme sehr unterschiedliche Konzepte entwickelt. Generell lassen sich drei Unterbringungsmöglichkeiten unterscheiden (vgl. hierzu auch Neumann-Witt 2009, S. 65f., Rotering/Lengemann 2001, S. 710f.):

- Die Unterbringung in einer *Bereitschaftspflegestelle:* Hier leben Kinder vorübergehend in Pflegefamilien, in Lebensgemeinschaften oder bei Einzelpersonen. Die betreuenden Personen können auch Verwandte des Kindes sein, sofern eine Krisenintervention in diesem Kontext zielführend ist. In der Bereitschaftspflege werden aufgrund der familienähnlichen Lebensformen und der damit einhergehenden günstigeren Beziehungsstrukturen (im Vergleich zu Gruppenkontexten in Einrichtungen) insbesondere jüngere Kinder untergebracht. Mancherorts, wie z.B. in Berlin, mangelt es jedoch an ausreichend Bereitschaftspflegestellen, so dass Kinder alternativ in Kindernotdiensten/Kinderkrisenhäusern/Kinderkrisenwohnungen (s.u.) aufgenommen werden (vgl. Neumann-Witt 2009, S. 67).
- Die Unterbringung in einer *Einrichtung eines öffentlichen oder freien Trägers:* Hier werden Kinder und Jugendliche in sogenannten Jugendschutzstellen, Kinder-, Mädchen- oder Jungenkrisenhäuser oder Einrichtungen nach § 34 SGB VIII, die auch einen Gruppenkontext für Inobhutnahmen vorhalten, untergebracht. Im weniger günstigen Fall richten Träger einzelne Inobhutnahmeplätze in regulären Wohngruppen nach § 34 SGB VIII ein. Die aus den Inobhutnahmen entstehenden Gruppendynamiken durch ständig wechselnde Personen in der Gruppe dürften sich auf den Gruppenalltag der längerfristig dort lebenden Kinder eher nachteilig auswirken. Förderlich kann sich hingegen das stabile Gruppengefüge für

die Bewältigung der Krisensituation des betroffenen Kindes/Jugendlichen darstellen. Die konzeptionellen Ausrichtungen von Inobhutnahmeeinrichtungen orientieren sich wie in der Heimerziehung vielfach am Geschlecht, am Alter, an Krisenanlässen (z.B. Zwangsheirat, Suizidgefährdung) oder an pädagogisch/therapeutischen Schwerpunktsetzungen. Sehr spezielle konzeptionelle Ausrichtungen bieten sich häufig nur in Ballungsgebieten an, da sonst der Milieubezug im Hilfeprozess gänzlich verloren geht, der in der Regel für die Bewältigung der Krise förderlich ist.

- Die Unterbringung *in sonstigen geeigneten Wohnformen:* Bei dieser in Ausnahmefällen gewährten Unterbringungsform handelt es sich um sehr niedrigschwellige Unterbringungsmöglichkeiten für Jugendliche wie z.B. in Notschlafstellen, Hotelzimmern oder Übergangswohnungen. Sie bieten Möglichkeiten zum Schutz, zum Übernachten sowie zur Versorgung und werden an flexible Betreuungsformen gekoppelt. Diese Form der Unterbringung im Rahmen einer Inobhutnahme richtet sich insbesondere an Jugendliche, die sich auf engere Gruppen-/Betreuungskontexte nicht einlassen können oder wollen (vgl. Trenczek 2008, S. 215).

Wie in den stationären Erziehungshilfen sind die Konzepte der Inobhutnahme familien- oder einrichtungsbezogen ausgerichtet. Eine Inobhutnahme soll eine zeitlich begrenzte Krisenklärung leisten. Die Zahlen des Statistischen Bundesamtes (ausgewertet durch Pothmann 2009, S. 116f.) zeichnen jedoch ein anderes Bild. Ca. 65 Prozent der Inobhutnahmen wurden 2008 innerhalb von zwei Wochen beendet, gut 35 Prozent dauerten über zwei Wochen an (bis hin zu einem halben Jahr und länger). Deutlich wird, dass insbesondere jüngere Kinder proportional länger in den Maßnahmen verweilen, da z.B. die Krisenklärung, das Einholen gutachterlicher Stellungnahmen und Gerichtsbeschlüsse die Entwicklung weiterer Hilfen hinauszögern. Nicht zuletzt kann die Suche nach geeigneten Pflegefamilien längere Zeit in Anspruch nehmen. Die Zahlen lassen jedoch auch auf unterschiedliche bundesweite Verfahren der Inobhutnahme schließen und werfen Fragen nach fachlichen Standards in der Inobhutnahme auf.

Im methodischen Arbeiten ergeben sich in der Inobhutnahme vergleichbare Anforderungen wie in der Vollzeitpflege und Heimerziehung. Sicherlich ist es von Vorteil, über besondere Methodenkompetenz in den Bereichen des Konfliktmanagements, der Mediation, der sozialpädagogischen Beratung, der Ressourcenorientierung, der Partizipation/Beteiligung und der Elternarbeit zu verfügen. Hinsichtlich der konkreten Hilfegestaltung ist es förderlich, wenn die Hilfe im Herkunftsmilieu des Kindes angesiedelt ist und Ressourcen des Umfeldes mit in die Krisenklärung und Hilfeplanung einfließen. Bei geschlechtsspezifischen Indikationen für eine Inobhutnahme müssen Hilfesettings vorgehalten werden, die sich auch in ihrem methodischen Handeln auf die besonderen Bedürfnisse von Mädchen und Jungen einstellen (vgl. hierzu auch Blandow 2009, S. 193 f.). Schließlich ist Sensibilität seitens der Professionellen gefragt, die Inobhutnahme an sich als Krise im Leben der jungen Menschen zu verstehen und einen pädagogischen Rahmen zur Verfügung zu stellen, der sensibilisiert ist für die Bedürfnisse von jungen Menschen in dieser Lebenssituation. In den Blick zu nehmen ist z. B. die Gestaltung der Aufnahmesituation, die Vorbereitung von Räumlichkeiten, die Organisation verlässlicher Ansprechpartner/innen, die unmittelbar nach Aufnahme zu erfolgende Aufklärung des Kindes/Jugendlichen über die Hilfe, über Sinn und Zweck, über eigene Rechte und mögliche Optionen etc. Weitere Herausforderungen an das Personal in Gruppenkontexten ergeben sich durch die Pflicht zur Aufnahme, durch die sich günstige wie weniger günstige, jedoch stetig wechselnde Gruppenzusammensetzungen ergeben. Pädagogische Fachkräfte müssen ein hohes Maß an Flexibilität und Belastbarkeit mitbringen, diese ständig wechselnden Dynamiken auszuhalten bzw. zu gestalten und zu steuern. Pädagogische Arbeit kommt in der Bewältigung des Alltags demzufolge nicht selten zu kurz. Um im Einzelfall flexible Hilfearrangements entwickeln zu können, bedarf es zudem eines vernetzten Arbeitens mit anderen Einrichtungen und Diensten der Kinder- und Jugendhilfe und darüber hinaus (vgl. zum Thema Inobhutnahme auch Teil II, Kap. 11.1).

6.4 Aktuelle Entwicklungen

Steigende Fallzahlen

Mit den gesetzlichen Fixierungen im SGB VIII/KJHG wurden fachliche Entwicklungsprozesse in der Kinder- und Jugendhilfe rechtlich abgesichert, die darauf abzielten, den Hilfekanon vielfältiger, flexibler, niedrigschwelliger, dienstleistungsorientierter, präventiver und sozialraumorientiert zu gestalten.

Mit dem Ausbau der ambulanten und teilstationären Hilfen wurde insbesondere die Hoffnung verbunden, dass sich die Fallzahlen im Bereich der stationären Hilfen sowie der sonstigen Formen der Unterbringung außerhalb der Herkunftsfamilie reduzieren. Dies wurde zum einen aus fachlicher Sicht angestrebt, zum anderen aus fiskalischen Gründen. Rückblickend zeigt sich, dass diese Hoffnung nur phasenweise erfüllt werden konnte. Auch die Professionalisierung im Bereich der Vollzeitpflege zielte darauf ab, Heimerziehungsmaßnahmen zu vermeiden und Kindern ein vermeintlich günstigeres, familienähnliches Umfeld zur Verfügung zu stellen. Auch hier bestand die Hoffnung, neben fachlichen Vorzügen in der Hilfegewährung Kosten zu sparen. Nachfolgende Tabelle zeigt für das Verhältnis zwischen den Fallzahlen von Heimerziehung und Vollzeitpflege, dass die Erwartungen nur begrenzt erfüllt wurden (vgl. zu den quantitativen Veränderungen in der Inanspruchnahme erzieherischer Hilfen insgesamt auch Bürger 2007, S. 42 sowie Teil II, Kapitel 5.1).

Tab 7: Hilfen zur Erziehung außerhalb der eigenen Familien 1975–2000 (alte Bundesländer[1]) (Quelle: Zahlenangaben von 1975–1990 nach Wiesner 1995, S. 1381; Zahlen für 1995 und 2000 nach Statistisches Bundesamt 1997 und 2003)

Jahr	Kinder + Jugendliche außerhalb der eigenen Familie	auf 1.000 der Bezugs-population	davon in Heimen + sonstiger Unterbringung (absolut)	davon in Heimen + sonstiger Unterbringung (Prozent)	davon in Pflegestellen
1975	136.105	8,24	97.031	71,3	39.074
1980	132.613	9,32	63.285	47,7	69.328
1985	93.025	7,86	47.637	51,2	45.108
1990	87.007	7,44	44.076	50,8	42.630
1995	77.446	6,07	41.658	53,8	35.788
2000	83.778	5,59	45.161	53,9	38.617

(1) In die Betrachtung werden hier nur die alten Bundesländer einbezogen, da die Situation in den neuen Ländern – aufgrund der anders gestalteten Jugendhilfesituation in der DDR – bis Ende der 1990er Jahre noch erhebliche Besonderheiten aufwies.

Deutlich wird, dass sich nur zu Beginn der 1980er Jahre ein deutlicher Rückgang in den Heimerziehungsmaßnahmen bei einem gleichzeitig erheblichen Anstieg von Pflegeverhältnissen vollzogen hat. Ab 1985 haben sich die Zahlen beider Hilfeformen relativ konstant entwickelt. Während im Bereich der Vollzeitpflege die Fallzahlen mit Schwankungen bei 35.000 bis 40.000 bis zum Jahr 2000 lagen, hielten sich die Zahlen im Bereich der Heimerziehung und sonstiger Unterbringungen nach 1980 relativ konstant auf einem deutlich geringeren Niveau als 1975. Der Ausbau der ambulanten und teilstationären Hilfen dürfte hierfür eine Ursache sein (neben veränderten Wahrnehmungen, Bezugskriterien und Interventionsschwellen in der Hilfegewährung, Bedingungen sozialstruktureller Gegebenheiten, politisch-fiskalischer Einflussfaktoren, demographischer Strukturen etc.).

Ein Blick in aktuelle Statistiken zeigt, dass sich die Fallzahlen seit dem Jahr 2000 nochmals deutlich verändert haben. Sowohl in den ambulanten als auch in den teilstationären und stationären Hilfen sind Zuwachsraten zu verzeichnen (vgl. Tab. 8).

Es zeigt sich, dass ambulante und teilstationäre Hilfen stationäre Arrangements nicht ersetzen, sondern sinnvoll ergänzen, um z.B. die Zahl der stationären Hilfen nicht noch weiter in die Höhe schnellen zu lassen (zum Verhältnis von ambulanten, teilstationären und stationären Hilfen zur Erziehung siehe auch Teil II, Kap. 5.2). In diesem Kontext ist anzumerken, dass ambulante Hilfen keine Vorrangstellung vor teilstationären oder stati-

Tab. 8: **Fallzahlen für ausgewählte Leistungen der Hilfen zur Erziehung (alte und neue Bundesländer) Quelle: Lotte/Pothmann 2010, S. 3**

	Familienunterstützende und -ergänzende Hilfen						Familienersetzende Hilfen			
	Erziehungsbeistandschaften		Sozialpäd. Familienhilfe		Erziehung in Tagesgruppe		Vollzeitpflege		Heimerziehung[1]	
	Abs.	Index	Abs.	Index	Abs.	Index	Abs.	Index	Abs.	Index
2000	20.115	100	31.232	100	22.296	100	57.862	100	95.070	100
2005	26.636	132	48.302	155	23.513	105	59.407	103	85.990	90
2008	32.456	161	81.164	260	24.951	112	66.069	114	86.163	91
2009	36.322	181	93.360	299	26.162	117	69.972	121	91.395	96

1 Einschließlich der betreuten Wohnformen gem. § 34 SGB VIII.

onären Hilfen haben. Abhängig vom Einzelfall kann es durchaus sinnvoll oder dringend geboten sein, Kindern oder Jugendlichen eine stationäre Hilfemöglichkeit zu eröffnen. Die Praxis lässt jedoch vermuten, dass aus finanziellen Gründen häufig erst ambulante Hilfen – sofern fachlich vertretbar – „ausprobiert“ werden, bevor kostenintensive, stationäre Arrangements installiert werden. Daten über nicht erfolgreiche ambulante oder teilstationäre Hilfen legen diese Vermutung nahe. Eine zentrale Ursache für den starken Anstieg von Erziehungshilfen ist sicherlich der verbesserte Kinderschutz seit Einführung des § 8a SGB VIII im Jahre 2005 sowie die Sensibilisierung der Öffentlichkeit für das Thema Kinderschutz durch Publik werden tragischer Fälle von Kindsmisshandlungen und Kindstötungen. Mit den steigenden Fallzahlen in der Jugendhilfe seit 2005 geht gleichzeitig ein deutlicher Rückgang der Quote jährlicher Kindstötungen einher sowie ein Anstieg von Anzeigen kindlicher Misshandlung (vgl. Rauschenbach/Pothmann 2010, S. 1 in Bezugnahme auf die polizeiliche Kriminalstatistik). Die Autoren führen diese Entwicklungen u.a. auf eine „neue Kultur des Hinsehens“ in Fachkreisen und in der Öffentlichkeit zurück. Die Zahl der Inobhutnahmen in der Altersgruppe der unter Sechsjährigen belegen dies eindrücklich. Hier sind die Fallzahlen von 3.100 im Jahr 2002 auf fast 5.600 im Jahr 2009 gestiegen (ebd., S. 2). Letztendlich ist auch an den Fallzahlen der gerichtlichen Maßnahmen zum Entzug der elterlichen Sorge die Tendenz seit 2005 abzulesen. Seit 2009 schwächen die Fallzahlen ab, was Rauschenbach und Pothmann u. a. mit einem „sich beruhigenden Kinderschutz“ infolge der Umsetzung des § 8a SGB VIII und der Etablierung früher Hilfen (vgl. Bastian u. a. 2008) in Beziehung setzen. Insgesamt ist festzuhalten, dass seit 2005 in allen Hilfeformen Zuwachsraten zu verzeichnen sind, die Fallzahlen jedoch am stärksten in den ambulanten und teilstationären Hilfen angestiegen sind. Die Verdreifachung der SPFH-Leistungen zwischen 2005 und 2009 verdeutlicht dies eindrucksvoll (vgl. Lotte/Pothmann 2010, S. 3).

Die Fallzahlen sind sicherlich im Sinne eines qualifizierten Kinderschutzes positiv zu bewerten. Jedoch geht mit dieser Entwicklung die Frage einher, wie gut die Kinder- und Jugendhilfe und im Speziellen der ASD sowie die freien Träger aufgestellt sind, diesen immensen Anforderungen fachlich und im Kontext eines angemessenen organisatorischen Umfeldes zu begegnen. In Zeiten knapper Haushalte lässt sich nahezu allerorts feststellen, dass das Spannungsverhältnis von Fachlichkeit vs. Finanzen den Alltag der ASD dominiert. Diese Problematik überträgt sich auch auf die freien Träger. So mahnt Gissel-Palkovich (2007, S. 18) zu Recht, dass steigende Anforderungen im Kinderschutz nur mit ausreichenden Ressourcen (z.B. vertretbare Fallzahlen) und umfangreichen Fachkompetenzen zu bewältigen sind. Die Praxis entwickelt sich aktuell jedoch in eine andere Richtung. So konstatiert die Arbeitsgemeinschaft für Kinder- und Jugendhilfe in ihrer Stellungnahme vom 28. Oktober 2010 für den ASD steigende Fallzahlen, steigende Zahlen von Belastungsanzeigen der Mitarbeiter/innen, eine Verdichtung der Arbeit sowie die Zunahme besonders komplexer Hilfebedarfe (vgl. AGJ 2010, S. 71). Diese Entwicklungen dürften sich auch nachteilig auf die Kooperation mit freien Trägern auswirken (im Kontext der Fallarbeit/Hilfeplanung als auch über die Fallarbeit hinaus). Demnach gilt es, in den nächsten Jahren Organisationsentwicklungsprozesse voranzutreiben, die sowohl eine fachlich qualifizierte Arbeit als auch einen verantwortungsbewussten Mitteleinsatz sicherstellen. Eine intensive sozialpolitische Auseinandersetzung über kommunale Ebenen hinaus ist an dieser Stelle dringend geboten.

Qualitätsentwicklung und Wirkungsorientierung

Im Kontext der steigenden Fallzahlen und der damit einhergehenden Konsequenzen für öffentliche und freie Träger im Spannungsverhältnis von Fachlichkeit vs. Finanzen hat das Thema der Qualitätsentwicklung und der Wirkungsüberprüfung von Hilfen in den vergangenen Jahren im Bereich der stationären Erziehungshilfen an Relevanz gewonnen (andere Unterbringungsformen werden im weiteren Kapitel im Kontext stationärer Hilfen mitgedacht) (vgl. hierzu Teil IV, Kapitel 2).

Qualifizierung des Kinderschutzes

Die Einführung des § 8a SGB VIII hat zu vielfältigen Weiterentwicklungsprozessen in der Kinder- und Jugendhilfe geführt. Aktuell wird in Einrichtungen der stationären Erziehungshilfen an organisationsinternen wie -externen Verfahrensstandards in Kooperation mit dem ASD und weiteren zentralen regionalen Akteuren gearbeitet. Zudem erfolgen Qualifizierungen von Fachkräften zu „insoweit erfahrenen Fachkräften“, auch „Kinderschutzfachkräfte“ genannt (vgl. hierzu auch Teil II, Kapitel 10).

Geschlossene Unterbringung

Das Thema der geschlossenen Unterbringung stellt ein Dauerstreitthema sowohl innerhalb der stationären Erziehungshilfen als auch in der Auseinandersetzung mit politischen Vertreter/inne/n dar. Die Frage nach dem Umgang mit Jugendlichen, die sich scheinbar von keiner Jugendhilfemaßnahme mehr erreichen lassen und zwischen Diensten und Einrichtungen hin und her geschoben werden (wie z.B. zwischen Jugendhilfeeinrichtungen und psychiatrischen Kliniken) provozieren immer wieder die Frage nach der Sinnhaftigkeit geschlossener Unterbringung. Statt diese Frage zu vertiefen wäre es jedoch an der Zeit, selbstkritisch anzufragen, wo und warum Jugendhilfe scheitert und über ihre stationären Settings keine Antworten findet bzw. wo die Spezialisierung von Hilfeleistungen zu Fallabgaben führt, weil man angeblich nicht zuständig ist. Darüber hinaus werden immer wieder rechtliche Verfahrensprobleme im Prozess der Einleitung geschlossener Unterbringungen konstatiert (zur aktuellen Diskussion siehe auch von Wolffersdorff 2003, S. 53f.).

Junge unbegleitete Flüchtlinge

Ein weiteres Dauerthema in ASD-Kontexten sowie in den stationären Erziehungshilfen ist der Umgang mit unbegleiteten jungen Flüchtlingen. Diskutiert werden hier z.B. Verfahren zur Altersfeststellung junger Flüchtlinge unter ethischen Gesichtspunkten, Fragen der geeigneten Unterbringungsform (Gruppenkontexte oder dezentrale Unterbringungen in angemieteten Räumlichkeiten für diese Zielgruppe) sowie die konzeptionellen Ausrichtungen von Wohngruppen für Jugendliche mit Migrationsvorgeschichte/ junge Flüchtlinge (mono- vs. multiethnisch) (vgl. hierzu auch Teil II, Kapitel 11.1).

Erziehungs- und Bildungspartnerschaften

Ein seit langem bekanntes jedoch immer wieder aktuelles Thema in den stationären Hilfen ist das der Elternarbeit. Faktoren, die Elternarbeit negativ beeinflussen, sind mittlerweile hinlänglich erforscht. Bereits vor 15 Jahren konnte Conen (1996) differenzierte Erkenntnisse hierzu vorlegen. In der Folge wurden innovative, beteiligungsorientierte Konzepte zur Elternarbeit entwickelt. So ist zu konstatieren, dass gute Ideen in der Praxis verbreitet sind (wie z.B. Konzepte der Familienaktivierung vgl. Günder 2007, S. 258f.). Zwei Aspekte scheinen jedoch nach wie vor problematisch zu sein. Zum einen ist Elternarbeit stark von einer wertschätzenden offenen Haltung der Fachkräfte abhängig, die in der Praxis nach wie vor häufig nicht anzutreffen ist. Um das Thema Elternarbeit für Fachkräfte bearbeitbar zu machen, wurden Rahmenkonzepte entwickelt, die darauf abzielen, Eltern als Bildungs- und Erziehungspartner zu verstehen und sie als diese in den Hilfeprozess mit einzubinden (vgl. hierzu Bartscher u.a. 2010 für den Bereich Jugendhilfe und Schule).

Zum anderen bieten stationäre Hilfen nach wie vor häufig keinen ausreichenden Rahmen, sich neben der Arbeit mit dem Kind auch intensiv den Eltern zuzuwenden. Da nicht davon auszugehen ist, dass stationäre Einrichtungen hier in naher Zukunft bessere Rahmenbedingungen erfahren, ist zumindest der Bereich der Kooperation mit Einrichtungen auszubauen, die Aufgaben der Elternbildung und Elternarbeit übernehmen – vorzugsweise vor dem Hintergrund flexibler und integrierter Erziehungshilfekonzepte (vgl. Peters/Koch 2004). Viele Einrichtungen sind hier mit Kooperationspartnern aus den Bereichen der frühen Hilfen sowie ambulanten Hilfen auf gutem Wege. Elternarbeit ist und bleibt eine zentrale Erfolgskategorie (vgl. Günder 2007, S. 274) und bedarf deshalb einer fortwährenden und flexibel an die Bedürfnisse von Familien angepassten Weiterentwicklung.

Sozialraumorientierung/flexible-integrierte Hilfen

Das Thema Sozialraumorientierung hat spätestens durch die Diskussion um flexible, integrierte Erziehungshilfen, verstanden als regionale „Gesamtstrategie" der Infrastrukturentwicklung in der Kinder- und Jugendhilfe (vgl. Peters/Koch 2004), an Bedeutung gewonnen. Sowohl öffentliche als auch freie Träger stehen hier in engem Austausch und arbeiten intra- wie interorganisationell mit Akteuren aus dem Sozialraum an der Entwicklung förderlicher Jugendhilfestrukturen, um (Erziehungs-)Hilfen dort anzubieten, wo sie gebraucht werden, in den Lebenswelten der Klienten. Fachvertreter/innen beschäftigen sich in diesem Kontext nicht nur mit inhaltlichen Fragestellungen einer sozialräumlichen, auf Inklusion in Regelangebote ausgerichteten Jugendhilfestrategie, sondern auch mit rechtlichen, organisatorischen und finanziellen Fragestellungen, die flexible und integrierte Konzepte mit sich bringen (z.B. zu den Themen Sozialraumbudgets, Qualitätsentwicklung, Controlling, Prozesssteuerung). Bis heute wird vielerorts an einer Implementierung flexibler, integrierter Hilfekonzepte und damit verbundener sozialräumlicher Strategien gearbeitet (insbesondere zu umstrittenen Themen wie die Steuerung solcher Prozesse oder die rechtsgemäße sozialräumliche Budgetverwaltung), wenn auch nicht immer im Sinne des Vorläuferprojektes INTEGRA (ebd.). Wenn sich die Grundidee integrierter Hilfen auch nicht flächendeckend durchsetzen konnte, so gehen jedoch bis heute wertvolle Impulse für die Erziehungshilfen von ihr aus, wie z.B. eine deutlichere Fokussierung der Adressatenorientierung, Hinweise für sozialräumliches Arbeiten, Aspekte zur Verbesserung der Durchlässigkeit von Hilfeformen, Hinweise zur Förderung Lernender Organisationen, zur Qualifizierung des

Fachpersonals sowie zur Kooperation von öffentlichen und freien Trägern bzw. zur Zusammenarbeit freier Träger untereinander (ebd., S. 13f.).

Aufarbeitung der Missbrauchsskandale in der Heimerziehung

In den letzten Jahren sind erschreckend viele Fälle bekannt geworden, in denen Kinder und Jugendliche im Kontext einer Heimerziehungsmaßnahme Opfer von Gewalt wurden. Deutlich wurde im Laufe der Aufarbeitung der Skandale, dass es sich hierbei nicht nur um Einzelfälle in den 1960er Jahren – zu Zeiten einer eher repressiven öffentlichen Erziehung – handelt, sondern entsprechende Vorfälle bis in die 1990er Jahre hineinreichen. Die ganze Breite öffentlicher Träger, insbesondere jedoch die kirchlichen Träger, gerieten hierbei in den Fokus. Aktuell ist man um Aufarbeitung bemüht. Unterschiedliche Diskussionsforen wurden initiiert, die in ihren Ergebnissen zum einen öffentliche Schuldeingeständnisse der Träger hervorbrachten sowie Entschädigungszahlungen vorsehen. Zum anderen sollen Konsequenzen auf rechtlicher Ebene folgen, indem im Rahmen eines neuen Bundeskinderschutzgesetzes verschärfte Regelungen zur Einstellung von pädagogischem Personal sowie zur Erteilung einer Betriebserlaubnis für Träger geplant sind (vgl. Gesetzesentwurf des BMFSFJ 2010 sowie zum Thema Betriebserlaubnis Teil II, Kapitel 11.2).

Die Vorkommnisse sollten dafür sensibilisieren, in den stationären Hilfen „pädagogische Grauzonen“ genau in den Blick zu nehmen und kritisch anzufragen. Diese können sich sowohl auf einzelne Handlungen beziehen, wie die Missachtung von Privatsphären, der Entzug von Aufmerksamkeit und Zuwendung bis hin zu missbräuchlichen Handlungen als auch auf die Praxis in sogenannten „Besinnungs-“ „Beruhigungs-„ oder „Time-out“ Räumen (vgl. Rätz-Heinisch u.a. 2009, S. 164). Schließlich geben Ergebnisse wie die von Günder u.a. (2009, S. 23f.) im Rahmen einer Studie zu Reaktionen auf unerwünschtes Verhalten in der stationären Erziehungshilfe ausreichend Anlass, weiterhin sehr wachsam in der Praxis zu sein. So konnte mehr als die Hälfte der befragten Fachkräfte körperliche Strafen im Heimalltag – wenn auch selten – nicht ausschließen und 2,5 Prozent bejahten häufige Anwendungen. Die Autoren schließen auch in Anbetracht möglicher Dunkelziffern hieraus, dass nach wie vor von einer „Unpädagogik“ und eklatanten Gesetzesverstößen in den stationären Erziehungshilfen auszugehend ist. Ergebnisse wie diese sollen und dürfen nicht ein generelles Misstrauen gegenüber öffentlichen Erziehungsinstitutionen schüren, sie mahnen jedoch zu Recht zu fortwährender Wachsamkeit.

Weitere, auch für die stationären Hilfen aktuelle Entwicklungen innerhalb der Erziehungshilfen werden in Teil II, Kapitel 5.5 „Aktuelle Entwicklungen in den ambulanten und teilstationären Hilfen“ diskutiert.

7. Hilfen für junge Volljährige

Die Lebensphase Jugend hat sich in den letzten Jahrzehnten deutlich verändert und führt zu hohen Bewältigungsanforderungen im persönlichen, sozialen sowie ausbildungs- und erwerbsbezogenen Kontext. Längere Bildungs- und Ausbildungszeiten führen zu einem verzögerten Weg in die Selbständigkeit, gleichzeitig lässt die zunehmende Unkalkulierbarkeit von Lebenswegen das Erwachsenwerden schwieriger werden. Daher ist es durchaus von Bedeutung, jungen Erwachsenen, die zwar volljährig sind, aber ihren Alltag und Lebensvollzug noch nicht vollends selbständig bewältigen können, Hilfe, Begleitung, Beratung und konkrete lebenspraktische Unterstützung anzubieten. Junge Erwachsene können daher eine Leistung nach § 41 SGB VIII in Anspruch nehmen, die eine Sozialleistung im Wirkungsbereich der Jugendhilfe darstellt: Begleitungs- und Beratungsleistungen bzw. Wohn- oder Arbeits- und Ausbildungshilfen sind dort für junge Erwachsene im Rahmen der Jugendhilfe geregelt und ermöglichen eine intensive Betreuung und Förderung auch jenseits der Sozialhilfe.

§ 41 SGB VIII | Hilfe für junge Volljährige, Nachbetreuung

(1) Einem jungen Volljährigen soll Hilfe für die Persönlichkeitsentwicklung und zu einer eigenverantwortlichen Lebensführung gewährt werden, wenn und solange die Hilfe aufgrund der individuellen Situation des jungen Menschen notwendig ist. Die Hilfe wird in der Regel nur bis zur Vollendung des 21. Lebensjahres gewährt; in begründeten Einzelfällen soll sie für einen begrenzten Zeitraum darüber hinaus fortgesetzt werden.
(2) Für die Ausgestaltung der Hilfe gelten § 27 Abs. 3 und 4 sowie die §§ 28 bis 30, 33 bis 36, 39 und 40 entsprechend mit der Maßgabe, dass an die Stelle des Personensorgeberechtigten oder des Kindes oder des Jugendlichen der junge Volljährige tritt.
(3) Der junge Volljährige soll auch nach Beendigung der Hilfe bei der Verselbständigung im notwendigen Umfang beraten und unterstützt werden.

Die vorstehend genannte Rechtsnorm umfasst die sogenannte Hilfe für junge Volljährige und Nachbetreuung. Nach Münder u.a. (vgl. 2006, S. 537) sind hiermit einerseits eine eigenständige Hilfe für 18- bis 21-Jährige und andererseits auch eine Fortsetzungshilfe für über 21-Jährige sowie die Nachbetreuungsmöglichkeit gemeint. Die Abbildung 1 gibt einen Überblick über die Fallzahlen von Hilfen zur Erziehung nach § 27 SGB VIII für junge Volljährige, die sich offenkundig mehrheitlich an Adressaten im Alter von 18 bis 21 richten. Aber auch die Zahl der betreuten jungen Erwachsenen im

Alter von 21 bis 27 ist bundesweit nicht zu vernachlässigen. Das zentrale Ziel dieser Hilfe besteht darin, Unterstützungsleistungen für junge Erwachsene nicht abbrechen zu müssen, wenn weiterhin eine Hilfesituation und ein Bedarf an Jugendhilfeleistung – als in der je gegebenen Situation sozialpädagogische, und darin einzig problemangemessene Hilfe – im Einzelfall besteht. Da in diesen Fällen sozialpädagogische Hilfen als erfolgversprechend eingeschätzt werden, ist es auch möglich, Volljährigen Leistungen der Jugendhilfe zu gewähren. Letztlich gibt es im SGB VIII auch weitere Leistungen, die sich an junge volljährige Menschen richten, z.B. die Jugendarbeit und Jugendsozialarbeit oder auch Beratungsleistungen für junge Eltern.

In der Abbildung 10 sind die Hilfen zur Erziehung – die ohne Verbindung zu Hilfen gemäß §§ 28–35 gewährt wurden – nach dem Hilfesetting unterschieden dargestellt. Im Jahr 2008 überwog demnach sowohl in der Altersgruppe der 18- bis 21-Jährigen als auch bei den 21- bis 17-Jährigen die Erbringung der Hilfe in ambulanter oder teilstationärer Form.

Der Leistungsbereich nach § 41 SGB VIII wurde in der vergangenen Zeit immer wieder hinsichtlich möglicher Einsparmöglichkeiten diskutiert und eine Einschränkung der Hilfen im Zuständigkeitsbereich der Jugendhilfe anvisiert. Auch wenn gesetzliche Änderungen des § 41 SGB VIII nicht wesentlich stattgefunden haben und das Leistungsangebot weiter besteht, ist damit zu rechnen, dass diese Hilfeform eher marginal behandelt und Kostenreduzierungen umgesetzt werden sollen (vgl. kritisch Rätz-Heinisch 2007; Sandermann/Urban/Schruth 2007). Dabei würde dann vernachlässigt, dass Hilfen für junge Volljährige auch einen aktiven Beitrag zur Minderung sozialer Benachteiligung darstellen, indem unterstützungsbedürftige Volljährige nicht allein gelassen werden und in zum Teil prekären Lebenslagen sozialpädagogische Hilfe erhalten können, die über die sozialwirtschaftliche Sicherung hinaus auch die individuelle und soziale Entwicklung gezielt fördern können.

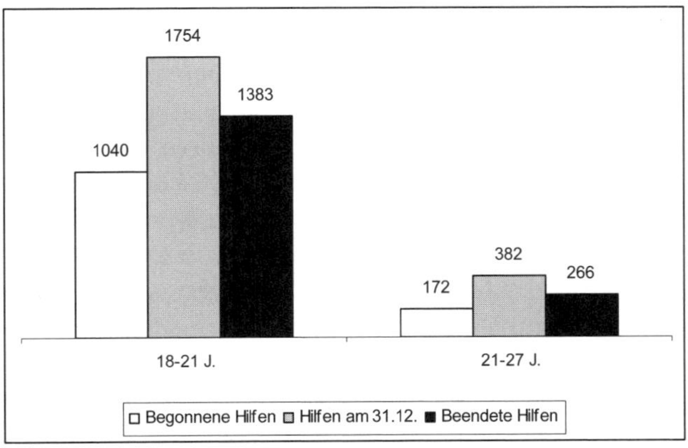

Abb. 12: Hilfe zur Erziehung gemäß § 27 SGB VIII (ohne Verbindung zu Hilfen gem. §§ 28-35 SGB VIII) für junge Volljährige nach begonnenen, beendeten Hilfen und Stichtag 31.12.2008 (Quelle: Statistisches Bundesamt 2010, S. 222)

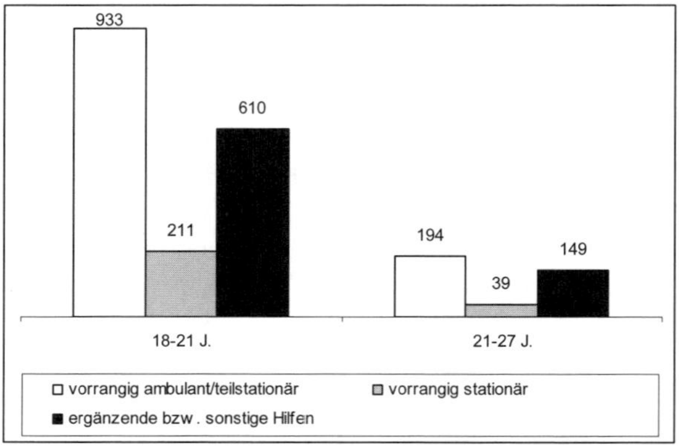

Abb. 13: Hilfe zur Erziehung gemäß § 27 SGB VIII (ohne Verbindung zu Hilfen gem. §§ 28-35 SGB VIII) für junge Volljährige nach Hilfesetting am Stichtag 31.12.2008 (Quelle: Statistisches Bundesamt 2010, S. 222)

Die Hilfe für junge Volljährige soll im Bedarfsfall gewährt werden, wobei die individuelle lebensweltliche Rahmung des jungen Menschen ausschlaggebend ist für die Entscheidung über die Hilfe. Im Zentrum steht die Hilfe für die individuelle Persönlichkeitsentwicklung und Hilfe zur eigenverantwortlichen und selbständigen Lebensbewältigung. Münder u.a. (vgl. 2006, S. 538f.) kommentieren die Anspruchsgrundlage für den § 41 SGB VIII wie folgt: „Das bedeutet, dass die individuelle Situation des jungen Menschen durch Einschränkungen in der Persönlichkeitsentwicklung und in der Fähigkeit ein eigenständiges Leben zu führen gekennzeichnet sein muss. Anknüpfungspunkt ist die Tatsache, dass mit Erreichen des Volljährigkeitsalters bei den betreffenden Personen noch nicht die dieser formalen Grenze entsprechende inhaltliche Autonomie, Selbständigkeit und Persönlichkeit entwickelt ist und diese durch Unterstützungen der Jugendhilfe erreicht werden soll. Das bedeutet aber nicht, dass Jugendhilfe von einem „stromlinienförmigen Persönlichkeitsprofil" ausgehen kann und junge Menschen, die nicht in etablierten Formen leben, zum Anknüpfungspunkt von „Erziehungs"-Aktivitäten machen kann. Junge Menschen, die bewusst eigensinnig sind bzw. eigenständige Lebensentwürfe verfolgen, gehören damit nicht zum Personenkreis des § 41 SGB VIII." Auch wenn individuelle Situationen, die zu diesem Hilfebedarf führen, nicht klar eingrenzt werden können, gibt es doch Indikatoren: schwierige, altersunangemessene Entwicklungen, mangelnde gesellschaftliche und bildungsbezogene Teilhabe, soziale Konflikte und Beziehungsbeeinträchtigungen, Abhängigkeits- und Suchterkrankungen, Behinderungen und vor allem auch Armutssituationen (vgl. ebd.). Erkennbar ist auch, dass viele junge Volljährige betroffen sind, die sich in stationärer Unterbringung befunden haben, die dann entweder fortgeführt oder nach einer kurzen Phase des Versuchs einer selbständigen Lebensführung erneut umgesetzt werden. Die Abbildung 14 ist sicher in dem hohen

Anteil an stationären Hilfen so zu verstehen, dass dort die besagte Zielgruppe eingeschlossen ist (neben einem geringeren Anteil an intensiver sozialpädagogischer Einzelbetreuung, hier ISE abgekürzt).

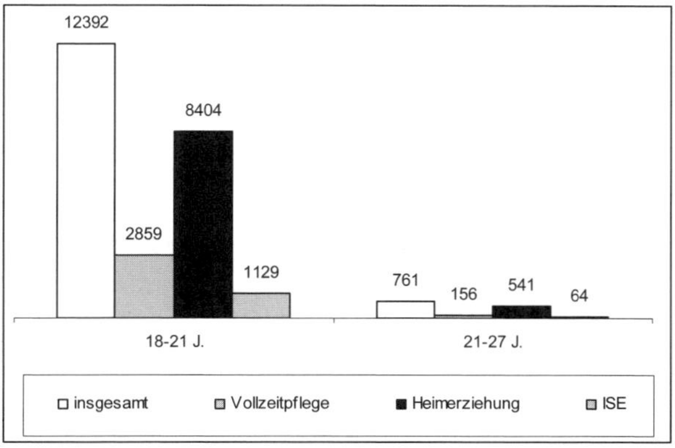

Abb. 14: Teil-/stationäre Hilfen zur Erziehung für junge Volljährige insgesamt und davon nach Hilfeform am Stichtag 31.12.2008 (Quelle: Statistisches Bundesamt 2010, S. 224)

In einer empirischen Studie zu den Hilfen für junge Volljährige hat Nüsken (vgl. 2008) ermitteln können, dass die gesetzliche Norm des § 41 SGB VIII in Kommunen durchaus umgesetzt wird und entsprechende Hilfen durchgeführt werden, jedoch existieren bei der Realisierung erkennbar hohe regionale Disparitäten und damit einhergehend ein fehlender Anspruch, diese Hilfen fachlich zu profilieren und als Angebotsbestandteil im Leistungsspektrum der Kinder- und Jugendhilfe weiter zu entwickeln. So resümiert Nüsken (ebd., S. 276f.) seine Analysen dahingehend, „(…) dass eine systematische fachliche Entwicklung der Hilfen für junge Volljährige bislang nicht stattgefunden hat. (…) Die Ergebnisse dieser Studien zeigen aber auch Entwicklungsbedarfe auf. (…) Zu den aktuellen Herausforderungen der Hilfen für junge Volljährige zählt darüber hinaus die Notwendigkeit einer systematischen Kooperation der Jugendhilfe mit den Arbeitsagenturen/den Jobcentern, da gerade benachteiligte junge Menschen aus den Hilfen zur Erziehung bei der Integration in die Berufswelt auf besondere Unterstützung angewiesen sind. Für junge Menschen, die neben persönlichen Defiziten bislang auch noch mit der schwierigen Situation auf dem Arbeits- und Ausbildungsmarkt zu kämpfen hatten, könnten sich die Arbeitsmarktreformen als Chance herausstellen, da sie nun einen Anspruch auf Ausbildung oder zumindest Beschäftigung haben. Die spezifischen Probleme von jungen Menschen mir erzieherischem Förderbedarf sind allerdings nicht allein mit Mitteln der Arbeitsförderung zu lösen, hier sind insbesondere auch die Hilfen für junge Volljährige gefragt (…).“

8. Hilfen für seelisch behinderte Kinder und Jugendliche

Es gibt keinen allgemeingültigen Begriff von Behinderung, so auch keinen der seelischen Behinderung. Da jede Fachdisziplin sich aus einem anderen Blickwinkel der Behinderung nähert, hat jede auch eine eigene Begrifflichkeit entwickelt, wobei die Medizin auf die längste Tradition zurückblicken kann. Aber auch die Behinderten- und Sonderpädagogik, die Soziologie und nicht zuletzt das Recht haben eigene Begriffe von Behinderung entwickelt.

Das Substantiv „Behinderung" führt leicht zu dem Missverständnis, hier handele es sich um eine der betreffenden Person zugehörige dauerhafte Eigenschaft. Dem gegenüber wäre jedoch darauf zu verweisen, dass der Terminus „Behinderung" allenfalls auf einen Vorgang (der Behinderung), nicht jedoch auf ein Persönlichkeitsmerkmal verweist. „Deswegen kann man eine Behinderung nicht haben. Es kann eine Person lediglich behindert werden." (Specht 1995, S. 345). Dies gilt im Besonderen bei Kindern und Jugendlichen, die sich noch in einem nicht abgeschlossenen Entwicklungsprozess befinden. Zudem ist „Behinderung" immer auch eine Interpretation eines Vorganges, einer Situation, also „kein eindeutig objektivierbarer Tatbestand, sondern eine Frage der Wahrnehmung, Einschätzung und Definition" (BMFS 1994, S. 261, zit. n. Harnach-Beck 1996, S. 21).

Als behindert im Sinne der Behinderten- oder Sonderpädagogik werden Kinder und Jugendliche angesehen, die in ihrem Lernen, im sozialen Verhalten, in der sprachlichen Kommunikation oder in den psychomotorischen Fähigkeiten längerfristig und dauerhaft so weit beeinträchtigt sind, dass ihre Teilhabe am Leben der Gesellschaft wesentlich erschwert ist und sie deshalb besonderer pädagogischer Förderung bedürfen. Als seelisch behindert gelten Kinder und Jugendliche, bei denen infolge psychischer Belastungen und Besonderheiten die Teilnahme am gesellschaftlichen Leben (z.B. in sozialer, schulischer, beruflicher Hinsicht) beeinträchtigt ist.

Als seelische Behinderung wird ein langfristiger oder andauernder Folgezustand einer psychischen Erkrankung bezeichnet, der die Ausübung sozialer Funktionen und Rollen beeinträchtigt. Diese „chronischen" psychischen Behinderungszustände können anlagebedingt oder frühkindlich erworben sein. Oft werden sie aber erst im späteren Kindesalter erkannt. Sie können aber auch im Kindes- und Jugendalter erstmalig auftreten. Seelisch behindert sind vor allem chronisch-psychisch Kranke – die Begriffe „chronische Krankheit" und „Behinderung" werden im Sprachgebrauch der psychiatrisch Tätigen meistens synonym verwandt (obschon nicht jede chronische Krankheit zur Behinderung führen muss!) –, d.h. psychische Erkrankungen werden dann als seelische Behinderungen definiert, wenn sie nicht nur temporärer Natur sind.

Lempp (2006, S. 25 ff.) benennt vor allem folgende Gruppen von psychisch mitbegründeten Störungen, die zu chronischen Formen seelischer Behinderung führen können: Die Neurosen (z.B. Angst- und Zwangsneurosen, Pubertätsmagersucht, Drogenabhängigkeit und Alkoholismus bei Jugendlichen als Ausdruck einer neurotischen Störung), der frühkindliche Autismus, die Psychosen (z.B. Schizophrenie, manisch-depressive Erkrankungen), die schwere frühkindliche psychische Fehlentwicklung oder Grundstörung (auch ggf. infolge von Krankheiten oder Verletzungen des Gehirns oder anderer körperlicher Krankheiten), das hyperkinetische Syndrom und das Aufmerksamkeits-Defizit-Syndrom (ADS und ADHS) sowie Teilleistungsstörungen und Sprachstörungen.

Die Kinder- und Jugendpsychiatrie bedient sich in ihrer Diagnostik der differenzierten internationalen Klassifikation psychischer Störungen, der so genannte ICD-10 (International Classification of Diseases, vgl. WHO Internationale Klassifikation psychischer Störungen 2008) aus.

Zusammenfassend lässt sich festhalten, dass seelische Behinderung auf der Grundlage von zwei Voraussetzungen bestimmt wird: Es muss die individuelle seelische Störung (impairment) gegeben sein, die über individuelle Einschränkungen (disability) zu sozialen Beeinträchtigungen (handicap) führt. Damit wird auch deutlich, dass in diesem Feld medizinisch-psychiatrische und sozialpädagogische Kompetenz zusammenwirken müssen, um eine notwendige und angemessene Hilfe zu planen (vgl. Fegert/Schrapper 2004). Verfügt die medizinische Profession im Wesentlichen über die Kompetenz und die Definitionsmacht im Bezugsfeld der „seelischen Störungen“, so ist die Frage einer möglicherweise hieraus resultierenden sozialen Beeinträchtigung (Behinderung) keinesfalls allein oder zum wesentlichen Teil aus dem medizinisch-psychiatrischen Bezugssystem abzuleiten. Gefragt ist hier vielmehr sozialpädagogisches Wissen, einschließlich des Wissens um die Belastbarkeiten und ggf. die spezifische individuelle Ausgestaltung pädagogischer (auch pädagogisch-therapeutischer) Settings.

Aus einer medizinisch diagnostizierten „seelischen“ Störung“ ergibt sich nicht zwangsläufig, ob überhaupt und in welchem Umfang hieraus eine „seelische Behinderung“ (= Integrationsbedarf und -defizit) resultiert.

Zuständigkeit der Kinder- und Jugendhilfe

Nach § 2 Abs. 2 SGB VIII ist die Kinder- und Jugendhilfe zuständig für Minderjährige mit seelischen Behinderungen bzw. solche, die von einer solchen Behinderung bedroht sind („Wenn … ihre Teilhabe am Leben in der Gesellschaft beeinträchtigt ist oder eine solche Beeinträchtigung zu erwarten ist“ – § 35a Abs. 1 Zif. 2 SGB VIII). Dagegen ist für Kinder und Jugendliche mit körperlicher und geistiger Behinderung bzw. die von einer solchen Behinderung bedroht sind weiterhin der Sozialhilfeträger über sogenannte Eingliederungshilfen (die Sozialhilfe SGB XII) leistungsverpflichtet.

Trotz der Klarstellung im SGB VIII, dass auch seelisch behinderte Kinder und Jugendliche zuerst Kinder und Jugendliche sind und daher Anspruch auf Leistungen der Jugendhilfe haben (der Vorrang der Leistungen der Sozialhilfe für körperlich und geistig behinderte Kinder und Jugendliche aber weiterhin bestehen bleibt), tauchen in der Praxis eine Vielzahl von Definitions- und Abgrenzungsproblemen auf (vgl. DV 2010, S. 467f.) und wird es auch in Zukunft Zuständigkeitsstreitigkeiten zwischen Jugendhilfe und Sozialhilfe geben. Denn gerade im Kindes- und Jugendalter sind psychische Krankheitssymptome von Erscheinungsformen der Entwicklungsverzögerung oder anderer Verhaltensauffälligkeiten aufgrund besonderer biografischer oder sozialer Belastungen kaum abzugrenzen. Auch bei Mehrfachbehinderungen (vgl. auch Wiesner 1996, S. 280) können geistige und seelische Behinderungen nicht immer eindeutig getrennt und unterschieden werden. Bei jüngeren Kindern ist eine Entscheidung hierüber (geistige oder seelische Behinderung) kaum möglich. Hier ist sicherzustellen, dass im Zweifel, also wenn die Voraussetzungen für Leistungen der Sozialhilfe nicht eindeutig feststellbar sind, die Jugendhilfe vorrangig handelt und leistet.

Seit Jahren fordern fachliche Vertreter eine Erweiterung des SGB VIII dahingehend, dass Kinder- und Jugendliche mit jeglicher Behinderung in den Rechtskreis des SGB VIII fallen und somit einen Rechtsanspruch auf Leistungen der Jugendhilfe erhalten. Damit würde zum einen die Abgrenzungsproblematik entschärft, zum anderen fachlichen Förderbedürfnissen Rechnung getragen (Gewährung von „Hilfen aus einer Hand“ sowie Realisierung integrativer Angebote) (vgl. DV 2010, S. 469; Homfeldt 2005, S. 28f.). Politische Akteure haben in den vergangenen Jahren in diesem Kontext jedoch gegenläufige Überlegungen angestellt. Gesetzesentwürfe gingen in die Richtung, den leistungsberechtigten Personenkreis weiter zu begrenzen bzw. den Personenkreis von Kindern und Jugendlichen mit Behinderungen gänzlich aus dem SGB VIII herauszunehmen und dem Sozialhilfeträger zuzusprechen (zum Diskurs „große oder kleine Lösung“ vgl. Fegert/Besier 2010, DV 2010, S. 470f., Forum Erziehungshilfen 4/2010). Auch wenn sich die Bundesregierung in ihrer Stellungnahme zum 13. Kinder- und Jugendbericht für eine Inklusionsstrategie ausspricht (vgl. BMFSFJ 2009, S. 12f.), so ist mit einer politischen Entscheidung in naher Zukunft noch nicht zu rechnen. Bis dahin gilt es, die aktuelle Kooperationspraxis zwischen den Leistungssystemen zu verbessern.

Weiterhin wird immer wieder diskutiert, ob Sondereinrichtungen oder allgemeine Leistungsangebote der Jugendhilfe (z.B. Tageseinrichtungen,

Heimerziehung) eher in der Lage sind, den spezifischen Förderbedürfnissen von seelisch behinderten Kindern und Jugendlichen zu entsprechen. Mittlerweile gibt es viele Stimmen, die integrative Förderungen – wie vom Gesetzgeber nach § 35a Abs. 4 gefordert – befürworten, da allgemeine kindliche Bedürfnisse im Hilfeprozess im Vordergrund stehen (vgl. Mrozynski, 2009, S. 237). Diese fachliche Position sollte jedoch nicht ausschließen, dass bei besonderen Förderbedürfnissen Spezialdienste tätig werden (vgl. Wiesner 2004, S. 182). Integrative Angebote fordern seitens der Jugendhilfeträger eine hohe fachliche Kompetenz sowie Flexibilität hinsichtlich der Ausrichtung ihrer Förderangebote, um an die Lebenswelten der Kinder- und Jugendlichen anschlussfähige Förderangebote entwickeln zu können. Die Frage, unter welchen institutionellen Rahmenbedingungen dies gut gelingen kann, wird aktuell erörtert (z.B. im Bereich der Kindertagesbetreuung).

In § 35a SGB VIII wird die Eingliederungshilfe für seelisch behinderte Kinder und Jugendliche (zum Einbezug des Personenkreises der jungen Volljährigen vgl. § 41) ausdrücklich geregelt (s. nachstehender Kasten).

§ 35 a SGB VIII | Eingliederungshilfe für seelisch behinderte Kinder und Jugendliche

(1) Kinder oder Jugendliche haben Anspruch auf Eingliederungshilfe, wenn
1. ihre seelische Gesundheit mit hoher Wahrscheinlichkeit länger als sechs Monate von dem für ihr Lebensalter typischen Zustand abweicht, und
2. daher ihre Teilhabe am Leben in der Gesellschaft beeinträchtigt ist oder eine solche Beeinträchtigung zu erwarten ist.

Von einer seelischen Behinderung bedroht im Sinne dieses Buches sind Kinder oder Jugendliche, bei denen eine Beeinträchtigung ihrer Teilhabe am Leben in der Gesellschaft nach fachlicher Erkenntnis mit hoher Wahrscheinlichkeit zu erwarten ist. § 27 Abs. 4 gilt entsprechend.

(1a) Hinsichtlich der Abweichung der seelischen Gesundheit nach Absatz 1 Satz 1 Nr. 1 hat der Träger der öffentlichen Jugendhilfe die Stellungnahme
1. eines Arztes für Kinder- und Jugendpsychiatrie und -psychotherapie,
2. eines Kinder- und Jugendpsychotherapeuten oder
3. eines Arztes oder eines psychologischen Psychotherapeuten, der über besondere Erfahrungen auf dem Gebiet seelischer Störungen bei Kindern und Jugendlichen verfügt,

einzuholen. Die Stellungnahme ist auf der Grundlage der Internationalen Klassifikation der Krankheiten in der vom Deutschen Institut für medizinische Dokumentation und Information herausgegebenen deutschen Fassung zu erstellen. Dabei ist auch darzulegen, ob die Abweichung Krankheitswert hat oder auf einer Krankheit beruht. Die Hilfe soll nicht von der Person oder dem Dienst oder der Einrichtung, der die Person angehört, die die Stellungnahme abgibt, erbracht werden.

(2) Die Hilfe wird nach dem Bedarf im Einzelfall
1. in ambulanter Form,
2. in Tageseinrichtungen für Kinder oder in anderen teilstationären Einrichtungen,
3. durch geeignete Pflegepersonen und

4. in Einrichtungen über Tag und Nacht sowie sonstigen Wohnformen geleistet.

(3) Aufgabe und Ziel der Hilfe, die Bestimmung des Personenkreises sowie die Art der Leistungen richten sich nach § 53 Abs. 3 und 4 Satz 1, den §§ 54, 56 und 57 des Zwölften Buches, soweit diese Bestimmungen auch auf seelisch behinderte oder von einer solchen Behinderung bedrohte Personen Anwendung finden.

(4) Ist gleichzeitig Hilfe zur Erziehung zu leisten, so sollen Einrichtungen, Dienste und Personen in Anspruch genommen werden, die geeignet sind, sowohl die Aufgaben der Eingliederungshilfe zu erfüllen als auch den erzieherischen Bedarf zu decken. Sind heilpädagogische Maßnahmen für Kinder, die noch nicht im schulpflichtigen Alter sind, in Tageseinrichtungen für Kinder zu gewähren und lässt der Hilfebedarf es zu, so sollen Einrichtungen in Anspruch genommen werden, in denen behinderte und nicht behinderte Kinder gemeinsam betreut werden.

Der § 35a SGB VIII stellt eine eigene Anspruchsnorm neben den Hilfen zur Erziehung § 27ff. SGB VIII dar. Die Ausgliederung der als „seelisch behindert“ eingestuften Kinder und Jugendlichen aus dem Leistungsbereich der Hilfen zur Erziehung (vgl. dazu die nach § 27 Abs. 3 SGB VIII gegebenen Handlungsmöglichkeiten) erfordert eine als problematisch anzusehende Abgrenzungen zwischen „Krankheit“, „Behinderung“ und „erzieherischem Bedarf“ und trägt damit dem bereits erreichten Diskussionsstand nicht Rechnung. Behinderung bezieht sich immer (welche Ursache hier auch im Einzelfall ausschlaggebend sein mag), auf eine gefährdete bzw. misslungene soziale Integration, der gleiche Sachverhalt der auch § 27 SGB VIII und vor allem § 1 SGB VIII zugrunde liegt. Zudem sind Leistungen der Jugendhilfe nicht allein pädagogischer Natur. Materielle Absicherung, therapeutische Hilfen, Angebote zur beruflichen Eingliederung etc. gehören, sofern dies im Einzelfall erforderlich ist, ebenfalls zu den Leistungen. Jede pädagogische Mangelsituation geht mit hoher Wahrscheinlichkeit mit seelischen Beeinträchtigungen einher. Daher reduziert sich die Frage – Hilfe nach § 27 oder § 35a – auf eine – in vielen Fällen nicht entscheidbare – Annahme (Hypothese), ob eine endogene (innerpersonale) Ursache Auslöser der emotionalen Einschränkung und der dadurch ausgelösten Beeinträchtigung ist oder ob diese eher von interpersonalen (kommunikativen, emotionalen) Faktoren ausgelöst wird (worden ist). Dies ist jedoch für den Anspruch auf Hilfe (Leistungsberechtigung) ohne Belang, hat allenfalls Konsequenzen für die Planung und Bereitstellung des individuellen Beratungs-, Betreuungs- und/oder Therapieangebots. Insofern kann § 35a SGB VIII allenfalls den Status einer Übergangsregelung (bzw. einer „Bestandswahrungsklausel“) beanspruchen. Zielführend wäre es, beide Anspruchsnormen perspektivisch zusammenzuführen.

Die Eingliederung der Hilfen für seelisch behinderte Kinder und Jugendliche in den Zuständigkeitsbereich der Jugendhilfe bedeutet, dass die Federführung und Leistungsgewährung nach jugendhilfespezifischen Regularien zu erfolgen hat (vgl. vor allem §§ 36, 37 SGB VIII). Dies heißt vor allem, dass sich aus einer ärztlichen Diagnose nicht zwangsläufig ein bestimmtes Handlungskonzept ergibt. Auch hier sind die Interessen und Wünsche des Kindes/Jugendlichen bzw. der Sorgeberechtigten zu beachten und muss die Fachlichkeit der Jugendhilfe eingesetzt werden, um mit zu beurteilen, in welchem Maße und in welche Richtung eine seelische Störung eine seelische Behinderung auslöst oder bestimmt, welche Rolle hier das unmittelbare Umfeld (Familie, Nachbarschaft, Schule etc.) spielen, wie die Faktoren mit den Möglichkeiten und Verhaltensspezifika des Kindes/Jugendlichen zusammenwirken und in welcher Kombination therapeutische, pädagogische und lebensweltbezogene Hilfen erfolgversprechend erscheinen. Eine interdisziplinäre Kooperation zwischen medizinischen, psychologischen bzw. psychiatrischen, heilpädagogischen und sozialpädagogischen Leistungsanbietern ist in diesem Kontext unabdingbar und auch gesetzlich gefordert. Diese Kooperationen gehen in der Praxis wie im Kontext der Diagnoseerstellung bzw. Hilfegestaltung mit erheblichen Herausforderungen und Schwierigkeiten aufgrund der unterschiedlichen Strukturen und Handlungslogiken der beteiligten Hilfesysteme einher (vgl. hierzu Homfeldt 2005, S. 34 ff., Fegert/Schrapper 2004). Gute Kooperationsstrukturen zu entwickeln ist nach wie vor eine zentrale Aufgabe der Jugendhilfe und ihrer Kooperationspartner.

Eine quantitative Betrachtung der Fallzahlen zeigt, dass die Bedeutung der Hilfen nach 35a SGB VIII in den vergangenen Jahren gestiegen ist. 2009 erhielten 49.473 Kinder und Jugendliche Hilfen nach § 35 a SGB VIII, das waren 14 Prozent mehr als im Vorjahr (vgl. Lotte/Pothmann 2010, S. 2 f.). Ähnlich wie in den Erziehungshilfen haben auch hier die Hilfen im ambulanten Bereich zugenommen. Fast jede vierte Hilfe wird in einem stationären Setting geleistet. Im Vergleich betrachtet werden Leistungen nach § 35 a häufiger gewährt als Erziehungsbeistandschaften oder die Erziehung in Tagesgruppen.

9. Hilfeplanung und Betroffenenbeteiligung

Durch die Einführung des KJHG vollzog sich ein Paradigmenwechsel im Hinblick auf die Mitbestimmungsrechte von Klienten in der Kinder- und Jugendhilfe. Die Beteiligung der Klienten als Koproduzenten von Hilfen bildet spätestens seit Mitte der 1990er Jahre eine zentrale Leitorientierung in Fachdiskursen aller Handlungsfelder. Diese Leitorientierung basiert auf der Annahme, dass sozialarbeiterische Dienstleistungen nur infolge einer Aushandlung mit Klienten wirkungsvoll sein können. So führt Schwabe (2008, S. 31) an: „Ohne dass der Adressat aktiv mitmacht, ohne dass er selbst ein Ziel verfolgt und ohne dass man sich vorher darüber einigt, worin sinnvolle Schritte zur Zielerreichung bestehen können, haben Fachkräfte keine Chance."

Im Konzept der Lebensweltorientierung von Thiersch (2005) wird der Aspekt der Partizipation als eine Strukturmaxime Sozialer Arbeit formuliert. Dieses Konzept, das maßgeblich den fachlichen Diskurs um die Entwicklung des SGB VIII mit prägte, versteht unter Partizipation/Beteiligung nicht nur umfassendes Informieren, Beraten und um-Meinung-fragen, sondern partnerschaftliche Aushandlung von Hilfen, Delegation von Entscheidungskompetenz an Klienten, Verantwortungsübertragung und ein Zugestehen von Autonomie.

9.1 Rechtliche Grundlagen

Der § 36 SGB VIII enthält wesentliche Regelungen über die Mitwirkung von Kindern, Jugendlichen und Personensorgeberechtigten bei der Entscheidung über die Inanspruchnahme von Hilfen zur Erziehung (§§ 27 bis 35 SGB VIII), Eingliederungshilfen für seelisch behinderte Kinder und Jugendliche (§ 35a SGB VIII) und Hilfen für junge Volljährige bei Leistungen nach § 41 SGB VIII. Gefordert wird hier eine qualifizierte Planung und Überprüfung des Hilfeprozesses im Zusammenwirken mehrerer Fachkräfte. Das SGB VIII umschreibt diesen Auftrag wie folgt:

§ 36 SGB VIII | Mitwirkung, Hilfeplan

(1) Der Personensorgeberechtigte und das Kind oder der Jugendliche sind vor der Entscheidung über die Inanspruchnahme einer Hilfe und vor einer notwendigen Änderung von Art und Umfang der Hilfe zu beraten und auf die möglichen Folgen für die Entwick-

lung des Kindes oder des Jugendlichen hinzuweisen. Vor und während einer langfristig zu leistenden Hilfe außerhalb der eigenen Familie ist zu prüfen, ob die Annahme als Kind in Betracht kommt. Ist Hilfe außerhalb der eigenen Familie erforderlich, so sind die in Satz 1 genannten Personen bei der Auswahl der Einrichtung oder der Pflegestelle zu beteiligen. Der Wahl und den Wünschen ist zu entsprechen, sofern sie nicht mit unverhältnismäßigen Mehrkosten verbunden sind. Wünschen die in Satz 1 genannten Personen die Erbringung einer in § 78a genannten Leistung in einer Einrichtung, mit deren Träger keine Vereinbarungen nach § 78b bestehen, so soll der Wahl nur entsprochen werden, wenn die Erbringung der Leistung in dieser Einrichtung nach Maßgabe des Hilfeplans nach Absatz 2 geboten ist.

(2) Die Entscheidung über die im Einzelfall angezeigte Hilfeart soll, wenn Hilfe voraussichtlich für längere Zeit zu leisten ist, im Zusammenwirken mehrerer Fachkräfte getroffen werden. Als Grundlage für die Ausgestaltung der Hilfe sollen sie zusammen mit dem Personensorgeberechtigten und dem Kind oder dem Jugendlichen einen Hilfeplan aufstellen, der Feststellungen über den Bedarf, die zu gewährende Art der Hilfe sowie die notwendigen Leistungen enthält; sie sollen regelmäßig prüfen, ob die gewählte Hilfeart weiterhin geeignet und notwendig ist. Werden bei der Durchführung der Hilfe andere Personen, Dienste oder Einrichtungen tätig, so sind sie oder deren Mitarbeiter an der Aufstellung des Hilfeplans und seiner Überprüfung zu beteiligen. Erscheinen Maßnahmen der beruflichen Eingliederung erforderlich, so sollen auch die für die Eingliederung zuständigen Stellen beteiligt werden.

(3) Erscheinen Hilfen nach § 35a erforderlich, so soll bei der Aufstellung und Änderung des Hilfeplans sowie bei der Durchführung der Hilfe die Person, die eine Stellungnahme nach § 35a Abs. 1a abgegeben hat, beteiligt werden.

(4) Vor einer Entscheidung über die Gewährung einer Hilfe, die ganz oder teilweise im Ausland erbracht wird, soll zur Feststellung einer seelischen Störung mit Krankheitswert die Stellungnahme einer in § 35a Abs. 1a Satz 1 genannten Person eingeholt werden.

Relevant im Kontext der Hilfeplanverfahren ist zudem der § 5 SGB VIII, der das Wunsch und Wahlrecht der Klienten sicherstellt. Der § 8 SGB VIII erläutert, inwieweit Kinder und Jugendliche in Hilfeverfahren einzubeziehen sind. Deutlich wird an den gesetzlichen Vorgaben, dass es sich bei Hilfeplanverfahren um hoch komplexe, von unterschiedlichen Interessen geleitete Prozesse handelt. Aufgabe der Jugendhilfepraxis ist es, diese Vorgaben in ein handhabbares Praxisverfahren zu überführen. Schrapper u.a. (2005, S. 9f.) umschreiben die fachlichen Anforderungen wie folgt:

1. „Es ist ein Verfahren zur Prüfung, Konkretisierung und Vereinbarung sozialrechtlicher Leistungsansprüche.
2. Da keine materielle Normierung möglich ist, wird eine Verfahrensweise vorgeschrieben nach dem Motto: das richtige Verfahren führt zum richtigen Ergebnis.
3. ‚Mitwirkung von Eltern und Kindern‘ und ‚Zusammenwirken mehrerer Fachkräfte‘ sind dabei die zentralen Verfahrenselemente.
4. Nur vereinbarte Aufträge bieten Aussicht auf Erfolg, daher ist mehr Aushandlung als Expertendiagnose gefordert; letztere bleibt aber, insbesondere im Kontext der Kinderschutzaufgaben (siehe auch der neue § 8a SGB VIII), bedeutsam.

5. Gefordert wird, einen Planungsprozess durch regelmäßige Überprüfung und Fortschreibung zu gestalten sowie
6. Auftragsklärung und Kontrolle in dem schwierigen Dreiecksverhältnis von leistungsberechtigten Bürgern, Leistung gewährendem öffentlichen Träger und Leistung durchführender Einrichtung (meist ein freier Träger) zu gestalten."

9.2 Arbeitsschritte in Hilfeplanverfahren

Hilfeplanverfahren gestalten sich in der konkreten Praxis unterschiedlich. Ursächlich hierfür sind z.B. Rahmenbedingungen der Organisationen, Ausbildungsniveaus der Fachkräfte oder Kooperationsstrukturen zwischen öffentlichen und freien Trägern. Dennoch lassen sich folgende Arbeitsschritte nach Schwabe (2008, S. 12ff.) allgemeingültig formulieren:

1. *Falleingangsphase:* Fallabklärung durch das Jugendamt und Entwicklung einer klaren fachlich begründeten Haltung zum Antrag auf Hilfe zur Erziehung bzw. zu anderen Formen der Hilfe
   Diese Phase umfasst die Kontaktaufnahme zum Jugendamt durch oder mit der Fachkraft des Jugendamtes, das Erstgespräch mit Klient(en), weitere systematische Klärungsgespräche, erste Falldokumentationen sowie die Entscheidung über eine Hilfe (ebd., S. 12f.).

2. *Hilfeplanung als kooperativer Prozess:* Vom Antrag bis zum ersten Hilfeplangespräch
   Im kooperativen Hilfeprozess werden Entscheidungen über geeignete Hilfeformen durch Aushandlungsprozesse zwischen Fachkräften und Klienten herbeigeführt, Hilfekonzepte auf der Grundlage der Falldokumentation bzw. unterschiedlicher diagnostischer Verfahren ausgearbeitet, ein Hilfekontrakt geschlossen (Verwaltungsakt), erste Gespräche mit Hilfeanbietern geführt, die anschließende Betreuung durch Hilfeanbieter aufgebaut (i.d.R. freie Träger) sowie erste Hilfeplangespräche zur Überprüfung der „Startphase" nach zwei bis sechs Wochen geführt (ebd., S. 14f.).

3. *Beobachtung und Steuerung des laufenden Hilfeprozesses:* Arbeit an den Zielvereinbarungen bzw. Ergänzung und Korrekturen in Bezug auf Ziele, Konzept und evtl. Hilfeform
   Im weiteren Prozess gilt es, in gemeinsamer Verantwortung von öffentlichen und freien Trägern den Hilfeprozess zielführend zu beobachten und zu begleiten. Aufgaben in diesem Kontext sind: Kritische Betrachtung der Ziel(um)setzung, Vorbereitung weiterer Hilfeplangespräche durch Fachkräfte und Klienten, Durchführung weiterer Hilfeplangespräche mit dem Ziel der Überprüfung der Vereinbarungen aus dem letzten Gespräch

und der Verständigung über das weitere Vorgehen und schließlich die Umsetzung der überarbeiteten Vereinbarungen im Alltag (ebd., S. 19).

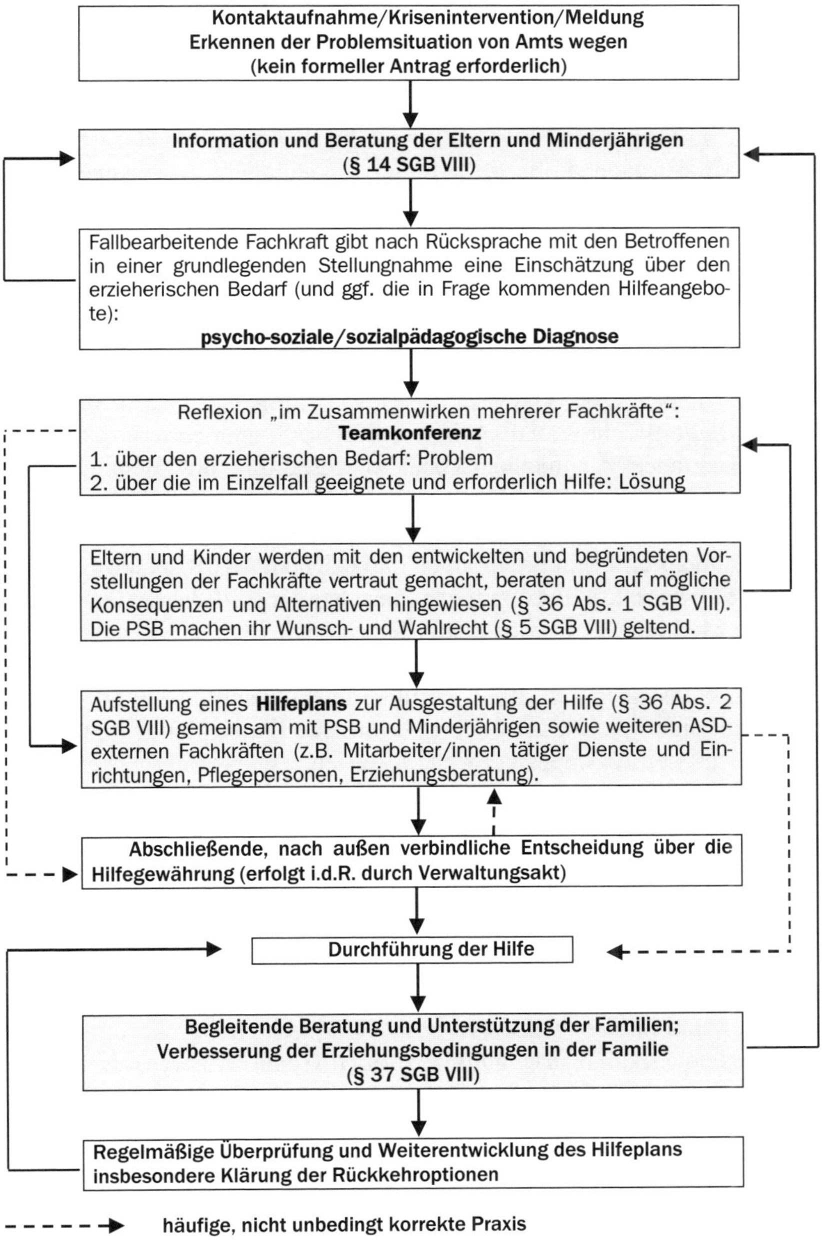

Abb. 15: Idealtypischer Ablauf eines Hilfeplanverfahrens

4. *Beendigung und Auswertung des Hilfeprozesses:* Wenn Hilfen beendet werden (unabhängig davon, ob dies aufgrund einer einvernehmlichen Beendigung, eines Abbruchs oder eines Übergangs in eine andere Hilfeform erfolgt), sollten Hilfen reflektiert und abschließend bewertet werden. Zu dieser Phase zählen: Die methodisch angemessene Vorbereitung des Auswertungsgesprächs bzw. einer anderen Auswertungsmethode, die konkrete Auswertung im Hinblick auf erreichte Ziele und damit verbundene Erwartungen und Wünsche sowie die Rückkopplung der Ergebnisse innerhalb der Jugendhilfe im Hinblick auf mögliche Konsequenzen aus dem Hilfeverlauf für die Angebotsgestaltung (ebd., S. 21).

9.3 Relevante Konzepte und Methoden

Wie bereits oben beschrieben, erfährt das Konzept der Lebensweltorientierung von Thiersch (2005) besondere Relevanz im Kontext der Realisierung von Beteiligungsrechten. Ausgehend von dieser Leitorientierung wird seit Jahren an Fragen der methodischen Ausgestaltung des Beteiligungsanspruchs gearbeitet. So haben sich z.B. Verfahren entwickelt wie die gemeinsame Fallberatung von öffentlichen und freien Trägern oder die kollegiale Beratung von Fachkräften unter Einbeziehung der Klienten (vgl. hierzu auch Schwabe 2000a/b). Eine in den letzten fünf Jahren zunehmend etablierte Methode der konsequenten Klientenbeteiligung ist der ursprünglich in Neuseeland entwickelte Familienrat bzw. die Familiengruppenkonferenz (vgl. Hansbauer u.a. 2009, Forum Erziehungshilfe 3/2009). Im Folgenden soll dieser Ansatz exemplarisch für neue Entwicklungen im Bereich des methodischen Arbeitens vorgestellt werden.

Bei einem Familienrat handelt es sich um ein Verfahren, das in besonderer Weise auf die Lösungskompetenzen der Klienten abzielt. Es bietet einen Rahmen, in dem Familienmitglieder, Freunde und Nachbarn (ja nach Wunsch der Klienten) selbständig Probleme erörtern, Lösungen verhandeln und Kontrakte vorbereiten. Einem begleitenden Sozialarbeiter (Koordinator) kommt hierbei die Funktion der Prozessmoderation zu. In Deutschland ist es derzeit noch gängige Praxis, dass Familienräte von Fachkräften vorgeschlagen und initiiert werden (z.B. in der Vorbereitung oder im Rahmen von Hilfeplanverfahren bzw. alternativ zu Hilfeplanverfahren). In den Niederlanden ist das Verfahren inzwischen derart bekannt, dass Familien sich eigeninitiativ für einen Familienrat bei einer regionalen Koordinierungsstelle anmelden können.

Das Verfahren lässt sich, trotz regionaler Unterschiede in der Ausführung, in fünf Arbeitsschritte unterteilen (vgl. Hansbauer 2009, S. 133f.):

1. In der *Vorbereitungsphase* prüft die fallverantwortliche Fachkraft, ob ein Familienrat ein geeignetes Instrument für den ausgewählten Fall ist. Sie erörtert dies mit den Klienten. Gemeinsam werden soziale Netzwerke

dahingehend beleuchtet, inwieweit sie in einen Lösungs- und Entscheidungsprozess mit eingebunden werden können. Stimmen die Klienten dem Familienrat zu, gibt die Fachkraft den Prozess an einen neutralen Koordinator ab.

2. Im Rahmen des Familienrates gibt es drei Phasen:
   In der *Informationsphase* informiert die fallführende Fachkraft alle Beteiligten über die aktuelle Problemlage. Weitere Fachkräfte können zu Informationszwecken in dieser Phase hinzugezogen werden (z.B. Kindergärtnerin, Logopädin, Kinderarzt etc.). Der Koordinator vereinbart mit der Gruppe Regeln für den Ablauf der Konferenz.
   In der anschließenden *Familienphase* ziehen sich Fachkraft und Koordinator zurück. Die Familienmitglieder, Freunde, Nachbarn etc. können nun ihre unterschiedlichen Perspektiven auf das Problem allein erläutern, Ängste und Wünsche äußern und mögliche Lösungswege entwickeln und diskutieren.
   In der *Entscheidungsphase* werden die seitens der Familie etc. erarbeiteten Lösungsvorschläge der fallführenden Fachkraft präsentiert. Gemeinsam ist zu verhandeln, welche nächsten Schritte im Hilfeprozess zu gehen sind. Hierbei sind unkonventionelle Lösungen durchaus möglich und erwünscht. Wichtig ist, dass die Ideen von der Familie getragen und von der Fachkraft mitverantwortet werden können. Kommt es zu keinen Einigungen, muss im Familienrat ggf. neu verhandelt werden. Das Kindeswohl steht hierbei stets an erster Stelle. Die Vereinbarungen werden schließlich schriftlich fixiert.
3. In der *Überprüfungsphase* ca. drei Monate nach dem Familienrat treffen alle Beteiligten wieder aufeinander und überprüfen gemeinsam mit dem Koordinator und der fallführenden Fachkraft die getroffenen Vereinbarungen. Treten Schwierigkeiten in der Umsetzung auf, so wird nachverhandelt.

Eine besondere Stärke dieses Verfahrens ist die Netzwerkaktivierung. Zum Familienrat können z.B. Personen eingeladen werden, zu denen Klienten bis dato ein freundliches jedoch eher distanziertes Verhältnis haben (z.B. Nachbarn oder Elternteile von Freunden der Kinder). Erste Erfahrungen zeigen, dass auch in diesen eher „lockeren“ Beziehungen erhebliche Unterstützungspotentiale für die Klienten enthalten sind. So sind Nachbarn z.B. bereit, gelegentlich die Kinderbetreuung zu übernehmen oder bei Erziehungsproblemen zur Seite zu stehen, andere bieten Unterstützung bei den Hausaufgaben oder im Umgang mit Behörden an. Kinder und Jugendliche erleben es als durchaus positiv, über einen Familienrat Aufmerksamkeit für ihre Lebenssituation und ihre Bedürfnisse zu erhalten. Der Fokus dieser Methode wird deutlich auf die Selbsthilfekräfte der Familie und ihres sozialen Umfeldes gerichtet (vgl. Hansbauer u.a. 2009, 2010).

Das Verfahren stellt besondere Anforderungen auf der Haltungsebene an die Fachkräfte. Sie müssen geduldig Abwarten und Familien ihre eigenen Lösungen entwickeln lassen. Damit geben sie Steuerungsmöglichkeiten aus der Hand. Sie müssen zudem die Bereitschaft mitbringen, sich auf Lösungswege einzulassen, die u.U. ihren fachlichen Ansichten zuwiderlaufen jedoch durchaus vertretbar sind und von der Familie getragen werden.

Dem Anspruch einer konsequenten Klientenbeteiligung trägt diese Methode Rechnung. Die Studie von Hansbauer u.a. (2010, S. 429) belegt, dass die Familienmitglieder die gemeinsame Beratung sehr positiv beurteilen, da sie ein Gefühl der Solidarität und des „Nicht-Allein-Seins" vermittelt. Die Studie zeigt auf, dass die getroffenen Vereinbarungen aus 30 Familienräten zu 44 Prozent vollständig und zu 21 Prozent in Teilen umgesetzt wurden (ebd., S. 428). Auch diese Zahlen sprechen für die Anschlussfähigkeit der vereinbarten Hilfen an die Lebenswelten der Klienten durch den Familienrat. Der Anwendungsbereich der Familiengruppenkonferenz lässt sich noch deutlich erweitern. So kann es durchaus sinnvoll sein, auch im Kontext der allgemeinen Familienförderung oder der Jugend(sozial)arbeit über Einsatzbereiche dieser Methode nachzudenken. Zudem ist zu erörtern, wie diese Methode zielgruppenspezifisch anzuwenden ist. Schließlich geht der Anspruch der Selbsthilfe mit hohen Anforderungen an die Klienten einher.

Neben neuen Methoden in der Hilfeplanung wird auch weiterhin an der professionellen Umsetzung etablierter Methoden gearbeitet, wie z.B. im Kontext des Fallverstehens an der Methode der multiperspektivischen Fallarbeit (vgl. Müller 2006), der sozialpädagogischen Diagnosen (vgl. Uhlendorff 1997) oder des (softwarebasierten) Case Managements (vgl. Hermsen u.a. 2007, Arnold u.a. 2011).

9.4 Aktuelle Entwicklungen

Eine dem Gesetz und sozialpädagogischen Konzepten wie dem der Lebensweltorientierung entsprechende Hilfeplanung zu realisieren und dabei sozialverwalterischen und sozialpolitischen Anforderungen zu genügen bringt große fachliche Herausforderung mit sich. Zu diesen zählen u.a.:

Auf der Ebene der Beteiligung von Klienten am Hilfeplanverfahren (vgl. Schwabe 2008, S. 30; Kriener 2001, S. 138ff.):

- *Entscheidungsprozesse als Aushandlungsprozesse gestalten:* Sinn von Hilfeplanung darstellen, Klientenrechte erläutern, angemessene Kommunikation realisieren, Dissensen als zentrale Aspekte des Erkenntnisprozesses zulassen, auf Bedenken und Ängste der Klienten gezielt eingehen, alle Meinungen zu Wort kommen lassen, prüfen, welche Entscheidungskompetenzen bei den Beteiligten vorliegen, gemeinsames Suchen nach geeigneten Hilfen und damit verbundenen Zielen
- *Professionelle Haltung hervorbringen:* Expertenmeinung zugunsten der Klientenmeinung im Hinblick auf die Wirksamkeit eines Hilfearrange-

ments relativieren, Machtquellen (ebd., S. 143) im Hilfeplanverfahren kritisch reflektieren, sich auf unkonventionelle Lösungen der Klienten einlassen und diese aufgreifen, Hilfeplanung als gemeinsamen Lernprozess der Lösungsentwicklung und Verantwortungsübernahme begreifen
- *Angemessenes Setting gestalten:* angemessen große Gesprächsrunden, gute inhaltliche Vorbereitung aller Beteiligten, Gespräche zeitlich begrenzen, zu besprechende Themen eingrenzen, Zusammensetzung der Gesprächspartner überdenken, Interessenvertreter des Klienten mit einbeziehen, gemeinsam mit Klienten Setting vorbereiten, Anforderungen an Klienten durch Partizipation/Beteiligung berücksichtigen (vgl. Schwabe 2008, S. 32)
- *Kontinuierlicher Kontakt* zwischen Klienten und Fachkraft des Jugendamtes über Hilfeplangespräche hinaus

Auf der Ebene der Zusammenarbeit von freien und öffentlichen Trägern in Verfahren der Hilfeplanung (vgl. Kriener 2001, S. 146; Schwabe 2008, S. 25 ff.):
- Zusammenarbeit als Chance begreifen, Fälle/Hilfen aus unterschiedlichen Perspektiven betrachten
- Schaffung regelmäßiger Kommunikationsstrukturen
- Verständigung darüber, wer wie steuernd auf Hilfeplanprozesse einwirkt
- Offener Umgang mit Konflikten, geregelte Verfahren im Umgang mit Kooperationsproblemen
- Verständigung über Kriterien partizipativer Hilfeplanung, die Gegenstand gemeinsamer Konzeptionen oder Arbeitshilfen werden

Auf der Organisationsebene:
- Schaffung und Absicherung von Strukturen zur Durchführung partizipativer Hilfeplanverfahren
- Entwicklung von Verfahrensstandards als Orientierungshilfe für Fachkräfte
- Förderung von Fort- und Weiterbildung zur Erweiterung diagnostischer Fähigkeiten und weiteren methodischer Kompetenzen

Schrapper u. a. (2005, S. 13) resümieren aktuelle Forschungsbefunde dahingehend, dass die deutsche Jugendhilfeplanung „besser und schlechter ist als ihr Ruf". In den letzten 20 Jahren hat sich die Hilfeplanung zu einem nicht mehr wegzudenkenden Instrument der Jugendhilfe entwickelt. Sie ist durch ihren hohen Beteiligungsanspruch in besonderer Weise dafür geeignet, individuelle und passgenaue Hilfearrangements zu entwickeln. Über die Jugendhilfe hinaus wird an entsprechenden Verfahren auch im Bereich der Sozial- und Arbeitsverwaltung gearbeitet.

Die Praxis zeigt jedoch nach wie vor Schwächen in der Prozessgestaltung. Hierzu gehören insbesondere die Bereiche der sozialpädagogischen

Diagnostik bzw. des sozialpädagogischen Fallverstehens, der Entwicklung und Überprüfung handhabbarer Ziele/vereinbarter Kontrakte, der Beteiligung der Klienten am Hilfeprozess sowie der organisatorischen Einbindung der Verfahren über qualifizierte Aufbau- und Ablaufstrukturen und damit verbundene Verfahrensstandards (in Absprache von freien und öffentlichen Trägern) (ebd., Kriener 2001, S. 138 ff., Schrapper und Pies 2003, S. 7; einen Überblick über empirische Studien geben auch Schwabe 2008, S. 6, Schrapper und Pies 2003, S. 7). Zu diesen Themen gilt es in den nächsten Jahren kontinuierlich und intensiv weiterzuarbeiten. Dabei ist zu berücksichtigen, dass Hilfeplanung immer in einem Spannungsverhältnis von rechtlichen Vorgaben, fachlichen Anforderungen und sozialpolitischen Erwartungshaltungen hinsichtlich der Wirkung der vereinbarten Hilfen agiert. Außerdem ist in den Blick zu nehmen, dass sich besondere Anforderungen an Hilfeplanverfahren bei Kindern und Jugendlichen ergeben, die außerhalb ihrer Familien untergebracht sind (Beziehungsstrukturen im Hilfeprozess, Rückführungsoptionen und Konsequenzen für die Eltern-Kind-Beziehung, zeitliche Ausrichtung der Hilfen etc.).

10. Der Schutzauftrag bei Kindeswohlgefährdung

Hans-Jürgen Schimke

Durch das SGB VIII wurde im Jahr 1991 ein Perspektivwechsel in der Jugendhilfe bewirkt. Das fürsorgerisch-obrigkeitliche Verständnis von Jugendhilfe mit seinen ordnungsrechtlichen Prämissen wie der Aufsicht über gefährdete und verwahrloste Jugendliche (z.B. Fürsorgeerziehung, Freiwillige Erziehungshilfe), der staatlichen Intervention in Familien bei Trennung und Scheidung oder der Bevormundung von Müttern, die nicht verheiratet waren (Amtspflegschaft), wurde abgelöst (vgl. Teil I, Kapitel 3).

An seine Stelle trat ein modernes Dienstleistungsgesetz, das die Aufgabe der Jugendhilfe als Leistungserbringung für Kinder, Jugendliche und deren Familien beschrieb. Dies sollte durch einen Katalog von Hilfen zur Förderung junger Menschen und ihrer Integration in die Gesellschaft erreicht werden (vgl. Wiesner 2006, Rn. 60).

Das verfassungsrechtliche Verhältnis zwischen den Eltern, den Kindern und der Jugendhilfe wurde in diesem Verständnis dahingehend verändert, dass an die Stelle des reaktiven Eingriffs des Staates die Förderung und der präventive Schutz von Kindern und Jugendlichen treten sollten. Durch die wörtliche Übernahme des Art. 6 Abs. 2 GG in den § 1 Abs. 2 SGB VIII wurde die Rollenverteilung klargestellt: Die elterliche Erziehungsverantwortung stand im Mittelpunkt, der Staat hatte die primäre Funktion, die Eltern bei der Erziehung zu unterstützen und zu begleiten. Der Eingriff in die familiale Autonomie sollte erst bei Gefährdung des Kindeswohls, also bei der Interventionsschwelle des § 1666 BGB mit dem Gebot der Verhältnismäßigkeit nach § 1666a BGB erfolgen. Dies bedeutete einen klaren Vorrang der Hilfen vor dem Eingriff und eine subsidiäre Rolle des Staates gegenüber der elterlichen Erziehungskompetenz.

Das Familienrecht im Bürgerlichen Gesetzbuch war zu dieser Zeit geprägt von den Grundentscheidungen der Familienrechtsreform von 1980. Leitbegriffe waren das Kindeswohl und die elterliche Sorge, die in einem fürsorgerischen Verständnis ausformuliert wurden. Die Eltern als Inhaber der elterlichen Sorge standen im Mittelpunkt der Regelungen, die Kinder hatten keine eigenen Rechte, sondern wurden darauf verwiesen, dass die Eltern die Sorge zugunsten des Kindeswohls auszuüben hatten („Reflexrecht“ auf Erziehung).

Zusammengefasst lässt sich dieses Konzept des Kinderschutzes mit folgenden Stichworten umschreiben (vgl. ausführlich Schimke 2009, S. 58ff.):

- Primat der grundgesetzlich geschützten Elternverantwortung
- Subsidiäre Rolle des Staates als Missbrauchsaufsicht („Wächteramt")
- Keine eigenständigen Rechtspositionen des Kindes, sondern Reflex auf das Elternrecht
- Fürsorgerischer Kinderschutz
- Betonung der Dienstleistungsfunktion der Jugendhilfe zur Unterstützung der Familie

Die Dienstleistungskonzeption des SGB VIII wurde vor dem Hintergrund tragischer Todesfälle von Kindern, deren Familien durch die Jugendhilfe begleitet wurde, heftig kritisiert. Der Deutsche Städtetag beschäftigte sich im Jahr 2003 ausgiebig mit der Problematik und forderte eine verbesserte gesetzliche Grundlage für die fachlichen Standards der Jugendämter in diesem Bereich (vgl. Empfehlungen des Deutschen Städtetages 2004, S. 187). Andere kritisierten die Dienstleistungsmentalität der Fachkräfte der sozialen Arbeit bei der Umsetzung des SGB VIII und schlossen daraus auf Versäumnisse beim Kinderschutz (vgl. Fieseler 2008 in: GK-SGB VIII, § 8a, Rz. 3).

Vor diesem Hintergrund hat der Gesetzgeber den Schutzauftrag der Jugendhilfe bei Kindeswohlgefährdung im Jahr 2005 durch die Vorschriften des Kinder- und Jugendhilfeweiterentwicklungsgesetzes (KICK) und hier insbesondere durch § 8a SGB VIII präzisiert und mit detaillierten Verfahrensregeln versehen (zur Umsetzung dieser vgl. Kindler u.a. 2006). Das Jugendamt wurde verpflichtet, bei gewichtigen Anhaltspunkten für eine Kindeswohlgefährdung im Zusammenwirken mehrerer Fachkräfte eine Risikoabschätzung unter Beteiligung der Personensorgeberechtigten vorzunehmen. Um dieses Vorhaben zu erleichtern, wurden die Datenschutzregeln des SGB VIII an die Erfordernisse des Kinderschutzes angepasst, ein besserer Informationsfluss ermöglicht. Die freien Träger der Jugendhilfe sollten durch Vereinbarungen verpflichtet werden, diesen Standard ebenfalls zu garantieren. Um dieses zu erreichen, sollten bei der Gefährdungsabschätzung „insoweit erfahrene Fachkräfte" hinzugezogen werden (vgl. zur Rolle und Aufgabenstellung dieser sogenannten Kinderschutzfachkräfte Discher/Schimke 2011, S. 12). Diese Kinderschutzfachkräfte sind inzwischen ein wichtiger Bestandteil des Kinderschutzes.

Durch § 8a Abs. 3 SGB VIII wurden die Familiengerichte in die Verantwortung für das Kind einbezogen, da das Jugendamt sie jetzt schon einschalten kann, wenn bei einer (nur) vermuteten Kindeswohlgefährdung die Eltern nicht bereit oder in der Lage sind, bei der Abschätzung des Gefährdungsrisikos mitzuwirken. Dadurch erhält das Gericht eine veränderte Rolle: Es soll bei mangelnder Kooperationsbereitschaft der Eltern mit den ihm zur Verfügung stehenden Mitteln dafür sorgen, dass Kindeswohlgefährdungen abgewendet werden. Diese Regelung wurde im Jahr 2009 durch die neuen Verfahrensregeln des FamFG sinnvoll ergänzt.

Neben diesen Einzelregelungen zur Verbesserung des Kinderschutzes ist es das Hauptanliegen des § 8a SGB VIII, durch die Kooperation aller beteiligten Personen und Institutionen bei Gefährdungen von Kindern eine Verantwortungsgemeinschaft für das Kindeswohl zu begründen.

Der Begriff der Verantwortungsgemeinschaft bedeutet im Kern, dass trotz der unterschiedlichen Aufgaben und Befugnisse der Kooperationspartner niemand seine Verantwortung für ein Kind oder einen Jugendlichen auf den anderen abschieben kann. Juristisch betrachtet heißt das, dass alle an einer Hilfeleistung für eine Familie beteiligten Personen die sogenannte Garantenstellung haben. Sie sind gemeinsam für das Wohlergehen der ihnen anvertrauten Kinder verantwortlich (zu den strafrechtlichen Konsequenzen der Garantenstellung vgl. Bringewat 2007, S. 231). Diese Verantwortung kann nun nicht von allen in jedem Teil des Hilfeprozesses gleichermaßen getragen werden, denn die unterschiedlichen Rollen und Befugnisse z.B. des Familiengerichts und des Jugendamts gegenüber den freien Trägern der Jugendhilfe bringen auch unterschiedliche Verantwortung in den Abläufen mit sich. Andererseits kann sich aber auch keiner der Beteiligten der Verantwortung für ein Kind mit dem Argument entziehen, er habe die jeweils andere Institution eingeschaltet („nach einer Meldung an das Jugendamt bin ich 'raus"), solange die Hilfebeziehung des Kindes zur Institution noch anhält. § 8a SGB VIII ist eben keine Melde-, sondern eine Kooperationsvorschrift (vgl. Meysen, 2008, S. 39). Aus dieser Betrachtung der Verantwortungsgemeinschaft ergeben sich wichtige, für alle Beteiligten gültige Voraussetzungen für jede Kooperation im Kinderschutz: Das Handeln aller Beteiligten muss von einer Haltung gegenseitiger Akzeptanz und Vertrauen geprägt sein. Dazu gehört die Wertschätzung aller Hilfebeziehungen und in jeder Institution der ernsthafte Versuch, die eigenen Mittel zur Hilfeleistung auszuschöpfen (vgl. § 8a Abs. 2 SGB VIII), vor allem durch intensives Werben um die Annahme von Hilfe bei den Familien (vgl. ausführlich Discher/Schimke, 2011, S. 13).

Jede Institution sollte eine qualifizierte Fachberatung zur Prozessbegleitung zur Verfügung haben und die Weitergabe von Informationen nicht als Meldung mit Verantwortungsabgabe betrachten, sondern als Mitteilung unter Aufrechterhaltung der gemeinsamen Verantwortung (vgl. dazu ausführlich und instruktiv Meysen, 2008, S. 39).

Wenn Kinder in ihrem Wohl oder ihrer Integrität gefährdet sind, ist durch die neue Rechtslage ein Zusammenwirken aller beteiligten Institutionen notwendig geworden. Die dadurch entstehende Verantwortungsgemeinschaft hat sich prinzipiell an den Interessen und Bedürfnissen der Kinder zu orientieren und ihre eigenen institutionellen Abgrenzungsbedürfnisse hinten anzustellen. Dies bedeutet für alle Beteiligten eine große Herausforderung. Vor allem die Gesundheitsberufe mit ihrer tradierten Schweigepflicht, die Schulen und die Familiengerichte sind in diesem Zusammenhang gefordert, während die Jugendhilfe, die üblicherweise kooperativ handelt, die Aufgabe hat, ihre komplexen Handlungsgrundlagen den anderen Beteiligten zu erläutern. Das staatliche Handeln ist vor diesem Hintergrund nicht mehr als Bedrohung für den Freiheitsraum der Bürger/innen zu sehen, sondern als Garant für die Rechte und die Integrität von Kindern. Dies wird insbesondere im Datenschutz die Sichtweise der beteiligten Fachkräfte verändern. Angesichts dieser Entwicklungen kann heute in den normativen Grundlagen von den Konturen einer neuen gesellschaftlichen Konzeption des Kinderschutzes gesprochen werden. Wesentliche Stichworte für die Charakteristik dieser Konzeption sind:

- Aufwachsen von Kindern in öffentlicher Verantwortung als Ausdruck eigener Kinderrechte und Entlastung der Eltern
- Partizipatorischer Kinderschutz
- Präventives Wächteramt des Staates und Kooperation aller Beteiligten ohne Rollenvorrang
- Verantwortungsgemeinschaft der staatlichen und gesellschaftlichen Institutionen bei Kindeswohlgefährdung

Im Jahr 2011 hat der Gesetzgeber mit dem Entwurf eines neuen Bundeskinderschutzgesetzes diese Positionen zumindest im Ansatz aufgenommen und den Jugendämtern neue Aufgaben übertragen. Sie sollen nun verbindlich ein Netzwerk Früher Hilfen unter Beteiligung der Gesundheitshilfe z.B. durch sogenannte Familienhebammen einrichten, das Familien von Geburt des Kindes an begleitet und unterstützt (zu präventiven Konzepten im Kontext Kinderschutz vgl. auch Ziegenhain/Fegert 2008). Das Jugendamt wird zudem verpflichtet, den „kinder- und jugendnahen Berufsgeheimnisträgern“, also insbesondere Ärzten, aber auch Lehrern Beratung durch die Kinderschutzfachkraft anzubieten, um den Prozess der Risikoabschätzung auch bei diesen Berufsgruppen zu qualifizieren. Schließlich soll sich die öffentliche Jugendhilfe verbindliche Standards für ihre Tätigkeit geben. Der Gesetzesentwurf befindet sich in der Beratung, es bleibt abzuwarten, ob er einen weiteren Schritt in Richtung eines präventiv verstandenen Wächteramts im Kinderschutz bringen wird.

11. Hoheitliche Aufgaben der Jugendhilfe

Hans-Jürgen Schimke/Johannes Münder[1]

Hoheitliche Aufgaben der Jugendhilfe knüpfen an die Wurzeln des Jugendhilferechts aus dem Polizeirecht, dem Armenrecht, an. Inhaltlich geht es dabei um den Schutz, die Interessenwahrnehmung und die Vertretung Minderjähriger; Bezugspunkt ist also die Sicherung der Lebenslage der jungen Menschen. Auch wenn diese Aufgaben im klassischen Verständnis zur polizeilichen Sicherheitstätigkeit gehören, hat sich seit langem die Auffassung durchgesetzt, dass hier wie bei den Leistungen der Jugendhilfe sozialpädagogische Überlegungen eine Rolle spielen. Ausdruck dieser Einschätzung ist die Zuordnung dieser Aufgaben zur sozialpädagogischen Fachbehörde Jugendamt, die Folge davon die sozialpädagogische Gestaltung dieser Tätigkeiten in Inhalt und Methode. Schlagwortartig bedeutet dies, dass es bei den Pflege- und Betriebserlaubnissen nicht um obrigkeitsstaatliche Aufsicht, sondern vor allem um fachliche Beratung geht, dass es bei der Amtspflegschaft/Amtsvormundschaft nicht um entmündigende Bevormundung geht, sondern um die sozialpädagogische Dienstleistung in bisweilen schwierigen und komplizierten Situationen, dass es bei den Gerichtshilfen nicht um die Zuarbeit zum Gericht, sondern um die Geltendmachung der fachlichen Sichtweise des Jugendamts zur Unterstützung junger Menschen und ihrer Familien geht.

Die hoheitlichen Aufgaben sind rechtlich im dritten Kapitel des SGB VIII angesiedelt. Der wesentliche Unterschied zu den Leistungen der freien Jugendhilfe besteht darin, dass sie nur durch das Jugendamt selbst ausgeführt werden können. Anerkannte freie Träger können nur in Ausnahmefällen an der Durchführung dieser Aufgaben beteiligt werden, aber auch dann bleibt die endgültige Verantwortung beim öffentlichen Träger der Jugendhilfe.

- Systematisch lassen sich die hoheitlichen Aufgaben (das SGB VIII spricht von „anderen Aufgaben der Jugendhilfe) in vier Abschnitte teilen:
- Die vorläufigen Maßnahmen zum Schutz von Kindern und Jugendlichen, das ist nach einigen Gesetzesänderungen nur noch die Inobhutnahme;

1 In den Vorauflagen wurde dieses Kapitel von Johannes Münder verfasst. Für diese Ausgabe wurde das Kapitel von Hans-Jürgen Schimke bearbeitet und aktualisiert.

- Der Schutz von Kindern und Jugendlichen in Kindertagespflege, Familienpflege, Einrichtungen und sonstigen betreuten Wohnformen;
- Die Mitwirkung bei Gerichtsverfahren, hier bleiben nach Abschaffung der Vormundschaftsgerichte noch die Familien- und die Jugendgerichte;
- Die Führung der Amtsvormundschaften, Amtspflegschaften und der Beistandschaften.

Die hoheitlichen Aufgaben der Jugendhilfe haben seit 2005 mit dem Inkrafttreten des KICK und der gesellschaftlichen Diskussion des Schutzes gefährdeter Kinder wieder einen erhöhten Stellenwert bekommen. Waren sie bei der starken Orientierung der Jugendhilfe an der Dienstleistung in den 90er Jahren oft vernachlässigte Gebiete, werden sie nunmehr in der Fachdiskussion und in Gesetzesentwürfen zur Reform der Vormundschaft und der Weiterentwicklung des Kinderschutzes zunehmend als notwendige Bestandteile einer Jugendhilfe wahrgenommen, die sich vor allem an der physischen und psychischen Integrität der ihr anvertrauten Kinder und Jugendlichen orientieren.

11.1 Die vorläufigen Maßnahmen zum Schutz von Kindern und Jugendlichen

Bis zur Reform des Jugendhilferechts durch das KICK waren die vorläufigen Maßnahmen zum Schutz von Kindern und Jugendlichen in den §§ 42 und 43 SGB VIII geregelt. Die damit verbundene Unterscheidung zwischen Minderjährigen, die sich in der Verantwortung einer Pflegefamilie oder eines Heimes befinden und solchen, die sich in der Öffentlichkeit aufhalten, wurde 2005 durch das KICK abgeschafft und in einer Vorschrift zur Inobhutnahme zusammengefasst. Besonders berücksichtigt wurde das Problem unbegleiteter minderjähriger Flüchtlinge mit deren spezifischen Anforderungen.

Kern der Inobhutnahme ist die (nur) vorläufige Unterbringung eines Kindes oder eines Jugendlichen bei einer geeigneten Person, in einer Einrichtung oder einer sonstigen betreuten Wohnform. Dabei werden zwei Anlässe für den Schutz unterschieden, die Inobhutnahme auf Bitten des Minderjährigen oder die Inobhutnahme wegen einer dringenden Gefahr für das Wohl des Kindes, bei der die Personensorgeberechtigten nicht widersprechen oder nicht genügend Zeit besteht, um eine Entscheidung des Familiengerichts einzuholen. Gesondert ist geregelt, dass die Inobhutnahme auch erfolgen kann, wenn ein ausländischer Minderjähriger unbegleitet nach Deutschland kommt und sich weder Personensorge- noch Erziehungsberechtigte im Inland aufhalten.

Die Inobhutnahme definiert sich über ihre Vorläufigkeit, mit der sich das Ziel einer kurzen Verweildauer der Minderjährigen in der aufnehmenden Stelle verbindet. Ihre konkrete Ausgestaltung differiert sehr stark ja nach Anlass der Inobhutnahme. Folgende Fallgruppen können idealtypisch unterschieden werden, auch wenn es zum Teil Überschneidungen gibt:

Fallgruppe 1: Inobhutnahme auf Bitte des Kindes oder Jugendlichen

Bei dieser Form der Inobhutnahme ist eine Begründung nicht notwendig, es reicht das subjektive Schutzbedürfnis des Minderjährigen. Damit soll ein möglichst effektiver und unkomplizierter Schutz für den Minderjährigen in einer Not- oder Konfliktsituation gewährleistet werden. Der Bitte des Minderjährigen folgt deshalb grundsätzlich die Aufnahmepflicht durch das Jugendamt. Es handelt sich hier um eine der wenigen eigenen Ansprüche des Kindes oder Jugendlichen im SGB VIII. Zugleich normiert das Gesetz die Verpflichtung des Jugendamts, die Eltern des Jugendlichen unverzüglich von der Inobhutnahme zu unterrichten. Unverzüglich heißt hier ohne schuldhaftes Zögern, d.h. dass das Jugendamt Gründe haben muss, wenn eine Information der Eltern nicht sofort erfolgt. Die Benachrichtigung der Personensorgeberechtigten ist aber nicht gleichzusetzen mit der Rückführung des Minderjährigen. Damit würde die Inobhutnahme von Selbstmeldern praktisch leer laufen. Das Jugendamt kann vielmehr, wenn die Eltern der Inobhutnahme widersprechen, eine familiengerichtliche Entscheidung herbeiführen. Bis zu diesem unverzüglich zu beantragenden Erlass kann das Jugendamt die notwendigen Maßnahmen treffen.

Fallgruppe 2: Inobhutnahme wegen einer dringenden Gefahr für das Wohl des Kindes oder Jugendlichen

Hier ist der Anlass für die Inobhutnahme eine Zuführung des Kindes oder des Jugendlichen durch Dritte, sei es, weil der Minderjährige sich schutzlos in Gefahrenbereichen aufhält (z.B. Drogen- oder Prostitutionsmilieu) und Polizei oder andere soziale Dienste, Verwandte oder Bekannte auf ihn aufmerksam werden und das Jugendamt informieren, sei es, dass vor allem kleinere Kinder in ihrem Elternhaus Gefahren ausgesetzt sind und vor diesen Gefahren geschützt werden müssen. Der Gefahrenbegriff in § 42 SGB VIII knüpft an die Begrifflichkeit in § 1666 BGB (der Kindeswohlgefährdung) an. Es muss eine Situation vorliegen, die mit großer Wahrscheinlichkeit zu erheblichen Schäden bei dem Kind oder dem Jugendlichen führen wird. Diese Form der Unterbringung hat in den letzten Jahren vor allem nach Todesfällen von kleinen Kindern in Familien an Bedeutung gewonnen. Die Jugendämter machen zunehmend von dem Instrument der Inobhutnahme Gebrauch, um in unklaren Situationen nicht Risiken für die betroffenen Kinder einzugehen. Dies erklärt im Wesentlichen die Steigerungsraten von Inobhutnahmen von 2005 bis 2008 um 26 Prozent (Datenanalysen der Dortmunder Arbeitsstelle Kinder- und Jugendhilfestatistik, AKJ Stat., ohne Datum).

Bei der Inobhutnahme in Gefahrenlagen ist die Beteiligung der Eltern anders als bei den Selbstmeldern. Für diese Art der Inobhutnahme ist es gerade Voraussetzung, dass die Eltern informiert sind und nicht widersprechen oder eine familiengerichtliche Genehmigung nicht rechtzeitig eingeholt werden kann. Hier gehört es also zu den Grundlagen der Inobhutnahme, dass die Eltern die Situation und die Gefahrenlage ihres Kindes kennen, aber entweder einverstanden mit der Intervention des Jugendamtes sind oder bei fehlendem Einverständnis eine gerichtliche Entscheidung nicht schnell genug eingeholt werden kann. Auch hier ist jedoch eine Information der Eltern über die Inobhutnahme vorgesehen, um gemeinsam mit ihnen eine Risikoabschätzung im Sinne von § 8a SGB VIII vornehmen zu können. Widersprechen die Eltern der Inobhutnahme, so ist ihnen das Kind oder der Jugendliche herauszugeben, wenn nicht eine Gefahrenlage nach § 1666 BGB besteht oder eine familiengerichtliche Entscheidung herbeizuführen ist.

Fallgruppe 3: Erstaufnahme eines unbegleiteten einreisenden ausländischen Minderjährigen

Mit der Aufnahme dieser Personengruppe in den § 42 SGB VIII wurde eine höchst problematische Lebenssituation gesetzlich geregelt, die eine nicht unwesentliche Anzahl von Jugendlichen betrifft. In Deutschland wurden im Jahr 2009 mindestens 2.850 unbegleitete minderjährige Flüchtlinge von Jugendämtern versorgt. Schätzungen gehen davon aus, dass gegenwärtig zwischen 3.000 und 6.000 junge Menschen ohne Eltern als minderjährige unbegleitete Flüchtlinge in Deutschland leben (vgl. Deutscher Verein, Empfehlungen vom 08.12.2010, S. 5). Für sie muss nach § 42 Abs. 3 SGB VIII unverzüglich ein Vormund oder Pfleger bestellt und ein Hilfeplanverfahren eingeleitet werden. Damit haben diese Jugendlichen uneingeschränkt Zugang zu den Leistungen nach dem SGB VIII. Allerdings stellen sich der faktischen Inanspruchnahme dieser Leistungen eine Reihe von Barrieren entgegen, die sich aus der besonderen Situation dieser Jugendlichen ergeben (z.B. fehlende Sprachkenntnisse, kulturelle Hemmnisse, Hilfe in Anspruch zu nehmen, Ängste vor Abschiebung etc.).

Die Inobhutnahme wird heute nicht mehr als ein Verwahrkonzept im Jugendschutz verstanden, bei dem die Sicherheit vor weiterem Entweichen der Jugendlichen im Vordergrund steht. Nach Aufnahme eines Minderjährigen ist es der pädagogische Auftrag der Einrichtung, Ansätze einer Hilfsperspektive für den Jugendlichen zu erarbeiten, ihn zu beraten und Hilfsmöglichkeiten aufzuzeigen. Dem Jugendlichen ist unverzüglich Gelegenheit zu geben, eine Person seines Vertrauens zu benachrichtigen. Diese Person muss das Vertrauen des Jugendlichen, nicht etwa der pädagogischen Fachkräfte besitzen. Eine Unterbindung eines Kontaktwunsches mit einer bestimmten Person ist deshalb nicht zulässig. Ein solches Verfahren wäre auch nicht sinnvoll, denn es würde den Aufbau eines Vertrauensverhältnisses zwischen aufnehmender Einrichtung und dem Minderjährigen verhindern.

Zu dieser sozialpädagogischen Orientierung steht die Möglichkeit (nicht die Verpflichtung) des Jugendamts in einem gewissen Widerspruch, bei Gefahr für Leib oder Leben des Jugendlichen oder dritter Personen freiheitsentziehende Maßnahmen durchzuführen, also den Jugendlichen geschlossen unterzubringen. Die restriktiven Formulierungen des Gesetzes (nur zulässig, soweit erforderlich) zeigen jedoch, dass es sich hier um eng begrenzte Ausnahmesituationen handelt.

Die Inobhutnahme endet mit der Übergabe des Minderjährigen an die Personensorgeberechtigten oder mit einer Entscheidung über eine Hilfegewährung.

11.2 Der Schutz von Kindern und Jugendlichen in Kindertagespflege, Familienpflege und Einrichtungen

Zu den traditionellen hoheitlichen Aufgaben des Jugendamtes gehört es, Kinder und Jugendliche, die sich in Erziehungseinrichtungen außerhalb ihrer eigenen Familie befinden, in besonderer Weise zu schützen. Form und Intensität dieses Schutzes waren jedoch historisch sehr unterschiedlich geregelt. Es standen sich das Interesse an einer qualifizierten Betreuung der Kinder und die Furcht vor bürokratischen Regelungen gegenüber, teilweise sind diese Betreuungsformen sehr nah an der familialen Erziehung oder werden sogar von Familienmitgliedern ausgeübt (wie etwa die Kindertagespflege), so dass mit den Regelungen zur Überwachung der Betreuung auch ein Eingriff in die Privatsphäre befürchtet wurde. Mit dem KICK im Jahr 2005 wurde der gesamte Bereich deshalb neu geordnet. Hintergrund war die vor allem im Bereich der Kindertagesbetreuung geführte Diskussion um die Qualität der Betreuung in den Einrichtungen der frühkindlichen Bildung und Erziehung.

Für jede dieser Betreuungsformen gilt nun zur Wahrnehmung der staatlichen Aufsicht das Instrument des Erlaubnisvorbehalts, was bedeutet, dass für jede längere Betreuung von Kindern und Jugendlichen eine Erlaubnis des Jugendamts erforderlich ist, soweit kein Ausnahmetatbestand gegeben ist. Die Erlaubnispflicht dient der Gefahrenabwehr und dem Kinderschutz, sie setzt das Jugendamt in die Lage, die Durchführung dieser Betreuungsformen von bestimmten Voraussetzungen abhängig zu machen.

Die Erlaubnis zur Kindertagespflege (§ 43 SGB VIII)

Nach der Neuordnung durch das KICK bedarf jede Betreuung eines Kindes außerhalb des Haushalts seiner Erziehungsberechtigten, die mehr als 15 Stunden in der Woche umfasst, länger als drei Monate dauert und für einen Teil des Tages (also nicht 24 Stunden: dann Vollzeitpflege) gegen Entgelt ausgeübt wird der Erlaubnis. Die Tagespflegeperson hat einen Anspruch auf diese Erlaubnis, es handelt sich also nicht um eine Ermessensentscheidung des Jugendamts. Für die Erteilung der Erlaubnis gelten die Kriterien aus der vom Jugendamt vermittelten Tagespflege nach § 23 Abs. 3 SGB VIII. Die Tagespflegeperson muss sich durch ihre Persönlichkeit, Sachkompetenz und Kooperationsbereitschaft mit Erziehungsberechtigten und Kolleg/inn/en auszeichnen und über kindgerechte Räume verfügen. Zudem soll sie vertiefte Kenntnisse hinsichtlich der Kindertagespflege nachweisen können.

Die Erlaubnis wird für höchstens fünf Kinder erteilt und ist auf fünf Jahre befristet.

Die Erlaubnis zur Vollzeitpflege (§ 44 SGB VIII)

§ 44 SGB VIII stellt die Aufnahme eines Kindes oder Jugendlichen über Tag und Nacht in einen fremden Haushalt (Vollzeitpflege) grundsätzlich unter den Vorbehalt der Pflegeerlaubnis. Auf diese Erlaubnis besteht ein Anspruch, wenn in der Pflegefamilie das Wohl des Kindes gewährleistet ist. Damit soll sichergestellt werden, dass die betroffenen Minderjährigen nur in geeigneten Pflegefamilien betreut werden. Die Bedeutung dieses Erlaubnisvorbehalts für die Vollzeitpflege ist allerdings durch die Ausnahmebestimmungen des § 44 Abs. Ziff. 1–5 SGB VIII stark gemindert. Nach § 44 Abs. 1 Ziff. 1 SGB VIII sind diejenigen Pflegeverhältnisse erlaubnisfrei, die durch das Jugendamt vermittelt werden. Da die meisten Pflegeverhältnisse im Rahmen der Gewährung von Hilfen zur Erziehung zustande kommen, ist diese Ausnahme quasi die Regel. Der Gesetzgeber geht dabei zu Recht davon aus, dass vom Jugendamt vermittelte Pflegestellen bereits im Rahmen des Entscheidungsprozesses über die Einrichtung der Hilfe auf ihre Eignung untersucht worden sind. Eine Erlaubnis erübrigt sich damit. Diese Pflegeverhältnisse werden auch im weiteren Verlauf nicht überprüft. Gefahren für das Kindeswohl sollen im Rahmen der Begleitung der Pflegefamilie (§ 37 SGB VIII) erkannt werden. Die weiteren Befreiungstatbestände von der Erlaubnispflicht sind die Pflege durch einen Vormund oder Pfleger, die vom Familiengericht überwacht werden, die Verwandten- und Adoptionspflege sowie kurzfristige Pflegeverhältnisse bis zu acht Wochen bzw. im Rahmen eines Schüler- und Jugendaustauschs.

Die Erlaubnis für den Betrieb einer Einrichtung

Kinder und Jugendliche, die außerhalb ihres Elternhauses in Einrichtungen betreut oder untergebracht werden, bedürfen des besonderen Schutzes durch die staatliche Gemeinschaft. Dies ist in bestürzender Weise im Rahmen der Aufklärung von Missständen in der Heimerziehung in den 1950er und 60er Jahren durch den sog. Runden Tisch Heimerziehung deutlich geworden, der im Jahr 2010 einen Bericht über die Situation von Kindern in außerfamilialer Betreuung veröffentlichte (Abschlussbericht des Runden Tisches „Heimerziehung in den 50er und 60er Jahren", Dezember 2010). Nach diesem Bericht waren Minderjährige in Heimen schwerwiegenden Übergriffen – darunter sexuelle Gewalt und sonstige körperliche Übergriffe sowie Straftaten gegen das sexuelle Selbstbestimmungsrecht – ausgesetzt. Die damalige Heimaufsicht war nicht bundesweit geregelt und bezog sich nur auf einzelne Kinder, nicht auf die Geeignetheit der Einrichtung für die Erziehung von Minderjährigen. Sie war zudem in Strukturen und Interessenkonflikten befangen und funktionierte nur unzureichend und uneffektiv.

Die heutigen Regelungen zur Überwachung des Betriebs von Einrichtungen sind präventiv ausgerichtet. Sie stellen Einrichtungen, die Kinder aufnehmen, unter einen Erlaubnisvorbehalt, um damit institutionellen Schutz zu gewähren, der aber auch wieder Schutz für die betroffenen Minderjährigen ist. Diese Prävention kommt mittelbar auch den Einrichtungsträgern zugute, da durch die vorherige Prüfung einer Einrichtung die mögliche Schließung mit ihren negativen Folgen für die Kinder und Jugendlichen vermieden werden soll.

Nach § 45 SGB VIII ist zunächst bei der Erteilung der Erlaubnis zu prüfen, ob die Einrichtung Mindestanforderungen für die Aufnahme und Betreuung von Minderjährigen erfüllt. Bei positivem Prüfergebnis ist die Erlaubnis auszusprechen, evtl. versehen mit Nebenbestimmungen, um einer grundsätzlich geeigneten Einrichtung die Gelegenheit zur Beseitigung einzelner Mängel zu geben. Bei negativem Ergebnis der Prüfung ist die Erlaubnis zu versagen. Angesichts von denkbaren Veränderungen in den Verhältnissen kann der Schutzzweck mit der Erteilung der Erlaubnis nicht als gesichert angesehen werden. Vielmehr kommt es darauf an, dass ihre Voraussetzungen Bestand haben; dies ist unter Umständen auch wiederholt zu prüfen. Die Erlaubnis steht deshalb in funktionalem Zusammenhang mit der Pflicht zur örtlichen Prüfung (§ 46 SGB VIII), den Meldepflichten (§ 47 SGB VIII) und der Tätigkeitsuntersagung und ist verbunden mit einem Anspruch des Trägers auf Beratung (§ 85 Abs. 2 Nr. 7 SGB VIII).

Die Mindestanforderungen für den Betrieb einer Einrichtung sind

- das Vorhandensein geeigneter Kräfte für die Betreuung der Kinder,
- die Gewährleistung des Kindeswohls in der Einrichtung, wobei insbeson-

dere die Förderung der Minderjährigen in Bezug auf ihre gesellschaftliche Integration und ihre medizinische Betreuung eine Rolle spielt,
- die Vorlage einer Konzeption der Einrichtung (als „Soll“-Bestimmung).

Das Jugendamt prüft das Vorliegen dieser Anforderungen unter Beteiligung des Trägers der Einrichtung. Der Erlaubnisvorbehalt gilt für alle Einrichtungen, die „orts- und gebäudebezogen“ sind und eine gewisse persönliche und sachliche Kontinuität gewährleisten. Unerheblich ist die Zahl der betreuten Kinder und Jugendlichen, so dass auch Kleineinrichtungen, Kleinstheime und betreute Wohnformen hier zuzuordnen sind.

Von der Erlaubnispflicht befreit sind
- Jugendfreizeiteinrichtungen (Jugendbildungseinrichtungen, Schullandheime, Jugendherbergen),
- Schülerheime und
- Sonstige Einrichtungen, für die entweder eine gesetzliche Aufsicht außerhalb der Jugendhilfe besteht oder die Minderjährige im Rahmen von Hotels oder Gaststätten aufnehmen (z.B. Reiterhöfe).

Bei diesen Einrichtungen geht der Gesetzgeber davon aus, dass die notwendige Aufsicht auf andere Weise als durch die Heimaufsicht der Jugendhilfe gewährleistet werden kann oder wie im Hotel- und Gaststättengewerbe kein Bedürfnis für eine Kontrolle durch die Behörden der Jugendhilfe besteht. Es ist nicht ersichtlich, womit der Gesetzgeber diese Vermutung begründen kann.

11.3 Die Mitwirkung in Gerichtsverfahren

Entscheidungen von Gerichten, die sich auf junge Menschen beziehen, werden in der Jugendhilfe von den Familiengerichten und den Jugendgerichten getroffen. Die Familiengerichte beschäftigen sich in diesem Kontext vor allem mit den Auswirkungen der elterlichen Trennung oder Scheidung auf Kinder und mit Gefährdungen für deren Wohl. Die Rechtsgrundlagen für diese Tätigkeit finden sich im Sorgerecht im Bürgerlichen Gesetzbuch. Die Jugendgerichte behandeln die Strafbarkeit von Heranwachsenden auf der Basis des Jugendgerichtsgesetzes (JGG).

Diese Entscheidungen sind zwar rechtlicher Natur, es müssen jedoch in weitem Umfang sozialwissenschaftliche und sozialpädagogische Erkenntnisse berücksichtigt werden, um zu qualitativ guten Ergebnissen zu kommen. Deshalb ist in diesen Verfahren das Jugendamt von Gesetz wegen als sozialpädagogische Fachbehörde eingeschaltet. Damit eröffnet sich ein schwieriges Tätigkeitsfeld für das Jugendamt, denn die Mitarbeiter/innen müssen sich mit unterschiedlichen Professionen und Handlungslogiken auseinandersetzen.

Bevor die einzelnen Handlungsfelder der Mitwirkung im gerichtlichen

Verfahren betrachtet werden, ist es vor diesem Hintergrund sinnvoll, zunächst einige Aspekte zu beleuchten, die für das Verständnis des Zusammenwirkens von Jugendhilfe und Justiz bedeutsam sind.

Aufgabenwahrnehmung durch die Jugendhilfe

Die Mitwirkung des Jugendamts im gerichtlichen Verfahren ist als hoheitliche Aufgabe nicht (wie die Leistungen der Jugendhilfe) vom Willen der Beteiligten abhängig, sondern die Erfüllung der Aufgabe liegt in der Entscheidungsgewalt des Jugendamts. Dennoch gelten auch hier die sozialpädagogischen Handlungsorientierungen. An erster Stelle steht, dass auch die Mitwirkung im gerichtlichen Verfahren nach § 2 Abs. 1 SGB VIII zu Gunsten junger Menschen und Familien zu erbringen ist.

Diese Funktion der Jugendhilfe ist nicht identisch mit der Funktion der Justiz. Während der Zweck der Justiz darin liegt, Streitentscheidungen mit Verbindlichkeit für alle Betroffenen zu treffen bzw. Verstöße gegen Strafgesetze zu sanktionieren, ist der Zweck der Jugendhilfe, das Wohl der jungen Menschen zu verwirklichen. Diese beiden Zwecke sind nicht immer identisch, es ist auch nicht möglich, dass ein Zweck dem anderen untergeordnet wird, sondern sie bestehen nebeneinander. Dies führt immer wieder zu Schwierigkeiten und Spannungen (vgl. Trenczek, Forum Jugendhilfe, 2001). Um im Interesse des Wohls der jungen Menschen diese bestehenden Konflikte produktiv zu nutzen, ist es erforderlich, dass es zwischen den Systemen von Jugendhilfe und Justiz zur Kooperation kommt. Kooperation bedeutet Austragung der Konflikte auf Augenhöhe, sie verbietet die Unterordnung des einen Systems unter das andere.

Inzwischen hat sich ein über die verschiedenen Aufgabenfelder hinausgehender Konsens gebildet: Die Unterstützung der Gerichte ist eine Aufgabe der Jugendhilfe gegenüber ihren Adressaten, damit deren Rechte verwirklicht werden und keine Hilfe für das Gericht. Das Jugendamt ist nicht Erfüllungsgehilfe des Gerichts, sondern gleichgeordnete Fachbehörde. Damit ist es unvereinbar, dass das Gericht dem Jugendamt gegenüber Anordnungen erteilt oder ihm eine bestimmte Handlungsweise etwa in der Form der Stellungnahmen vorschreibt. Das Jugendamt hat einen Handlungsspielraum, seine Aufgaben, Rechte und Pflichten ergeben sich aus dem SGB VIII und dem gerichtlichen Verfahrensrecht, sie werden nicht durch die Gerichte festgelegt.

Im Folgenden sollen die wichtigsten Handlungsfelder zwischen Jugendhilfe und Gericht beschrieben werden:

- Die Zusammenarbeit zwischen Jugendhilfe und Familiengericht bei Trennung und Scheidung (§ 50 Abs. 1 und 2 SGB VIII; § 162 FamFG);
- Die Zusammenarbeit zwischen Jugendhilfe und Familiengericht bei Kindeswohlgefährdung (§§ 8a SGB VIII; § 162 FamFG);

- Die Zusammenarbeit zwischen Jugendhilfe und Jugendgerichten (§ 52 SGB VIII; § 38 JGG).

Grundsätze der Zusammenarbeit zwischen Jugendhilfe und Familiengericht

Durch die Verfahrensvorschriften im familiengerichtlichen Verfahren nach dem FamFG vom 01.09.09 (Gesetz über das Verfahren in Familiensachen und den Angelegenheiten der freiwilligen Gerichtsbarkeit vom 17.12.08), die Präzisierung des Schutzauftrags des Jugendamts bei Gefährdung des Kindeswohls in § 8a SGB VIII sowie die damit verbundenen Änderungen des § 50 SGB VIII ist die Mitwirkung des Jugendamts in Verfahren vor den Familiengerichten rechtlich neu strukturiert und inhaltlich geändert worden.

Die neuen Vorschriften zielen auf eine Verständigung der Eltern und versuchen, die Verantwortung der Beteiligten in der Wahrnehmung ihrer Elternrolle zu stärken. In Sorgerechts- und Umgangsverfahren soll eine nachhaltige Konfliktlösung erreicht werden, die die beteiligten Kinder als Subjekte mit eigenen Rechten behandelt. Dabei soll sich das Familiengericht frühzeitig konkret in einem frühen Anhörungstermin mit dem Familienkonflikt befassen. In Verfahren wegen Kindeswohlgefährdung soll den Eltern ihre Verantwortung verdeutlicht und differenzierte Problemlösungen angestrebt werden.

Die Mitwirkung des Jugendamts ist in den §§ 8a, 50 SGB VIII und den §§ 155 bis 157 und 162 FamFG geregelt.

Nach § 50 Abs. 1 S. 1 SGB VIII „unterstützt" das Jugendamt das Familiengericht bei allen Maßnahmen im Bereich der elterlichen Sorge. Diese allgemeine Unterstützungsaufgabe wird in § 50 Abs. 1 S. 2 SGB VIII ergänzt durch die Pflicht des Jugendamts, in den dort genannten Fällen „mitzuwirken". Zur Mitwirkung gehört auch die Anrufung des Familiengerichts nach § 8a SGB VIII im Falle einer Kindeswohlgefährdung.

Hinweise, wie die Unterstützungs- und Mitwirkungsaufgabe des Jugendamts gegenüber dem Familiengericht zu verstehen ist, gibt § 50 Abs. 2 SGB VIII. Danach soll das Jugendamt informierend tätig sein, es soll erzieherische und soziale Gesichtspunkte in das Verfahren einbringen und schließlich auf weitere Hilfsmöglichkeiten hinweisen. Da das Jugendamt als eigenständige Fachbehörde im Verfahren mitwirkt, ist eine Anordnungsbefugnis des Familiengerichts gegenüber dem Jugendamt ausgeschlossen (vgl. auch § 36a SGB VIII).

Die Beteiligtenstellung des Jugendamts ist nunmehr durch eine sog. „Zugriffslösung" geklärt. Das Jugendamt hat in allen Verfahren nach § 50 Abs. 1 SGB VIII das Recht auf Anhörung und das Beschwerderecht, nicht aber die förmliche Beteiligtenstellung nach § 7 FamFG im Verfahren. Diese muss das Familiengericht ihm gewähren, wenn das Jugendamt nach § 162

FamFG einen Antrag auf Beteiligung stellt. Dies hat zur Folge, dass das Jugendamt alle Rechte eines Beteiligten im Verfahren geltend machen kann (u. a. Akteneinsicht, Verfahrensanträge, Mitteilung aller Entscheidungen im Verfahren etc.).

Mit diesen Regelungen ist eine verfahrensrechtliche Aufwertung der Position des Jugendamts verbunden, sie stellen andererseits eine Herausforderung für alle Beteiligten bei einer Kooperation auf „Augenhöhe“ dar.

Die Zusammenarbeit zwischen Jugendhilfe und Familiengericht bei Trennung und Scheidung

Die Mitwirkung des Jugendamts bei Trennung und Scheidung ist angesichts der großen Zahl betroffener Familien (Zahl der Scheidungen im Jahr 2008: 191.900, mit ca. 150.000 Kindern) ein Aufgabenfeld mit hoher gesellschaftlicher Relevanz. Das Jugendamt hat hier zwei wesentliche Bereiche miteinander zu verbinden: einerseits ist es gesetzlich durch § 17 SGB VIII aufgefordert, den beteiligten Familien Beratung in ihrer schwierigen Lebenssituation zukommen zu lassen, andererseits soll es nach § 50 SGB VIII das Familiengericht in seiner Tätigkeit unterstützen. Das Verhältnis von Beratung und gerichtlicher Unterstützung hat lange Zeit zu heftigen Diskussionen in der Jugendhilfe geführt, weil das Vertrauensverhältnis zu den Familien, das wesentliche Grundlage jeder Beratung ist, durch die Berichterstattung gegenüber dem Familiengericht gefährdet schien.

Dieses Problem hat sich nach Inkrafttreten der Kindschaftsrechtsreform im Jahr 1998 entspannt, denn nun muss im Scheidungs- oder Trennungsfall nicht mehr von Gesetz wegen über die elterliche Sorge entschieden werden, sondern nur, wenn von einem der Elternteile ein entsprechender Antrag gestellt wird. In der überwiegenden Zahl der Fälle kann sich das Jugendamt deshalb auf die Aufgabe der Beratung nach § 17 SGB VIII beschränken.

In den Fällen, in denen ein gerichtliches Verfahren erforderlich ist, hat sich die Rolle des Jugendamts durch das FamFG von 2009 deutlich verändert. Das Jugendamt ist nunmehr Teil eines gerichtlichen Verfahrens, das auf einvernehmliche Lösungen zielt und so den Gegensatz zwischen Beratung und Mitwirkung des Jugendamts weitgehend entschärft. An folgenden Punkten wird dies besonders deutlich:

- Der frühe erste Termin nach § 155 FamFG
  In dieser ersten mündlichen Erörterung, die im Regelfall nach einem Monat stattfinden soll, soll eine einvernehmliche Konfliktlösung gefördert werden. Durch die schnelle Terminierung soll eine Eskalation des Elternkonflikts vermieden und die Eltern im persönlichen Gespräch zur Übernahme gemeinsamer Verantwortung motiviert werden. Das Jugendamt sollte diesen Termin in der Regel nicht durch eine schriftliche Stel-

lungnahme vorbereiten, um frühzeitige Festlegungen und Konflikteskalationen zu vermeiden.

- Die Förderung einvernehmlicher Regelungen nach den §§ 36, 156 FamFG
  Das Gericht soll nach dem FamFG in jeder Lage des Verfahrens auf ein Einvernehmen der Beteiligten hinwirken und vor allem die Möglichkeit des gerichtlichen Vergleichs nach § 36 FamFG nutzen. Die Grenze des Einvernehmens ist lediglich das Kindeswohl, wenn die vereinbarten Regelungen der Eltern mit den Interessen und der Integrität der Kinder nicht in Einklang zu bringen sind. Das Jugendamt soll in diesem Zusammenhang die Eltern bei der Entwicklung einvernehmlicher Konzepte für die Ausübung der elterlichen Verantwortung unterstützen. Das Gericht weist auf diese Unterstützung, insbesondere auch in der Form der Mediation hin. Falls die Eltern die Unterstützung nicht annehmen, kann das Gericht auch anordnen, dass sie Beratung in Anspruch nehmen. Mit dieser Möglichkeit einer gerichtlich angeordneten Beratung ist das Verhältnis zwischen Jugendamt und Gericht, aber auch von Gericht und Beratungsstellen deutlich verändert, sie stellt die Beteiligten vor fachliche Herausforderungen. Die Jugendhilfe muss sich in Teilen von dem Grundsatz der Vertraulichkeit und Freiwilligkeit der Beratung verabschieden, sie muss sich für die Beratung von Eltern öffnen, die diese nicht von sich aus suchen. Es müssen Konzepte entwickelt werden, wie auch mit diesen Eltern zum Wohl ihrer Kinder zusammengearbeitet werden kann. Vor allem sollte auch unter den Bedingungen eines gerichtlichen Verfahrens die Hilfebeziehung aufrechterhalten werden, das Verfahren also in die Hilfeleistung integriert werden. Dazu ist es erforderlich, Transparenz über die Rolle des Jugendamts und seine Mitwirkungspflichten herzustellen, um nicht falsche Erwartungen auf Geheimhaltung bei den Eltern zu wecken.

- Die gutachtliche Stellungnahme
  Diese Prinzipien gelten auch, wenn sich das Jugendamt gegenüber dem Gericht schriftlich zu einer bestimmten Fragestellung äußert. Dies geschieht in Form der sogenannten gutachtlichen Stellungnahme, die im Regelfall mit einem Entscheidungsvorschlag für das Gericht abschließt. In dieser Situation ist es gegenüber den Beteiligten notwendig, die Stellungnahme transparent zu machen, sie so zu gestalten, dass sie nachvollziehbar ist und die fachlichen Bewertungen der Jugendhilfe durch Fakten belegt sind (vgl. zu den Stellungnahmen insgesamt Arndt u.a. 2009).

Vor diesem Hintergrund relativiert sich auch die Bedeutung des Datenschutzes in der Familiengerichtshilfe. Die Erstellung von Stellungnahmen und deren Weitergabe an das Gericht sollte schon aus fachlichen Gründen der Transparenz und Betroffenenbeteiligung nicht ohne Einverständnis der Betroffenen bzw. unter deren Mitwirkung erfolgen. Sollte dieses Einverständnis in Ausnahmefällen nicht zu erreichen sein, richtet sich die Weitergabe von Informationen aus der Beratung nach den §§ 64 und 65 SGB VIII. Danach sind anvertraute persönliche Daten nach § 65 SGB VIII nicht weiterzugeben, die Sozialdaten nach § 64 SGB VIII nur, wenn dadurch der Erfolg der Beratung nicht gefährdet wäre. Dies dürfte wegen des mit einer Weitergabe gegen den Willen der Betroffenen verbundenen Vertrauensverlustes in den meisten Fällen gegeben sein. Diese Einschränkungen können durchbrochen werden, wenn die Weitergabe von Daten erforderlich ist, um das Wohl eines Kindes zu schützen (vgl. § 34 StGB).

Die Zusammenarbeit zwischen Jugendhilfe und Familiengericht bei Kindeswohlgefährdung

Die Rolle des Jugendamts bei Kindeswohlgefährdung ist eine andere als bei Trennung und Scheidung der Eltern. Dies wird schon an der unterschiedlichen Rechtsgrundlage deutlich. Das Jugendamt ruft das Familiengericht nach § 8a SGB VIII an und wird seinem Schutzauftrag bei Kindeswohlgefährdung gerecht. Hier tritt das Jugendamt als Initiator eines gerichtlichen Verfahrens auf, das dazu dient, Schaden von einem Kind abzuwenden. Dem vorausgegangen ist eine Phase der Risikoabschätzung für das Kind, in der bereits intensiv untersucht wurde, ob die Eltern bereit und in der Lage sind, Gefahren für ihr Kind abzuwenden. Erst wenn diese Phase beendet ist, ruft das Jugendamt das Gericht als „Ultima Ratio" an.

Nach § 8a Abs. 3 SGB VIII ist das Jugendamt verpflichtet, das Familiengericht anzurufen, wenn es Anhaltspunkte für die Gefährdung eines Kindes hat und die Eltern nicht zur Kooperation bereit sind, um diese Gefahr abzuwenden. Das Jugendamt ist also nicht zwingend verpflichtet, die Gefährdung eines Kindes nachzuweisen, um das Gericht zum Tätigwerden zu veranlassen. Es reicht schon aus, dass es eine Vermutung für eine Gefährdung aufgrund der Untätigkeit oder Unfähigkeit der Eltern gibt.

Mit diesen Regelungen ist die Eingriffsschwelle für das familiengerichtliche Eingreifen gesenkt worden, das Gericht kann (und muss) früher angerufen werden als dies nach altem Recht der Fall war. Zudem entsteht eine Verantwortungsgemeinschaft zwischen Jugendamt und Gericht zur Abwendung von Gefahren für das Wohl des Kindes.

Dies wird in den Regelungen des FamFG zur Kooperation zwischen den Beteiligten bei einer vermuteten Kindeswohlgefährdung deutlich. Nach § 157 FamFG hat das Gericht nach Anrufung durch das Jugendamt innerhalb eines Monats einen Termin anzuberaumen, bei dem mit allen Beteiligten die notwendigen Schritte und Maßnahmen zur Klärung der Gefährdung und zur Sicherstellung des Schutzes des Kindes oder Jugendlichen besprochen werden. Dieser Termin hat für die Eltern eine wichtige Warn- und Hinweisfunktion, sich den angebotenen Hilfen des Jugendamts zu öffnen. Das Gericht kann sich einen Überblick über den Sachstand des Verfahrens machen und den weiteren Gang des Verfahrens einleiten. Es kann allerdings nicht gegenüber dem Jugendamt bestimmte Hilfen anweisen. Dies ist allein Sache des Jugendamts, das nach § 36a SGB VIII die Verantwortung für die Steuerung des Hilfeprozesses hat.

Die Rollenverteilung zwischen Jugendamt und Gericht bei Kindeswohlgefährdung ist vor diesem Hintergrund so gestaltet, dass das Jugendamt die Steuerungsverantwortung für den Hilfeprozess, das Gericht die Verfahrensherrschaft im gerichtlichen Verfahren hat. Das Jugendamt sollte klären, ob es einen Antrag auf Verfahrensbeteiligung nach § 162 FamFG stellt, um alle Möglichkeiten für das Kind auszuschöpfen. Dies setzt allerdings voraus, dass es durch Fachkräfte im Gericht vertreten wird, die die gerichtlichen Verfahrensfragen über die reine Anhörung hinaus beherrschen.

Das Gericht sollte seine Autorität nutzen, um die Familien zur Annahme der Hilfeleistung durch das Jugendamt zu bringen und die Eltern auf ihre elterliche Verantwortung für das Wohl der Kinder hinzuweisen.

Die neuen Regelungen im FamFG erfordern von beiden Seiten ein Umlernen aus den gewohnten Rollen. Deshalb sollten die wesentlichen Fragen der Zusammenarbeit unabhängig vom Einzelfall und unter Wahrung der richterlichen Unabhängigkeit in Arbeitskreisen besprochen werden.

Die Zusammenarbeit zwischen Jugendhilfe und Jugendgerichten (§ 52 SGB VIII, 38 JGG)

Mit § 52 SGB VIII „Mitwirkung in Verfahren nach dem Jugendgerichtsgesetz“ ist ein traditioneller Bereich des Verhältnisses zwischen Jugendhilfe und Justiz angesprochen. Als es 1922 nicht zu einem gemeinsamen Gesetz von Jugendhilfe und Jugendstrafrecht kam, wurde das Zusammenwirken von Jugendhilfe und Jugendgerichten unter dem Stichwort der „Jugendgerichtshilfe“ zugleich in das damalige RJGG und RJWG aufgenommen. Das damalige Verständnis der auch weiterhin im JGG und im JWG verankerten Jugendgerichtshilfe ergab sich tendenziell schon aus dem Namen: Jugendgerichtshilfe wurde als Hilfe für das (1922 gegründete) Jugendgericht verstanden.

Mit dem KJHG von 1990 hat der Gesetzgeber im SGB VIII (in Abkehr von der bisherigen Formulierung des JWG) den Begriff Jugendgerichtshilfe aufgegeben und durch den Begriff der Mitwirkung ersetzt: Die Aufgabe der Jugendhilfe wird durch § 1 SGB VIII vorgegeben. Sie soll zur Förderung der Entwicklung junger Menschen und ihrer Erziehung zu einer eigenverantwortlichen und gemeinschaftsfähigen Persönlichkeit beitragen (vgl. Trenczek, RdJB 1993). Die Neuregelung des SGB VIII hat jedoch keine entsprechende Reform des JGG nach sich gezogen. Das zeigt sich bereits in § 38 JGG: Dort verwendet der Gesetzgeber weiterhin den (überholten) Begriff „Jugendgerichtshilfe".

Angesprochen in § 52 SGB VIII als Aufgaben der Jugendhilfe sind insbesondere (vgl. umfassend Trenczek 2003):

- die allgemeinen Aufgaben der Jugendhilfe im Spannungsfeld zwischen § 52 Abs. 1 SGB VIII und § 38 Abs. 2 JGG;
- und die besondere Aufgabe der Strafvermeidung durch Jugendhilfeleistungen – § 52 Abs. 2 SGB VIII.

In § 52 Abs. 1 SGB VIII ist die Mitwirkungspflicht des Jugendamtes festgelegt. Da es sich um eine andere Aufgabe handelt, ist die Wahrnehmung dieser Aufgabe nicht davon abhängig, ob die Betroffenen (Eltern, Minderjährige usw.) dieses wollen. Der Sinn der Aufgabenwahrnehmung durch die sozialpädagogische Fachbehörde Jugendamt liegt darin, dass die Unterstützung und Hilfeleistung für die betroffenen Personen vorrangig sind. Die Mitwirkungsaufgaben des Jugendamtes sind in § 38 Abs. 2 JGG im Einzelnen benannt.

Mitwirkung in Verfahren vor dem Familiengericht

Pflege und Erziehung sind das natürliche Recht der Eltern und zuvörderst ihnen obliegende Pflicht. Über ihre Betätigung wacht die staatliche Gemeinschaft.
(Grundgesetz, Art. 6 Abs. 2)
Entscheidungen über Eingriff ins elterliche Sorgerecht können nur von einem Gericht (Vormundschafts-/Familiengericht) getroffen werden!

Eingriff in dieses Recht (Sorgerecht) sind nach § 1666 BGB nur möglich,
wenn das Wohl des Kindes gefährdet ist (Vernachlässigung, Misshandlung, Missbrauch),
und die Eltern nicht bereit oder in der Lage sind, diese Gefährdungssituation zu beenden
und andere Maßnahmen (z. B. der Jugendhilfe) erfolglos geblieben sind oder zur Abwendung der Gefahr nicht ausreichen (§ 1666 a BGB)
und die ergriffenen Maßnahmen (Ermahnungen, Verwarnungen, Auflagen, Entzug der elterlichen Sorge) eine geeignete und verhältnismäßige Form der Gefahrenabwehr darstellen.

Das Jugendamt kann das Gericht anrufen. - - - - → / ← Das Gericht muss das Jugendamt anrufen.

Abb. 16: Mitwirkung in Verfahren des Familiengerichtes
Quelle: Gintzel/Jordan u.a. 1987

Die Aufklärung der Straftat ist Aufgabe der Strafverfolgungsbehörden, die Jugendhilfe hat hier keine Ermittlungspflicht, sie bringt die erzieherischen, sozialen und fürsorgerischen Gesichtspunkte ein. Das bedeutet, dass die Vertreter der Jugendgerichtshilfe die Aspekte benennen, die für den betroffenen jungen Menschen fördernd, unterstützend, benachteiligungsverhindernd sind und so dem sozialpädagogischen Auftrag des § 1 Abs. 3 SGB VIII entsprechen.

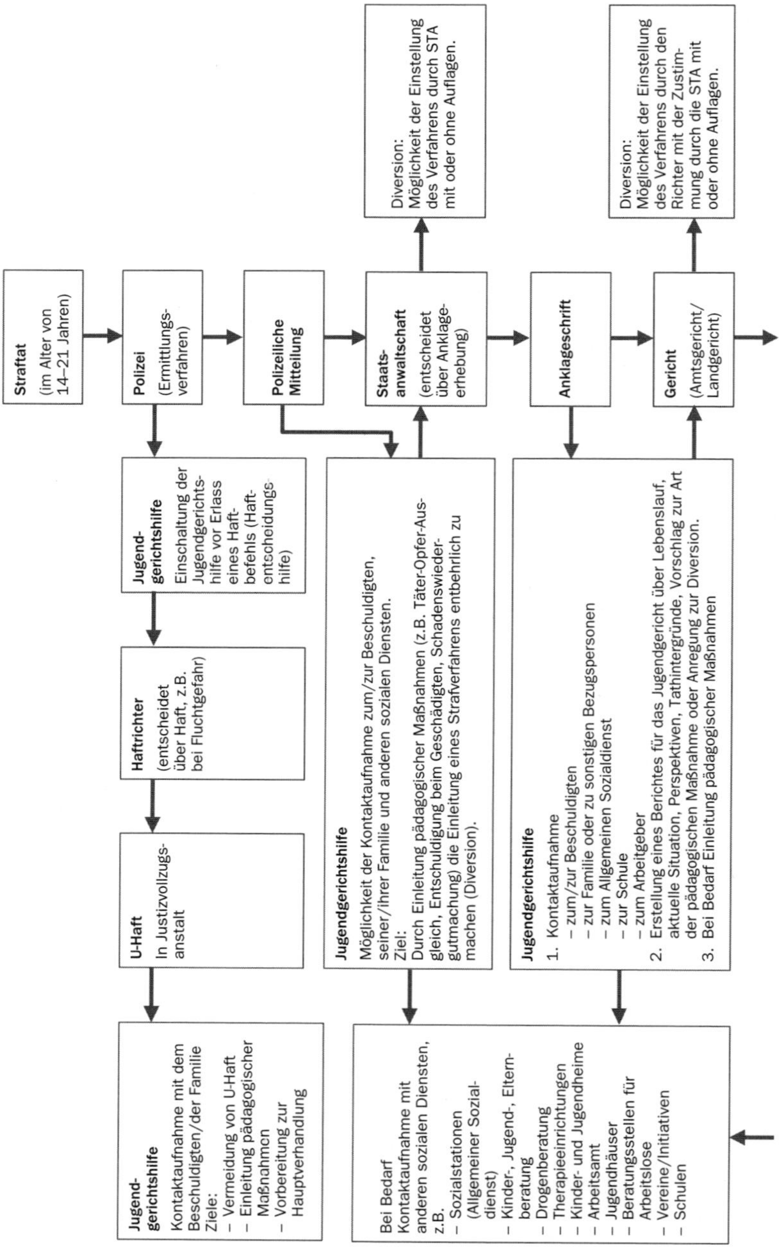

Abb. 17: Stationen für die Beschuldigten in Jugendstrafverfahren

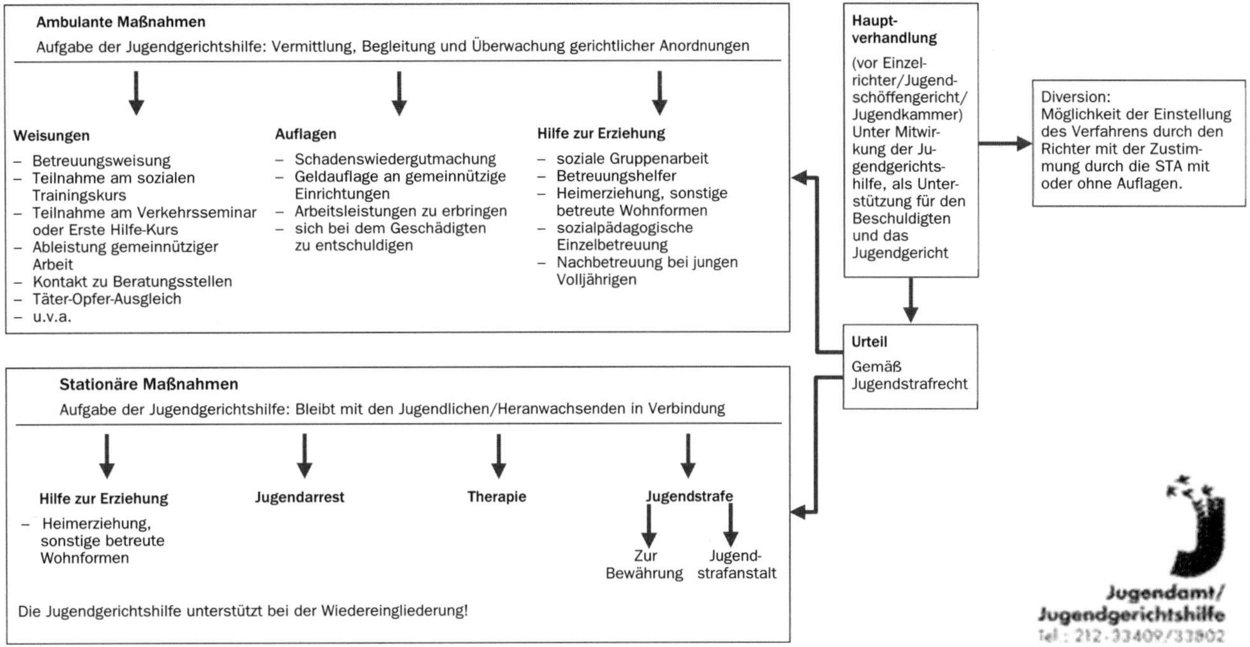

Ambulante Maßnahmen
Aufgabe der Jugendgerichtshilfe: Vermittlung, Begleitung und Überwachung gerichtlicher Anordnungen
Weisungen
– Betreuungsweisung
– Teilnahme am sozialen Trainingskurs
– Teilnahme am Verkehrsseminar oder Erste Hilfe-Kurs
– Ableistung gemeinnütziger Arbeit
– Kontakt zu Beratungsstellen
– Täter-Opfer-Ausgleich
– u.v.a.
Auflagen
– Schadenswiedergutmachung
– Geldauflage an gemeinnützige Einrichtungen
– Arbeitsleistungen zu erbringen
– sich bei dem Geschädigten zu entschuldigen
Hilfe zur Erziehung
– soziale Gruppenarbeit
– Betreuungshelfer
– Heimerziehung, sonstige betreute Wohnformen
– sozialpädagogische Einzelbetreuung
– Nachbetreuung bei jungen Volljährigen
Stationäre Maßnahmen
Aufgabe der Jugendgerichtshilfe: Bleibt mit den Jugendlichen/Heranwachsenden in Verbindung
Hilfe zur Erziehung
– Heimerziehung, sonstige betreute Wohnformen
Jugendarrest
Therapie
Jugendstrafe
Zur Bewährung
Jugend-strafanstalt
Die Jugendgerichtshilfe unterstützt bei der Wiedereingliederung!
Haupt-verhandlung
(vor Einzel-richter/Jugend-schöffengericht/Jugendkammer) Unter Mitwir-kung der Ju-gendgerichts-hilfe, als Unter-stützung für den Beschuldigten und das Jugendgericht
Diversion:
Möglichkeit der Einstellung des Verfahrens durch den Richter mit der Zustim-mung durch die STA mit oder ohne Auflagen.
Urteil
Gemäß Jugendstrafrecht
Jugendamt/
Jugendgerichtshilfe
Tel.: 212-33409/33802

Zu den sozialpädagogischen Aspekten gehören auch die sozialwissenschaftlichen Erkenntnisse über Jugendkriminalität. Hieraus (insbesondere aus der Dunkelfeldforschung) ergibt sich, dass gelegentliche Delikte wie Diebstahl, Sachbeschädigung, Beförderungserschleichung usw. von nahezu allen jungen Menschen begangen werden, so dass hier von Normalität, Ubiquität und Episodenhaftigkeit ausgegangen werden kann (vgl. Walter 2001). Diese Erkenntnisse wiederum haben Auswirkungen auf das Handeln der Jugendhilfe. Bei der Persönlichkeits- und Umwelterforschung geht es nicht um Ermittlungen zur Tat, sondern ausschließlich um die Persönlichkeit der jungen Menschen, ihre Entwicklung, Einbindung in die soziale Umwelt. Die Persönlichkeits- und Umwelterforschung dient dazu, die Lebenssituation der jungen Menschen, ihre subjektiven Verhaltens- und Deutungsweisen für eine sachgerechte Entscheidung ins Verfahren einzubringen.

Stellungnahme

Die Jugendhilfe äußert sich zu den Maßnahmen, die zu ergreifen sind. Inhaltlich geht es nicht um einen Vorschlag zur Entscheidung, sondern darum, unter Jugendhilfeaspekten deutlich zu machen, welche Maßnahmen im konkreten Fall aus sozialpädagogischen Gründen angebracht erscheinen (ausführlich Münder u.a., FK-SGB VIII, § 52 Rz. 44ff.). Von besonderer Bedeutung sind Vorschläge zu informellen Lösungen und zu weniger eingriffsintensiven Reaktionen. Aber nicht nur Vorschläge sind zu unterbreiten, sondern es sind auch Aktivitäten zu entfalten, um diese Vorschläge realisieren zu können.

Beteiligung in Haftsachen

Nach § 72a Satz 1 JGG ist die Jugendgerichtshilfe unverzüglich von der Vollstreckung eines Haftbefehls zu informieren, insbesondere deswegen, weil die Verwahrung junger Menschen in Untersuchungshaft unter sozialpädagogischen Gesichtspunkten regelmäßig destabilisierend ist. Die Jugendhilfe muss deswegen in solchen Fällen besonders intensiv und schnell sich um Alternativen zur Haft bemühen (vgl. Heßler 2001). Die Vermeidung bzw. schnelle Beendigung von Untersuchungshaft bei jungen Menschen wird aber nur dann erfolgreich sein, wenn es gelingt, tragfähige Kooperationsstrukturen von Jugendhilfe, Einrichtungen der Jugendhilfe und Justiz aufzubauen (vgl. Bindel-Kögel/Heßler 1999a).

Teilnahme an der Hauptverhandlung

Ort und Zeit der Hauptverhandlung sind gemäß § 50 Abs. 3 Satz 1 JGG der Jugendgerichtshilfe mitzuteilen. Die Entscheidung über die Teilnahme an der Hauptverhandlung liegt im pflichtgemäßen Ermessen der Jugendhilfe.

Wenn der junge Mensch jedoch eine Begleitung benötigt und wünscht, so hat die Jugendgerichtshilfe an der Verhandlung teilzunehmen, da eine individuelle Betreuungspflicht des Jugendamtes besteht und die Mitarbeiter/innen des Jugendamtes während des gesamten Verfahrens die jungen Menschen betreuen sollen.

Überwachung von Weisungen und Auflagen

Soweit nicht die Bewährungshilfe zuständig ist, hat die Jugendgerichtshilfe Weisungen und Auflagen zu überwachen und bei einer sogenannten Betreuungsunterstellung (§ 10 Abs. 1 Satz 2 Nr. 5 JGG) auch die Betreuung und Aufsicht auszuüben. Gemäß § 38 Abs. 2 Satz 6 JGG sind bei der Bewährungsüberwachung „erhebliche Zuwiderhandlungen" dem Gericht mitzuteilen. Damit kommt zum Ausdruck, dass die Jugendgerichtshilfe zunächst versuchen muss, mit ihren sozialpädagogischen Möglichkeiten den Konflikt zusammen mit dem Verurteilten zu lösen. Im Falle der Meldung soll es die Jugendgerichtshilfe nicht bei der bloßen Meldung belassen, sondern sie hat zugleich Möglichkeiten vorzuschlagen, wie der entstandene Konflikt bearbeitet werden kann.

Betreuung während des Verfahrens

Die Betreuung ist von Bedeutung, weil sich die Jugendlichen häufig in schwierigen Situationen befinden. Belastungen ergeben sich auch aus der Vorbereitung auf die Hauptverhandlung. Die Betreuung schließt auch die nachgehende Betreuung ein, schon um Reaktionen Jugendlicher im Zusammenhang mit einer Verurteilung rechtzeitig bearbeiten zu können.

Mitwirkung in Verfahren vor dem Jugendgericht

Jugendliche (14–18 J.) und Heranwachsende (18–21 J.) sind strafmündig. Das Jugendamt wirkt in Verfahren nach dem Jugendgerichtsgesetz (JGG) mit (Jugendgerichtshilfe). Jugendhilfe bewegt sich im Rahmen ihrer Mitwirkung vor dem Jugendgericht im Spannungsfeld von Jugendgerichtshilfe und Jugendkonflikthilfe.

Jugendgerichtshilfe ...
- wird schon im Rahmen von Ermittlungsverfahren gegen Jugendliche oder Heranwachsende informiert;
- hat Aufgaben der Erforschung der Persönlichkeit, des Entwicklungsstandes des Jugendlichen
- macht Verfahrensvorschläge, begleitet und überwacht gerichtliche Anordnungen

Jugendkonflikthilfe ...
- hat die Aufgabe, die jungen Menschen sozialpädagogisch zu beraten, zu unterstützen und zu fördern
- macht Vorschläge zur Einstellung des Verfahrens mit oder ohne Auflagen durch Formulierung sozialpädagogischer Maßnahmen (z. B. Wiedergutmachung)
- unterstützt junge Menschen (nach Arrest oder Jugendstrafe) bei der Wiedereingliederung

Abb. 18: Mitwirkung in Verfahren vor dem Jugendgericht (Gintzel/Jordan u.a. 1987)

Die umfassende Betreuung der jungen Menschen wird durch § 52 Abs. 3 SGB VIII klar: Ein und dieselbe sozialpädagogische Fachkraft hat sich kontinuierlich mit den jungen Leuten zu befassen und kann sich in der Hauptverhandlung nicht durch einen so genannten „Gerichtsgänger" vertreten lassen.

Jugendhilfe statt Jugendstrafrecht – Diversion

Auch bei einer sozialpädagogisch orientierten Aufgabenwahrnehmung lässt sich fragen, ob die im Zusammenhang von Bestrafung eingebettete Tätigkeit der Jugendhilfe der sozialpädagogischen Grundorientierung von Jugendhilfe gerecht werden kann. Anlass darüber nachzudenken, sind Ergebnisse kriminologischer Forschung (vgl. Walter 2001; DVJJ 1997), die mit dem Schlagwort der Diversion benannt werden (vgl. Thiem-Schräder 1989).

Eine stärkere sozialpädagogische Ausrichtung und die damit verbundene eigenständige fachliche Position des Jugendamtes kommen in § 52 Abs. 2 SGB VIII zum Ausdruck. Hiernach ist das Jugendamt verpflichtet, frühzeitig – also vom Zeitpunkt des Bekanntwerdens der Straffälligkeit an – zu prüfen, ob und, wenn ja, welche Leistungen der Jugendhilfe in Betracht kommen. Von besonderer Bedeutung sind hier die Leistungen der §§ 27ff., 41, 13 SGB VIII. Hintergrund einer solchen Aufgabenwahrnehmung ist die Erkenntnis, dass abweichendes jugendliches Verhalten eher allgemein auftritt und nicht selten episodenhaft ist, dass es sich um ein Verhalten handelt, das sich im Sozialisationsprozess „auswächst". Vor dem Hintergrund dieser Erkenntnisse ist die Diversion entstanden, was wörtlich Ab-/Umlenkung bedeutet: Durch Maßnahmen soll auf das Verhalten Jugendlicher, das gegen Strafnormen verstößt, „informell" reagiert werden, in der Weise, dass dadurch „um die Bestrafung herumgeleitet" wird. Damit hat das Jugendamt die Aufgabe zu prüfen, ob mit Mitteln des Jugendhilferechts reagiert werden kann. Auf diese Weise kann dann die Möglichkeit für die Anwendung des § 45 oder § 47 JGG geschaffen werden.

Bei *jugendlichen Bagatelldelikten* kann schon die Staatsanwaltschaft Strafverfahren folgenlos einstellen: Dies wird insbesondere durch § 45 Abs. 2 Nr. 2 JGG ermöglicht. Hier spricht viel dafür, dass die Jugendgerichtshilfe sich selbst zurückhält (vgl. Albrecht 1993, S. 416f.; Trenczek DVJJ-Journal 1994, S. 33).

Bei Fällen *leichterer Kriminalität* geht es für die Jugendgerichtshilfe darum, Aktivitäten einzuleiten, durch die Voraussetzungen für das Absehen von der Verfolgung (§ 45 Abs. 1 JGG) bzw. für die Einstellung von Verfahren (§ 47 Abs. 1 JGG) geschaffen werden. Solche Aktivitäten sind etwa die Vermittlung von Täter-Opfer-Ausgleichen, von Konfliktschlichtung zwischen Tätern und Opfern, bereits aufgenommene und eingeleitete erzieherische Maßnahmen der Eltern oder erzieherischen Hilfen durch das Jugendamt.

Bei *schwerer Kriminalität* würde die aktive Rolle der Jugendgerichtshilfe so aussehen, dass durch die Entwicklung und Bereitstellung von ambulanten Alternativen Staatsanwälten und Richtern der Verzicht auf strafjustizielle, freiheitsentziehende Maßnahmen ermöglicht wird. Solche ambulanten Alternativen (ausführlich dazu Cornel/Maelicke/Sonnen 1995) sind etwa die in § 35 SGB VIII genannte intensive sozialpädagogische Einzelbetreuung, Erziehungskurse, so genannte soziale Trainingskurse, pädagogisch betreute Arbeitsleistungen, Wiedergutmachungsregelungen, sozialpädagogische Gruppenbetreuung im Rahmen der Jugendstrafrechtspflege usw. (vgl. Bundesarbeitsgemeinschaft für ambulante Maßnahmen nach dem Jugendrecht 2000).

Für die Jugendhilfe leitet sich hieraus jedoch kein schablonenhaftes Verhalten ab. Jugendhilfe hat zu reagieren, wenn die jugendhilferechtlichen Voraussetzungen für Leistungen bzw. für die Wahrnehmung von Aufgaben (z.B. § 50 Abs. 3 SGB VIII) vorliegen. Voraussetzung für Leistungen, insbesondere für die Hilfe zur Erziehung ist, dass ein erzieherischer Bedarf vorliegt. Delinquenz von jungen Menschen ist nicht identisch mit dem Begriff des erzieherischen Bedarfs. Insofern muss Jugendhilfe autonom prüfen, ob im Falle einer Straffälligkeit ein erzieherischer Bedarf gegeben ist. Hierzu muss Jugendhilfe losgelöst von den strafrechtlichen Erkenntnissen über die Delinquenz der betroffenen jungen Menschen eigenständige Bemühungen anstellen, um feststellen zu können, ob ein erzieherischer Bedarf gegeben ist. Ist dieser gegeben, so hat sie entsprechende Hilfen anzubieten. Auch hier gilt also, dass sich für die Jugendhilfe kein Automatismus des Handelns aus der Straffälligkeit ergibt.

11.4 Das Jugendamt als Vormund, Pfleger und Beistand

Wenn Minderjährige in einzelnen Bereichen oder vollständig nicht mehr durch ihre Eltern vertreten werden können, benötigen sie eine rechtliche Vertretung. Die Gründe für diese Notwendigkeit können vielfältig sein, sie reichen von der Unfähigkeit der Eltern, ihre Kinder zu erziehen bis zum Tod der Eltern oder Verhinderung an der Ausübung der elterlichen Sorge aus anderen Gründen, wie Interessengegensätzen zwischen Eltern und Kindern oder Minderjährigkeit der Eltern.

Das Recht kennt in diesen Fällen drei Formen der Vertretung: die Vormundschaft, die Pflegschaft und die Beistandschaft.

Der *Vormund* vertritt den Minderjährigen in allen Aufgabenkreisen und hat vollständig für die Person und das Vermögen des Mündels zu sorgen und diesen rechtlich zu vertreten (§ 1793 BGB).

Der *Pfleger* erfüllt diese Funktionen nur für einen beschränkten Aufgabenkreis, für den er gerichtlich bestellt oder von Gesetz wegen berufen ist.

Der *Beistand* unterscheidet sich von diesen Instituten dadurch, dass er nur für bestimmte Materien (Vaterschaftsfeststellung, Sicherung des Unterhalts des Kindes) verantwortlich und nur in diesem Bereich gesetzlicher Vertreter des Kindes ist. Mit der Beistandschaft ist zudem keine Einschränkung des elterlichen Sorgerechts verbunden. Der Beistand handelt also nicht anstelle des Elternteils, sondern gleichberechtigt neben diesem.

Das Verhältnis der Minderjährigen zu ihren Vertretern ist zunächst durch das Zivilrecht im BGB geprägt. Die Tätigkeiten, Aufgaben und Befugnisse der Vertreter richten sich nach den Normen des Sorgerechts im Privatrecht (§§ 1712 ff. für die Beistandschaft, §§ 1793 ff. für die Vormundschaft und §§ 1909 ff. für die Pflegschaft).

Dennoch sind diese Vertretungen seit langem Ausdruck der Verpflichtung des Staates zur Rechtsfürsorge für alle Bürger. In diesem Zusammenhang mussten sie sich immer wieder mit dem Konflikt zwischen der Rechtsvertretung und der Erziehungsverantwortung auseinandersetzen. Dies erklärt wenigstens zum Teil die gegenwärtige Verteilung zwischen gerichtlichen, vormundschaftlichen und sozialpädagogischen Aufgaben in der Vertretung von Kindern. Lagen diese im frühen Mittelalter noch selbstverständlich in einer Hand, sind mit der Entstehung der Jugendwohlfahrt und der Familienfürsorge die Aufgaben der Sorge und der Erziehung für ein Mündel mit den entsprechenden Kontrollaufgaben weitgehend auf die Jugendämter übergegangen.

Heute ergeben sich die Aufgaben des Jugendamts im Vormundschaftswesen aus den Vorschriften des SGB VIII (§§ 53–55), die der Beistandschaft aus den §§ 1712ff BGB. Danach lassen sich zwei Arten von Aufgaben unterscheiden:

- Beratung und Unterstützung von Vormündern und Pflegern und
- Wahrnehmung der Beistandschaft, Vormundschaft und Pflegschaft durch das Jugendamt selbst.

Die Beratung und Unterstützung von Pflegern und Vormündern

Vormundschaft und Pflegschaft erfordern erzieherische Fähigkeiten, aber auch rechtliche und ökonomische Kenntnisse. Diese werden bei den jugendamtlichen Mitarbeiter/inne/n im Vormundschaftswesen als gegeben vorausgesetzt. So liegt es nahe, das Jugendamt zur Förderung, Beratung und Unterstützung der Einzelpfleger und -vormünder zu verpflichten (§ 53 Abs. 2 SGB VIII).

Auf diese Unterstützungspflicht des Jugendamts sollten die Vormünder und Pfleger bereits bei ihrer Bestellung (§ 1789 BGB) hingewiesen werden. Auf diese Beratung und Unterstützung besteht ein Rechtsanspruch, der sich sowohl auf die pädagogische als auch auf die rechtliche Unterstützung bezieht. In Frage kommen neben allgemeinen Informationen, Vorträge etc. insbesondere konkrete Unterstützungen bei Einzelfallangelegenheiten wie die Hilfe bei Abfassung von Schriftstücken, Eingaben und Anträgen für das Mündel. Daneben ist für die sozialpädagogische Behörde Jugendamt die Beratung in erzieherischen Angelegenheiten und die Vermittlung von Hilfeleistungen des Jugendamts wie Zugang zu Erziehungsberatungsstellen, Therapieangeboten etc. von besonderer Bedeutung.

Nach § 53 Abs. 3 SGB VIII hat das Jugendamt in Ausübung des Schutzauftrags für die ihm anvertrauten Minderjährigen darauf zu achten, dass die Erziehung und Pflege der Mündel gesichert ist. Auch hier hat Beratung Vorrang vor Kontrolle. Insbesondere stehen dem Jugendamt kein Weisungsrecht oder sonstige Kompetenzen über die Vormünder/Pfleger zu. Dies ist vielmehr allein Sache der Familiengerichte. Deswegen ist dann, wenn durch Beratung eine Abwendung der Mängel in der Erziehung nicht möglich ist, in § 53 Abs. 3 SGB VIII die Mitteilung an das Familiengericht vorgesehen, damit dieses prüfen kann, ob sein Einschreiten nach § 1837 BGB notwendig ist.

Das Jugendamt als Beistand, Pfleger und Vormund

Das deutsche Vormundschaftsrecht kennt als Typen der Vormundschaft und Pflegschaft die Einzelvormundschaft, die Vereinsvormundschaft und die Amtsvormundschaft. Nach der gesetzgeberischen Wertung der §§ 1776ff. BGB soll der ehrenamtliche Einzelvormund/Einzelpfleger Vorrang haben vor den beruflichen Formen der Vereins- und der Amtsvormundschaft/-pflegschaft. In der Praxis hat sich jedoch ein absoluter Vorrang (80 bis 90 Prozent) der Amtsvormundschaft/Amtspflegschaft gegenüber allen anderen Formen herausgebildet. Die Gründe dafür sind vielfältig, neben der nachlassenden Bereitschaft in der Gesellschaft, ehrenamtliche Funktionen auszuüben und der mangelnden Bindungskraft der Familie für die Übernahme solcher Aufgaben spielt sicher auch ein Desinteresse der Behörden eine Rolle, Einzelvormünder zu gewinnen. Die Beistandschaft, die sich aus der alten Amtspflegschaft für unverheiratete Mütter entwickelt hat, ist dagegen immer eine Aufgabe des Jugendamts.

In Deutschland wurden im Jahr 2008 ca. 650.000 Beistandschaften, 30.963 Amtspflegschaften und 38.558 Vormundschaften geführt (Oberloskamp u.a. 2010, S. 13f).

Das Jugendamt als Beistand

Eine Beistandschaft des Jugendamts tritt nach § 1712 BGB durch den schriftlichen Antrag eines Antragsberechtigten ein. Das Jugendamt kann den Antrag nicht ablehnen, es wird mit seinem Zugang zum Beistand und überträgt die Aufgabe einem Mitarbeiter.

Voraussetzung für die Antragsberechtigung eines Elternteils ist die alleinige elterliche Sorge oder bei gemeinsamer Sorge die Obhut für das Kind (§ 1713 BGB).

Die Aufgaben der Beistandschaft hängen zunächst vom Antrag des Berechtigten ab, er kann bestimmen, für welche Bereiche die Beistandschaft gelten soll, er hat es auch jederzeit in der Hand, die Beistandschaft zu beenden (§ 1715 BGB). Hier wird der begleitende, unterstützende Charakter der Beistandschaft besonders deutlich. Die gesetzlichen Aufgaben der Beistandschaft sind die Feststellung der Vaterschaft und die Geltendmachung von Unterhaltsansprüchen. Beide Aufgabenbereiche umfassen auch die gerichtlichen Verfahren, die zur Verfolgung von Unterhaltsansprüchen bzw. der Vaterschaftsfeststellung evtl. erforderlich sind.

Die Rechtsfolge der Beistandschaft ist die gleichberechtigte gesetzliche Vertretung des Kindes neben dem antragstellenden Elternteil, dessen elterliche Sorge allerdings nicht eingeschränkt wird. Damit besteht grundsätzlich eine Doppelkompetenz zur Vertretung des Kindes mit der Folge, dass sich Elternteil und Beistand verständigen müssen und keiner die Möglichkeit hat, sich allein durchzusetzen. Faktisch kann der Elternteil jedoch jederzeit die Beistandschaft beenden und so seinem Willen Geltung verschaffen. Im gerichtlichen Verfahren gilt eine Ausnahme von der Doppelvertretung: Erklärungen des Elternteils haben im Gerichtsverfahren keine Wirkung, wenn das Kind durch einen Beistand vertreten ist.

Die Beistandschaft wird durch eine weitere „kleinere" Beratungsleistung des Jugendamts für unverheiratete Mütter begleitet. Nach § 52a SGB VIII muss das Jugendamt diesem Personenkreis Beratung und persönliche Unterstützung in Fragen der Vaterschaftsfeststellung, Unterhaltsansprüchen, der gemeinsamen elterlichen Sorge u.ä. anbieten.

Schließlich haben alleinerziehende Mütter und Väter noch einen Beratungsanspruch nach § 18 SGB VIII, der sich auf problematische Situationen im Familienrecht bezieht.

Mit dieser Ausgestaltung der Beistandschaft sind die Jugendämter einen großen Schritt in Richtung einer sozialpädagogischen Orientierung in einem Aufgabenfeld gegangen, in dem unter der Geltung der alten Amtspflegschaft noch hoheitliches Denken vorherrschte. Dieser Weg war erfolgreich, wie die hohen Zahlen der freiwilligen Inanspruchnahme der Beistandschaft zeigen. Die Beistandschaft ist damit der Bereich der Jugendhilfe, der am weitesten Verbreitung in der Bevölkerung hat. Wie das Jugendamt diese Aufgabe wahrnimmt, wird von Bedeutung für das Profil und das Image der Jugendhilfe sein.

Das Jugendamt als Amtsvormund/Amtspfleger

Wie bereits beschrieben, unterscheiden sich die Amtsvormundschaft und die Amtspflegschaft lediglich dadurch, dass der Vormund für alle Angelegenheiten der elterlichen Sorge, der Pfleger aber nur für einen bestimmten Aufgabenkreis bestellt wird. Im Folgenden wird deshalb nur noch von der Amtsvormundschaft die Rede sein, weil die geschilderten Regelungen gleichermaßen auch für die Amtspflegschaft gelten.

Die Begründung der Amtsvormundschaft geschieht entweder durch Gesetz oder durch richterliche Bestellung. Die gesetzliche Amtsvormundschaft tritt für ein Kind im Moment der Geburt z.B. bei Minderjährigkeit der Mutter ein (§§ 1791c, 1673 BGB), die bestellte Amtsvormundschaft setzt eine gerichtliche Entscheidung voraus, in fast allen Fällen den Entzug des Sorgerechts gegenüber den Eltern nach § 1666 BGB. Dies ist in der Praxis der häufigste Anwendungsfall der Amtsvormundschaft.

Das Jugendamt ist nach Eintritt der Voraussetzungen für eine Vormundschaft verpflichtet, dem Gericht eine geeignete Person als Vormund vorzuschlagen, es kann dabei auf Einzelpersonen oder anerkannte Vereine (§ 54 Abs. 1 SGB VIII) zurückgreifen. Findet sich keine geeignete Person oder Institution, bestellt das Gericht das Jugendamt zum Vormund. Dieses wird als Behörde Vormund, überträgt aber die Ausübung der Aufgabe auf einen geeigneten Beamten oder Angestellten. Dieser ist dann zivilrechtlich Vertreter des Mündels und damit nur dessen Interessen verpflichtet, in seiner Amtsführung steht er unter der Aufsicht des Familiengerichts, andererseits ist er als Mitarbeiter des Jugendamts zumindest teilweise den hierarchischen Strukturen der Behörde unterworfen.

Der Amtsvormund hat im Prinzip die gleichen Aufgaben wie der Einzelvormund, er muss den Mündel in allen Angelegenheiten der elterlichen Sorge vertreten, wegen seiner besonderen Kompetenz wird er aber gegenüber den anderen Vormündern in mancher Hinsicht privilegiert (vor allem bei der Sorge für das Vermögen des Mündels, vgl. § 56 Abs. 2 und 3 SGB VIII).

Die Praxis der Amtsvormundschaft wurde über lange Zeit von der Wissenschaft und der Fachöffentlichkeit wenig beachtet. So konnte sich in den Jugendämtern eine Vielfalt von unterschiedlichen Organisationsformen entwickeln, in denen die Aufgaben der Vormundschaft erfüllt wurden. Häufig wurde die Ausübung der Vormundschaft auf Mitarbeiter/innen des ASD übertragen, während die formalen Angelegenheiten durch die Amtsvormünder erfüllt wurden, in anderen Ämtern wurden verschieden Aufgaben wie Vormundschaft und Beistandschaft zusammengelegt. Erst die Untersuchung von Hansbauer u.a. (2004) hat systematisch die unterschiedlichen Vorgehensweisen und die damit verbundenen Probleme offengelegt.

Die Art der Aufgabenerfüllung in der Amtsvormundschaft hat in vielen Fällen dazu geführt, dass der Vormund sein Mündel nur selten kannte, in den wenigsten Fällen persönlichen Kontakt zu ihm hatte. Die Vormünder betreuten zwischen 50 und mehr als 150 Mündel und dies lediglich aktenmäßig. Die pädagogischen Aufgaben im Zusammenhang mit der Vormundschaft wurden von anderen – meist Pflegefamilien oder Einrichtungen – durchgeführt und von den Mitarbeiter/inne/n des ASD „überwacht". Dadurch hatten die Mündel keinen rechtlich verantwortlichen Ansprechpartner, zudem wurden mögliche Interessenkonflikte zwischen der hilfeleistenden Abteilung ASD und dem Amtsvormund durch die gemeinsame Behördeneigenschaft überdeckt.

Diese dem Sinn der Vormundschaft widersprechende, zum Teil sogar rechtswidrige Praxis blieb auch in der Fachöffentlichkeit weitgehend unbemerkt, bis bei der Führung einer Amtsvormundschaft in Bremen („Fall Kevin") im Jahr 2006 (ausführlich dokumentiert in ISS, 2008) das Mündel auf tragische Weise zu Tode kam. Der Amtsvormund argumentierte, dass er bei 250 zu führenden Vormundschaften nicht in der Lage war, das Wohl des ihm anvertrauten Jungen zu gewährleisten oder auch nur die schlimmsten Gefahren von ihm abzuwenden. Das strafrechtliche Verfahren gegen den Amtsvormund wurde im Jahr 2010 mit der Begründung eingestellt, dass ein Einzelner nicht für das Versagen einer Behörde verantwortlich gemacht werden kann.

Unter ausdrücklicher Bezugnahme auf diesen Fall hat dann die Bundesregierung im Jahr 2010 einen Gesetzesentwurf vorgelegt, der den persönlichen Kontakt zwischen Vormund und Mündel zu seinem Hauptanliegen macht. Im Einzelnen soll dies dadurch gewährleistet werden, dass

- das Erfordernis des persönlichen Kontakts zwischen Vormund und Mündel ausdrücklich im Gesetz verankert wird,
- der Vormund verpflichtet wird, selbst die Pflege und Erziehung des Mündels zu gewährleisten,
- der Vormund jährlich gegenüber dem Familiengericht über seine Kontakte mit dem Mündel berichten muss,
- das Gericht die persönlichen Kontakte des Vormunds in seine Aufsichtstätigkeit einbezieht,
- die Fallzahlen in der Amtsvormundschaft auf 50 Vormundschaften je Mitarbeiter/in begrenzt werden.

Der Gesetzesentwurf befindet sich in der Beratung, angesichts der finanziellen Belastungen, die sich aus seinen Regelungen für die Jugendämter ergeben, ist es fraglich, ob er in dieser Form umgesetzt wird.

Unabhängig davon haben sich die in der Vormundschaft Verantwortlichen, Jugendämter, Vormünder, Richter und andere zu einem sog. „Vormundschaftstag" zusammengefunden, der regelmäßige Veranstaltungen zur Weiterentwicklung der Vormundschaft organisiert. Angesichts dieser Entwicklungen steht zu hoffen, dass manche Fehlsteuerungen in diesem Aufgabengebiet der Vergangenheit angehören.

Teil III
Organisation, Finanzierung und Planung

1. Öffentliche Kinder- und Jugendhilfe

Das Sozialgesetzbuch VIII legt nicht nur die Leistungen und Aufgaben der Jugendhilfe fest, sondern bestimmt zugleich die Jugendämter und Landesjugendämter als Gewährleistungsträger der öffentlichen Jugendhilfe (§ 69 ff. SGB VIII). Während die Einzelhilfen vom örtlichen Jugendamt wahrgenommen werden, haben die Landesjugendämter, die obersten Landesbehörden und auch die Bundesregierung anregende, fördernde und koordinierende Funktionen.

Bund, Länder und Kommunen in der Jugendhilfe

Bund: Kinder- und Jugendhilfegesetz (SGB VIII); Anregung und Förderung der länderübergreifenden Jugendhilfe; Bundesjugendkuratorium; Kinder- und Jugendbericht der Bundesregierung alle vier Jahre
Länder fördern die Jugendhilfeträger mit dem Ziel der Weiterentwicklung und des gleichmäßigen Ausbaus der Jugendhilfe, unterstützen die örtlichen Träger der Jugendhilfe durch Beratung und Fortbildung
Städte und Landkreise errichten ein Jugendamt: Verantwortung, Planung und Förderung der örtlichen Jugendhilfe in kommunaler Selbstverantwortung

Ein Schwerpunkt der Neuerungen durch das Kinder- und Jugendhilfegesetz war die Konzentration der Jugendhilfeaufgaben auf der örtlichen Ebene. Damit reduzierte sich der bisherige sachliche Aufgabenbereich der Landesjugendämter. Ihre Aufgaben beziehen sich nunmehr auf die Beratung der Jugendämter, auf die Förderung der Zusammenarbeit zwischen Jugendämtern und anerkannten Trägern der freien Jugendhilfe, auf Anregungs-, Förderungs-, Unterstützungsaufgaben, auf modellhafte Aktivitäten, auf die Fortbildung der Mitarbeiterinnen in den Jugendämtern (vgl. § 85 Abs. 2 SGB VIII). Im engeren Aufgabenbereich der Jugendhilfe sind die Landesjugendämter für die Einrichtungsaufsicht (vgl. §§ 45 ff. SGB VIII) und für die Erlaubniserteilung bei Vormundschaften, Pflegschaften, Beistandschaften (§ 54 SGB VIII) zuständig.

Die Anregungs- und Förderungskompetenz des Bundes ist begrenzt auf Aufgaben, die „von überregionaler Bedeutung (sind) und ihrer Art nach nicht durch ein Land allein wirksam gefördert werden (können)“ (§ 83 SGB VIII). Dabei zeigt sich, dass neben der Förderung von Aufgaben überregionalen Charakters auch die Modellförderung wesentliche Impulse von der Bundesebene erfährt. Die Bundesregierung wird bei der Wahrnehmung ihrer Aufgaben beraten durch das Bundesjugendkuratorium, einem trägerpluralistisch zusammengesetzten Gremium (vgl. dazu § 83 Abs. 2 SGB VIII). Die Bundesregierung ist verpflichtet, alle vier Jahre Berichte über Bestrebungen und Leistungen der Jugendhilfe (Jugendberichte) vorzulegen (§ 84 SGB VIII, siehe dazu auch Kasten).

Jugendberichte der Bundesregierung

Durch die 1961 erfolgte Novellierung des Jugendwohlfahrtsgesetzes (JWG) wurde erstmals die Verpflichtung der Bundesregierung gesetzlich festgelegt, Bundestag und Bundesrat Jugendberichte vorzulegen. Während die ursprüngliche Fassung des JWG ganz allgemein von einem „Bericht über die Lage der Jugend und die Bestrebungen auf dem Gebiet der Jugendhilfe" sprach, brachte eine Gesetzesänderung von 1967 eine Reihe von Neuerungen bzgl. der Zielsetzung der Berichte und der Form ihrer Erarbeitung. Danach sollte nur noch jeder dritte Bericht „einen Überblick über die gesamte Jugendhilfe vermitteln". Die dazwischen liegenden Berichte sollten sich schwerpunktmäßig mit bestimmten Teilgebieten befassen. Neu eingeführt wurde weiter, dass die Erstellung der Berichte nicht mehr durch das federführende Ministerium erfolgen sollte, sondern durch „eine Kommission, der bis zu sieben fachkundige Persönlichkeiten angehören". Die Bundesregierung ist verpflichtet, dem Bericht „eine Stellungnahme mit den von ihr für notwendig gehaltenen Folgerungen" beizufügen (vgl. dazu auch § 84 SGB VIII).
Von den zurzeit (2011) vorliegenden 13 Jugendberichten sind die ersten beiden noch vom Ministerium selbst erstellt worden. Der Erste, 1965 vorgelegte, Jugendbericht („Bericht über die Lage der Jugend und die Bestrebungen auf dem Gebiet der Jugendhilfe", Bundestagsdrucksache IV/3515) versucht, einen Überblick über die seinerzeit vermutete Situation der Jugend und über die vorhandenen Jugendhilfeleistungen und Trägerstrukturen zu geben. Der Zweite Jugendgericht von 1968 (Bundestagsdrucksache V/2453) beschäftigt sich schwerpunktmäßig mit Fragen der Aus- und Fortbildung der Mitarbeiter in der Jugendhilfe und erörtert in einem Anhang die Situation der Jugend in der Bundeswehr.
Der Dritte Jugendbericht von 1971/72, in dessen Mittelpunkt die Untersuchung von „Aufgaben und Wirksamkeit der Jugendämter in der Bundesrepublik" steht (Bundestagsdrucksache VI/3170), ist der erste Jugendbericht, der von einer Sachverständigenkommission (wie in der Folgezeit in Zusammenarbeit mit dem Deutschen Jugendinstitut in München) erarbeitet worden ist. Der Vierte, 1978 veröffentlichte, Jugendbericht (Bundestagsdrucksache VIII/10) hat das Thema „Sozialisationsprobleme der arbeitenden Jugend in der Bundesrepublik – Konsequenzen für Jugendhilfe und Jugendpolitik". Der Fünfte, 1980 vorgelegte, Bericht (Bundestagsdrucksache VIII/3684) gibt erstmals nach der Gesetzesänderung von 1977 einen Gesamtüberblick über „Bestrebungen und Leistungen der Jugendhilfe" (veröffentlicht auch in Hornstein u. a. 1982).
Der Sechste Jugendbericht (veröffentlicht 1984 als Bundestagsdrucksache X/1007) beschäftigt sich schwerpunktmäßig mit der „Verbesserung der Chancengleichheit von Mädchen in der Bundesrepublik Deutschland". Der Siebte Jugendbericht hat das Thema „Jugendhilfe und Familie – die Entwicklung familienunterstützender Leistungen der Jugendhilfe und ihrer Perspektiven" (Bundestagsdrucksache X/6730 vom Dezember 1986). Der Achte Jugendbericht, der wiederum einen Gesamtüberblick über die Jugendhilfe in der Bundesrepublik gibt, wurde 1990, der Neunte Jugendbericht („Bericht über die Situation der Kinder und Jugendlichen und die Entwicklung der Jugendhilfe in den neuen Bundesländern", Bundestagsdrucksache 13/70) 1994 und der Zehnte Kinder- und Jugendbericht

(„Bericht über die Lebenssituation von Kindern und die Leistungen der Kinderhilfen in Deutschland", Bundestagsdrucksache 13/11368) im Herbst 1998 vorgelegt. Bei dem Elften Kinder- und Jugendbericht (Bundestagsdrucksache 14/8181) handelt es sich wiederum – wie zuletzt beim Achten Jugendbericht aus dem Jahr 1990 – um einen Gesamtbericht über die Lebenssituation junger Menschen und die Leistungen der Kinder- und Jugendhilfe. Der Zwölfte Kinder- und Jugendbericht (Bundestagsdrucksache 15/6014) hatte das Thema Bildung, Betreuung und Erziehung vor und neben der Schule als Schwerpunktthema, der Dreizehnte das Thema gesundheitsbezogene Prävention und Gesundheitsförderung in der Kinder- und Jugendhilfe (Bundestagsdrucksache 16/12860).

1.1 Jugendamt

Da die Wahrnehmung der Aufgaben der Jugendhilfe (§ 2 SGB VIII) Selbstverwaltungsangelegenheiten der Gemeinden und Gemeindeverbände darstellen, schreibt das SGB VIII in § 69 vor, dass jede kreisfreie Stadt und jeder Landkreis ein Jugendamt zu errichten hat. Kreisangehörige Gemeinden können nach Landesrecht auf Antrag zu örtlichen Trägern der Jugendhilfe bestimmt werden. 2011 gab es in der Bundesrepublik 591 Jugendämter (inkl. Landesjugendämter).

Tab. 1: Anzahl der Jugendämter in Deutschland (nach Bundesländern 2011) (Quelle: Arbeitsstelle Kinder- und Jugendhilfestatistik 2011; eigene Recherchen)

	Jugendämter	Landesjugendämter
Baden-Württemberg	48	1
Bayern	96	1
Berlin[1]	1	1
Brandenburg	18	1
Bremen	2	1
Hamburg[1]	1	1
Hessen	33	1
Mecklenburg-Vorpommern	18	1
Niedersachsen	60	1
Nordrhein-Westfalen	184	2
Rheinland-Pfalz	41	1
Saarland	6	1
Sachsen	13	1
Sachsen-Anhalt	14	1
Schleswig-Holstein	16	1
Thüringen	23	1
Gesamt	574	17

1 In Hamburg und Berlin sind die Jugendämter auf der Ebene der Bezirke angesiedelt, d.h. in Hamburg 7 Jugendämter, in Berlin 12 Jugendämter. In Bremen existieren 6 Sozialzentren.

Die Tatsache, dass ein flächendeckendes Netz von Jugendämtern besteht, bedeutet allerdings keinesfalls, dass damit das „Recht auf Erziehung“ (§ 1 SGB VIII) für alle jungen Menschen chancengleich verwirklicht wird. Vergleiche einzelner Jugendämter zeigen im Hinblick auf Größe, organisatorischen Aufbau und Aufgabenwahrnehmung deutliche Unterschiede. Dies zeigt sich vor allem an der Zahl der in den einzelnen Jugendämtern Beschäftigten, die zugleich eine Schlussfolgerung über die Möglichkeiten und Grenzen der Aufgabendifferenzierung zulässt. Damit „beeinträchtigt das kommunale Leistungsgefälle (trotz Finanzausgleichs) nicht nur die Arbeit der Jugendämter im allgemeinen, sondern stellt auch eine gleichmäßige Erfüllung des Anspruchs auf Erziehung im kommunalen Bereich in Frage“, stellte bereits der Dritte Jugendbericht fest (vgl. BMJFG 1972, S. 78 f.).

1.2 Der Jugendhilfeausschuss als Teil des Jugendamtes

Eine Besonderheit der kommunalen Selbstverwaltung liegt in der nach dem § 70 SGB VIII vorgeschriebenen Zweigliedrigkeit des Jugendamtes: Die Aufgaben der öffentlichen Jugendhilfe werden durch den Jugendhilfeausschuss und die Verwaltung des Jugendamtes wahrgenommen. Der Jugendhilfeausschuss (vgl. dazu ausführlich Merchel/Reismann 2004; Münder/Ottenberger 1999), in dem neben Mitgliedern der Vertretungskörperschaft auch sachkundige Bürger/innen und Vertreter/innen der anerkannten Träger der freien Jugendhilfe stimmberechtigt sind (§71 SGB VIII), soll dazu dienen, das breite Spektrum der Probleme der Jugendhilfe in einem Gemeinwesen zu erfassen, zugleich die Mitwirkung der dort tätigen freien Träger zu gewährleisten (Prinzip der Partnerschaft) und damit auch den verschiedenen „Grundrichtungen der Erziehung“ (§ 9 SGB VIII) Rechnung zu tragen. Die Aufgaben des Jugendhilfeausschusses werden in § 71 Abs. 2 und 3 SGB VIII bestimmt. Es heißt dort:

§ 71 SGB VIII | Jugendhilfeausschuss

(2) Der Jugendhilfeausschuss befasst sich mit allen Angelegenheiten der Jugendhilfe, insbesondere mit

1. der Erörterung aktueller Problemlagen junger Menschen und ihrer Familien sowie mit Anregungen und Vorschlägen für die Weiterentwicklung der Jugendhilfe,
2. der Jugendhilfeplanung und
3. der Förderung der freien Jugendhilfe.

(3) Er hat Beschlussrecht in Angelegenheiten der Jugendhilfe im Rahmen der von der Vertretungskörperschaft bereitgestellten Mittel, der von ihr erlassenen Satzung und der von ihr gefassten Beschlüsse. Er soll vor jeder Beschlussfassung der Vertretungskörperschaften in Fragen der Jugendhilfe und vor der Berufung eines Leiters des Jugendamts gehört werden und hat das Recht, an die Vertretungskörperschaft Anträge zu stellen. (...)

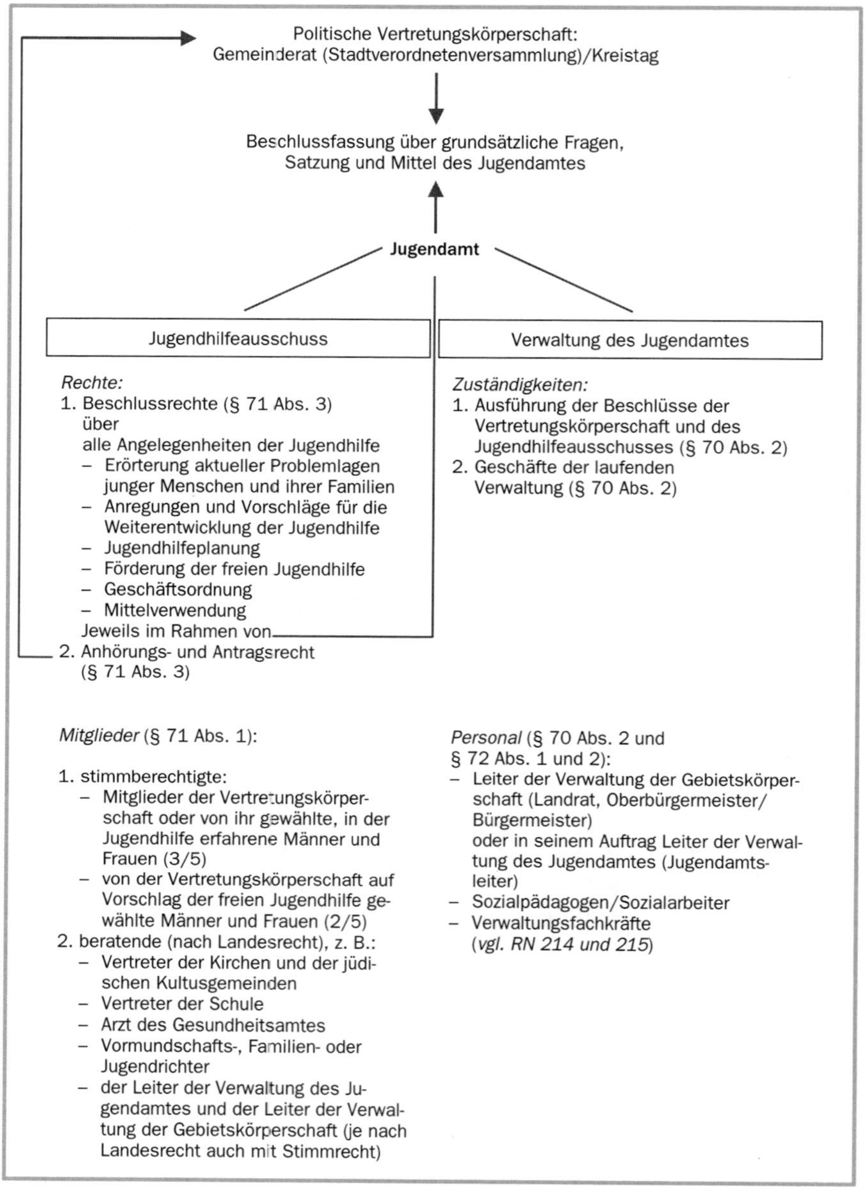

Abb. 1: Aufbau der öffentlichen Jugendhilfe (Quelle: Kunkel 2001, S. 179)

Für die ursprünglich kollegiale bürgerschaftliche Mitwirkung von nicht beamteten Männern und Frauen bei der Erledigung von Jugendamtsaufgaben (1922) oder für die spätere Schaffung eines Jugendwohlfahrtsausschusses (seit der Novelle von 1953) als kommunalen Ausschuss gab es mehrere Gründe. Bei der Verabschiedung des Reichsjugendwohlfahrtsgesetzes ging es wohl wesentlich darum, noch kaum handlungsfähige Jugendämter durch die Hinzuziehung von Mitarbeiter/inne/n freier Träger fachlich zu stärken; bei der Novelle von 1953 ging es dann freilich um höhere Ziele: Mit der Einrichtung des Jugendwohlfahrtsausschusses sollte erreicht werden, dass „die Verantwortung für die Erziehung der Jugend alle im Jugendamt vertretenen Bürger im Rahmen der bestehenden Gesetze, der Satzung des Jugendamtes und der Beschlüsse der Vertretungskörperschaften tragen. Es geht darum, gerade im Jugendamt eine echte Demokratie zu verwirklichen und den Bürgern, die durch freie Mitarbeit am Gemeinwohl Gemeinsinn bewiesen haben, Mitverantwortung zu übertragen. Damit wird am besten vermieden, dass sich eine nur repräsentative Demokratie entwickelt." (aus dem Sitzungsprotokoll des Bundestages von 1953)

Die faktische Entwicklung zeigte jedoch immer wieder, dass der Jugendwohlfahrtsausschuss (heute: Jugendhilfeausschuss) Probleme bei der Umsetzung dieser hohen Zielen hat. Bereits im 1972 vorgelegten 3. Jugendbericht des Bundesministeriums für Jugend, Familie und Gesundheit („Aufgaben und Wirksamkeit der Jugendämter in der Bundesrepublik Deutschland") kommen die Sachverständigenkommission wie auch die Bundesregierung in ihrer Stellungnahme zu einer eher kritischen Einschätzung und Bewertung der Arbeit der Jugendwohlfahrtsausschüsse, die es derzeit noch nicht einmal in allen Jugendamtsbezirken gab.

Bis heute gibt es kritische Anfragen an die Leistungsfähigkeit des mittlerweile flächendeckend etablierten fachpolitischen Gremiums. In den Fokus geraten immer wieder die komplexen organisatorischen Strukturen sowie die inhaltlichen Ausrichtungen der Jugendhilfeausschüsse. Herausforderungen ergeben sich durch die Rollenvielfalt der Ausschussmitglieder, durch organisatorische Anforderungen im Kontext der Verwaltungsmodernisierung, durch die Komplexität der Kooperationsstrukturen innerhalb und außerhalb der Ausschüsse sowie durch die Einbindung der Ausschussarbeit in kommunalpolitische Kontexte (vgl. Merchel/Reismann 2004, S. 215). Insgesamt konnten Merchel und Reismann (2004) im Rahmen ihrer NRW Studie jedoch feststellen, dass die Leistungsfähigkeit des Jugendhilfeausschusses besser ist als ihr Ruf und Organisationsstrukturen eher bestätigt werden. Trotzdem wird erkennbar, dass Jugendhilfeausschüsse als Orte zur Innovationsförderung, zur Steuerung sowie zur Entwicklung fachlicher Standards in der Kinder- und Jugendhilfe noch profilierter arbeiten könnten und sollten (ebd., S. 249).

Der Jugendhilfeausschuss besitzt einen sehr breiten Verantwortungs- und Einflussbereich gegenüber der Verwaltung des Jugendamtes:

> „Der Vorrang des (Ausschusses) gegenüber der Verwaltung des Jugendamtes gilt grundsätzlich und in jeder Hinsicht. Das bedeutet, dass der (Ausschuss) durch generelle Entscheidung, durch Einzelfallentscheidung und sogar durch Wiederaufnahme und Zurückholung von Entscheidungen, die die Verwaltung des Jugendamtes bereits getroffen hat,

in allen Angelegenheiten der Jugendhilfe im Verhältnis zur Verwaltung des Jugendamtes letztlich Entscheidungen treffen kann. Dies gilt unabhängig davon, um welche Art von Geschäft oder Angelegenheit es sich handelt“ (Münder 1987, S. 26).

Der Vertretungskörperschaft (dem Rat) kommt allerdings der Vorrang gegenüber dem Jugendhilfeausschuss zu. Die Mehrheit der Vertretungskörperschaft kann also ungewünschte und ungeliebte Beschlüsse des Jugendhilfeausschusses wieder außer Kraft setzen und durch einen anderen Beschluss ersetzen.

Gegenstand der Ausschussarbeit sind häufig die Themen Jugendarbeit einschließlich Jugendverbandsarbeit und Jugendkulturarbeit, Kindertagesbetreuung, allgemeine Finanzierungsfragen, Spielplätze und Jugendhilfeplanung (vgl. Merchel/Reismann 2004, S. 170). Nach der Studie von Merchel und Reismann deckt kaum ein Ausschuss die gesamte Themenbreite der Kinder- und Jugendhilfe ab (ebd., S. 171). Zum Thema Jugendhilfeplanung im Kontext der Ausschussarbeit vgl. Teil III, Kapitel 5.

1.3 Organisation des Jugendamtes

Die entscheidenden Herausforderungen eines Jugendamtes liegen im Umgang mit konzeptionellen und organisatorischen Fragen. Das SGB VIII enthält selbst keine Bestimmungen über die verwaltungsmäßige Organisation des Jugendamtes. Diesbezügliche Regelungen bleiben der kommunalen Selbstverwaltung überlassen. Dennoch zeigen sich in vielen Jugendämtern ähnliche Organisationsstrukturen. So findet sich bis heute häufig das herkömmliche Verwaltungsprinzip, das einen vertikalen (hierarchischen) Aufbau und eine horizontale (ressortmäßige) Gliederung (Abteilungen) vorsieht (vgl. dazu die Abb. 3).

Die „klassischen“ Arbeitsfelder der Jugendhilfe finden sich oft nach Abteilungen ressortiert, wobei diese additive Zuordnung von Aufgaben zu Verwaltungseinheiten in der Regel einen integrierten Arbeitsansatz erschwert, wenn nicht verhindert. Als herausragende Beispiele hierfür gelten die organisatorischen Unterscheidungen von Verwaltung und Sozialarbeit oder Jugendarbeit und Sozialer Dienst.

Entscheidend für die Schaffung eines professionellen sozialpädagogischen Handlungsrahmens ist, dass „die bisher vorrangigen administrativen Kontrollkategorien auf ihre eigentliche verwaltungsinterne Funktion beschränkt und auf dieser Ebene in eine koordinative Beziehung zu den sozialpädagogischen Notwendigkeiten gebracht werden. Das erfordert im konkreten organisatorischen Bereich des Amtes den Übergang von bisher primär vertikal hierarchisch zu eher horizontal strukturierten Formen der Arbeitsteilung“ (Böhnisch 1972, S. 209). Zudem muss – über organisatorische Gesichtspunkte hinausgehend – gewährleistet werden, dass Planung und Durchführung sozialarbeiterischen Handelns durch das Fachwissen des einzelnen selbst und durch die Arbeitsgruppe, in der er tätig ist, kontrolliert werden.

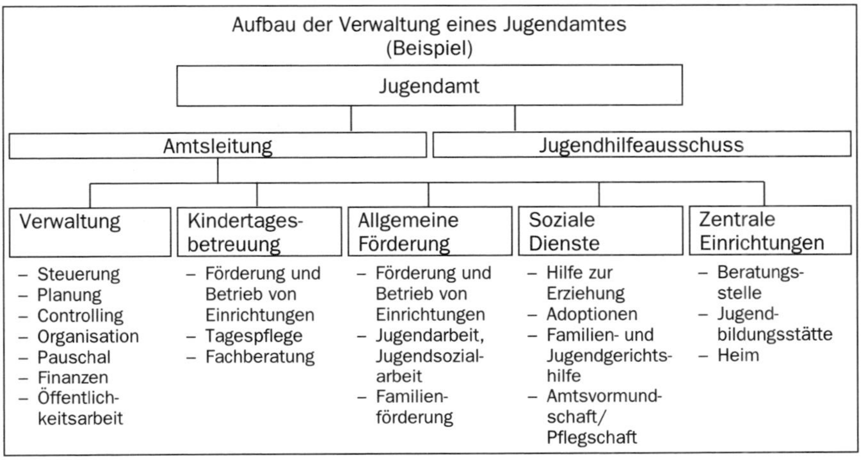

Abb. 2: Aufbau der Verwaltung des Jugendamtes

Neuorganisation der sozialen Dienste des Jugendamtes

Seit Mitte der 1970er Jahre, insbesondere jedoch seit Anfang der 1990er Jahre lassen sich in der Bundesrepublik verstärkt Bemühungen und Ansätze erkennen, durch eine Neuorganisation der kommunalen Sozialverwaltung – also auch des Jugendamtes – zu effektiveren und zugleich bürgernäheren Arbeitsansätzen zu kommen. Mit dieser Organisationsreform wird ansatzweise nachvollzogen, was sich im sozialpädagogischen Handlungsprozess – zumindest idealtypisch – schon längst vollzogen hat: der Übergang von primär eingreifenden und kontrollierenden Handlungen zu solchen, die auf Hilfe, Unterstützung, Aktivierung, Prävention etc. ausgerichtet sind. Organisatorisch wurde spätestens seit Einführung des KJHG (heute SGB VIII) der Übergang von einer staatlichen Kontroll- und Eingriffsbehörde zu einer an Leistung und Leistungserbringung ausgerichteten Sozialverwaltung eingeleitet.

> „Die Neuorganisation sozialer Dienste besteht im Kern in der Bildung von regionalisierten, dekonzentrierten sozialen Diensten, der Zusammenfassung von Innen- und Außendienst, der Einführung von Teamarbeit und der Herunterstufung von Entscheidungskompetenzen sowie der Neuregelung der Stellung und Zuständigkeiten von Sozialarbeitern und Verwaltungsfachkräften" (Japp/Olk 1981, S. 86).

Praktisch zeigen sich diese Entwicklungen u.a. in einer sozialräumlichen Ausrichtung des Jugendamtes (vgl. Krummacher u.a. 2003; Volk/Till 2006; Hellwig u.a. 2007). Hierbei wird der ASD dezentral organisiert, indem Zweigstellen in Bezirken und Stadtteilen verortet werden. Somit schafft das Jugendamt niedrigschwelligere und kürzere Zugänge zu Hilfen und begegnet Klienten in ihren Sozialräumen. Diese Organisationsform geht mancherorts mit der Auflösung der horizontalen Gliederung des Jugendamtes nach Fachbereichen zugunsten einer vertikalen einher. Viele Hilfeangebote stehen folglich im „kleinen" ASD in einzelnen Stadtteilen zur Verfügung. Die nachstehende Grafik zeigt die sozialräumliche Ausrichtung des Jugendamtes Tempelhof-Schöneberg (vgl. Volk 2006, S. 17)

Mit Blick auf die Adressat/inn/en von Jugendhilfe/Sozialarbeit sollen über die Neuorganisation

- die Bemühungen im Vorfeld sozialer Hilfeleistungen verstärkt (Prävention),
- Ursachen für ungünstige Entwicklungen in der Region rechtzeitig erkannt, deutlich gemacht und durch geeignete Angebote und Leistungen behoben,
- die Durchschaubarkeit des Auftrags und der Arbeit der sozialen Dienste für die Bürger/innen/Betroffenen verbessert,
- durch Einbeziehung von freien Trägern, Vereinen und anderen Gruppierungen im Stadtteil informelle Selbsthilfeaktivitäten und Nachbarschaftshilfe aktiviert,
- Möglichkeiten zur Selbstorganisation von Betroffenen verbessert,
- Ängste und Distanzen von Bürgern/Betroffenen gegenüber der Verwaltung und den sozialen Diensten abgebaut und
- stadtteil- und familienbezogene Hilfen durch Fachkräfte gefördert werden.

Neben dieser Verbesserung der sozialen Dienstleistung soll mit der Neuorganisation der sozialen Dienste darüber hinaus erreicht werden, dass

- sachlich zusammenhängende Arbeitsprozesse zusammengefasst,
- erforderliche Arbeitsteilungen (Spezialdienste) in ein Gesamtkonzept einbezogen,
- die bestmöglichen Formen der Zusammenarbeit zwischen den verschiedenen kommunalen und freien Sozialdiensten erreicht,
- Angebote und Leistungen der allgemeinen Förderung von Kindern und Jugendlichen mit den besonderen Hilfen (kompensatorische Hilfen) verknüpft,
- den Fähigkeiten und Fachkenntnissen der Mitarbeiter/innen in einem überschaubaren Feld Realisierungschancen gegeben,
- bisherige Aufgabenzuweisungen und Arbeitsteilungen überprüft und sachgerechte (fachliche Standards gerecht werdende) Zuordnungen erreicht werden.

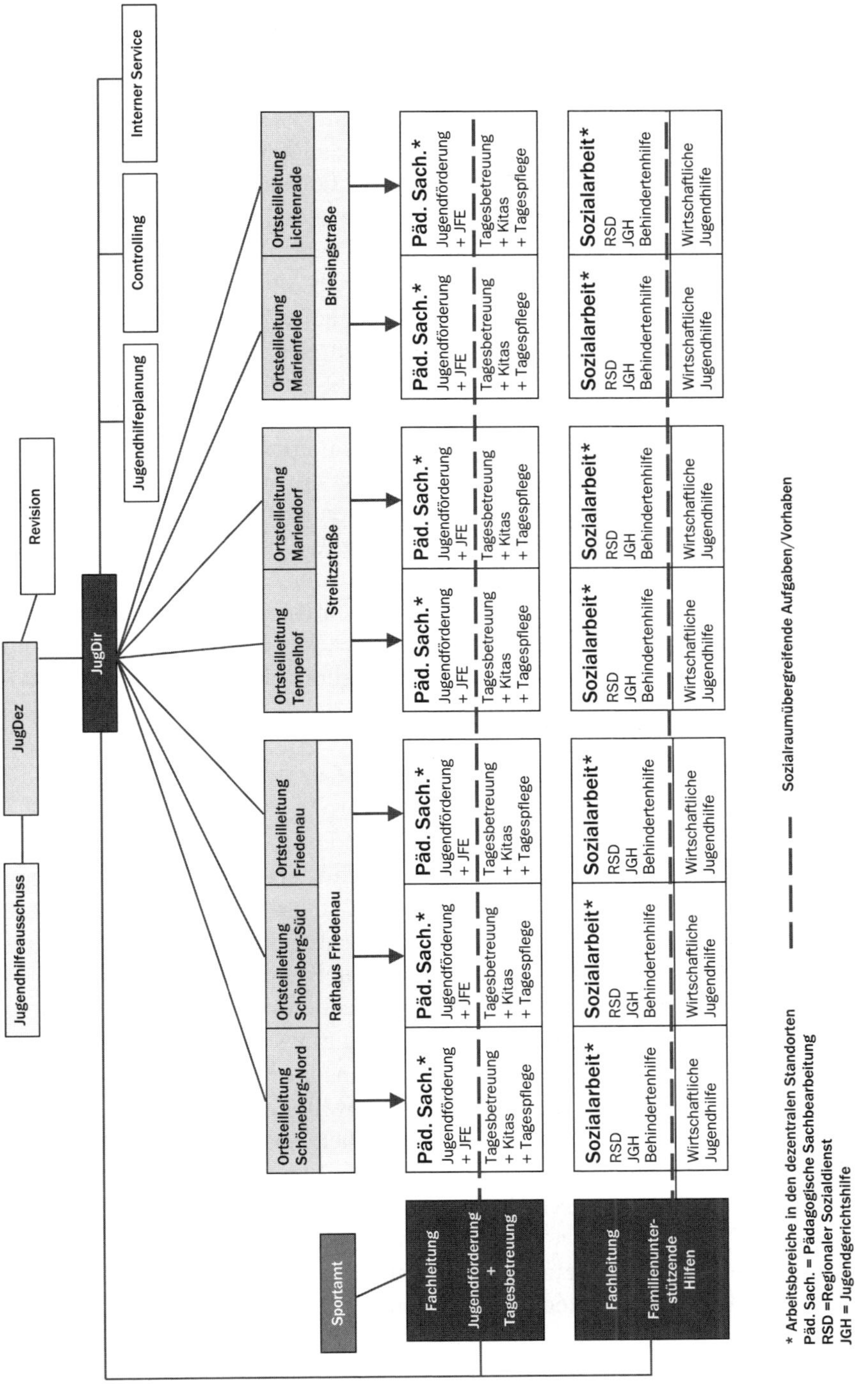

Abb. 3: Organigramm des Jugendamtes Tempelhof-Schöneberg
(Quelle: Volk 2006, S. 17)

Mit dieser Neuorganisation und den intendierten Zielen kann eine Stärkung der ambulanten und offenen Arbeit der Jugend- und Sozialhilfe erreicht werden. Der ASD, der „Außendienst" des Jugendamtes, wird in seiner Position „aufgewertet", auf gemeinwesenbezogene Probleme ausgerichtet, erfährt Anreicherungen seines Hilfespektrums, gibt weniger ab und kooperiert enger mit ggf. noch verbleibenden Spezialdiensten.

Wichtig ist dabei auch, dass Entscheidungskompetenz auf die regionale Gruppe delegiert wird. Hier kommt dem Team als Beratungs- und Entscheidungsinstitution (vgl. dazu auch § 36 SGB VIII) große Bedeutung zu. Die horizontale Kooperation im Team kann somit ein Gegengewicht zum hierarchischen Aufbau der Verwaltung werden und zur Stärkung von Fachlichkeit führen.

Zu einer sozialräumlichen Ausrichtung der öffentlichen Jugendhilfe zählt zudem das Mitwirken in sozialräumlich agierenden Netzwerken wie z.B. in Stadtteilkonferenzen oder im Quartiersmanagement, die interdisziplinär besetzt (Vertreter/innen der öffentlichen und freien Jugendhilfe, des Gesundheitswesens, der lokalen Arbeitsmarkt- und Wohnpolitik) an der Stadtteilentwicklung arbeiten (vgl. hierzu Grimm 2004, Krummacher u.a. 2003). Ziel dieser interdisziplinären Initiativen ist es, mit relevanten Stadtteilakteuren und Bürger/inne/n ein integriertes Entwicklungskonzept für den Stadtteil zu erarbeiten, das auf eine möglichst bedarfsdeckende Schaffung sozialer Infrastruktur abzielt.

Neue Steuerung

Anfang der 1990er Jahre – im Zuge des Inkrafttretens des KJHG – vollzog sich ein weitreichender Wandel im Verwaltungsapparat der öffentlichen Kinder- und Jugendhilfe. Im Kontext der neuen Ausrichtung des Jugendhilfesystems als ein niedrigschwelliges „Dienstleistungssystem" ergaben sich durch die Einführung neuer Managementmodelle in die öffentliche Verwaltung veränderte Anforderungen an die Verwaltungsorganisation. Diese Managementmodelle wurden von der Kommunalen Gemeinschaftsstelle für Verwaltungsvereinfachung (seit 2005 „Verwaltungsmanagement") entwickelt und unter dem Titel „Neue Steuerung" bekannt. Die Überlegungen der KGSt schlossen an langjährigen Diskursen an, die das Verwaltungshandeln als zu hierarchisch, unflexibel, bürgerfern, intransparent und bürokratisch bewerteten. Anliegen der neuen Managementkonzepte war es, Verwaltungshandeln zu demokratisieren und bürgernäher zu gestalten. Die KGSt (1993) entwickelte folgende Schwerpunkte für den Modernisierungsprozess:

- die dezentrale Fach- und Ressourcenverantwortung (Abbau von Hierarchien innerhalb der Verwaltung sowie zwischen Verwaltung und freien Trägern, Sozialräume werden Planungsgrößen für Verwaltungshandeln),

- die Budgetierung (nach definierten Aufgaben werden Leistungsbereichen überwiegend autonom zu verwaltende Budgets zugeteilt),
- die outputorientierte Steuerung (die erbrachten Leistung werden z.B. nach Effektivitäts- und Effizienzkriterien bzw. nach dem Ausmaß der Zielerreichung analysiert),
- das Kontraktmanagement (mit Vertragspartnern werden Ziele und notwendige Ressourcen zur Leistungserbringung in einem Vertrag verbindlich vereinbart),
- die Einführung von Qualitätsmanagementprozessen.

Während sich die Politik mit Fragen der strategischen Ausrichtung relevanter Politikfelder beschäftigt (z.B. über den Jugendhilfeausschuss) wird es Aufgabe von Verwaltung, die Umsetzung der strategischen Ziele zu gestalten. Zwischen Politik und Verwaltung ergibt sich nach der Logik der KGSt ein Auftraggeber- und Auftragnehmerverhältnis (vgl. Rätz-Heinisch u.a. 2009, S. 192).

Die Leitorientierungen der „Neuen Steuerung" werden bis heute in ihren Konsequenzen kontrovers diskutiert. Einerseits werden Aspekte wie die des Bürokratieabbaus, der Schaffung von mehr Transparenz über das Leistungssystem sowie der Verbesserung der Bürgernähe positiv bewertet. Andererseits werden die nah an betriebswirtschaftlichen Managementkonzepten angelehnten Neuerungen wie die des Kontraktmanagements, des Qualitätsmanagements oder der Outputorientierung in den Möglichkeiten ihrer Übertragbarkeit auf soziale Dienstleitungen kritisch hinterfragt. So führt Böhnisch (2008, S. 322.) drei zentrale Merkmale an, die soziale Dienstleistungen von vielen marktwirtschaftlichen Dienstleistungen oder Produkten unterscheiden:

- Soziale Dienstleistungen sind personengebunden (und deshalb nicht beliebig voneinander lösbar),
- sie erfordern Anwesenheit vom Dienstleister und Leistungsempfänger, ihre Beziehung ist qualitativ strukturiert,
- sie sind nicht „lagerfähig", sondern müssen immer wieder neu hergestellt werden.

Diese Strukturiertheit sozialer Dienstleistungen bedingt, dass z.B. betriebswirtschaftliche Qualitätsmanagementkonzepte nicht unmittelbar auf die Kinder- und Jugendhilfe übertragen werden können und sozialpädagogische Handlungsmaximen bei Qualitätsfragen konstitutiv sind (vgl. Teil IV, Kapitel 2). Schließlich lässt sich zu Beginn einer Hilfe nicht exakt und einmalig festlegen, was das Endziel einer Hilfe ist und in welcher Qualität dieses erreicht werden kann. Die Frage nach der Ausgestaltung der Verwaltungsreformen bleibt somit bis heute höchst relevant für die öffentliche (und freie) Jugendhilfe.

Wirkungsorientierung

Seit einigen Jahren sehen sich Jugendämter zunehmend mit der Frage konfrontiert, wie die von ihnen finanzierten und z.T. selbst angebotenen Hilfen wirken. Diese Frage resultiert zum einen aus der sozialpolitischen Forderung, öffentliche Mittel möglichst effektiv einzusetzen. Zum anderen reagiert dieser Diskurs auf den fachlichen Anspruch, Beteiligungs- und Informationsrechte von Klienten im Hinblick auf die beabsichtigte Wirkung von Hilfen zu fördern (vgl. Rätz-Heinisch 2009, S. 195). Zentrale Herausforderung in diesem Zusammenhang ist die Beantwortung der Frage, wie Wirkung methodisch zu erfassen ist. Erste Modellprojekte erproben mögliche Verfahren (vgl. Albus u.a. 2010, Otto 2007). Für Jugendämter ergibt sich in diesem Kontext die Herausforderung, relevante Indikatoren, Methoden und Verfahren festzulegen, nach denen sie Leistungen selbst oder durch freie Träger erbringen. Die konkrete Ausgestaltung von Leistungs-, Entgelt- und Qualitätsentwicklungsvereinbarungen nach §§ 78a ff SGB VIII steht in diesem Kontext im Fokus des fachlichen und verwalterischen Handelns.

Steigende Anforderungen an den ASD

Die Arbeit der Allgemeinen sozialen Dienste (ASD) ist in den vergangenen Jahren aufgrund intensiver fachlicher Diskurse zum Thema Kinderschutz besonders in den Blick geraten. Aktuell darf behauptet werden, dass der ASD als eine Arbeitseinheit des Jugendamtes aufgrund steigender Fallzahlen, steigender Anforderungen gesellschaftlicher Auftraggeber und komplexer werdender Hilfesituationen in Familien besonders gefordert wird. Die Arbeitsgemeinschaft Kinder- und Jugendhilfe (AGJ 2010a, S. 70) fasst die aktuelle Situation im ASD wie folgt zusammen:

- steigende Zahl an Überlastungsanzeigen,
- überdurchschnittliche gesundheitliche, insbesondere psychische Belastung der überwiegend weiblichen Mitarbeiter/innen,
- belastende Verdichtung der Arbeit,
- ständiges Agieren im Spannungsverhältnis von fachlichen Notwendigkeiten und finanziellen Möglichkeiten,
- hoher zeitlicher Aufwand für Dokumentationen.

Diese Auflistung benennt nur einige Aspekte, die der besonderen Aufmerksamkeit in der konzeptionellen Weiterentwicklung der ASD bedürfen. Mehr denn je sind Leitungspersonen in ihrer Funktion gefragt, Personalentwicklung voranzutreiben (Angebote für Berufseinsteiger/innen zu entwickeln, Fortbildung und Supervision sicherzustellen), fachliche Standards in der Arbeit zu etablieren (Entwicklung von Kinderschutzkonzepten), die dem Anliegen Rechnung tragen, qualitativ gute und finanziell verantwortbare

Hilfen abzusichern, flexible und präventive Hilfekonzepte mit niedrigschwelligem Zugang weiter auszubauen (im Bereich früher Hilfen) sowie vernetzendes Arbeiten mit relevanten Einrichtungen und Diensten im Sozialraum voranzutreiben.

2. Kinder- und Jugendhilfe in freier Trägerschaft

Die zentralen Akteure in der Kinder- und Jugendhilfe lassen sich in ihrer gegenseitigen Beziehung als in einem Dreiecksverhältnis befindlich ansehen. Kinder, Jugendliche und ihre Familien, die einen Hilfe- und Unterstützungsbedarf haben und sozialpädagogische Leistungen der Kinder- und Jugendhilfe in Anspruch nehmen, werden als Leistungsberechtigte bezeichnet. Diese (Adressaten) machen dem öffentlichen Träger (Jugendamt, siehe Kap. 1 in diesem Abschnitt) gegenüber im Bedarfsfall einen individuellen Rechtsanspruch geltend, der z.B. im Bereich der Hilfe zur Erziehung oder Kindertagesbetreuung gilt. Das Jugendamt ist verantwortlich für die Jugendhilfestruktur vor Ort und auch für die Einleitung einer situationsangemessenen Hilfe – es wird als Leistungsgewährer bezeichnet. Die Hilfen selber werden in der Regel (und vorrangig) von den freien Trägern der Kinder- und Jugendhilfe umgesetzt, sie sind es, die in der Familie eine sozialpädagogische Hilfe umsetzen, die Betreuung und Erziehung von Kindern unterstützen oder Angebote der Jugendarbeit in einem Stadtteil realisieren. Die freien Träger der Kinder- und Jugendhilfe werden daher als Leistungserbringer bezeichnet, mit denen das Jugendamt und auch die Adressaten Vereinbarungen über die Leistungen treffen. So kommt ein Dreiecksverhältnis zustande, von dem im Folgenden nur die freien Träger näher betrachtet werden sollen. Was sind freie Träger? Welche Rolle spielen sie in der Kinder- und Jugendhilfe in Deutschland?

Zunächst: Für die Entwicklung moderner Industriegesellschaften ist charakteristisch, dass der Staat in zunehmendem Maße in die „Privatsphäre" gesellschaftlicher Subjekte und in den Bereich ihrer Gruppierungen und Sozialformen eingreift. Dabei sichert er sich in immer größerem Umfang einen direkten Zugriff auf die vielfältigen Vermittlungsformen zwischen gesellschaftlichen Einzelwesen und kollektivem Ganzen und übernimmt zugleich soziale Verantwortungen und Leistungsverpflichtungen (vgl. Hentschel 1983). Die Entstehung und die institutionelle Verselbstständigung des Handlungsfeldes „Jugendhilfe" ist – dies zeigte bereits der historische Abriss – selbst ein Produkt des wachsenden staatlichen Bestimmungs- und Steuerungsinteresses. Dieser allgemeine Entwicklungsprozess (zum Sozial-, Wohlfahrts- oder Interventionsstaat) führt jedoch nicht zwangsläufig und in allen Bereichen zu einem Bedeutungsverlust gesellschaftlicher Gruppen und Interessenorganisationen. So kommt gerade im Bereich der

Jugendhilfe „freien Trägern“ eine besondere Bedeutung zu. Hierzu gehörten u.a. (siehe Abb. 4):

- Wohlfahrtsverbände und ihnen angeschlossenen Vereinigungen,
- Jugendverbände und sonstige Jugendgemeinschaften,
- Trägerzusammenschlüsse, Fach- und Beratungsgremien (wie z.B. die Arbeitsgemeinschaft für Jugendhilfe (AGJ), der Deutsche Verein für öffentliche und private Fürsorge (DV), die Arbeitsgemeinschaft für Erziehungshilfe (AFET) die Bundesarbeitsgemeinschaft „Aktion Jugendschutz“),
- Privat-gewerbliche Anbieter sozialer Leistungen sowie Selbständige,
- Initiativ- und Selbsthilfegruppen,
- Kirchen und sonstige Religionsgemeinschaften öffentlichen Rechts.

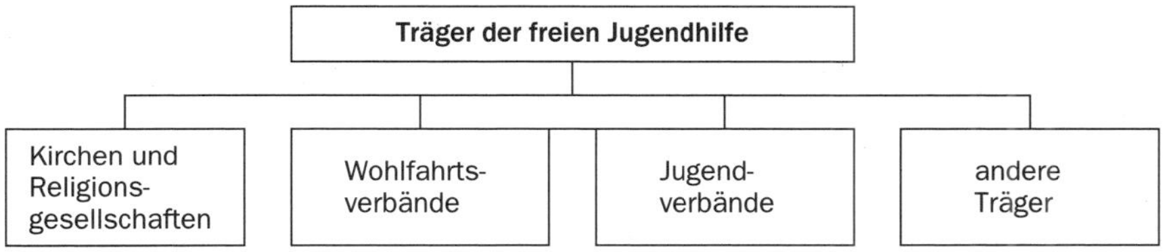

Abb. 4: Träger der freien Jugendhilfe

Die hier genannten Organisationen zeichnen sich nicht nur dadurch aus, dass sie Einfluss auf politische Willensbildung nehmen, z.B. bei der Jugendhilfegesetzgebung und auf kommunaler Ebene bei der Jugendhilfeplanung, sondern dass sie auch als „Träger“ von Jugendhilfeleistungen in den konkreten Handlungsfeldern präsent sind, womit sie die Möglichkeit haben, diese Praxisfelder zu prägen und zu strukturieren. Von besonderer Bedeutung sind in diesem Zusammenhang – neben den Kirchen – die Wohlfahrtsverbände und die Jugendverbände (im Bereich der Jugendarbeit). Die starke Stellung der freien Träger im Feld der Jugendhilfe ergibt sich wesentlich auch daraus, dass die öffentliche Jugendhilfe nach dem SGB VIII verpflichtet ist, mit den freien Trägern partnerschaftlich zusammenarbeiten, sie zu fördern (vor allem finanziell) und an Entscheidungen (Jugendhilfeausschuss, Jugendhilfeplanung) zu beteiligen.

Im SGB VIII werden der Grundsatz einer pluralen Trägerstruktur (§ 3), die Verpflichtung zur Zusammenarbeit der öffentlichen mit der freien Jugendhilfe (§ 4) Beteiligungsformen (§§ 71, 80) sowie Förderungsgrundsätze (§ 74) benannt.

Gleichzeitig kann die Förderung jedoch von der Bereitschaft freier Anbieter abhängig gemacht werden, ihre „Einrichtungen, Dienste und Veranstaltungen nach Maßgabe der Jugendhilfeplanung und unter Beachtung der in § 9 genannten Grundsätze anzubieten“ (§ 74 Abs. 2), und „bei sonst gleich geeigneten Maßnahmen soll solchen der Vorzug gegeben werden, die stärker an den Interessen der Betroffenen orientiert sind und ihre Einflussnahme auf die Ausgestaltung der Maßnahme gewährleisten" (§ 74 Abs. 3). Gerade die beiden letztgenannten „Auflagen" (Einbindung in Planung, Adressatenorientierung) können für eine planvolle, sozialräumliche und betroffenenorientierte kommunale Jugendhilfe genutzt werden. Das Verhältnis der freien zum öffentlichen Träger ist im SGB VIII in den §§ 73–78 näher geregelt. In diesem Zusammenhang heben Rätz-Heinisch/Schröer/Wolff (vgl. 2009, S. 202) hervor, dass „im SGB VIII/KJHG (...) nicht geregelt (ist), wer oder was ein freier Träger ist. Das heißt: Jede natürliche oder juristische Person kann freier Träger der Kinder- und Jugendhilfe sein. Eine Anerkennung als Träger der freien Kinder- und Jugendhilfe durch den Träger der öffentlichen Kinder- und Jugendhilfe gemäß § 75 SGB VIII/KJHG bekräftigt die Zusammenarbeit und Kooperation zwischen öffentlichem Träger und dem Träger der freien Kinder- und Jugendhilfe und ist in der Regel für die finanzielle Förderung gemäß § 74 SGB VIII/KJHG (Zuwendungsfinanzierung) sowie für die Erbringung der Anderen Aufgaben erforderlich."

Zusammenarbeit der öffentlichen mit der freien Jugendhilfe (Grundsätze im SGB VIII)

- *Grundsatz*
  Öffentliche und freie Jugendhilfe sollen partnerschaftlich zusammenarbeiten!
- *Vorrang der freien Jugendhilfe*
  Wenn die freie Jugendhilfe Aufgaben übernehmen kann, soll die öffentliche Jugendhilfe davon absehen!
- *Gesamtverantwortung der öffentlichen Jugendhilfe*
  Die öffentliche Jugendhilfe – das Jugendamt – ist für die Jugendhilfe insgesamt verantwortlich.
- *Förderung der freien Jugendhilfe*
  Die öffentliche Jugendhilfe ist zur ideellen und finanziellen Förderung der freien Jugendhilfe verpflichtet.

Bei aller Offenheit des Trägerspektrums kann man festhalten: Mit der sogenannten freien Wohlfahrtspflege ist nach Moos/Klug (vgl. 2009, S. 14ff.) die Gesamtheit aller auf freigemeinnütziger, nicht staatlicher Basis und in organisierter Form erfolgenden sozialen Hilfe- und Selbsthilfe gemeint. Sie zeigt sich praktisch in der verbandlichen Struktur der sechs großen Wohlfahrtsverbände in Deutschland (siehe 2.2) und gehört dem Dritten Sektor an – dabei folgt sie den Prämissen Subsidiaritätsprinzip, Selbstverwaltungsprinzip und dem Prinzip der Gemeinwirtschaft. Freie Träger erbringen ihre Leistung freiwillig und folgen dabei unterschiedlichen Leitbildern, Zielvorstellungen und konzeptionellen Maximen, die durch den fach- und gesellschaftspolitischen Hintergrund des Trägers geprägt werden. Wie in der

Aufzählung oben deutlich wird, handelt es sich bei den freien Trägern um eine sehr heterogene Gruppe, die aber in der Regel alle den genannten Grundsätzen der Subsidiarität und Gemeinnützigkeit folgen.

2.1 Rechts- und Gesellschaftsformen

Die Organisationen der Kinder- und Jugendhilfe, die Leistungen als freier Träger der Kinder- und Jugendhilfe erbringen, können unterschiedlichen Formen und Strukturen ihrer Verfasstheit folgen. Es müssen natürliche Personen (Sozialarbeiter/innen als Selbständige) und juristische Personen als Träger unterschieden werden. Für letztere lassen sich vor allem drei wesentliche Rechts- und Gesellschaftsformen unterscheiden (vgl. Nikles 2008):

- *Eingetragener Verein (e.V.):* Er verfolgt einen gemeinsamen Zweck, hat eine Satzung und einen Vereinsnamen. Unterscheiden kann man den Idealverein (Verfolgung des satzungsgemäßen gemeinnützigen Ziels) und wirtschaftlichen Verein (Zusammenschluss mit ökonomischer Zielsetzung), es werden in der Regel Beiträge der Mitglieder erhoben, die einen Teil der finanziellen Grundlage ausmachen.
- *Gesellschaft mit beschränkter Haftung (GmbH):* Für eine GmbH ist ein Stammkapital notwendig sowie die Eintragung in das Handelsregister. Eine GmbH erfährt in der Regel eine Steuererleichterung.
- *Stiftung:* Sie ist wie die meisten e.V. auch gemeinnützig ausgerichtet. Ihre Vermögensmasse wird für einen definierten, bestimmten Zweck eingesetzt, der durch den Stiftungsrat und eine Satzung kontrolliert wird. Stiftungen können einen operativen Charakter haben (neben der finanziellen Förderung sozialer Projekte auch selbst welche realisieren mit eigenem Personal etc. dafür) und/oder fördernd sein (sprich, sich lediglich auf die Finanzierung der Projekte und Praxis konzentrieren im Sinne einer Mittelverwaltung und -verteilung).

2.2 Wohlfahrtsverbände

In der 1949 gegründeten Bundesarbeitsgemeinschaft der freien Wohlfahrtspflege haben sich die in der Bundesrepublik existierenden sechs Spitzenverbände der freien Wohlfahrtspflege zusammengeschlossen (vgl. Moos/ Klug 2009, Boeßenecker 1995). Zu diesen Spitzenverbänden gehören:

- Der *Deutsche Caritasverband* (DCV) als „von den deutschen Bischöfen anerkannte institutionelle Zusammenfassung und Vertretung der katholischen Caritas“ (Satzung);
- das *Diakonische Werk der Evangelischen Kirche in Deutschland* (DW), entstanden aus dem „Zentralausschuss für die Innere Mission“ und dem „Hilfswerk der Ev. Kirche Deutschlands“;

- die *Arbeiterwohlfahrt* (AWO), eine Gründung der deutschen Sozialdemokratie;
- der *Paritätische Wohlfahrtsverband* (genannt „der Paritätische") als Zusammenschluss vor allem kleinerer Organisationen;
- das *Deutsche Rote Kreuz* (DRK);
- die *Zentralwohlfahrtsstelle der Juden in Deutschland.*

Die Spitzenverbände der freien Wohlfahrtspflege stellen im Bereich der Jugendhilfe – wie in anderen Feldern der Sozialen Arbeit auch (etwa Alten-, Pflege- und Behindertenhilfe, Rehabilitation, Gesundheitswesen, Straffälligenhilfe, Suchthilfe) – die größten und daher einflussreichsten „Anbieter" von Jugendhilfeeinrichtungen und -leistungen dar. Sie sind, wie es in einer Selbstdarstellung heißt, „umfangreich an der Gestaltung des Soziallebens im sozialstaatlichen Sinn beteiligt" (vgl. Bauer/Dießenbacher 1986; Boeßenecker 1998; Thränhard u.a. 1986). Die Wohlfahrtsverbände sind föderal organisiert und entstanden im Übergang zum 19. Jahrhundert im Zuge der Entstehung einer sozialen Struktur und Verlässlichkeit sozialer Unterstützung. Der Grundstein des Selbstverständnisses der Wohlfahrtsverbände ist die christliche Nächstenliebe, wobei Unterschiede ihrer Grundsätze in der Weltanschauung, Religion und der allgemeinen fachpolitischen Zielsetzung liegen. Das sie verbindende Ziel ist jedoch die Förderung von Solidarität in der Gesellschaft, eines sozialen Ausgleiches und der Wunsch, einen Beitrag zur Abfederung sozialer Probleme zu liefern (vgl. Moos/Klug 2009, S. 43 ff.). Die Abbildung 5 zeigt, dass die Kinder- und Jugendhilfe im Rahmen aller Leistungsfelder der freien Wohlfahrtspflege den größten Anteil ausmacht.

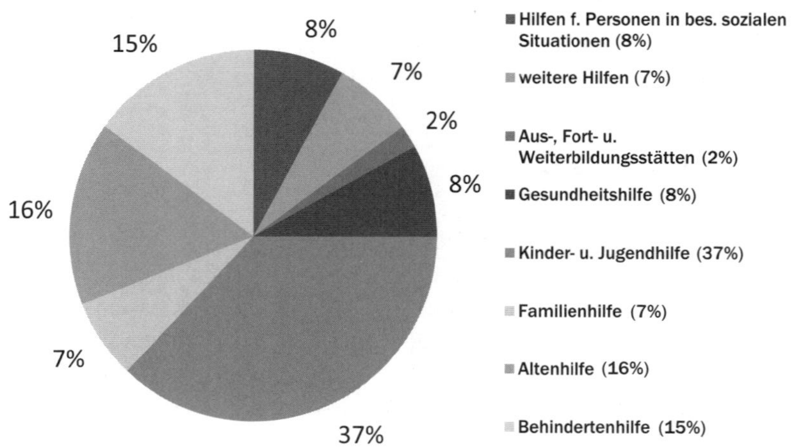

Abb. 5: Einrichtungen und Dienste der Freien Wohlfahrtspflege nach Leistungsfeldern (Quelle: BAGFW 2009).

2.3 Jugendverbände

Bei einer ersten Grobklassifizierung lassen sich, ausgehend von den Zielsetzungen und Adressatengruppen der Jugendverbände, folgende „Säulen" unterscheiden (vgl. auch Höhnisch u.a. 1991; Damm u.a. 1990):

- konfessionelle Jugendorganisationen (z.B. Bund der Deutschen Katholischen Jugend),
- berufsbezogene Jugendorganisationen (z.B. Gewerkschaftsjugend im DGB),
- Arbeiterjugendorganisationen (z.B. Sozialistische Jugend Deutschlands – Die Falken),
- Sportorganisationen (z.B. Deutsche Sportjugend),
- Pfadfinderbünde,
- Freizeit- und Wanderorganisationen,
- parteipolitische Jugendorganisationen.

Ist bei den Wohlfahrtsverbänden die Zahl der Einrichtungen und hauptberuflichen Mitarbeiter/innen ein Maßstab zur Bestimmung der Bedeutung und des fachlichen und politischen Einflusses der betreffenden Organisation, so kann bei den Jugendverbänden die Zahl der organisierten Jugendlichen als ein solcher Indikator angenommen werden. Schätzungen und Angaben aus den Verbänden können lediglich einen Überblick über die Größenverhältnisse geben (vgl. z.B. für den Zeitraum der 1980er und Anfang der 1990er Jahre Rauschenbach 1991, S. 126). Da diese Zahlenangaben jedoch nicht sehr zuverlässig sind und zudem Doppel- und Mehrfachmitgliedschaften enthalten, ist ein Rückschluss auf den Anteil der organisierten Jugend an der vergleichbaren Gesamtpopulation nicht möglich. Nach Schätzungen wird mit einem Organisationsgrad von etwa 35 bis 40 Prozent der Jugendlichen zwischen 15 und 24 Jahren gerechnet. Die Kinder- und Jugendhilfestatistik (vgl. Statistisches Bundesamt 2010, S. 35) hingegen gibt Auskunft über die Maßnahmen der Jugendarbeit und die Zahl der Teilnehmenden bei Angeboten freier Träger (dazu zählen dann Jugendinitiativen, -verbände, -gruppen und -ring sowie Wohlfahrtsverbände und Religionsgemeinschaften): Danach gab es im Jahr 2008 71.569 Maßnahmen der Jugendarbeit, wovon der Hauptanteil auf die Kinder- und Jugenderholung fällt, gefolgt von außerschulischer Jugendbildung und internationaler Jugendarbeit. Das entspricht 2.481.988 Teilnehmenden an diesen Angeboten, wobei jeweils über 1.000.000 Teilnehmende Angebote der Kinder- und Jugenderholung und der außerschulischen Jugendbildung in Anspruch genommen haben. Fast 100.000 Teilnehmende konnten die Angebote der internationalen Jugendarbeit in 2008 verzeichnen, die überwiegend den Austausch in und mit Europa förderte, gefolgt von Amerika, Afrika und Asien (vgl. ebd.).

Die Jugendverbände werden auf der Bundesebene vertreten durch den Deutschen Bundesjugendring (DBJR). Dieser Interessenvertretung gehören als Einzelmitglieder auch die Landesjugendringe an. Dem DBJR ist weiter der „Arbeitskreis zentraler Jugendverbände“ angeschlossen, in dem sich kleinere Verbände zusammengefunden haben (z.B. Arbeiter-Samariterjugend Deutschland, Deutsche Esperanto-Jugend, Deutsche Jugendfeuerwehr). Dadurch wird es auch diesen Verbänden ermöglicht, an bundeszentralen Aktivitäten zu partizipieren. Die Arbeit des DBJR ist bestimmt durch die Vertretung von jugendpolitischen Interessen gegenüber Parlament, Regierung und Öffentlichkeit. Darüber hinaus ist der Deutsche Bundesjugendring ein wichtiges Kommunikations- und Informationsorgan für seine Mitgliedsverbände zur Abstimmung von jugendpolitisch relevanten Fragen. Neben dieser Koordinationsfunktion bei den nach außen (z.B. Öffentlichkeit, politische Instanzen, internationaler Bereich) gerichteten Aktivitäten kommt dem DBJR für die ihm angeschlossenen Verbände eine besondere Stellung auch dadurch zu, dass er im Rahmen der Fondsverwaltung des Bundesjugendplans den Verteilerschlüssel für die den Jugendverbänden zur Verfügung stehenden Mittel aufstellt.

Problematisch für die Jugendverbandsarbeit ist ein anhaltender Abwanderungsprozess bzw. geringer gewordener Zulauf zu den Verbänden. Politische Veränderungen, aber auch eine veränderte Haltung Jugendlicher zu Sinn und Zweck verbandlicher, politischer oder gewerkschaftlicher Verbandsaktivitäten überhaupt und das Auftreten kommerzieller Jugendarbeit zehren einen Teil der Jugendverbände und -gruppen aus (ausgenommen sind hier z.T. Sportvereine oder auf bestimmte Aufgaben orientierte, eher hierarchisch strukturierte Gruppen wie Rotkreuzjugend, Jugendfeuerwehren). „Einige Jugendverbände versuchen bereits, neue Antworten auf die genannte Problematik zu finden, indem sie verstärkt Inhalte wie Ökologie, Friedensarbeit, neue Formen von Leben und Arbeiten behandeln, ihr Methodenrepertoire in Richtung kulturelle Ausdrucksmöglichkeiten und neuer Medien verändern (...) mehr in konkreten Projekten (...) arbeiten“ (Fiege 1981, S. 32). Was bereits Anfang der 80er Jahre so diagnostiziert wurde, hat sich in den vergangenen Jahrzehnten als Trend fortgesetzt: Die Jugendverbände in Deutschland bieten ein modernes, gesellschaftlich geprägtes Spektrum an Angeboten und konzeptionellen Inhalten. So umfassen derzeitige Projekt- und Arbeitsschwerpunkte des Bundesjugendrings (bzw. der angeschlossenen Verbände) z.B. Bildung (Ganztagsschule und Jugendarbeit), Ehrenamt (Bürgerschaftliches Engagement), Partizipation (Demokratiebildung, Förderung der Jugendbeteiligung), Internationalität (Europäische Jugendpolitik, internationale Zusammenarbeit, internationale Jugendarbeit) und Integration (Armut, interkulturelle Öffnung). Die Vielfalt der Jugendverbände spiegelt die gesellschaftliche und jugendkulturelle Vielfalt wieder: Heute existiert ein ausdifferenziertes Feld, das z.B. konfessionelle, humanitäre, gewerkschaftliche, politische, auf die besondere Lebenssituation auf dem Land bezogene, kulturelle, genderorientierte, natur- und freizeitorientierte Verbände mit ihren Aktivitäten umfasst (vgl. www.jugendserver.de).

2.4 Weitere Trägergruppierungen, Dachorganisationen

Die Organisationen und Verbände der Jugendsozialarbeit, die selbst entweder Fachabteilungen oder kooperative Mitglieder der Spitzenverbände der Freien Wohlfahrtspflege sind, haben zur Vertretung ihrer spezifischen Interessen die Bundesarbeitsgemeinschaft Jugendsozialarbeit als Dachverband gebildet. Die Bundesarbeitsgemeinschaft setzt sich zusammen aus fünf „Säulen" oder Trägergruppen: der katholischen, der evangelischen, der sozialistischen (Arbeiterwohlfahrt), der freien (Paritätischer Wohlfahrtsverband, Deutsches Rotes Kreuz, Internationaler Bund für Sozialarbeit) und der kommunal-staatlichen Trägergruppe. Die Bundesarbeitsgemeinschaft nimmt aus der Sicht der angeschlossenen Träger zu rechtspolitischen Fragen Stellung, untersucht die Situation der schulentlassenen, auszubildenden und arbeitenden Jugendlichen, sucht zur Betreuung dieser Gruppen neue Praxismodelle zu entwickeln und übernimmt in Teilbereichen die zentrale Koordination und die Quotierung der öffentlichen Mittel für die ihr angeschlossenen Träger (vgl. www.jugensozialarbeit.de).

Neben den Wohlfahrts- und Jugendverbänden und anderen Organisationen im Bereich der Jugendhilfe, die bestimmte Leistungen anbieten und Aktivitäten durchführen, gibt es noch eine große Zahl von Fachorganisationen, die nicht selbst in der Praxis engagiert sind, sondern durch Einflussnahme auf politische Instanzen und Gesetzgebung, Förderung der Forschung, Durchführung von Fachtagungen, Öffentlichkeitsarbeit sowie Gutachten und Empfehlungen die Interessen der Jugendhilfe (bzw. der dort erfassten und engagierten Träger und/oder Personen) vertreten.

Derartige Zusammenschlüsse verfolgen je nach historischer Entstehung, Zusammensetzung und daraus sich ergebenden Interessenkonstellationen sehr unterschiedliche Ziele und Aufgabenschwerpunkte. Einmal können sie Sammlungspunkte darstellen von Trägem verschiedener Richtungen, die aber im gleichen Arbeitsfeld tätig sind. Wesentliches Ziel derartiger Dachverbände ist eine Konzentration und damit eine Erhöhung der Durchsetzungsfähigkeit von Trägerinteressen gegenüber öffentlichen Stellen.

Die im Folgenden aufgeführten Fach- und Beratungsgremien haben eine noch breitere Basis der Mitgliedschaft. Hier finden sich als Mitglieder neben freien Vereinigungen der Jugendhilfe und Einzelpersonen auch öffentliche Träger der Jugendhilfe (der verschiedensten Ebenen). Bei diesem Typ von Zusammenschlüssen bzw. Arbeitsgemeinschaften geht es wesentlich darum, im Rahmen der hier möglichen Diskussionen und Auseinandersetzungen einen Konsens zwischen öffentlichen und privaten Institutionen zu erreichen, womit wiederum die Durchsetzungschance von allgemeinen Jugendhilfeinteressen gegenüber anderen gesellschaftlichen Interessen und Handlungsfeldern erhöht werden soll.

Bezogen auf die genannten Angaben kommt der 1949 gegründeten Arbeitsgemeinschaft für Jugendhilfe besondere Bedeutung zu. In dieser Arbeitsgemeinschaft sind mit wenigen Ausnahmen alle Trägergruppierungen vertreten. Eine über die Fachpresse und die Fachöffentlichkeit hinausgehende Publizität hat die Arbeitsgemeinschaft für Jugendhilfe besonders im Zusammenhang mit den „Deutschen Jugendhilfetagen" (zuletzt 2011 in Stuttgart) bekommen.

Die längste Tradition als Fachgremium, das sich auch mit Fragen der Jugendhilfe befasst, hat der Deutsche Verein für öffentliche und private Fürsorge (DV), der schon 1880 von Vertretern kirchlicher und privater Armenpflege, öffentlichen Verwaltungen und Fürsorgewissenschaftlern als Deutscher Verein für Armenpflege und Wohltätigkeit gegründet wurde. Neben der Beratung von Bundes- und Länderbehörden, Gemeinde- und Kreisverwaltungen sowie anderen Trägern der Sozial- und Jugendhilfe (insbesondere auch bei der Auslegung und Anwendung von Gesetzen und Verwaltungsverordnungen) betreibt der Deutsche Verein ein bundeszentrales Fortbildungswerk für die in diesen Arbeitsfeldern tätigen Fachkräfte. Die zentrale Veranstaltung des Deutschen Vereins ist der „Deutsche Fürsorgetag", der zweijährlich abgehalten wird.

Weitere von öffentlichen Trägern und freien Vereinigungen beschickte und um Einzelmitgliedschaften erweiterte Fachorganisationen im Jugendhilfebereich sind die Arbeitsgemeinschaft für Erziehungshilfe (AFET) und die Internationale Gesellschaft für erzieherische Hilfen (IGfH). Schwerpunkt dieser Arbeitsgemeinschaften ist die Behandlung von Fragen im gesamten Feld der Hilfen zur Erziehung.

2.5 Initiativen und Selbsthilfe

Basis für die in der Jugendhilfe – im Unterschied etwa zum Handlungsfeld „Schule" – so starke Stellung „freier Träger" ist nicht zuletzt ihre rechtlich gesicherte Position. (§ 4 Abs. 2 SGB VIII: „Soweit geeignete Einrichtungen, Dienste und Veranstaltungen von anerkannten Trägern der freien Jugendhilfe betrieben oder rechtzeitig geschaffen werden können, soll die öffentliche Jugendhilfe von eigenen Maßnahmen absehen.") Argumente der Verbände, insbesondere der Wohlfahrtsverbände, zur Verteidigung dieser Struktur sind unterschiedlicher Natur. So wird diese von den Befürwortern zum einen daraus abgeleitet, dass die Mitwirkung bei der Lösung sozialer Aufgaben seit Jahrhunderten das Arbeitsfeld der Kirchen und später auch nicht konfessionell gebundener Gruppen gewesen sei. Zum anderen wird darauf verwiesen, dass der gesellschaftliche Pluralismus und die grundgesetzlich verankerten Elternrechte entsprechende Angebote privater Träger erforderten. Anders könnten die Wünsche der Erziehungsberechtigten und deren Recht, die „Grundrichtung der Erziehung zu bestimmen", nicht realisiert werden (§ 9 SGB VIII, vgl. dazu aber auch die faktische Dominanz konfessioneller Träger in der Jugendhilfe).

Wachsende Diskrepanzen zwischen idealisierenden Selbstbildern und der tatsächlichen Situation der großen freien Träger (v.a. Bürokratisierung, Inflexibilität, Abhängigkeiten von Politik und öffentlichen Zuwendungen, schwindendes ehrenamtliches Engagement) lassen allerdings die Annahme zu, „dass die Verbände in sich eine Eigendynamik erzeugen, die, wie in Institutionen überhaupt, den internen Problemdefinitionen und Problemlösungsstrategien ein Gewicht gibt, das zur Beharrung und Selbstbehauptung ebenso nötigt, wie es das Ziel der bürgernahen Hilfe und die Arbeit nach außen eher beeinträchtigt" (BMJFFG 1990, S. 83). Dies hat wohl mit dazu geführt, dass (vor allem) die Wohlfahrtsverbände in den vergangenen zehn Jahren unter wachsenden Druck geraten sind, sichtbar auch in der Entwicklung der „Selbsthilfebewegung". Selbsthilfegruppen organisieren sich neben den „klassischen" Wohlfahrtsverbänden und richten ihre Forderungen direkt an staatliche Institutionen. Diese Entwicklung berührt die – von Betroffenen als basisferne, unflexible Sozialadministrationen kritisierten – Großverbände unmittelbar an ihrer Legitimation, denn Selbsthilfe ist für die Wohlfahrtspflege „ideengeschichtlich deshalb so wichtig, weil sie den Willen sozial schwacher Schichten zur Eigenvorsorge verkörpert" (Neumann/Schaper 1985, S. 51). Die Träger der freien Wohlfahrt sind ja auch selbst zum Teil historisch aus Selbsthilfebestrebungen hervorgegangen.

Zur aktuellen Situation der Selbsthilfe in Deutschland führt Wohlfahrt (2010, S. 115) ausgehend von Ergebnissen einer Expertenbefragung aus: „Bekanntlich ist die Selbsthilfe in Deutschland in all ihren Facetten schon etwas älteren Datums. Schon lange bevor die Diskussion um das so genannte bürgerschaftliche Engagement begann, galt die Selbsthilfe als relativ stabiler und dabei kontinuierlich wachsender Bereich innerhalb des Gesamtspektrums freiwilliger Tätigkeit. Nach unseren Erhebungen muss man allerdings davon ausgehen, dass die vorliegenden Daten über die Verbreitung von in Selbsthilfe Engagierten tatsächlich nur auf Schätzungen und empirisch wenig gesicherten Informationen beruhen. Allein die Abfrage der bei den Kontaktstellen registrierten Gruppen und deren Mitgliedern lässt es wenig wahrscheinlich erscheinen, dass hier wirklich einigermaßen überprüfbare Daten zu Grunde gelegt werden können. Dazu sind die Methoden und die Genauigkeit der Erhebung durch die Kontaktstellen zu unterschiedlich und z.T. zu ungenau. Fragt man aber nach dem generellen Eindruck, der sich in Bezug auf die Selbsthilfe ergibt, dann wird ein einheitliches Urteil deutlich: alle Kontaktstellen berichten, dass sich in ihrem Umfeld immer wieder neue Gruppen konstituieren und in der Tendenz eine weitere Zunahme der Gruppen festgestellt werden kann. Dabei ergeben sich immer wieder neue Schwerpunkte im Bereich der Gruppengründungen, die gegenwärtig in erster Linie im Bereich seltener Erkrankungen und psychischer Störungen festgemacht werden." Ergebnis der Untersuchung von Wohlfahrt (vgl. ebd., S. 120ff.) ist auch, dass sich die Gestalt der Selbsthilfe in den letzten Jahren deutlich verändert hat. Dieser Wandel wird vor allem als „Professionalisierungsschub" im Sektor der Selbsthilfe bezeichnet und wesentlich auf die Zunahme der Gesundheitsselbsthilfe und ihre Förderung durch Krankenkassen zurückgeführt: „(…) In Folge dieser Entwicklung wird ein differenzierter Professionalisierungsprozess durch beinahe alle Experten bestätigt: die Differenzierung bezieht sich darauf, dass nicht alle Organisationsformen gleichermaßen mit dieser Entwicklung konfrontiert sind und bei einigen Organisationen innerhalb der Gesundheitsselbsthilfe bereits Organisationsentwicklungen festgestellt werden können, die denen eines Wohlfahrtsverbandes ähneln" (ebd.).

Im „Wohlfahrtsstaat", womit die weitreichenden sozialen Existenzsicherungen und Schutzrechte auf den Begriff gebracht werden sollen, haben sich im Prozess der Verrechtlichung auf sozialer Ebene (Regelungen der Sozialgesetzbücher) bürokratische Strukturen auch bei den „freien", nichtstaatlichen Trägern herausgebildet. Sozialpolitisch relevant ist in diesem Zusammenhang der Begriff der „neuen Subsidiarität" (vgl. Heinze 1986). Die Selbsthilfebestrebungen älterer Menschen, Menschen mit Behinderung, psychisch Kranker als Versuch der Emanzipation von sozialfürsorgerischer Bevormundung durch öffentliche und „freie" Wohlfahrtspflege werden dahingehend interpretiert, dass sich darin der Wunsch der Betroffenen nach einem verstärkten Rückzug staatlicher (und staatlich geförderter freier) Wohlfahrtsinstitutionen aus dem sozialen Sektor manifestiere. Selbsthilfe (ausführlich: Schwendter 1981) hat in der Geschichte der Jugendhilfe eine bedeutende Rolle vor und neben staatlichen Interventionen gespielt. Umfrageergebnisse zeigen, dass Selbsthilfe nach wie vor als probater Ansatz gerade für die Arbeit der Jugendhilfe gesehen wird: Jugendarbeit, Familienberatung und schulbegleitende Betreuung werden von der Bevölkerung bei bürgerschaftlichen bzw. betroffenenorientierten Einrichtungen in ebenso guten oder besseren Händen als in öffentlicher oder verbandlicher Regie gesehen (Deimer/Jaufmann 1986, S. 130ff.). Selbsthilfe findet allerdings die Grenzen ihrer Wirksamkeit dort, wo es um materielle Grundsicherungen geht, die von den Betroffenen in der Regel nicht (oder nur im Rahmen eines geförderten Projekts) aus eigener Kraft geleistet werden können. Hier „bedarf es zuallererst der Absicherung, damit Selbsthilfe ermöglicht wird und sich entfalten kann" (Neumann/Schaper 1985, S. 51).

Selbsthilfe wird zunehmend auch im Kontext des aktuell stark forcierten Themas „Bürgerschaftliches Engagement" verhandelt. Bürgerschaftliches Engagement drückt vor allem das sozialpolitische und demokratiebildende Ziel aus, Engagement und ehrenamtliche Aktivitäten zu fördern. Nach Einschätzungen von Wohlfahrt (vgl. 2010) sind die bisher entstandenen Engagementstrukturen noch marginal und führen nicht zu einer breiten ehrenamtlichen Bewegung, im Gegenteil ist eher ein Rückgang ehrenamtlicher Aktivitäten zu verzeichnen. Im Rahmen der von Wohlfahrt (vgl. ebd., S. 121 f.) durchgeführten Untersuchung von Selbsthilfeorganisationen wurde deutlich, dass die Idee der Engagementförderung und die der Selbsthilfe zwar theoretisch und konzeptionell gegenseitig sehr anschlussfähig sind, praktisch aber unverbunden bleiben. Die entstehenden Strukturen zur Förderung bürgerschaftlichen Engagements (z.B. Aktionen, Freiwilligenagenturen) werten demnach die Selbsthilfe nicht erkennbar auf, und umgekehrt gehen die Selbsthilfeaktivitäten kaum mit diesen übergreifenden sozialpolitischen Zielvorstellungen der Engagementförderung einher.

Auch auf dem Gebiet der Jugendhilfe wird sich angesichts einer anhaltenden Tendenz zur selbstorganisierten sozialen Hilfe von Betroffenen (die auch ein positives Ergebnis vorausgegangener sozialpädagogischer und -politischer Ansätze sein kann) und der Differenzierung sozialer Problemlagen, ein neues Verhältnis von Staat, Kommunen, Wohlfahrtsträgern, Verbänden und Selbsthilfegruppen herausbilden. Selbsthilfe darf dabei nicht als „Lückenbüßer" für Aufgaben öffentlich organisierbarer Hilfen herhalten. Verbände und die Spitzenorganisation der Wohlfahrts- und Jugendpflege sollten Selbsthilfegruppen durch Teilhabe an ihren materiellen und fachlichen Ressourcen fördern. Zudem sollten die Teilhabe- und Engagementförderung junger Menschen gezielt als Chance der Initiierung von Selbsthilfepotenzialen genutzt werden (vgl. Thiel 2010).

Die Lösung der hier angeschnittenen Fragen kann sicher nicht in einem abstrakten und generellen Votum für oder gegen eine bestimmte Form der Trägerschaft (öffentlich, freigemeinnützig, selbstorganisiert) liegen. Der Problemlösungsansatz muss vielmehr ausgehen von den jeweils gegebenen (und zu erforschenden) Bedürfnissen der Handlungsadressaten und den Defiziten und Ressourcen im sozialen Umfeld der Personen oder Gruppen. Unter Sicherung der Partizipation der Betroffenen ist nach Mitteln und Wegen zu suchen, die den Akteuren Handlungsspielräume sichern, flexible Arbeitsformen ermöglichen und damit einer offensiven und konfliktorientierten Jugendhilfe Raum geben. Aus dieser Sicht folgt zwangsläufig, dass statt dogmatischer Frontstellungen und rigider Abgrenzungen gemeinsame Strategien und Kooperationsformen entwickelt werden müssen.

3. Mitarbeiter/innen

Angaben über die Zahl der Mitarbeiter/innen, ihre Verteilung auf einzelne Arbeitsbereiche und ihre beruflichen Qualifikationen liefert für die Bundesrepublik eine Personalstrukturerhebung („Einrichtungen und tätige Personen in der Jugendhilfe"), die vom Statistischen Bundesamt seit 1974 in vierjährigen Abständen durchgeführt wird. Die Personalstrukturerhebung erfasst alle in einem festen Dienst- oder Arbeitsverhältnis stehenden Mitarbeiter/innen bei den verschiedenen Jugendhilfeträgern, nicht aber die freien (ehrenamtlichen) Helfer/innen (deren Zahl nur 1974 mit 256.000 angegeben wurde).

Ende 2006 arbeiteten nach den erhobenen Zahlen in der Jugendhilfe 618.647 Personen, davon 535.350 pädagogische und Verwaltungs- Fachkräfte (vgl. Statistisches Bundesamt 2008). Rund 66 Prozent arbeiteten als Vollzeitkräfte, 34 Prozent waren teilzeitbeschäftigt oder nebenberuflich in der Jugendhilfe tätig. Im Vergleich zu den Vorjahren ist die Quote der Vollzeitbeschäftigten zu 2002 um 11,3 Prozent zu 1998 um 15,2 Prozent gesunken (vgl. Pothmann 2008, S. 1f.). Hierbei variierten die Entwicklungen erheblich. Während im Bereich der Kindertagesbetreuung Vollzeitstellen zugenommen haben, reduzierten sich diese z.B. im Bereich der Hilfen zur Erziehung und der Jugendarbeit.

3.1 Arbeitsbereiche

Die frühkindliche und die Elementarerziehung sowie die Erziehungshilfen prägen als Arbeitsfelder das statistische Erscheinungsbild der Jugendhilfe (vgl. die Tab. 2).

Von der Gesamtzahl von 535.350 hauptamtlich Tätigen sind 366.172 Mitarbeiter/innen, also nahezu zwei Drittel (68,4 Prozent) in den Kindertageseinrichtungen beschäftigt. Nach der Größe folgt das Arbeitsfeld der Hilfen zur Erziehung mit 70.671 Beschäftigten (vgl. Statistisches Bundesamt 2008).

Auch fällt der hohe Anteil der Frauen mit 88 Prozent aller Beschäftigten auf, wobei dieser Anteil bei der Gruppe des Personals in den Kindertageseinrichtungen sogar über 96 Prozent beträgt. In den anderen Arbeitsfeldern bewegt sich der Frauenanteil von 59 Prozent in der Jugendarbeit/Jugendsozialarbeit bis zu 73 Prozent in der Kategorie Sonstige. In der Kategorie Sonstige sind Angebote der Hilfe für behinderte junge Menschen, der Familienbildung, Fortbildung und der Zusammenschlüsse der Jugendhilfe u.a.m.

zusammen gefasst. Insgesamt lässt sich bei einem Vergleich der Beschäftigtenzahlen zwischen 2002 und 2006 ein Anstieg um ca. 45.000 Personen feststellen, der sich allerdings ausschließlich auf das Handlungsfeld der Kindertagesstätte bezieht. Der übrige Bereich der Kinder- und Jugendhilfe stagnierte personalmäßig bzw. war leicht rückläufig (ebd.).

Tab. 2: **Mitarbeiterzahlen in der Kinder- und Jugendhilfe (Quelle: Statistisches Bundesamt 2008)**

Arbeitsfeld	Beschäftigte	Frauenanteil
Gesamt	535.350	88,0 %
Kindertageseinrichtungen	366.172	96,0 %
Hilfe zur Erziehung	70.671	71,0 %
Jugendarbeit/Jugendsozialarbeit	37.533	59,0 %
Jugendämter/Landesjugendämter	35.152	73,0 %
Sonstige	25.822	73,0 %

Im Jahr 2010 wurde der bisherige Höchststand im Bereich der Kindertageseinrichtungen mit fast 420.000 Mitarbeiter/inne/n erreicht (vgl. Komdat 3/10). Hierfür ist maßgeblich der Ausbau der Kindertagesbetreuungsplätze für unter 3-Jährige verantwortlich.

Die Angaben zum Frauenanteil an der jeweiligen Beschäftigungszahl erklären, warum Jugendhilfeberufe heute wie früher oft als „typische" Frauenberufe angesehen werden. Rund 88 Prozent der Mitarbeiter/innen sind Frauen. Dass hier gut sieben Mal so viele Frauen wie Männer gezählt werden, rührt aus dem relativ großen Anteil der Kleinkind- und Vorschulerziehung her.

Leider bestätigen empirische Erhebungen aber auch, dass Frauen – trotz ihrer quantitativen Überrepräsentanz – in Leitungspositionen der Jugendhilfe unterdurchschnittlich vertreten sind. Diesbezüglich stellte bereits die erste Personalstrukturerhebung fest: „Im Vergleich zu den Männern waren die Frauen in weitaus größerem Umfang in Einrichtungen, also mit praktischen Aufgaben der Jugendhilfe, beschäftigt als Männer." (Statistisches Bundesamt 1976, S. 678).

3.2 Ausbildung

Mit Blick auf die neuen Aufgaben, die die Jugendhilfe im Verlauf ihrer historischen Entwicklung übernommen hat, wird der bis heute nicht abgeschlossene Prozess der Ausdifferenzierung der Berufsrollen und der Professionalisierung der Mitarbeiterschaft verständlich. Für die Berufe der Kleinkindlehrerin, der Kindergärtnerin, der Jugendleiterin und des Jugendpflegers wurden schon früh eigene Berufsbilder entwickelt. Neue Berufsbilder entstanden aus Anforderungen und Tätigkeitsbereichen heraus, die zunächst in allgemeinen karitativen, seelsorgerischen oder medizinischen Berufen mit enthalten waren.

Tab. 3: Ausbildung der sozialpädagogischen Fachkräfte (Quelle: Gintzel/Jordan u.a. 1997)

	Fachkräftegruppen	Arbeitsgebiete
Universität	– Pädagoginnen, – Psychologinnen, – Soziologinnen, – SozialwissenschaftlerInnen	Leitung, Organisation, Planung, Therapie, Pädagogik, alle Arbeitsfelder
Fachhochschule	– Sozialpädagoginnen Sozialarbeiterinnen	Leitung, Pädagogik, Organisation, Planung, Verwaltung, alle Arbeitsfelder
Fachschule	– Erzieherinnen Heilpädagoginnen	Leitung (bei Kindertageseinrichtungen), Pädagogik im Gruppendienst (vorwiegend Kindertageseinrichtungen), Erziehungshilfen
Berufsfachschule Berufsausbildung	– Kinderpflegerinnen Heilerziehungshelferinnen	Pädagogik im Gruppendienst

Die heute vorfindbare Struktur der Ausbildung für sozialpädagogische Berufe, die für einen späteren Einsatz in Jugendhilfebereichen qualifizieren, ist das Ergebnis der von 1959 bis 1971 erfolgten Ausbildungsreformen, die neben einer Qualifizierung der sozialpädagogischen Ausbildungswege und einer Verringerung der Zahl der Ausbildungsstätten eine Vereinheitlichung und die Beseitigung bereichs- und institutionsspezifischer Disparitäten zum Ziel hatten. Eingehendere Untersuchungen zeigen allerdings, dass diese Ziele bislang nur ansatzweise erreicht werden konnten. Noch immer gibt es eine große Mannigfaltigkeit innerhalb einzelner Ausbildungsgänge sowie Zersplitterungen und Hierarchisierungen der Ausbildungswege und Ausbildungsstufen, für die keine pädagogischen und sachlich begründbaren Gesichtspunkte ersichtlich sind.

Die Fachkräfte werden auf verschiedenen Ebenen ausgebildet: Berufsfachschulen (Kinderpfleger/innen), Fachschulen und Fachakademien (Erzieher/innen), Fachhochschulen (Bachelor- und Masterstudiengänge für Sozialarbeit und Sozialpädagogik bzw. Soziale Arbeit) sowie Universitäten (Bachelor/Master Pädagogik und Soziale Arbeit). Auf und zwischen diesen Ebenen finden sich noch weitere Ausbildungsgänge und Zusatzausbildungen, die auf spezifische Sondertätigkeiten in der Jugendhilfepraxis vorbereiten. Hierzu sind unter anderem zu zählen: Psychagogen, Logopäden, Heilpädagogen, Supervisoren, Sozialtherapeuten, Freizeitpädagogen (vgl. Abb. 6).

Die Graphik zeigt, wie sich die verschiedenen Ausbildungsabschlüsse auf die Arbeitsfelder verteilen. Die Hälfte aller Beschäftigten verfügt über den Abschluss an einer Fachschule für Sozialpädagogik als Erzieher/in. Am höchsten ist dieser Anteil im Arbeitsfeld Kindertageseinrichtungen. In der zweitgrößten Gruppe der „Sonstigen Ausbildungsabschlüsse" sind im Arbeitsfeld Kindertageseinrichtungen z.B. Kinderpfleger/innen enthalten. Bei den Jugendbehörden sind unter der Rubrik „Sonstige Ausbildungsabschlüsse" auch Verwaltungsfachkräfte enthalten.

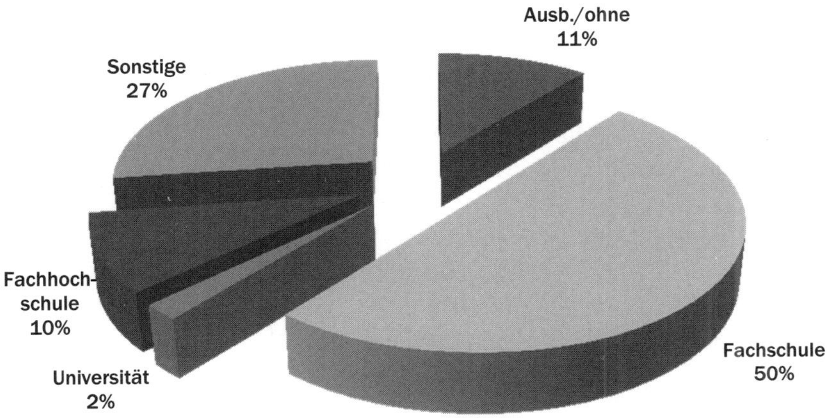

Abb. 6: Ausbildungsniveau der Mitarbeiter/innen in der Kinder- und Jugendhilfe (in Prozent) (Quelle: http://www.kinder-jugendhilfe.info/wai1/showcontent.asp?ThemaID=4488 (Abruf am 01.02.2011))

Die Fachkräfte mit einem Abschluss als Sozialpädagog/in, Sozialarbeiter/in bzw. mit dem Abschluss Soziale Arbeit (FH) stellen die zweitgrößte Gruppe. Insgesamt stellen die Mitarbeiter/innen mit einem sozialpädagogischen Fachhochschul- oder Universitätsabschluss eher eine Minderheit dar. Insgesamt verfügen nur knapp 12 Prozent der Fachkräfte über eine Hochschulausbildung. Dabei verteilen sich diese noch sehr unterschiedlich auf die einzelnen Arbeitsfelder. Etwa elf Prozent der Mitarbeiter/innen verfügen über keinen Berufsabschluss bzw. befinden sich noch in der Ausbildung. Derzeit liegen noch keine statistischen Daten vor, inwieweit sich die Hochschulabschlüsse auf Bachelor- und Masterstudiengänge verteilen.

Angesichts der immer differenzierter und anspruchsvoller werdenden Anforderungen an die sozialpädagogischen Mitarbeiter/innen wird gegenwärtig in der Fachöffentlichkeit die Frage diskutiert, ob die Assistenzberufe (Kinderpflegerinnen, Sozialassistent/inn/en) noch ausreichend für die Berufstätigkeit qualifizieren und ob nicht eher auch das Ausbildungsniveau der Erzieher/-innen auf die Fachhochschulebene angehoben werden muss (BMFSFJ 2002, 86ff.). Die fachlich sozialpädagogischen Interessen stehen allerdings im Widerspruch zu aktuellen Anstrengungen, auch durch die Beschäftigung von weniger qualifizierten Fachkräften Kostenstabilität oder gar -senkung zu erreichen.

3.3 Freie Mitarbeiter/innen

Viele Arbeitsfelder der Sozialarbeit und Sozialpädagogik haben sich in den letzten Jahren differenziert und spezialisiert, sind unübersichtlicher geworden und verlangen von den dort Tätigen spezielle Kenntnisse und Fertigkeiten, die durch entsprechende berufsqualifizierende Bildungsgänge vermittelt werden.

Dennoch wird Jugendhilfe mit ihren vielfältigen und unterschiedlichen Angeboten nicht ausschließlich von hauptberuflichen und hierfür entsprechend ausgebildeten Mitarbeiter/inn/en geleistet. Sie ist auf das Engagement und die freiwillige Mitarbeit von Laien, interessierten Bürger/inne/n, Student/inn/en etc. angewiesen. Dies nicht deshalb, weil durch freie Mitarbeiter/innen Gehälter eingespart werden können, sondern um einerseits eine allzu starre Institutionalisierung und Bürokratisierung und andererseits eine allzu große soziale Distanz zwischen den Trägern der Jugendhilfe und den Betroffenen zu verhindern. Direkte Kontakte, Handeln in Alltagssituationen unter „normalen" Bedingungen (Nachbarschaftshilfe), flexible Aufgabengestaltung, „unorthodoxe" Problemlösungen, all dies sind Vorzüge einer richtig verstandenen und an angemessenen Aufgaben ausgerichteten freien Mitarbeit.

Die Mehrzahl der freien Mitarbeiter/innen findet sich insbesondere in der Jugendverbandsarbeit, der offenen Jugendarbeit, der Ferienbetreuung etc. Diese Aufgabenfelder wären ohne den Einsatz freier Mitarbeiter/innen kaum aufrechtzuerhalten. Freie Mitabeiter/innen betätigen sich auch in „fürsorgerischen" Bereichen der Jugendhilfe: Hier engagieren sie sich als Pflegeeltern, übernehmen Vormundschaften, Pflegschaften, Erziehungsbeistandschaften und Aufgaben des Jugendschutzes. Sie arbeiten mit in Beratungsstellen, betreuen Kinder und Jugendliche aus Notquartieren und Obdachlosensiedlungen, sind Leiter/innen oder Helfer/innen in sozialpädagogischen Gruppen, Schularbeitskreisen, Gesprächsgruppen und übernehmen Einzelbetreuungen. Nicht zu vergessen ist die Mitarbeit in Ausschüssen (z.B. Jugendhilfeausschuss), Bürgerinitiativen und Selbsthilfeorganisationen.

Ein weiterer Ansatz zur Aktivierung freier Mitarbeiter/innen besteht im Einsatz ehemaliger „Klienten" der Jugendhilfe, die mit einem Wissens und Vertrauensvorsprung (keine Sozial- und Sprachbarrieren) bezüglich der jeweiligen Zielgruppen betreuende und beratende Aufgaben übernehmen. Was im Jugendverbandsbereich schon immer geübte Rekrutierungspraxis war, wird so auch in anderen Feldern praktiziert. Erfahrungen liegen für den Bereich der Drogentherapie vor.

Freie Mitarbeiter/innen in der Jugendhilfe sollten neben ihrem Engagement, ihrer Aufgeschlossenheit und Bereitschaft zur unentgeltlichen bzw. mäßig honorierten Tätigkeit über sozialpädagogische Fachkenntnisse verfügen, wenn ihnen auch zukünftig Bedeutung und Gewicht zukommen soll.

Daher sind eine verbesserte Rekrutierungspraxis und ausreichende Einführungs- und Fortbildungsangebote nötig.

3.4 Tendenzen und Entwicklungen

Die Tendenz zur Professionalisierung und Verfachlichung wird auch weiterhin anhalten (vgl. BMFSFJ 2002, S. 75). Vor allem in den ostdeutschen Bundesländern hat es in den letzten Jahren dazu erhebliche Anstrengungen gegeben.

Auffällig ist allerdings die hohe Zahl von nicht sozialpädagogischen Fachkräften in Leitungsaufgaben insbesondere in den Jugendämtern (40 Prozent) und der Jugendsozialarbeit (vgl. Rauschenbach/Schilling 2001, S. 27 ff.).

Der gesellschaftliche und politische Wandel erzeugt einen hohen Innovationsdruck auf Einrichtungen, Dienste und Mitarbeiter/innen. Dieser Veränderungsnotwendigkeit können die Fachkräfte nur mit qualifizierender Begleitung/Supervision, Fort- und Weiterbildung begegnen. Veränderung von Lebenslagen von Mädchen, Jungen und Familien sowie die Entwicklung neuer, Handlungsfeld übergreifender, vernetzter Arbeitsansätze verlangen zudem eine hohe Flexibilität und Reflexivität der Fachkräfte.

Die Zunahme an Aufgaben für die Kinder- und Jugendhilfe – z.B. im Bereich Früher Hilfen, Familienzentren, Jugendhilfe im Kontext von Schulen, Jugendsozialarbeit – treffen auf äußerst angespannte Situationen bei den öffentlichen Budgets. Sparnotwendigkeiten können zumeist nur über die Personalkosten bewältigt werden. Dies ist häufig mit der Einschränkung von Leistungen, der Verringerung der Qualitätsanforderungen oder der Verschlechterung der Arbeitsbedingungen der Beschäftigten verbunden. Gleichzeitig steigt die Zahl der ungesicherten und schlechter bezahlten Arbeitsverhältnisse.

Jugendhilfe ist Frauensache, 88 Prozent aller Beschäftigten sind Frauen. In Leitungspositionen sind Frauen jedoch nach wie vor unterrepräsentiert (mit Ausnahme der Leitung von Kindertageseinrichtungen).

Noch nicht abzuschätzen sind die Konsequenzen aus der Umstellung der Diplomstudiengänge auf die Bachelor- und Masterstudiengänge für die sozialpädagogische Praxis (Inhalte, Kompetenzen, Tarif- und Handlungsgefüge der Jugendhilfe). Hier bedarf es in den kommenden Jahren genauer Evaluationen, um Konsequenzen für die Weiterentwicklung des beruflichen Bildungssystems ziehen zu können.

4. Kosten und Finanzierung

„Welcher realistisch denkende Mitarbeiter der Jugendhilfe (hat) (...) nicht längst schon die Schlüsselbegriffe Haushaltssanierung und Sparen zum Inbegriff jeglicher Handlungsstrategien gemacht?“, fragt eine Bestandsaufnahme der Bedingungen und Chancen für eine offensive Jugendhilfe schon 1983 mit resignierendem Unterton (Faltermeier 1983, S. 96). Das Problem unzureichender Geldmittel und die Kritik an diesem Zustand sind so alt wie die Jugendhilfe selbst, haben aber durch die verschärfte Spannung zwischen Leistungsversprechen (SGB VIII) und Erwartungen (z.B. auf ausreichende Tagesbetreuungsangebote) einerseits und kommunaler Finanznot in Zeiten gestiegener Anforderungen sozialer Integration in Kommunen andererseits an Bedeutung gewonnen.

In der Diskussion der Mängel in der bundesrepublikanischen Jugendhilfe wurde immer wieder hervorgehoben, dass die öffentlichen Mittel nicht ausreichen, um die Bereitstellung bedarfsgerechter, qualifizierter und auf vorbeugende Maßnahmen abzielender Jugendhilfeleistungen zu sichern. Schon der Dritte Jugendbericht 1972 wies mit Nachdruck auf die durch finanzielle Engpässe verursachten Leistungsminderungen hin und machte auf ein beträchtliches Leistungsgefälle zwischen einzelnen Jugendämtern aufmerksam (BMJFG 1972, S. 78f.). Das damals aufgezeigte Stadt-Land-Gefälle bei den Jugendamtsleistungen besteht nach wie vor. Zwar ist eine höhere soziale Belastung städtischer Lebensräume nachweisbar gegeben und so ein höherer Aufwand für ausgleichende und vorbeugende Maßnahmen der Jugendhilfe begründet. Ob aber dadurch allein ein so krasses Leistungsgefälle hinreichend erklärt werden kann, ist zweifelhaft. Die Forderung nach einer gezielten – vor allem regionsspezifischen – Erhöhung öffentlicher Mittel für die Aufgaben der Jugendhilfe bleibt daher unverändert berechtigt.

Die weitreichenden konzeptionellen Überlegungen zu den zukünftigen Strukturen und Arbeitsweisen der Kinder- und Jugendhilfe in Deutschland (vgl. das Kap. 4 im Teil I) sind untrennbar mit der Frage ihrer Finanzierung verbunden. So plädiert die Kommission des 12. Kinder- und Jugendberichtes für entsprechende Ressourcen, die den Aufbau abgestimmter kommunaler Systeme von Bildung, Betreuung und Erziehung ermöglichen: „Mit den Konzepten von Bildung und Betreuung im Rahmen von Ganztagsschulen einerseits und dem Ausbau der Betreuung für unter Dreijährige andererseits sollen nachhaltige Wirkungen erzielt werden. Beide von der Politik aufgegriffenen Problembereiche sind Ausdruck dieses Defizits, wobei es in unterschiedlicher Weise und Konnotation dabei um ein Zusammenspiel der Fragen von Bildung, Betreuung und Erziehung geht. Nur in einer konsequent komplementären Berücksichtigung dieses Dreiklangs kann es gelingen, weiterführende Antworten auf diese grundlegenden Herausforderungen am Beginn des 21. Jahrhunderts für Deutschland zu finden. Jenseits der damit verbundenen finanziellen gesamtstaatlichen Belastungen und der unübersehbar schwierigen fiskalischen Rahmenbedingungen für einen erfolgreichen Ausbau an Ort und Stelle wird es größter Anstrengungen bedürfen, um diese elementare Aufgabe in den nächsten Jahren bedarfs-, fach- und sachgerecht zu bewältigen." (BMFSFJ 2005, S. 21) Und zugespitzter fordert die Kommission zusätzliche finanzielle Anstrengungen und die Veränderung der Finanzierungssysteme, um kommunale Angebotsstrukturen der Bildungs- und Entwicklungsförderung zu etablieren: „Der Ausbau von Ganztagsplätzen in der Kindertagesbetreuung sowie von Ganztagsschulen erfordert höhere Personalkosten und zusätzliche Mittel für Infrastrukturmaßnahmen. Die höheren Kosten für ganztägige Angebote im Schulalter können durch die Einbeziehung von Leistungen der Kinder- und Jugendhilfe nur bedingt kompensiert werden und auch Elternbeiträge stellen keinen akzeptablen Finanzierungsweg dar. Angesichts der prekären Finanzlage vieler Kommunen sind Möglichkeiten des finanziellen Ausgleichs zu schaffen. Angebote der Kinder- und Jugendhilfe sind als Teil einer kommunalen Bildungslandschaft stärker einzubeziehen und unter Beteiligung der Länder sowie, wo dies verfassungsrechtlich möglich ist, des Bundes zu finanzieren" (ebd., S. 43). Demgegenüber ist im 13. Kinder- und Jugendbericht die Finanzierungssituation der Kinder- und Jugendhilfe zwar nicht explizit thematisiert worden, jedoch zielt eine der von der Kommission formulierten Empfehlungen auf die Sicherstellung einer gesundheitspräventiven Ausrichtung der Kinder- und Jugendhilfe: Für eine solche Leitlinie müssten zukünftig notwendige Finanzmittel von Bund, Ländern und Kommunen zur Verfügung gestellt werden, z.B. um personelle Aufstockungen in Einrichtungen vornehmen zu können, die den Ausbau gesundheitsbezogener Konzeptschwerpunkte in der alltäglichen Arbeit unterstützen können (vgl. BMFSFJ 2009, S. 261).

4.1 Ausgaben

Die Erfassung der Ausgaben und Einnahmen der öffentlichen Kinder- und Jugendhilfe (ohne Eigenmittel der Träger der freien Kinder- und Jugendhilfe) wird jährlich als Vollerhebung durchgeführt. Sie dient den Trägern der Kinder- und Jugendhilfe als Grundlage für Planungsentscheidungen und stellt außerdem eine wichtige Grundlage für die Fortentwicklung des Jugendhilferechts dar. Die Abbildung 7 zeigt die Entwicklung der Ausgaben für Kinder- und Jugendhilfe in Deutschland von 1995–2008: Von rund 17

Milliarden Euro im Jahr 1995 sind die Ausgaben bis 2008 auf rund 24,6 Milliarden Euro angestiegen.

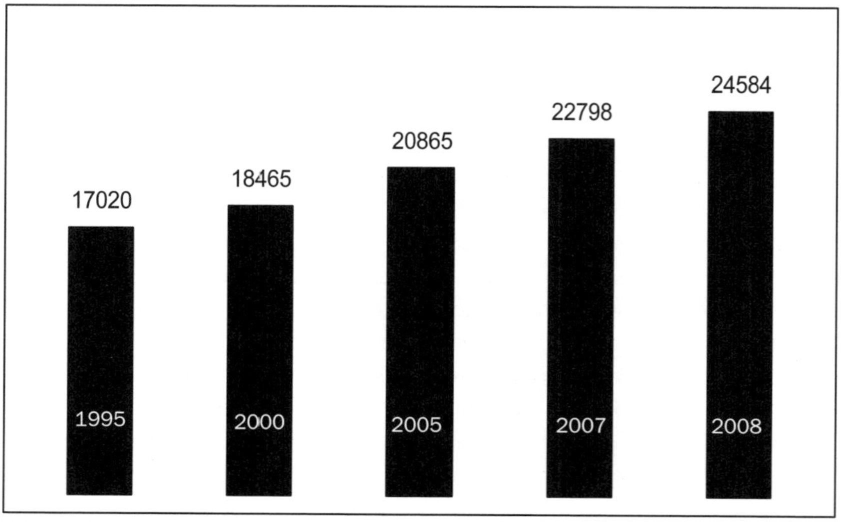

Abb. 7: Sozialleistungen – Entwicklung der Ausgaben für Kinder- und Jugendhilfe (Ausgaben in Mill. Euro von 1995–2008; einschl. der Ausgaben der obersten Bundesbehörden) (Quelle: Statistisches Bundesamt 2010, S. 195)

Von den Ausgaben für Kinder- und Jugendhilfe in 2008 – das zeigt die Abbildung 8 – entfallen für die Finanzierung von Einrichtungen der größte Anteil auf Tageseinrichtungen für Kinder, Jugendarbeit und Hilfe zur Erziehung. Differenziert man die Ausgaben nach Leistungsfeldern im Sinne von Einzel- und Gruppenhilfen, so haben die Hilfen zur Erziehung und die Tageseinrichtungen für Kinder den größten Anteil.

Die in der Vergangenheit erfolgten Steigerungen der Ausgaben für die Jugendhilfe lassen sich auf den ersten Blick nicht mit dem resignierenden Hinweis auf eine finanzielle Auszehrung der offensiven Jugendhilfe durch fiskalische Sparsamkeit vereinbaren. Die Aufgliederung der öffentlichen Ausgaben nach Aufgaben zeigt, dass auf die Tagesbetreuung von Kindern ein erheblicher Anteil der Ausgaben entfällt. Die Hilfen zur Erziehung schlagen mit dem zweitgrößten Anteil zu Buche. Für alle weiteren Leistungen und Aufgabenbereiche bleiben dann entsprechend geringere Anteile an den Ausgaben. Diese Relationen machen deutlich, dass auf der Ausgabenseite zwei Bereiche (die Tagesbetreuung für Kinder und die Hilfen zur Erziehung) den Großteil des Gesamtvolumens beanspruchen. Diese Verteilung ist „typisch“ für die Ausgabenstruktur der bundesrepublikanischen Jugendhilfe seit den 1960er Jahren, wobei sich die Gewichte zwischen den Erziehungshilfen und der Tagesbetreuung allerdings – durch die gute Ausstattung in den neuen Bundesländern und den bundesweiten Rechtsanspruch auf einen Kindergartenplatz für alle drei- bis unter sechsjährigen Kinder – zugunsten der Tagesbetreuung verschoben haben. Diese Verschiebung wird noch zunehmen, wenn zukünftig auch das Betreuungsangebot für 0- bis 3-jährige Kinder bundesweit ausgebaut werden soll (vgl. auch das Kap. 1 im Abschnitt II). Angesichts dieser Zahlen wird deutlich, dass die Ausgabensteigerungen nicht in erster Linie offensiven und präventiven Jugendhilfeangeboten zugutegekommen sind.

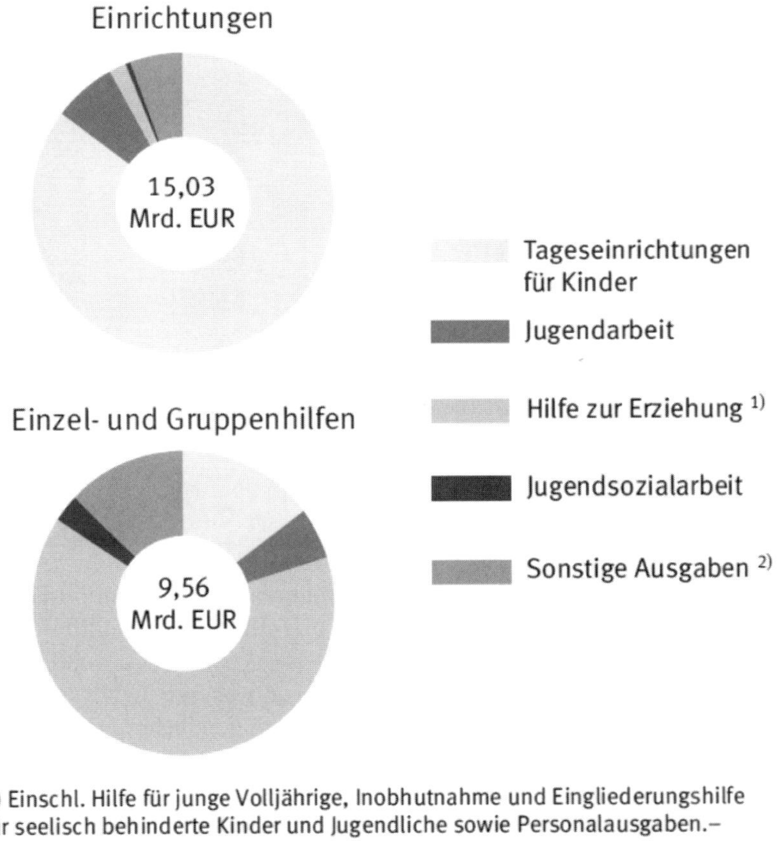

1) Einschl. Hilfe für junge Volljährige, Inobhutnahme und Eingliederungshilfe für seelisch behinderte Kinder und Jugendliche sowie Personalausgaben.–
2) Einschl. allgemeine Förderung der Familie, Unterbringung von Müttern oder Vätern mit ihrem(n) Kind(ern), Mitarbeiterfortbildung sowie Personalausgaben.

Abb. 8: Ausgaben für die Kinder- und Jugendhilfe 2008 (Quelle: Statistisches Bundesamt 2010, S. 231)

Insgesamt machen die Ausgaben für Kinder- und Jugendhilfe in 2008 rund 5 Prozent des Gesamtaufkommens für Sozialleistungen in Deutschland aus (siehe Tab. 4).

Tab.4: **Sozialleistungen in Deutschland im Jahr 2008 – Kennzahlen im Vergleich (Angaben in Mill. Euro) (Quelle: Statistisches Bundesamt 2010, S. 193)**

Gesetzliche Krankenversicherung[1]	160.937
Gesetzliche Unfallversicherung	14.657
Allgemeine Rentenversicherung	238.770
Knappschaftliche Rentenversicherung	14.597
Soziale Pflegeversicherung[2]	19.163
Arbeitslosengeld[3,4]	13.864
Kindergeld	28.886
Sozialhilfe	21.955
Leistungen nach Asylbewerberleistungsgesetz	842
Kriegsopferfürsorge	472
Kinder- und Jugendhilfe	24.584
Wohngeld	750
Kriegsopferversorgung	423

[1]Ohne Risikostrukturausgleich; [2]Ohne private Pflegeversicherung;
[3]Ab 1998 einschl. Erstattungen an ausländische Versicherte;
[4]Ab 2005 Wegfall der Arbeitslosenhilfe

4.2 Finanzquellen und Verteilung

Die Städte und Gemeinden tragen die Hauptlast der Jugendhilfekosten, denn die Finanzierung der Nettoausgaben öffentlichen Jugendhilfe liegt zu rund 85 Prozent bei den kommunalen Gebietskörperschaften, rund 14 Prozent tragen die Länder (Landesjugendämter und oberen Landesjugendbehörden) und ca. ein Prozent der Bund (Oberste Jugendbehörde). Die Daten der Aufwendungen bezogen auf Bundesländer – sowohl für einzelne Aufgabengebiete als auch insgesamt – zeigen ebenfalls erhebliche Unterschiede (siehe die Tab. 5). Für diese sind Aspekte regionaler Strukturen und Entwicklungen (Beschäftigung, Bevölkerungsaufbau und -entwicklung) sowie die objektive Finanzkraft der Länder in Rechnung zu stellen. Eine bedeutende Rolle spielt aber gewiss auch das jugendpolitische Bewusstsein und das diesbezügliche Engagement der hier jeweils politisch bestimmenden Kräfte.

Leistungen, die die freien Träger der Kinde- und Jugendhilfe erbringen, werden überwiegend vom öffentlichen Träger finanziert, der die Gesamtverantwortung für die örtliche Kinder- und Jugendhilfe hat (§ 79 SGB VIII). D.h. der öffentliche Haushalt ist die Hauptfinanzierungsquelle für die freien Träger. Der Bund finanziert nur bundeszentrale Einrichtungen und

Tab. 5: Ausgaben für Kinder- und Jugendhilfe im Jahr 2008 nach Bundesländern (Angaben in Mill. Euro, einschl. Ausgaben der obersten Bundesbehörden)
(Quelle: Statistisches Bundesamt 2010, S. 195)

Baden-Württemberg	2.844
Bayern	3.082
Berlin	1.447
Brandenburg	881
Bremen	250
Hamburg	679
Hessen	2.152
Mecklenburg-Vorpommern	452
Niedersachsen	2.113
Nordrhein-Westfalen	5.570
Rheinland-Pfalz	1.182
Saarland	333
Sachsen	1.354
Sachsen-Anhalt	692
Schleswig-Holstein	719
Thüringen	586
Deutschland	**24.584**

Modellprojekte, die Länder regeln vor allem Finanzierungsstrukturen, z.B. für Kindertagesstätten, und geben Zuweisungen an Kommunen. Die Kommunen finanzieren Leistungen der Kinder- und Jugendhilfe im Rahmen der Zuständigkeiten, v.a. freie Träger oder auch eigene Leistungen. Wie viel Geld welcher Träger für welche Leistung erhält, soll in einem Aushandlungs- und Planungsprozess zwischen dem öffentlichen und freien Träger geklärt werden (vgl. Rätz-Heinisch/Schröer/Wolff 2009, S. 216f.). Aus diesem Grund sind in der Struktur der Kinder- und Jugendhilfe Arbeitsgemeinschaften (§ 78 SGB VIII) und natürlich die Jugendhilfeplanung (§ 80 SGB VIII) vorgesehen, die Grundlagen für Fragen der Ressourcensteuerung beitragen können, über die der Jugendhilfeausschuss verbindlich entscheidet. Seit einigen Jahren sind im Feld der Kinder- und Jugendhilfe auch Wettbewerbselemente und marktähnliche Strukturen erkennbar, sprich, die Träger in einem Ort oder einer Region konkurrieren auch um die Finanzierung und wollen klar profilierte Leistungsprofile etablieren. Um fachliche Standards und Qualitätsvorstellungen in der Kinder- und Jugendhilfe zu fördern, hat der Gesetzgeber im Bereich der Hilfen zur Erziehung verpflichtend festgelegt, dass Träger der entsprechenden Leistungen sogenannte Leistungs-, Entgelt- und Qualitätsentwicklungsvereinbarungen mit dem öffentlichen Träger abschließen (§§ 77, 78a–g SGB VIII). Diese Vorgabe soll die Transparenz über Inhalt, Umfang und Ziel der Arbeit erhöhen, eine Ergebnis- und Wirkungsorientierung der Hilfen forcieren (durch vereinbarte Qualitätskriterien) sowie die Legitimation und nachvollziehbare Begründung der erforderlichen finanziellen und persönlichen Ressourcen ermöglichen (vgl. ebd.).

Mögliche Einnahmen ...	
... einer Kommune	**... eines freien Trägers**
Zuweisungen (seitens des Staates)	Mitgliedsbeiträge, Spenden, Sammlungen, Schenkungen etc.
eigene Steuern	Erträge aus Vermögen, Unternehmensbeteiligungen etc.
Einnahmen aus Verwaltung und Betrieb (z.B. Mieten, Gebühren, Entgelt)	Zuwendungen aus öffentlichen Haushalten
Einnahmen aus wirtschaftlicher Tätigkeit (z.B. Unternehmensbeteiligung)	Leistungsentgelte für soziale Dienstleistungen
Anteile an staatlichen Steuern	Ausschüttungen aus Lotterien und Stiftungen etc.
Einnahmen aus Vermögenshaushalt	bei Diakonie und Caritas auch Zuwendungen seitens der Kirchen

Abb. 9: Finanzierungsquellen in der Kinder- und Jugendhilfe (Quelle: Nikles 2008; eigene Darstellung)

Im Wesentlichen erhalten die freien Träger der Kinder- und Jugendhilfe ihr Geld in Form von Zuwendungen und Entgelte (vgl. ebd., S. 217). Zuwendungen können die finanzielle Unterstützung einer Institution meinen, aus der alle notwendigen Kosten ausgeglichen werden können. Die Verwendung der Finanzmittel obliegt der Nachweis- und Belegpflicht der betreffenden Institution. Entgelte sind eine Vergütung von erbrachten Leistungen eines Trägers. Die Höhe der Vergütung und die dafür zu erbringende Leistung werden in den oben genannten Vereinbarungen festgelegt. In der Abbildung 10 sind die Finanzierungsquellen aus Sicht der Kommunen und der freien Träger nochmals zusammenfassend dargestellt.

4.3 Kinder- und Jugendplan des Bundes und der Länder

Nach dem SGB VIII soll die fachlich zuständige oberste Bundesbehörde (derzeit das Bundesministerium für Familie, Senioren, Frauen und Jugend) „die Tätigkeit der Jugendhilfe anregen und fördern, soweit sie von überregionaler Bedeutung ist und ihrer Art nach nicht durch ein Land allein wirksam gefördert werden kann“ (§ 83 Abs. 1). Die zur Förderung von Aufgaben der Jugendhilfe verfügbaren Bundesmittel sind fast ausschließlich im Kinder- und Jugendplan des Bundes (KJP) ausgewiesen. Der KJP ist als gesetzesfreie Fondsverwaltung mit großem Ermessens und Entscheidungsspielraum der Verwaltung angelegt. Dabei wird das federführende Jugendministerium nicht selbst unmittelbar tätig, sondern „fördert Träger der Jugendhilfe mit gemeinnütziger Zielsetzung unter Wahrung ihrer Eigenständigkeit". Der Plan soll ein Instrument sein, mit dem die Politik flexibel auf sich verändernde Problemlagen reagieren kann.

Im § 82 SGB VIII ist die Verpflichtung der Bundesländer verankert, die Tätigkeit der öffentlichen Träger der Kinder- und Jugendhilfe und die Weiterentwicklung ihrer Aufgaben und Einrichtungen anzuregen sowie deren gleichmäßigen Ausbau zu unterstützen (vgl. Maykus 2011). Um diesem Auftrag gerecht zu werden, erhalten die Handlungsfelder „Kinder- und Jugendarbeit", „Jugendsozialarbeit" sowie „erzieherischer Kinder- und Jugendschutz" (zusammen weithin als das Feld der Kinder- und Jugendförderung gemäß der §§ 11–14 SGB VIII bezeichnet) finanzielle Zuwendungen in Form von Förderprogrammen der Länder: der Landesjugendpläne. Sie ergänzen den Bundesjugendplan. Der Jugendplan des Bundes bezieht sich in der Fassung von 2009 u.a. auf Förderziele wie den Schutz von Kindern und Jugendlichen, die Unterstützung junger Menschen mit Behinderungen, die internationale Jugendarbeit sowie die Integration von Kindern und Jugendlichen mit Migrationshintergrund. Einrichtungen und Angebote der Kinder- und Jugendförderung können aus dem Landesjugendplan gefördert werden, wenn sie über die Leistungsverpflichtungen der öffentlichen Träger der Kinder- und Jugendhilfe hinaus zur Verwirklichung entsprechender Aufgaben im Land bedeutsam sind.

Beispiel Nordrhein-Westfalen (vgl. Landschaftsverband Westfalen-Lippe 2006; ISA 2009): Das Kinder- und Jugendförderungsgesetz des Landes (Ausführungsgesetz zum SGB VIII) sieht vor, dass das Ministerium für jede Legislaturperiode einen Kinder- und Jugendförderplan erstellt, der Ziele und Aufgaben dieses Praxisfeldes im Land beschreibt und die finanzielle Unterstützung in ihrem Umfang festlegt. In Nordrhein-Westfalen betrugen diese Landesmittel von 2006 bis 2010 rund 75 Millionen Euro jährlich. Damit werden insbesondere Maßnahmen, Einrichtungen und projektbezogene pädagogische Ansätze in den folgenden Bereichen gefördert: Gender Mainstreaming, interkulturelle Bildung und Erziehung, sozialpädagogische Förderung benachteiligter Kinder und Jugendlicher, Partizipation junger Menschen, politische und soziale Bildung in der Kinder- und Jugendarbeit sowie das Zusammenwirken mit der Schule.

Zielten die ersten Jugendpläne 1950 vor allem auf die Minderung eingeschränkter Lebenslagen und Not junger Menschen in der Nachkriegszeit sowie auf die Etablierung des Praxisfeldes Kinder- und Jugendarbeit (vgl. Keil 1969), so wiederspiegeln heutige Landesjugendpläne in ihren formulierten Grundlegungen und Handlungsrahmen aktuelle Entwicklungstendenzen und fachliche Standards der Kinder- und Jugendhilfe. Der Kinder- und Jugendförderplan Nordrhein-Westfalen etwa regt vor allem die gegenwärtig verstärkt diskutierte Schnittstellenbildung der Kinder- und Jugendhilfe mit benachbarten pädagogischen Feldern an, vor allem mit der Schule im Kontext des Ausbaus von Ganztagsangeboten. Entsprechend werden dort für das Feld der Kinder- und Jugendförderung zentrale fachpolitische Herausforderungen benannt. Dies sind vor allem die Klärung ihres Bildungsauftrages, ihre stärkere Ausrichtung an den Lebensverläufen junger Menschen sowie die Gestaltung von Angebotsstrukturen im Zuge des demografischen Wandels. Der Kinder- und Jugendförderplan Nordrhein-Westfalen formuliert darüber hinaus Voraussetzungen für die Gestaltung effektiver Angebote und Einrichtungen der Kinder- und Jugendförderung: die Anwendung von Verfahren der Qualitätsentwicklung, die Etablierung eines kommunalen Wirksamkeitsdialoges der beteiligten Träger sowie die ausdrückliche Verankerung der aus Landesmitteln mitgeförderten Maßnahmen in der kommunalen Jugendhilfeplanung vor Ort.

4.4 Folgerungen und Kritik

Die hier vorgestellten Zahlen machen deutlich, dass der Finanzaufwand für die Aufgaben der Jugendhilfe in den vergangenen Jahren beträchtlich zugenommen hat. Bei einer differenzierten Betrachtung wird aber zugleich deutlich, dass diese Zunahme durchaus im Bereich der normalen Ausweitung öffentlicher und privater Haushalte liegt (sowohl durch Inflation wie auch durch Wachstum bedingt) und dass nach wie vor strukturelle Defizite und Ungleichgewichte in der Aufgabenstruktur gegeben sind. Mehr als vier Fünftel der Ausgaben werden für Kindertagesstätten und Hilfen zur Erziehung verbraucht. Hingegen stehen für offene und präventive Leistungsbereiche nur geringe, z.T. auch (relativ) abnehmende Mittel bereit. Wenn wir uns vor Augen führen, dass für den Verlauf gelingender Sozialisationsprozesse hier entscheidende Weichen gestellt werden können, dann gibt diese Statistik ein Zeugnis vom strukturellen Dilemma einer verspäteten und daher oft erfolglosen Jugendhilfe. Eine durchgreifende Verbesserung wäre wohl nur dann zu erwarten, wenn es gelänge, jugendhilfespezifische Sozialplanungen und Langzeitprogramme zu entwickeln, die den bedarfsgerechten Ausbau und die Vervollständigung der Leistungspalette der vielfältigen und aufeinander abgestimmten Jugendhilfeangebote leisten können. Die im Kapitel 4 des Abschnittes I entworfene „Leistungspyramide" der Kinder- und Jugendhilfe muss in ihrer Gesamtheit und als Einheit eine Entsprechung in den Haushaltsplanungen haben. Der Abbau einzelner Leistungen (allen voran der offenen Kinder- und Jugendarbeit) zugunsten anderer Bereiche wie der Tagesbetreuungen und dem Kinderschutz darf nicht die zentrale Entwicklungsstrategie der Kinder- und Jugendhilfepolitik sein. Statt einer internen Verlagerung der Ressourcen und der Förderung angebotsstruktureller Ungleichgewichte sollte das Zusammenspiel aller Elemente der Kinder- und Jugendhilfe finanziell gefördert werden. Einleitend sind aktuelle Themen und Anlässe benannt, die eine enorme finanzielle Anstrengung bedeuten, wenn sie nachhaltig verfolgt werden sollen (z.B. kommunale Bildungslandschaften, Familienförderung und Tagesbetreuung sowie Gesundheitsförderung). Eine unverzichtbare Voraussetzung hierfür ist allerdings eine Kooperation von Bund, Ländern und Gemeinden zur finanziellen Absicherung der dargestellten Ziele und Aufgaben. Den Kommunen können nicht beliebig viele Aufgaben der sozialen Integration und Versorgung der Bürger/innen übertragen werden, ohne angemessene finanzielle Grundlagen hierfür zu bieten. Eine zentrale Aufgabe der Zukunft ist für die Kinder- und Jugendhilfe daher die gezielte, fachlich und fachpolitisch fundierte sowie bedarfsgerechte Ressourcensteuerung – vor allem mit Hilfe der örtlichen Jugendhilfeplanung realisiert, die der Gesetzgeber (§ 80 SGB VIII) als Rahmen für die Beobachtung, Bewertung und (Weiter-)Entwicklung der Jugendhilfeinfrastrukturen vorsieht.

5. Jugendhilfeplanung

Jugendhilfeplanung meint zunächst ganz allgemein eine am Bedarf orientierte, integrierte Fachplanung, die sowohl den Ansprüchen politischer Planung als auch den Ansprüchen offensiver, präventiver Sozialer Arbeit genügen muss. Als Fachplanung geht es bei der Jugendhilfeplanung um die Entwicklung längerfristiger, zukunftsbezogener Strategien zur Lösung der komplexen Aufgaben der Jugendhilfe. Als politischer Prozess ist Jugendhilfeplanung ein Instrument kommunaler Willensbildung und Entscheidungsvorbereitung, in dem die von der Jugendhilfeplanung Betroffenen (z.B. Jugendliche), die an der Jugendhilfeplanung Beteiligten (z.B. freie Träger), Jugendhilfeausschuss/Landesjugendhilfeausschuss, andere Fachverwaltungen/Behörden, Soziale Arbeit, Gewerkschaften, Ausbildungsstätten sowie Experten (Wissenschaftler) mit einzubeziehen sind (vgl. Jordan/Schone 2010).

Nach § 80 Abs. 1 SGB VIII ist die Jugendhilfeplanung eine Pflichtaufgabe der öffentlichen Jugendhilfe. Gleichzeitig werden in dieser Bestimmung inhaltliche und prozedurale Grundanforderungen an Jugendhilfeplanung gestellt. Anders als in der Vergangenheit besteht seit Inkrafttreten des SGB VIII bei den örtlichen und überörtlichen Trägern der Jugendhilfe eine Verpflichtung, eine den Grundsätzen des SGB VIII entsprechende Jugendhilfeplanung zu erstellen. Es kann davon ausgegangen werden, dass das SGB VIII mit den §§ 79 (Gesamtverantwortung, Grundausstattung) und 80 (Jugendhilfeplanung) eine deutliche Aktivierung kommunaler Planungspraxis der Jugendhilfe bewirkt hat. Es lassen sich davon zwar keinerlei Aussagen über Qualität und Tragweite kommunaler Planungsaktivitäten herleiten; es ist jedoch nicht zu verkennen, dass Planung als Gestaltungsmittel kommunaler Jugendhilfe ein deutlich höherer Stellenwert zugeschrieben wird als vor der Verabschiedung des SGB VIII.

Denn Kinder- und Jugendhilfe ist gegenwärtig mit einer Reihe von fachlichen und organisatorischen Anforderungen konfrontiert, die die Überprüfung und Weiterentwicklung ihrer Konzepte initiiert haben (z.B. Fragen der Kooperation mit Schule, Bildungsdebatte, demografischer Wandel, Migration oder Qualitäts- und Wirkungsorientierung, vgl. Schrapper 2010). Um vor diesem Hintergrund bedarfsgerechte Jugendhilfeleistungen für junge Menschen und ihre Familien vorhalten zu können, sind Informationen über die Entstehung von Jugendhilfebedarf und Vorstellungen über die Entwicklung und Gestaltung von Jugendhilfeangeboten wichtig. Die Herausforderungen der Kinder- und Jugendhilfe sind daher immer auch Herausforderungen für kommunale Jugendhilfeplanung als zentrales Instrument zur Planung, Strukturentwicklung und Ressourcensteuerung. Die aktuellen Entwicklungen in der Kinder- und Jugendhilfe haben sich erkennbar auf die Planungspraxis ausgewirkt, die nunmehr gefordert ist, ihre Position im Rahmen einer kommunalen Sozialplanung zu bestimmen und zu behaupten (vgl. Brülle/Hock 2010). Dabei muss sie sich vor allem den folgenden Fragen stellen: Wie lassen sich die aktuellen Entwicklungen in der Kinder- und Jugendhilfe in ihrer Relevanz für Planung charakterisieren? Was sind aktuelle, veränderte Anforderungen an die Organisation von Planungsprozessen? Wie wirken sich Veränderungen im Kinder- und Jugendhilferecht auf Jugendhilfeplanung aus? Was sind die neuen und erkennbar nachhaltigen Anforderungen an die Praxis der kommunalen Jugendhilfeplanung? Was macht die Qualität einer Jugendhilfeplanung der Zukunft aus?

Diesen Fragen soll im folgenden Abschnitt überblicksartig nachgegangen werden. Eine aktuelle empirische Standortbestimmung zur Planungspraxis in Deutschland ermöglicht eine Standortbestimmung (vgl. Adam/Kemmerling/Schone 2010), die den Rahmen für die Darstellung von Grundlagen, Aufgaben, Konzepten und Organisationsformen von Planungsprozessen in der Kinder- und Jugendhilfe bietet (vgl. Jordan/Schone 2010, Schnurr/Jordan/Schone 2010). Ferner sollen die zentralen aktuellen Anforderungen an Jugendhilfeplanung benannt und schließlich ein Blick auf Qualitätskriterien einer Jugendhilfeplanung der Zukunft geworfen und ihr Stellenwert für die Gestaltung von Kinder- und Jugendhilfe bestimmt werden, die nicht nur vor neuen Anforderungen steht, sondern auch die Chance hat, Planung hierfür in einer neuen Intensität einzubeziehen bzw. als Gestaltungsinstrument aktiv zu nutzen (vgl. im Überblick Maykus/Schone 2010a, Merchel 2010a und 2010b, Maykus/Schone 2010b).

Als grundsätzliches Planungsverständnis soll hier formuliert werden: Jugendhilfeplanung ist ein Instrument zur systematischen Gestaltung der Handlungsfelder und Leistungsbereiche der Kinder- und Jugendhilfe. Ziel der Kinder- und Jugendhilfe ist es laut § 1 SGB VIII, an der Entwicklung und Erhaltung positiver Lebensbedingungen für junge Menschen und ihre Familien mitzuwirken. Aus diesem Grund ist es Aufgabe der öffentlichen Träger, eine quantitativ und qualitativ bedarfsgerechte Struktur an Jugendhilfeangeboten vorzuhalten und permanent weiterzuentwickeln. Jugendhilfeplanung ist vor diesem Hintergrund ein kontinuierlicher Prozess der fachlichen und politischen Willensbildung und Entscheidungsvorbereitung, einhergehend mit Impulsen für Fragen der Organisations- und Qualitätsentwicklung der Träger und Institutionen sowie der Ressourcensteuerung (vgl. Merchel 2005, 2010b). Die Funktion von Jugendhilfeplanung kann laut Jordan/Schone (vgl. 2000, S. 60ff. und 2010) in einer doppelten Hinsicht gekennzeichnet werden: einerseits in fachlicher Hinsicht, bezüglich der Umsetzung fachlicher Standards, von Konzepten, Arbeitsformen, Bedarf und Maximen der Kinder- und Jugendhilfe (Jugendhilfeplanung als fachliche Entwicklungsaufgabe) sowie andererseits in fachpolitischer Hinsicht mit Blick auf die Herstellung von Aufmerksamkeitsstrukturen, die Verteilung von Ressourcen, die öffentliche Sensibilisierung auf Belange der Jugendhilfe als auch mit Blick auf die Gestaltung von Strukturen, Organisationsformen und Kooperationen in diesem Feld (Jugendhilfeplanung als fachpolitische Gestaltungsaufgabe). Die zentrale Funktion der Jugendhilfeplanung kann demnach als zentrales Steuerungsinstrument der Jugendhilfepraxis in einer empirisch-diskursiven Weise zusammengefasst werden (vgl. ebd.). Eine grundlegende Herausforderung von Planungsprozessen in der Jugendhilfe besteht in der Kombination von Empirie, Reflexion und Kommunikation (vgl. Maykus 2006b und c).

Als zentrale Herausforderung für die Gestaltung von Jugendhilfestrukturen wurde bereits im 11. Kinder- und Jugendbericht (vgl. BMFSFJ 2002, S. 246) die Berücksichtigung gesellschaftlicher Trends bei der Entwicklung bedarfsgerechter Angebote formuliert: Die Pluralisierung der Lebensführung und Individualisierung von Lebenslagen, entsprechend veränderte Bedingungen des Aufwachsens, verlangen darauf abgestimmte soziale Infrastrukturen und fachliche Konzepte. Um diese zu entwickeln, sollen die gesellschaftlichen Dynamiken als Orientierungsrahmen für die Bestandsaufnahme der Jugendhilfe im regionalen Kontext sowie für die Analyse dortiger Ungleichverteilungen bezüglich der Struktur und der Ausstattung der Jugendhilfe dienen (vgl. ebd., S. 249). Bei der Weiterentwicklung der Jugendhilfe gilt es somit, zwei Ebenen, die jeweils durch offene Prozesse gekennzeichnet sind, gemeinsam in den Blick zu nehmen: pluralisierte, wenig kalkulierbare und offene Lebenswege, wenig klar vorhersehbare und fassbare Erscheinungsformen von individuellen Belastungen und Problemen im Lebenslauf auf der einen Seite; auf der anderen die Institutionen und Angebote der Jugendhilfe, die angemessen reagieren, sich darauf konzeptionell einlassen wollen, damit dynamisch, veränderbar, flexibel, tendenziell offen in ihrer je konkreten Entwicklungsrichtung sein müssen. Eine modernisierte Kinder- und Jugendhilfe ist somit gekennzeichnet durch Selbstreflexion und Selbstevaluation, eben durch die Arbeit an ihrer eigenen Entwicklungsfähigkeit und an deren notwendigen Erhalt.

Um diese Offenheit und Komplexität zu strukturieren, schließlich in praktisch umsetzbare Konzepte und Angebote münden zu lassen, bedarf es Instrumente für die Praxisentwicklung und -weiterqualifizierung. Diese werden vor allem in einer Planungs- und Evaluationskultur realisiert, in der das Jugendamt eine wichtige Rolle als Steuerungsinstanz in der kommunalen Kinder- und Jugendhilfe einnimmt. Voraussetzungen für deren Gestaltung sind die Etablierung und stetige Weiterentwicklung einer bedarfsgerechten sozialen Infrastruktur, die Pluralisierung der Angebotsstruktur, Verwaltungsmodernisierung, Jugendhilfeplanung, Qualitätsmanagement und Evaluation. Das Jugendamt ist im Rahmen seiner Gesamtverantwortung hierbei unter anderem für die Jugendhilfeplanung und Entwicklung bedarfsgerechter Angebotsstrukturen verantwortlich und für ein Controlling mittels kommunaler Sozialberichterstattung (vgl. auch Brülle/Hock 2010).

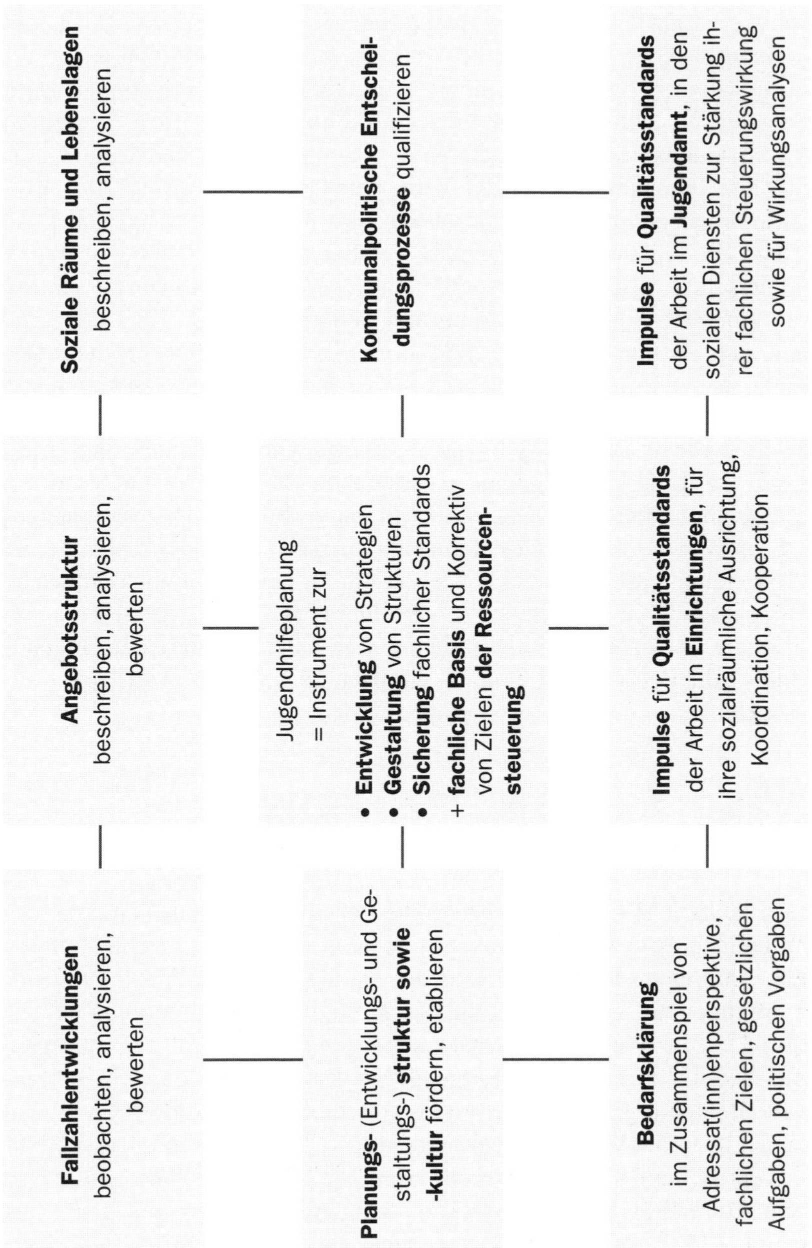

Abb. 10: Planungsverständnis und Stellenwert von Planung in der Kinder- und Jugendhilfe (Quelle: eigene Darstellung)

In der Praxis der Jugendhilfeplanung hat sich das Verständnis von Planung als kommunikativer Prozess als Leitbild durchgesetzt und stößt auf breite Akzeptanz. Die Umsetzung dieser Leitlinie erweist sich jedoch als komplex und schwierig, als keineswegs eindeutig (vgl. Schone 2000, S. 121). Es gibt kein standardisiertes Bild, kein klares Konzept von „kommunikativer Jugendhilfeplanung", vielmehr ermöglicht es Vielfalt und Prozesshaftigkeit im Umgang mit dem Gegenstand der Jugendhilfe, die in ihren Strukturen und Erscheinungsformen nicht eindeutig determiniert ist. Die Kommunalisierung der Jugendhilfe geht mit dem Charakter ihrer diskursiven Entscheidbarkeit über Fragen der Gestaltung von Praxisstrukturen einher, so dass Jugendhilfeplanung nicht einem Verständnis von Planung in einem technologischen Sinne folgt (meint: anhand klar beschreibbarer Schritte wird in einem festgelegten Zeitraum ein vorher definiertes Ziel erreicht), sondern sich als ein Planungsprozess darstellt, der gestaltet und gesteuert werden muss, der Entscheidungen über Fragestellungen, Schwerpunkte, Ressourcen, beteiligte Personen sowie Arbeits- und Organisationsformen – z. B. in Form von Planungsgruppen, Arbeitsgemeinschaften, (Unter-)Ausschüssen – erfordert. Das daraus resultierende Selbstverständnis von Jugendhilfeplanung und ihre Funktion ist in der Abbildung 10 zusammengefasst. Entscheidend für die Gestaltungswirkung von Jugendhilfeplanung ist ihre Anbindung an die Jugendhilfeverwaltung und kommunalpolitische Diskussion sowie eine durchgängig verfolgte sozialpädagogische Perspektive, d. h. die sozialpädagogischen Maximen und Fachstandards der Jugendhilfe bilden die Basis für Erklärungs- und Deutungsprozesse von Jugendhilfeentwicklungen.

5.1 Aktueller Stand der Planungspraxis in der Kinder- und Jugendhilfe in Deutschland

Es lagen lange Zeit keine aktuellen empirischen Fakten zum Stand der Jugendhilfeplanung in Deutschland vor, so dass Adam/Kemmerling/Schone im Jahr 2009 eine Online-Erhebung der Planungsaktivitäten aller Jugendämter durchgeführt haben, um Einblicke in die Personalsituation, in aktuelle Prioritäten der Planung, in entstehende Schnittstellen zu angrenzenden Planungsbereichen sowie in die gegebenen Rahmenbedingungen für Planung zu erhalten (vgl. Adam/Kemmerling/Schone 2010). Zusätzlich zu den erhobenen quantitativen Daten (mit einem Rücklauf von immerhin rund 47 Prozent der befragten Ämter) wurden exemplarische Interviews geführt, so dass die Autoren zu dem Schluss kommen: „Aufgrund der Rückläufe aus der Online-Erhebung und der Bereitschaft zur Beteiligung an Interviews kann man nach Zusammenführung der Ergebnisse davon ausgehen, dass sie ein realistisches Bild vom Stand der Jugendhilfeplanung in Deutschland 20 Jahre nach der Einführung der Planungspflicht durch das SGB VIII wiedergeben“ (ebd., S. 17). Wie kann man demnach die aktuelle Planungssituation in der Kinder- und Jugendhilfe beschreiben (vgl. ebd., S. 40ff.)?

1. Jugendhilfeplanung ist personell verankert, aber uneinheitlich und widersprüchlich: Die große Mehrzahl der Jugendämter hat eigenes und hauptamtliches Personal für Planungsaufgaben. Der Stellenumfang der hierfür Beschäftigten variiert jedoch erheblich und lässt bezweifeln, dass bei Teilzeitregelungen (knapp ein Drittel der befragten Ämter haben Planer/innen auf Stellen mit halber Beschäftigungszeit, bei rund 12 Prozent ist der Stundenumfang sogar noch geringer) immer mit voller Aufmerksamkeit, Konzentration auf Planung und den komplexen Aufgaben gerecht werdend Jugendhilfeplanung stattfinden kann. Es hat sich bislang noch kein Minimalstandard der personellen Ausstattung von Jugendhilfeplanung herauskristallisiert. Die Rahmenbedingungen der Planung werden aber unabhängig vom Stellenumfang als durchaus positiv beschrieben.
2. Jugendhilfeplanung kann nicht dem gesamten Feld gleichermaßen gerecht werden: Jugendhilfeplanung ist gegenwärtig in Deutschland vor allem entlang der zentralen Bereiche der Kinder- und Jugendhilfe organisiert und setzt vor Ort entsprechende Prioritäten. Der Grundidee, dass Planung alle Bereiche – gleichsam systemisch als Gesamtplanung verstanden – bewertet, plant und dabei in Beziehung setzt, scheint nicht möglich. Als vorherrschendes Planungsthema zeigt sich der Ausbau der Tagesbetreuung, der in fast allen befragten Ämtern eine absolute Vorrangstellung hat. Einheitliche Trends zu weiteren Planungsthemen lassen sich kaum erkennen, jedoch sind die Themen Jugendhilfe und Schule, Gesundheit, Kinderschutz, Hilfe zur Erziehung und Jugendarbeit durchaus erkennbar von Bedeutung und häufiger durch Planungsbeschlüsse in ihrer Aktualität untermauert.
3. Der Radius von Jugendhilfeplanung wird größer: Jugendhilfeplanung versteht sich nicht mehr nur als eine Fachplanung für das Feld der Kinder- und Jugendhilfe, sondern ist deutlich ein Teil integrierter sozialplanerischer Prozesse in Kommunen geworden. Soziale Anforderungen der Gestaltung von Integration und Teilhabe in den Kontexten von Bildung, Migration, Gesundheit oder Arbeit lassen sich kaum noch voneinander trennen und verlangen einen gesamtplanerischen Entwurf kommunaler Handlungsstrategien. Jugendhilfeplanung liefert hierfür wichtige Grundlagen und ist erkennbar Teil solcher Planungsnetzwerke geworden (allen voran bezüglich einer stärkeren Abstimmung mit der Schulentwicklungsplanung).
4. Beteiligung spielt in der Planung eine größere Rolle als häufig gedacht: Jugendhilfeplanung betreibt als Facette der Sozialplanung vielfältigste Formen der Beteiligung von Adressaten und macht sie für lokale Planungsprozesse – dem Grundverständnis eines kommunikativen und aus-

handlungsorientierten Vorgehens folgend – nutzbar. Runde Tische, Kinderparlamente, Beteiligungsaktionen oder Befragungen stellen keine Seltenheit dar und sind bei einer Vielzahl der befragten Jugendämter Bestandteil von Planung.

5. Jugendhilfeplanung sieht sich in einer schwierigen Situation – und betont doch den Stellenwert einer fundierten Fachplanung für die kommunale Kinder- und Jugendhilfe: Jugendhilfeplanung findet nicht immer auf einer detaillierten, konzeptionell geklärten und kontinuierlich gepflegten Datenbasis statt. Die Datenlage von Planung ist sehr oft (weiterhin) unzureichend. Dieser Stand ist unbefriedigend, wenn man davon ausgeht, dass kleinräumige und integrierte Datenkonzepte deutlich an Bedeutung gewinnen, jedoch in der Praxis noch nicht nachhaltig umgesetzt werden. Jugendhilfeplanung bangt damit um ihr letztlich zentrales Werkzeug im Planungsalltag: Empirie als eine wichtige Basis von Reflexion und Kommunikation in planungsrelevanten Aushandlungsprozessen. Trotz allem sieht die Mehrheit der Befragten Jugendhilfeplanung als ein unverzichtbares Schlüsselinstrument für die Gestaltung der Kinder- und Jugendhilfe an und macht die Erfahrung einer entsprechenden Resonanz in Politik und Praxis.

5.2 Ziele und Aufgaben von Jugendhilfeplanung

„Die Frage: „Was ist Jugendhilfeplanung?“ muss einerseits mit dem Blick auf die Programmatik der gesetzlichen Vorgaben und auf die fachlichen Diskurse beantwortet werden. Andererseits lohnt es sich, zum Verständnis des Begriffes und vor allem zum Verständnis der Realität der Jugendhilfeplanung seinen Blick auch darauf zu lenken, was die öffentlichen Jugendhilfeträger unter dem Titel „Jugendhilfeplanung“ tun, wie die „gelebte Praxis“ der Jugendhilfeplanung heute aussieht.“ Mit diesen Ausführungen beginnen Schnurr/Jordan/Schone ihre Darstellung von Zielen, Aufgaben und Handlungsmaximen der Jugendhilfeplanung (vgl. 2010, S. 94) und zeichnen ein vielschichtiges Aufgabenspektrum von Planung in der Kinder- und Jugendhilfe: Die Diversität und Vielfalt von Jugendhilfeplanung zeigt sich zum einen in den ganz unterschiedlichen Personalkapazitäten für Planung in den Jugendämtern und zum anderen in der Breite der Themen und Methoden, die die Planungsprozesse ausmachen. Diese Vielfalt könnte ein Qualitätsrisiko bergen, zumal konturierte und verallgemeinerbare Standards der Planung kaum erkennbar sind (vgl. ebd., S. 94 ff.).

§ 80 SGB VIII | Jugendhilfeplanung

(1) Die Träger der öffentlichen Jugendhilfe haben im Rahmen ihrer Planungsverantwortung
1. den Bestand an Einrichtungen und Diensten festzustellen,
2. den Bedarf unter Berücksichtigung der Wünsche, Bedürfnisse und Interessen der jungen Menschen und der Personensorgeberechtigten für einen mittelfristigen Zeitraum zu ermitteln und
3. die zur Befriedigung des Bedarfs notwendigen Vorhaben rechtzeitig und ausreichend zu planen; dabei ist Vorsorge zu treffen, dass auch ein unvorhergesehener Bedarf befriedigt werden kann.

(2) Einrichtungen und Dienste sollen so geplant werden, dass insbesondere
1. Kontakte in der Familie und im sozialen Umfeld erhalten und gepflegt werden können,
2. ein möglichst wirksames, vielfältiges und aufeinander abgestimmtes Angebot von Jugendhilfeleistungen gewährleistet ist,
3. junge Menschen und Familien in gefährdeten Lebens- und Wohnbereichen besonders gefordert werden,
4. Mütter und Väter Aufgaben in der Familie und Erwerbstätigkeit besser miteinander vereinbaren können.

(3) Die Träger der öffentlichen Jugendhilfe haben die anerkannten Träger der freien Jugendhilfe in allen Phasen ihrer Planung frühzeitig zu beteiligen. Zu diesem Zweck sind sie vom Jugendhilfeausschuss, soweit sie überörtlich tätig sind, im Rahmen der Jugendhilfeplanung des überörtlichen Trägers vom Landesjugendhilfeausschuss zu hören. Das Nähere regelt das Landesrecht.

(4) Die Träger der öffentlichen Jugendhilfe sollen darauf hin wirken, dass die Jugendhilfeplanung und andere örtliche und überörtliche Planungen aufeinander abgestimmt werden und die Planungen insgesamt den Bedürfnissen und Interessen der jungen Menschen und ihrer Familien Rechnung tragen.

Der gesetzliche Auftrag ist demgegenüber im § 80 SGB VIII klar formuliert und zielt auf die Gestaltung einer kommunalen Infrastruktur der Kinder- und Jugendhilfe, die Voraussetzung für die Gewährung von Hilfen und Angeboten ist, für die ein Rechtsanspruch besteht (Hilfe zur Erziehung und Tagesbetreuung), die den Programmsätzen und Maximen des SGB VIII in praktischer Form Rechnung tragen soll (z. B. Lebenswelt- und Sozialraumorientierung, indem positive Lebenslagen junger Menschen und Familien (mit-)gestaltet werden sollen; vgl. § 1 SGB VIII) und die sicher stellt, dass Kinder- und Jugendhilfe hoheitliche Aufgaben in einem Netzwerk etablierter Angebotsstrukturen erfüllen kann (z. B. den Schutzauftrag).

Mit Schnurr/Jordan/Schone (vgl. ebd., S. 99) kann man zusammenfassen, dass Jugendhilfeplanung die Gestaltung des in Kapitel 4 von Teil I beschriebenen Leistungsspektrums („Leistungspyramide") der Kinder- und Jugendhilfe unterstützen soll: „Gegenstand und Zielperspektive der Jugendhilfeplanung ist somit die Gesamtheit und die Einheit der Jugendhilfe. Jugendhilfeplanung hat dafür Sorge zu tragen, dass die einzelnen Teile des

Systems Jugendhilfe sich in Beziehung zu einander entwickeln und dass die unterschiedlichen Funktionen von Programmatik, Rechtsanspruch und hoheitlichen Aufgaben des gesetzlichen Auftrags in der Infrastruktur ineinander greifen. Die folgenden gesetzlichen Bestimmungen sind für die Ausgestaltung und Positionierung der Jugendhilfeplanung über die §§ 79 und 80 SGB VIII hinaus von besonderer Relevanz:

- § 71 Abs. 2 Nr. 2 SGB VIII: Jugendhilfeplanung als eine besonders hervorgehobene Aufgabe des Jugendhilfeausschusses,
- § 74 Abs. 2 SGB VIII: Bindung der freien Jugendhilfe u.a. an die Ergebnisse der Jugendhilfeplanung,
- § 78 SGB VIII: Arbeitsgemeinschaften,
- § 81 SGB VIII: Zusammenarbeit mit anderen Stellen und öffentlichen Einrichtungen."

Durch die Verpflichtung der Träger der öffentlichen Jugendhilfe zur Planung wird Jugendhilfeplanung zu einem unverzichtbaren Instrument zur Überprüfung und Sicherung der Gewährleistungsverpflichtungen des öffentlichen Trägers nach § 79 Abs. 2 (vgl. dazu auch Hinweis auf Planungsverantwortung in § 79 Abs. 1) – die gesetzliche Verpflichtung zur Planung beschränkt sich nicht auf einzelne Teilbereiche der Jugendhilfe, sondern es sind alle Aufgabenfelder einzubeziehen. Jugendhilfeplanung ist auch explizit im Aufgabenkatalog des Jugendhilfeausschusses benannt (§ 71 Abs. 2 Nr. 2).

Das SGB VIII spricht durchgehend von der Aufgabe der Jugendhilfeplanung, nicht von einer Plan-Erstellung oder einem Jugendhilfeplan. Dies unterstreicht, dass Jugendhilfeplanung als eine kontinuierliche Aufgabe zu verstehen ist. Jugendhilfeplanung wird heute als ein durch Kommunikation und Partizipation bestimmter Prozess charakterisiert (vgl. Verein für Sozialplanung 1992; Merchel 1992 und 1994; Jordan/Schone 1992, 2000 und 2010). Damit wird betont, dass Ziele, Aufgaben, Mittel, Anforderungen im Bereich der Jugendhilfe nicht raum- und zeitunabhängige „objektive" Vorgaben, sondern immer Ergebnis von Aushandlungsprozessen, konkreten Interessenkonstellationen und parteilichen Engagements sind. Jugendhilfeplanung ist danach als eine Aufgabe zu verstehen, bei der es immer wieder aufs Neue für die jeweilige Planungsregion zu bestimmen gilt, ob die vorhandenen Angebote, Dienste und Veranstaltungen nicht nur hinreichend und angemessen sind, sondern ob sie auch den jeweils aktuellen Standards einer zeitgemäßen Jugendhilfe entsprechen. Eine sachgerechte Wahrnehmung dieser Aufgabe setzt voraus, dass hierfür qualifiziertes Personal in erforderlichem Umfang zur Verfügung steht.

Jugendhilfeplanung ist nach Schnurr/Jordan/Schone (vgl. 2010, S. 104f.) als umfassender Steuerungsdiskurs zu verstehen, der kommunalpolitisch, fachlich und fachpolitisch wirken soll. Jugendhilfeplanung hat daher nach § 80 Abs. 1

- den Bestand zu erheben,
- den Bedarf unter Berücksichtigung der Wünsche, Bedürfnisse und Interessen der Betroffenen zu ermitteln und
- die Schritte zur Bedarfsdeckung zu benennen.

Dabei ist nicht nur der Aspekt der laufenden Überprüfung (Prozesscharakter der Planung) zu berücksichtigen, auch gilt es, offen zu bleiben für neue Bedürfnisse und unvorhergesehene Bedarfe und zu deren Erfüllung beizutragen (Flexibilität der Planung).

Diese Planungsschritte beziehen sich auf alle Handlungsfelder der Jugendhilfe. Sinnvollerweise sollten sich die Bestandsermittlungen dabei an der Systematik (den Aufgaben) und den Kriterien (z.B. Anspruchsqualität) des SGB VIII orientieren. Bei den Bestands- und Bedarfsfeststellungen geht es wesentlich um die arbeitsfeldspezifische Konkretisierung unbestimmter Rechtsbegriffe („erforderlich", „geeignet", „rechtzeitig", „ausreichend", aber auch darum, welcher Mitteleinsatz vor Ort einen „angemessenen Anteil" für z.B. die Jugendarbeit sichert (§ 79 Abs. 2 Satz 2). Dies ist nicht mit so genannten objektiven Messgrößen zu bewerkstelligen. Hier geht es vielmehr um einen politischen Aushandlungsprozess. Dabei kommt es darauf an, durch die Planung die verschiedenen Bedarfe unterschiedlicher Zielgruppen offen zu legen, damit in dem unverzichtbaren Prozess der Prioritätensetzung (ggf. der zeitlichen Streckung) durch die Ausschüsse und die parlamentarischen Vertretungskörperschaften deutlich bleibt, wessen Bedürfnisse zurückgestellt werden, wenn denen anderer Vorrang eingeräumt wird. Jugendhilfeplanung ist ein Instrument kommunaler Willensbildung und Entscheidungsvorbereitung. Sie tritt nicht an deren Stelle, muss aber einen Beitrag zur Transparenz der Folgen von politischen Entscheidungen leisten.

Im Zusammenhang mit der Maßnahmeplanung sind die Konkretisierung des finanziellen Rahmens (z.B. mittelfristige Finanzplanung) und die Verzahnung der Planung mit verbindlichen Förderungsgrundsätzen von großer Bedeutung.

Auch die vom Gesetz geforderte Bedarfsermittlung unter Beteiligung der Betroffenen stellt erhöhte Anforderungen an die Planung. Das SGB VIII legt in § 80 fest, dass „der Bedarf unter Berücksichtigung der Wünsche, Bedürfnisse und Interessen der jungen Menschen und der Personensorgeberechtigten (…) zu ermitteln" ist. Die damit vorgeschriebene Adressatenorientierung klärt allerdings noch nicht, wie denn die Wünsche, Interessen und Bedürfnisse erhoben werden sollen, und ob es auch ausreicht, wenn sie von den Fachkräften aus der täglichen Praxis im Umgang mit jungen Menschen und ihren Eltern rückgeschlossen werden. Programmatisch ist allerdings unbestritten, dass die geforderte Adressatenorientierung über Verfahren der Betroffenenbeteiligung herzustellen ist.

Die gesetzlich vorgegebenen Teilschritte der Jugendhilfeplanung sind allerdings nicht als zwingende Vorgaben für einen zeitlichen und planungslogischen Ablauf zu verstehen (vgl. Nikles 1992, S. 75f.). Im Interesse eines ergebnisorientierten Vorgehens kann im Einzelfall eine (vorläufige) Bedarfsermittlung und – darauf basierend – Maßnahmenplanung sinnvoll sein, ohne dass vorab schon Ergebnisse von ggf. zeitintensiven Bestandsanalysen vorliegen müssen.

Das SGB VIII verpflichtet die öffentlichen Träger der Jugendhilfe zur frühzeitigen Beteiligung der freien Träger an der Jugendhilfeplanung. Dieses Beteiligungsgebot ist nicht nur deshalb zu beachten, weil die öffentliche Jugendhilfe grundsätzlich zur Zusammenarbeit mit der freien Jugendhilfe verpflichtet ist (§ 4) und die freiwillige Tätigkeit auf dem Gebiet der Jugendhilfe anregen und fördern soll (§ 74), sondern auch deshalb, weil die finanzielle Förderung der freien Träger davon abhängig gemacht werden kann, dass sie Einrichtungen, Dienste und Veranstaltungen nach Maßgabe der Jugendhilfeplanung anbieten (§ 74 Abs. 2). Dabei sollen freie Träger neben allgemeinen Grundsätzen auch spezifische inhaltliche Anforderungen (z.B. Orientierung an den Interessen der Betroffenen und Sicherung ihrer Einflussnahme auf die Ausgestaltung der Maßnahme; § 74 Abs. 4) beachten. Werden somit freie Träger verbindlich in ein abgestimmtes Leistungsangebot eingebunden, so ist verständlich, dass auch deren Mitwirkung an der Angebotsentwicklung unabdingbar ist.

Um den Widerspruch zwischen der öffentlichen Gesamtverantwortung und Planungskompetenz einerseits und der Autonomie der freien Träger (Selbständigkeit in Zielsetzung und Durchführung ihrer Angebote) andererseits zu lösen, sind im Rahmen der Jugendhilfeplanung qualifizierte Abstimmungsprozesse und ist zumindest eine Art „verbindlicher Selbstbindung" der freien Träger notwendig.

Die Auswirkungen der Jugendhilfeplanung (insbesondere bei regional sehr differenzierten Planungsansätzen und bei einer intensiven Betroffenenbeteiligung) auf die Arbeit der freien Träger sind unter Umständen erheblich. Für die freien Träger stellt sich damit die Frage, welchen Stellenwert sie selbst der Jugendhilfeplanung für ihre weitere Arbeit beimessen und welche Aufgaben sie im Planungsbereich übernehmen wollen. Das Interesse an finanzieller Absicherung einer ansonsten ungebundenen eigenständigen Arbeit ist für eine intensive Beteiligung sicher nicht hinreichend und wird Abstimmungen über konzeptionelle Fragen kaum erleichtern. Hinzukommen muss also die Bereitschaft, die eigenen Angebote in die Jugendhilfeplanung einzubeziehen und ggf. zu verändern.

Nach § 81 haben die Träger der öffentlichen Jugendhilfe mit anderen Stellen und öffentlichen Einrichtungen zusammenzuarbeiten, deren Tätigkeit sich auf die Lebenssituation junger Menschen und ihrer Familien auswirkt. Dieser Grundsatz wird hier auch in den Kontext der Jugendhilfeplanung übertragen. Damit wird eine institutionalisierte Möglichkeit eröffnet, Jugendhilfeperspektiven in andere Politikfelder und Handlungsbereiche hineinzutragen.

Die Verpflichtung der Jugendhilfe zur Zusammenarbeit mit anderen Stellen und öffentlichen Einrichtungen (z.B. Schulverwaltung, Trägern der beruflichen Aus- und Weiterbildung, Gesundheitsdiensten, Agenturen für Arbeit, Trägern anderer Sozialleistungen, Gewerbeaufsicht, Polizei- und Ordnungsbehörden, Einrichtungen der Aus- und Weiterbildung und der Forschung) macht darüber hinaus deutlich, dass Jugendhilfeplanung nicht als isolierte Fachplanung gesehen werden darf. Wenn Planung in der Jugendhilfe den Anspruch auf Verbesserung der Lebensbedingungen von Kindern, Jugendlichen und ihren Familien einlösen will, so muss sie sich als Bestandteil einer kommunalen Sozial- und Entwicklungsplanung verstehen. In diesem Sinne hat sich Jugendhilfeplanung auch als ein Korrektiv zu anderen Planungen (z.B. Flächennutzungs-, Raum-, Verkehrs- und Bildungsplanungen) zu verstehen. Hinter diesem Anspruch steht die Forderung, dass sich eine wirksame Jugendhilfeplanung nicht auf den Bereich der Jugendhilfe allein beschränken darf, sondern Probleme der kollektiven Daseinsorganisation und des gesellschaftlichen Zusammenlebens einzubeziehen hat, wenn sie Einfluss gewinnen will auf raum-, siedlungs-, bildungs- und sozialpolitische Maßnahmen auf kommunaler Ebene. Vor diesem Hintergrund gewinnt auch eine verzahnte Schulentwicklungs- und Jugendhilfeplanung in Form einer kommunalen Bildungsplanung gegenwärtig deutlich an Bedeutung (vgl. Maykus 2010).

5.3 Standards der Organisation und Durchführung von Planungsprozessen

1. Schlüsselthema: Prozessen der Jugendhilfeplanung eine Struktur und Organisiertheit verleihen

Den Begriff, Aufgaben und zentrale Funktionen von Jugendhilfeplanung haben Schnurr/Jordan/Schone (vgl. 2010) beschrieben und dabei betont, dass vor allem Kommunikation als charakteristisches Kernmerkmal von Jugendhilfeplanung zu verstehen ist. Das wird einerseits dem offenen, kaum standardisierbaren Gegenstand der Kinder- und Jugendhilfe gerecht, andererseits bedeutet es aber auch eine gewisse Diversität von Planung, gegebenenfalls ein Defizit an greifbaren, fachlichen Standards in ihrer Durchführung. Der Etablierung fachlicher Standards steht die Betonung des Kommunikativen jedoch nicht entgegen, wenn sie in eine klare Organisation von Planung sowie in entsprechende Planungsstrukturen eingebunden wird. Jordan/Schone (vgl. 2010) entwerfen daher ein Rahmenmodell von Planungsprozessen und deren Organisation. Es beschreibt Meilensteine, Beteiligungsformen und Strukturprinzipien als Verfahrensvorschlag für Planung. Es kann einerseits der Planungspraxis ein Gerüst für den Aufbau und die Gestaltung der Planungsprozesse geben und andererseits dem Erhalt einer kontinuierlich angelegten Jugendhilfeplanung dienlich sein.

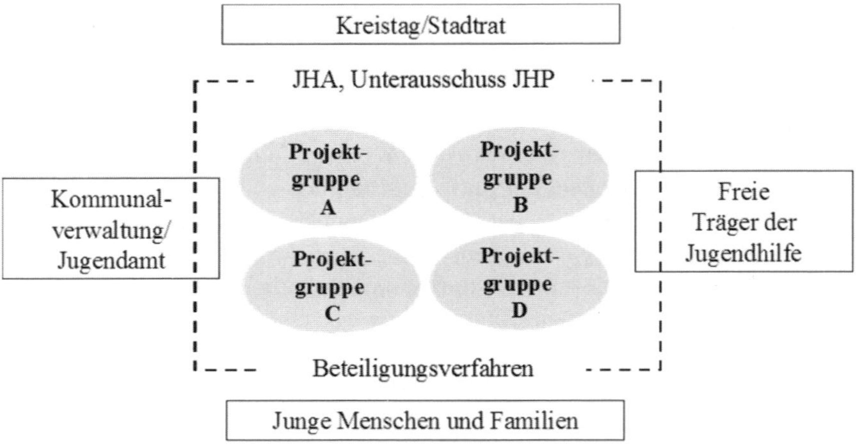

Abb. 11: „Basis-Kooperationsnetz" von Jugendhilfeplanung
(Quelle: Schone 2000; Jordan/Schone 2010; eigene Darstellung)

Im Einzelnen seien die Elemente dieses Rahmenmodells lediglich benannt (vgl. ebd.):

- Planung jugendhilfe- und kommunalpolitisch verankern: Der Jugendhilfeausschuss spielt eine entscheidende Rolle bei der Diskussion und Entscheidung zentraler Linien der kommunalen Kinder- und Jugendhilfe und sollte aktiv als Grundlage, Ort der Kommunikation sowie auch Legitimation von Entwicklungsprozessen sein (ggf. auch mit einem Unterausschuss Planung) (vgl. Teil III, Kapitel 1).
- Orte der Kommunikation und Aushandlung schaffen: Themenspezifische Planungsgruppen haben eine wichtige Bedeutung für die Diskussion von empirischen Befunden im Zuge von Bestandserhebungen sowie von Praxiserfahrungen gleichermaßen. Planungsgruppen stellen ferner sicher, dass die entscheidenden Akteure ihre Erfahrungen einbringen können und das Erfolgsdreieck von Planung mit Leben füllen: Empirie, Reflexion und Kommunikation.
- Planungsprozesse benötigen eine Organisationsstruktur mit klaren Zielstellungen und Zeitplänen, Zuständigkeiten, Beteiligungsformen und transparenten Wegen der Entscheidungsfindung. Ein Basis-Kooperationsnetz (siehe Abbildung 11) symbolisiert diese Grundidee und das Zusammenspiel der Planungselemente.
- Jugendhilfeplanung sollte einen Rahmen für Beteiligung bieten und sich dabei auf die Träger und Einrichtungen genauso beziehen wir auf die Adressaten der Kinder- und Jugendhilfe (vgl. 3. Schlüsselthema in diesem Abschnitt).
- Ein integriertes Datenkonzept ist unerlässliche Grundlage: Informationen und Daten über die Sozialstruktur-, Leistungen der Kinder- und Jugendhilfe sowie über themenspezifische Situationen (z.B. Bildung und Schu-

le) sollten kontinuierlich und kleinräumig erhoben werden. Man kann zwischen einen Basisdatenbestand (der jährlich erfasst und aktualisiert wird) sowie einem vertiefenden Datenprofil unterscheiden, das ausgehend von den Basisinformationen die genauere Analyse von Teilfragestellungen ermöglicht.

- Planungs- und Entscheidungsprozesse in Phasen differenzieren und bewusst gestalten: Planungsprozesse lassen sich allgemein in die Phasen Konzeptklärung (Was ist die fachliche Ausrichtung der Planung? – hier wird gegenwärtig vor allem Sozialräumlichkeit als Planungskonzept favorisiert), Bestandsaufnahme (Was ist der Ist-Stand der Jugendhilfeinfrastruktur vor Ort – benötigt z.B. Erhebungen per Fragebogen, kommunikative Klärungen oder auch Stadtteil- und Regionalanalysen), Bedarfsanalyse (meint den Aushandlungsprozess über Prioritäten und Ziele auf der Grundlage von empirisch und erfahrungsgestützten Informationen) sowie Maßnahmenplanung und Evaluation unterteilen.

2. Schlüsselthema: Empirie, Reflexion und Kommunikation als „Erfolgsdreieck der Planung“ fördern

Entscheidend für die Gestaltungswirkung von Jugendhilfeplanung ist ihre Anbindung an die Jugendhilfeverwaltung und kommunalpolitische Diskussion sowie eine durchgängig verfolgte sozialpädagogische Perspektive, d.h. die sozialpädagogischen Maximen und Fachstandards der Jugendhilfe bilden die Basis für Erklärungs- und Deutungsprozesse von Jugendhilfeentwicklungen. Zentrale Elemente der Jugendhilfeplanung sind laut Merchel (vgl. 1994) vor diesem Hintergrund ihre Prozesshaftigkeit, ihre Kommunikationsorientierung und Umsetzungsorientierung. Jugendhilfeplanung will mit ihren Schritten der Bestandsaufnahme, Bedarfsklärung, Maßnahmenempfehlung und Evaluation eine Brücke vom Planungsentwurf (der Vorstellbarkeit veränderter Konzepte und Strukturen einer regionalen Jugendhilfe) zur konkreten Realisierung des Weges dorthin in der Praxis bilden. Jugendhilfeplanung hat mit der Orientierung an Kommunikation ihr grundlegendes Leitbild, erhält durch vielfältige Daten aber erst ihren Gegenstand. Im Vergleich zur Schilderung von Charakteristika der Planungsprozesse wird der Notwendigkeit ihrer empirischen Fundierung in Fachveröffentlichungen vergleichsweise deutlich weniger Aufmerksamkeit geschenkt. Es besteht zwar Einigkeit darüber, dass Jugendhilfeplanung auf Daten angewiesen ist, um z.B. kleinräumige Beschreibungen von Lebensräumen der Adressat/inn/en vornehmen oder die Entwicklung von Leistungsbereichen beschreiben zu können, jedoch wird in diesem Zusammenhang auch immer auf Desiderata hingewiesen. Häufig existieren in Jugendämtern noch immer keine verlässlichen und kontinuierlichen Datenbestände in kleinräumiger Weise zu Infrastruktur-, Sozialstrukturfragen sowie dem Stand und den Entwicklungen der Leistungsbereiche der Jugendhilfe (vgl. bereits Jordan/

Schone 2000, S. 109ff. und aktuell im Kapitel 5.1 bzw. Adam/Kemmerling/Schone 2010). Der Fachaustausch als Aushandlungsprozess über Entwicklungsbedarfe in der Kinder- und Jugendhilfe kann in seinem diskursiven und reflexiven Potenzial umso effektiver wirken, wenn ihn empirische Daten und Informationen über die gegenwärtige Praxis leiten (vgl. Maykus 2006c).

3. Schlüsselthema: Planung als Ort der Beteiligung verstehen und aktiv gestalten

Im Kapitel 5.1 ist betont worden, dass gegenwärtig durchaus Anzeichen für eine gewachsene Beteiligungskultur in der Jugendhilfeplanung in Deutschland erkennbar sind. Trotzdem macht Stork (vgl. 2010, S. 224) auf den hohen Anspruch von Beteiligung in der Jugendhilfeplanung aufmerksam: „Gelingende Beteiligung in der Jugendhilfeplanung hängt in der konkreten Umsetzung oft von methodischem Können und persönlichen Kompetenzen der Planer/innen ab. Es muss gelingen, den Adressaten zunächst vorpädagogisch, d.h. mimetisch – auf Augenhöhe –, zu begegnen und dann erfolgreich kommunikative Beziehungen zu gestalten. Insofern sind Fragen der Haltung sowie methodische Kompetenzen der Planungsfachkräfte von erheblicher Bedeutung. Allerdings lässt sich in der Fachpraxis wie auch der Fachliteratur häufig eine pädagogisch-didaktische Verkürzung feststellen, als wenn die Beteiligung an Planungsprozessen nicht auch mit Fragen der Macht und Ohnmacht, mit Ressourcenfragen (Zeit und Geld), mit emotionalen und psychologischen Aspekten (z.B. Abhängigkeit und Unabhängigkeit, Liebe und Hass, Vertrauen und Misstrauen) zu tun hätte. Die Konzipierung und Gestaltung von Beteiligungsprozessen in der Jugendhilfeplanung braucht insofern eine komplexe Aufmerksamkeit auf politische, soziologische, psychologische und pädagogische Aspekte. Gelingende Beteiligungsprozesse balancieren die Ansprüche der bedeutsamen Disziplinen und berücksichtigen mögliche Widersprüche.“ Vor diesem Hintergrund begründet er Beteiligung als wichtige Räume für Demokratielernen und bürgerschaftliches Engagement, als wichtige Ergänzung und Relativierung der Expertenplanung sowie die Betonung von innovativen Dialogformen, die eingefahrene Planungslogiken durchbrechen können (vgl. ebd., S. 224ff.).

Die Beteiligung von Betroffenen an Planungen kann unterschiedliche Formen annehmen und sich auf verschiedene Planungsebenen beziehen (vgl. dazu ausführlich Jordan u.a. 1986 und Stork 2010). Bezüglich der Formen können unterschieden werden:

- direkte Beteiligung (alle potenziell und/oder faktisch Betroffenen können sich am Meinungsbildungs- und Entscheidungsprozess beteiligen),
- indirekte (mittelbare) Beteiligung (die Meinungen und Interessen der Betroffenen werden über Mittler, Repräsentanten etc. in den Planungsprozess eingebracht).

Bezüglich der Planungsebene kann sich die Beteiligung von einer bloßen Information über Problemlagen und Planungen bis hin zur Beteiligung an Planerstellung und Planumsetzung erstrecken. Beteiligungsform und Beteiligungsebene erlauben Aussagen über das Ausmaß der Beteiligung von Personen und Gruppen an sozial relevanten Planungen. Ein Höchstmaß an Beteiligung dürfte bei der direkten Beteiligung an Zielformulierung, Datenerhebung, Planerstellung und Planrealisierung gegeben sein.

Die mit einem extensiven Beteiligungsansatz verbundenen Voraussetzungen – intensive Kommunikation, breite Information, Rückkoppelungs- und Verständigungsprozeduren – können allerdings nur unter einer wesentlichen Rahmenbedingung sinnvoll eingesetzt werden: Sie sind für größere, komplex, umfassend, abstrakter angelegte, auf längerfristige Realisierungen ausgerichtete Gesamt-, Rahmen- und Entwicklungsplanungen weniger geeignet als für konkrete, überschaubare, in der Lebenswelt der Betroffenen angesiedelte Projekte und Vorhaben. Dies bedeutet, dass die qualitative Schwerpunktsetzung den Bezugsrahmen der Planung reduziert, das Thema einschränkt und konkretisiert. Von daher bietet es sich an, in einem mehrstufigen Planungsprozess unterschiedliche Beteiligungsformen einzusetzen. Unter systematischen Gesichtspunkten lassen sich hier unterscheiden:

- Repräsentative Verfahren,
- stellvertretende Verfahren (mittelbare Interessenvertretung von Betroffenen durch Expert/inn/en, Schlüsselpersonen oder andere ausgewählte Personen, Anwaltsplanung),
- kooperative Verfahren (direkte Kommunikation und Interaktion),
- initiierende Verfahren (Steigerung der unmittelbaren Einflusschancen nicht organisierter Betroffener auf den Planungsprozess).

In einem konkreten Planungsprozess können die hier idealtypisch genannten Beteiligungsformen miteinander verknüpft, zu verschiedenen Zeitpunkten und zu verschiedenen Themen verbunden und eingesetzt werden. Dabei identifiziert Stork (vgl. 2010, S. 238 ff.) Dilemmata der Beteiligung in Planungsprozessen, die bei der Umsetzung entsprechender Verfahren und Modelle der Beteiligung berücksichtigt werden sollten: Expertendilemma (Infragestellen der Plausibilität von Meinungsäußerungen und Anregungen junger Menschen im Planungsprozess), Methodendilemma (Beteiligungsprozesse sind komplex und dynamisch, passende Methoden müssen darauf immer wieder abgestimmt und beherrscht werden) sowie das Dilemma von Mehrheiten und Minderheiten in Entscheidungsprozessen der Planung. Als Resümee formuliert Stork (vgl. ebd., S. 239) demnach: „Es bleibt daher die Aufgabe der Praxis, offen und nachdenklich zu allen Seiten zu bleiben und die praktischen Herausforderungen zugleich sachlich und optimistisch anzugehen. In den letzten zwanzig Jahren wurde von der neuen Jugendhilfeplanung viel erreicht. Die Leitidee von Jugendhilfeplanung als „kommunikativem Prozess“ prägt heute vielfach die Arbeit der Planer/innen. Dennoch gibt es noch viel zu tun, um zu immer neuen Herausforderungen mit den Adressat/inn/en in einen produktiven Dialog zu kommen. (...) Um Teilhabe zu ermöglichen, müssen die Planungsfachkräfte im Adressaten nicht nur den Klienten sehen, sondern eher einen kompetenten Partner, mit dem gemeinsam gelernt und entwickelt wird."

5.4 Neue Anforderungen an Jugendhilfeplanung

Jugendhilfeplanung ist mit zwei zentralen Anforderungen konfrontiert: Sie erfährt auf der einen Seite eine deutliche Ausweitung der Planungsthemen und -bezüge, die einen jugendhilfeübergreifenden Charakter haben (z.B. Bildung, Schule, Schutzauftrag, Gesundheit, Migration, Frühe Hilfen, Demografischer Wandel; vgl. die thematischen Anforderungen im Überblick bei Maykus/Schone 2010) und muss auf der anderen Seite in den damit einhergehenden vermehrt integrierten Sozialplanungsstrukturen ihren Ort finden – zwischen Neujustierung, Schärfung und Behauptung ihres Profils.

Ein Beispiel: Kommunale Bildungsplanung wird als wichtige Grundlage eines neuen Systems von Bildung, Betreuung und Erziehung angesehen. Der Weg dorthin wird laut 12. Kinder- und Jugendbericht durch eine zentrale Herausforderung begleitet – durch den Aufbau einer kommunalen Bildungsplanung als integrierte Fachplanung. Kommunale Bildungsplanung soll ein Mittel sein, um die unterschiedlichen Handlungsfelder Schule und Jugendhilfe, ihre vielfältigen Differenzen und systemischen Unterschiede, in Verbindung zu bringen; sie soll Grenzen pädagogischer Praxis überwinden helfen und einen Rahmen schaffen, der dazu geeignet ist, diese abgestimmt zwischen beiden herzustellen. Eine Integration von Schulentwicklungsplanung und Jugendhilfeplanung wäre demnach Grundlage für die Integration von Schule und Jugendhilfe in Kooperationszusammenhängen (vgl. Maykus 2006e und 2010d).

Die Abstimmung der Planungsverfahren betrifft viele Ebenen und verlangt Raum und Entwicklungszeit für einen Wandel der Planungsstrukturen durch ihre Annäherung. Es braucht ferner Offenheit, Freiräume und eine Auseinandersetzungskultur der Beteiligten in diesem Prozess, damit nicht nur abgestimmt, sondern vielmehr ein drittes, gemeinsames Projekt eingegangen wird, etwa als kommunale Bildungsberichterstattung. Schließlich würde ein solches gemeinsames Projekt verdeutlichen, dass Integriertheit nicht das Verschmelzen der bisherigen Schulentwicklungsplanung und Jugendhilfeplanung bedeutet, nicht ihr Aufheben (gerade die Jugendhilfeplanung hat weiterreichende Aufgaben, die über diese Fragstellung hinausgehen); vielleicht sollte man daher, um Missverständnissen vorzubeugen, statt von Integriertheit von einer organisatorisch und strukturell abgesicherten Schnittstellenbildung beider Planungsverfahren sprechen, die ihre Sinnstiftung in mehrfacher Hinsicht bekäme. Sie würde die je eigene Planungsstätigkeit bereichern und verbessern, die Praxisstrukturen von Schule und Jugendhilfe verändern, ihr Kooperationsfeld gestalten helfen, vor allem aber auch die Planungsergebnisse optimieren: eine sozialräumlich verankerte, bedarfsgerechte und attraktive Angebotsstruktur der Bildungs- und Entwicklungsförderung junger Menschen in einer Kommune. Für die Jugendhilfeplanung bedeutet diese Zielperspektive ein Dilemma zwischen zwei sich widersprechenden aber auch gegenseitig bestärkenden wie bedingenden Anforderungen: Sie steht einerseits vor einem Wandel und einer Erweiterung ihrer Aufgaben, Organisation und Methoden (vgl. Merchel 2006), andererseits vor der Notwendigkeit ihrer Konsolidierung und Profilschärfung, um die benannte Schnittstellenbildung eingehen zu können, ihren Stellenwert verdeutlichen und ihre genuinen, nicht veränderbaren und zu erhaltenden Aufgaben zu positionieren.

5.5 Themen der Zukunft von Jugendhilfeplanung

Kinder- und Jugendhilfe ist mit einer Reihe von fachlichen und organisatorischen Anforderungen konfrontiert, die im Kapitel 3 dieses Abschnittes sowie in den vorstehenden Abschnitten dargestellt wurden. Dabei lassen sich vor allem die folgenden sechs Aspekte als die zentralen Themen der Zukunft von Jugendhilfeplanung ableiten:

1. Kinder- und Jugendhilfe ist in ihrem gesamten Angebotsspektrum weiter zu entwickeln und bedarfsgerecht zu planen. Dabei hat Jugendhilfeplanung die Aufgabe, die fachliche Begründung sowie empirische Fundierung einer umfassenden Jugendhilfestruktur zu bieten und vergessene (an den Rand gedrängte Themen) des kommunalen Jugendhilfediskurses anzumahnen: Kinder- und Jugendhilfe, die Teil eines kommunalen Systems von Bildung, Betreuung, Erziehung sowie Förderung junger Menschen und Familien sein soll, wirkt nur im Ganzen gut (vgl. Schrapper 2010).
2. Die wachsenden Planungsaufgaben im Zuge zunehmend vernetzter Planungsstrukturen verlangen der Jugendhilfeplanung eine klare Profil- und Funktionsbestimmung ab, die im Rekurs auf sozialplanerische Grundsätze und als fachplanerische Einmischung in Kommunalentwicklungen zu definieren ist.
3. Die Vergewisserung über den Funktionskern von Jugendhilfeplanung ist unerlässlich, um die zukunftsweisenden methodischen, ressourcen- und organisationsbezogenen Anforderungen von Planung zu realisieren, das sind vor allem: die Ergänzung der expertenorientierten Planung durch Adressatenbeteiligung, eine strukturell verankerte Schnittstellenbildung mit angrenzenden Planungsfeldern bei Beibehaltung der genuinen Funktion von Jugendhilfeplanung, die konzeptionelle Verschränkung von Empirie, Reflexion und Kommunikation in Planungsprozessen, die verlässliche Verankerung der Planungsposition in der Jugendhilfeadminis-

tration sowie die Förderung eines planungs- und entwicklungsbezogenen Bewusstseins, einer entsprechenden Organisationskultur darin.

4. Die beiden vorgenannten Aspekte können dazu dienen, dass Jugendhilfeplanung ein an sie gestelltes und in dieser Form neues Komplexitätsparadox bewältigt: Jugendhilfeplanung muss einmal den komplexer werdenden sozialen Planungsthemen gerecht werden, indem sie ihre Planungsstruktur und -organisation darauf abstimmt (z.B. in Form integrierter und vernetzter Planungen), also selbst an Komplexität gewinnt, gleichzeitig wird sie aber nur dann wirksam sein (praxiswirksame Planungsgrundlagen erarbeiten), wenn sie diese Komplexität wieder zu reduzieren, Prioritätensetzungen, ergebnisorientierte Planungsorganisationen und eindeutige Zuständigkeiten sowie Maßnahmenpläne zu produzieren imstande ist.
5. Jugendhilfeplanung sollte ihre fachliche Aufwertung durch ein offensives Gestaltungsverständnis untermauern und in den Kommunen erkennbar werden lassen. Denn die Reichweite von Kinder- und Jugendhilfe und ihrer verantwortlichen Gestaltung ist deutlich größer geworden, sie reicht hinein in die grundsätzliche Frage der gesellschaftlichen Rahmung von Bedingungen des Aufwachsens junger Menschen, verlangt der Jugendhilfe ein Bekenntnis zur Bestimmung ihres Anteils daran ab und vor allem politisch versierte Entscheidungen, die durch eine Koppelung mit fachpolitischen und fachlichen Diskursen zustande kommen.
6. Diesen Rahmen gestaltet Jugendhilfeplanung explizit mit und sollte dabei verdeutlichen, dass die Praxis der Kinder- und Jugendhilfe sowie das gemeinsame Nachdenken über ihre Innovation unter den Bedingungen schnellen Wandels und vielfältiger Einflüsse auf ihre Arbeit „gestalterische Leitplanken" benötigt, die Konzepte, Strukturen und Organisation von Jugendhilfeangeboten transparent und der fachlich orientierten Steuerung zugänglich macht. Die „gestalterischen Leitplanken" sind von der Jugendhilfeplanung zu verkörpern und können Praxis mit Blick auf ihr Umsetzung, Entwicklung sowie Optimierung kritisch begleiten, Entscheidungen forcieren und fachöffentlich transferieren.

Teil IV
Forschung, Qualifikation und Entwicklung

1. Kompetenzanforderungen moderner Kinder- und Jugendhilfe

Kinder- und Jugendhilfe befindet sich permanent in einem Modernisierungs- und Entwicklungsprozess, muss sich über Anforderungen, Vorgaben und Ziele verständigen, Konzepte weiterentwickeln und tut dies unter Bedingungen der Offenheit und Kontingenz (vgl. Maykus 2003). Praxis muss daher als Entwicklungsfeld gestaltet werden (so sind etwa die Konzepte der Sozialräumlichkeit und der Flexibilisierung Ausdruck eines solchen Selbstverortungs- und Veränderungsprozesses moderner Kinder- und Jugendhilfe). Dies erhöht den Planungs- und Steuerungsbedarf, die Notwendigkeit der Bestimmung von Handlungszielen im einzelfallorientierten und übergreifenden, konzeptionellen Sinne.

1.1 Handlungsbedingungen

Mitarbeiter/innen und Einrichtungen der Kinder- und Jugendhilfe (als Organisation) müssen demnach ebenso entwicklungs- und veränderungsfähig sein, genauso jedoch – und das macht die hohe Anforderung aus – handlungsfähig, mithin kompetent, fall- und situationsadäquat zu handeln. Damit zeichnet sich ein Bedingungsgefüge von Handlungsbedingungen und -anforderungen ab, das als Rahmen bzw. Hintergrundfolie für die nähere Bestimmung von Kompetenzformen dienen kann (Abb. 1 und Teil III, Kap. 5.4).

Ausgehend von diesem „Komponenten-Viereck der Handlungsbedingungen" bedeutet Kompetenz in der modernen Jugendhilfe die Befähigung der Mitarbeiter/innen zur Multiperspektivität und zur eigenen bzw. konzeptionellen Entwicklungsfähigkeit. Es wird zukünftig weniger darum gehen, isolierte Handlungsprogramme bezüglich bestimmter Adressatengruppen zu diskutieren, vielmehr werden diese integriert in Rahmenkonzepte des Handelns, in Strategien einer gleichermaßen flexiblen und standardisierten Kompetenz, die auf aktuelle Erfordernisse reagieren kann und ihre Gültigkeit nicht in Abhängigkeit von ihnen erlangt.

Die genannte Offenheit auf mehreren Ebenen der Betrachtung mündet also in ein grundsätzlich verändertes Methodenverständnis, das Handlungsfähigkeit ermöglichen soll. Mit Galuske (vgl. 2005) lässt sich daher ein Verständnis vom methodischen Handeln in der Sozialpädagogik betonen, das jene Aspekte im Rahmen sozialpädagogischer Arbeit betont, die auf eine

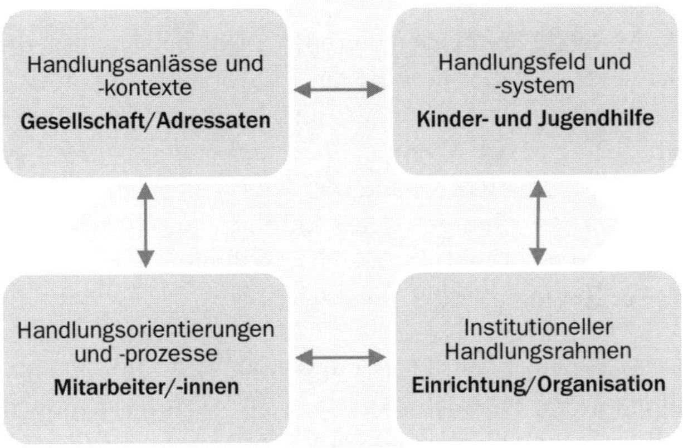

Abb. 1: „Komponenten-Viereck" der Handlungsbedingungen (Quelle: Maykus 2003)

planvolle und nachvollziehbare Gestaltung von Praxis zielen. Kern der so verstandenen methodischen Kompetenz ist die Fähigkeit, Praxissituationen in ihrer Komplexität wahrnehmen zu können, sie zu beschreiben und sich (wissensbasiert und theoretisch fundiert) in Zusammenhänge und Bedingungsgefüge einzudenken – als Voraussetzung für die einzelfallorientierte Gestaltung von Lernräumen und Entwicklungsmöglichkeiten. Methodisches Handeln muss sich dabei am Kriterium der Alltagsnähe messen lassen (Sozialpädagogik ist alltagsorientiert) und der generellen situativen Offenheit sozialpädagogischen Handelns eine professionell inszenierte „strukturierte Offenheit" (Thiersch 1993) entgegenhalten. Neben diese Offenheit treten Paradoxien des methodischen Handelns in der Kinder- und Jugendhilfe, die Winkler (exemplarisch für die Hilfen zur Erziehung, vgl. 1999, S. 1115 ff.) wie folgt beschreibt und damit auch die vorstehende Grundannahme unterstreicht:

- Die Einheit der Methode besteht in der Vielperspektivität: Es gibt nicht „die eine" gültige Methode, die in Handlungsfeldern oder -situationen zum Einsatz kommen kann, stattdessen verlangt die Offenheit pädagogischer Situationen multiperspektivische Zugänge und die Berücksichtigung von Einsichten durch Analyse und reflexive Fallarbeit.
- Nicht das Erzielen einer bestimmten Wirkung, sondern das Gestalten von Lern- und Erfahrungsräumen steht im Vordergrund: womit die Handlungsfähigkeit aller Beteiligten sichergestellt werden soll, Handlungs- und Lernpotentiale gefördert und aktiviert werden sollen, mithin Bildungs- und Subjektivierungsprozesse in pädagogischen Interaktionen. Das heißt auch:
- Methodisches Handeln beginnt vor diesem selbst: denn hierfür ist die Bereitstellung eines pädagogischen Ortes notwendig, an dem den Aktivi-

täten auch eine Form gegeben werden kann, methodisches Handeln eine Grundlage erhält.
- Alltag und Methode ergänzen sich (auch): was als gegensätzlich verstanden werden kann, erhält eine Relevanz, wird zur Kompetenz – das Identifizieren von Alltagsstrukturen der Adressaten, das Gestalten eines stabilisierenden Alltags (vor allem in den stationären Hilfen, grundlegend aber auch darüber hinaus), was immer auch auf einen methodischen Bezug verweisen kann, eine geregelte Abfolge von bewusst und zielorientiert konzipierten Schritten umfasst (Zielklärung, Vorgehen und Regeln festlegen, ihre Revidierbarkeit sichern).

Entsprechend bezeichnet Winkler (vgl. 1999, S. 1119) den Umgang mit diesen Paradoxien und Herausforderungen als wichtige Kompetenz, ferner ist ihm das Wissen um die Komplexität des Erziehungsgeschehens sowie möglicher professionell-methodischer Zugänge zu Situationsdeutungen und der Gestaltung von Situationen bedeutsam. Dies muss umso mehr betont werden, wenn man sich vergegenwärtigt, dass sozialpädagogisches Handeln schwierige und spannungsvolle Balancen aushalten muss (vgl. Müller 2002, S. 736f.) – einerseits Problemanalysen, Deutungen, Konzepte entwickeln soll, andererseits die Einmaligkeit der Adressaten nicht missachten darf; den ganzen Lebenszusammenhang im Blick haben soll, jedoch begrenzte Schritte umsetzen muss; stellvertretend deuten und handeln will, ohne Mündigkeit reduzieren zu dürfen. Wie lassen sich diese Anforderungen und Charakteristika des Handelns übersetzen in die Frage nach Grundlagen der Handlungskompetenz, was sind demnach beschreibbare Kompetenzformen in der Kinder- und Jugendhilfe?

1.2 Grundlagen der Handlungskompetenz

Methodisches Handeln ist Ausdruck von professioneller Handlungskompetenz und verlangt diese gleichzeitig als Voraussetzung. Dabei lassen sich drei in Wechselwirkung stehende Bausteine unterscheiden, die gleichsam die Grundlagen von Handlungskompetenz darstellen (vgl. Maykus 2003, wiederum verändert nach von Spiegel 2002, S. 595f.):

Baustein 1 „Wissen“: Hiermit ist die Verfügbarkeit von Fachwissen gemeint, das in Handlungssituationen abgerufen werden kann bzw. ihre Reflexion und Realisierung fördert. Dabei sind etwa Kenntnisse zur Strukturierung und Kategorisierung von Situationen wichtig (z.B. hinsichtlich von Ressourcen, Charakteristika von Lebenslagen oder Machtrelationen) und Wissen zur Erklärung von Problemzusammenhängen, Entstehungsbedingungen und ihren Auswirkungen. Für das Feld der Kinder- und Jugendhilfe sind dies vor allem eine soziologische sowie sozial- und entwicklungspsychologische Einordnung von Bedingungen des Aufwachsens junger Menschen, möglichen Benachteiligungsstrukturen und -effekten sowie Bewältigungsprozessen, die dann Anlass für unterschiedliche Leistungen und Hilfen sein können. Ferner sind die Kenntnis sozialpädagogischer Fachmaximen (z.B. Lebenswelt- und Sozialraumorientierung) in ihrer Auswirkung auf das Handeln sowie relevanter sozialpädagogischer Methoden und Verfahren von Bedeutung; schließlich das Wissen um rechtliche und administrative Grundlagen der Arbeit, um die eigenen Kompetenzen sowie die regionale Angebots- und Hilfestruktur, mithin eine sozialräumliche und Feldsensibilität (vgl. zu Kategorien des Fachwissens auch Peters 2002).

Baustein 2 „Können“: Zunächst spielt an dieser Stelle die Fähigkeit zum Einsatz der eigenen Person eine Rolle, die personale Dimension des sozialpädagogischen Könnens. Sie drückt sich aus in Empathie, des gedanklichen Perspektivenwechsels, der Reflexion von Deutungsmustern sowie dem Ausbalancieren von Nähe und Distanz in pädagogischen Beziehungen. Klarheit über die eigene Rolle und ihre Gestaltung ist nicht nur Resultat dieser Fähigkeit, sondern auch Voraussetzung für das Aushalten offener und wenig kalkulierbarer pädagogischer Prozesse. Des Weiteren ist das Handeln im engeren Sinne gemeint, die Beherrschung der Grundoperationen des zielorientierten und methodischen Handelns im oben genannten Sinne. Besonders hervorzuheben sind hierbei die multiperspektivische Fallarbeit (vgl. Müller 1993) sowie Strategien der Selbstevaluation als Grundlage und Impuls für die Weiterentwicklung und Optimierung des Handelns (vgl. Heiner 1996).

Baustein 3 „Berufliche Haltungen“: Hier wird der Arbeit an der eigenen beruflichen Haltung eine hohe Bedeutsamkeit beigemessen. Dies kann geschehen anhand der Reflexion eigener beruflicher Handlungsmuster und Wertestandards, der Reflexion des Kontaktes und der pädagogischen Begegnung mit den Adressaten sowie die Orientierung an ihrer Autonomie und Kompetenz, die Ergebnis einer solchen Vergewisserung sein sollte. Vor diesem Hintergrund stellt sich das Konzept des Empowerment (vgl. Stark 1996) als zentrale fachliche Leitlinie dar, die einerseits als methodischer Zusammenhang fungieren kann, andererseits aber vor allem eine Einstellung und berufliche Maxime ausdrückt, die die Unterstützung und Befähigung der Adressaten meint, die Förderung ihrer Selbstorganisation und Eigenverantwortung. Betont werden hierbei die Stärken und Fähigkeiten der Adressaten sowie die Ressourcenorientierung als Ausgangspunkt der pädagogischen Arbeit (vgl. Hansbauer 2001, S. 366). Im Sinne der Wechselwirkungen der Bausteine von Handlungskompetenz resultieren aus den Bausteinen 1 und 2 eine Grundhaltung der sach-, ziel- und personenbezogenen Sensibilität für die Ausgestaltung der sozialpädagogischen Hilfe und Begleitung: Denn die in den Arbeitsfeldern der Kinder- und Jugendhilfe zu bearbeitenden Probleme bzw. die Lebenslagen junger Menschen und Familien weisen eine erhebliche Komplexität auf und sollten als solche auch wahrgenommen und konzeptuell aufgegriffen werden. Diese Komplexität bezieht sich auf die je individuelle biografische Bewältigungsthematik des Kindes oder Jugendlichen durch die Gestaltung pädagogischer Angebote und Lebensräume, nicht auf durch umschreibbare Interventionen lösbare Einzelprobleme. Wichtig wird daher der lebensweltliche Blick auf die Bedürfnisse der Adressaten, auf ihr Bedürfnis, relevanten Erwachsenen und Gleichaltrigen zu begegnen, sie in ihrem persönlichen Profil zu erfahren, im gemeinsamen Tun, im Sichauseinandersetzen und Konfliktelösen, statt einer arrangierten Künstlichkeit und Einengung des professionellen Blickwinkels auf standardisierte Bildungs- und Erziehungsarrangements zu realisieren.

Eine auf diese Bausteine fußende professionelle Handlungskompetenz macht die Fähigkeit aus, den komplexen und vielschichtigen Anforderungen in den unterschiedlichen Feldern der Kinder- und Jugendhilfe gerecht zu werden und sich gleichsam in einem Wechselspiel der drei Bausteine stetig zu stabilisieren wie auch weiterzuentwickeln. Damit können der Alltag und Routinen adäquat bearbeitet, aber auch neue Anforderungen auf der Grundlage eines fachlichen „Rüstzeuges“ und Selbstverständnisses bewältigt werden.

Diese Grundlagen der Handlungskompetenz sorgen für eine Entwicklungsfähigkeit des Handelns und konkretisieren sich in spezifischen Kompetenzen – sie werden hier Kompetenzformen in der Kinder- und Jugendhilfe genannt, die an die vorstehenden Ausführungen unmittelbar anknüpfen (siehe Abb. 2):

- Analysekompetenz: „Lesen können von Situationen“, ein „Sich – hineindenken“, ein „Auseinanderdenken“ von Sachverhalten; Wissen um Problemzusammenhänge und Bedingungsgefüge ihres Erscheinens; Netzwerk- und Ressourcenanalyse; Betroffenenperspektive einbeziehen können,
- Interventions- und Aktivierungskompetenz: personale, pädagogisch-interaktive, fördernde Aspekte,
- Kooperationskompetenz: Kenntnis der Hilfestrukturen, Vernetzung, Leitprinzip der Zusammenarbeit,
- Koordinationskompetenz: Abstimmung und Ordnung der Handlungselemente, ihre Gewichtung;
- Selbstevaluationskompetenz: übergeordnete reflexive Begleitung und Überprüfung des Tuns.

Sozialpädagogische Fachkräfte in der Kinder- und Jugendhilfe handeln demnach professionell, wenn sie (vgl. Maykus 2010c)

- methodisch handeln, einen Prozess gestalten, in dem sie Methoden und

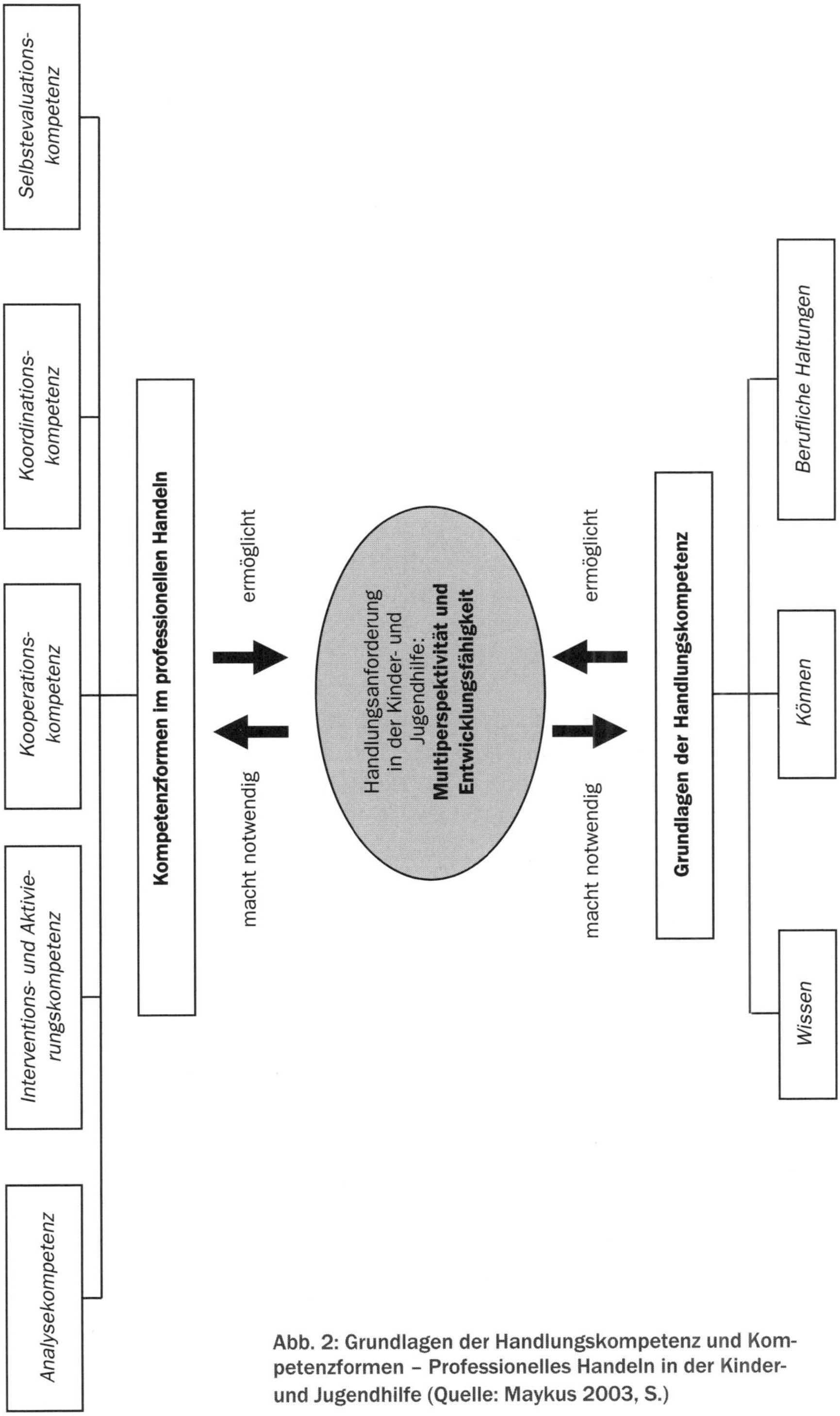

Abb. 2: Grundlagen der Handlungskompetenz und Kompetenzformen – Professionelles Handeln in der Kinder- und Jugendhilfe (Quelle: Maykus 2003, S.)

Techniken situations- und problemadäquat flexibel einsetzen, Fachwissen einbinden und mit einer spezifischen beruflichen Haltung in Einklang bringen;

- in der Situation mit vielfältigen Herausforderungen konfrontiert und sich bewusst sind, dass ihr Handeln nicht standardisierbar und in ihren Wirkungen kaum vollends vorhersagbar sind;
- sich der Probleme mit der Klärung ihres Auftrages, mit der Einschätzung der Situation (Beobachten, Beurteilen), der Interventionsplanung (Handeln) und der Klärung der Arbeitsbeziehung mit den Klienten bewusst sind und dies reflektiert handhaben;
- trotz vielfältiger Herausforderungen handeln, Entscheidungen treffen und dabei eines beherrschen: die Reflexion der Bedingungen ihres Handelns.

Handeln ist alltäglich. Wir beobachten uns und andere Menschen, Situationen und Vorkommnisse, häufig treffen wir dazu Entscheidungen, bewerten, was zu tun oder zu lassen ist. Solch alltägliches Handeln vollzieht sich auch in der Sozialen Arbeit. Aber: Wird es durch den beruflichen Rahmen, durch den Bezug auf soziale Probleme, ihre Beobachtung und Einschätzung sowie die Planung von Hilfen, automatisch zum professionellen Handeln? Nein, denn entscheidend ist nicht der berufliche Rahmen allein, sondern die Bewusstheit und Systematik des Agierens, die das auch alltäglich stattfindende Beobachten, Beurteilen und Handeln zu professionellem Handeln werden lässt. Es zeichnet sich durch eine Trennung, durch ein Aufeinanderaufbauen und durch die gekonnte Gestaltung des Zusammenspiels von Prozessen des Beschreibens durch Beobachtung, der Beurteilung und des Erklärens sowie des darauf gründenden Handelns aus (vgl. Nolting/Paulus 1999, S. 170). Professionelles Handeln in der Sozialen Arbeit soll präzise, begründet und reflektiert, wenn man so will, im Vergleich zum alltäglichen Handeln auf einem „gesteigerten Sorgfaltsniveau" erfolgen. Die Trennung, das Auseinanderhalten dieser einzelnen Prozesselemente des Handlungsvollzuges setzt ihre Kenntnis voraus, auch um sie wieder in ihrem Zusammenspiel sehen und in ihrem Stellenwert bestimmen zu können: Beobachten, Beurteilen und Handeln sind Prozesselemente professionellen Handelns. Wie kann ein Gesamtmodell aussehen, das sie integriert, einen Rahmen bietet und ein grundlegendes Modell professionellen Handelns beschreibt (vgl. Maykus 2010 c)?

Der Prozess von Beobachten, Beurteilen und Handeln ist auf Fertigkeiten und Fachwissen gleichermaßen angewiesen und auf ein berufliches Selbstverständnis, das sich der das Handeln prägenden Vorverständnisse von sozialen Problemen, von Klienten und der helfenden Beziehung sowie von Normalitätsvorstellungen bewusst ist (vgl. Michel-Schwartze 2009, S. 124 ff.) und sie kritisch reflektiert. In der Abbildung 3 ist der vorstehend skizzierte Prozess der handlungsbezogenen Reflexion und Wissensgenerierung (vgl. Maykus 2001 b, 2003, 2010 c) grafisch veranschaulicht. Der Mo-

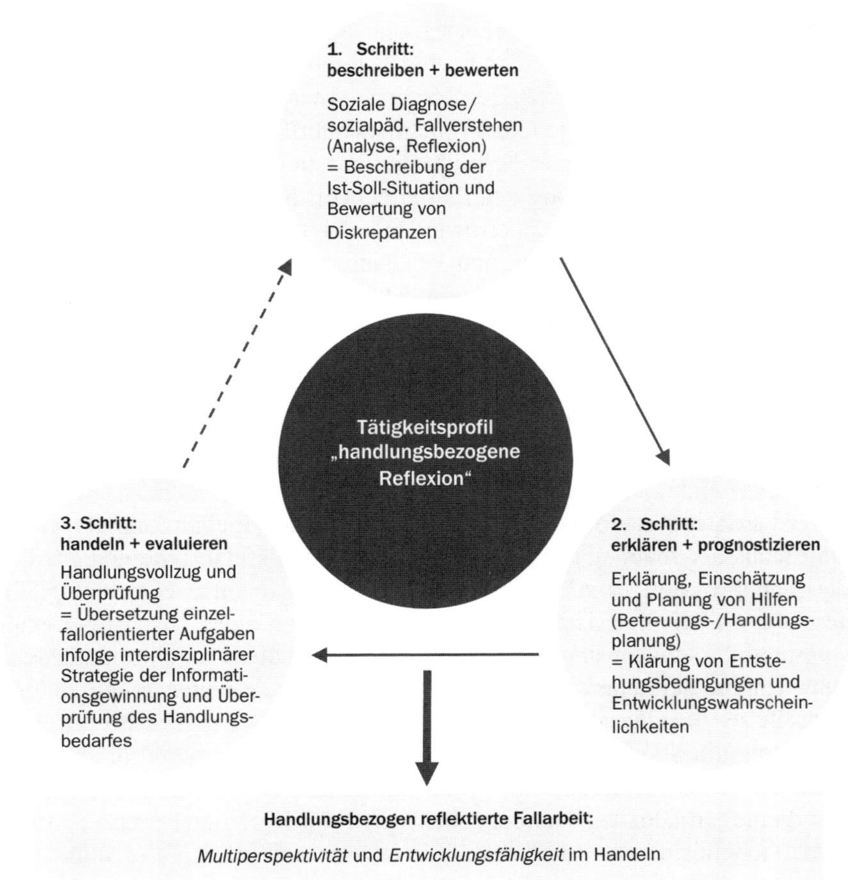

Abb. 3: Der Modus „Handlungsbezogene Reflexion“ am Beispiel der adressatenorientierten Fallarbeit (Quelle: Maykus 2010 c)

dus „Handlungsbezogene Reflexion“ ist als Kreislaufmodell zu verstehen (verändert nach einem Modell alltagspsychologischer Handlungs- und Entscheidungsprozesse von Sieland 1994, S. 32 ff.; sehr viel komplexer entwirft dies Obrecht (2009, S. 68) im Sinne einer „allgemeinen normativen Handlungstheorie“), das sich in drei Schritten, jeweils unterteilt in zwei Phasen, darstellt (vgl. Abb. 3). Dieser Prozess stellt einen idealtypischen Ablauf analytisch getrennter Schritte dar, wenngleich sich diese auch überlagern können. Er soll bei aller Offenheit sozialer und sozialpädagogischer Situationen das Regelhafte in seiner doppelten Bedeutung verdeutlichen, mit dem Sozialarbeiter/innen Komplexität strukturieren und ihr Handeln professionalisieren: „Strukturierte Offenheit“ entsteht einerseits durch den regelgeleiteten Umgang damit (sorgfältiger Prozess handlungsbezogener Reflexion in geregelten Schritten) und durch die Konstruktion situationsspezifischer Regeln im Sinne verallgemeinerter Bedingungsgefüge (Wissensanwendung und situationsspezifische -generierung). Diese doppelte Perspektive macht das „Handeln nach den Regeln der Kunst“ aus. Der Prozess verläuft dabei von der Beschreibung und Bewertung der Situation (oder eines aktuell auftretenden Problems; erster Schritt) über deren Erklärung und Prognose (zweiter Schritt) hin zum zielorientierten Handeln mit anschließender Überprüfung der Zielerreichung (dritter Schritt, der wiederum aus der Beschreibung einer neuen Situation besteht und bei einer Diskrepanz zwischen Zielsetzung und Ist-Stand zum Neueinsetzen des Reflexionsprozesses führt). Dieser Prozess hat in der Praxis der Sozialen Arbeit eine generalisierte Bedeutung und äußert sich in mehreren Kontexten methodischen Handelns, die über die adressatenorientierte Fallarbeit hinausgehen.

Soziale Arbeit ist in der Praxis mit typischen Handlungsproblemen konfrontiert, die mit ihrem offenen, komplexen Gegenstand zu tun haben und von (angehenden) Sozialarbeiter/inne/n bewältigt werden müssen. Dabei erweist sich, das hat hier das Beispiel der Kindeswohlgefährdung als Handlungsanlass symbolisiert, „Reflexion“ als Schlüsselanforderung und -kompetenz in der Sozialen Arbeit, das nicht in Konkurrenz zum Handeln gesehen werden darf (im Sinne des alten Bildes eines „Theorie-Praxis-Dilemmas“), sondern als Bindeglied zwischen Analyse durch und Anwendung von Wissen. Nach den „Regeln der Kunst“ zu arbeiten bedeutet, eine doppelte Bedeutung des Regelhaften beim Beobachten, Beurteilen und Handeln zu berücksichtigen: Sozialarbeiter/innen strukturieren und professionalisieren ihr Agieren durch den regelgeleiteten Umgang mit Praxisanforderungen (Prozess handlungsbezogener Reflexion auf einem „gesteigerten Sorgfaltsniveau“) und durch die Wissensanwendung und situationsspezifische -generierung, indem sie Regeln im Sinne kontrollierter Verallgemeinerungen der je erlebten Praxis entwickeln. Der damit verbundene hohe Anspruch an das professionelle Handeln obliegt in seiner Realisierung nicht allein den Sozialarbeiter/inne/n, sondern hängt wesentlich auch von der Gestaltung entsprechender Rahmenbedingungen in den Einrichtungen der Sozialen Arbeit ab. Neben einer explizit auf die Förderung dieser Kompetenzen ausgerichteten Führungskultur und Personalwirtschaft dürften eine entsprechende Ausbildung in den neuen Bachelor-Studiengängen (Förderung einer reflexiven und multiperspektivischen Fallarbeit), Fortbildungen, Supervisionen und Fallbesprechungen (zur Erneuerung, Vertiefung, Erweiterung des Wissens und als Praxisbegleitung und Möglichkeit der Selbstvergewisserung) sowie die Etablierung von Evaluations- und Konzeptentwicklungsprozessen (Auseinandersetzung mit Inhalten, Methoden, Zielen der Arbeit und ihre fortlaufende Optimierung als Qualitätsentwicklung in Organisationen) hilfreich sein (vgl. hierzu auch Teil IV, Kapitel 4).

2. Sozialmanagement in der Kinder- und Jugendhilfe

Kinder- und Jugendhilfe vollzieht sich in Organisationen, die sich an veränderten gesellschaftlichen Entwicklungen sowie an dem sich dynamisch entwickelnden Unterstützungsbedarf der Adressaten orientieren müssen. Veränderungsimpulse auf soziale Organisationen sind gegenwärtig neben den gesellschaftlichen und adressatenbezogenen Einflüssen vor allem fiskalische Zwänge, die Forderung nach Effizienz und Effektivität in der Leistungserbringung sowie ein wachsender Legitimationsdruck in unterschiedlichen Arbeitsfeldern der sozialen Arbeit. Wechselwirkungen zwischen sozialen Organisationen und ihrer Umwelt sind im Rahmen des Sozialmanagements systematisch in den Blick zu nehmen und anhand von Konzepten der Organisationsgestaltung in Einklang zu bringen. Organisationen, die eine Lern- und Entwicklungsfähigkeit etablieren wollen, müssen äußere Entwicklungen sensibel beobachten, Veränderungen planen und mögliche Wandlungsprozesse auf mehreren Ebenen professionell gestalten können: sie betreiben dann die gezielte Gestaltung ihres Handlungsrahmens. In der Praxis entfaltet sich Organisationsgestaltung z.B. in Aktivitäten der Konzeptentwicklung, des Personalmanagements und der Teamentwicklung, der Angebotsplanung und von Nutzeranalysen sowie in Form umfassender Qualitätsentwicklungsprozesse. Im folgenden Abschnitt werden diese Aspekte als „Bausteine des Sozialmanagements" in der Kinder- und Jugendhilfe verstanden und kurz skizziert.

2.1 Gründe für Management (in) der Kinder- und Jugendhilfe

Die Kritik an den Wohlfahrtsverbänden und der Sozialverwaltung, die Kritik an deren Funktionieren, Effizienz und damit an deren Management war ein wesentlicher Grund für eine verstärkte Orientierung an Sozialmanagement in der Sozialen Arbeit und damit auch in der Kinder- und Jugendhilfe (vgl. Wöhrle 2007, S. 106). In diesem Zuge entstand eine Welle an Methoden und Konzepten, die der Organisationsgestaltung und Optimierung dienen sollen, ebenso ein Boom an Beratung, Managementliteratur, Ausbildungen, Fortbildungen, auch Studienschwerpunkte, die Sozialmanagement publik machten. Vor allem aber die Kritik an der Ökonomisierung Sozialer Arbeit, die von betriebswirtschaftlichen, statt von sozialen Aspekten gesteuert würde, gab der Entwicklung von Sozialmanagement Auftrieb, denn es sollten Formen des Gestaltens und Managens gefunden werden, die den Zielen und Aufträgen der Kinder- und Jugendhilfe gerecht werden (vgl. ebd.). Management kann man nach Merchel (vgl. 2009) ganz allgemein als eine Strukturierungsform bezeichnen, die dazu beiträgt, fachliches Handeln unter den gegebenen Rahmenbedingungen zu optimieren. Management zielt auf die Erhöhung von Rationalität und auf fachliche Innovation. Management in der Sozialen Arbeit muss immer in Beziehung zu den Zielen und Aufträgen der Handlungsfelder stehen – diese Vermittlungs- und Strukturierungsleistung ist das zentrale Ziel von Sozialmanagement (siehe die Abb. 4).

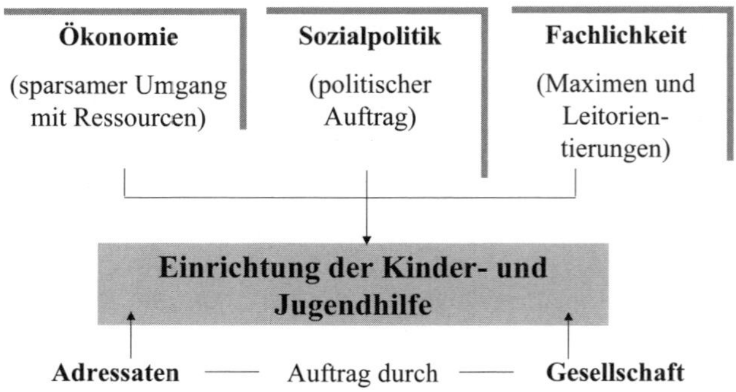

Abb. 4: Sozialmanagement als Vermittlungskontext und Strukturierungsleistung (Quelle: eigene Darstellung)

Weitere Gründe für Sozialmanagement (in der Kinder- und Jugendhilfe) sieht Merchel (vgl. ebd.) in den knappen öffentlichen Finanzen und Finanzierungsspielräumen für soziale Dienstleistungen, in der Kritik an der Effizienz und Effektivität dieser Leistungen, in der verstärkten Notwendigkeit, dass die Kinder- und Jugendhilfe ihre Arbeit legitimieren, ihren Nutzen vermitteln muss, im Ausbau wettbewerblicher Strukturen im sozialen Feld sowie schließlich in einer immer noch wahrnehmbaren managementbezogenen Defizitsituation sozialer Organisationen.

Sozialmanagement kann man auf unterschiedlichen Ebenen verorten (vgl. Wöhrle 2007, S. 110ff.):

- Die Makro-Ebene der Sozialwirtschaft bildet den Rahmen für das Sozialmanagement: Hiermit sind Markt, Solidargemeinschaft und Wohlfahrtsstaat gemeint. Sozialpolitische Regelungen bilden den Rahmen, auf den Sozialmanagement und Soziale Arbeit auch Einfluss nehmen sollten – dies geschieht aber immer weniger, denn Soziale Arbeit (genau wie die Kinder- und Jugendhilfe) wird mehr durch Sozialpolitik gesteuert, als sie diese selber mit beeinflusst. Auf dieser Ebene ist die Volkswirtschaftslehre angesiedelt, die sich mit den ökonomischen Seiten des sozialen Le-

bens beschäftigt (auch als Sozialökonomik verstanden, die vom volkswirtschaftlichen Standpunkt aus die sozialen Erscheinungen zu erfassen versucht, zu erklären und zu gestalten).
- Auf der Meso-Ebene geht es um die Verzahnung sozialwirtschaftlicher Organisationsformen, Programme und die jeweiligen Rahmenbedingungen vor Ort. Sozialmanagement bedeutet hierbei, die Organisation auf dem Markt zu platzieren, zu etablieren und entwicklungsfähig zu halten. Sozialmanagement umfasst dabei z.B. Marketing, Konzepterstellung, Antragswesen, Rechnungswesen, Organisationsentwicklung, Controlling, Change Management, Qualitätsentwicklung, Effizienz, Profilbildung. Mit diesen Fragen beschäftigen sich vor allem die Betriebswirtschaftslehre und die Managementtheorie, aber auch Arbeits- und Organisationssoziologie (wie auch -psychologie) sowie die Verwaltungs- und Rechtswissenschaften.
- In intermediären Feldern ist neben staatlichen und kommunalen Grundlagen der Daseinsvorsorge auch selbstorganisierte Produktivität in den Lebenswelten, Ehrenamt und Engagement wichtig. Sozialmanagement hat hier die Aufgabe, professionelle Standards zu implementieren und den Anschluss dieser Aktivitäten an das sozialpolitische System herzustellen.

Organisationen der Kinder- und Jugendhilfe stehen im Austausch mit ihrer Umwelt, werden angeregt, beeinflusst, irritiert, passen sich an, vollziehen Entwicklungen. Die in Teil I dieses Bandes (vor allem Kap. 4) beschriebenen Entwicklungsdynamiken der Kinder- und Jugendhilfe sind im Sinne eines solchen Wechselverhältnisses zu sehen und werden auch zukünftig zu Veränderungen der Kinder- und Jugendhilfe führen. Denn ihre Einrichtungen – Organisationen – sind „offene Systeme“, d.h. interne Abläufe sind als soziale, individuelle und durch Gruppen (Teams) sowie Adressaten geprägte Prozesse zu verstehen und es meint zusätzlich den Austausch zwischen einer Einrichtung und ihrer Umwelt (vgl. Merchel 2009). Sozialmanagement soll diese personenbezogenen (Mitarbeiter/innen, Adressaten), aufgabenbezogenen (Gesetze, Aufträge, veränderte Konzepte) und umfeldbezogenen, soziokulturellen (Gesellschaft) Einflussfaktoren analysieren, beobachten, vergegenwärtigen und das bewusste Umgehen mit diesen Faktoren ermöglichen. Sozialmanagement liefert keine allgemeingültigen Rezepte für die optimale Gestaltung sozialer Einrichtungen, sondern steht für ein „Ideenmanagement“ und das „Vor-Denken und Planen“, so dass man es mit Merchel (vgl. ebd.) als ein praktikables Optimierungshandeln verstehen kann. Sozialmanagement kann dabei eher an Fragen der ökonomischen Steuerung von Organisationen ausgerichtet sein (Kostenkalkulation, Kostensenkung, Controlling) oder an der Reflexion und Gestaltung der Außenbezüge (Wettbewerb, Konkurrenzen, sozialpolitische Rahmungen). Die zentralen Aufgaben und gleichzeitig Merkmale des Sozialmanagements sind vor allem (vgl. ebd.):

- Umgang mit Zielkomplexität und Mehrdeutigkeit sozialer Dienstleistungen,
- Bedarfsprüfungen und darauf abgestimmte Weiterentwicklung der Leistungen,
- Steuerung von Organisationsentscheidungen und Gestaltung von Organisationsstrukturen,
- Mehrdimensionalität der Leistungen vergegenwärtigen und beschreiben,
- Finanzierungswege gestalten und Finanzierung sichern,
- Personalentwicklung realisieren, gezieltes Personalmanagement zur Nutzung vorhandener Potenziale und Leistungshandeln sowie
- Qualitätsentwicklung und -sicherung als Aufgaben eines etablierten Systems des Qualitätsmanagements in sozialen Organisationen.

Im folgenden Kapitel sollen exemplarisch vier Bausteine des Sozialmanagements in der Kinder- und Jugendhilfe skizziert werden, um die Relevanz von Managementhandeln zu verdeutlichen. Im Sinne eines Anwendungsbeispiels soll hier ein Jugendhaus herangezogen werden, dessen Managementanforderungen in der Abbildung 5 schematisch dargestellt sind: Damit das Jugendhaus eine effektive sozialpädagogische Angebotsstruktur zur Entwicklungsförderung junger Menschen anbieten kann (Leistungen, die in der Abbildung oben beispielhaft aufgeführt sind), muss sie eine „Managementbasis" etablieren, die hierfür gelingende Rahmenbedingungen schafft.

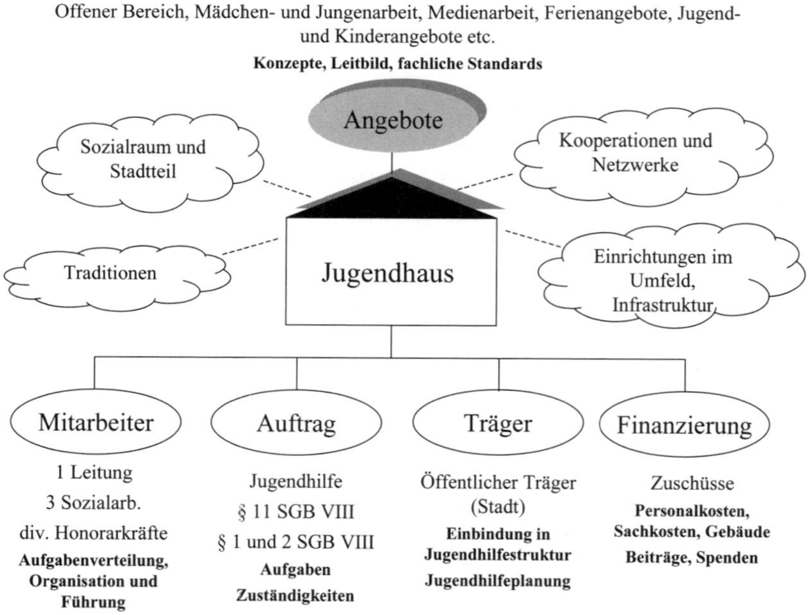

Abb. 5: Beispiel: Managementanforderungen in einem Jugendhaus (Quelle: Eigene Darstellung)

Diese Managementbasis des sozialpädagogischen Handelns im Jugendhaus umfasst die gezielte Gestaltung der Aufgabenverteilung zwischen den Mitarbeiter/inne/n, die Organisation der Abläufe und darauf zielendes Leitungshandeln, die Orientierung an den gesetzlichen und gesellschaftlichen Aufträgen der offenen Kinder- und Jugendarbeit und ihre Übersetzung in entsprechende Konzepte, die Finanzierung und Sicherung von Finanzierungsgrundlagen sowie die Mitwirkungen an der kommunalen Jugendhilfeplanung, die die Infrastruktur an Angeboten im offenen Freizeit- und Bildungsbereich beobachtet, bewertet und Veränderungen im lokalen Angebotsnetzwerk – wovon das Jugendhaus ein Teil ist – initiiert. All dies beschreibt methodisch-praktische Bausteine des Sozialmanagements in der Kinder- und Jugendhilfe.

2.2 Exemplarische Bausteine des Sozialmanagements in der Kinder- und Jugendhilfe

Baustein 1: Organisationsgestaltung

In frühen Formen der Gesellschaften hat die gegenseitige Hilfe das Zusammenleben geprägt (sie waren sozial und familiär verfügbar), jedoch erfolgte dies auch zufällig und war nicht verlässlich für alle gegeben. Hier gab es keine Organisationsnotwendigkeit, denn sie hätte den Charakter des Zusammenlebens eher gestört (vgl. Bödege-Wolf/Schellberg 2005, S. 33). In der modernen Gesellschaft hingegen haben Organisationen einen anderen Charakter (vgl. ebd., S. 33 ff.): Die gesellschaftliche Differenzierung führte auch zur Differenzierung der Hilfesysteme; Hilfe wurde zum Gegenstand gesellschaftlicher Arbeitsteilung, zudem ermöglichen Organisationen das Zusammenwirken mehrerer Helfer, so dass koordinierte Hilfesysteme entstanden. Grenzen und Mängel der Koordinierung prägen jedoch auch die Praxis hochdifferenzierter Systeme (z.B. im Kinderschutz). Organisationen stehen im Kontext des Sozialstaates für Zuverlässigkeit und Stabilität, d.h. gestaltete, verwaltete, planmäßige Apparate realisieren soziale Dienstleistungen, die rechtlich präzise geregelt sind und demokratisch kontrolliert werden. Was ist demnach eine Organisation? Organisationen sind, so Bödege-Wolf/Schellberg (vgl. 2005, S. 36), zielgerichtete soziale Systeme, in denen Menschen dauerhaft in einem Strukturzusammenhang stehen. Organisationen sind charakterisiert durch gemeinsame Ziele, sind auf Dauer angelegt und sind durch Strukturen beschreibbar, die die Beziehungen der Mitglieder definieren. Organisieren kann man als das Schaffen von Regeln und Zusammenhängen beschreiben, die eine Organisation kennzeichnen. Solche generellen Regelungen sollen Zufälle und Einzelfallentscheidungen ersetzen und es ermöglichen, Aufgaben in Teilaufgaben zu zerlegen und Organisationseinheiten zu bilden (vgl. ebd.). Organisationen verändern sich vor allem aufgrund äußerer Impulse (z.B. gesetzliche Änderungen, Finanzdruck, Konkurrenz, Innovation), aber auch durch interne Diskrepanzerfahrungen sowie durch Entwicklungs- und Lernanregungen, die das Personal initiiert (z.B. aufgrund besonderer Interessen und Kompetenzen) – und sie werden natürlich auch von den Adressaten und ihren sich wandelnden Lebenslagen angeregt (vgl. Merchel 2009). Soziale Organisationen müssen eine Balance zwischen Offenheit und Geschlossenheit immer wieder neu bestimmen und ausrichten. Sie sind existenziell verknüpft mit der Umwelt und können sich ihr nicht verschließen, sie würden sonst den Verlust an Ressourcen, an Kontakt zu Partnern und Auftraggebern, als auch den Bezug zu aktuellen fachlichen Entwicklungen riskieren. Das Herstellen dieser Balance ist Garant für die Überlebensfähigkeit der Organisation, die gezielt Weiterentwicklungen gestalten kann, indem sie regelmäßige Analysen der Arbeitsabläufe und Aufgabenziele vornehmen, die eigenen Arbeitsbezüge erweitern, Konzepte entwickeln, Fehlermanagement betreiben, Adressatenbefragungen durchführen und eine kontinuierliche, prozesshaft wirkenden Kultur der Weiterentwicklung der eigenen Arbeit und der Organisation etablieren – das benannte Jugendhaus würde sich dann dem Ziel verpflichtet sehen, eine „lernende“ oder „lernfähige“ Organisation zu sein, die ihre Konzepte bedarfsgerecht (weiter-)entwickelt. Methoden wie Stärken-Schwächen-Analysen, Zielformulierungen nach dem Modell SMART, Aktionspläne sowie kreative, gruppenorientierte Konzeptentwicklungstechniken könne hierbei hilfreich sein (vgl. ebd.).

Baustein 2: Konzeptentwicklung

Die Beschäftigung mit Konzepten und Leitbildern vereint mehrere Ebenen des Sozialmanagements: genauer die normative (grundlegende Werte und Normen), strategische (Ausrichtung an mittel- und langfristigen Zielen) und operative Ebene (Übertragung in die Praxis). Konzepte können theoretische Entwürfe sein (z.B. Sozialraumorientierung), Grundsätze und Leitbilder meinen, programmatische Festschreibungen der Arbeitsziele, fachlichen Maximen mit dem Zweck der Außendarstellung sein sowie auch die konkrete Planung zukünftiger Arbeitsprozesse meinen (Entwurf der Schritte hin zu einem definierten Ziel). Konzepte sollen die Kommunikation und den Ausgleich von Interessen unterstützen (Integration unterschiedlicher Wert- und Zielvorstellungen, Abgleich von Bedürfnissen, Haltungen und Einstellungen, Sichtbarmachen latenter Konflikte, Erarbeitung gemeinsamer Positionen), die Aktivierung der Organisationsmitglieder bewirken (Intensivierung der Arbeitsprozesse durch gemeinsame Entwicklung), sie bieten Orientierung (konkrete fachliche Linie und Grundlage ihres Handelns, Überprüfung von Handeln und die Festlegung von Grundsätzen der Organisationsgestaltung), sie dienen der Information (Außendarstellung und interner Informationsfluss, z.B. zur Einführung neuer Mitarbeiter/innen etc.) und können auch eine Motivation darstellen (der Mitarbeiter/innen, der Leitung, ggf. auch Kooperationspartner), die eigene Arbeit fortwährend weiterzuentwickeln. Konzeptentwicklung zielt nach von Spiegel (vgl. 2008) auf Ergebnisse (konkretes Papier als Konzeptgrundlage, fachliche Positionen) und die Gestaltung eines gewinnbringenden Prozesses im Sinne der Organisationsentwicklung ab. Ein solcher Prozess braucht Zeit, Sorgfalt und Raum und sollte sich in Phasen entfalten, wie der Vorbereitung, der Analyse, Durchführung und Überprüfung (vgl. ebd.). Zur Gestaltung dieser Phasen hat von Spiegel (vgl. ebd.) differenzierte Arbeitsgrundlagen und Praxismaterialien erarbeitet, die Einrichtungen der Kinder- und Jugendhilfe bereichsübergreifend einsetzen können.

Baustein 3: Qualitätsentwicklung

Qualitätsentwicklung in sozialen Organisationen, verstanden als Kernstück von Organisationsgestaltung, ist ein komplexes Unterfangen. Qualitätsentwicklung in der Sozialen Arbeit bedeutet, dass mehrere Anlässe und Personengruppen berücksichtigt werden müssen, auf die sich die Qualitätsfragen beziehen; es bedeutet demnach auch, dass sich die Erwartungen an Qualität zwischen diesen Personengruppen unterscheiden können. Qualität in der Sozialen Arbeit ist daher immer Ergebnis eines Aushandlungsprozesses. Da sich in der Sozialen Arbeit nur wenige Qualitätsmerkmale objektiv messen lassen, werden in einer professionellen Praxis Methoden und Verfahren benötigt, um Qualitätsdefizite zu identifizieren und Optimierungen der Arbeit zu planen. Qualitätsmanagement fördert in der Sozialen Arbeit die Auseinandersetzung mit den Zielen und Bedingungen professionellen Handelns und fördert die Bestimmung von Mitteln zur bzw. Wegen der Erreichung dieser Ziele. Es ist zudem eine zentrale Voraussetzung, um lernfähige Organisationen zu entwickeln, die eine professionelle Soziale Arbeit ermöglichen. Beispiele für Qualitätsmanagement in der Kinder- und Jugendhilfe sind etwa dialogische Verfahren der Selbstbewertung, Qualitätszirkel in den Einrichtungen, Einsatz spezifischer Qualitätsmodelle und -materialien nach EFQM (orientiert an Selbstbewertung) oder DIN EN ISO (Fokussierung der Prozessqualität unter Heranziehung externer Qualitätsprüfungen und -bewertungen) (vgl. im Überblick Beckmann 2009; Boeßenecker u. a. 2003; Merchel 2010a; Galiläer 2005; Peterander/Speck 2004). Wirksamkeitsdialoge und das auf Qualitätschecklisten basierende Verfahren WANJA sind – unserem Beispiel folgend – in der offenen Kinder- und Jugendarbeit vertreten (vgl. Projektgruppe Wanja 2000; Deinet 2006).

Baustein 4: Personalmanagement und Führung

Personalmanagement bedeutet, dass man nicht allein den Produktionsfaktor „Arbeit“ sieht, sondern, dass Menschen die Arbeit vollbringen, Bedürfnisse haben und diese gegenüber der Wirtschaftlichkeit gleichrangig sein sollen

(Organisationen als soziale Gebilde), sie sich in unterschiedlichen sozialen Kontexten bewegen und diese Einfluss auf die betriebliche Funktion haben (förderlich oder auch hinderlich). Die Einsicht, dass die menschliche Leistung in einer Organisation nicht beliebig abrufbar ist, sondern von vielen Faktoren abhängt (intern, extern, individuell und sozial) verlangt ein gezieltes Gestalten der Arbeitsbedingungen und der Rahmenbedingungen für die Entwicklung des Personals (das umfasst vor allem Personalauswahl, -rekrutierung, -politik, -qualifikation). Für eine solche Entwicklung und Gestaltung sozialer Organisationen haben Leitungs- und Führungsansätze eine zentrale Bedeutung. Im Zuge der verstärkten Aufmerksamkeit für Managementprozesse in sozialen Organisationen wird auch das Thema Führung und Leitung in der Sozialen Arbeit aktuell zu einer professions- und organisationsbezogenen Anforderung, die nach wirksamen (und auf den Gegenstand der Sozialen Arbeit hin spezifizierten) Konzepten und Praxismodellen verlangt. Soziale Arbeit orientiert sich vermehrt an der Leitidee der genannten „lernfähigen Organisation" und muss in diesem Kontext die Funktion und Aufgabe von Führung verorten, Leitungsstile und -instrumente auf die Belange der sozialen Organisationen anpassen und spezifische Führungskonzepte kultivieren (vgl. Merchel 2010d). Führungsaufgaben und -instrumente, die auch in Einrichtungen der Kinder- und Jugendhilfe von Bedeutung sind, können sachbezogen sein (Planung, Entscheidung, Kontrolle), aber auch personenbezogen (Zielvereinbarungen, Vorbildfunktion, Motivation, Beurteilung, Förderung), formal-organisatorisch (Leitbilder, Aufgabenorganisation, Stellenbeschreibungen, Vergütung) sowie interaktionsbezogen wirken (Mitarbeitergespräche, Lob und Kritik, Anleitung). Die Wirkungen einer verlässlichen Führung sind unverzichtbar, um die gesetzten Ziele und sozialpädagogischen Leistungen (z.B. in einem Jugendhaus) zu erreichen.

3. Praxisforschung in der Kinder- und Jugendhilfe

Die moderne Kinder- und Jugendhilfe steht gegenwärtig vor einer Reihe von Herausforderungen, die in diesem Band thematisiert werden (vgl. im Überblick Teil I, Kap. 4). Praxisforschung als Kontext- und Prozessforschung kann dabei im begleitenden Kontakt zwischen Wissenschaftler/inne/n und Praktiker/inne/n eine wesentliche Funktion übernehmen. Praxisforschung hat vorrangig die Praxis der Akteure in einem für sie wichtigen Ausschnitt (Kontext) zum Inhalt und reflektiert sie vor dem Hintergrund ihrer Theorien und Methoden. Die Bedeutung von Praxisforschung liegt in der Aufklärungs- und Orientierungsfunktion für die Tätigen mittels der Analyse komplexer Handlungsbedingungen, zugleich werden theoretische Entwicklungen unterstützt. Von Praxisforschung kann in diesem Sinne ein initiierender Impuls ausgehen, der Anregungen für die Weiterentwicklung für die Praxis vor Ort und darüber hinaus in der Kinder- und Jugendhilfe insgesamt anbietet (vgl. zum Folgenden Maykus 2010a, dort auch Beispiele von Projekten der Praxisforschung in unterschiedlichen thematischen Kontexten der Kinder- und Jugendhilfe).

3.1 Relevanz und Zieldimensionen von Praxisforschung

Praxisforschung leistet, so Hansbauer/Schone (vgl. 1998) einen wichtigen Beitrag für die Qualitätssicherung sozialpädagogischer Praxis. Mit einer systematischen und methodisch kontrollierten Analyse von Bedingungen, Einflüssen sowie Folgen sozialpädagogischen Handelns kann Praxisforschung Aussagen über die Wirksamkeit sozialpädagogischer Interventionen treffen (vgl. ebd., S. 376f.). Eine solche Wirksamkeitsanalyse erschließt den Akteuren die Bedingungen und Folgen ihres Handelns, so dass Praxisforschung durchaus die Funktion einer reflexiven Aufklärung über berufliches Handeln sowie die der Entwicklung alternativer (in ihrer Wirkung als optimiert eingeschätzter) sozialpädagogischer Handlungsformen sowie Settings erfüllen kann (vgl. ebd.). Die Unterstützung, Effektivierung und Stabilisierung von Praxis ist jedoch nicht die einzige Zieldimension von Praxisforschung, die Hansbauer/Schone (vgl. ebd.) als wichtig erachten. Sie sehen eine weitere in der Erforschung von Ursachen sozialer Probleme sowie in der empirisch gestützten Begleitung und Analyse von Prozessen beruflicher Praxis sowie von deren organisatorisch-strukturellen Rahmungen (vgl. ebd., S. 378). Praxisforschung zielt in diesem Sinne stets auf die Verbindung von Theorie und Praxis, sie ist, so Schone (vgl. 1996, S. 17), verbindendes Element zwischen Theorie- und Praxisentwicklung. Sie zielt auf eine wissenschaftlich begründete Handlungs- und Veränderungsperspektive von Praxis, indem sie berufliches Alltagshandeln und forschungsgeleitete Reflexion verzahnt (ohne jedoch der Gefahr einer gegenseitigen Verschmelzung unterliegen zu dürfen; vgl. ebd.). Der Praxis bzw. den Praktiker/inne/n soll die Möglichkeit einer kritischen Reflexion angeboten werden, mit dem Ziel, sich Optionen für eine veränderte, adäquatere Praxis zu erschließen und Umsetzungswege konzeptionell zu erarbeiten. Hierfür stellt Praxisforschung einen Kontext her, der nach Frank (vgl. 1997) dazu geeignet ist, dass Forscher und Praktiker gemeinsam die Bedingungen und Ergebnisse der sozialpädagogischen Arbeit untersuchen können und Ansatzpunkte für deren Weiterentwicklung identifizieren: Programm- und Produktentwicklung, die Analyse und Unterstützung der Programme sowie der Methodenimplementation als auch Organisations- und Zielgruppenanalysen können nach Frank Ergebnisse von Praxisforschungsaktivitäten sein (vgl. ebd.). Dabei die unterschiedlichen Qualitäten von Wissen (strukturierte Impulse zur Erkenntnisgewinnung), wie etwa Handlungswissen mit dem Charakter von Handlungsempfehlungen, Reflexionswissen und Legitimationswissen, anzubieten, ist nach Schwabe (vgl. 2002) zentrales Anliegen von Praxisforschung. Die Zielsetzungen von Praxisforschung werden zwar mehrheitlich im Sinne eines einseitigen Transfers in die Praxis beschrieben (Weiterentwicklung von Praxis mit Hilfe von Forschung und wissenschaftlicher Expertise; z.B. auch Schrapper 2004 und Dickopf/Pies 2004), die Erfahrungen innovativer Praxis und deren Dokumentation sollten aber durchaus auch für die Forschung (für die Entwicklung von Forschungsfragen sowie die Theorieentwicklung) fruchtbar gemacht werden. Diese Position vertritt Munsch (vgl. 2002, S. 911), die den durch Praxisforschung zustande kommenden Rahmen für einen Theorie-Praxis-Transfer als Chance für wechselseitige Prozesse der Erkenntnisgewinnung ansieht. Die Zieldimensionen von Praxisforschung können demnach als überaus komplex und auf unterschiedlichen Ebenen liegend verortet werden, wie in der Abbildung 6 schematisch dargestellt.

Praxisforschung zeichnet sich grundlegend durch einen integrativen Forschungsansatz aus, der zwei Innovationsbezüge beansprucht: Die Innovation wissenschaftlicher Grundlagen (vor allem in theoretischer, eher weniger auch in empirisch-forschungsmethodischer Hinsicht) und die Innovation von Praxis. Die Innovation wissenschaftlicher Grundlagen durch Praxisforschung kann einen Beitrag zur Kategorisierung und Differenzierung von Phänomenen sozialer Praxis (in der Kinder- und Jugendhilfe) sowie ihrer empirische Analyse bieten. Demgegenüber zielt die Innovation von Praxis als (durchaus dominantes) Ziel von Praxisforschung auf deren analytisch-reflexive, zuweilen überprüfende, Durchdringung und eine daraus abgeleitete Unterstützung von Optimierungsstrategien.

Theorieentwicklung	Forschungsentwicklung
Innovation wissenschaftlicher Grundlagen der Jugendhilfe	
Integrativer Forschungsansatz	
Innovation von Praxiskontexten der Jugendhilfe	
analytisch-beschreibend	evaluativ-bewertend

Abb. 6: Zieldimensionen von Praxisforschung (Quelle: Maykus 2010 a)

Sozialpädagogische Praxisforschung ist nach Schrapper (vgl. 2004, S. 18) auf Lebensbedingungen und -lagen von Menschen bezogen und will darauf abgestimmte Konzepte, Strategien und Methoden entwickeln (Praxisforschung hat die sozialpädagogische Praxis zum Gegenstand; vgl. auch Dickopf/Pies 2004, S. 29). Munsch (vgl. 2002) formuliert die unterschiedliche Intensität von Kooperation mit und Relation zur Praxis als zentralen Gegenstandsbezug (unter Bezugnahme auf Zielsetzungen der Praxisforschung, die aus den unterschiedlichen Intensitätsgraden resultieren: Dokumentation, Analyse, Evaluation, Beratung und Projektentwicklung). Die wissenschaftliche Untersuchung von Praxis (vgl. Frank 2007) und Evaluationsforschung – Müller (vgl. 1998) setzt sie gleich mit Evaluationsforschung – ist der eine Blickwinkel auf den Gegenstandsbezug. Ein anderer setzt auf einer übergreifenden und abstrakteren Ebene an: Schone (vgl. 1996, S. 17) versteht Praxisforschung als „Denkmodus", der von Wissenschaftler/inne/n und Praktiker/inne/n gleichermaßen durchgeführt wird. Der Gegenstand von Praxisforschung wäre demnach die Rekonstruktion von Normen und Regeln des zu untersuchenden Feldes. Dabei sollte die Gestaltung von Fragestellungen und Methoden sowie die Form der Aufarbeitung von Analyseergebnissen eine diskursive Auseinandersetzung über normative Konzepte der sozialen Arbeit ermöglichen (vgl. ebd., S. 33 f.). Diese Diskursorientierung heben auch Hansbauer/Schone (vgl. 1998) hervor, die mit Praxisforschungen neben der Analyse von Bedingungen (Strukturqualität), von Verfahren und Methoden (Prozessqualität), von Wirksamkeit (Ergebnis- und Wirkungsqualität) eben auch die Untersuchung von Zielen und Absichten der sozialen Arbeit, der ihr zugrundliegenden Normqualität, verbinden. Dabei kennzeichnen die Autoren den Gegenstand von Praxisforschung zusätzlich in einer doppelten Praxisrelation, die in der Forschungsorganisation eine Anpassung verlangt: Praxisforschung bezieht ihre Fragestellungen aus der Praxis und ist in ihren Prozessen und Ergebnissen auf Anwendung (in der Praxis) hin orientiert. Transferebenen von Befunden der Praxisforschung sind die der Politik und Administration, der Institutionen, der professionellen Akteure und die der Adressaten/Betroffenen (vgl. Schone 1996, S. 388 ff.).

In der Praxisforschung wird nach Frank (vgl. 2007) ein neues Verständnis des Subjekt-Objekt-Bezuges geprägt, das sich nicht als eindimensional-hierarchisch, sondern als wechselseitig und symmetrisch darstellt. Die im Diskurs hergestellte Gleichwertigkeit von Forscher/inne/n und Praktiker/inne/n (vgl. Munsch 2002, S. 914) soll dazu beitragen, die unterschiedlichen Erfahrungen beider Seiten für den Forschungsprozess optimal einzubeziehen. Müller (vgl. 1998, S. 160) bezieht an dieser Stelle die gängige Unterscheidung von summativer und formativer Forschung ein, wobei letztere charakteristisch für Praxisforschung sei. Die Verzahnung und produktive Rückkoppelung (vgl. Dickopf/Pies 2004, S. 30) von Forschung und Praxis im Prozess ist bereits mehrfach erwähnt, resultierend daraus kennzeichnet Müller (vgl. ebd., S. 173) den Prozess von Praxisforschung als offen-prozessorientiert, kontrollierend und vergleichend-systematisierend. Sommerfeld/Maier (vgl. 2003) beschreiben das Theorie-Praxis-Verhältnis als Austauschbeziehung höherer Ordnung, das im Rahmen von Praxisforschungsprozessen eine größere Komplexität verarbeitbar macht. Der Prozess von Praxisforschung ist laut Sommerfeld/Maier (vgl. ebd., S. 36) gekennzeichnet durch die Anwendung sozialwissenschaftlicher Methoden, den Anschluss der entwickelten Hypothesen und Interpretationen an den aktuellen Fachdiskurs der sozialen Arbeit und die perspektivische Eröffnung weiterer Forschungszugänge. Praxisforschung muss sich dabei immer wieder ihres Standes, ihrer Methoden, Aufgaben und Ziele vergewissern, sie ist eine selbstreflexive Forschung (vgl. Schone 1996, S. 17). Die Datenerhebung und -analyse sind stets sozialwissenschaftlich fundiert und in der Integration von qualitativen und quantitativen Methoden zu realisieren. Datenanalyse, verstanden als evaluativer Diskurs mit der Praxis, ist die Basis für die Entwicklung eines handlungsleitenden Gestaltungswissens (vgl. ebd., S. 34 ff.). Hansbauer/Schone (vgl. 1998, S. 384 ff.) benennen darüber hinaus die folgenden Prozessmerkmale von Praxisforschung: innere und äußere Stimmigkeit des Forschungsprozesses (fachlicher Selbstanspruch und dessen Abstimmung mit äußeren Anforderungen, Aufträgen etc.), Kommunikation, Einbezug des sozialen Kontextes von Praxisforschung in deren Konzeptualisierung und Theoriebildung, Methodenpluralität sowie problem-, gegenstands- und prozessorientiertes Vorgehen.

3.2 Problemfelder der Praxisforschung

In der Fachdebatte werden mit dem speziellen Ansatz der Praxisforschung auch charakteristische Problemfelder verbunden und erörtert. Dickopf/Pies (vgl. 2004, S. 36) heben die Gefahr der Instrumentalisierung von Praxisforschung hervor und fordern, gerade mit Blick auf die institutionalisierte Praxisforschung (freie Institute) eine Balance von Neugier und Reputation, dem Legitimations- und Problemlösedruck der Praxis sowie dem Wunsch nach Akquise von Drittmitteln. Diese Aspekte zu vereinen entspricht durchaus dem Hinweis auf eine notwendige innere und äußere Stimmigkeit von Praxisforschung von Hansbauer/Schone (vgl. 1998). Eine zu geringe Feldkompetenz kann in Praxisforschungsprozessen nicht nur zu Akzeptanzproblemen, sondern vor allem auch zu einer eingeschränkten Kommunikationsbasis zwischen Forscher/inne/n und Praktiker/inne/n führen und damit das Kernpotenzial des integrativen Forschungsansatzes unterlaufen (vgl. Schwabe 2002, S. 1007). Zudem stellt die Konfrontation mit Komplexität eine doppelte Herausforderung dar: ihr muss man grundsätzlich gerecht werden und eine Verkürzung sozialpädagogischen Handelns vermeiden, gleichzeitig muss sie aufgrund der anwendungsbezogenen Ausrichtung auch derart reduziert werden, dass aus ihr konkrete Handlungsanregungen resultieren können (vgl. ebd.). Hansbauer/Schone (vgl. 1998, S. 382f.) sehen einerseits als zentrales Problemfeld die bestehende Spannung zwischen den unterschiedlichen Referenzsystemen Forschung und Praxis an, andererseits die fehlende Kontinuität und Projektförmigkeit der Praxisforschung, die zeitlich gebunden und abhängig von vielfältigen Bedingungen ist (gesellschaftlich, finanziell etc.). Zudem fehlt der sozialpädagogischen Praxisforschung ein einheitliches und konzeptionell klares Verständnis, das auch das Grundproblem der häufig fehlenden Autonomie vom Gegenstand (Praxis) – damit auch die Gefahr eines eingeschränkten Irritations- und Innovationspotenzials gegenüber Praxis – und der damit nicht selten verbundenen Übertragung eines Problemlöse- und Legitimationsdrucks auf die Forschung reflektiert (vgl. ebd.). Die fehlende Trennschärfe zu Evaluation und Entwicklung sowie die fehlende konzeptionelle Klärung von Methoden, Zielen und einer spezifischen Reichweite von Beteiligungsformen (Insertionsgrad) sind nach Frank (vgl. 2007) zusätzliche Problemfelder der Praxisforschung.

Zur Praxisforschung in der Kinder- und Jugendhilfe wird Forschung dann, wenn sie einer jugendhilfespezifischen Forschungsfrage nachgeht und einen entsprechenden Forschungsgegenstand konstituiert, sich dem Jugendhilfediskurs verpflichtet sieht, einen Bezug auf ein konkretes Praxisfeld der Jugendhilfe herstellt und das Ziel der Innovation dieser Praxis verfolgt – so könnte man diesen Abschnitt zusammenfassen. Praxisforschung in der Kinder- und Jugendhilfe hat sich in dieser Weise stabilisiert. Ihr wird ein deutlich erkennbarer Nutzen, erfahrbare Nützlichkeit und eine wichtige Rolle in der Weiterentwicklung der sozialpädagogischen Praxis zugeschrieben. Dieser Grad an Expansion nimmt auch Züge der Etablierung an, wenngleich zwischen der Etablierung im Praxissystem und in dem der Forschung sicher noch zu unterscheiden wäre. Letztere ist noch mit vielfältigen Klärungsbedarfen verbunden (vgl. Maykus 2010b). Praxisforschung hat sich inzwischen durchaus auch zu einem Markt entwickelt, den Institute, (Fach-)Hochschulen und auch fachfremde, aber methodisch versierte Organisationen gleichermaßen bedienen. Damit geht die Exklusivität (Eingegrenztheit) von Praxisforschung verloren, was aber nur dann zur Gefahr wird, wenn damit auch die Exklusivität (Gütegrad) der Forschungsaktivitäten Einbußen erfährt. Daher ist es wichtig, dass Praxisforschung in der Kinder- und Jugendhilfe stets durch sozialpädagogisch qualifizierte, felderfahrene und -kundige Institutionen und Personen durchgeführt wird. Eine solche fachlich einschlägige Praxisforschung dürfte – so die These – zukünftig deutlich an Relevanz gewinnen. Eine Praxisforschung in der Kinder- und Jugendhilfe mit sozial- und fachpolitischer Wirkungsabsicht, mit einer ausgeprägten Feldkenntnis und -erfahrung, mit Erfahrungen in der Kooperation mit Praxis sowie der Gestaltung entsprechender Kommunikation und eines ergebnisoffenen, prozesssensiblen Vorgehens ist Garant dafür, dass sie den Erwartungen und Entwicklungsnotwendigkeiten gerecht werden kann. Hierzu können sozialpädagogische Forschungsinstitute und (Fach-)Hochschulen gleichermaßen – und zukünftig auch gemeinsam – einen wichtigen Beitrag leisten.

4. Kinder- und Jugendhilfe in der Hochschulausbildung

Die Vorbereitung auf das Handlungsfeld der Kinder- und Jugendhilfe erfolgt neben schulischen Ausbildungsgängen (für Erzieher/innen, Heilerziehungspfleger/innen, Kinderpfleger/innen u.ä.) in der Regel über das Fachhochschulstudium (BA und MA Soziale Arbeit) sowie über das Universitätsstudium (BA und MA Erziehungswissenschaften/Pädagogik).

Verschiedene Ursachen haben in den vergangenen Jahren weitreichende Veränderungen in der Hochschulausbildung hervorgerufen. Hierzu gehören die durch die Lissabon-Strategie in Gang gesetzte Bildungsexpansion (die Quote studierender junger Menschen eines Jahrgangs soll auf 35 Prozent steigen), der als Teil der Lissabon-Strategie initiierte Bologna-Prozess als europaweite Hochschulreform (Umstellung des Diploms auf Bachelor und Master mit dem Ziel, Transparenz und Vergleichbarkeit von Bildungsabschlüssen zu schaffen) sowie der demographische Wandel und die damit einhergehende steigende Nachfrage nach akademisch ausgebildetem Personal im sozialen Bereich (vgl. hierzu ausführlich Buttner 2008, S. 242 f.). Gleichzeitig muss für Anstellungsträger ausgebildet werden, die sich in einer individualisierten, entgrenzten und pluralisierten Gesellschaft mit steigenden Kompetenzanforderungen und Fallzahlen konfrontiert sehen und ihre Arbeit im Rahmen eines immer enger werdenden Budgets bewältigen müssen. Ein Blick in die Arbeit deutscher Jugendämter vermittelt zu den aktuellen Spannungsverhältnissen einen guten Eindruck (zu Fallzahlenentwicklung in der Kinder- und Jugendhilfe vgl. Teil II, Kapitel 6). Der Druck auf die Anstellungsträger kommt auch in den Hochschulen an, indem diese sich besser ausgebildete Absolvent/inn/en als Berufseinsteiger wünschen (zu genauen Anforderungen s.u.)

Steigende Studierendenzahlen, jünger werdende Student/inn/en, schnellere Studienabschlüsse, neue Studienstrukturen sowie steigende Anforderungen an Absolvent/inn/en sind zentrale Herausforderungen, denen sich Hochschulen heute stellen müssen. Was das in der Konsequenz für die Hochschulausbildung bedeutet, wird im Folgenden anhand ausgewählter Aspekte vorgestellt.

Generalistische vs. spezialisierende Ausbildung

In der Diskussion um die Umstellung auf Bachelor- (BA) und Masterstudiengänge (MA) im Rahmen des Bologna-Prozesses wurde und wird diskutiert, inwiefern weiterhin generalistisch (für die Breite der Sozialen Arbeit/Erziehungswissenschaften) oder spezialisierend (von Beginn des Studiums an für eine Fachrichtung oder ein Handlungsfeld) ausgebildet werden soll. Zentrale fachliche Instanzen wie der Fachbereichstag der Sozialen Arbeit (FBTS), die Deutsche Gesellschaft für Erziehungswissenschaften (DGfE) aber auch die Arbeitsgemeinschaft Kinder- und Jugendhilfe (AGJ) sprechen sich u.a. aus Gründen der Profilwahrung für eine grundständige, generalistische Ausbildung aus. Dies bedeutet, dass Studierende sich im Studium zunächst mit allgemeinen Fragen und Themen der Erziehungswissenschaften bzw. der Sozialen Arbeit auseinandersetzen, bevor eine Spezialisierung auf eine Fachrichtung bzw. für ein Handlungsfeld über vertiefende Module und Praktika erfolgt. Die meisten Hochschulen bieten nach wie vor generalistische Studiengänge auf der BA Ebene an. Wenn dieses Vorgehen aus profilwahrenden Gründen gut nachvollziehbar ist, so muss doch in Rechnung gestellt werden, dass Spezialisierungen aufgrund der verkürzten Studienzeit häufig nur noch sehr begrenzt erfolgen, z.B. durch die Reduzierung der Praxisphasen auf ein Praktikum im Studium. Weitreichende Spezialisierungen vollziehen sich häufig erst auf der Ebene der Masterstudiengänge (dafür hier allerdings in einem bereits jetzt schon unübersichtlichen Ausmaß). Bislang liegen keine Zahlen vor, wie viele Absolvent/inn/en mit einer MA Vertiefung zum Thema Kinder- und Jugendhilfe auf den Arbeitsmarkt strömen bzw. wie die in den Studiengängen erworbenen Qualifikationen dem Bedarf der Praxis entsprechen. Hier bedarf es in den nächsten Jahren weitreichender Evaluationen. Zu den BA Absolvent/inn/en liegen erste Rückmeldungen der Praxis vor, die mangelnde Praxiserfahrung, Kenntnisse und Kompetenzen kritisieren (vgl. AGJ 2010, S. 2).

Rahmenkonzepte der Studiengänge

Sowohl für die universitären als auch für die Fachhochschul-Studiengänge liegen Rahmenkonzepte vor, an denen sich Hochschulen in der Entwicklung der Studiengangstrukturen und Inhalte orientieren können (vgl. z.B. DGfE 2003, FBTS 2008). Hier werden Aussagen zu Schwerpunktthemen der Lehre, Aufbau von Lehrinhalten, Lehrzielen und zu vermittelnde Kompetenzen gemacht sowie Modulstrukturen entwickelt.

Fachverbände wie der Fachbereichstag Soziale Arbeit (FBTS) nahmen die europäischen Bildungsreformen zum Anlass, einen Qualifikationsrahmen Soziale Arbeit (QR SArb) zu entwickeln, der beschreibt, welche Qualifikationen der Studiengang Soziale Arbeit auf der Ebene eines Bachelors und Masters hervorbringen soll. Dieser Qualifikationsrahmen versucht dem bundesdeutschen Anliegen eines Deutschen Qualifikationsrahmens Rechnung zu tragen, indem er Transparenz schaffen möchte über Lehrgebiete und zu vermittelnde Kompetenzen in den Bereichen des Wissens, des Könnens und der Haltung (vgl. Teil IV, Kapitel 1). Der Deutsche Qualifikationsrahmen (DQR) soll wiederum den Europäischen Qualifikationsrahmen (EQR) ergänzen, der das Ziel verfolgt, nationale Qualifikationen grenzüberschreitend transparent, vergleichbar und somit auch leichter anerkennbar zu machen. Diese Bemühungen zielen auf die Erhöhung von Flexibilität und Mobilität in Bildungs- und Arbeitsmarktkontexten ab.

Der Qualifikationsrahmen stellt eine Orientierungsmöglichkeit dar, um abzugleichen, „welches Wissen und welche Fähigkeiten eine Sozialarbeiterin oder ein Sozialarbeiter mit welcher ethischen Grundlage haben muss und wie sie oder er sich dazu verhält, um die Aufgaben in der Praxis erledigen zu können." (AGJ 2009).

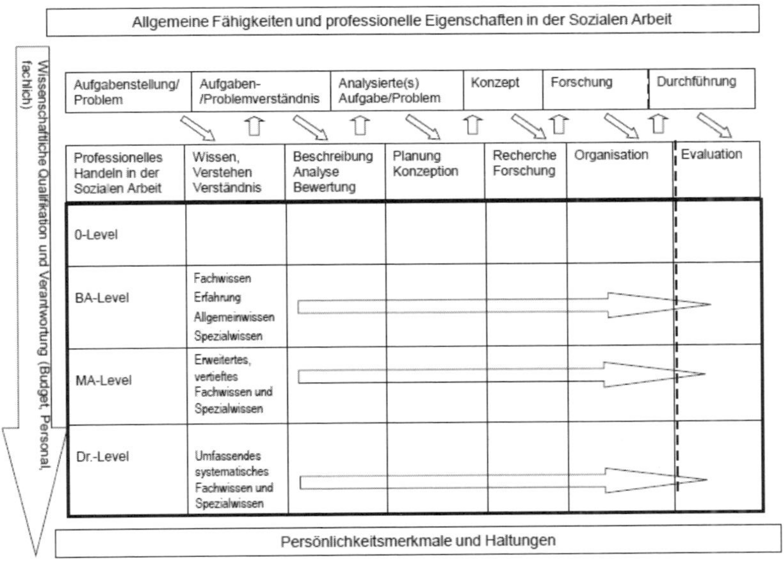

Abb. 7: Qualifikationsrahmen Soziale Arbeit (QR SArb) als Orientierungsrahmen der Hochschulausbildung (Quelle: FBTS 2008, S. 6.)

Der Qualifikationsrahmen bietet Hochschulen die Möglichkeit, diese allgemeinen Empfehlungen – die sich in der Entwicklung befinden – mit Bezug auf ihre Lehrgebiete zu diskutieren (so auch für die Kinder- und Jugendhilfe). Hierbei wird allerdings ein Umdenken notwendig. Während bislang mit Blick auf die Disziplinentwicklung Lehrinhalte entwickelt wurden, fordert die Diskussion um den DQR dazu auf, Studiengänge kompetenzorientiert zu entwickelt – also mit einer Outputorientierung zur Förderung der

Employability der potentiellen Arbeitnehmer/innen. Studiengangentwicklung vollzieht sich demnach in einem Spannungsverhältnis von Anforderungen des Arbeitsmarktes/der Anstellungsträger, disziplinbasierter (also eigener) Prioritäten sowie Erwartungshaltungen der Studierenden (die in erheblichem Maße durch ihre Nachfrage Studieninhalte mit bestimmen, die wiederum nicht unbedingt vom Arbeitsmarkt gefragt werden). Die bunte Vielfalt entstehender Masterstudiengänge wird auf diesem Wege verständlich. Sicherlich ist es perspektivisch dringend geboten, gemeinsam mit den zuständigen Ministerien, wissenschaftlichen Fachgesellschaften, Anstellungsträgern, Gewerkschaften und Berufsverbänden an Schwerpunktsetzungen zu arbeiten, sonst geht die europaweit anvisierte Übersichtlichkeit bereits in Deutschland verloren. Träger der Kinder- und Jugendhilfe sind an dieser Stelle gefordert, sich fortwährend am Diskurs zu beteiligen, um eine wissenschaftlich fundierte und praxisnahe Ausbildung unterstützen zu können.

Inhaltliche Schwerpunktsetzungen

Relative Einigkeit besteht über inhaltliche Schwerpunktsetzungen in der Hochschulausbildung im BA Bereich (sowohl für die Soziale Arbeit als auch für die Erziehungswissenschaften), die jedoch derart allgemein sind, dass Lehrinhalte von Hochschule zu Hochschule stark variieren können. Zu den Schwerpunktsetzungen für den Studiengang Soziale Arbeit BA zählen z. B.:

- Geschichte und Theorie Sozialer Arbeit,
- Konzepte und Methoden Sozialer Arbeit,
- Berufsethik und professionelles Handeln,
- rechtliche, sozialpolitische, soziologische, psychologische, heilpädagogische, medizinische Grundlagen,
- Grundlagen der Erziehung, Bildung und Sozialisation,
- Forschungsmethoden der Sozialen Arbeit.

Im Diskurs um relevante Konzepte und Methoden im Bachelorstudiengang Sozialen Arbeit ist festzustellen, dass die Hochschulen über die Fallebene hinaus Konzepte und Methoden auf der Ebene der Organisation (Organisationsberatung, Organisationsentwicklung, Sozialmanagement) sowie auf der Ebene des Gemeinwesens (vernetztes Arbeit von Institutionen und sozialen Diensten, Jugendhilfeplanung, Sozialplanung) vermehrt aufgreifen. Diese Bemühungen zielen in die Richtung, im Rahmen des Bachelorstudiengangs Studierende für diese Arbeitsebenen zu sensibilisieren und zu verdeutlichen, dass professionelles Handeln in einer entgrenzten, sich pluralisierenden Gesellschaft mehr denn je ein Handeln in allen drei Kontexten einschließt. Diese Themen mit zu lehren entspricht zudem den Anforderungen, die Anstellungsträger – auch der Kinder- und Jugendhilfe – an Hochschulen richten.

Im Weiteren fordern Praxisvertreter/innen der Kinder- und Jugendhilfe folgende Kompetenzen von Hochschulabsolvent/inn/en ein (vgl. AGJ 2010, S. 3):

Organisationsbezogene Kompetenzen

- Wissen und Klarheit über die Rolle des Jugendamtes an der Schnittstelle von Verwaltung und Politik,
- Wissen über Betriebsstrukturen und Unternehmensphilosophien,
- Kooperationskompetenzen,
- Kenntnisse von Strukturen, Recht und Finanzierung der Kinder- und Jugendhilfe,
- Kenntnisse der Ablauforganisation,
- Kenntnisse zur Anwendbarkeit betriebswirtschaftlicher Handlungslogiken in der Verwaltung.

Berufsbezogene Kompetenzen

- Befähigung zu methodischem Handeln,
- Netzwerkarbeit,
- Anwendung gesetzlicher Grundlagen in unterschiedlichen Praxisfeldern,
- Kenntnisse von Verfahren der Qualitätssicherung und Qualitätsentwicklung,
- Kenntnisse aktueller Themen (Bildungsdiskurs, Kinderschutz, Familienbildung, Demographie, Migration).

Persönlichkeitsbezogene Reflexionskompetenzen

- Teamfähigkeit,
- Umgang mit Hierarchien, Verhaltensnormen und Wertegrundlagen,
- Selbst- und Fremdwahrnehmung.

Ein Blick in unterschiedliche Modulhandbücher verrät, dass viele BA-Studiengänge diesen Anforderungen nicht entsprechen, da eine Spezialisierung in einem sich hier abzeichnenden Umfang im Rahmen aktueller BA-Studiumsstrukturen nur schwer zu realisieren ist (und Hochschulen aufgrund ihres Wissenschaftsprofils teilweise auch andere Prioritäten setzen wollen, um ihrem Auftrag der Innovationsförderung und Weiterentwicklung von Praxis gerecht zu werden). Hier bedarf es in den nächsten Jahren guter regionaler Kooperationsmodelle zwischen Hochschulen und Anstellungsträgern, um unterschiedliche Ansprüche miteinander zu diskutieren und gemeinsame Perspektiven für die Ausbildung zu entwickeln (vgl. hierzu auch nachfolgendes Unterkapitel sowie AGJ 2010).

Bildung auf unterschiedlichen Ebenen

In der Kinder- und Jugendhilfe haben es pädagogische Fachkräfte mit steigenden Fallzahlen von Familien in schwierigen Lebenssituationen zu tun. Vielfach werden diese Lebenssituationen durch eine Vielzahl von Problemen und Spannungsverhältnissen gekennzeichnet, die es zu verstehen und in Koproduktion mit den Klienten zu bearbeiten gilt. Das Erfassen des Besonderen eines Einzelfalls im Kontext eines konzeptionell und methodisch fundierten professionellen Handelns wird hierbei zu einer Schlüsselkompetenz der Fallarbeit. Reines Fachwissen reicht hierbei nicht aus. Es bedarf einer differenzierten Handlungskompetenz sowie einer professionellen Haltung (vgl. Teil IV, Kapitel 1).

Um diese Kompetenzen entwickeln zu können, müssen Studierenden vielfältige Lernräume zum Erproben und Erfahren zur Verfügung gestellt werden. Das Studium muss fußend auf einer differenzierten, theoretischen Verortung der Disziplin handlungsorientiert ausgerichtet sein und Bildungsangebote ermöglichen, die Heffels (2008, S. 47f.) wie folgt auf den Punkt bringt:

- *Reproduktion von Wissen und Können* (Qualifizierung der Studierenden durch fachliches Wissen und Können)
- *Initiierung erwünschter Verhaltensweisen* (Auseinandersetzung mit Werten und Normen als Orientierung für das eigene Handeln)
- *Herausformung des Selbst als Bildung* (Initiierung von selbstbildenden Lernprozessen, Anregung zum eigentätigen Nachdenken und Nachempfinden)
- *Entscheidungslernen* (Entwicklung sozialer Handlungsfähigkeit durch eigenständige, reflektierte und verantwortliche Entscheidungsfindungen in sozialen Kontexten)

Nach Heffels (2008, S. 55) geht Bildung in diesem Sinne mit Qualifizierung, Erziehung, Sozialisierung und Selbstreflexion einher. Deutlich wird, dass Lernprozesse in der Hochschulausbildung ebenso anschlussfähig sein müssen an die Lebenswelten der Studierenden, wie Hilfen der Kinder- und Jugendhilfe an die Lebenswelten ihrer Klienten.

In Anbetracht der Tatsache, dass Studierende der Sozialen Arbeit und der Erziehungswissenschaften in Anbetracht des verkürzten Abiturs mit z.T. 18 Jahren das Studium aufnehmen (und mit 22 Jahren beenden), werden integrierte Bildungserfahrungen umso notwendiger (bei gleichzeitig weniger Zeit im Studium), um Praxisherausforderungen kompetent begegnen zu können. Ohne eine gewisse persönliche Reife wird die Arbeit im ASD oder in einer Inobhutnahmeeinrichtung überaus herausfordernd wenn nicht überfordernd.

Zentrale Fragen für die Weiterentwicklung der Studiengänge von Buttner (2008, S. 245) sind auch in diesem Kontext zukünftig zu erörtern:

- Welche Rolle sollen allgemeine kognitive Kompetenzen, wie die Fähigkeiten zu analytischem Denken, die sprachlichen und rhetorischen Kompetenzen in der Ausbildung der sozialen Berufe zukünftig spielen?
- Inwieweit gehören sozialberufstypische Kompetenzen zu allgemeinen sozialen Kompetenzen, die im Studium fachunabhängig vermittelt werden (sollten)?
- Wie gestaltet sich zukünftig das Verhältnis von Theorie und Praxis?
- Inwieweit behindert die Engführung der Ausbildung auf berufliche Tätigkeiten die persönliche Entfaltung und die spätere persönliche Flexibilität?

In diesem Kontext drängt sich zudem die Auseinandersetzung mit der Frage auf, inwieweit Bildungsverständnisse Lehrender kompatibel sind mit denen junger Studierender (die sich im Zeitalter des digitalen Kapitalismus über vielfältige und neue Wege bilden) und inwiefern Lernangebote an Hochschulen bilden. Diese Frage vor dem Hintergrund aktueller gesellschaftlicher Entwicklungen immer wieder zu beantworten ist jedoch notwendig, um Ideen dazu zu entwickeln, wie ein Studium anschlussfähig an die Kompetenzen der Studierenden wird.

Neue Lernkonzepte in der Hochschulausbildung: Szenario-basiertes Lernen

Exemplarisch für neue Lernkonzepte in der Hochschulausbildung wird im Folgenden das *Szenario-basierte Lernen* (vgl. Hauff et. al. 2008, Heidemann 2006) vorgestellt. Dieses Konzept eröffnet Bildungsangebote auf unterschiedlichen Ebenen. Im Rahmen des Szenario-basierten Lernens (SBL) kann Fachwissen vermittelt und angeeignet sowie professionelles Handeln erprobt werden. Zudem bietet es einen geeigneten Rahmen, Aspekte professioneller Haltung erfahrbar zu machen und Raum zur Reflexion zu eröffnen. Szenario-basiertes Lernen bietet sich insbesondere für Themen der Kinder- und Jugendhilfe an, die von hoher Komplexität und vielfältigen Spannungsverhältnissen geprägt sind, wie z.B. Kinderschutz oder Elternarbeit.

Das Szenario-basierte Lernen gründet auf Ansätze des situierten Lernens und orientiert sich an Prinzipien des problemorientierten Lernens (vgl. Hauff et. al. 2008, S. 6; Heidemann 2006, S. 148). In seiner didaktischen Umsetzung geht es jedoch über Ansätze des problemorientierten Lernens hinaus. Die Gestaltung der Lernumgebung erfährt im situierten Lernen eine besondere Bedeutung (vgl. Heidemann 2006, S. 147). Ziel des Szenario-basierten Lernens ist es, ein komplexes, realistisches und alltagsnahes Problem unter möglichst realen Bedingungen zu bearbeiten.

Szenario-basiertes Lernen setzt auf eine starke Handlungsorientierung in der Lehre. Anders als im Rahmen des problemorientierten Lernens geht es nicht vorrangig um die Vermittlung von Wissen, sondern um die Förderung der Fähigkeit, selbständig komplexe Aufgaben in einem „realen“ Einrichtungskontext zu lösen. Die Studierenden sehen sich hierbei mit der Handhabung eines ganzen Bündels von Aufgaben konfrontiert. Diese ergeben sich nicht durch eine Aufgabenstellung zu Beginn des Szenarios, sondern vielfach erst durch Informationen, die nach und nach in den Bearbeitungsprozess eingebracht werden. Nach Möglichkeit soll die Bearbeitung unter Echtzeitbedingungen erfolgen. Die Studierenden werden somit ein Stück weit dem Schonraum der Hochschule enthoben (vgl. Stuckstätte 2011).

Die Studierenden werden im Rahmen des Szenario-basierten Lernens mit einer Problemstellung aus Praxiskontexten konfrontiert, einem so genannten Szenario. Dieses Szenario besteht aus mehreren Einheiten (Plots), die den inhaltlichen Rahmen einer komplexen Handlungssituation aufzeigen. Den Kontext des Handelns stellt ein virtueller (möglichst onlinebasierter) Jugendhilfeträger dar, zu dem den Studierenden umfassende Informationen zur Verfügung gestellt werden (Leitbild, Konzeption, Stellenbeschreibungen, Mitarbeiter/innenprofile, Klienteninformationen, Hilfeplandokumente, Angaben zur Teamsituation etc.). Die Problembearbeitung erstreckt sich über einen Bearbeitungszeitraum von sechs bis acht Stunden. Im Prozess werden Studierende fortwährend mit neuen, z. T. widersprüchlichen Anforderungen konfrontiert, die eine zunehmende Dynamik in der Bearbeitung auslösen.

Szenarien bilden komplexe Abläufe einer Organisation mit formellen und informellen Geschehnissen ab (vgl. Heidemann/Schumacher 2009, S. 313) in denen sich die Studierenden zu verhalten haben. Sie werden schrittweise über so genannte Einlagen (Informationen zum Bearbeitungsgegenstand) in ein Szenario eingeführt. Diese Informationen werden multimedial vermittelt, z.B. über Hördateien, Kurzfilme, Powerpoints, fiktive E-Mails oder Zeitungsberichte usw. Inhalte eines Szenarios zum Thema Kinderschutz können beispielsweise folgende sein: Fremdmeldung einer Kindeswohlgefährdung, Probleme im Kontext der kollegialen Beratung zur Gefährdungseinschätzung sowie Herausforderungen in der Hilfeentwicklung mit den Eltern (vgl. hierzu ausführlich Stuckstätte 2011).

Die Einlagen dürfen gleich zu Beginn der Bearbeitung durch die Studierenden möglichst komplex sein und sie auf unterschiedlichen Ebenen fordern. Dies erhöht den Realitätswert der Szenarien. Zudem können Einlagen ohne umfassendes Vorwissen der Studierenden erfolgen. Fachliche Einführungen in einzelne Themen können nach und nach in den Bearbeitungsprozess einfließen. Die nachstehende Grafik gibt einen Überblick über die Arbeitsschritte der Szenariobearbeitung, die sich methodisch vielfältig variieren lassen (Aufstellungsarbeit, Rollenspiele, kollegiale Beratungen usw.).

Abb. 8: Grundstruktur des Szenario-basierten Trainings
(Quelle: Hauff et.al. 2008, S. 10, abgeändert durch Stuckstätte 2011)

Die Schritte der Problemanalyse und Hypothesenbildung (auf der Grundlage sogenannter Problemlandkarten mit Leitfragen zur Problemanalyse) sowie der Erörterung und Entwicklung möglicher Lösungsstrategien und der Entscheidung für einen Lösungsweg wiederholen sich, sobald die Studierenden mit neuen Informationen oder Geschehnissen zum Szenarioverlauf konfrontiert werden. Zum Beispiel gibt es im Szenarioverlauf plötzlich die Information, dass eine der Hauptakteurinnen des Szenarios – die fallführende Fachkraft im ASD – kurz vor dem nächsten Hilfeplangespräch den Fall abgeben möchte. Angedachte Lösungsstrategien der Studierenden werden somit hinfällig.

Die Bearbeitung eines gesamten Szenarios endet nach drei bis vier Einlagen mit einer abschließenden Gesamtbetrachtung der Arbeitsprozesse und einer Abstraktionsphase, in der die gewonnenen Erkenntnisse auf einer Metaebene abstrahierend diskutiert werden.

Bezogen auf das Beispiel Kinderschutz können Studierenden im Kontext eines Szenarios folgende Lernangebote eröffnet werden (vgl. ebd.):

Auf der Ebene des Wissens:

- Erlangung von Grundlagenwissen zum Thema Kinderschutz
- Aneignung von vertiefendem Wissen zu spezifischen Themen des Kinderschutzes
- Erlangung von Wissen über Handlungslogiken relevanter Kooperationspartner im Kinderschutz
- Aneignung von relevantem Konzepte- und Methodenwissen

Auf der Ebene des Könnens:

- Verstehen und Einfinden in Organisationskontexte und Teamstrukturen
- Einfinden in die Fallarbeit
- Organisation von Arbeitsprozessen
- Umgang mit Konfliktsituationen/Situationen der Überforderung
- fachliche Positionen entwickeln und vertreten
- Anwenden von Methoden der Sozialen Arbeit
- Umgang mit Handlungsparadoxien der Sozialen Arbeit

Auf der Ebene der Haltung:

- Reflexionsfähigkeit entwickeln und schulen
- Wahrnehmen des eigenen fachlichen Könnens
- Abgrenzungsnotwendigkeiten kennenlernen

Die Ausführungen verdeutlichen, dass der Rahmen des Szenario-basierten Lernens geeignet ist, um zum Thema Kinderschutz klassische Situationen in ihrer Komplexität und Widersprüchlichkeit bearbeitbar zu machen. Hierbei steht es dem Dozenten frei, auf welche Lehrinhalte er seinen Schwerpunkt setzen möchte (Themen der Einzelfallarbeit, der Arbeit in Organisationsbezügen oder in interdisziplinären Netzwerken). Ebenso ist eine Verbindung von Themen möglich.

Das Szenario-basierte Lernen setzt einen interessanten Akzent in der Hochschulausbildung. Es eröffnet nicht nur Studierenden neue Wege des Lernens, sondern ist auch für Lehrende ein abwechslungsreicher und hoch dynamischer Lernprozess. Gleichzeitig stellt das Szenario-basierte Lernen eine Möglichkeit dar, einst getrennt voneinander gelehrte Themen eng aufeinander bezogen (im Kontext eines Moduls) und praxisnah vermitteln zu können, ein Vorteil, der nicht zuletzt in Zeiten der Lehrverdichtung bedeutungsvoll ist.

Weiterentwicklung der Studiengänge in Kooperation mit Praxis

Um Lernprozesse in der hier beschriebenen Variationsbreite realisieren zu können, bedarf es Zeit, Raum sowie vertraulicher sozialer Bezüge – eben die Bedingungen, die nach subjettheoretischer Perspektive für die Gestaltung von pädagogischen Prozessen von elementarer Bedeutung sind.

Vielfach wird argumentiert, der sechs- bzw. siebensemestrige BA Studiengang mit seinen Fokussierungen auf eine Vielzahl von Modul(abschlussprüfungen) stelle diese Rahmenbedingungen nicht mehr zur Verfügung. Dieses Argument mag insbesondere für Hochschulen gelten, an denen keine tatsächliche Neuentwicklung von Studiengängen stattgefunden hat, sondern stattdessen der Diplomstudiengang in die neue Studiengangstruktur „hineinkopiert" und mit bis zu 20 Modulprüfungen belegt wurde. Hier kommt es unweigerlich zu dramatischen Verdichtungen von Lehrinhalten, Raum für persönlichkeitsbildende Prozesse reduziert sich, Studierende bewegen sich im Kreislauf des „Bulimie-Lernens".

Um dieser Verengung zu begegnen, werden vielerorts Studieninhalte und -didaktiken in enger Kooperation mit Praxis weiterentwickelt. Hier werden z.B. Praktika mit Angeboten zur beruflichen Selbsterfahrung, Supervision, zum problemorientierten Lernen oder mit thematisch passenden Vorlesungen eng verbunden. Zunehmend häufiger werden Lehrangebote durch E-Learning oder Blended-Learning erweitert (wenn auch Einsatzbereiche kritisch anzufragen sind).

Die Einbindung von Praxispartnern zur Kompensation von reduzierten Praxisanteilen sowie zur Förderung der Beschäftigungsfähigkeit kann wie folgt erfolgen (vgl. AGJ 2010, S. 7):

- Regelmäßige Lehraufträge,
- regelmäßige Praxisbesuche,
- gemeinsame Fortbildungstage, Fachtage, Expertenhearings, Praxistage
- Austausch über innovative Praxisprojekte,
- Beteiligung der Praxis an Ringvorlesungen,
- Beteiligung der Praxis an Projekten des forschenden Lernens,
- Zusammenarbeit im Kontext von Auftragsforschungen, in die Studierende konsequent einbezogen werden,
- Traineeprogramme für Berufseinsteiger/innen zum Kennenlernen trägerspezifischer Organisationstrukturen und Arbeitsprozesse.

Engere Kooperationen stellen für beide Seiten eine „win-win-Situation" dar. Praxis eröffnet Hochschulen erweiterte Lehr- und Lernorte, Praxis kann wiederum deutlicheren Einfluss auf die Ausbildung ihrer zukünftigen Fachkräfte nehmen und erste Kontakte zu potentiell neuen Mitarbeiter/inne/n schließen. Letzterer Punkt müsste gerade in Zeiten des prognostizierten Fachkräftemangels besondere Relevanz in Personalentwicklungskonzepten von Anstellungsträgern haben.

Auf den Punkt gebracht: Weiterentwicklungsbedarf an den Hochschulen

Der Weiterentwicklungsbedarf an deutschen Hochschulen lässt sich im Hinblick auf die Förderung einer wissenschafts- und praxisfundierten Ausbildung junger Sozialarbeiter/innen und Erziehungswissenschaftler/innen für die Praxisfelder der Kinder- und Jugendhilfe wie folgt zusammenfassen:

- *Evaluation bisheriger Erfahrungen mit Bachelor- und Masterstudiengängen*
- *Rahmenbedingungen in ihren Konsequenzen für die Lehre fortwährend analysieren* (Umgang mit verkürzten Studien- und Praxisphasen, früheren Berufseinmündungen, steigender Nachfrage an Fachkräften; Weiterentwicklung erforderlicher Rahmenbedingungen der Hochschulen, um gute Lehre und Forschung zur Innovationsförderung der Praxis leisten zu können),
- *inhaltliche sowie didaktische Weiterentwicklung* der Studiengänge auf der Ebene einzelner Hochschulen (Einsatz von Lehr- und Lernkonzepten, die der Generation heutiger Studierender gerecht wird, Entwicklung von Konzepten zu kooperativem Lernen und Lehren mit der Praxis, Konzepte zur Gestaltung des Übergangs vom Studium in den Beruf),
- *hochschulübergreifende Weiterentwicklung der Studiengänge* Soziale Arbeit und Erziehungswissenschaften auf der Ebene der Verständigung über Disziplin- und Professionsprofile und der damit verbundenen Kompetenzprofile (um einer drohenden „akademischen Zersplitterung“ (vgl. Merten 2007, S. 74) im Zuge der Vielfalt entstehender Studiengänge entgegenzuwirken),
- *Hochschulübergreifender Diskurs* mit Anstellungsträgern und sozialpolitischen Fachvertreter/innen über Beschäftigungsperspektiven und Vergütungsbedingungen pädagogischer Fachkräfte.

Hochschulen, die das leben, worauf sie ausbilden – Tätigkeiten im Kontext lernender Organisationen – sind in der Lage, junge Sozialarbeiter/innen und Erziehungswissenschaftler/innen verantwortungsvoll in die herausfordernde Praxis der Kinder und Jugendhilfe zu entlassen.

Literatur

Adam, T., Kemmerling, S., Schone, R.: Stand der Planungspraxis in Deutschland – Ergebnisse einer Erhebung bei den öffentlichen Trägern der Jugendhilfe. In: Maykus, S., Schone, R. (Hrsg.): Handbuch Jugendhilfeplanung. Wiesbaden 2010 (3. Auflage), S. 15-44.

Ader, S.: Formen der Eltern- und Familienarbeit in der Jugendhilfe. Teil I: Kooperationsansätze. In: Unsere Jugend 2001a (H. 4), S. 149-158.

Ader, S.: Formen der Eltern- und Familienarbeit in der Jugendhilfe. Teil II: Elterntraining und Familieninterventionen. In: Unsere Jugend 2001b (H. 5); S. 194-204.

Agahd, K.: Gewerbliche Kinderarbeit in Erziehungsanstalten. Leipzig 1905.

Ahlheim, R., Hülsemann, W., Kapczynski H., Kappeler M., Liebel M., Marzahn C., Werkentin F.: Gefesselte Jugend. Fürsorgeerziehung im Kapitalismus. Frankfurt 1971.

Aichhorn, A.: Verwahrloste Jugend. Bern 1925 (81974).

AKJ Stat. Arbeitsstelle Kinder- und Jugendhilfestatistik u. a. (Hrsg.): HzE-Bericht 2008. Hilfen zur Erziehung in Nordrhein-Westfalen. Dortmund 2008.

Albus, S., Greschke, H., Klingler, B., Messmer, H., Micheel, G.H., Otto, H.-U., Polutta, A.: Abschlussbericht der Evaluation des Bundesmodellprogramms „Qualifizierung der Hilfen zur Erziehung durch wirkungsorientierte Ausgestaltung der Leistungs-, Entgelt- und Qualitätsvereinbarungen nach §§ 78a ff SGB VIII". Münster 2010.

Allert, T., Bieback-Diel L., Oberle H., Seyfahrt E.: Familie, Milieu und sozialpädagogische Intervention. Münster 1994.

Altgeld, K., Krüger, T., Menke, A.: Von der Kindertageseinrichtung zum Dienstleistungszentrum: ein internationaler Länderreport. Wiesbaden 2008.

Altgeld, K.., Stöbe-Blossey, S. (Hrsg.): Qualitätsmanagement in der frühkindlichen Bildung, Erziehung und Betreuung. Perspektiven für eine öffentliche Qualitätspolitik. Wiesbaden 2009.

Altvater, E.: Industrieschulen und Fabrikschulen im Frühkapitalismus. In: Altvater, E., Huisken F. (Hrsg.): Materialien zur politischen Bildung im Ausbildungssektor. Erlangen 1971, S. 91ff.

Anstatt, T. (Hrsg.): Mehrsprachigkeit bei Kindern und Erwachsenen. Erwerb, Formen, Förderung. Tübingen 2007.

Arbeiterwohlfahrt: Vorschläge für ein erweitertes Jugendhilferecht. Bonn 1970 (3. Auflage).

Arbeitsgemeinschaft für Kinder- und Jugendhilfe – AGJ: Sicherung einer zukunftsfähigen Kinder- und Jugendhilfe nach Verabschiedung der Föderalismusreform. Position der Arbeitsgemeinschaft für Kinder- und Jugendhilfe – AGJ. Berlin 2007.

Arbeitsgemeinschaft für Kinder und Jugendhilfe – AGJ: Soziale Arbeit in Bachelor-/Master-Studiengängen: Kompetenzen von Fachkräften – Erwartungen von Anstellungsträgern. Diskussionspapier. Berlin 2009.

Arbeitsgemeinschaft für Kinder und Jugendhilfe – AGJ: Berufseinmündung in der Sozialen Arbeit: Gemeinsame Verantwortung von Hochschulen und Anstellungsträgern. Positionspapier. Berlin 2010.

Arbeitsgemeinschaft für Kinder- und Jugendhilfe (AGJ): ASD – mehr als Kinderschutz! Ziele, Aufgaben, Methoden, Werte und Orientierung im Hinblick auf die Kinder- und Jugendhilfe. Diskussionspapier der Arbeitsgemeinschaft für Kinder- und Jugendhilfe – AGJ. Berlin 2010a.

Arbeitsgemeinschaft für Kinder- und Jugendhilfe (AGJ): Interkulturelles Aufwachsen in öffentlicher Verantwortung – Konsequenzen für die Kindertagesbetreuung. Positionspapier der Arbeitsgemeinschaft für Kinder- und Jugendhilfe – AGJ. Berlin 2010b.

Arbeitsgemeinschaft für Kinder- und Jugendhilfe (AGJ): Chancen für junge Menschen beim Übergang von Schule zu Beruf verbessern – Schnittstellenprobleme zwischen SGB II, III und VIII beheben! Positionierung der Arbeitsgemeinschaft für Kinder- und Jugendhilfe – AGJ. Berlin 2010c.

Arbeitsgemeinschaft für Kinder- und Jugendhilfe (AGJ): Überprüfung und Weiterentwicklung der Frühen Hilfen / Frühen Förderung. Beitrag der Arbeitsgemeinschaft für Kinder- und Jugendhilfe – AGJ zur Fachdebatte um ein Kinderschutzgesetz des Bundes. Berlin 2010d.

Arbeitsgemeinschaft für Kinder- und Jugendhilfe (AGJ): Kinder von psychisch erkrankten und suchtkranken Eltern. Diskussionspapier der Arbeitsgemeinschaft für Kinder- und Jugendhilfe – AGJ. Berlin 2010e.

Arbeitsgemeinschaft für Kinder- und Jugendhilfe (AGJ): Gesundheitsförderung in der Kinder- und Jugendhilfe – Qualifizierung, Forschung, Fachkräfte. Diskussionspapier der Arbeitsgemeinschaft für Kinder- und Jugendhilfe – AGJ. Berlin 2010f.

Arbeitsgemeinschaft für Kinder- und Jugendhilfe: ASD – mehr als Kinderschutz! Ziele, Aufgaben, Methoden, Werte und Orientierungen im Hinblick auf die Kinder- und Jugendhilfe. In: Forum Jugendhilfe 2010a (H. 4), S. 70-75.

Arbogast, C., Tippelt R.: Jugendarbeit (Reihe Praxisfelder der Sozialarbeit/ Sozialpädagogik). München 1981.

Arndt, J., Oberloskamp, H., /Mutke, B.: Die gutachtliche Stellungnahme in der sozialen Arbeit, Neuwied 2009 (7. Auflage).

Arnold, H., Böhnisch, L., Schröer, W.: Sozialpädagogische Beschäftigungsförderung – Lebensbewältigung und Kompetenzentwicklung im Jugend- und jungen Erwachsenenalter. Weinheim 2005.

Arnold, J., Hermsen, T., Löcherbach, P., Mennemann, H., Poguntke-Rauer, M.: Erfolgreiche Hilfesteuerung im Jugendamt. St. Ottilien 2011.

Arnoldt, B.: Kooperationsformen – Bedingungen für gelingende Zusammenarbeit? In: Holtappels, H. G., Klieme, E., Rauschenbach, T., Stecher, L. (Hrsg.): Ganztagsschule in Deutschland. Weinheim/München 2007, S. 123-136.

Autorengruppe Bildungsberichterstattung: Bildung in Deutschland 2010. Ein indikatorengestützter Bericht mit einer Analyse zu Perspektiven des Bildungswesens im demografischen Wandel. Im Auftrag der Ständigen Konferenz der Kultusminister der Länder in der Bundesrepublik Deutschland und des Bundesministeriums für Bildung und Forschung. Bielefeld 2010.

AWO (Arbeiterwohlfahrt Bundesverband e.V.) (Hrsg.): Qualitätsmanagement. Muster-Qualitätsmanagement-Handbuch. Tageseinrichtungen für Kinder, Leitfaden. Bonn 2003.

Ayerle, G. M., Luderer, C., Behrens, J.: Modellprojekt FrühStart – Evaluation der Familienhebammen in Sachsen-Anhalt. In: Bundesgesundheitsblatt – Gesundheitsforschung – Gesundheitsschutz 11/2010, S. 1158-1165.

Bäcker, G., Naegele, G., Bispink, R., Hofemann, K., Neubauer, J.: Sozialpolitik in Deutschland. Band 2: Gesundheit, Familie, Alter und Soziale Dienste. Wiesbaden 2008 (4. Auflage).

Backhaus-Maul, H., Olk, T.: Partizipation von Kindern und Jugendlichen in Sachsen-Anhalt. Eine empirische Studie im Auftrag des Ministeriums für Arbeit, Soziales und Gesundheit des Landes Sachsen-Anhalt. Martin-Luther-Universität, Halle/S. 2000.

Baetcke, W.: Widersprüche staatlicher Jugendarbeit. Weinheim/Basel 1978.

Bartscher, M., Boßhammer, H., Kreter, G., Schröder, B.: Bildungs- und Erziehungspartnerschaft – Rahmenkonzeption für die konstruktive Zusammenarbeit mit Eltern in Ganztagsschulen. Münster 2010.

Bastian, P., Diepholz, A., Lindner, E.: Frühe Hilfen für Familien und soziale Frühwarnsysteme. Münster/New York/München/Berlin 2008.

Bauer, R., Dießenbacher H.: Organisierte Nächstenliebe. Wohlfahrtsverbände und Selbsthilfe in der Krise des Sozialstaats. Opladen 1986 (2. Auflage).

Bäumer, G.: Die historischen und sozialen Voraussetzungen der Sozialpädagogik und die Entwicklung ihrer Theorie. In: Nohl, H., Pallat L. (Hrsg.): Sozialpädagogik. Handbuch der Pädagogik. Bd. 5. Langensalza 1929 (Neudruck 1966), S. 3-17.

Becker, R.: Bildungseffekte vorschulischer Erziehung und Elementarbildung – Bessere Bildungschancen für Arbeiter- und Migrantenkinder? In: Becker, R., Lauterbach, W. (Hrsg.): Bildung als Privileg? Erklärungen und Befunde zu den Ursachen der Bildungsungleichheiten. Wiesbaden 2010 (4. Auflage), S. 129-160.

Beckmann, C.: Qualitätsmanagement und Soziale Arbeit. Wiesbaden 2009.

Beher, K. u. a. (Hrsg.): Offene Ganztagsschule im Primarbereich. Begleitstudie zu Einführung, Zielsetzungen und Umsetzungsprozessen in Nordrhein-Westfalen. Weinheim/München 2005.

Beher, K. u. a.: Die offene Ganztagsschule in der Entwicklung. Weinheim/München 2007.

Belardi, N. u. a.: Beratung. Eine sozialpädagogische Einführung. Weinheim/Basel 1996.

Benner, D.: Hauptströmungen der Erziehungswissenschaft. Eine Systematik traditioneller und moderner Theorien. München 1978 (2. Auflage).

Bernet, S., Dalaker, M.: Zeitgemäß und akzeptiert? Eine Studie zur Nutzung der Angebote der Stuttgarter Jugendhaus gGmbH. In: deutsche jugend 2008 (H. 6), S. 267-273.

Bernfeld, S.: Kinderheim Baumgarten. Bericht über einen Versuch mit neuer Erziehung. In: Antiautoritäre Erziehung und Psychoanalyse. Bd. 1. Darmstadt 1969, S. 84ff.

Bertram, T., Pascal, C., Bokhari, S., Gasper, M.,Holtermann, S.: Early Excellence Centre Pilot Programme, Second Evaluation Report 2000 – 2001, Research Report 361. DfES: London 2002.

BETA (Bundesvereinigung Evangelischer Tageseinrichtungen für Kinder e.V.), Diakonisches Institut für Qualitätsmanagement und Forschung gGmbH (Hrsg.): Bundes-Rahmenhandbuch Qualitätsmanagement für Evangelische Kindertageseinrichtungen – ein Leitfaden für Qualitätsentwicklung. Berlin 2002.

Betz, T., Diller, A., Rauschenbach, T. (Hrsg.): Kita-Gutscheine Ein Konzept zwischen Anspruch und Realisierung (DJI-Fachforum Bildung und Erziehung, Band 8). München 2010.

Bienemann, W.: Kooperationspartner Kinder- und Jugendschutz. In: Deinet, U., Sturzenhecker, B. Handbuch Offene Kinder- und Jugendarbeit. Wiesbaden 2005, S. 569-572.

Biermann, B.: Vollzeitpflege. In: Birtsch, V., Münstermann, K.., Trede, W.: Handbuch Erziehungshilfen. Münster 2001, S. 598-631.

Blandow, J.: Zielgruppen und Zugangswege für Hilfen zur Erziehung. In: Birtsch, V., Münstermann, K., Trede, W.: Handbuch Erziehungshilfen. Münster 2001, S. 103-127.

Blandow, J.: Pflegekinder und ihre Familien – Geschichte, Situation und Perspektiven des Pflegekinderwesens, Weinheim 2004.

Blandow, J.: Mädchen und Jungen in Obhut. „Vorläufige Schutzmaßnahmen“ in geschlechtsspezifischer Perspektive. In: Lewis, G., Riehm, R., Neumann-Witt, A., Bohnstengel, L., Köstler, S., Hensen, G. (Hrsg.): Inobhutnahme konkret. Pädagogische Aspekte der Arbeit in der Inobhutnahme und im Kinder- und Jugendnotdienst. Frankfurt am Main 2009, S. 193-220.

Blankertz, H.: Geschichte der Pädagogik. Von der Aufklärung bis zur Gegenwart. Wetzlar 1982.

Blohm, E.: Hitler-Jugend. Soziale Tatgemeinschaft. Vlotho 1979 (2. Auflage).

BMJFFG (Hrsg.): Achter Jugendbericht. Bonn 1990.

Bödege-Wolf, J., Schellberg, K.: Organisationen der Sozialwirtschaft. Baden-Baden 2005.
Boeßenecker, K.-H.: Spitzenverbände der Freien Wohlfahrtspflege in der Bundesrepublik Deutschland. Münster 1995.
Boeßenecker, K.-H.: Spitzenverbände der freien Wohlfahrtspflege in der BRD. Eine Einführung in Organisationsstruktur und Handlungsfelder. Münster 1998 (2. Auflage).
Boeßenecker, K.-H. u. a. (Hrsg.): Qualitätskonzepte in der Sozialen Arbeit. Eine Orientierung für Ausbildung, Studium und Praxis. Weinheim 2003.
Böhnisch, L.: Bedingungen sozialpädagogischen Handelns im Jugendamt, Z.f.Päd. 1972, S. 187ff.
Böhnisch, L.: Sozialpädagogik des Kindes- und Jugendalters. Weinheim/München 1992.
Böhnisch, L.: Sozialpädagogik der Lebensalter – Eine Einführung. Weinheim 2008 (5. Auflage).
Böhnisch, L., Stackebrand J., Schefold W.: Jugendpolitik und Sozialstaat. Perspektiven und Befunde. München 1980.
Böhnisch, L., Schröer, W.: Pädagogische Räume und Beziehungen und die Pluralisierung von Lernorten. In: Hartnuß, B., Maykus S. (Hrsg.): Handbuch Kooperation von Jugendhilfe und Schule. Frankfurt am Main 2004, S. 193-207.
Böllert, K.: Zwischen Familialisierung und Kindorientierung – Jugendhilfe unter Druck. In: Der pädagogische Blick 2009 (H. 2), S. 93-106.
Bollweg, P., Otto, H.-U. (Hrsg.): Räume flexibler Bildung. Bildungslandschaft in der Diskussion. Wiesbaden 2011.
Bondy, C.: Die deutsche Jugendbewegung. In: Nohl, H., Pallat L. (Hrsg.): Sozialpädagogik. Handbuch der Pädagogik. Bd. 5. Langensalza 1929 (Neudruck 1966), S. 114ff.
Borgmann, K.: Der Deutsche Caritasverband im „Dritten Reich“. In: Deutscher Caritasverband: 75 Jahre Deutscher Caritasverband. Freiburg 1972, S. 92-100.
Böttcher, W., Bastian, P., Lenzmann, V.: Soziale Frühwarnsysteme. Evaluation des Modellprojekts in Nordrhein-Westfalen. Münster/New York/München/Berlin 2008.
Brandenburg, H.-C.: Die Geschichte der HJ. Wege und Irrwege einer Generation. Köln 1968.
Braun, H.: Der Deutsche Verein im Geschehen seiner Zeit. In: Deutscher Verein für öffentliche und private Fürsorge: Beiträge zur Entwicklung der deutschen Fürsorge. 75 Jahre Deutscher Verein. Köln/Berlin 1955, S. 1ff.
Brenner, G.: Praxisansätze interkultureller Jugendarbeit. In: deutsche jugend 2007 (H. 2).
Breuer, K. H.: Jugendsozialarbeit. Köln 1965 (4. Auflage).
Bringewat, P.: Schutz des Kindeswohls – eine Aufgabe des Strafrechts? In: Zeitschrift für Kindschaftsrecht und Jugendhilfe 2007 (H. 6), S. 225-231.
Brosch, P.: Fürsorgeerziehung. Heimterror und Gegenwehr, Frankfurt a.M. 1975.
Brülle, H., Hock, B.: Dimensionen von Sozialplanung in den Kommunen und der Stellenwert von Jugendhilfeplanung. In: Maykus, S., Schone, R. (Hrsg.): Handbuch Jugendhilfeplanung. Wiesbaden 2010 (3. Auflage), S. 67-90.
BSMAS/IfP (Bayerisches Staatsministerium für Arbeit und Sozialordnung, Familie und Frauen / Staatsinstitut für Frühpädagogik): Der Bayerische Bildungs- und Erziehungsplan für Kinder in Tageseinrichtungen bis zur Einschulung. Weinheim/Basel 2006 (2. Auflage).
Büchel, F., Spieß, C. K.: Form der Kinderbetreuung und Arbeitsmarktverhalten von Müttern in West- und Ostdeutschland. Schriftenreihe des Bundesministeriums für Familie, Senioren, Frauen und Jugend, Bd. 120. Stuttgart 2002.
Büchner, C., Spieß, C. K.: Die Dauer vorschulischer Betreuungs- und Bildungserfahrungen. Ergebnisse auf Basis der Paneldaten. DIW Discussion Paper 687. Berlin 2007.

Bujard, O., Baros, W., Niehues, C., Pötter, N.: Jugendwerkstätten. Köln 2003.

Bundesarbeitsgemeinschaft der Freien Wohlfahrtspflege (BAGFW): Einrichtungen und Dienste der Freien Wohlfahrtspflege. Gesamtstatistik 2008. Berlin 2009.

Bundesministerium für Familie, Senioren, Frauen und Jugend: Elfter Jugendbericht – Aufwachsen in öffentlicher Verantwortung. Berlin 2002.

Bundesministerium für Familie, Senioren, Frauen und Jugend (BMFSFJ): Nationale Qualitätsinitiative im System der Tageseinrichtungen für Kinder. Berlin 2002.

Bundesministerium für Familie, Senioren, Frauen und Jugend (BMFSFJ): Betriebswirtschaftliche Effekte familienfreundlicher Maßnahmen. Gutachten der Prognos AG. Berlin 2003a.

Bundesministerium für Familie, Senioren, Frauen und Jugend (BMFSFJ): Auf den Anfang kommt es an! Perspektiven zur Weiterentwicklung des Systems der Tageseinrichtungen für Kinder in Deutschland. Weinheim/Basel/Berlin 2003b.

Bundesministerium für Familie, Senioren, Frauen und Jugend (BMFSFJ): Betrieblich unterstützte Kinderbetreuung. Konzepte und Praxisbeispiele. Bonn 2004.

Bundesministerium für Familie, Senioren, Frauen und Jugend (BMFSFJ): Zwölfter Kinder- und Jugendbericht. Bericht über die Lebenssituation junger Menschen und die Leistungen der Kinder- und Jugendhilfen in Deutschland. Berlin 2005.

Bundesministerium für Familie, Senioren, Frauen und Jugend (BMFSFJ): Familie zwischen Flexibilität und Verlässlichkeit. Perspektiven für eine lebenslaufbezogene Familienpolitik. 7. Familienbericht. Berlin 2006a.

Bundesministerium für Familie, Senioren, Frauen und Jugend (BMFSFJ): Kosten betrieblicher und betrieblich unterstützter Kinderbetreuung. Leitfaden für die Unternehmenspraxis. Berlin 2006b.

Bundesministerium für Familie, Senioren, Frauen und Jugend (BMFSFJ): Monitor Familienforschung. Familienbewusste Personalpolitik als Bestandteil der Unternehmenskultur. Ausgabe Nr. 8. Berlin 2006c.

Bundesministerium für Familie, Senioren, Frauen und Jugend (BMFSFJ): Information für Personalverantwortliche. Familienfreundliche Maßnahmen in Unternehmen. Berlin 2007.

Bundesministerium für Familie, Senioren, Frauen und Jugend (BMFSFJ): Bildung, Betreuung und Erziehung für Kinder unter drei Jahren – elterliche und öffentliche Sorge in gemeinsamer Verantwortung. Kurzgutachten. Wissenschaftlicher Beirat beim Bundesministerium für Familie, Senioren, Frauen und Jugend. Berlin 2008a.

Bundesministerium für Familie, Senioren, Frauen und Jugend (BMFSFJ): Gutscheine: Gezielte Förderung für Familien. Monitor Familienforschung, Nr. 12. Berlin 2008b.

Bundesministerium für Familie, Senioren, Frauen und Jugend (BMFSFJ): Familienmonitor 2008. Repräsentative Befragung zum Familienleben und zur Familienpolitik. Allensbach 2008c.

Bundesministerium für Familie, Senioren, Frauen und Jugend (BMFSFJ): Familienbewusste Personalpolitik. Berlin 2008d.

Bundesministerium für Familie, Senioren, Frauen und Jugend (BMFSFJ): Erwartungen an einen familienfreundlichen Betrieb. Studie erstellt vom: Wirtschafts- und Sozialwissenschaftlichen Institut der Hans-Böckler-Stiftung. Berlin 2008e.

Bundesministerium für Familie, Senioren, Frauen und Jugend (BMFSFJ): Familienfreundlichkeit als Erfolgsfaktor für die Rekrutierung und Bindung von Fachkräften, Ergebnisse einer repräsentativen Umfrage unter Arbeitgebern und Beschäftigten. Berlin 2008f.

Bundesministerium für Familie, Senioren, Frauen und Jugend (BMFSFJ): Unternehmen Kinderbetreuung – Praxisleitfaden für die betriebliche Kinderbetreuung. Berlin 2008g.

Bundesministerium für Familie, Senioren, Frauen und Jugend (BMFSFJ): Förderrichtlinien des Programms betrieblich unterstütze Kinderbetreuung aus den Mitteln des ESF. Berlin 2009.
Bundesministerium für Familie, Senioren, Frauen und Jugend: Richtlinien über die Gewährung von Zuschüssen und Leistungen zur Förderung der Kinder- und Jugendhilfe durch den Kinder- und Jugendplan des Bundes (KJP) vom 28. August 2009. In: Bundesministerium des Inneren (Hrsg.): Gemeinsames Ministerialblatt 2009/Nr. 38, 60. Jahrgang, 2009.
Bundesministerium für Familie, Senioren, Frauen und Jugend (BMFSFJ): 13. Kinder- und Jugendbericht – Mehr Chancen für gesundes Aufwachsen – Gesundheitsbezogene Prävention und Gesundheitsförderung in der Kinder- und Jugendhilfe. Berlin 2009.
Bundesministerium für Familie, Senioren, Frauen und Jugend (BMFSFJ): Unternehmensmonitor Familienfreundlichkeit 2010. Durchgeführt durch das Institut der deutschen Wirtschaft Köln. Berlin 2010.
Bundesministerium für Jugend, Familie und Gesundheit (BMJFG): Diskussionsentwurf eines Jugendhilfegesetzes. Bonn 1973.
Bundesministerium für Jugend, Familie und Gesundheit (BMJFG): Dritter Jugendbericht. Aufgaben und Wirksamkeit der Jugendämter in der Bundesrepublik Deutschland. BTDr. VI/3170. Bonn-Bad Godesberg 1972.
Bundesministerium für Jugend, Familie, Frauen und Gesundheit (BMJFFG): Achter Jugendbericht. Bericht über Bestrebungen und Leistungen der Jugendhilfe. Bonn 1990.
Bunse, S., Hoffschildt, C. (Hrsg.): Sprachentwicklung und Sprachförderung im Elementarbereich. München 2008.
Bürger, U.: Heimerziehung. In: Birtsch, V., Münstermann, K.., Trede, W.: Handbuch Erziehungshilfen. Münster 2001, S. 632-663.
Bürger, U.: Stationäre Erziehungshilfen – ein Auslaufmodell der modernisierten Kinder- und Jugendhilfe? In: SPI (Hrsg.): Wohin steuert die stationäre Erziehungshilfe? München 2007, S. 40-59.
Bürger, U.: Armut und Familienstrukturen in den Herkunftsfamilien der AdressatInnen erzieherischer Hilfen. In: Forum Erziehungshilfen 2010 (H. 5), S. 266-271.
Bürger, U., Schone, R.: Demografischer Wandel und Jugendhilfeplanung. In: Maykus, S., Schone, R. (Hrsg.): Handbuch Jugendhilfeplanung. Wiesbaden 2010, S. 245-256.
Butterwegge, C., Klundt, M., Zeng, M.: Kinderarmut in Ost- und Westdeutschland. Wiesbaden 2005.
Buttner, P.: Die sozialen Berufe und die Hochschulausbildung. In: Nachrichtendienst des Deutschen Vereins für öffentliche und private Vorsorge 2008 (H. 6), S. 242-246.
Chassé, K.-A.: Soziale Arbeit und Lebenslage. Zur Einführung in das Lebenslage-Konzept. In: Treptow, R., Hörster, R.: Sozialpädagogische Integration. Weinheim/München 1999, S. 147-154.
Chassé, K.-A., Zander, M., Rasch, K.: Meine Familie ist arm. Wiesbaden 2007 (3. Auflage).
Cloos, P., Köngeter, S., Müller, B., Thole, W.: Die Pädagogik der Kinder- und Jugendarbeit. Wiesbaden 2009.
Coelen, T.: „Ganztagsbildung" – Ausbildung und Identitätsbildung von Kindern und Jugendlichen durch die Zusammenarbeit von Schulen und Jugendeinrichtungen. In: neue praxis 2002 (H. 1), S. 53-66.
Coelen, T.: „Ganztagsbildung" – Integration von Aus- und Identitätsbildung durch die Kooperation zwischen Schulen und Jugendhilfeeinrichtungen. In: Otto, H.-U., Coelen, T. (Hrsg.): Grundbegriffe der Ganztagsbildung. Beiträge zu einem neuen Bildungsverständnis in der Wissensgesellschaft. Wiesbaden 2004, S. 247-267.

Coelen, T., Otto, H.-U.: Grundbegriffe Ganztagsbildung. Das Handbuch. Wiesbaden 2008.
Conen, M.-L.: Elternarbeit in der Heimerziehung. Eine empirische Studie zur Praxis der Eltern- und Familienarbeit in Einrichtungen der Erziehungshilfe. Frankfurt am Main 1996.
Cremer, H., Hundsalz A., Menne K. (Hrsg.): Jahrbuch für Erziehungsberatung Band 1. Weinheim/München 1994.
DAG SHG Deutsche Arbeitsgemeinschaft der Selbsthilfegruppen e.V. (Hrsg.): Selbsthilfegruppenjahrbuch 2010. Baden-Baden 2010.
Damm, D., J. Eigenbrodt, B. Hafeneger (Hrsg.): Jugendverbände in der BRD. Neuwied 1990.
Dehler, J.: Jugend und Politik im Kapitalismus. Zur Kritik der staatlichen Jugendpolitik am Beispiel politischer Bildung als Schwerpunkt des Bundesjugendplans. Gießen 1973.
Deinet, U. (Hrsg.): Sozialräumliche Jugendarbeit. Grundlagen, Methoden, Praxiskonzepte. Wiesbaden 2005.
Deinet, U.: Entwicklungslinien und Bausteine kommunaler Qualitäts- und Wirksamkeitsdialoge. In: deutsche jugend 2006 (H. 4), S. 170-179.
Deinet, U.: Sozialraumorientierung als Brücke zwischen Jugendhilfe und Schule. In: Deinet, U., Icking, M. (Hrsg.): Jugendhilfe und Schule. Analysen und Konzepte für die kommunale Kooperation. Opladen 2006a, S. 21-34.
Deinet, U.: Sozialräumliche Kooperation zwischen Offener Kinder- und Jugendarbeit und den Hilfen zur Erziehung. In: deutsche jugend 2006 (H. 12), 2006b.
Deinet, U.: Entwicklungslinien und Bausteine kommunaler Qualitäts- und Wirksamkeitsdialoge. In: deutsche jugend 2006c (H. 4).
Deinet, U., Icking, M. (Hrsg.): Jugendhilfe und Schule. Analysen und Konzepte für die kommunale Kooperation. Opladen 2006.
Deinet, U., Icking, M.: Jugendhilfe als Partner der Schule – die Öffnung zu informellen und nicht-formellen Bildungsbereichen. In: Dies. (Hrsg.): Jugendhilfe und Schule. Analysen und Konzepte für die kommunale Kooperation. Opladen 2006, S. 11-20.
Deinet, U., Icking, M., Leifheit, E., Dummann, J.: Jugendarbeit zeigt Profil in der Kooperation mit Schule. Opladen 2009.
Deinet, U., Liebig, R.: Der Wirksamkeitsdialog für die Offene Kinder- und Jugendarbeit in Nordrhein-Westfalen. Geschichte, Entwicklung und Funktionen. In: deutsche jugend 2006 (H. 4).
Deinet, U., Nörber, M., Sturzenhecker, B.: Kinder- und Jugendarbeit. In: Schröer, W., Struck, N., Wolff, M. (Hrsg.): Handbuch Kinder- und Jugendhilfe. Weinheim und München 2002, S. 691–713.
Deinet, U., Sturzenhecker, B.: Handbuch Offene Kinder- und Jugendarbeit. Wiesbaden 2005 (3. Auflage).
Denner, L., Schumacher, E.: Einführung: Übergänge im Elementar- und Primarbereich – Relevanzen, Chancen und Risiken. In: dies. (Hrsg.): Übergänge im Elementar- und Primarbereich reflektieren und gestalten – Beiträge zu einer grundlegenden Bildung. Bad Heilbrunn 2004, S. 11-14.
Deutscher Bundestag: 16. Wahlperiode. Drucksache 16/9299: Gesetzentwurf der Fraktionen der CDU/CSU und SPD. Entwurf eines Gesetzes zur Förderung von Kindern unter drei Jahren in Tageseinrichtungen und in der Kindertagespflege (Kinderförderungsgesetz – KiföG) 2008.
Deutscher Städtetag (Hrsg.): Strafrechtliche Relevanz sozialarbeiterischen Handelns. In: Zentralblatt für Jugendrecht 2004 (H. 5), S. 187-193.

Deutscher Verein für öffentliche und private Fürsorge (Hrsg.): Zur Verfassungsmäßigkeit von Bestimmungen des JWG und BSHG. Urteil des Bundesverfassungsgerichts v. 18.07.1967. Frankfurt 1967.
Deutscher Verein für öffentliche und private Fürsorge: Thesen zu einem neuen Jugendhilferecht – Grundthesen (1971), Einzelthesen (1972). Zusammenfassender Nachdruck. Frankfurt 1974.
Deutscher Verein für öffentliche und private Fürsorge: Weiterentwickelte Empfehlungen zur Vollzeitpflege/Verwandtenpflege, Frankfurt am Main 2004.
Deutscher Verein für öffentliche und private Fürsorge, Empfehlungen des Deutschen Vereins zur erfolgreichen Integration von Menschen mit Migrationshintergrund durch die Kinder- und Jugendhilfe vom 08.12.2010.
Deutscher Verein für öffentliche und private Fürsorge: Diskussionspapier des Deutschen Vereins zur Gestaltung der Schnittstelle bei Hilfen nach dem SGB VIII und dem SGB XII für junge Menschen mit Behinderung. In: Nachrichtendienst des Deutschen Vereins für öffentliche und private Fürsorge, 90/2010, S. 467-472.
Dewe, B., Wohlfahrt, N. (Hrsg.): Verbundsystem und Netzwerkförderung – Ein neues Aufgabenfeld für die Entwicklung der Sozialarbeit? In: dies. (Hrsg.): Netzwerkförderung und soziale Arbeit. Empirische Analysen in ausgewählten Handlungs- und Politikfeldern. Bielefeld 1991,S. 7-30.
Dickopf, C., Pies, S.: Zwischen Erkenntnisgewinn und Praxisentwicklung? Merkmale und Spannungsfelder sozialpädagogischer Forschungsprojekte. In: Schrapper, C. (Hrsg.): Sozialpädagogische Forschungspraxis. Positionen, Projekte, Perspektiven. Weinheim/München 2004, S. 29-37.
Diehm, I.: Hilfen zur Erziehung in der Einwanderungsgesellschaft. In: Forum Erziehungshilfen 2005 (H. 1), S. 4-7.
Diller, A., Leu, H.-R., Rauschenbach, T. (Hrsg.): Kitas und Kosten Die Finanzierung von Kindertageseinrichtungen auf dem Prüfstand (DJI-Fachforum Bildung und Erziehung, Band 1). München 2004.
Diller, A., Leu, H. R., Rauschenbach, T. (Hrsg.): Der Streit ums Gütesiegel. Qualitätskonzepte für Kindertageseinrichtungen. München 2005.
Diller, A., Leu, H.-R., Rauschenbach, T. (Hrsg.): Wie viel Schule verträgt der Kindergarten? Annäherung zweier Lernwelten (DJI-Fachforum Bildung und Erziehung, Band 7). München 2010.
Discher, B., Schimke, H.-J.: Die Rolle der insoweit erfahrenen Fachkraft nach § 8a Abs. 2 SGB VIII in einem kooperativen Kinderschutz. In: Zeitschrift für Kindschaftsrecht und Jugendhilfe 2011 (H. 1), S. 12-16.
DIW (Hrsg.): Wochenbericht Nr. 7/2010. Berlin 2010.
Dörner, K.: Bürger und Irre. Zur Sozialgeschichte und Wirtschaftssoziologie der Psychiatrie. Frankfurt 1975.
Drilling, M.: Schulsozialarbeit. Antworten auf veränderte Lebenswelten. Bern 2009 (4. Auflage).
Eckey, B., Krüger, F. (Hrsg.): Jugend bewegt Beratung: Adoleszenz als Herausforderung und Chance für die Erziehungsberatung. Weinheim/München 2008.
Eger, F.: Wie Jugendämter entscheiden. Ursachen einer veränderten Inanspruchnahme von Hilfen zur Erziehung. Wiesbaden 2008.
Elger, W., E. Jordan, J. Münder: Erziehungshilfen im Wandel. Untersuchungen über Zielgruppen, Bestand und Wirkung ausgewählter Erziehungshilfen des Stadtjugendamtes Kassel. Münster 1987.
Enquête-Kommission: „Chancen für Kinder. Rahmenbedingungen und Steuerungsmöglichkeiten für ein optimales Betreuungs- und Bildungsangebot in Nordrhein-Westfalen“. Düsseldorf 2008.

Erickson, M. F., England, B.: Die Stärkung der Eltern-Kind-Bindung. Frühe Hilfen für die Arbeit mit Eltern von der Schwangerschaft bis zum zweiten Lebensjahr des Kindes durch das STEEPTM-Programm. Stuttgart 2006.
Esch, K., Klaudy, E. K., Micheel, B., Stöbe-Blossey, S: Qualitätskonzepte in der Kindertagesbetreuung: ein Überblick. Wiesbaden 2006.
Esch, K., Klaudy, E. K., Stöbe-Blossey, S.: Bedarfsorientierte Kinderbetreuung: Gestaltungsfelder für die Kinder- und Jugendpolitik. Wiesbaden 2005.
Esch, K., Klaudy, E. K., Stöbe-Blossey, S., Wecker, F.: Verhaltensauffällige Kinder in Kindergarten und Grundschule: die Herner Materialien zur Früherkennung und zum Umgang mit Verhaltensauffälligkeiten. Mit CD-ROM. Kronach 2010.
Faltermeier, J., Sengling D. (Hrsg.): Wenn Kinder und Jugendliche an ihren Lebenswelten scheitern – Herausforderung für die Sozialpädagogik. Frankfurt 1983.
Faulde, J.: Aktuelle Entwicklungen in den Lebenswelten von Kindern und Jugendlichen in ländlichen Regionen. Empirische Befunde und konzeptionelle Konsequenzen für die Jugendarbeit. In: deutsche jugend 2008 (H. 9), S. 369-377.
Faust, G., Roßbach, H.-G.: Der Übergang vom Kindergarten in die Grundschule In: Denner, L., Schumacher, E. (Hrsg.): Übergänge im Elementar- und Primarbereich reflektieren und gestalten. Beiträge zu einer grundlegenden Bildung. Bad Heilbrunn 2004, S. 91-103.
Fegert, J. M., Besier, T.: Psychisch belastete Kinder und Jugendliche an der Schnittstelle zwischen Kinder- und Jugendhilfe und Gesundheitssystem – Zusammenarbeit der Systeme nach der KICK-Reform. In: Sachverständigenkommission 13. Kinder- und Jugendhilfebericht (Hrsg.): Mehr Chancen für gesundes Aufwachsen – Materialien zum 13. Kinder- und Jugendbericht. München 2010, S. 987-1110.
Fegert, J.M., Schrapper, C. (Hrsg.): Handbuch Jugendhilfe – Jugendpsychiatrie – interdisziplinäre Kooperation. Weinheim, München 2004.
Fendrich, S.: Hilfen zur Erziehung – eine Trendwende bei der Personalentwicklung. Rückbau und Umstrukturierung der Beschäftigten in einem expandierenden Leistungsbereich. In: KomDat 2008 (H. 1/2), S. 9-11.
Fendrich, S., Pothmann, J.: Profilwandel der Hilfen zur Erziehung setzt sich fort. Quantitative Vermessungen zu familienunterstützenden, -ergänzenden und –ersetzenden Leistungen der Kinder- und Jugendhilfe. In: Jugendhilfe 2007 (H. 3), S. 132-138.
Fest, J.C.: Das Gesicht des Dritten Reiches. München 1987.
Fiege, J. (Hrsg.): Jugendverbände ohne Jugend? Hamburg 1981.
Fieseler, G., Schleicher, H., Busch, M.: Gemeinschaftskommentar zum SGB VIII. Neuwied 2008.
Finkel, M.: Evaluation in Planungsprozessen. In: Maykus, S., Schone, R. (Hrsg.): Handbuch Jugendhilfeplanung. Wiesbaden 2010 (3. Auflage), S. 385-396.
Forum Erziehungshilfen: Familienrat – Familiengruppenkonferenz. Frankfurt a.M. 2009 (H. 3).
Forum Erziehungshilfen: „Große Lösung"? Kinder- und Jugendhilfe und Eingliederungshilfe. Frankfurt a.M. 2010 (H. 4).
Francke, H.: Kriminalpädagogik. In: Nohl, H., L. Pallat (Hrsg.): Sozialpädagogik. Handbuch der Pädagogik. Bd. 5. Langensalza 1929 (Neudruck 1966), S. 195 ff.
Frank, G.: Praxisforschung. In: Deutscher Verein für öffentliche und private Fürsorge e.V. (Hrsg.): Fachlexikon der sozialen Arbeit. Baden-Baden 2007 (6. Auflage), S. 723-724.
Freigang, W., Wolf, K.: Heimerziehungsprofile – Sozialpädagogische Porträts. Weinheim/Basel 2001.
Friedeberg, E., Polligkeit W.: Reichsjugendwohlfahrtsgesetz (Kommentar). Berlin 1930 (2. Auflage).

Fröhlich- Gildhoff, K., Engel, E., Rönnau, M.: SPFH im Wandel?: Untersuchungsergebnisse zu Konzepten, Praxis und Rahmenbedingungen der Sozialpädagogischen Familienhilfe. Freiburg i. Br. 2006.

Fröhlich-Gildhoff, K. u. a.: Bausteine zur Kooperation von Jugendarbeit und Schule. Erkenntnisse aus der Evaluation eines Modellprojektes. In: deutsche jugend 2006 (H. 7/8), S. 311-319.

Fthenakis, W. E.: Bildung neu konzeptualisiert: Zur (längst fälligen) Reform der frühkindlichen Bildung. In: Henry-Huthmacher, C. (Hrsg.): Jedes Kind zählt. Neue Wege in der frühkindlichen Bildung, Erziehung und Betreuung. Konrad-Adenauer-Stiftung, St. Augustin 2004, S. 32-51.

Fthenakis, W.E., Oberhuemer. P.: Frühpädagogik international. Bildungsqualität im Blickpunkt. Wiesbaden 2004.

Fülbier, P., M. Schnapka: Jugendsozialarbeit im Kinder- und Jugendhilfegesetz – Neue Rechtsgrundlage für bewährte Praxis. In: Wiesner, R., W. Zarbock (Hrsg.): Das neue Kinder- und Jugendhilfegesetz (KJHG) und seine Umsetzung in die Praxis. Köln u. a. 1991, S. 267-285.

Fülbier, P., Münchmeier, R. (Hrsg.): Handbuch Jugendsozialarbeit. Münster 2001.

Galiläer, L.: Pädagogische Qualität. Perspektiven der Qualitätsdiskurse über Schule, Soziale Arbeit und Erwachsenenbildung. Weinheim/München 2005.

Galuske, M.: Methoden der Sozialen Arbeit. Eine Einführung. Weinheim/München 2005 (6. Auflage).

Gernert, W.: Rechtliche Grundlagen der Offenen Kinder- und Jugendarbeit. In: Deinet, U., Sturzenhecker, B.: Handbuch Offene Kinder- und Jugendarbeit. Wiesbaden 2005, S. 315-321.

Giesecke, H.: Vom Wandervogel zur Hitlerjugend. Jugendarbeit zwischen Politik und Pädagogik. München 1981.

Giesecke, H.: Die Jugendarbeit. München 1983 (6. Auflage).

Gintzel, U., Jordan, E., Schone, R., Schulz, H., Struck, N.: Kinder- und Jugendhilfe in Deutschland. Rahmenbedingungen, Strukturen, Aufgaben und Ziele, Ausblick. Münster 1997.

Gisbert, K.: Neue Bildungsinhalte. In: Wehrmann, I. (Hrsg.): Kindergärten und ihre Zukunft. Weinheim/Basel/Berlin 2004, S. 138-148.

Gissel-Palkovisch, I.: Der ASD und seine Leistungsgrenzen. In: Sozialmagazin 2007 (H. 9), S. 11-23.

Göppel, R.: Außer- und innerschulische Jugendbildung oder: Warum propagiert Jugendarbeit neuerdings so vehement ihren Bildungsanspruch? In: deutsche jugend 2009 (H. 4), S. 169-178.

Graf, B., Sommer, J.: Case Management in den Jugendmigrationsdiensten/Individuelle Integrationsförderplanung in Jugendmigrationsdiensten. In: Dreizehn – Zeitschrift für Jugendsozialarbeit 2008 (H. 2), S. 31-33.

Gragert, N., Seckinger, M.: Herausforderungen für die Zusammenarbeit mit Eltern in den Erziehungshilfen. In: Forum Erziehungshilfen 2008 (H. 1), S. 4-9.

Greese, D.: Zusammenarbeit von Schule und ASD. In: Hartnuß, B., Maykus, S. (Hrsg.): Handbuch Kooperation von Jugendhilfe und Schule. Frankfurt am Main 2004, S. 449-457.

Grimm, Gaby: Stadtentwicklung und Quartiersmanagement. Entwicklung und Aufbau lokalspezifischer Organisations- und Steuerungsstrukturen. Essen 2004.

Günder, R., Müller-Schlotmann, R., Reidegeld, E.: Reaktionen auf unerwünschtes Verhalten in der Stationären Erziehungshilfe. In: Unsere Jugend 2009 (H. 1), S. 14-25.

Günder, R., Reidegeld, E.: Professionelles Handeln in der Stationären Erziehungshilfe. In: Unsere Jugend 2010 (H. 1), S. 2-11.

Günder, R.: Praxis und Methoden der Heimerziehung. Freiburg 2007 (3. Auflage).

Guse, M., Kohrs, A., Vahsen, F.: Das Jugendlager Moringen – Ein Jugendkonzentrationslager. In: Otto, H.-U., Sünker, H. (Hrsg.): Soziale Arbeit und Faschismus. Volkspflege und Pädagogik im Nationalsozialismus. Bielefeld 1986, S. 321-344.

Hafeneger, B.: Professionsbilder und -merkmale in der Jugendarbeit, Pädagogik. In: deutsche jugend 2007 (H. 1).

Hafeneger, B.: Zur gegenwärtigen Situation der Kinder- und Jugendarbeit – ein Kommentar zur aktuellen Datenlage. In: Lindner, W. (Hrsg.): Kinder- und Jugendarbeit wirkt. Aktuelle und ausgewählte Evaluationsergebnisse der Kinder- und Jugendarbeit. Wiesbaden 2008, S. 37-50.

Hansbauer, P.: Fachlichkeit in den erzieherischen Hilfen – Konzepte, Methoden und Kompetenzen. In: Birtsch, V., Münstermann, K., Trede, W. (Hrsg.): Handbuch Erziehungshilfen. Leitfaden für Ausbildung, Praxis und Forschung. Münster 2001, S. 353-375.

Hansbauer, P.: Methoden der Kinder- und Jugendhilfe. In: Schröer, W., Struck, N., Wolff, M. (Hrsg.): Handbuch Kinder- und Jugendhilfe. Weinheim/München 2002, S. 833-846.

Hansbauer, P.: Sozialpädagogische Institute und ihre Funktion für Forschung, Evaluation und Beratung. In: Thole, W. (Hrsg): Grundriss soziale Arbeit. Opladen 2002, S. 937-946.

Hansbauer, P.: Der Familienrat – die „etwas andere“ Hilfeplanung. In: Forum Erziehungshilfen 2009 (H. 3), S. 132-135.

Hansbauer, P., Hensen, G., Kriener, M., Müller, K., von Spiegel, H: Familiengruppenkonferenzen in Deutschland. Hinweise und Ergebnisse für die Implementierung in die Kinder- und Jugendhilfe. In: Unsere Jugend 2010 (H. 62), S. 421-432.

Hansbauer, P., Hensen, G., Müller, K., von Spiegel, H.: Familiengruppenkonferenz – Eine Einführung. Weinheim 2009.

Hansbauer, P., Mutke, B., Oelerich, G.: Vormundschaft in Deutschland – Trends und Perspektiven. Opladen 2004.

Hansbauer, P., Schone, R.: Sozialpädagogische Praxisforschung. In: Merchel, J. (Hrsg.): Qualität in der Jugendhilfe. Münster 1999 (2. Auflage).

Harms, T., Clifford, R. M.: Early Childhood Enivronment Rating Scale. New York 1980.

Harms, T., Clifford, R. M., Cryer, D.: Early Childhood Enivronment Rating Scale. Revised Edition. New York 1998.

Harnach-Beck, V.: Seelische Behinderung – was ist das? In: Sozialmagazin 1996 (H. 12), S. 20-33.

Hartnuß, B., Maykus, S. (Hrsg.): Handbuch Kooperation von Jugendhilfe und Schule. Frankfurt am Main 2004a.

Hartnuß, B., Maykus, S.: Schulbezogene Angebote der Jugendhilfe im KJHG, in den Ausführungsgesetzen sowie in den Schulgesetzen der Länder – Begründung und Vorschlag einer bundesrechtlichen Neuverortung im KJHG. In: Hartnuß, B. Maykus, S.: Handbuch Kooperation von Jugendhilfe und Schule. Ein Leitfaden für Praxisreflexionen, theoretische Verortungen und Forschungsfragen. Berlin 2004b, S. 570-592.

Hartnuß, B., Maykus, S.: Mitbestimmen, mitmachen, mitgestalten. Entwurf einer bürgergesellschaftlichen und sozialpädagogischen Begründung von Chancen der Partizipations- und Engagementförderung in ganztägigen Lernarrangements. Expertise im Auftrag des BLK-Programms „Demokratie leben und lernen“. Berlin, Münster 2005.

Hasenclever, C.: Zur Reform des Jugendhilferechts In: Unsere Jugend 1960 (H. 8), S. 343ff.

Hasenclever, C.: Fünfzig Jahre Jugendwohlfahrtsgesetz. In: Theorie und Praxis der sozialen Arbeit 1972 (H. 3), S. 97-106.

Hasenclever, C.: Jugendhilfe und Jugendgesetzgebung seit 1900. Göttingen 1978.
Hederer, J. (Hrsg.): Evolution in der Sozialpädagogik. Quellen und Kommentare. München 1975.
Heffels, W. M.: Lehren in der Sozialen Arbeit. Bad Heilbrunn 2008.
Heiner, M.: Praxisforschung in der sozialen Arbeit. Freiburg i. Br. 1988.
Heiner, M. (Hrsg.): Qualitätsentwicklung durch Evaluation. Freiburg i. Br. 1996.
Heinsohn, G.: Vorschulerziehung in der bürgerlichen Gesellschaft. Geschichte, Funktion, aktuelle Lage. Frankfurt 1974.
Heinze, R.G. (Hrsg.): Neue Subsidiarität. Leitidee für eine zukünftige Sozialpolitik. Opladen 1986.
Hellwig, U., Hoppe, J. R., Termath, J.: Sozialraumorientierung – ein ganzheitlicher Ansatz. Werkbuch für Studium und Beruf. Berlin 2007.
Helmig, E.: Sozialpädagogische Familienhilfe, In: Deutscher Verein für öffentliche und private Fürsorge (Hrsg.): Fachlexikon der sozialen Arbeit. Baden-Baden 2007 (6. Auflage), S. 897- 898.
Helming, E.: Hilfen für Familien in Krisensituationen. Vom „Homebuilders Model" über das „Families First Program" zu Familienaktivierungskonzepten in der Bundesrepublik Deutschland, in: ZfPäd. 39. Beiheft 1999, S. 153ff.
Helming, E.: Herausforderungen der Arbeit mit allein erziehenden Müttern und ihren Kindern in Armutssituationen. Themen der Unterstützung durch die SPFH. In: Forum Erziehungshilfen 2010 (H. 5), S. 272-276.
Henry-Huthmacher, C.: Kinderbetreuung in Deutschland – Ein Überblick. Krippen – Tagespflege – Kindergärten – Horte und Ganztagsschulen im Vergleich der Bundesländer. Arbeitspapier Nr. 144/2005; Konrad-Adenauer-Stiftung e.V. St. Augustin 2005.
Henschel, A, Krüger, R., Schmitt, C, Stange, W. (Hrsg.): Jugendhilfe und Schule. Handbuch für eine gelingende Kooperation. Wiesbaden 2009 (2. Auflage).
Hensen, G., Schone, R.: Kinderschutz und Frühe Hilfen für Familien als Planungsthema. In: Maykus, S., Schone, R. (Hrsg.): Handbuch Jugendhilfeplanung. Wiesbaden 2010, S. 329-348.
Hentschel, V.: Geschichte der deutschen Sozialpolitik. Soziale Sicherung und kollektives Arbeitsrecht (1880-1980). Frankfurt 1983.
Hermsen, T., Löcherbach, P., Mennemann, H., Schmid, M: Case Management in der Kinder- und Jugendhilfe, in: Hermsen, T., Macsenaere, M. (Hrsg.): Wirkungsforschung in der Kinder- und Jugendhilfe, Schriftenreihe der KFH, Bd. 2, EOS, St. Ottilien 2007, S. 285-308 (erstmalig veröffentlicht in neue praxis, Heft 3, S. 346-356).
Herrmann, U.: Das pädagogische Jahrhundert. Weinheim 1981.
Hirtsiefer, H. (Hrsg.): Jugendpflege in Preußen. Aus Anlaß des 10jährigen Bestehens des Preußischen Ministeriums für Volkswohlfahrt. Eberswalde 1930.
Hodermann, W.: Das neue Jugendwohlfahrtsrecht. Berlin 1928.
Hofgesang, B.: Sozialpädagogische Familienhilfe, In: Otto, Thiersch 2001, S. 529-539.
Holtappels, H. G., Klieme, E., Rauschenbach, T., Stecher, L. (Hrsg.): Ganztagsschule in Deutschland: Ergebnisse der Ausgangserhebung der "Studie zur Entwicklung von Ganztagsschulen" (StEG). Weinheim/München 2007.
Homfeldt, J. (Hrsg.): § 35a SGB VIII – Chancen sozialpädagogischer Professionalisierung. Baltmannsweiler 2005.
Hopmann, A.: Controlling, Planung und Steuerung. In: Maykus, S., Schone, R. (Hrsg.): Handbuch Jugendhilfeplanung. Wiesbaden 2010 (3. Auflage), S. 309-318.
Hörmann, G., Körner, W. (Hrsg.): Einführung in die Erziehungsberatung. Stuttgart 2008.
Hornstein, W. u. a.: Situation und Perspektiven der Jugend. Problemlagen und gesellschaftliche Maßnahmen. Weinheim/Basel 1982.

HSM/HKM (Hessisches Sozialministerium/Hessisches Kultusministerium) (Hrsg.): Bildung von Anfang an. Bildungs- und Erziehungsplan für Kinder von 0-10 Jahren. Wiesbaden 2007.
Hülsermann, O.: Ein Handlungskonzept für sozialpädagogische Fachkräfte in der ambulanten Jugendhilfe – Zentrale Inhalte und Grundlagen. In: Jugendhilfe 2010 (H. 3), S. 143-146.
Hundsalz, A.: Die Erziehungsberatung. Grundlagen, Organisation, Konzepte und Methoden. Weinheim/München 1995.
Hunner-Kreisel, C. :Jugendliche. In: Coelen, T., Otto, H.-U. (Hrsg.): Grundbegriffe Ganztagsbildung. Das Handbuch. Wiesbaden 2008, S. 40-48.
Hurrelmamm, K.: Jugendliche 2008. Sind sie auf die Zukunft vorbereitet? In: deutsche jugend 2008 (H. 7/8), S. 301-307.
Hurrelmann, K.: Lebensphase Jugend; Eine Einführung in die sozialwissenschaftliche Jugendforschung. Weinheim/München 2010 (10. Auflage).
Hurrelmann, K., Bründel, H.: Einführung in die Kindheitsforschung. Weinheim/Basel/Berlin 2003 (2. Auflage).
Imelmann, H., Romeike, G.: Eltern verstehen und stärken: Analysen und Konzepte der Erziehungsberatung. Weinheim/München 2010.
Institut für berufliche Bildung, Arbeitsmarkt- und Sozialpolitik: Gebündelte Kompetenzen für berufliche Integration. Offenbach am Main 2006.
Institut für Sozialarbeit und Sozialpädagogik (ISS) (Hrsg.): Vernachlässigte Kinder besser schützen. München 2008.
ISA Institut für soziale Arbeit e.V.: Neue Entwicklungen und Orientierungen in der Kinder- und Jugendhilfe in Nordrhein-Westfalen. Expertise im Rahmen des 9. Landesjugendberichtes Nordrhein-Westfalen. Münster 2009.
Jampert, K., Best, P., Guadatiello, A., Holler, D., Zehnbauer, A., Sens, A.: Schlüsselkompetenz Sprache: Sprachliche Bildung und Förderung im Kindergarten. Konzepte, Projekte und Maßnahmen. Weimar , Berlin 2007.
Jans, K.-W., Happe, G., Saurbier, H., Maas: Kinder- und Jugendhilferecht, 45. Nachlieferung, Stuttgart 2009.
Jansen, I.: Öffentliche Gewalt von Mädchen – ein verunsicherndes Phänomen. In: Forum Erziehungshilfen 2011 (H. 1), S. 4-9.
Japp, K.T., Olk, T.: Zur Neuorganisation sozialer Dienste. In: Projektgruppe Soziale Berufe (Hrsg.): Sozialarbeit. Problemwandel und Institutionen. Bd. II. München 1981, S. 82-115.
Johansen, E.M.: Betrogene Kinder. Eine Sozialgeschichte der Kindheit. München 1979 (2. Auflage).
Joos, M.: Tageseinrichtungen für Kinder zwischen Dienstleistung und Bildungsanforderungen. In: Zeitschrift für Soziologie der Erziehung und Sozialisation 2002 (H. 3), S. 229-247.
Jordan, E. (Hrsg.): Jugendhilfe. Beiträge und Materialien zur Reform des Jugendhilferechts. Weinheim 1975.
Jordan, E.: Kinder- und Jugendhilfe. Einführung in Geschichte und Handlungsfelder, Organisationsformen und gesellschaftlichen Problemlagen. Weinheim 2005 (3. Auflage).
Jordan, E., Münder, J. (Hrsg.): 65 Jahre Reichsjugendwohlfahrtsgesetz. Münster 1987a.
Jordan, E., Schone, R.: Jugendhilfeplanung als Prozess – Zur Organisation von Planungsprozessen. In: Maykus, S., Schone, R. (Hrsg.): Handbuch Jugendhilfeplanung. Wiesbaden 2010 (3. Auflage), S. 115-156.
Jurczyk, K., Rauschenbach, T., Tietze, W., Keimeleder, L., Schneider, K., Schumann, M. , Stempinski, S., Weiß, K., Zehnbauer, A.: Von der Tagespflege zur Familienta-

gesbetreuung. Zur Zukunft öffentlich regulierter Kinderbetreuung in Privathaushalten. Weinheim/Basel 2004.
Kampelmann, S.: Unbegleitete minderjährige Flüchtlinge – ihre Lebenssituation und Aufgaben der Jugendhilfe. In: Feld, K., Freise, Freise, Müller A. (Hrsg.): Mehrkulturelle Identität im Jugendalter – die Bedeutung des Migrationshintergrundes in der sozialen Arbeit. Münster 2004, S. 201-232.
Karsten, M.-E., Otto, H.-U. (Hrsg.): Die sozialpolitische Ordnung der Familie. Weinheim/München 1987.
Kasten, H.: Die Bedeutung der ersten Lebensjahre: Ein Blick über den entwicklungspsychologischen Tellerrand hinaus. In: Fthenakis, W. E. (Hrsg.): Elementarpädagogik nach PISA. Wie aus Kindertagesstätten Bildungseinrichtungen werden können. Freiburg, Basel, Berlin 2003, S. 57-66.
Keil, A.: Jugendpolitik und Bundesjugendplan. München 1969.
Kessl, F., Reutlinger, C.: Sozialraum. Eine Einführung. Wiesbaden 2010 (2. Auflage).
KGSt (Kommunale Gemeinschaftsstelle für Verwaltungsvereinfachung): Das Neue Steuerungsmodell – Begründung, Konturen, Umsetzung. Bericht Nr. 5, Köln 1993.
Kiene: Die Zwangserziehung Minderjähriger. Gesetz vom 29. Dezember 1899 (Baden-Württemberg). Stuttgart/Wien 1900.
Kindler, H., Permien, H., Hoops, Sabrina: Geschlossene Formen der Heimerziehung als Maßnahme der Kinder- und Jugendhilfe – Eine empirische Forschungsübersicht zu Wirkungen, Alternativen und Indikatoren. In: Zeitschrift für Jugendkriminalrecht und Jugendhilfe 2007 (H. 1), S. 40-48.
Kindler, H.,; Lillig, S., Blüml, H., Meysen, T., Werner, A.: Handbuch Kindeswohlgefährdung nach § 1666 BGB und Allgemeiner Sozialer Dienst. München 2006.
Kindler, H., Lillig, S.: Die Bedeutung von Risikostrukturen für die Gestaltung von Erziehungshilfen. In: Forum Erziehungshilfen 2006 (H. 1), S. 9-14.
Klafki, W.: Pestalozzis Stanser Brief. Eine Interpretation. Weinheim 1975 (4. Auflage).
Klatetzki, T. (Hrsg.): Flexible Erziehungshilfen. Ein Organisationskonzept in der Diskussion. Münster 1995 (2. Auflage).
Klawe, W.: Erlebnispädagogische Projekte in der Intensiven sozialpädagogischen Einzelbetreuung, In: Birtsch, V., Münstermann, K., Trede, W.: Handbuch Erziehungshilfen. Münster 2001, S. 664-682.
Klemm, K.: Bildungsausgaben in Deutschland. Status Quo und Perspektiven. Bonn 2005.
Klenner, C., Pfahl, S.: Jenseits von Zeitnot und Karriereverzicht. Wege aus dem Arbeitszeitdilemma. WSI-Diskussionspapiere 2008.
Klinkhammer, N.: Tageseinrichtungen mit flexiblen Angebotsstrukturen. Neue Herausforderungen für die Gestaltung des pädagogischen Alltags von ErzieherInnen und Kindern. Projektbericht. München 2005.
Klinkhammer, N. (unter Mitarbeit von Diller A. und Barthelt C.): Flexible und erweiterte Kinderbetreuung in Deutschland. Ergebnisse einer Recherche zu ausgewählten Beispielen. München 2008.
Klönne, A.: Gegen den Strom. Hannover/Frankfurt 1958.
Klönne, A.: Jugend im Dritten Reich. Die Hitler-Jugend und ihre Gegner. Düsseldorf, Köln 1982.
Klumker, C.J.: Vom Werden deutscher Jugendfürsorge. Zugleich eine Geschichte der deutschen Berufsvormundschaft. Berlin 1931.
Kokoschka, E., Uhlendorff, U.: Übungs- und Erfahrungskurse für schwer problembelastete Jugendliche. In: Unsere Jugend 1992 (H. 2), S. 57-73.
Kommentierte Daten der Kinder- und Jugendhilfe (KomDat), Informationsdienst der Dortmunder Arbeitsstelle Kinder- und Jugendhilfestatistik: Das Personal in Kitas. Dortmund 2010 (H. 3), S. 1-2.

Konsortium Bildungsberichterstattung: Bildung in Deutschland. Ein indikatorengestützter Bericht mit einer Analyse zu Bildung und Migration. Berlin 2006, 2008, 2010.
Korn, K.: Die Arbeiterjugendbewegung. Berlin 1922.
Körner, W., Hörmann, G. (Hrsg.): Praxis der Erziehungsberatung. Göttingen 2000.
Körner, W., Hörmann, G. (Hrsg.): Handbuch der Erziehungsberatung (Band 1: Anwendungsbereiche und Methoden der Erziehungsberatung). Göttingen 2002.
Korr, M., Zander, B., Stierlin, H.: Systemische Praxis der Erziehungs- und Familienberatung: mit einer Tabelle. Göttingen 2003.
Krafeld, F.-J.: Der Befähigungsansatz (capability approach) als Perspektivenwechsel in der Förderung junger Menschen. In: deutsche jugend 2010 (H. 7/8), S. 310- 317.
Kraus, R.: Die Fürsorgeerziehung im Dritten Reich. In: Archiv für Wissenschaft und Praxis der sozialen Arbeit 1974 (H. 3), S. 161-211.
Krause, C., Fittkau, B., Fuhr, R., Thiel, H. (Hrsg.): Pädagogische Beratung: Grundlagen und Praxisanwendungen. Paderborn 2003.
Kreyenfeld, M., Spieß, C. K., Wagner, G.: Finanzierungs- und Organisationsmodelle institutioneller Kinderbetreuung. Analysen zum Status quo und Vorschläge zur Reform. Neuwied/Berlin 2001.
Kriener, M.: Beteiligung als Gestaltungsprinzip. In: Birtsch, V., Münstermann, K., Trede, W.: Handbuch Erziehungshilfen – Leitfaden für Ausbildung, Praxis und Forschung. Münster 2001, S. 128-148.
Krone, S., Stöbe-Blossey, S.: Die Entwicklung der Frauenerwerbsarbeit und die Anforderungen an eine nachhaltige Familienpolitik. In: Stöbe-Blossey, S. (Hrsg.): Kindertagesbetreuung im Wandel: Perspektiven für die Organisationsentwicklung: Wiesbaden 2010, S. 17-31.
Krüger, H.-H., u. a. (Hrsg.): Erziehungshilfe in Tagesgruppen. Entwicklung, Konzeptionen, Perspektiven. Frankfurt a.M. 1994.
Krüger, H.-H., Grunert, C.: Peergroups. In: Coelen, T., Otto, H.-U. (Hrsg.): Grundbegriffe Ganztagsbildung. Das Handbuch. Wiesbaden 2008, S. 382-391.
Krummacher, M., Kulbach, R., Waltz, V., Wohlfahrt, N.: Soziale Stadt – Sozialraumentwicklung – Quartiersmanagement. Herausforderungen für Politik, Raumplanung und soziale Arbeit. Opladen 2003.
KTK (Verband Katholischer Tageseinrichtungen für Kinder) – Bundesverband e.V. (Hrsg.): KTK-Gütesiegel. Freiburg/Br. 2004.
Kuczynski, J., R. Hoppe: Geschichte der Kinderarbeit in Deutschland 1750-1939. 2 Bde. Berlin (DDR) 1958.
Kunkel, P.-C.: Grundlagen des Jugendhilferechts: systematische Darstellung für Studium und Praxis, Baden-Baden 2001.
Laewen, H.-J.: Bildung in Kindertageseinrichtungen: Der schwierige Weg in die Praxis. In: Wehrmann, I. (Hrsg.): Kindergärten und ihre Zukunft. Weinheim/Basel/Berlin 2004, S. 149-166.
Lambach, R., Thurau, H.: Bestand, Entwicklung und Leistungsmöglichkeiten von Tagesgruppen. Planungsgruppe Petra. Studien zur Jugend- und Familienforschung, Band 11. Frankfurt a.M. 1992.
Lampel, P. M.: Jungen in Not. Berlin 1928.
Landesjugendring NRW (Hrsg.): Kapuzenpulli meets Nadelstreifen. Die Kinder- und Jugendarbeit im Fokus von Wissenschaft und Wirtschaft. Aachen 2010.
Landschaftsverband Westfalen-Lippe (Hrsg.): Kinder- und Jugendhilfe (Achtes Buch Sozialgesetzbuch mit den Ausführungsgesetzen NRW und den Empfehlungen der Landesjugendämter). Münster 2006 (2. Auflage).
Landschaftsverband Westfalen-Lippe/Landesjugendamt Westfalen (Hrsg.): Abschlussbericht zum Werkstattprojekt zur modellhaften Integration flexibler Erziehungshilfen in die offene Ganztagsschule im Primarbereich. Münster 2008.

Landua, D., Artl, M., Sann, A.: Bundesweite Bestandsaufnahme zu Kooperationsformen im Bereich Früher Hilfen. Ergebnisbericht der Difu-Umfrage bei Jugend- und Gesundheitsämtern. Deutsches Institut für Urbanistik (Difu), Berlin 2009.

Landwehr, R., Baron R. (Hrsg.): Geschichte der Sozialarbeit. Hauptlinien ihrer Entwicklung im 19. und 20. Jahrhundert. Weinheim/Basel 1983.

Lempp, R.: Seelische Behinderung als Aufgabe der Jugendhilfe – § 35a SGB VIII. Stuttgart 2006 (5. Auflage).

Leser, U., Lindner, W., Reif, V.: Wirkungen und Qualität der kommunalen Jugendarbeit in Baden-Württemberg – WuQ. Ergebnisse eines Modellvorhabens zur Weiterentwicklung der Jugendarbeit. In: deutsche jugend 2009 (H. 10), S. 423-433.

Lessing, H.: Jugendpflege und Selbsttätigkeit. Eine historische Untersuchung zum Verhältnis von Reformismus und Jugendarbeit. Köln/Frankfurt 1976.

Leu, H.-R., Remsperger, R.: Bildungsarbeit in der Praxis: Beobachtungsverfahren als Ergänzung zu curricularen Vorgaben. In: Wehrmann, I. (Hrsg.): Kindergärten und ihre Zukunft. Weinheim, Basel, Berlin 2004, S. 167-180.

Liebel, M., H. Bott: Schutzlager als Vorbild der geschlossenen Unterbringung? In: Päd extra sozialarbeit 4 (1980), S. 34-41.

Lindner, W.: Genug ist nicht genug. Zwölf Anmerkungen zu Stand uns Perspektiven der Kooperation von Jugendarbeit und (Ganztags-) Schule. In: deutsche jugend 2006 (H. 7/8), S. 303-310.

Lindner, W.: Kinder- und Jugendarbeit wirkt. Aber: wie und wo und warum genau? In: Ders. (Hrsg.): Kinder- und Jugendarbeit wirkt. Aktuelle und ausgewählte Evaluationsergebnisse der Kinder- und Jugendarbeit. Wiesbaden 2008a, S. 9-18.

Lindner, W.: "Heute schon geforscht?" Strategische Perspektiven für ein Ende der Bescheidenheit. In: deutsche jugend 2008 (H. 1), S. 9-17, 2008b.

Lindner, W.: Wenn Kinder- und Jugendarbeit in Schule hinein-, auf- oder untergeht. Reflexionen zu Ambitionen, Chancen und Risiken einer sozialpädagogisch verantwortbaren Entwicklungsoption. In: deutsche jugend 2009 (H. 4), S. 160-168.

Lotte, J., Pothmann, J.: Bedarf an Hilfen für Familien ungebrochen – Inanspruchnahme steigt auf über 1 Millionen junge Menschen. In: KomDat 2010 (H. 2), S. 2-4.

Lüders, C., Rauschenbach, T.: Forschung: sozialpädagogische. In: Otto, H.-U., Thiersch, H.: Handbuch Sozialarbeit, Sozialpädagogik. Neuwied/Kriftel 2001, S. 562-575.

Lütge, F.: Deutsche Sozial- und Wirtschaftsgeschichte (repr.). Berlin/Heidelberg/New York 1976.

MASGFF (Ministerium für Arbeit, Soziales, Gesundheit, Familie und Frauen) (Hrsg.): Kinderschutz und Kindergesundheit. Erste Ergebnisse zur Umsetzung des Landesgesetzes zum Schutz von Kinderschutz und Kindergesundheit, Mainz 2009.

Matthes, J.: Gesellschaftspolitische Konzeptionen im Sozialhilferecht. Zur soziologischen Kritik der neuen deutschen Sozialhilfegesetzgebung. Stuttgart 1964.

Maykus, S.: Multiperspektivität und Entwicklungsfähigkeit in moderner Heimerziehung – Zur Notwendigkeit der Integration von Reflexion und Intervention im professionellen Handeln. In: Unsere Jugend 2001a (H. 3), S. 98-109.

Maykus, S.: Selbstreflexion und Selbstverortung der modernen Jugendhilfe – mit welchen Anforderungen sind Mitarbeiter der Erziehungshilfen konfrontiert? In: Forum Erziehungshilfen 2001b (H. 4), S. 150-155.

Maykus, S.: Schulalltagsorientierte Sozialpädagogik. Begründung und Konzeptualisierung schulbezogener Angebote der Jugendhilfe. Frankfurt a.M. 2001c

Maykus, S.: Sozialpädagogisches Können ohne Grenzen? Grundlagen der Handlungskompetenz und Kompetenzformen im Bereich der Erziehungshilfen – Balance zwischen Überforderungsstrukturen und Innovationspotentialen. In: Evangelische Jugendhilfe 2003 (H. 4), S. 49-65.

Maykus, S.: Ganztagsschule und Hilfen zur Erziehung – das Ziel der gemeinsamen Gestaltung von Bildungsbiografien als Basis für ein neues Ergänzungsverhältnis? Verhältnisbestimmung und Anknüpfungspunkte für die kooperative Gestaltung von Bildungsbedingungen junger Menschen. In: Archiv für Wissenschaft und Praxis der sozialen Arbeit 2004 (H. 2), S.40-66.
Maykus, S.: Bildung und Kooperation konsequent gedacht: Kinder- und Jugendhilfe steht vor einem tiefgreifenden Wandel. In: Bundesverband der Arbeiterwohlfahrt (Hrsg.): Sozialbericht 2006. Bonn 2006a, S. 160-178.
Maykus, S. (Hrsg.): Herausforderung Jugendhilfeplanung. Standortbestimmung, Entwicklungsoptionen und Gestaltungsperspektiven in der Praxis. Weinheim/ München 2006b.
Maykus, S.: Hinwendung zum Empirischen bedeutet nicht Abwendung vom Kommunikativen. Anmerkungen zur Mehrdimensionalität von Planungsprozessen. In: Maykus, S. (Hrsg.): Herausforderung Jugendhilfeplanung. Standortbestimmung, Entwicklungsoptionen und Gestaltungsperspektiven in der Praxis. Weinheim und München 2006c, S. 41-54.
Maykus, S.: Kooperation von Jugendhilfe und Schule – Kernstück eines Systems von Bildung, Betreuung und Erziehung? Jugendhilfefachpolitische Anforderungen im Kontext der Bildungs- und schulbezogenen Kooperationsdebatte. In: Evangelische Jugendhilfe 2006 (H. 2), S. 107-124, 2006d.
Maykus, S.: Kommunale Bildungsplanung – Konturen einer neu justierten Planungspraxis. Eine Analyse aus der Sicht der Jugendhilfe (-planung). In: Nachrichtendienst des Deutschen Vereins 2006 (H. 5), S. 263-271, 2006e.
Maykus, S.: Hilfe zur Erziehung im schul- und bildungsbezogenen Kontext – zur Aktualität der Kooperation von Jugendhilfe und Schule. In: Forum Erziehungshilfen 2007 (H. 2), S. 68-75, 2007a.
Maykus, S.: Hilfe zur Erziehung – in Bewegung?! Überlegungen zu Normalisierungstendenzen in den Hilfen zur Erziehung. In: Unsere Jugend 2008 (H. 5), S. 194-207.
Maykus, S.: Rahmenbedingungen und Anforderungen der Kinder- und
Jugendhilfe. In: Institut für soziale Arbeit e.V.: Neue Entwicklungen und Orientierungen in der Kinder- und Jugendhilfe in Nordrhein-Westfalen. Expertise zum 9. Kinder- und Jugendbericht des Landes Nordrhein-Westfalen. Münster 2009a, S. 6-26.
Maykus, S.: Hilfe zur Erziehung – Baustein kommunaler Bildungslandschaften? In: IGfH (Hrsg.): Heimerziehung und Bildung. Frankfurt, M. 2009b
Maykus, S.: Praxisforschung in der Kinder- und Jugendhilfe – Versuch einer Typologie. In: Maykus, S. (Hrsg.): Perspektiven der Praxisforschung in der Kinder- und Jugendhilfe. Theorie, Beispiele und Entwicklungsoptionen eines Forschungsfeldes. Wiesbaden 2010a (2. Auflage), S. 253-273.
Maykus, S.: Praxisforschung in der Kinder- und Jugendhilfe – Entwicklungserfordernisse und -optionen. In: Maykus, S. (Hrsg.): Perspektiven der Praxisforschung in der Kinder- und Jugendhilfe. Theorie, Beispiele und Entwicklungsoptionen eines Forschungsfeldes. Wiesbaden 2010b (2. Auflage), S. 223-227.
Maykus, S.: Beobachten, Beurteilen, Handeln: Handlungsbezogene Reflexion und Wissensanwendung als Merkmale professioneller Sozialer Arbeit. In: Kreft, D., Müller, C. W. (Hrsg.): Methodenlehre in der Sozialen Arbeit. München 2010c, S. 26-49.
Maykus, S.: Bildung als kommunale Gestaltungsaufgabe –Gegenstand und Aufgabe von Jugendhilfeplanung!? In: Maykus, S., Schone, R. (Hrsg.): Handbuch Jugendhilfeplanung. Wiesbaden 2010d (3. Auflage), S. 269-290.
Maykus, S., Schone, R. (Hrsg.): Handbuch Jugendhilfeplanung. Wiesbaden 2010 (3. Auflage).
Maykus, S.: Landesjugendpläne. In: Deutscher Verein für öffentliche und private Fürsorge (Hrsg.): Fachlexikon der sozialen Arbeit. Berlin 2011 (7. Auflage).

MBJS (Ministerium für Bildung, Jugend und Sport des Landes Brandenburg) (Hrsg.),: Gemeinsamer Orientierungsrahmen für die Bildung in Kindertagesbetreuung und Grundschule. Potsdam 2008. Überarbeitete Fassung vom 05.10.2009.

Meier, K.: Die Deutschen Christen. Göttingen 1964.

Menke, A.: Kinderbetreuung in Schweden. Qualität in Bildung und Betreuung im Elementarbereich. In: Altgeld, K., Stöbe-Blossey, S. (Hrsg.): Qualitätsmanagement in der frühkindlichen Bildung, Erziehung und Betreuung: Perspektiven für eine öffentliche Qualitätspolitik. Wiesbaden 2009, S. 231-256.

Menne, K.: Erziehungsberatung. In: : Deutscher Verein für öffentliche und private Fürsorge (Hrsg.): Fachlexikon der sozialen Arbeit. Baden- Baden 2007 (6. Auflage), S. 272- 273.

Merchel, J.: Rechtliche Aspekte der Beziehung zwischen MitarbeiterInnen der Jugendhilfe und den Hilfe-Empfängern beim Entscheidungsprozeß und während der Gewährung einer HzE nach § 31 KJHG (Sozialpädagogische Familienhilfe, Expertise zum Projekt „Sozialpädagogische Familienhilfe in der BRD", DJI-Arbeitspapier Nr. 5-113). München 1995.

Merchel, J.: Strukturveränderungen in der Kinder- und Jugendhilfe durch die Ausweitung von Ganztagsangeboten für Schulkinder. In: Sachverständigenkommission Zwölfter Kinder- und Jugendbericht (Hrsg.): Kooperationen zwischen Jugendhilfe und Schule. München 2005, S. 169-238.

Merchel, J.: Sozialmanagement. Eine Einführung in Hintergründe, Anforderungen und Gestaltungsperspektiven des Managements in Einrichtungen der Sozialen Arbeit. Münster 2009 (3. Auflage).

Merchel, J.: Qualitätskriterien für Jugendhilfeplanung: Was macht eine „gute Jugendhilfeplanung" aus? In: Maykus, S., Schone, R. (Hrsg.): Handbuch Jugendhilfeplanung. Wiesbaden 2010a, S. 397-406.

Merchel, J.: Planung in den zentralen Leistungsfeldern der Kinder- und Jugendhilfe. In: Maykus, S., Schone, R. (Hrsg.): Handbuch Jugendhilfeplanung. Wiesbaden 2010b (3. Auflage), S. 189-220.

Merchel, J.: Qualitätsmanagement in der Sozialen Arbeit. Eine Einführung. Münster 2010c (3. Auflage).

Merchel, J.: Leitung in Einrichtungen der Sozialen Arbeit. München/Basel 2010d.

Merchel, J., Reismann, H.: Der Jugendhilfeausschuss. Weinheim, München 2004.

Merten, Roland: Neue Herausforderungen für die Soziale Arbeit oder Rückkehr zu alten Aufgaben? „Wird's besser? Wird's schlechter? Fragt man alljährlich…". In: Homfeldt, H. G.: Soziale Arbeit im Aufschwung zu neuen Möglichkeiten oder Rückkehr zu alten Aufgaben? Baltmannsweiler 2007, S. 70-77.

Messer, A.: Die freideutsche Jugendbewegung. In: Pädagogisches Magazin 597. Langensalza 1915.

Meysen, T. : Familiengerichtliche Maßnahmen bei Gefährdung des Kindeswohls – Geändertes Recht ab Sommer 2008. In: Das Jugendamt 2008 (H. 5), S. 233-242.

Meysen, T. u. a. (Hrsg.): Das Familienverfahrensrecht – ein Praxiskommentar, Köln 2009.

Meysen, T., Schönecker, L., Kindler, H.: Frühe Hilfen im Kinderschutz: rechtliche Rahmenbedingungen und Risikodiagnostik in der Kooperation von Gesundheits- und Jugendhilfe. Weinheim [u. a.] 2009.

MGFFI (Ministerium für Generationen, Familie, Frauen und Integration des Landes Nordrhein-Westfalen) (2007/2010): Das Gütesiegel Familienzentrum NRW. Düsseldorf. (erste Fassung 2007, modifizierte Fassung 2010).

MGFFI (Ministerium für Generationen, Familie, Frauen und Integration des Landes NRW) (Hrsg.): Kinder bilden Sprache – Sprache bildet Kinder. Sprachentwicklung und Sprachförderung in Kindertagesstätten. Münster 2009.

MGFFI (Ministerium für Generationen, Familie, Frauen und Integration des Landes NRW) (Hrsg.): Betrieblich unterstützte Kinderbetreuung. Düsseldorf 2010 (2. Auflage).
Michel-Schwartze, B.: Einführung: Methodenverständnis und Handlungsrationalitäten. In: Dies. (Hrsg.): Methodenbuch Soziale Arbeit. Basiswissen für die Praxis. Wiesbaden 2009 (2. Auflage), S. 9-23.
Mierendorff, J., Olk, T.: Kinderwohlfahrtspolitik in Deutschland. In: Kränzl-Nagl, R., Mierendorff, J., Olk, T. (Hrsg.): Kindheit im Wohlfahrtsstaat. Gesellschaftliche und politische Herausforderungen. Frankfurt/New York 2003, S. 419-464.
Mollenhauer, K.: Die Ursprünge der Sozialpädagogik in der industriellen Gesellschaft. Eine Untersuchung zur Struktur sozialpädagogischen Denkens und Handelns. Weinheim/Basel 1959.
Moos, G., Klug, W.: Basiswissen Wohlfahrtsverbände. München 2009.
Moser, H.: Grundlagen der Praxisforschung. Freiburg i. Br. 1995.
Mrozynski SGB VIII – Kinder- und Jugendhilfe. München 2009 (5. Auflage).
MSDE (Maryland State Department of Education): Standards for Implementing Quality Early Childhood Programs. Baltimore 2004.
MSJK (Ministerium für Schule, Jugend und Kinder des Landes Nordrhein-Westfalen): Bildungsvereinbarung NRW. Fundament stärken und erfolgreich starten. Düsseldorf 2003.
MSW/MGFFI (Ministerium für Schule und Weiterbildung NRW/Ministerium für Generationen, Familie, Frauen und Integration NRW): Mehr Chancen durch Bildung von Anfang an – Entwurf. Grundsätze zur Bildungsförderung für Kinder von 0 bis 10 Jahren in Kindertageseinrichtungen und Schulen im Primarbereich in Nordrhein-Westfalen. Düsseldorf 2010.
Müller, B.: Sozialpädagogisches Können: ein Lehrbuch zur multiperspektivischen Fallarbeit. Freiburg i. Br. 1993.
Müller, B.: Der Bildungsauftrag der Jugendarbeit als Legitimationsstrategie. In: deutsche jugend 2006 (H. 7/8), S. 295-302.
Müller, B.: Professionalisierung. In: Thole, W. (Hrsg.): Grundriss Soziale Arbeit. Ein einführendes Handbuch. Opladen 2002, S. 725-744.
Müller, B.: Handlungskompetenz in der Schulsozialarbeit – Methoden und Arbeitsprinzipien. In Hartnuß, B.; Maykus, S.: Handbuch Kooperation von Jugendhilfe und Schule. Berlin 2004, S. 222-237.
Müller, B.: Sozialpädagogisches Können. Ein Lehrbuch zur multiperspektivischen Fallarbeit. Freiburg 2006 (4. Auflage).
Müller, C.W.: Sozialpädagogische Evaluationsforschung. Ansätze und Methoden praxisbezogener Untersuchungen. In: Rauschenbach, T., Thole, W. (Hrsg.): Sozialpädagogische Forschung. Gegenstand und Funktionen, Bereiche und Methoden. Weinheim, München 1998, S. 157-177.
Müller, H.: Katholische Kirche und Nationalsozialismus. München 1965.
Müller, H.: Bildung: (K)ein Thema für die Hilfe zur Erziehung? In: AFET (Hrsg.): Dialog Erziehungshilfe 2006 (H. 1), S. 20-29.
Müller, H.: „… und gäbe es den ASD nicht, so müsste man ihn erfinden!“ in: Forum Erziehungshilfen 2008 (H. 3), S. 132-138.
Müller, H.: Mehr Nicht-Wissen als Wissen – Anmerkungen zu Stand und Entwicklungsperspektiven des Jugendwohnens. Mainz 2008.
Münder, J.: Der Regierungsentwurf eines Jugendhilfegesetzes vom 8. November 1978. In: Theorie und Praxis der sozialen Arbeit (1979), S. 92ff.
Münder, J.: Der Jugendwohlfahrtsausschuss: Probleme, Rechte, Perspektiven. Neuwied 1987.

Münder, J.: Rechtliche Grundlagen der Kooperation von Jugendhilfe und Schule im Kinder- und Jugendhilfegesetz. In: Hartnuß, B. Maykus, S.: Handbuch Kooperation von Jugendhilfe und Schule. Ein Leitfaden für Praxisreflexionen, theoretische Verortungen und Forschungsfragen. Berlin 2004, S. 561-569.

Münder, J. u.a.: Frankfurter Kommentar zum SGB VIII – Kinder- und Jugendhilfe. Weinheim/München 2006.

Münder, J., Ottenberger, P.: Der Jugendhilfeausschuss. Münster 1999.

Münder, J., u.a.: Frankfurter Kommentar zum SGB VIII. Kinder- und Jugendhilfe. Weinheim 2003 (4. Auflage).

Münder, J., Wiesner, R., Meysen, T., (Hrsg.): Handbuch Kinder- und Jugendhilferecht. Baden-Baden 2010 (2. Auflage).

Munsch, C.: Praxisforschung in der Sozialen Arbeit. In: Thole, W. (Hrsg.): Grundriss Soziale Arbeit. Ein einführendes Handbuch. Opladen 2002, S. 911-921.

Muth, H.: Jugendpflege und Politik. Zur Jugendpolitik des Kaiserreichs. In: Geschichte in Wissenschaft und Unterricht 10 (1961), S. 597 ff.

Neumann, L., K. Schaper: Die Sozialordnung der Bundesrepublik Deutschland. Bonn 1985.

Neumann-Witt, A.: Vielfalt der Organisation von Inobhutnahme. In: Lewis, G., Riehm, R., Neumann-Witt, A., Bohnstengel, L., Köstler, S., Hensen, G. (Hrsg.): Inobhutnahme konkret. Pädagogische Aspekte der Arbeit in der Inobhutnahme und im Kinder- und Jugendnotdienst. Frankfurt am Main 2009, S. 63-74.

Nickel, C.: Qualifizierte Mitarbeiterinnen gewinnen und halten – Instrumente der Personalpolitik zur Förderung der Familienfreundlichkeit. Diplomarbeit im Studiengang Sozialwissenschaften an der Universität Duisburg-Essen. Unveröff. Man. 2011.

Nikles, B.W.: Jugendpolitik in der Bundesrepublik Deutschland. Opladen 1976.

Nikles, B. W.: Institutionen und Organisationen der Sozialen Arbeit. München 2008.

Nolting, H. P., Paulus, P.: Psychologie lernen: eine Einführung und Anleitung. Weinheim 1999.

Nüsken, D.: Regionale Disparitäten in der Kinder- und Jugendhilfe. Eine empirische Untersuchung zu den Hilfen für junge Volljährige. Münster 2008.

Oberloskamp, H., (Hrsg.), Vormundschaft, Pflegschaft und Beistandschaft für Minderjährige. München 2010 (3. Auflage).

Obrecht, W.: Die Struktur professionellen Wissens. Ein integrativer Beitrag zur Theorie der Professionalisierung. In: Becker-Lenz, R. u.a. (Hrsg.): Professionalität in der Sozialen Arbeit. Standpunkte, Kontroversen, Perspektiven. Wiesbaden 2009, S. 47-72.

Oehme, A., Schröer, W.: Bildung für den Übergang: sozialpädagogische Anforderungen an Jugendsozialarbeit. In: Dreizehn – Zeitschrift für Jugendsozialarbeit 2009 (H. 3), S. 20-23.

Óhidy, A.: Pädagogische Professionalität in der offenen Jugendarbeit. Reflexionen über eine These. In: deutsche jugend 2008 (H. 11), S. 481-489.

Olk, T., Bathke, G.-W., Hartnuß, B.: Jugendhilfe und Schule. Theoretische Reflexionen und empirische Befunde zur Schulsozialarbeit. Weinheim und München 2000.

Olk, T.: Kommunale Bildungsplanung. In: Coelen, T., Otto, H.-U.: Grundbegriffe Ganztagsbildung. Das Handbuch. Wiesbaden 2008, S. 949-957.

Opaschowski, H. W., Pries, M.: Freizeit, Freie Zeit, Muße und Geselligkeit. In: Coelen, T., Otto, H.-U. (Hrsg.): Grundbegriffe Ganztagsbildung. Das Handbuch. Wiesbaden 2008, S. 422-431.

Oskamp, A.: "Damit auch du dich reich fühlst …!" Handlungsoptionen Offener Kinder- und Jugendarbeit bei Armut von Kindern und Jugendlichen. In: deutsche jugend 2008 (H. 11), S. 465-471.

Otto, H.-U., Coelen, T.: Auf dem Weg zu einem neuen Bildungsverständnis: Ganztagsschule oder Ganztagsbildung? In: Dies. (Hrsg.): Grundbegriffe der Ganztagsbildung. Beiträge zu einem neuen Bildungsverständnis in der Wissensgesellschaft. VS-Verlag: Wiesbaden 2004, S. 7-16.

Otto, H.-U., Ziegler, H. (Hrsg.): Capabilities – Handlungsbefähigung und Verwirklichungschancen in der Erziehungswissenschaft. Wiesbaden 2008.

Otto, H.-U.: Zum aktuellen Diskurs um Ergebnisse und Wirkungen im Feld der Sozialpädagogik und Sozialarbeit – Literaturvergleich nationaler und internationaler Diskussion – Expertise im Auftrag der Arbeitsgemeinschaft für Kinder- und Jugendhilfe – AGJ. Berlin 2007.

Panter, U.: Jugend und Staat. Weinheim 1965.

Paritätische Gesellschaft für Qualität mbH :Evaluationsbögen Qualitäts-Check PQ-Sys® Kindertageseinrichtungen – Inhaltliche Endversion 1.1 – Stand: 23.07.2004

Peterander, F., Speck, O. (Hrsg.): Qualitätsmanagement in sozialen Einrichtungen. München, Basel 2004.

Peters, E.: Zur Kritik der Sozialpädagogischen Familienhilfe. In: Widersprüche 34 (1990), S. 29ff.

Peters, F., Trede, W., Winkler, M. (Hrsg.): Integrierte Erziehungshilfen. Qualifizierung der Jugendhilfe durch Flexibilisierung und Integration? Frankfurt a.M. (IGfH-Eigenverlag) 1998.

Peters, F.: Welche Rolle spielt Fachwissen? In: Krause, H.-U., Peters, F. (Hrsg.): Grundwissen erzieherische Hilfen. Ausgangsfragen, Schlüsselthemen, Herausforderungen. Münster 2002, S. 126-133.

Petko, D.: Gesprächsformen und Gesprächsstrategien im Alltag der Sozialpädagogischen Familienhilfe. Göttingen 2004.

Peuchert, R.: Zur aktuellen Lage der Familie. In: Ecarius, J. (Hrsg.): Handbuch Familie. Wiesbaden 2007.

Peukert, D.J.K.: Grenzen der Sozialdisziplinierung. Aufstieg und Krise der deutschen Jugendfürsorge 1878 bis 1932. Köln 1986.

Pohl, A.; Stauber, B.; Walther, A.: Sozialpädagogik des Übergangs und Integrierte Übergangspolitik. Konsequenzen subjektorientierter Übergangsforschung. In: Stauber, B., Pohl, A., Walther, A. (Hrsg.): Subjektorientierte Übergangsforschung – Rekonstruktion und Unterstützung biographischer Übergänge junger Erwachsener. Weinheim 2007, S. 227-250.

Pothmann, J.: Mehr familienunterstützende, weniger familienersetzende Leistungen. Überblick zur Inanspruchnahme der Hilfen zur Erziehung im Spiegel der Statistik. In: Zeitschrift für Kindschaftsrecht und Jugendhilfe 2007 (H. 1), S. 426-436.

Pothmann, J.: Vergessen in der Bildungsdebatte. Dimensionen des Personalabbaus in der Kinder- und Jugendarbeit. In: KomDat Jugendhilfe 2008 (H. 1/2), S. 5-6, 2008a.

Pothmann, J.: Aktuelle Daten zu Stand und Entwicklung der Kinder- und Jugendarbeit – eine empirische Analyse. In: Lindner, W. (Hrsg.): Kinder- und Jugendarbeit wirkt. Aktuelle und ausgewählte Evaluationsergebnisse der Kinder- und Jugendarbeit. Wiesbaden 2008b, S. 21-36.

Pothmann, J.: Jugendämter und der Allgemeine Soziale Dienst. Befunde zur Personalstruktur in den kommunalen Kinder- und Jugendhilfebehörden. In: KomDat 2008c (H. 1/2), S. 11-13.

Pothmann, J., Thole, W.: Trendbrüche – Kahlschlag oder geordneter Rückzug? Entwicklungen in der Kinder- und Jugendarbeit. In: Datenanalysen der Dortmunder Arbeitsstelle Kinder- und Jugendhilfestatistik. Dortmund o.J. a.

Pothmann, J., Thole, W.: Infrastruktur der Kinder- und Jugendarbeit in Ostdeutschland ist besser ausgestattet als in Westdeutschland – Höhere Ausgaben im Westen. In: Da-

tenanalysen der Dortmunder Arbeitsstelle Kinder- und Jugendhilfestatistik. Dortmund o.J. b.
Pothmann, J.: Zwischen Leistung und Eingriff – die vielen Gesichter der Inobhutnahme. Einsichten auf Basis der amtlichen Kinder- und Jugendhilfestatistik. In: Lewis, G., Riehm, R., Neumann-Witt, A., Bohnstengel, L., Köstler, S., Hensen, G. (Hrsg.): Inobhutnahme konkret. Pädagogische Aspekte der Arbeit in der Inobhutnahme und im Kinder- und Jugendnotdienst. Frankfurt am Main 2009, S. 103-121.
Pötter, N, Spies, A.: Soziale Arbeit an Schulen – Einführung in das Handlungsfeld Schulsozialarbeit. Wiesbaden 2011.
Projektgruppe Wanja (Hrsg.): Handbuch zum Wirksamkeitsdialog in der offenen Kinder- und Jugendarbeit, Weinheim, München 2000.
Proksch, R.: Förderung von Einvernehmen in streitigen Kindschaftssachen nach FamFG. In: Das Jugendamt 2010, S. 215.
Proksch, R.: Hilfe zur Selbsthilfe. Beratungsleistungen nach dem neuen Kinder- und Jugendhilfegesetz. In: Blätter der Wohlfahrtspflege 1990, S. 323.
Pütter, E.: Das Ziehkinderwesen. Gutachten erstattet im Auftrag des Deutschen Vereins für Armenpflege und Wohltätigkeit. Leipzig 1902.
QCA/DfEE (Qualifications and Curriculum Authority/Department for Education and Employment): Curriculum Guidance for the Foundation Stage. London 2001.
Quandt, S.: Kinderarbeit und Kinderschutz in Deutschland 1783-1976. Quellen und Anmerkungen. Paderborn 1978.
Raabe, R.: Die bündische Jugend. Ein Beitrag zur Geschichte der Weimarer Republik. Stuttgart 1961.
Rätz-Heinisch, R.: Junge Volljährige brauchen Leistungen der Jugendhilfe. Zur Entgrenzung von Jugend in moderner Gesellschaft und dem Verlust von sozialer Gerechtigkeit. In: Sozial Extra 2007 (H. 7/8), S. 22-25.
Rätz-Heinisch, R., Schröer, W., Wolff, M.: Lehrbuch Kinder- und Jugendhilfe. Grundlagen, Handlungsfelder, Strukturen und Perspektiven. Weinheim, München 2009.
Rauschenbach, T.: Fachkräfte in der Jugendhilfe – Bilanz einer vernachlässigten Erfolgsgeschichte. In: Wiesner, R., W. Zarbock (Hrsg.): Das neue Kinder- und Jugendhilfegesetz (KJHG) und seine Umsetzung in die Praxis. Köln u.a. 1991, S. 401-428 (1991a).
Rauschenbach, T.: Zukunftschance Bildung. Familie, Jugendhilfe und Schule in neuer Allianz. Weinheim, München 2009.
Rauschenbach, T., M. Schilling: Wachstum ohne Ende – Ende des Wachstums? Die Personalstruktur der Kinder- und Jugendhilfe am Beginn des neuen Jahrhunderts. Neuwied/Kriftel 2001.
Rauschenbach, T., Pothmann, J.: Frühe Hilfen als aktiver Kinderschutz. In KomDat, 2010 (H. 2), S. 1-2.
Rauschenbach, T., Otto, H.U. (Hrsg.): Die neue Bildungsdebatte. Chance oder Risiko für die Kinder- und Jugendhilfe? In: Otto, H.U., Rauschenbach, T. (Hrsg.): Die andere Seite der Bildung. Zum Verhältnis von formellen und informellen Bildungsprozessen. Wiesbaden 2004, S. 9-29.
Rauschenbach, T., Schilling, M.: Spaltet sich die Kinder- und Jugendhilfe? Analyse zu Gewinnen und Verlusten in der Personalstruktur. In: KomDat 2008 (H. 1/2), S. 2-4.
Richter, H.: Sozialpädagogik – Pädagogik des Sozialen. Grundlegungen – Institutionen – Perspektiven der Jugendbildung. Frankfurt/M. u.ö. 1998.
Richter, H.: Kommunalpädagogik. In: Coelen, T., Otto, H.-U. (Hrsg.): Grundbegriffe Ganztagsbildung. Das Handbuch. Wiesbaden 2008, S. 868-877.
Rietmann, S., Hensen, G. (Hrsg.): Tagesbetreuung im Wandel. Das Familienzentrum als Zukunftsmodell. Wiesbaden 2008.

Röhner, C. (Hrsg.): Erziehungsziel Mehrsprachigkeit. Diagnose von Sprachentwicklung und Förderung von Deutsch als Zweitsprache. Weinheim/München 2008 (2. Auflage).

Rotering, B., Lengemann, M.: Krisenintervention und Inobhutnahme. In: Birtsch, V., Münstermann, K., Trede, W.: Handbuch Erziehungshilfen. Münster 2001, S. 702-718.

Rothe, M.: Sozialpädagogische Familien- und Erziehungshilfe. Eine Handlungsanleitung.. Stuttgart 2008 (6. Auflage).

Rühle, O.: Kinder-Elend. Proletarische Gegenwartsbilder. München 1906.

Rürup, B., Gruescu, S.: Nachhaltige Familienpolitik im Interesse einer aktiven Bevölkerungsentwicklung. Gutachten im Auftrag des Bundesministeriums für Familie, Senioren, Frauen und Jugend. Berlin/Bonn 2003.

Sachße, C., F. Tennstedt: Bettler, Gauner und Proleten. Armut und Armenfürsorge in der deutschen Geschichte. Reinbek 1983.

Salzmann, C. G.: Carl von Carlsberg oder über das menschliche Elend. Erster Theil. Leipzig 1783 (Faksimiledruck, Bern 1977).

Sandermann, P., Urban, U., Schruth, P.: Unter Druck und Zwang. Zur staatlichen Existenzgefährdung junger Volljähriger. In: Sozial Extra 2007 (H. 7/8), S. 12-17.

Schäfer, H.: Zur Reformdiskussion um das Jugendhilferecht 1977-1980. Eine Dokumentation. München 1982.

Schaller, J., Schemmel, H. (Hrsg.): Ressourcen. Ein Hand- und Lesebuch zur therapeutischen Arbeit. Tübingen 2003.

Scherpner, H.: Geschichte der Jugendfürsorge. Göttingen 1966.

Scherpner, M., C. Schrapper (Hrsg.): 75 Jahre AFET. Erziehungshilfen und Gesellschaft. Quellen und Materialien. Hannover 1981.

Scherr, A.: Jugendsoziologische und jugendpädagogische Aspekte schulischer Ganztagsangebote. In: neue praxis 2004 (H. 6), S. 550-557.

Scherr, A.: Konzept entwickeln. In: Deinet, U., Sturzenhecker, B.: Handbuch Offene Kinder- und Jugendarbeit. Wiesbaden 2005, S. 613-622.

Scherr, A.: Subjekt- und Identitätsbildung. In: Coelen, T., Otto, H.-U. (Hrsg.): Grundbegriffe Ganztagsbildung. Das Handbuch. Wiesbaden 2008, S. 137-145.

Schilling, G., Stöbe-Blossey, S.: Familienzentren NRW: Die Perspektive der Erziehungsberatungsstellen. Arbeitsbericht 5 der wissenschaftlichen Begleitung. Berlin: Pädagogische Qualitäts-Informationssysteme gGmbH (PädQUIS) 2008.

Schilling, M., Pothmann, J., Fendrich, S.: Auswirkungen der demografischen Entwicklung auf Arbeitsfelder der Kinder- und Jugendhilfe. In: Datenanalysen der Dortmunder Arbeitsstelle Kinder- und Jugendhilfestatistik. Dortmund o.J.

Schimke, H.-J.: Brauchen wir eine neue Konzeption des Kinderschutzes? In: Institut für Soziale Arbeit (Hrsg.): ISA-Jahrbuch zur sozialen Arbeit 2009, Münster 2009, S. 58-70.

Schlippe, A. von (Hrsg.): Frühkindliche Lebenswelten und Erziehungsberatung: die Chancen des Anfangs. Münster 2001.

Schmidt, M.: Sozialpädagogische Diagnose: die SPFH und andere ambulante Angebote der Kinder- und Jugendhilfe. Altenberge 2007.

Schmitz, L.: Die Fürsorgeerziehung Minderjähriger. Gesetz vom 2. Juli 1900 (Preußen). Düsseldorf 1901.

Schnurr, J., Jordan, E., Schone, R.: Gegenstand, Ziele und Handlungsmaximen von Jugendhilfeplanung. In: Maykus, S., Schone, R. (Hrsg.): Handbuch Jugendhilfeplanung. Wiesbaden 2010 (3. Auflage), S. 91-114.

Schone, R.: Theorie-Praxis-Transfer in der Jugendhilfe. Sozialpädagogische Praxisforschung zwischen Analyse und Veränderung. Münster 1996.

Schrapper, C.: Hans Muthesius (1885-1977) (Forschungsbericht). Münster 1991.

Schrapper, C.: Jugendhilfe wirkt nur als Ganzes (gut)? Traditionen, Anforderungen und Konzepte flexibler, integrierter und regionalisierter Erziehungs- und Jugendhilfen oder: Warum sind Sozialraumbezug und Integration erzieherisch Hilfen so schwer? In: Zentralblatt für Jugendrecht 2003 (H. 5), S. 175–184.
Schrapper, C.: Sozialpädagogische Forschungspraxis. Positionen, Projekte, Perspektiven. Weinheim/München 2004.
Schrapper, C.: Wie wirkt Sozialpädagogik? Theoretische und methodische Positionen sozialpädagogischer Forschung. In: ders. (Hrsg.): Sozialpädagogische Forschungspraxis. Positionen, Projekte, Perspektiven. Weinheim/München 2004a , S. 11-25.
Schrapper, C.: Zwischen Nothilfe und notwendiger gesellschaftlicher Mehrleistung? Gesellschaftliche Kontroversen um das „Aufwachsen in öffentlicher Verantwortung“ und ihre Relevanz für die Planung der Kinder- und Jugendhilfe. In: Maykus, S., Schone, R. (Hrsg.): Handbuch Jugendhilfeplanung. Wiesbaden 2010 (3. Auflage), S. 45-66.
Schrapper, C., Pies, S.: Hilfeplanung als Kontraktmanagement? Erster Zwischenbericht des Forschungs- und Entwicklungsprojekts „Hilfeplanung als Kontraktmanagement?“ München 2003.
Schrapper, C., Strehler, M., Sierwald, W., Schmutz, E., Moos, M., Müller, H., Leitner, H., Troscheit-Gajewski, K., Pies, S.: Innovation durch Kooperation – Anforderungen und Perspektiven qualifizierter Hilfeplanung in der Zusammenarbeit freier und öffentlicher Träger der Jugendhilfe. Abschlussbericht des Bundesmodellprojektes „Hilfeplanung als Kontraktmanagement?“ München 2005.
Schridde, H.: Die „Soziale Stadt“ und „Ganzheitliches Regieren“ im aktivierenden Sozialstaat. In: Behrens, F., Heinze, R. G., Hilbert, J., Stöbe-Blossey, S. (Hrsg.): Ausblicke auf den aktivierenden Staat: Von der Idee zur Strategie. Modernisierung des öffentlichen Sektors, Sonderbd. 23. Berlin 2005, S. 289-314.
Schröer, H.: Interkulturelle Orientierung und Öffnung der Hilfen zur Erziehung. In: Forum Erziehungshilfen 2005 (H. 1), S. 14-19.
Schruth, P.: An der Schnittstelle von Jugendsozialarbeit und § 3 Abs. 2 SGB II. In: Der Paritätische Wohlfahrtsverband (Hrsg.): Jugendsozialarbeit zwischen SGB II und SGB VIII. Berlin 2005.
Schumann, M.: Konzepte und Methoden in der Offenen Kinder- und Jugendarbeit: Einzel-, Gruppen- und Gemeinswesenarbeit. In: Deinet, U., Sturzenhecker, B.: Handbuch Offene Kinder- und Jugendarbeit. Wiesbaden 2005, S. 286-305.
Schwabe, M.: Das Hilfeplangespräch zwischen Anspruch und Wirklichkeit, Teil 2: Methodische Hinweise zur erfolgreichen Moderation. In: Jugendhilfe 2000a (H. 5), S. 255-266.
Schwabe, M.: Partizipation im Hilfeplangespräch: Hindernisse und wie sie überwunden werden können. In: SOS-Dialog: Themenheft Hilfeplanung, 2000b, S. 11-17.
Schwabe, M.: Jugendhilfeforschung und -praxis. In: Schröer, W., Struck, N., Wolff, M. (Hrsg.): Handbuch Kinder- und Jugendhilfe. Weinheim/München 2002, S. 995-1018.
Schwall-Düren, A.: Kinder- und Jugendfürsorge im Großherzogtum Baden in der Epoche der Industrialisierung. Entwicklung und Zielsetzung der staatlichen, kommunalen und verbandlichen Fürsorge 1850-1914. Freiburg/Mün¬chen 1980.
Schwendter, R.: Alternative Einrichtungen in der Sozialarbeit. In: Projektgruppe Soziale Berufe 1981. Bd. 2, S. 185-210.
Seehausen, H.: Zwischen Pädagogik und Ökonomie: Flexible Modelle in der Kinderbetreuung. In: Esch, K., Mezger, E., Stöbe-Blossey, S. (Hrsg.): Kinderbetreuung – Dienstleistung für Kinder: Handlungsfelder und Perspektiven. Wiesbaden 2005, S. 173-200.

Seehausen, H.: Flexibilisierung von Angebotsformen und Betreuungszeiten. In: KiTa aktuell, Ausgabe Hessen, Rheinland-Pfalz, Saarland (HRS), Nr. 11 (2008), S. 220-223.
Seidenstücker, B.: Jugendhilfe in der DDR. In: Seidenstücker, B., J. Münder: Jugendhilfe in der DDR. Münster 1990. S. 9-53.
Sell, S.: Der volkswirtschaftliche Nutzen von Kinderbetreuung. In: Henry-Huthmacher (Hrsg.): Jedes Kind zählt. Neue Wege in der frühkindlichen Bildung, Erziehung und Betreuung. Konrad-Adenauer-Stiftung, St. Augustin 2004, S. 52-73.
Sieger, W.: Das erste Jahrzehnt der deutschen Arbeiterjugendbewegung 1904-1914. Berlin 1958.
Sieland, B.: Klinische Psychologie. Band 1. Stuttgart 1994.
Siercks, H.: Jugendpflege. Berlin, Leipzig 1913.
Singer, W.: Was kann der Mensch wann lernen? Ein Beitrag aus der Sicht der Hirnforschung. In: Fthenakis, W. E. (Hrsg.): Elementarpädagogik nach PISA. Wie aus Kindertagesstätten Bildungseinrichtungen werden können. Freiburg/Basel/ Berlin 2003, S. 67-77.
Smessaert, A., Münder, J.: Rechtliche Vorgaben zur Jugendhilfeplanung im SGB VIII und ihre Auswirkungen auf die Jugendhilfepläne. In: Maykus, S., Schone, R. (Hrsg.): Handbuch Jugendhilfeplanung. Wiesbaden 2010 (3. Auflage), S. 157-188.
Sommerfeld, P., Maier, K.: Integrierte Praxisforschung als Theoriebildung und Praxisentwicklung. Reflexionen zur Kooperation von Wissenschaft und Praxis am Beispiel des Projektes „Quartiersaufbau Rieselfeld“. In: Otto, H.-U., Oelerich, G.,. Micheel, H.G (Hrsg.): Empirische Forschung und Soziale Arbeit. Ein Lehr- und Arbeitsbuch. Neuwied/Kriftel 2003, S. 15-44.
Späth, K.: Kindertagesbetreuung und Erziehungshilfen – ein neues Bündnis in der Jugendhilfe kündigt sich an. In: Evangelische Jugendhilfe 2005 (H. 5), S. 287-292.
Späth, K.: Der sozialpädagogische Auftrag der Tagesgruppe. In: Sozialpädagogik 1990 (H. 6), S. 261-272.
Späth, K.: Tagesgruppen. In: Birtsch, V., Münstermann, K., Trede, W.: Handbuch Erziehungshilfen. Münster 2001, S. 572-597.
Specht, F.: Begrifflichkeiten und Klärungserfordernisse bei der Umsetzung von § 35a des Kinder- und Jugendhilfegesetzes. In: Praxis der Kinderpsychologie und Kinderpsychiatrie 44/1995, 343-349.
Speck, Karsten: Schulsozialarbeit. Eine Einführung. Stuttgart 2007.
Spiegel, H. v: Methodisches Handeln und professionelle Handlungskompetenz im Spannungsfeld von Fallarbeit und Management. In: Thole, W. (Hrsg.): Grundriss Soziale Arbeit. Ein einführendes Handbuch. Opladen 2002, S. 589-602.
Spiegel, H. v.: Qualität selbst bestimmen. Das Konzept „Qualitätsentwicklung, Qualitätssicherung und Selbstevaluation in der Offenen Kinder- und Jugendarbeit“. In: Deinet, U., Sturzenhecker, B.: Handbuch Offene Kinder- und Jugendarbeit. Wiesbaden 2005, S. 595-603.
Spiegel, H. v.: Methodisches Handeln in der Sozialen Arbeit. München 2008 (2. Auflage).
Spieß, C. K., Schupp, J., Grabka, M., Haisken-De New, J. P., Jakobeit, H., Wagner, G.: Abschätzung der Brutto-Einnahmeneffekte öffentlicher Haushalte und der Sozialversicherungsträger bei einem Ausbau von Kindertageseinrichtungen. Baden-Baden 2002.
Spieß, C. K., Büchel, F., Wagner, G.: Children’s School Placement in Germany. Does Kindergarten Attendance Matter? In: Early Childhood Research Quarterly 2(2003), S. 255-270.
Spieß, C. K., Schupp, J., Grabka, M., Haisken-De New, J. P., Jakobeit, H., Wagner, G.: Abschätzung der Brutto-Einnahmeneffekte öffentlicher Haushalte und der Sozialver-

sicherungsträger bei einem Ausbau von Kindertageseinrichtungen. Baden-Baden 2002.
Spieß, C. K., Tietze, W. : Qualitätssicherung in Kindertageseinrichtungen. Gründe, Anforderungen und Umsetzungsüberlegungen für ein Gütesiegel. In: Zeitschrift für Erziehungswissenschaft 1/2002, S. 139-162, 2002.
Spittler, H.-D., F. Specht: Basistexte und Materialien zur Erziehungs- und Familienberatung. Ein Arbeitsbuch für Psychologen und andere Berufe an und im Umlauf von Erziehungsberatungsstellen. Göttingen 1984.
Stange, W., Wiebusch, R.: Pro- und Contradiskussion von Kinder und Jugendgremien. In: Palentin, C., Hurrelmann, K. (Hrsg.): Jugend und Politik. Ein Handbuch für Forschung, Lehre und Praxis. Neuwied u. a. 1997, S. 364-396.
Staschek, B.: Expertise Familienhebammen. Gefördert vom Bundesministerium für Familie, Senioren, Frauen und Jugend im Rahmen des Aktionsprogramms „Frühe Hilfen für Eltern und Kinder und soziale Frühwarnsysteme" o.O. 2006.
Statistisches Bundesamt (Hrsg.): Erzieherische Hilfen außerhalb des Elternhauses (Fachserie 13, Reihe 6.1.2). Stuttgart 1996.
Statistisches Bundesamt: Statistiken der Kinder- und Jugendhilfe. Kinder und tätige Personen in Tageseinrichtungen am 15.3.2007, Revidierte Ergebnisse, Wiesbaden 2008.
Statistisches Bundesamt: Statistiken der Kinder- und Jugendhilfe. Einrichtungen und tätige Personen (ohne Tageseinrichtungen für Kinder) 2006. Revidierte Ergebnisse, Wiesbaden 2008.
Statistisches Bundesamt: Statistisches Jahrbuch 2010. Berlin 2010.
Stauber, B., Pohl, A., Walther, A. (Hrsg.): Subjektorientierte Übergangsforschung – Rekonstruktion und Unterstützung biographischer Übergänge junger Erwachsener. Weinheim 2007.
Stöbe-Blossey, S.: Qualitätsentwicklung und Qualitätssteuerung in Familienzentren. In: Rietmann, S., Hensen, G. (Hrsg.): Tagesbetreuung im Wandel. Das Familienzentrum als Zukunftsmodell. Wiesbaden 2008, S. 101-120.
Stöbe-Blossey, S.: Flexible Betreuungsformen im Bundesländer-Vergleich: Rahmenbedingungen und Auswirkungen. In: dies. (Hrsg.): Kindertagesbetreuung im Wandel: Perspektiven für die Organisationsentwicklung. Wiesbaden 2010a, S. 55-94.
Stöbe-Blossey, S.: Familienzentren in Nordrhein-Westfalen: neue Wege in der Erbringung und Steuerung sozialer Dienstleistungen. In: Sozialer Fortschritt 59 (4): 113-118, 2010b.
Stöbe-Blossey, S.: Familienzentren in Nordrhein-Westfalen – Zwischenbilanz und Perspektiven. In: Jugendhilfe aktuell (Hrsg. LWL-Landesjugendamt Westfalen), 2010c (H. 2), S. 30-26.
Stöbe-Blossey, S., Mierau, S., Tietze, W.: Von der Kindertageseinrichtung zum Familienzentrum – Konzeption, Entwicklungen und Erprobung des Gütesiegels "Familienzentrum NRW". In: Roßbach, H.-G., Blossfeld, H.-P. (Hrsg.): Frühpädagogische Förderung in Institutionen. Zeitschrift für Erziehungswissenschaft; Sonderheft 11/2008, Wiesbaden 2008, S. 105-122.
Stöbe-Blossey, S., Torlümke, A.: Neue Anforderungen in der frühkindlichen Bildung. In: Stöbe-Blossey (Hrsg.): Kindertagesbetreuung im Wandel: Perspektiven für die Organisationsentwicklung. Wiesbaden 2010, S. 121–153.
Stork, R.: Kooperationspartner ASD, Hilfen zur Erziehung. In: Deinet, U., Sturzenhecker, B.: Handbuch Offene Kinder- und Jugendarbeit. Wiesbaden 2005, S. 555-559.
Stork, R.: Beteiligungsprozesse in der Jugendhilfeplanung. In: Maykus, S., Schone, R. (Hrsg.): Handbuch Jugendhilfeplanung. Wiesbaden 2010 (3. Auflage), S. 221-244.
Strätz, R., Solbach, R., Holst-Solbach, F.: Bildungshäuser für Kinder von drei bis zehn Jahren. Expertise. Hrsg. Bundesministerium für Bildung und Forschung. Berlin 2007.

Stuckstätte, E. C.: Den Durchblick gewinnen! – Kommunale Koordinierungs- und Planungsprozesse im Übergangssystem Schule – Beruf. In: Jugendhilfe 2007a (H. 6), S. 305-313.
Stuckstätte, E. C.: Transparenz herstellen – Perspektiven schaffen – Ein Verfahrensvorschlag für kommunale Koordinierungs- und Planungsprozesse im Übergangssystem Schule – Beruf. In: Jahrbuch zur Sozialen Arbeit 2007, 2007b, S. 154-169.
Stuckstätte, E. C.: Vorbereitet auf die Praxis – Didaktische Anregungen zum Thema Kinderschutz in der Hochschulausbildung. In: Körner, W.; Deegener, G. (Hrsg.): Erfassung von Kindeswohlgefährdung in Theorie und Praxis. Lengerich 2011, S. 132-152.
Stuckstätte, E. C.: Übergang Schule – Beruf: Soziale Arbeit mit benachteiligten Jugendlichen. In: Bieker, Rudolf; Floerecke, Peter: Arbeitsfelder und Zielgruppen der Sozialen Arbeit. Stuttgart 2011a.
Sturzenhecker, B.: Jugendarbeit ist außerschulische Bildung. In: die deutsche jugend 2003 (H. 7/8), S. 300-307.
Sturzenhecker, B.: Institutionelle Charakteristika der Offenen Kinder- und Jugendarbeit. In: Deinet, U., Sturzenhecker, B. : Handbuch Offene Kinder- und Jugendarbeit. Wiesbaden 2005a, S. 338-344
Sturzenhecker, B.: Partizipation als Recht von Jugendlichen. In: deutsche jugend 2005b (H. 6), S. 255-262.
Sturzenhecker, B.: „Wir machen ihnen ein Angebot, das sie ablehnen können“. Strukturbedingungen der Kinder- und Jugendarbeit und ihre Funktionalität für Bildung. In: Lindner, W. (Hrsg.): 1964-2004: vierzig Jahre Kinder- und Jugendarbeit in Deutschland. Wiesbaden2006, S. 179-192.
Sturzenhecker, B.: Demokratiebildung in der Jugendarbeit. In: Coelen, T., Otto, H.-U. (Hrsg.): Grundbegriffe Ganztagsbildung. Das Handbuch. Wiesbaden 2008, S. 704-713.
Sturzenhecker, B., Lindner, W. (Hrsg.): Bildung in der Kinder- und Jugendarbeit. Vom Bildungsanspruch zur Bildungspraxis. Weinheim/München 2004.
Süzen, T.: Offen für alle? Interkulturelle Öffnung der „Hilfen zur Erziehung“. In: Theorie und Praxis der Sozialen Arbeit 2010 (H. 4), S. 267-275.
Thiel, W.: Junge Menschen und Selbsthilfe: gezielt ansprechen, Mitwirkung bieten, Selbstorganisation unterstützen. In: DAG SHG Deutsche Arbeitsgemeinschaft der Selbsthilfegruppen e.V. (Hrsg.): Selbsthilfegruppenjahrbuch 2010. Baden-Baden 2010, S. 149-160.
Thiersch, H.: Strukturierte Offenheit. Zur Methodenfrage einer lebensweltorientierten Sozialen Arbeit. In: Rauschenbach, T. u. a. (Hrsg.): Der sozialpädagogische Blick. Lebensweltorientierte Methoden in der Sozialen Arbeit. Weinheim/München 1993, S. 11 ff.
Thiersch, H.: Lebensweltorientierte Soziale Arbeit – Aufgaben der Praxis im sozialen Wandel. Weinheim 2005 (6. Auflage).
Thiersch, H.: Leben lernen, Bildungskonzepte und sozialpädagogische Aufgaben. In: Otto, H.-U., Oelkers, J. (Hrsg.): Zeitgemäße Bildung. München 2006.
Thiersch, H., A. Frommann, D. Schramm: Sozialpädagogische Beratung. In: H. Thiersch (Hrsg.): Kritik und Handeln. Interaktionistische Aspekte der Sozialpädagogik. Neuwied 1977.
Thimm, K.: Jugendarbeit und Ganztagsschule – Ein Kooperationsplädoyer für ein Risiko mit ungewissem Ausgang. In: Deinet, U., Icking, M. (Hrsg.): Jugendhilfe und Schule. Analysen und Konzepte für die kommunale Kooperation. Opladen 2006, S. 67-87.
Thimm, K.: Jugendsozialarbeit an Berliner Hauptschulen. Konzepte unter der besonderen Berücksichtigung des Übergangs Schule – Beruf. In: Henschel, A, Krüger, R.,

Schmitt, C, Stange, W. (Hrsg.): Jugendhilfe und Schule. Handbuch für eine gelingende Kooperation. Wiesbaden 2009 (2. Auflage), S. 470-490.
Thole, W.: Die Sozialpädagogik und ihre Forschung. In: neue praxis 1999 (H. 3), S. 224-244.
Thoring, W.: Kooperationspartner Jugendberufshilfe. In: Deinet, U., Sturzenhecker, B.: Handbuch Offene Kinder- und Jugendarbeit. Wiesbaden 2005, S. 562-569.
Thoring, W.: Hilfe zur Erziehung und offene Ganztagsschule- Positionsbestimmung aus Sicht der Kinder- und Jugendhilfe. In: Institut für soziale Arbeit e.V., Serviceagentur Ganztägig Lernen Nordrhein-Westfalen (Hrsg.): Besonderer erzieherischer Förderbedarf und Offene Ganztagsschule. Positionsbestimmungen und Beispiele guter Praxis. Der GanzTag in NRW. Beiträge zur Qualitätsentwicklung 2007 (H.3), S.20-35.
Tietze, W., Schuster, K.-M., Grenner, K., Rossbach, H.-G.: Kindergarten–Skala. Revidierte Fassung (KES–R). Feststellung und Unterstützung pädagogischer Qualität in Kindergärten. Weinheim/Basel 2005.
TKM (Thüringer Kultusministerium) (Hrsg.): Thüringer Bildungsplan für Kinder bis 10 Jahre. Erfurt 2008.
Treeß, H.: Prävention und Sozialraumorientierung. In: Schröer, W., Struck, N., Wolff, M. (Hrsg.): Handbuch Kinder- und Jugendhilfe. Weinheim/München 2002, S. 925-941.
Trenczek, T.: Inobhutnahme – Krisenintervention und Schutzgewährung durch die Jugendhilfe – §§ 8a, 42 SGB VIII, Stuttgart 2008 (2. Auflage).
Trenczek, T.: Erster Abschnitt – Vorläufige Maßnahmen zum Schutz von Kindern und Jugendlichen. In: Münder, J., Meysen, T., Trenczek, T. (Hrsg.): Frankfurter Kommentar SGB VIII. Kinder- und Jugendhilfe, Baden-Baden 2009 (6. Auflage), S. 390 – 403.
Treptow, R.: Bildung und soziale Arbeit. In: Otto, H.-U., Coelen, T. (Hrsg.): Grundbegriffe der Ganztagsbildung. Beiträge zu einem neuen Bildungsverständnis in der Wissensgesellschaft. Wiesbaden 2004, S. 111-130.
Uhlendorff, U.: Sozialpädagogische Diagnosen III – Ein sozialpädagogisch-hermeneutisches Diagnoseverfahren für die Hilfeplanung. Weinheim 1997.
Uhlendorff, U., Rosenbauer, N.: Didaktische Konzepte in der Kinder- und Jugendarbeit. In: Coelen, T., Otto, H.-U. (Hrsg.): Grundbegriffe Ganztagsbildung. Das Handbuch. Wiesbaden 2008, S. 476-484.
Vagt, H.: Die Bedeutung des nationalsozialistischen Erziehungsgedankens für die Praxis der Fürsorgeerziehung. In: Zentralblatt für Jugendrecht und Jugendwohlfahrt 10/11 (1935), S. 290-303.
Van Santen, E.: Weniger Jugendliche, weniger Jugendarbeit? Demografische Veränderung als Herausforderung für die Jugendarbeit. In: deutsche jugend 2010 (H. 4), S. 167-177.
Vesper, D.: Gibt es fiskalische Anreize für die Kommunen zum Ausbau der Kinderbetreuung? In: DIW-Wochenbericht 3(2005), S. 41-48.
Volk, A., Till, H.: Einführung der Sozialraumorientierung im Berliner Jugendamt Tempelhof-Schöneberg. Wiesbaden 2006.
Volk, A.: Sozialraumorientierung im Jugendamt Tempelhof-Schöneberg. Berlin 2006.
Vossler, A.: Perspektiven der Erziehungsberatung: Kompetenzförderung aus Sicht von Jugendlichen, Eltern und Beratern. Tübingen 2003.
Wagenblass, S.: Frühe Förderung und Bildung als Planungsaufgabe. In: Maykus, S., Schone, R. (Hrsg.): Handbuch Jugendhilfeplanung. Wiesbaden 2010 (3. Auflage), S. 349-358.
Wahler, P., Tully, C. J., Preiß, C.: Jugendliche in neuen Lernwelten. Selbstorganisierte Bildung jenseits institutioneller Qualifizierung. Wiesbaden 2004.

Waldrich, H. P.: Der Staat. Das deutsche Staatsdenken seit dem 18. Jahrhundert. München/Wien 1973.
Wattendorf, J.: Erziehungsberatung zwischen Theorie und Praxis: eine vergleichende Analyse professioneller Handlungsstrukturen. Berlin 2007.
Weber, M.: Die protestantische Ethik und der Geist des Kapitalismus. In: Staat, Gesellschaft, Wirtschaft. Heidelberg 1972, S. 17-206.
Weinert-Portmann, S.: Familie- ein Symbol der Kultur: Perspektiven sozialpädagogischer Arbeit mit Familien. Wiesbaden 2009.
Weltgesundheitsorganisation: Internationale Klassifikation psychischer Störungen. ICD-10 Kapitel V (F) Klinisch diagnostische Leitlinien, Bern etc. 2008 (6. Auflage).
Werder, L.v.: Von der autoritären zur proletarischen Erziehung. Frankfurt 1972.
Werner, P.: Die polizeilichen Jugendschutzlager. In: Deutsche Jugendhilfe (1943/44), S. 101ff.
Westphal, M.: Handbuch für sozialistische Jugendarbeit. Berlin 1928.
Wiedenmann, M., Holler- Zittlau, I. (Hrsg.): Handbuch Sprachförderung: Basiswissen – integrative Ansätze – Praxishilfen – Spiel- und Übungsblätter für den Unterricht. Überarbeitete und erweiterte Auflage. Weinheim/Basel 2007.
Wiesner, R.: Jugendhilfe und Justiz. Neue Anmerkungen zu einem klassischen Thema. In: Deutscher Verein (Hrsg.): Die soziale Arbeit in den 90er Jahren. Gesamtbericht über den 72. Deutschen Fürsorgetag 1990. Frankfurt a.M. 1991, S. 538ff. (1991b).
Wiesner, R.: Eingliederungshilfe für seelisch behinderte junge Menschen als Aufgabe der Jugendhilfe. In: ZfJ 6/1996, S. 199-203 und 7-8/1996, S. 278- 282.
Wiesner, R.: Hilfen für seelisch behinderte Kinder und Jugendliche (§ 35a SGB VIII). In: Fegert, J. M., Schrapper, C. (Hrsg.): Handbuch Jugendhilfe – Jugendpsychiatrie – interdisziplinäre Kooperation. Weinheim/München 2004, S. 179-183.
Wiesner, R.: SGB VIII Kinder- und Jugendhilfe. München 2006 (3. Auflage).
Wilker, K.: Der Lindenhof. Werden und Wollen. Heilbronn 1921.
Winkler, M.: Methodisches Handeln. In: Colla, H.E. u. a. (Hrsg.): Handbuch Heimerziehung und Pflegekinderwesen in Europa. Neuwied/Kriftel 1999, S. 1113-1120.
Winter, H.: Jugendhilfestationen. Konzeptionelle Grundgedanken und erste praktische Erfahrungen. In: Jugendhilfe 1993 (H. 6), S. 260-263; Materialien zur Heimerziehung 1993 (Nr. 3 v. Aug.), S. 2-4 .
Wissenschaftlicher Beirat für Familienfragen beim Bundesministerium für Familie und Senioren, Familie und Jugend: Beratung – Familienorientierte Beratung zwischen Vielfalt und Integration. Bonn 1993.
Wissenschaftlicher Kooperationsverbund (Hrsg.): Lernen und Fördern in der offenen Ganztagsschule. Vertiefungsstudie zum Primarbereich in Nordrhein-Westfalen. Weinheim, München 2010.
Wohlfahrt, N.: Zur aktuellen Entwicklung der Selbsthilfe. In: DAG SHG Deutsche Arbeitsgemeinschaft der Selbsthilfegruppen e.V. (Hrsg.) (2010): Selbsthilfegruppenjahrbuch 2010. Baden-Baden 2010, S. 115-122.
Wohlgemuth, K.: Zwischen Rarität und Ressource. (Sozial-) Politische Perspektiven auf Kinder- und Jugendschutz. In: Forum Erziehungshilfen 2010 (H. 2), S. 73-77.
Wöhrle, A.: Grundlagen des Managements in der Sozialwirtschaft. Baden-Baden 2007.
Wolf, A.: Zur Geschichte der Sozialarbeit im Rahmen der sozialen Entwicklung. Donauwörth 1977.
Wolffersdorff, C.v.: Was tun, wenn nichts mehr geht? Zur alten und neun Diskussion um geschlossene Unterbringung. In: Struck, N., Galuske, M., Thole, W. (Hrsg.): Reform der Heimerziehung. – Eine Bilanz. Opladen 2003, S. 53-68.
Woog, A.: Soziale Arbeit in Familien: Theoretische und empirische Ansätze zur Entwicklung einer pädagogischen Handlungslehre. Weinheim/München 2010 (4. Auflage).

Zander, M.: Armes Kind – starkes Kind? Wiesbaden 2009 (2. Auflage).
Ziegenhain, U., Fegert, J. (Hrsg.): Kindeswohlgefährdung und Vernachlässigung. München 2008.
Ziegenhain, U., Schöllhorn, A., Künster, A.K., Höfer, A., König, C., Fegert, J. M.: Modellprojekt „Guter Start ins Kinderleben". Werkbuch Vernetzung. Hrsg. Nationales Zentrum für Frühe Hilfen. Köln 2010.
Ziegler, H.: What Works? – Probleme einer „Wirkungsorientierung" in der Sozialen Arbeit. In: Forum Erziehungshilfen 2006 (H. 5), S. 262-266.
Ziesche, U.: Werkstatthandbuch zur Qualitätsentwicklung in Kindertagesstätten. Neuwied, Berlin 1999.
Zimmer, A., Schrapper, C. (Hrsg.) : Zukunft der Erziehungsberatung: Herausforderungen und Handlungsfelder. Weinheim 2006.
Zitzmann, C.: Den Ergebnissen auf der Spur. Resultate eines Qualitätsmanagement- und Selbstevaluationsprojektes der außerschulischen politischen Jugendbildungsarbeit zu sozial inkompetenten Verhaltensweisen. In: deutsche jugend 2009 (H. 11), S. 472-479.
Zwerschke, M.: Jugendverbände und Sozialpolitik. Zur Geschichte der deutschen Jugendverbände. München 1963.

Internetquellen

Böckler-Impuls, Ausgabe 18/2006. http://www.boecklerimpuls.de
Deutsche Gesellschaft für Erziehungswissenschaften: Empfehlungen für ein Kerncurriculum Erziehungswissenschaften. 2003, Veröffentlicht unter: http://dgfe-aktuell.uni-duisburg.de/bildpol/KC_Strukturkommission_August.pdf (Abruf 01.03.2011).
DJI (Deutsches Jugendinstitut e.V.): Recherchebericht Häuser für Kinder und Familien (erstellt vom Deutschen Jugendinstitut im Auftrag des BMFSFJ). http://cgi.dji.de/bibs/411_Grundlagenbericht_Eltern-Kind-Zentren.pdf 2004.
DJI (Deutsches Jugendinstitut e.V.): Eltern-Kind-Zentren: Die neue Generation kinder- und familienfördernder Institutionen. Grundlagenbericht. (erstellt vom Deutschen Jugendinstitut im Auftrag des BMFSFJ) http://cgi.dji.de/bibs/411_Grundlagenbericht_Eltern-Kind-Zentren.pdf 2005.
Dörfer, K., Peters, F., Schollmeyer, K.: Forschungsprojekt Qualitätsentwicklung in der Jugendhilfe. Endbericht. www.fh-erfurt.de/so/forschung/qualitaet.html 2001.
Fachbereichstag Soziale Arbeit: Qualifikationsrahmen Soziale Arbeit (QR SArb)., veröffentlicht unter http://www.dbsh.de/Qualirahmen.pdf (Abruf 01.03.2011) 2008.
Fendrich, S., Pothmann, J., Wilk, A.: Hilfen zur Erziehung im Gesamtüberblick. In: Dortmunder Arbeitsstelle für Kinder- und Jugendhilfestatistik 2011 (Download unter www.akj-stat.de) 2011a.
Fendrich, S., Pothmann, J., Wilk, A.: Fallzahlenvolumen und Spektrum der „27er Hilfen". In: Dortmunder Arbeitsstelle für Kinder- und Jugendhilfestatistik 2011 (Download unter www.akj-stat.de) 2011b.
Fendrich, S., Pothmann, J., Wilk, A.: Neue Einsichten in die sozialen Zusammenhänge der Adressaten der Kinder- und Jugendhilfe. In: Dortmunder Arbeitsstelle für Kinder- und Jugendhilfestatistik 2011 (Download unter www.akj-stat.de) 2011c.
Kasper, L.: Frühe Hilfen für Kinder und Familien – zur Verknüpfung von Jugendhilfe und Gesundheitswesen. Ergebnisse einer qualitativ-empirischen Untersuchung. IAQ-Report 2009-07. http://www.iaq.uni-due.de/iaq-report/2009/report2009-07.pdf , 2009.
Maykus, S.: Jugendarbeit und Schule. In: Online-Enzyklopädie Erziehungswissenschaft (www.erzwiss-online.de) 2010.

Pothmann, J.: Seit 2005 erneuter Anstieg der Inobhutnahmen – knapp drei Viertel der Maßnahmen resultieren aus Gefährdungslagen. veröffentlicht unter: http://www.akjstat.unidortmund.de/akj/tabellen/kommentierungen/inobhutnahmen/inob1.pdf (Abruf 14.02.2011) 2010
Pothmann, J.: Personalrückgänge jenseits der Kindertageseinrichtungen – Befunde zu Stand und Entwicklung der Beschäftigten in der Kinder- und Jugendhilfe. Veröffentlicht unter: www.jugendhilfeportal.de/wai1/showcontent.asp?ThemaID=5651 (Abruf 01.02.2011).
Seifert, H.: Magazin Mitbestimmung 12/2008. http://boeckler.de/163_93569.html 2008.

Sachregister